KB219839

군/부/의

정치참여와 민주화과정

내일을여는지식 정치 10

군/부/의 정치참여와 민주화과정

홍 철 지음

KSI 한국학술정보[주]

서 문

민주화과정이란 개념에는 반드시 그 흐름을 역행시킨 제요인들을 극복한다는 의미가 존재하기 마련이다. 일반적으로 제2차 세계대전 이후 독립한 신생국가들의 경우 대부분 극심한 국내정치적 혼란과 경제적 침체상황을 겪어가면서 차츰 그들 나름의 국가적 외연을 갖추어 나갔다. 또한 카리스마(Charisma)를 지닌 지도자가 등장하여 정치체제를 사유화시키는 과정(process of privatization)에서 동원 가능한 폭력을 행사했는데, 특히 군부의 경우 가장 효율적인 국가억압 기제로 기능하였다. 신생국가에서 군부는 지배도구이자 지배기구라는 이중적 역할을 수행했는데, 전자의 경우 군부를 장악한 독재자의 하수인에 불과했다면, 후자의 경우는 권력화된 군부를 지칭하는 것으로 대표적인 사례가 바로 군사평의회(military junta)였다. 독재자 역시 군 출신이 대부분이었던 관계로 지배도구냐, 지배기구냐 하는 것은 군부라는 행위주체의 집단으로서의 종속성과 자율성을 구분하는 단순한 잣대에 불과한 것이다.

군사정부의 강권적 지배구조 속에서 신생국가들이 겪을 수밖에 없었던 소통부재(疏通不在)의 문제, 즉 민주국가의 궤도를 벗어난 원죄로 치러야만 했던 정치사회적인 불안과 아울러 열악한 경제상황은 개별국가적 수준에서의 저항을 초래시켰고, 시간이 경과함에 따라 응집력까지 갖추게 된 민중 혹은 시민으로 대표되는 피지배 계급의 역량(people power)과 충돌하게 된다. 이 과정을 통상적으로 민주화과정(process of democratization)으로 지칭하며, 필자 역시 이 같은 일련의 흐름과 맥(脈)을 같이하고 있다.

이 책에서 다루고 있는 군부의 범주는 제2차 세계대전 이후 신생독립국가를 비롯하여 오랜 독립국가를 유지하였음에도 지정학적 위치와 소수종족 내지 종교문제 등의 변수들이 원인이 되어 필연적으로 국가안전의 요새(要塞)이자 보루(堡壘)였던 군부를 제도정치권으로의 진입을 유인시켰던 경험을 한 국가들을 대상으로 삼았다. 개별국가적 수준에서 군부가 직면한 상황들은 상이했지만, 오직 한 가지 공통점은 군부 자체가 엘리트집단(elite group)이었다는 사실이다. 따라서 비록 본문에서는 일관되게 군부쿠데타, 정치개입이란 용어를 사용하여 군부의 현실정치에 대한 개입을 비판적 시각에서 서술하였지만, 역설적으로 표지는 참여(participation)라는 용어를 선택하여 일면 군부를 위한 변명을 해보고자 했다. 왜냐하면 현실정치의 장(場)에 군부가 주도적으로 언급된다는 사실 자체가 문민 우위라는 민주주의의 정당성을 심하게 훼손시키는 것임에도 개별국가적 수준에서 지닌 특수성의 문제 또한 존재함도 무시할 수 없는 현실이기 때문이다. 독자 제위께서는 이러한 필자의 의외적인 용어선택을 감안하여 주시기를 당부 드린다.

사실 필자는 이 책을 2006년 겨울, 보다 정확히 말하자면 12월 25일에 집필을 끝냈었다. 12월 25일로 잡았던 이유는 크리스마스라는 기념일에 맞춘다면 두고두고 이 날을 기억할 수 있을 것이라는 나름 의도된 계산을 한 것이었지만, 2009년의 현 시점에서 문득 돌이켜보면 전혀 아니었기에 쓴웃음만 난다. 이 같은 신변잡기적인 얘기를 뜬구름 없이 꺼낸 이유는 이 책이 연대기적 관점(chronological aspects)에서 쓰였기 때문이다. 3년 가까이 지난 현시점에서 정치현실은 개별국가적 수준에서 제각각 진행되어졌음에도, 이를 보완하지는 못했다. 따라서 서문을 통해 각 국의 민주화과정이 현시점에서 어떻게 진행되고 있는지에 대해 간략히 언급함으로써 필자의 게으름을 대신하고자 한다.

첫째, 태국의 경우 2007년 8월 19일 신헌법이 국민투표를 통과하여 12월 23일 치러진 총선 결과 탁신계열의 신당인 '국민의 힘'(People's Power Party: 이하 PPP)이 전체 480석 가운데 아피씻 웨차치와(Abhisit Vejjajiva)가 이끈 제1야당인 '민주당'(Democrat Party: 이하 DP)이 165석이었는데 반해 233석을 얻어 승리하여 2008년 1월 28일 사막 순다라벳(Samak Sundaravej)이 총리에 취임하고 2월 28일 탁신이 귀국하게 된다. 이에 5월 25일 반탁신계열의 '국민민주주의연대'(People's Alliance for Democracy: 이하 PAD)의 반정부시위가 시작되면서 8월 11일 다시 탁신은 영국으로 피신했다. 8월 26일 PAD 시위대가 정부청사에 난입하게 되고, 9월 9일 태국 헌법재판소가 공직자 겸직금지 조항의 위반을 들어 사막 총리의 사임을 명령했다. 이에 PPP는 변칙적으로 탁신의 매제인 솜차이 옹사왓(Somchai Wongsawat)을 총리로 추대하자 11월 25일 PAD는 수완나품(Suvarnabhumi) 국제공항을 점거하고 만다. 12월 2일 태국 헌법재판소가 선거 부정을 저지른 집권 3당의 해산과 솜

차이 총리를 비롯한 지도자들의 정치활동을 5년간 금지시키면서 과도정부가 구성된다. 12월 15일 태국 의회는 DP의 아피씻 당수를 총리로 선출했지만, 2009년 3월 26일 친탁신 계열인 '독재저항 민주주의 연합전선'(National United Front of Democracy Against Dictatorship: UDD)이 정부청사를 봉쇄하면서 의회의 해산을 요구하는 시위에 직면했을뿐만 아니라 4월 11일에 가면 파타야(Pattaya)에서 개최된 아세안+3(한국 · 중국 · 일본) 정상회의가 무산되면서 아피씻 총리는 비상사태를 선포하게 된다. 태국 정국은 현재도 군부의 쿠데타위협이 상존한 가운데 탁신의 정치적 재기를 둘러싼 찬반(贊反) 논쟁이 민주화과정의 주요 변수로 자리하고 있는 실정이다.

둘째, 인도네시아의 경우로 2009년은 선거의 해인 듯하다. 먼저 4월 9일 치른 선거 가운데 하원(People's Representative Council: 이하 DPR) 선거에서는 유도요노(Susilo Bambang Yudhoyono) 현 대통령이 이끈 집권당인 '민주당'(Democratic Party: PD)이 2004년 의석수 57석보다도 무려 93석이나 많은 150석을 획득하였지만, 제1야당인 Golkar의 경우 2004년의 128석에서 21석이나 적게 획득한 것으로 나타났다. 그 다음으로 7월 8일 실시된 대통령선거에서도 첫번째 투표에서 유도요노 대통령은 60%가 넘는 압승을 거두어 결선투표 없이 선거위원회'(General Elections Commission: KPU)는 7월 23일 유도요노 후보의 대통령 당선을 선언하게 된다. 공식적인 선거결과 유도요노 후보는 60.80%, 제1야당인 '인도네시아 민주투쟁당'(Indonesian Democratic Party of Struggle: PDI－P)의 메가와티 후보는 26.79%를 거둔 것으로 발표되었다. 인도네시아의 민주화과정은 1998년 5월 21일 수하르토의 독재체제가 붕괴된 이후 시작되어 현재까지는 평화적인 선거제도가 유지되는 가운데 진행되고 있는 듯하다.

셋째, 버마/미얀마의 경우이다. 미얀마의 군사정부는 아웅산 수지(Aung San Suu Kyi) 여사를 2003년 5월 30일 세 번째 가택연금에 처한 가운데 매년 연장시켜 2009년 올해까지 근 6년째 지속시키고 있는 실정이다. 유엔인권위원회(UN Human Rights Council: UNHRC)가 미얀마 군정에 수지 여사에 대한 가택연금을 즉각 해지시키라고 촉구했을 뿐만 아니라 7월 3일과 4일 미얀마를 방문한 반기문(潘基文) 유엔 사무총장의 수지 여사와의 면담 요구마저도 거부했다. 또한 북한과 1983년 단교이후 24년만인 2007년에 들어 재수교한 이래 2008년 11월 22일 미얀마의 고위급 군사대표단이 북한을 극비리에 방문하여 긴밀한 군사협력을 위한 양해각서에 서명하기까지 했다. 2009년 7월 22일 태국에서 개최된 동남아시아국가연합의 아세안 지역안보포럼(ASEAN Regional Forum: ARF)에 참가한 클린턴(Hillary Rodham Clinton) 미국 국무장관이 21일 아피씻 총리와의 회담에서 우려를 제기하기도 했다. 사실상 미얀마의 군사정권이 언제 끝날지는 미지수이며, 민주화과정 역시 요원하기만 하다.

넷째, 파키스탄의 경우이다. 2007년 10월 6일 80명의 야당의원들이 사임한 가운데 685명이 참여하여 의회에서 치러진 대통령 간접선거 결과 무샤라프 대통령은 671표라는 압도적인 격차로 재선에 성공했다. 하지만 군인신분으로 출마한 것에 대한 법정공방 속에서 11월 3일 국가비상사태를 선포한 가운데 12월 27일 '파키스탄 인민당'(Pakistan People's Party: 이하 PPP)의 베나지르 부토(Mohtarma Benazir Bhutto) 여사가 총선 유세 중 라왈핀디(Rāwalpindi)에서 폭탄테러로 암살당하고 만다. 2008년 2월 18일의 총선 결과 반(反)무샤라프를 표방한 야당인 PPP와 샤리프(Nawaz Sharif) 전총리가 이끈 '파키스탄회교연맹'(Pakistan Muslim League: 이하 PMLN)이 상하원 의석 2/3에 육박하는 연정(聯政)을 구축하면서 무샤라프 대통령은 끊임없이 탄핵에 시달리게 된다. 8월 7일 PPP와 PMLN에 의해 탄핵이 진행되자 8월 18일 자진사퇴하고 말았다. 9월 6일 개최된 대통령 간접선거에서 암살당한 부토 여사의 남편이었던 자르다리(Asif Ali Zardari)가 702표 가운데 402표를 받은 것으로 추정된 가운데 대통령직에 올랐다. 이로써 1999년 무샤라프가 무혈군부쿠데타로 집권한 지 근 10년 만에 다시 파키스탄은 불안정하나마 민주화과정을 진행시켜 나가고 있다.

다섯째, 브라질의 경우이다. 현재 브라질의 대통령인 룰라(Luiz Inácio Lula da Silva)의 임기가 2011년 1월 1일까지인 관계로 2010년에 들어서면 3선 개헌이 정치쟁점으로 부상될 가능성이 있다. 브라질 헌법이 3선을 금지하고 있으며, 룰라 자신도 3선 출마는 없을 것이라고 거듭 공언하고 있는 상태이다. 무엇보다도 좌파후보임에도 시장친화적 정책들을 유연하게 적용시킨 동시에 국제적인 원자재 가격의 상승으로 인한 반사적인 경제호황은 룰라 대통령의 지지율을 급등시켰다. 따라서 집권당인 '노동자당'(Workers' Party: PT)의 개헌시도 여부가 향후 브라질의 민주화과정이 순항할 것인가를 판가름하는 잣대로 기능할 것이다.

여섯째, 아르헨티나의 경우이다. 상원의원이자 키르츠네르(Néstor Kirchner) 대통령의 부인인 크리스티나 페르난데스(Cristina Fernández de Kirchner)가 2007년 10월 28일 실시된 아르헨티나 대선에서 45.29%라는 압도적인 표차로 차기 대통령에 선출됐다. 대통령선거와 동시에 실시된 의회선거의 경우 먼저 전체 257석 가운데 130석을 대상으로 하는 하원선거에서 집권당인 '승리를 위한 전선'(Front for Victory: 이하 FPV)는 78석을 얻어 총 153석을 차지한 것으로 나타났다. 아르헨티나에서는 전체 72명인 상원의원을 2년마다 1/3씩, 257명인 하원의원은 2년마다 절반씩 교체 선출하고 있다. 따라서 FPV의 경우 연방수도를 포함한 24명의 주지사 가운데 19명을 확보한 것으로 나타났으며, 페르난데스 당선자를 지지하는 의원은 상원의 경우 전체 72명 가운데 44명, 하원은 257명 중 160명 선인 것으로 평가되며, 24명의 주지사 가운데 19명이 집권당과 가까운 인사들이었다. 하지만 2009년 6월 28일 실시된 의회선거결과는 하원의 경우 2007년과 비교해 19석이 줄어든 110석, 상원의 경우 4석이 줄어든 344석에 그쳐 여소야대 구도로 재편된 가운데 아르헨티나의 민주화과정은 현재 진행 중이다.

일곱 번째, 터키의 경우이다. 터키의 민주화과정이 순항하기 위해서 가장 필수적인 조건 가운데 하나가 케말리즘(Kemalism)의 정교분리(政教分離)라는 세속주의(secularism) 원칙을 유지시키느냐에 달려있다. 이것이야말로 군부의 정치개입을 차단시킬 수 있는 유일한 방법이지만, 실제적으로는 끊임없는 보수주의 성향(친이슬람적)의 정치인들과 군부는 충돌을 거듭하고 있는 실정이다. 대표적인 사례로 2007년 8월 28일 임기가 끝나는 세속주의의 신봉론자였던 세제르(Ahmet Necdet Sezer) 대통령의 후임으로 집권당인 '정의개발당'(Justice and Development Party: 이하 AKP)의 에르도한(Recep Tayyip Erdoğan) 총리는 대통령직마저 장악하려 현직 외무부장관이었던 귤(Abdullah Gül)을 대통령 후보로 단독 추천하였다. 이에 세속주의의 마지막 보루였던 군부가 AKP의 후보 선택에 강력한 반대 의사를 표명했음에도, 2007년 4월 28일 에르도안 총리는 대통령선거 문제와 관련한 군부의 경고를 무시하는 한편 민주주의에서는 받아들일 수 없는 간섭이라고 반박하자, 4월 29일 약 100만 명 이상의 터키 국민들이 세속적이고 민주적인 질서를 요구하는 대규모 시위를 통해 에르도한 총리가 이끈 친이슬람 정부의 퇴진을 강력히 요구했던 것이다. 2007년 4월 27일과 5월 6일 2차례에 걸친 의회의 대통령 간접선출 투표가 모두 정족수 부족으로 불발되면서 귤 장관은 후보사퇴 의사를 밝혔다. 하지만 2007년 5월 2일 집권여당인 AKP의 조기총선 요구로 7월 22일 실시된 의회선거에서 AKP는 46.66%의 득표율로 전체의석 550석 가운데 341석을 차지하는 압승을 거두었는데 비해 제1야당인 '공화인민당'(Justice and Development Party: CHP)은 단 20.85%의 득표율로 112석을 얻는데 그쳤다. 이에 7월 23일 에르도한 총리는 이슬람 & 민주주의의 공존정책을 재확인하면서 군부와 법조계를 장악하고 있는 세속주의 세력과 끊임없이 충돌하는 가운데 결국 귤 장관은 2007년 8월 28일 터키 최초로 이슬람주의자 출신으로 대통령직에 올랐다. 결과적으로 터키의 향후 민주화과정은 집권당인 AKP와 귤 대통령의 이슬람화 정책과 세속주의 정책간의 균형을 유지시킬 수 있느냐의 여부가 군부의 정치개입의 가능성을 차단시키는 단초가 된다고 볼 수 있다.

여덟 번째로, 이집트의 경우이다. 2007년 6월 11일과 6월 18일 두 차례 열린 상원 선거(Shura Council)는 전체 264석 가운데 88석을 새로이 교체하는 선거였다. 이때 무바라크의 집권여당인 '국가민주당'(National Democratic Party: 이하 NDP)은 88석 가운데 84석을 얻었던 반면 무슬림형제단(Muslim Brotherhood)의 후보들은 무소속으로 출마하여 단 3석에 그쳤다. 뿐만 아니라 상원 선거는 '새로운 와프드 당'(New Wafd Party)과 '나세르주의자 정당'(Nasserist Party)이 선거참여를 거부한 가운데 치러져 공정성을 담보하기엔 곤란한 선거였다. 2008년 4월 8일 약 4,500여개의 자치체와 도시들에서 지방의회 구성을 위한 선거가 개최되었다. 하지만 이집트 정부는 3월부터 출마가능성이 있는 무슬림형제단의 예비후보들을 체포하는 등 공공연한 탄압을 자행했다. 실제로 1981년 사다트를 승계한 무바라크 대통령은 대중적 지지기반을 지닌 무슬림형제단을 불법화시키면서도 정치활동은 묵인하는 이중적인 정책을 펼쳐왔었다. 그러나 2005년 9월 7일 연임(5선)을 결정짓는 대통령 선거가 끝나고 11월 9일 실시된 총선 결과 무슬림형제단은 전체 하원 의석 454석 가운데 20%를 차지함으로써 제도권 내의 최대 야당으로 부상하였다. 2008년 4월 7일 무슬림형제단이 선거를 거부한 가운데 치러진 선거에서 집권여당인 NDP는 전체 의석의 80% 이상의 지역에서 경쟁자가 없는 가운데 98%의 지방의회 의석을 장악한 실정이다. 이집트의 민주화과정은 무바라크대통령의 장기집권이 30년 가까이 지속되고 있는 관계로, 민주적 제도화의 수준은 심각하게 훼손되어진 상태이다.

아홉 번째로, 에티오피아의 경우이다. 1995년 8월 23일 총리에 취임한 제나위(Meles Zenwani)의 '에티오피아 인민혁명민주전선'(Ethiopian People's Revolutionary Democratic Front: EPRDF)을 중심으로 형식적인 민주주의과정을 유지한 채 독재정치가 자행되고 있다. 2006년 10월 18일 수도 아디스 아바바(Addis Ababa)에서 벌어진 반정부시위에서 경찰은 10대 청소년들 40명을 포함한 193명의 시위대를 학살했고, 20,000명을 체포하였으며, 763명이 부상을 입었다. 2007년에 들어서 에티오피아 법원은 네가(Birhanu Nega)가 이끄는 야당인 '연대와 민주연합'(Coalition for Unity and Democracy: 이하 CUD) 소속의 38명의 상원의원들에게 벌금형을 부과하고, CUD의 지도부에겐 폭력발생에 대한 책임을 인정한다는 서명을 받기도 했다. 2006년 12월 24일 제나위 총리는 소말리아의 이슬람군벌(Union of Islamic Courts: UIC)과 전쟁을 벌이고 있다고 공개적으로 선언하면서 12월 25일 모가디슈(Mogadishu) 국제공항을 전투기로 공습해 소말리아 내전을 전면전으로 확대시켰다. 에티오피아가 이처럼 소말리아 내전에 적극적으로 개입하고 있는 것은 기독교 국가인 에티오피아로서는 소말리아에 과격 이슬람정권이 들어서는 것을 매우 우려하고 있는 동시에, 불안정한 국내적인 정치상황을 외국과의 전쟁을 통해 모면해 보려는 의도가 숨어 있다는 지적도 있다. 따라서 기오르기스(Girma Wolde-Giorgis) 대통령이 허수아비에 불과한 가운데 제나위 총리의 장기독재체제가 지속되고 있는 현재 에티오피아의 민주화과정은 험난하기만 하다.

열 번째로, 나이지리아의 경우이다. 부정선거의 논란 속에서 2007년 4월 1일 실시된 대통령 선거에서 오바산조(Olusegun Obasanjo) 대통령의 지원을 받은 가운데 카트시나(Katsina) 주의 주지사를 지낸 집권 여당 '인민민주당'(People's Democratic Party: 이하 PDP)의 야라두아(Umaru Yar'Adua) 후보가 69.82%의 득표율을 올린 반면, 제1야당인 '전나이지리아인민당'(All Nigeria Peoples Party: 이하 ANPP)의 부하리(Muhammadu Buhari) 후보는 18.72%에 그쳤다. 이에 야당과 유럽연합의 선거감시단들은 부정선거로 규정하고, 대법원에 선거무효소송을 제기했지만 대법원은 증거불충분을 이유로 야라두아 후보의 선거법 위반소송을 기각시켰다. 4월 21일 실시된 의회 선거에서도 집권 여당인 PDP는 하원 전체의석 360석 가운데 260석을 얻었지만, 제1야당인 ANPP의 경우 62석에 그쳤으며, 상원 선거에서도 PDP는 전체 109석 가운데 85석을 획득했지만, ANPP는 불과 16석을 얻는데 그쳤다. 11월 17일 실시된 지방선거 투표 결과를 놓고서 카노(Kano) 주에서 PDP 지지자들과 ANPP 지지자들 간에 최악의 충돌이 발생하여 20여명이 사망한 것으로 국제사면기구(Amnesty International)는 보고했다. 나이지리아의 집권당인 PDP는 기독교를 믿는 지지자들이 대부분인 반면, ANPP의 경우 이슬람교를 신봉한다. 따라서 향후 나이지리아의 민주화과정은 종교문제와 더불어 집권당인 PDP가 얼마나 투명하게 정부를 이끌어갈 것인가의 여부에 달려있다고 판단된다.

열한 번째로, 그리스의 경우이다. 2007년 9월 16일 전체 300석을 선출하는 의회 선거에서 재집권에 성공한 카라만리스(Kostas Karamanlis)가 이끈 집권 여당 '신민주당'(New Democracy: 이하 ND)은 41.83%의 득표율로 152석을 얻어 과반의석을 확보했던 반면 제1야당인 파판드레우(George Papandreou)의 '범그리스 사회주의 운동'(Panhellenic Socialist Movement: 이하 PASOK)은 38.10%로 102

석을 얻는데 그쳤다. 하지만 2009년 3월 26일 주그리스 한국대사관의 주재국 정세보고에서 정당별 지지율을 살펴보면 집권당인 ND가 PASOK에 비해 3.5%～4.5%의 지지도 열세를 보이고 있는 것으로 나타났지만, 수상 후보의 지지도에 있어서는 카라만리스 현 수상이 여전히 파판드레우 PASOK 당수를 5.8% 앞서고 있는 것으로 조사되었다. 따라서 향후 그리스의 민주화과정은 ND와 PASOK을 대표하는 두 정치가문, 즉 카라만리스 가문과 파판드레우 가문이 중심이 되어 교대로 정권교체가 벌어지는 양대 정당 중심의 정치구도가 민주화과정에 있어서 주요한 축으로 작용할 가능성이 다분하다.

마지막으로 스페인의 경우이다. 2008년 3월 9일 총선에서 사파테로(José Luis Rodríguez Zapatero) 현 총리의 '스페인사회노동당'(Spanish Socialist Workers' Party: 이하 PSOE)이 43.87%의 득표율로 전체 350석 가운데 169석을 차지하여 제1야당인 '국민당'(Popular Party: 이하 PP)의 154석을 앞서 재집권에 성공했다. 또한 2009년 3월 1일 실시된 갈리시아(Galicia) 주 및 바스크(Pais Vasco) 주만을 대상으로 한 지방선거 결과, 당초 예상과는 달리 갈리시아 주에서는 PP가 승리하고, 바스크 주에서는 바스크민족주의자들의 득표율이 역사상 처음으로 과반수에 미달한 반면 집권당인 PSOE의 경우 6개의 의석을 추가 확보(총 24석)함으로써 여당과 야당이 각각 승리를 나누어 가진 것으로 나타났다. 예컨대 바스크 지방선거에서는 반(反)스페인계 바스크지역 정당인 바스크 민족당(PNV)이 전체 75석의 지방의회 의석 중 가장 많은 30석을 차지했지만, 최초로 좌·우파 정당이 바스크 지방의회 의석의 과반수를 차지했다는 점에서 민주화과정의 중요한 진전이 이루어지고 있음을 확인할 수 있다.

이 책은 원래 필자가 관심을 가지고 있었던 한국 민주화과정의 한 부분이었다. 사실 군사쿠데타를 겪은 우리나라의 민주화과정을 보다 자세히 이해하기위해서는 유사한 경험을 가진 국가들과의 비교연구가 필수적이기 마련이다. 이런 초기 의도는 과욕으로 이어진 탓인지 상당한 분량으로 변질되어 버렸다. 부디 이 책을 읽는 독자들 모두 책 속에서 원하는 해답을 구할 수 있게 되기를 희망한다.

어느덧 늦여름으로 접어들고 있다. 해묵은 원고들과 씨름하는 작업은 여간 피곤한 일이 아니었지만, 이 시점에서 떠올려야 할 분들이 있다. 아버지께서 작고하신지도 벌써 10년이 다되어 간다. 그리워만 하기엔 너무 시간이 많이 흐른 것 같다. 하지만 장모님께서 너무 빨리 가신 것은 두고두고 아쉬움으로 남는다. 어머니와 장인께도 늘상 죄송스러운 마음을 갖고는 있지만, 표현의 부재는 극복해야만 할 한계인 듯하다. 더불어 공부하는 남편을 만난 죄로 10년 가까이 고생하는 마누라(최희정)와 아들(홍재식)에게는 친구 같은 남편과 아빠가 되고픈 작은 소망과 아울러 항상 사랑하고 있다는 사실을 고백하고자 한다. 최근 많은 분들과도 새로운 만남을 갖게 되었다. 경북대학교 입학관리본부장 유명철 교수님과 부본부장이신 이영섭 교수님, 그리고 이상협 입학과장님, 그 외 필자를 기억해주시는 모든 어른들께도 지면을 통해 인사말씀을 올린다. 한 걸음 더 나가기 위한 과정으로서 작은 기회가 되기를 희망하며 은사이신 노동일 경북대학교 총장님께도 인사를 드린다.

거친 원고를 다듬고 편집해주시느라 애쓰신 박재규 선생께도 감사의 말씀을 전하며 향후 이 책에서 지적되는 모든 허물은 전적으로 필자의 책임이라는 것을 밝힌다.

2009년 8월
洪 徹

목 차

제1부 이론적 논의

제2부 군부의 정치개입과 민주화과정

〈표 차례〉

〈그림 차례〉

제1부

이론적 논의

제1장 신생국가의 등장과 군부쿠데타의 개념

제1절 신생국가의 등장과 불안정한 국내외적 기반

유럽이 중심이 된 제국주의 침략의 역사는 교황권과 밀착된 가운데 1492년 10월 12일 콜럼버스(Christopher Columbus)가 서반구(Western hemisphere)를 발견한 이후 본격적으로 작동하였다. 당시 교황이었던 알렉산더 6세(Alexander Ⅵ)는 스페인과 포르투갈에 식민지 교역권을 중재하면서 1494년 6월 7일 '토르데실라스 조약'(Treaty of Tordesillas)을 문서화함으로써, 근대 식민주의의 단초를 제공하였다. 분명한 사실은 교황에 의한 식민지 교역권의 분할은 명백히 단기간에 그쳤음에도 불구하고, 네덜란드(Netherlands)를 선두로 그 뒤를 영국과 프랑스가 세계적인 식민대국으로 우위를 점하기 시작했다.[1] 열강들의 식민지쟁탈과정과 교황권의 결합은 기독교 문화가 중심이 된 가운데 세계 전체가 기독교 문화권에 종속되는 식민지시대를 초래시켰고, 유럽은 세계를 하나의 '사회체제'(social system)로 창조하는 변혁을 달성하였지만 이러한 세계질서는 정복

1) Monte Palmer, *Dilemmas of Political Development: An Introduction to the Politics of the Developing Areas*(F. E. Peacock Publishers, Inc., 1980), 69쪽.

에 기반하고 강제력에 의해 유지된 것이었다. 따라서 필연적으로 불평등 구조를 지닌 가운데, 한쪽 극(pole)에는 산업화된 유럽이, 또 다른 극에는 권리를 박탈당한 지역들이 위치했다.[2] 이 연장선상에서 성립된 근대국제체제에서도 제국주의적 팽창정책은 노골화되었고, 정치・경제・사회・군사 등 모든 부문에 걸쳐 약소국가들이 착취당하는 식민체제는 정당화되어졌다.

제2차 세계대전의 종전은 과거 구미 열강들의 제국주의적 식민체제의 쇠퇴와 더불어 민족의식이 고조되면서 약 100여 개국에 달하는 신생국가들을 출범시켰다. 여기서 신생국은 구미 열강의 식민지 혹은 반(半)식민 상태로부터 탈피하여 정치적 독립을 획득했음에도 불구하고, 안정을 기하지 못하였거나 경제・사회・문화적으로 미개발된 국가를 지칭하는 개념이다.[3] 대부분의 신생국가들이 공통적으로 지녔던 한계는 허울뿐이었던 민족주의적 노선의 추구와는 달리 정치적・경제적 부문에서는 식민모국(植民母國)과 긴밀하고도 광범위한 의존관계에 놓였다는 사실이다. 이로 인해 자국의 현실은 고려하지 않은 채 선진국의 발전모델을 근대화과정에 수용한 결과 국가경제의 파탄뿐만 아니라 종속의 심화현상까지 수반시켰던 것이다. 예컨대 자립적인 국민경제형성을 지향하며 국가자본주의적 경제발전정책을 추진한 대중영합주의(populism)적 정권들인 아르헨티나의 페론(Juan Domingo Perón)정권, 브라질의 굴라르(João Belchior Marques Goulart)정권, 멕시코의 카르데나스(Lázaro Cárdenas del Río)정권의 경우 대외 종속적인 국내과두지배세력과 중심부국가의 압력, 민족부르주아지와 노동자계급의 불안정한 동맹관계로

---

2) Peter Worsley, *The Third World*(The University of Chicago Press, 1964), 14쪽.

3) David E. Apter, *The Politics of Modernization*(University of Chicago Press, 1965), 67쪽.

말미암아 위기를 해소하기는커녕 도리어 가속화시킨 대표적인 사례들이다.[4] 특히 전통적으로 미국의 대(對)라틴아메리카 정책에는 1823년 12월 2일 먼로독트린(Monroe Doctrine)[5]을 확대 해석한 1904년 5월 20일 루스벨트(Theodore Roosevelt) 대통령의 적용지침(Corollary)이 자리하고 있었다. 즉 이 지역에 막대한 군사적 · 정치적 이해관계를 갖고 있었던 미국으로서는 불안정한 라틴아메리카의 상황을 안정시키기 위한 수단으로서 군부를 동원하여 친미정권을 수립함으로써 라틴아메리카는 '집정관 사회'(praetorian society)의 속성을 강하게 표출하였던 것이다. 무엇보다도 집정관 사회는 근대화의 초기 및 중기에 위치한 나라로서 민간인 정치기구가 정통성을 결여한 가운데 정치과정의 제도화수준이 낮은 관계로 급증하는 시민사회의 정치참여를 흡수하지 못하거나 혹은 사회가 통합되지 못하고, 게다가 사회계층이 양분화되어 있어 군부에 의해 지배당하기 쉬운 조건에 노출되어 있는 불안정한 사회를 특징으로 했다.[6]

특히 정치적 불안정성이야말로 근대화과정에 돌입한 과도기적 사회의 특성을 대변하는 실체이며, 궁극적으로 선진사회와 후진사회를 구분하는 경계이기도 했는데, 여기에 대한 몇몇 학자들의 견해를 소개해 본다면 다음과 같다. 첫째, 스탤리(Eugene Staley)의 경우

4) 차기벽, "제3세계의 민주화와 한국의 위상", 성균관대 사회과학연구소, 『사회과학』, 통권 28호(1988), 10쪽.

5) 미국의 제5대 먼로(James Monroe) 대통령이 의회에 제출한 연두교서에서 밝힌 고립주의 외교 방침으로 유럽과 신대륙은 서로 다른 정치체제를 가지고 있으므로 별개의 지역으로 남아야 할 것임을 선언하면서 이를 네 가지의 기본 사항으로 밝혔다. ① 미국은 유럽 열강의 국내문제나 열강들의 세력 다툼에 개입하지 않는다. ② 미국은 아메리카 대륙의 기존 식민지와 보호령을 인정하고 간섭하지 않는다. ③ 장차 아메리카 대륙에서의 식민지 건설을 엄금한다. ④ 유럽 열강이 아메리카 대륙의 어떠한 나라라도 억압하고 통제하려고 한다면, 이는 미국에 대한 적대 행위로 간주될 것이다.

6) Jason L Finkle and Richard W. Gable(ed.), *Political Development & Social Change*(New York, 1971), 306 – 312쪽.

는 후진국의 정의(定義)를 어떠한 재난으로부터 기인된 것이 아니라 대중의 빈곤이 고질화되어 있으며, 이 빈곤이 결코 천연자원의 빈약뿐만 아니라 다른 국가에서 이미 시험된 방법에 의해서 빈곤이 경감될 수 있는 데도 불구하고 그대로 낡은 생산방법과 사회조직에 의해서 특징 지워진 나라로 보고 있다.[7)]

둘째, 콜먼(James S. Coleman)은 선진사회를 근대사회로 규정하고, 후진사회를 근대화의 변화과정에 돌입한 과도적 사회로 정의하면서, 특히 후진사회의 일반적 특성을 첫째로 사회·경제·정치적 과정의 혼합성, 둘째로 통합성의 결여, 셋째로는 전통적인 대중과 서구화된 엘리트 사이에 커다란 간격(gab)이 존재한다고 요약하고 있다.[8)]

셋째, 이신일 교수의 경우 후진사회의 공통된 현상으로 세 가지를 지적한다.[9)] ① 경제적인 요인: 국민 1인당 소득이 낮은 수준에 머물게 됨으로써 대중의 빈곤이 고질화되어 있다. ② 사회·문화적인 요인: 농촌과 도시의 심한 격차와 사회의 조직과 역할이 가족중심으로 이루어진다. ③ 정치적 요인: 정치지도자들과 일반대중과의 거리감, 즉 정당의 제도화가 되어 있지 않다.

또한 정치적 불안정성과 더불어 경제적 낙후로 인해 만연(蔓延)한 빈곤을 극복하는 것이 신생 독립국가들로서는 당면한 국가적 관심사였지만, 이 과정에서 초래된 혼란과 부패구조 등은 대부분 군부쿠데타라는 정치적 위기 상황을 촉발시키고 말았다. 역사적으로도 경제적 위기로 인해 국민들이 빈곤 상황에 장기간 노출되었

7) Eugene Staley, *The Future of Underdeveloped Countries*(New York, 1961), 11쪽.

8) G. A. Almond and J. S. Coleman, *The Politics of Developing Areas*(Princeton University Press, 1960), 535쪽.

9) 이신일, "후진국에서의 군의 정치참여", 청주대학교 국제문제연구원, 『국제문화연구』, 제1집(1984), 3쪽.

을 경우 정치권력을 위기로 몰아갔던 사례는 무수히 많았다. 하지만 군부쿠데타가 신생독립국가들이나 후진국에만 발생되는 현상은 아니라는 것은 유럽 지역의 일부 국가들의 사례가 이를 증명하고 있음에도 불구하고, 대부분의 경우 신생 독립국가 내지 후진 국가들에서 군부쿠데타의 발생빈도가 집중된 것이 주지의 사실이었음은 이미 여러 선행연구들에서도 공통적으로 지적된 바 있다.

특히 엘 라이티(Heba El－Laithy)는 빈곤의 악순환이 결코 빈곤 자체만의 문제가 아닌 복합적인 요인들의 상호관계 속에서 이해되어야 한다는 전제 아래 ① 질병과 문맹률, ② 실업률, ③ 빈곤 세 변수들의 상호작용으로 다루기 힘든 빈곤의 삼각구조로 제시한 바 있는데, 결국 신생독립국가 내지 후진 국가들의 경우 이 같은 복합적 요인들이 장기간 축적된 가운데 특정 시점에서 군부쿠데타의 중요한 동인(動因)들 가운데 하나로 작용하였음은 분명하다.

〈그림 1〉 다루기 힘든 빈곤의 삼각구조

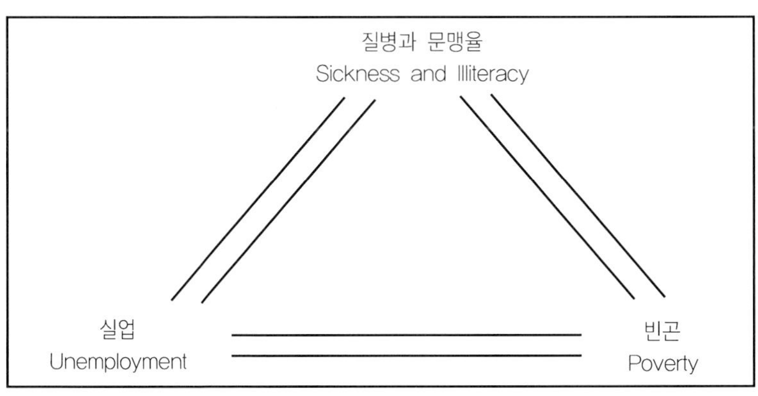

출처: Saleh S. Abdelazim, *Structure Adjustment and the Dismantling of Egypt's Estatist System*(Virginia Polytechnic Institute and State University, November 15, 2002), 사회학 박사학위 논문, 114쪽 재인용.http://scholar.lib.vt.edu/theses/available/.../unrestricted/CHP5.pdf.(검색일: 2006. 11. 26)

제2절 쿠데타의 역사 및 분류

1. 쿠데타의 역사

여기서는 군부쿠데타보다도 광의적 개념인 쿠데타를 통해서 역사적으로 발생했던 쿠데타와 시도되었지만 실패로 끝났던 쿠데타의 목록을 선별적(選別的)으로 제시해 보았다.[10] 일반적으로 군부가 주도적인 역할을 수행하는 군부쿠데타와는 달리 광의의 쿠데타 개념에는 참여자들의 범주를 크게 국내적 범주와 국외적 범주로 구분할 수 있으며, 이는 다시 단독(singleness) 내지 연대(coalition)라는 쿠데타 주체들의 활동과도 연결된다. 예컨대 첫째, 국내적 범주의 경우를 보면 강대국의 개입 없이 학생·경찰·관료·기업가·종교인·정치가 등 그 사회에 분포하고 있는 각종 직업군(職業群)들이 쿠데타의 주체가 되며, 이때 특정 직업군 주도의 단독 쿠데타가 발생할 수도 있으며, 또한 다른 직업군들과의 연대도 상정할 수 있다.

둘째, 국외적 범주의 경우 대표적으로 미국의 '중앙정보국(Central Intelligence Agency: CIA), 영국의 '군사정보부 제6부대'(Military Intelligence Section 6: MI－6), 소련의 '국가안보위원회'(State Security Committee: KGB)와 같은 강대국 정보기관의 지원이 국내적 범주와 공동작용(synergy)한다는 점을 특징으로 한다. 따라서 전체적으로 본다면 국외적 범주의 쿠데타는 연대의 형태를 지니게 되지만, 공동작용의 한 축을 이루는 국내적 범주만으로 국한시켜 본다면

10) http://www.answers.com/topic/coup－d－tat(검색일: 2006. 8. 4)에 제시된 기본 자료를 필자가 대폭 보완한 것이다.

그 속에 쿠데타 주체가 다시 특정 직업군 단독이었는가, 아니면 연대였는가를 확인할 수 있다.

1) 20세기 이전의 쿠데타

연도(年度)	내 용
632	시아(Shia)파 무슬림들이 무함마드(Muhammad)의 계승권을 주장하면서 일으킨 쿠데타.
1648	12월 6일 하원(下院)으로부터 면직(免職)당한 프라이드(Thomas Pride) 대령의 부대(Pride Purge)와 헌병들(MPs)은 찰스 1세(Charles Ⅰ)와 정치적 협상을 지속하기를 원했는데, 이를 후세 사학자들은 군부쿠데타와 유사한 것으로 간주함.
1688	12월 11일 영국 의회와 네덜란드(Netherlands)의 오렌지 공(William of Orange)에 의해 가톨릭 신자였던 제임스 2세(James Ⅱ)가 퇴위(退位)당한 소위 '명예혁명'(Glorious Revolution)이라 불리는 무혈(無血) 혁명을 가리킴.
1799	11월 9일 프랑스의 보나파르트(Napoléon Bonaparte) 장군이 군부쿠데타를 일으켜 1792년 9월 22일 출범한 제1공화정의 집정관(consul)이 되고, 1804년 5월 18일 나폴레옹 1세(Napoleon Ⅰ)로 등극함으로써 다시 군주제로 복귀함. 후에 맑스(Karl Marx)가 집필한 그의 조카 루이 보나파르트(Louis Bonaparte)가 다시 황제로 등극하는 과정을 묘사한 '루이 보나파르트의 브뤼메르의 18일'(The Eighteenth Brumaire of Louis Bonaparte)에서 언급되는 '브뤼메르의 18일'(Eighteenth Brumaire)은 보나파르트가 군부쿠데타를 일으킨 '프랑스 공화정 달력'(French Republican Calendar)에서는 11월 9일에 해당됨.
1808	1월 26일 존스톤(George Johnston) 소령에 의해 브리그(William Bligh) 주지사를 축출한 '뉴사우스웨일스'(New South Wales)에서의 '럼 반란'(Rum Rebellion).
1851	12월 2일 프랑스 대통령인 보나파르트(Louis-Napoléon Bonaparte)가 의회를 해산하고, 그 이듬해인 1852년 12월 2일에 가서는 국민투표(referendum)로 왕정복고가 이루어짐. 보나파르트는 나폴레옹 3세(Napoléon Ⅲ)라는 칭호로 황제직에 올라 1870년 7월 비스마르크(Otto Eduard Leopold von Bismarck) 수상(chancellor)이 이끈 프러시아(Prussia)와 전쟁을 치름. 9월 2일 '세단 전투'(Battle of Sedan)에서 프러시아군에게 사로잡힌 이틀 후 황제직에서 폐위당하면서, 프랑스 제3공화정은 막을 내림.
1874	12월 29일 캄포스(Arsenio Martínez Campos)가 스페인 제1공화정을 붕괴시키고, 알폰소 12세(Alfonso Ⅻ)란 칭호로 왕위에 오름.
1889	11월 15일 육군 원수(元帥)였던 폰세카(Deodoro da Fonseca) 장군이 주도한 군부쿠데타로 브라질 황제였던 피터 2세(Peter Ⅱ)가 퇴위되고, 공화국의 선포 및 주(州) 정부가 설치됨.
1893	7월 7일 하와이(Hawaii) 왕국에서 일어난 쿠데타는 토착 사업가이자 국외 국적자인 스티븐슨(John L. Stevens)의 후원하에 미국 해병대와 미국 국무성의 협조를 받아 릴리누카라니(Lili'uokalani) 여왕을 퇴위시킴.
1899	10월 19일 베네수엘라(Venezuela)에서 카스트로(Cipriano Castro) 장군의 군대가 안드라데(Ignacio Andrade) 정부를 전복함.

2) 1901년~1950년까지의 쿠데타

연 도 (年度)	내 용
1908	독재자였던 카스트로(Cipriano Castro) 장군이 신병치료차 유럽으로 떠난 이후 12월 19일 고메즈(Juan Vicente Gómez) 장군은 스스로를 베네수엘라(Venezuela)의 대통령이라 선언함.
1910	10월 4일 포르투갈(Portugal)에서 공화주의자들의 쿠데타로 국왕 마누엘 2세(Manuel Ⅱ)가 퇴위(退位)당하고, 제1공화국이 설립됨.
1913	2월 18일 멕시코(Mexico)의 오르테가(José Victoriano Huerta Ortega) 장군이 군부쿠데타로 곤잘레스(Francisco Indalecio Madero González) 대통령을 축출함.
1920	3월 13일 독일의 우익 신문기자였던 푸쉬(Wolfgang Kapp Putsch)와 그가 지원한 자경단(自警團)인 프레이콥스(Freikorps)를 이끈 루위츠(Walther von Luttwitz) 장군에 의해 '바이마르 공화국'(Weimar Republic) 전복이 시도되었지만, 3월 17일 실패로 끝남.
1923	9월 13일 국왕을 폐위시키지 않은 가운데 스페인(Spain)의 리베라(Miguel Primo de Rivera) 장군은 독재정권을 설치함.
1923	11월 8일~9일 남부 독일의 도시들인 뮌헨(München)·바이에른(Bayern) 등에서 정치적 연대의 장소로 이용되었던 '맥주회관'(Beer Hall)을 중심으로 히틀러(Adolf Hitler)에 의해 시도된 쿠데타가 실패함.
1924	9월 5일 칠레(Chile)의 팔마(Arturo Fortunato Alessandri Palma) 대통령은 타라베라(Luis Altamirano Talavera) 장군이 주도한 보수적인 군부쿠데타 이후 사임하고, 도주함.
1926	폴란드(Poland)에서 필수드스키(Józef Klemens Piłsudski) 장군이 일으킨 5월 12일~14일 사이의 쿠데타로 정부가 전복됨.
1926	포르투갈(Portugal)의 코스타(Manuel Gomes da Costa) 장군이 주도한 5월 28일의 군부쿠데타는 브라가(Braga)에서 시작되어 즉시 포르토(Porto)·리스본(Lisbon)·에보라(Évora)·쿠임브라(Coimbra)·산타렘(Santarém)에서 뒤따랐는데, 결국 불안정했던 제1공화국이 붕괴되고 국가독재가 시작됨.
1930	9월 6일 아르헨티나(Argentina)의 이리고옌(Hipólito Irigoyen) 대통령이 우리부루(José Félix Uriburu) 장군의 군부쿠데타로 축출됨.
1932	2월 27일~3월 2일에 걸쳐 핀란드(Finland)에서 코소라(Vihtori Kosola)와 왈레니우스(Kurt Martti Wallenius) 장군의 주도로 강렬한 반공주의를 표방하면서 민족주의적인 활동들과 백인종의 보호자 역할을 강조한 '라푸아 운동'(Lapua Movement)에 의해 시도된 실패한 쿠데타.
1932	5월 15일 일본에서 일어난 군부쿠데타로 해군 장교들과 육군 사관후보생 및 오카와(Shumei Okawa)·토야마(Mitsuro Toyama) 등 우익 민간인들이 쓰요시(Inukai Tsuyoshi) 총리를 관저(官邸)에서 암살한 사건으로 소위 5·15사건이라 칭함.
1932	칠레(Chile) 군부가 주도한 쿠데타로 6월 4일 몬테로(Juan Esteban Montero) 대통령이 축출되고, 칠레 사회주의 공화국이 설립됨. 12일 후 다른 군부 장교들이 주도한 역(逆)쿠데타로 사회주의 공화국은 폐지되고, 10월 2일 새롭게 임시 대통령으로 취임한 오야네델(Abraham Oyanedel)에 의해 민주주의가 회복됨.
1933	미국의 퇴역 해군제독이었던 부틀러(Smedley Butler)의 주도로 봄부터 여름 동안 약 2만여 명의 제1차 세계대전 참전용사들과 그 가족들 및 동조 집단들이 즉각 상여금(Bonus)을 지급하라며 시위를 벌인 집회를 소위 '상여금군'(Bonus Army: 이하 BA)이라 칭함. 그들은 6월 15일 하원을 통과한 '패트만 상여금 법안'(Patman Bonus Bill)이 상원의 반대에

	부딪히자, 17일 수도(首都) 워싱턴(Washington)으로 집결하여 제1차 세계대전 참전용사들에게 현금으로 상여금을 지급하는 법안을 통과시키라고 요구함. 하지만 법안이 폐기된 이후 미국 의회는 시위자들이 귀향할 수 있게끔 적절한 자금의 지급을 약속하여 일부를 해산시켰지만, 7월 28일 워싱턴 경찰이 그때까지도 해산하지 않고 있던 시위자들을 해산시키는 과정에서 두 명의 참전용사들에 발포하고, 시위자들 역시 경찰들을 습격하여 부상자가 발생함. 결과적으로 BA의 진지(陣地)는 맥아더 장군이 지휘하는 육군 기병대에 의해 괴멸됨. 이 사건은 부유한 산업자본가들이 루스벨트(Franklin D. Roosevelt) 행정부를 전복시키기 위한 방안으로 계획했다는 실패한 쿠데타 음모로 기록됨.
1934	5월 15일 독일과 러시아에서의 호전적(好戰的)인 정부의 출현과 대공황의 경제적인 영향으로 인해 정치적·군사적 위협에 직면한 라트비아(Latvia)는 울마니스(Kārlis Ulmanis) 총리가 의회(Saeima)를 해산시키고, 독재적인 지배기구를 설치함. 이 당시 현직 대통령이었던 키비에시스(Alberts Kviesis)는 1936년까지였던 잔여임기를 보장받았음. 그 후 울마니스는 대통령직과 총리직에 측근들을 중용했는데, 이는 명백한 헌법위반이었음.
1934	팻츠(Konstantin Päts)는 자신이 에스토니아(Estonia)의 '국가보호자'(Riigihoidja)로 재직 중이었던 1월 24일 국가비상사태를 선포하면서 권위주의적 지배를 확립함.
1936	그리스(Greece)에서 8월 4일 메탁사스(Ioannis Metaxas) 장군이 독재권력을 장악함.
1936	12월 12일 장개석(Chiang Kai-shek) 장군이 중국공산당에 대한 전투 중지를 요구한 그의 참모 장학량(Zhang Hsue-liang)에 의해 납치되는데 이를 '시안사변'(西安事變)이라고 칭함.
1936	7월 17일 프랑코(Francisco Franco) 장군이 이끄는 국가주의자들과 스페인 제2공화정의 아사냐(Manuel Azaña) 대통령이 이끈 왕정주의자들 간의 갈등으로 내전(Civil War)이 발생하여 1939년 4월 1일까지 지속됨. 이후 프랑코 장군은 스페인 총통의 자리에 올라 스페인을 통치함.
1936	2월 26일 일본에서 발생한 2·26 사변은 정부에 대항한 마지막 반란으로, 제국주의를 지향하는 분파(分派)들에 의해 시도된 쿠데타였음. 1,400명의 하급 군부장교들이 도쿄(Tokyo)에서 무장 봉기하여 국회(National Diet of Japan)·육군성(army ministry)·경찰청을 점거하고, 세 명의 내각 대신들을 살해함. 또한 일련의 장교 무리들은 총리 관저를 습격하여 케이수케(Okada Keisuke) 총리를 살해하려고 시도함. 2·26 사변의 결과 일본에서 평화를 지향하는 분파들이 제거됨으로써 군국주의자들이 주도하는 정부가 들어서게 되어 1937년 제2차 '중·일 전쟁'(Sino-Japanese War)을 가속화시킨 주된 계기로 작용함.
1937	유럽의 파시스트들처럼 브라질(Brazil)의 대통령이었던 바르가스(Getúlio Dornelles Vargas)는 개인의 독재권력을 정당화하기 위하여 공산주의에 대한 두려움을 활용함. 바르가스가 대통령에 오를 때 제정된 1934년 헌법은 대통령의 중임(重任)을 금했기에, 1937년 11월 10일 바르가스는 대통령 선거를 생략하는 새로운 헌법하에 독재권력의 성립을 법령으로 선포하고, 의회를 해산시킴. 이는 유럽의 파시스트(Fascist)들의 '신질서'(Estado Novo) 독재권력과 유사하게 브라질에서 바르가스는 신질서에 해당하는 독재자가 되어 야당들의 활동을 금지시켰고, 엄격한 검열을 실시했으며, 중앙 집중적인 경찰력 설치 및 정치범들을 투옥시켰음.
1942	11월 8일 알제리(Algeria)에서 프랑스 레지스탕스(resistance)들에 의해 쿠데타가 발생함. 즉 400명의 프랑스 민간인 애국자들이 15시간 동안 알제리에서 중립을 취한 비시(Vichy) 정부의 육군 제19군단의 장군들을 체포함으로써, 결과적으로 같은 날 영국과 미국이 북아프리카에서 프랑스 식민지역들을 침공한 '횃불작전'(Operation Torch)을 성공적으로 이끎.
1943	6월 4일 아르헨티나의 카스틸로(Ramón Castillo) 대통령의 보수적인 민간 정부에 대항하여 라우손(Arturo Rawson Corvalán) 장군과 육군 장교들의 비밀결사체인 '연합장교단'(United Officers' Group)에 의한 군부쿠데타가 발생.

1944	7월 20일 스타우펜베르그(Claus von Stauffenberg) 대령에 의해 독일 '나치당'(Nazi Party)의 히틀러(Adolf Hitler) 총독을 폭탄으로 암살하기 위한 시도가 실패로 끝남.
1945	10월 29일 오랜 기간 브라질 바르가스(Getúlio Dornelles Vargas) 대통령의 후원자였던 몬테이로(Pedro Góes Monteiro) 장군과 두트라(Eurico Dutra) 장군이 주도한 군부쿠데타로 바르가스 정부는 축출됨.
1945	10월 18일 베네수엘라(Venezuela)의 안가리타(Isaías Medina Angarita) 대통령이 갈레고스(Rómulo Gallegos) 등 정적(政敵)들에 의한 쿠데타로 실각하고, 그 뒤를 이은 베탄코트(Rómulo Betancourt)가 '민간인-군사평의회'(civil-military junta)를 이끌게 됨.
1947	11월 8일 발생한 태국(Thailand)의 군부쿠데타는 피분(Plaek Phibun songkhram)의 후원하에 퇴역 장성들인 핀(Phin Chunhavan)·싸릿(Sarit Thanarat) 장군과 파오(Phao Sriyanond)의 주도로 재차 민간정부를 붕괴시킨 다음 쿠엉을 임시정부의 총리로 선출하는데, 이때부터 20년간에 걸친 군부지배가 시작됨.
1948	체코슬로바키아(Czechoslovakia)에서의 공산주의 쿠데타.
1948	11월 24일 베네수엘라(Venezuela)에서 델가도(Carlos Delgado Chalbaud) 장군이 주도한 군부쿠데타가 발생하여 민주적인 방식으로 선출된 갈레고스(Rómulo Gallegos) 정부를 전복시킴.

3) 1950년~2000년까지의 쿠데타

연 도 (年度)	내 용
1952	7월 23일 이집트(Egypt)에서 민족주의 성향의 장교들에 의해 쿠데타가 일어나 푸룩(Farouk) 국왕은 퇴위당하고, 1923년에 도입된 영국식 민주주의 제도는 폐지되었으며, 정당들은 해산되거나 활동이 금지됨. 이때 '자유장교단'(Free Officers)이 주도한 무혈(無血) 군부쿠데타는 나기브(Mohamad Neguib) 장군을 표면에 내세웠지만, 실질적인 지도자는 육군 중령이었던 나세르(Gamal Abd El-Nasser)였음.
1952	3월 10일 쿠바(Cuba)에서 바티스타(Fulgencio Batista)가 이끈 무혈(無血) 군부쿠데타가 발생하여 1948년 7월 1일 민주적인 선거로 대통령에 선출된 프리오(Carlos Prío Socarrás) 대통령을 축출함.
1953	8월 19일 이란(Iran)에서 영국의 첩보기관인 '군사정보부 제6부대'(Military Intelligence Section 6: MI-6)와 미국의 첩보기관인 '중앙정보국(Central Intelligence Agency: CIA)이 공모(共謀)한 쿠데타였던 '아이아스 작전'(Operation Ajax)은 모사데그(Mohammed Mossadegh) 총리의 민주정부를 쿠데타로 전복시키고, 팔레비(Mohammad Reza Shah Pahlavi)를 국왕으로 복권시킨 비밀 작전이었음. 암호명이었던 '아이아스 작전'(OperationAjax)은 트로이(Troy) 전쟁의 영웅이었던 아이아스의 이름에서 따온 것으로, 아이아스는 그리스군의 핵심 인물로 트로이를 함락시키는 데 결정적인 역할을 한 40명의 장군 가운데 한 명이었음. 이 작전의 발단은 1951년 3월 15일 이란 의회가 석유산업의 국유화와 영국이 소유하고 경영하던 '앵글로 이란 석유회사'(Anglo Iranian Oil Company-AIOC)를 접수하는 법안을 통과시킨 데서 비롯됨.
1954	6월 27일 과테말라(Guatemala)에서 아르벤즈(Jacobo Arbenz Guzmán) 대통령이 '백지 작전'(Operation Pbsuccess)으로 알려진 미국 CIA의 후원하에 카스틸로(Carlos

	Castillo Armas) 대령이 주도한 군부쿠데타로 축출되고, 뒤이은 '군사평의회'(military junta)는 국가를 무질서와 정치적 혼란에 빠뜨림. 쿠데타의 배경에는 아르벤즈 정부가 추진한 몇몇 정책들로 인해 미국의 아이젠하워(Dwight D. Eisenhower) 행정부는 과테말라가 서반구에서 소련화의 발판이 될 것이라는 두려움을 갖게 됨. 예컨대 대통령 취임 후 효율적인 토지개혁 계획을 설립하기 위해서 비밀리에 '과테말라 노동당'(Guatemalan Party of Labour: PGT)의 공산주의자인 의원들을 접촉했으며, 이 같은 계획은 인구의 다수를 차지했던 빈곤한 소작농들에게 환영을 받았지만, 미국과 긴밀한 이해관계를 가졌던 상층 토지계급들은 아르벤즈가 공산주의의 영향력에 굴복했다고 비난했음. 특히 미국의 반대에도 5월 15일 체코의 무기가 과테말라에 도착하면서 아르벤즈에 대한 의심은 쿠데타로 이어짐.
1954	5월 5일 파라과이(Paraguay)에서 스트로에스너(Alfredo Stroessner) 장군이 이끈 군부쿠데타에 의해 차베스(Federico Chávez) 대통령이 축출당하고, 8월 15일 스트로에스너 장군이 대통령직에 오름. 쿠데타의 원인은 차베스 정부가 직면했던 경제적인 문제들에 있었으며, 특히 억압·전쟁·국내 갈등(civil conflict)을 포함한 20여 년간에 걸친 극단적인 정치적·사회적 불안정은 파라과이의 경제를 엉망으로 만듦.
1955	군부로부터 사임 압력을 받았던 전임(前任) 바르가스(Getúlio Dornelles Vargas) 브라질 대통령이 군부쿠데타를 피하기 위해 1954년 8월 24일 권총 자살한 이후 뒤따른 정치적 위기를 루스(Carlos Luz)가 잔여 임기인 16개월 동안 통치하기 위해 1955년 11월 9일 대통령직에 오름. 그러나 단지 이틀 만인 11월 11일 로트(Henrique Batista Duffles Teixeira Lott) 장군이 주도한 군부의 '반대 쿠데타'(contra-coup)에 의해 축출됨.
1955	아르헨티나(Argentina)의 페론(Juan Perón)이 1946년 2월 24일 56%의 득표율로 대통령직에 오른 이래 노동계급의 지지를 정치적으로 활용하는 대중영합주의(populism)적인 정책을 폄. 1952년 재선에 성공하지만 이때는 이미 임금은 상품 가격보다도 훨씬 빠르게 인상되었고, 끝없는 물가폭등-경기후퇴의 소용돌이가 시작되어 경제가 침체 내지 전적으로 쇠퇴하게 되고, 동시적으로 연중 물가가 평균 27%나 증가되는 악순환이 반복됨. 이에 군부는 1955년 9월 16일 로나르디(Eduardo Lonardi) 장군과 육군참모총장 아람부루(Pedro Aramburu)·퇴역 해군제독인 로하스(Isaac F. Rojas)의 주도하에 소위 '자유 혁명'(Revolución Libertadora)이라는 이름으로 쿠데타를 일으켜 페론의 두 번째 정부(1952~1955)를 축출함. 즉 군부는 페론주의에 의해 초래된 문제들을 해결하기 위하여 국가통일과 공공질서의 가치들을 회복시키고, 민간정부의 실패에서 기인된 궁극적인 책임과 모든 과격주의 혹은 전체주의에 대항하여 공화주의의 길을 보호하는 임무는 군부의 책임이라는 '보호기능'(custodial function)의 개념을 쿠데타의 기치로 내걸었는데, 이는 결과적으로 향후 아르헨티나에서 빈번한 쿠데타를 초래시킴.
1958	1956년 2월 29일 새로운 파키스탄(Pakistan)의 헌법이 최종적으로 의회를 통과하여 독립 이래 실시되었던 총독제가 폐지되면서 초대 대통령으로 마지막 총독이었던 미르자(Iskander Mirza)가 3월 5일 선출된 가운데, 3월 23일에 가면 연방(Commonwealth of Nations)제의 공화국이 출범함. 하지만 1956년 이후 파키스탄 정부의 안정성에 대한 위협이 점차적으로 증가했으며 법률에 의한 정당 통제의 결여, 지속적인 재정곤란, 빈번한 '자당(自黨)의 반대투표'(floor crossing), 내각 교체, 광범위한 정치적 부패가 발생함. 이에 미르자 대통령은 1959년 1월로 예정된 총선을 취소시켰으며, 군부의 지원하에 1956년 헌법을 폐기하고, 중앙 및 주 의회들을 해산시킨 다음 1958년 10월 7일 계엄령을 선포함. 그는 육군참모총장인 아유브 칸(Ayub Khan) 장군을 계엄사령관으로 임명했지만, 결국 10월 27일 아유브 칸이 주도한 군부쿠데타로 축출당함.
1958	1945년 베네수엘라(Venezuela)의 지메네스(Marcos Pérez Jiménez)는 베탄코트(Rómulo Betancourt)정부를 축출하는 쿠데타에 참여함. 1948년 2월 15일 갈레고스(Rómulo Gallegos)가 집권하면서 국방장관이 된 지메네스는 11월 24일 또다시

	군부쿠데타를 통해 갈레고스를 축출하고 국외로 추방함. 1948년부터 1952년까지 베네수엘라는 찰바우드(Carlos Delgado Chalbaud)·지메네스·플라메리히(Suárez Flamerich)가 주도한 '군사평의회'(military junta)가 지배한 가운데, 1950년 11월 13일 찰바우드가 살해됨. 이에 군사평의회는 플라메리히를 임시 대통령으로 선출했지만, 사실상의 권력은 지메네스의 수중에 있었음. 1952년 12월 2일 대통령 선거결과 초반에 야당 후보가 앞선 것으로 드러나자 군부는 선거를 보류시킴으로써 지메네스를 대통령으로 옹립함. 1957년 12월 치른 국민투표(plebiscite)에서 지메네스 대통령이 압도적으로 승리했지만, 공식적인 선거결과를 신뢰하는 국민들은 거의 없었음. 결국 1958년 1월 28일 민간인과 군부의 합동 반란으로 국외로 추방됨.
1958	7월 14일 카심(Abd al-Karim Qasim) 준장을 지도자로 한 혁명적인 장교들의 군부쿠데타가 이라크(Iraq)에서 발생함. 이때 카심과 그의 추종자들은 정부가 계획한 기병대의 이동을 이용하여 바그다드의 군사통제권을 확보할 수 있는 기회로 판단했는데, 결과적으로 국왕 파이잘 2세(Faisal Ⅱ)를 축출하는 데 성공함. 쿠데타는 즉각 바그다드(Baghdad) 민중들의 지지를 받은 가운데, 만연된 빈곤과 사회 부정의에 대한 상징적 존재로서 몇몇 왕가(王家)의 인물들과 누리(Nuri as-Said)와 같은 측근들을 처형함.
1960	1950년 5월 22일 집권한 터키(Turkey)의 멘데레스(Adnan Menderes) 총리가 이끈 '민주당'(Democratic Party) 정권은 대규모의 경제발전과 정부독점을 완화시켜 그 결과 사기업의 급속한 성장 및 소작인, 도시 중간계급인 사업가와 기업인들로 대표되는 새로운 집단들이 요구했던 정치적·경제적 권력을 허용함. 하지만 멘데레스 정부의 경제에 대한 그릇된 관리는 도시민들에게 재정적인 측면에서의 물가상승, 가격상승, 소비재 상품 부족이란 타격을 가해 고통을 겪게 만들었으며, 애매한 정치적 태도로 인해 세속주의(secularism)에 의해 억제되어져 왔던 회교의 부활을 촉진시킴. 이는 결과적으로 아타투르크(Atatürk)의 세속주의 유산의 보호자였던 군부를 매도하는 것이었기에 귤셀(Cemal Gürsel) 대장이 주도한 쿠데타에 가담한 장교 38명은 1960년 5월 27일 멘데레스 정권을 붕괴시키고 그를 처형함. 향후 5년 동안 표면적으로는 민간정부의 성격을 띠었지만, 실제로는 군부가 정치를 통제함.
1960	6월 30일 벨기에(Belgium)로부터 독립을 앞둔 콩고(Congo)에서 5월 11일부터 5월 25일에 걸쳐 전국적으로 실시된 첫 번째 의회선거에서 루뭄바(Patrice Émery Lumumba)가 이끈 '콩고민족운동'(Mouvement National Congolais: MNC)이 승리하여 루뭄바는 총리로 선출되었고, 의회는 '바콩고 동맹'(Alliance des Bakongo: ABAKO)의 지도자인 카사부부(Joseph Kasavubu)를 대통령으로 선출함. 마침내 9월 5일 카사부부 대통령이 루뭄바 총리를 해임시키자, 루뭄바는 카사부부의 행위를 위헌이라고 선언하면서 두 지도자들 간의 위기는 확대되고, 결국 9월 14일 카사부부의 옹호하에 루뭄바 정부를 전복시키는 군부쿠데타가 발생하는데 이때 모부투(Sese Seko Mobutu) 대령이 중요한 역할을 담당함. 1961년 2월 모부투는 카사부부 정부의 육군참모총장에 임명됨.
1961	5월 16일 박정희(Park Chung-hee) 장군이 주도한 무혈(無血) 군부쿠데타로 윤보선(Yun Po-sun) 대통령과 장면(Chang Myon) 총리의 제2공화국이 붕괴됨. 특히 군부가 쿠데타를 감행한 후 5월 18일에 들어서 육군사관학교 생도들의 쿠데타 지지행진이 시민들의 호응을 받자 쿠데타에 가담하지 않았던 육군·공군·해군 참모총장들과 해병대 사령관의 지지를 이끌어냈고, 미국 또한 국무장관 대행이었던 볼즈(Chester Bowles) 국무차관이 쿠데타 지도자를 반공·친미적이라고 사실상 쿠데타를 인정하는 듯한 태도를 취하면서 장면 내각은 총사퇴함. 1962년 12월 17일 국민투표로 개정된 헌법에 근거하여 1963년 10월 15일 제5대 대통령선거가 실시됨. 선거가 초반부터 민주공화당(民主共和黨)의 박정희 후보와 민정당(民政黨)의 윤보선 후보 양자 간 대결구도로 좁혀진 가운데, 윤보선 후보 측은 시종일관 민정회복과 자유민

	주주의의 수호를 명분으로 내세웠지만, 박정희 후보 측에서 내걸었던 근대화와 한국적 민주주의라는 명분에 밀려 유효투표수 1.5%에 해당하는 약 16만여 표 차이로 패배함.
1962	1월 27일 발생한 유산(流産) 군부쿠데타는 스리랑카(SriLanka)로 국호가 변경되기 전인 실론(Ceylon) 시절에 육군 · 해군 및 경찰의 고관(高官)들이 44년간 철저하게 국가에 고통을 주었던 종교적 균열과 사회-문화적 균열, 또한 정치적 균열의 등장을 비난하면서 반다라나이케(Solomon West Ridgeway Dias Bandaranaike) 총리로부터 권력을 빼앗기 위한 시도였음. 쿠데타는 토착엘리트들과 새롭게 출현한 엘리트들 간 갈등을 명백히 한 것이었는데, 유산 쿠데타의 배경은 1948년 영국과 서구의 문화적 지배로부터 해방되면서 잠재되어 있었던 갈등에 있었음. 즉 1951년 집권당이었던 '통일국민당'(United National Party: UNP)으로부터 반다라나이케는 자신의 분파(分派)인 신할라(Sinhala Maha Sabha)를 이끌고 이탈하여 '스리랑카 자유당'(SriLanka Freedom Party: SLFP)을 창당했는데, 그의 정당의 기반인 신할라는 스리랑카의 주요 종족 집단으로 인도-아리안 언어인 신할라어(語)를 사용했음. 따라서 반다라나이케는 싱할레세(Sinhalese) 지방의 문화와 공동체의 이익을 증진시키기 위해 1937년 신하라를 조직함. 1956년 총선에서 4개 정당연합의 수장(首長)으로 승리하여 총리가 된 반다라나이케는 공식적인 언어로 신하레세 언어를 지정하고, 이전까지 공용어였던 영어와 타밀(Tamil)어를 깎아내림. 총리로서 반다라나이케는 대외관계에서는 중립적인 입장에 섰지만, 국내적으로는 경제 문제들과 언어들을 둘러싼 분쟁 및 좌파 사회주의 정부와 자본주의를 지향하는 주요 언론들과의 갈등에 직면함. 결국 1959년 9월 25일 반다라나이케 총리는 자택을 방문한 불교 승려였던 소마라마(Somarama)의 총에 암살당하는데, 그의 부인(Sirimavo Ratwatte Dias Bandaranaike)이 뒤를 이어 총리직에 오름.
1963	1945년 프랑스에 대한 베트남(Vietnam)의 독립전쟁 과정에서 호치민(Hồ Chí Minh)이 이끈 전시정부(戰時政府) 참여를 거절한 응오 딘 지엠(Ngô Dinh Diệm)은 미국으로 망명하여 1954년 프랑스군이 철수한 다음 바오다이(Bảo Đại) 황제에 의해 남부 베트남의 총리로 임명됨. 그 후 부정선거로 총선에서 승리한 다음 황제를 폐위하고 대통령직에 오른 응오 딘 지엠의 지배는 '친인척 중용'(nepotism)에 입각했는데, 대표적으로 그의 동생인 응오 딘 누(Ngô Đình Nhu)의 아내가 영부인(First Lady)이 되어 가톨릭계가 소수임에도 불구하고 가톨릭적 가치에 따라 사이공(Saigon) 사회를 개혁하고자 했음. 또한 응오 딘 지엠은 열정적인 반공주의자였는데, 공산주의자로 의심되는 사람들에게는 고문과 살해가 일상적으로 행해졌음. 그의 친(親)가톨릭적인 정책 추진이 많은 불교신자들을 적대세력으로 만든 결과, 불교신자들 중에서 행동주의자들은 대중 시위를 벌였고, 심지어 몇몇 쿠데타 시도를 통해서 자기희생은 최고조에 달함. 1963년 5월 불교 승려들의 시위에 정부가 적대적으로 맞서자 응오 딘 지엠의 대중적 비(非)인기를 인식한 미국이 원조를 중단하지만, 그와 영부인이었던 누(Nhu)는 불교신자들 중에 공산주의자들이 침투했다고 주장함. 1963년 11월 1일 미국 케네디(John F. Kennedy) 행정부의 은밀한 보장을 받은 두엉 반 민(Dương Văn Minh) 장군이 이끈 군부쿠데타가 발생하여 정부를 전복시키고, 응오 딘 지엠 대통령과 그의 동생을 처형함.
1963	1960년 9월 1일 3번째로 에콰도르(Ecuador) 대통령에 당선된 벨라스코 이바라(José María Velasco Ibarra)는 취임 이후 무차별적인 증세(增稅)와 반정부운동에 대한 탄압을 추진한 결과 1961년 11월 7일 발생한 학생과 군부의 반란으로 망명함. 이때 부통령에서 대통령이 된 아로세메나(Carlos Julio Arosemena Monroy) 대통령은 누진소득세 · 농지개혁 등 진보적 정책을 실행하고, 외교적으로도 대미협조를 기본으로 하는 자주노선을 지향했는데, 대표적으로 1962년 1월의 '미주기구'(Organization of American States: OAS) 외상회의 당시에는 쿠바 제재 결의에서 기권함. 아로세메나 대통령은 쿠바와의 관계를 유지하기를 주장했지만, 이는 에콰도르에서 주요한 국내적인 정치 이슈가 되어, 그의 정적(政敵)들은 아로세메나를 위험한 공산주의자로 분류하였고, 군부의 일부는 1962년 3월 공개적으로 반란을 언급하기도 함. 하지만 아로세메나 대통령은 국내 우익세력과 미국의 압력에 굴복하

	여 1962년 4월 쿠바와의 단교 및 더 나아가 폴란드(Poland), 체코슬로바키아(Czechoslovakia)와의 외교 관계를 단절함. 결국 1963년 7월 아로세미나 대통령의 용공적(容共的) 성향에 불만을 품은 군부가 미국 CIA의 후원 아래 쿠데타를 단행하여 헌법 정지·의회 해산·공산당의 비합법화를 실행함과 동시에 카스트로(Ramón Castro Jijón) 제독을 의장으로 한 '군사평의회'(military junta)가 등장함.
1963	급진적이고 세속적인 아랍 민족주의자들이 1945년 설립한 바트당(Baath Party)은 시리아(Syria)에서 1958년 2월 1일 시리아와 이집트가 통합된 '통일아랍공화국'(United Arab Republic)을 형성시키는 데 주도적인 역할을 수행함. 그 배경에는 1956년 10월 제2차 중동전(수에즈 전쟁)의 패전으로 인해 이스라엘의 인접국인 두 나라는 심각한 위기에 직면했던 관계로, 당시 정권을 장악했었던 시리아의 바트당[11]과 이집트의 국민연합은 '아랍권의 통일'이라는 정강정책을 구체적 실천으로 보여 줄 필요가 있었음. 그러나 통일아랍공화국의 초대 대통령으로 취임한 이집트(Egypt)의 나세르(Gamal Abd El-Nasser)가 실시한 토지개혁 및 산업과 금융의 국유화 계획을 우려한 통일 이전 시리아의 야당이었던 인민당과 군부가 1961년 9월 28일 일으킨 쿠데타로 시리아는 '통일 아랍 공화국'에서 이탈함. 하지만 시리아의 바트당은 1963년 3월 8일 친(親)나세르파(派) 장교들 및 시리아 노동자조합이 연합한 쿠데타를 성공시키면서 이들은 다시 이집트와의 재통합을 추진했지만 나세르의 거부로 실패함. 이로 인해 시리아에서는 바트 세력과 친(親)나세르파 장교들 간에 권력투쟁이 발생하게 되고, 이 투쟁에서 바트당이 장악한 군사위원회가 1963년 7월 친나세르 세력이었던 자심 알완(Jasim Alwan) 소령을 제거함.
1963	1958년 7월 14일 군부쿠데타로 1930년대부터 정권을 잡아 친(親)서방 노선을 견지해 온 보수 세력이 와해되면서 이라크 내의 무정부상태를 야기하여, 각 파벌 간의 권력투쟁과 내전의 계기로 작용함. 또한 쿠데타 주체인 카심(Abdul Karim Qassim) 준장과 아리프(Abdul Salam Arif) 대령은 노선의 선택을 놓고 대립하기 시작했는데, 전자는 아랍연합에의 불참 입장을 견지하였음에 반해, 후자의 경우는 참여를 주장함. 마침내 1959년 3월 나세르 노선을 지지하는 군인들이 아리프 편에서 반란을 일으켰지만, 대부분의 군대와 공산당이 카심 측을 지원한 가운데 벌어진 내전의 결과 카심 측이 정권을 장악함. 1961년 6월 19일 영국으로부터 쿠웨이트(Kuwait)가 독립하자마자 이라크는 쿠웨이트에 대한 영유권을 주장하면서 국경분쟁이 표면화되는데, 그 이유는 쿠웨이트가 오스만 터키시대에 이라크의 바스라 주(州)에 편입되었었기에 영유권을 주장한 것임. 쿠웨이트는 과거의 보호국인 영국에 구원을 요청하였고, 영국도 막대한 국가이익이 걸린 석유자원 확보 차원에서 1961년 7월 1일 항공모함 1척과 해병대 병력을 쿠웨이트에 파견하지만, 카심 정권은 영유권 주장을 굽히지 않음. 또한 카심 정권이 반(反)나세르 활동을 강화하고 이라크 석유회사의 국유화를 추진하자, 1963년 2월 8일 미국의 CIA의 지원하에 바트당과 아리프 대령의 군부가 일으킨 쿠데타가 발생하여 동일(同日) 바트당과 나세르파의 지지를 받은 아리프 대통령 정부가 출범하고, 2월 9일 카심은 처형됨. 9개월가량 혼란이 이어진 다음, 11월 18일 바트당 정부는 아리프의 동생인 라흐만 아리프(Abdul Rahman Arif) 준장이 이끈 역(逆)쿠데타로 무너지고, 아리프는 혁명위원회(Revolutionary Council)를 창설함.
1964	1960년대에 들어서 막대한 국가재정이 투입된 가운데 새로운 수도가 건설되는 과정에서 인플레이션(inflation)이 발생하게 되고, 주요 수출상품인 커피 가격의 하락으로 인한 경제위기는 브라질 군부의 정치개입을 촉발시킨 주된 원인으로 작용함. 1961년 8월 25일 콰도로스(Jânio da Silva Quadros) 대통령이 사임하면서 부통령이었던 굴라르(João Belchior Marques Goulart)가 권력을 승계했지만, 급진주의적 성향을 지닌 정책, 즉 정권의 지지기반을 중산층과 보수 세력보다도 노동자·농민·군부의 하위계급에 기반을 둔 가운데, 토지개혁과 주요 산업시설의 국유화 조치를 단행하면서 기득권세력의 반발을 불러옴. 또한 국회와의 충돌과정에서 굴라르는 노동자들을 동원하였고, 사병(士兵)들의 권익신장을 명분으로 이들에게 집회와 시위를 허용하기도 함. 특히 굴라르의 좌익 성향적인 정책은 미국으로 하여금 정권 퇴진을 압박하게 되고, 결국 1964

	년 5월 31일 육군참모총장이었던 블랑코(Humberto de Alencar Castello Branco) 장군이 군부쿠데타로 굴라르 정권을 축출하고, 군사독재(military dictatorship)를 정착시킴.
1964	1963년 11월 1일 응오 딘 지엠(Ngo Dinh Diem)과 그의 동생인 응오 딘 누(Ngo Dinh Nhu)가 군부쿠데타로 처형되고, 11월 6일 두엉 반 민(Duong Van Minh) 장군이 이끈 군사평의회(military junta)가 정부를 이양받음. 그러나 1964년 1월 30일 무혈 군부쿠데타를 주도한 응우옌카인(Nguyen Khanh) 장군이 새롭게 남부 베트남의 지도자가 되면서, 두엉 반 민 장군은 권좌(權座)에서 축출당하고 태국으로 망명함.
1965	1945년 8월 17일 대통령직에 오른 수카르노(Sukarno)는 1957년 2월 21일 '교도민주주의'(Demokrasi Terpimpin)를 발표하면서 인도네시아식 민주주의를 표방함. 그의 교도민주주의 체제는 '나사콤－밀'(NASAKOM－MIL)체제로도 불리는데 이는 수카르노의 주된 권력기반으로 민족주의(Nationalism), 종교(Agama), 공산주의(KOM: Communism)자들과 군부(Military)의 연합체로 형성된 일종의 불안정한 민족전선이었음. 특히 수카르노로서는 조직된 지지 세력이나 힘의 기반이 부족했던 관계로 연합정부에서 자신의 지위를 지원해 줄 제휴자를 찾았는데, 가장 적절한 대상이 바로 '공산당'(Indonesian Communist Party: 이하 PKI)이었음. 수카르노의 급속한 PKI와의 제휴 및 PKI에 대한 편향성으로 인해 1963년을 기점으로 나사콤 체제가 점차적으로 균열의 조짐을 보이기 시작하는 가운데, 1965년 9월 30일 나수션(Abdul Haris Nasution) 장군과 수하르토(Haji Mohammad Soeharto) 장군이 주도한 군부쿠데타가 발생하여, 군부는 수하르토를 중심으로 나사콤의 주축이었던 PKI를 불법화하면서 정치에 적극적으로 개입하게 됨. 1965년 10월 1일 이후 나수션 장군은 수카르노에게서 수하르토로의 권력이동 과정에 중요한 역할을 담당하고, 수하르토를 대통령직에 올리는 작업을 추진함.
1965	1961년에서 1962년 동안 콩고(Congo)가 당면한 긴급 현안은 트숌베(Moise Tshombe)가 남부 주(州)인 카탄가(Katanga)의 독립을 지지했다는 사실임. 그러나 UN과 절대다수의 국제여론은 카탄가의 분리에 반대했음. 이 기간에 교전상태의 발생으로 트숌베와 협상을 위해 가던 다그 함마슐트(Dag Hammarskjöld) UN 사무총장이 비행기 추락사고로 사망하면서 급박하게 UN 외교의 교착상태가 발생함. 1962년 후반 UN 정책이 중립적인 평화유지 역할에서 카탄가 지역에 대한 적극적인 간섭으로 이동하는 전환점이 발생함. 그 결과 초기의 강력한 저항 이후 1963년 1월 카탄가 군대가 전투를 포기하면서, 트숌베는 스페인으로 망명함. 1964년 동부 주(州)들에서 계속된 불안정에 직면한 카사부부(Joseph Kasavubu) 대통령이 트숌베를 초청하여 문제 해결을 시도하면서 콩고의 총리로 귀국함. 1965년 4월 국회 구성을 위해 열린 새로운 선거에서, 트숌베의 정당은 절대다수 의석을 차지하여 승리한 듯 보였지만, 결과적으로 이 선거로 인해 카사부부 대통령에게 해임당함. 트숌베는 다시 스페인으로 돌아가고, 콩고에는 정치적 무질서가 계속되면서 육군참모총장이자 콩고 군부의 제1의 실력자인 모부투(Sese Seko Mobutu)가 1965년 11월 25일 군부쿠데타를 일으켜 카사부부 대통령을 추방함.
1966	1966년 2월 24일 아프리카에서 반제국주의 운동의 역사적인 지도자 중의 한 사람인 가나(Ghana)의 니쿠루마(Kwame Nkrumah) 대통령이 중국의 베이징(Beijing)을 국빈 방문 시 미국 CIA의 지원 아래 코토카(E. K. Kotoka) 대령, 아프리파(A. A. Afrifa) 소령, 퇴역 육군중장 안카라(J. A. Ankra), 경찰 감찰위원장 할레이(J. W. K. Harlley) 장군이 주도한 군부쿠데타가 발생하여 귀국하지 못하고 기니(Guinea)로 망명함. 니쿠루마 대통령은 집권 후 대외적으로 민족주의 정책을 추구하여 아프리카 제국의 독립 지원 및 이집트의 나세르 대통령과 유고(Yugoslavia)의 티토(Josip Broz Tito) 대통령 등과 함께 비동맹회의 창설에 결정적 역할을 함으로써 국제적인 명성을 얻기도 함. 하지만 사회주의 정책을 추구하여 서방제국과의 관계를 악화시킴으로써 외국 투자가 감소하여 경제적 난관에 직면하는 한편, 야당 인사를 탄압하는 등 정치적 불안을 조성하였으며, 1964년 2월에는 국민투표를 거쳐 여당인 '인민협의회당'(Convention People's Party: 이하 CPP)을 제외한 모든 야당의 활동을 불허하는 등 독재체제를 구축함. 결과적으로 군부쿠데타의 배경은 세 가지로 요약할 수 있는데 첫째, 여당인 CPP 집행부의 직권남용과 부패 탓으로 돌리면서 쿠데타를 정당화시킴. 둘째, 니쿠루마 대통령의 아프리카 정치상황에 적극적인 연루(連累) 및 이른바 자유를 위한 전쟁이

	라면 가나 군대는 아프리카의 어느 곳이라도 파병되어 전투에 임해야 한다는 신념에 전혀 동의하지 않았음. 셋째, 무엇보다도 쿠데타 지도부들은 가나에서 민주주의의 실행 부재(不在)를 지적했는데 예컨대 개인적 자유의 상실, 경제적 혼란과 같은 상황들이 군부뿐만 아니라 경찰의 불만을 초래함. 2월 24일 군부쿠데타의 성공 후 안카라 퇴역 중장을 위원장으로 하는 '국가자유위원회'(National Liberation Council: NLC)를 결성함.
1966	1966년 1월 15일 나이지리아(Nigeria) 군부의 젊은 장교집단이 쿠데타를 일으켜 당시 서부와 북부 지역의 주지사 및 연방 재무장관까지 겸직했었던 바레와(Abubakar Tafawa Balewa) 총리를 암살하면서 제1공화국을 전복한 다음, '혁명최고위원회'(Supreme Council of the Revolution)의 이름으로 북부 지역에 최초로 계엄령을 발동함. 헌법은 일시 정지되었고, 지방 정부와 의회는 해산되었으며, 정부 부서는 상임 직원에 의해 운영됨. 쿠데타의 직접적인 원인은 국가 전반에 걸친 부패와 이기적인 정치가들에 대한 환멸뿐만 아니라 법률과 질서, 그리고 생명과 재산을 안전하게 보장하는 데 대한 무능력과도 관련됨. 그러나 쿠데타 주동자들인 은제오규(Kaduna Nzeogwu) 소령과 나머지 젊은 장교들은 정치적으로 순진하고 쿠데타 계획과 집행을 다루는 기술이 부족했던 관계로 쿠데타 주역임에도 불구하고 국가권력을 접수하는 데 실패함. 결과적으로 정부권력은 이그보(Igbo)족 출신의 육군 소장 이론시(Johnson Thomas Umunnakwe Aguiyi－Ironsi)에게 넘어감. 1월 16일 권력을 장악하게 된 이론시는 나이지리아군 최고사령관과 연방 군사정부의 지배자라는 권한을 지닌 가운데 나이지리아 최초의 '군사 지배자'(military ruler)가 됨.
1966	8월 6일 아랍에미리트연합(United Arab Emirates: 이하 UAE)의 세이크부트(Shakhbut Bin－Sultan Al Nahyan) 국왕이 궁중 쿠데타에 의해 축출됨. 1923년 국왕이 된 세이크부트가 국가와 사회발전의 속도를 더디게 진행시키는 동안, 석유산업으로 인한 세입의 증가와 함께 국민들의 발전에 대한 요구가 분출하기 시작하자 알 나얀(Al Nahyan) 왕가(王家)는 세이크부트를 퇴위시키기로 결정함. 이에 무혈 궁중 쿠데타로 세이크부트는 4년간 국외추방을 당하고 국민들 사이에 대중성을 갖춘 그의 동생인 세이크 자예드(Sheikh Zayed Bin－Sultan Al Nahyan)로 왕위를 승계시킴. 그 후 세이크 자예드 국왕은 1971년 UAE 최초로 대통령직을 맡은 이래 1976년, 1981년, 1991년에 걸쳐 네 차례 연임(連任)함.
1967	1964년 2월 16일 수상으로 취임한 파판드레우(George Papandreou)는 민중들과 당내 좌파세력의 동원화된 압력에 직면해 경제적 불평등을 해소하기 위한 조치로 임금통제를 완화하고, 사회복지 및 교육에 대한 재정지출의 증가 및 좌익단체들의 자유로운 결성을 묵인했으며, 게다가 군부의 세력을 약화시키기 위한 조치들 또한 단행함. 이에 군부가 파판드레우 정권에 노골적인 반감을 표방한 가운데, 파판드레우로서는 반정부공작에 연루되어 있던 게니마타스(Ghenimatas) 장군을 해임하려 했지만, 콘스탄틴(Constantine) 국왕의 반대로 좌절되자 1965년 7월 사임함. 1965년 9월 25일 3개 정당의 연합으로 스테파노플로스(Stephanos Stephanopoulos)의 단명(短命) 정부가 등장하지만, 카넬로플로스(Panayiotis Kanellopoulos)가 이끄는 '국가급진연합'(National Radical Union: 이하 ERE)이 스테파노플로스 정부에 대한 지지를 철회하게 되면서 그리스는 재차 총선 국면에 접어듦. 이때 카넬로플로스는 파판드레우의 '중도연합'(Centre Union: EK)과 1967년 5월 27일에 총선거를 치르기로 합의한 가운데, 1967년 4월 3일 카넬로플로스의 ERE가 중심이 된 정부가 등장했지만, 1967년 4월 21일 파파도플로스(George Papadopoulos)가 이끄는 익명의 대령집단이 정부 고위층의 배후 지원을 받아 카넬로플로스 정권을 붕괴시키고 계엄령과 야간통행금지 조치를 통해서 그리스 전체를 장악함. 일찍이 10년 전부터 파파도플로스는 소위 '젊은 그리스장교단'(Union of Young Greek Officers: EENA)을 비밀리에 결성하여, 쿠데타 당시의 지도부를 여기에서 선발함. 이 당시 군부는 그리스의 정치적 조건에 대한 불만족과 1965년 7월 파판드레우 정권의 붕괴 이후 지속적인 정치적 불안정성으로 인해 1967년 5월 28일에 있을 총선거가 좌익 승리를 위한 공산주의자들의 쿠데타의 길을 열어 놓았다는 데서 정치개입의 원인을 찾았음. 즉 1967년 4월 23일 그리스 좌익분자들이 아테네와 살로니카(Salonika)

	에서 정부를 전복할 대규모 시위를 계획한다는 정보하에 이를 막기 위한 시의적절한 쿠데타였다는 것임. 이러한 1967년 군부의 쿠데타 이후 7년간 군사통치가 지속됨.
1967	1966년 1월 16일 권력을 장악한 이론시(Johnson Thomas Umunnakwe Aguiyi－Ironsi)는 초기에는 민간정부로의 복귀를 약속하면서, 전문위원을 임명하여 새로운 헌법의 초안을 만들게 하고, 사법조직과 경제의 문제점들을 연구하게 하였지만, 무엇보다도 북부 지역에 가졌던 두려움과 의심은 그로 하여금 국가의 지배권을 자신의 출신부족인 이그보(Igbo)족이 장악하게 만듦. 이렇듯 이론시의 군부 인사 및 정치적 조언자의 선택과정에서 이그보족에 대한 편애를 넘어선 이해관계의 증대는 1966년 5월 24일 연방체제와 지역통일, 연방공공사업들을 폐기하는 선언으로 보다 구체화됨. 이로 인해 북부 지역의 분노와 격렬한 저항을 초래하여 1966년 7월 29일 북부 지역 장교들의 유혈(流血) 역(逆)쿠데타(counter－coup)로 최고조에 이르면서 이론시와 많은 이그보 출신의 장교들과 병사들이 살해당함. 혼란과 무질서가 끝난 후 북부의 소수 인종집단 출신으로 육군 중령이었던 고원(Yakubu Gowon)이 타협에 의한 선택으로써 국가의 최고 권력자에 오름. 고원 또한 처음에는 빠른 시일 내에 민간지배로의 복귀를 표명했지만, 결과적으로는 1966년 1월 이래 실질적으로 취해져 왔던 정당활동의 금지를 유지함. 또한 이론시에 의해 폐기되었던 구(舊)지역체제를 원상회복하고 헌법제정 회담의 기반마련을 위한 지역 여론주도층과의 모임을 조직하고 여기에서부터 자신에 대한 강력한 지지를 이끌어 냄. 하지만 고원 역시 증오와 의심의 세월 및 두 번의 유혈 쿠데타의 상처에 대한 치유라는 동부와 북부 간의 간극을 메우지는 못함.
1968	1966년 중령으로 진급한 토리호스(Omar Efraín Torrijos Herrera)는 1968년 10월 11일 마르티네스(Boris Martínez) 대령과 함께 민주적인 절차에 의해서 선출된 아리아스(Arnulfo Arias Madrid) 대통령에 대항한 성공적인 군부쿠데타를 주도함. 그 후 토리호스는 마르티네스와의 내부 권력투쟁에서 승리하여 그를 1969년 국외로 추방시키고, 준장(brigadier general)의 지위에 올랐으며, 하급 장교들에 의해 시도된 쿠데타를 분쇄함. 토리호스는 학생이나 노동자 집단의 지도자들을 박해(迫害)했고, 모든 정당과 의회의 해산 및 자유로운 언론매체들을 폐간시켰으며, 서부 파나마에서 적극적인 반(反)게릴라 군사작전 실시와 같은 독재적 방법들을 사용함으로써 권력을 보다 강화시켜 나감. 이러한 조건들 아래에서 정권이 의회를 통제하는 가운데 1972년 제정된 새로운 헌법은 절대적인 국가권력과 군부권력을 토리호스에게 부여함.
1968	1966년 4월 13일 이라크(Iraq)의 아리프(Abdul Salam Arif) 대통령이 헬리콥터 추락 사고로 사망한 다음, 그의 형인 라흐만 아리프(Abdul Rahman Arif)가 대통령직을 계승하면서 정국(政局)은 다시 혼란 상태로 빠져들게 됨. 즉 아리프의 사망으로 발생한 권력 공백은 그때까지 수면 아래 잠복하고 있었던 갈등들을 일시에 폭발시켰는데, 구체적으로 ① 나세르파와 반대파와의 대립, ② 바트당(Baath Party) 주류파 내부의 권력 암투, ③ 구소련 지지파와 아랍민족주의자 간 대립, ④ 친서방파의 출현, ⑤ 쿠르드족 분리 독립운동 전개 등이었음. 이러한 상황에서 1968년 7월 17일 미국 CIA의 지원 아래 바트당 우파와 알－바크르(Ahmed Hassan al－Bakr) 장군이 이끈 무혈(無血) 군부쿠데타가 발생하여, 정부는 전복되고 실각(失脚)한 라흐만 아리프 대통령은 터키로 망명함. 그 후 실권을 장악한 알－바크르 장군은 1969년 7월 새로운 헌법을 발표하고 바트당의 지원 아래 대통령에 취임함. 알－바크르 정권은 국내정치의 안정 · 쿠르드족 문제의 해결 · 아랍 및 기타 우호 제국(諸國)과의 관계 강화 등을 주요 내용으로 하는 새로운 정책을 발표하는 한편, 전직 관료들을 포함한 다수의 정치인을 체포하는 등 반대 세력을 제거하면서 권력기반을 공고히 해 나감. 무엇보다도 그는 바트당을 장악함과 동시에 국가원수 · 수상 · 군 최고사령관 · 혁명평의회 의장 겸임 등 전권(全權)을 장악했지만, 1979년 7월 16일 당시 부통령이자 실질적인(De facto) 권력자였던 사담 후세인(Saddam Hussein)에 의해 축출됨.
1969	9월 1일 리비아(Libya)의 가다피(Muammar Abu Minyar al－Gaddafi)가 이끈 소규모 군

	장교집단이 국왕 아드리스 1세(Sidi Muhammad Idris al-Mahdi al-Senussi Ⅰ)가 신병 치료차 터키에 간 동안 쿠데타를 일으켜, 그의 조카이자 황태자였던 하산(Sayyid Hasan al-Rida al-Mahdi as-Sanussi)이 국왕으로 즉위함. 하지만 새로운 국왕은 즉위한 당일 늦게 혁명군 장교들에 의해 퇴위당하고 자택 연금된 상태에서 군주제는 폐지되고 새롭게 리비아 아랍 공화국(Libyan Arab Republic)이 선언됨. 쿠데타 이후 가다피는 리비아에서 미국과 영국의 군사기지들을 폐쇄시켰으며, 대외적으로 석유와 통상 관계를 부분적으로 국유화함. 또한 서구에 대항하기 위한 정치적 무기로서 석유 금수조치를 주장함. 즉 1973년 석유 가격의 인상과 금수조치를 통해서 특히 미국을 필두로 한 서구국가들의 이스라엘에 대한 지원을 중지할 것을 설득시키고자 함. 가다피는 소련 공산주의와 서구 자본주의 모두를 거부하고, 비동맹 중립노선을 취함.
1969	1969년 10월 15일 북부 소말리아(Somalia)를 방문한 셸마케(Abdirashid Ali Shermarke) 대통령이 경호원에 의해 암살되고, 외국 방문 중 급히 수도(首都)인 모가디슈(Mogadishu)로 돌아온 이갈(Mahammad Ibrahim Igaal) 총리는 새로운 대통령을 국회가 선출하게끔 정함. 하지만 이러한 선택은 정부 비판가들, 특히 군부 장교집단들은 국가의 상황을 개선시킬 희망이 없다고 판단함. 셸마케 대통령의 장례식이 끝난 다음 날인 10월 21일 육군사령관 케디예(Salad Gabeire Kediye) 장군과 바레(Mahammad Siad Barre) 장군이 주도한 군부쿠데타에 의해 민간정부가 축출되고, 바레 장군을 대통령으로 한 '최고혁명위원회'(Supreme Revolutionary Council: 이하 SRC)가 설치됨. 새로운 정권인 SRC의 목표는 부족주의·족벌주의·부패·실정(失政)을 종식시키는 데 두었기에, 이갈 총리를 포함한 민주정권 시기의 주요 인사들을 체포하거나 구금하였으며, 정당 활동을 금지시켰고, 국회를 폐지시키고, 헌법을 정지시킴.
1969	1967년 3월 15일 의회에 의해서 브라질(Brazil)의 대통령으로 선출된 실바(Artur da Costa e Silva)는 학생과 노동자들의 강력한 반대에 직면하여 1968년 12월 13일 '제도법 제5호'(Institutional Act 5: AI-5)를 선포함. 이는 ① 연방의회를 폐쇄할 수 있는 권한, ② 국회의원의 임기를 취소할 수 있는 권한, ③ 시민의 정치적 권리를 10년 동안 정지할 수 있는 권한, ④ 판사를 해고할 수 있는 권한, ⑤ 인신보호권의 정지, ⑥ 언론 검열의 증대 등을 내용으로 사실상 대통령의 권한을 상당히 증가시킨 것이었음. 하지만 1969년 8월 심각한 파업에 시달린 실바 대통령이 뇌출혈로 쓰러지자, 8월 31일부터 10월 30일까지 그루네왈드(Augusto Hamann Rademaker Grünewald)·타바레스(Aurélio de Lira Tavares)·멜로(Márcio de Sousa e Melo) 세 명의 국방부 장관들이 행정권을 담당하면서 '군사평의회'(Military Junta)가 합법적인 브라질의 부통령 알레익스(Pedro Aleixo)를 대신함.
1969	1965년 제2차 인도-파키스탄 전쟁의 실질적인 패배와 더불어 각종 부패 및 경제개발 실패 등의 악재(惡材)들은 파키스탄(Pakistan)의 아유브 칸(Muhammad Ayub Khan) 대통령을 정치적 위기상황으로 몰아감. 당시 대표적인 정치적 반대 세력으로 서파키스탄에서는 알리 부토(Zulfikar Ali Bhutto) 전(前) 외무부장관이 결성한 '파키스탄 인민당'(Pakistan People's Party: PPP)이, 동파키스탄에서는 라흐만(Sheigkh Mujibur Rahman)이 이끌었던 '아와미 연맹'(Awami League: AL)을 들 수 있음. 특히 동파키스탄에서는 1966년 연방정부에 대한 불만과 자치에 대한 열망이 총파업으로 나타나기도 했었음. 1968년 10월 서파키스탄 전지역에서 식료품 가격의 상승과 정치적 자유의 결핍이 원인이 되어 발생한 시위가 동파키스탄으로 급격하게 확산되면서, 아유브 칸의 '기초민주주의'(The System of Basic Democracies) 체제는 붕괴되기 시작함. 더구나 상황의 단계적인 확대는 두 번째 계엄령이 1969년 3월 25일 발동되면서, 아유브 칸 대통령은 육군참모총장이자 계엄사령관이었던 야히야 칸(Agha Muhammad Yahya Khan) 장군에게 권력을 이양함.
1970	1969년 4월 27일 볼리비아(Bolivia)의 바리엔토스(René Barrientos Ortuño) 대통령이 헬리콥터 추락사고로 사망하자 부통령인 실레스 사리나스(Luis Adolfo Siles Salinas)가 정권

	을 이어받았지만, 9월 26일 오반도(Alfredo Ovando Candia) 장군이 주도한 군부쿠데타로 축출되면서 좌파 정권이 들어섬. 이때 오반도 대통령의 최측근이자 가장 급진적인 좌파 성향의 호세 토레스(Juan José Torres González) 장군이 보다 광범위한 개혁조치와 함께 보수적인 군부 장교들에게도 강력하게 대응하라고 촉구했음에도 오반도 대통령은 좌파와 우파로 군부세력을 분할하는 정책을 실시함. 이것이 주요한 원인으로 작용한 결과 1970년 10월 6일 우파의 지원을 받은 육군참모총장 미란다(Rogelio Miranda) 장군이 주도한 유혈 군부쿠데타가 발생하는데, 결국 오반도 대통령이 외국 대사관으로 피난함으로써 대통령으로서의 권위를 상실함. 그러나 즉시 좌파인 토레스 장군이 주도한 역쿠데타(counter-coup)가 발생하여 우파를 제압하고 10월 7일 정권을 장악하지만, 1971년 8월 18일 다시 우파인 우고 반제르(Hugo Banzer Suárez) 장군에 의한 군부쿠데타로 토레스 대통령은 축출됨. 8월 22일 완벽히 실권을 장악한 반제르는 오반도와 토레스 시대의 상징이었던 시위와 정치적 분열을 억누르고, 모든 좌파 성향의 정당들을 금지시켰으며, 대학들을 휴교조치함.
1970	1953년 11월 9일 프랑스로부터 독립한 캄보디아(Cambodia)는 1941년 4월 23일 시아누크(Norodom Sihanouk)가 국왕이 되면서 냉전시기 동안 허울뿐인 중립정책을 펼쳤음. 예컨대 1965년 북부 베트남과 공산 중국과 맺은 비밀협정에는 캄보디아 영토에 무수한 군사기지들을 건설하는 것을 허용했고, 또한 베트남 해군에게 군수물자를 공급하는 항구의 사용을 허용했었음. 1970년 3월 18일 시아누크 국왕이 모스코바(Moscow)와 베이징(Beijing)을 방문하는 동안, 론 놀(Lon Nol) 총리의 주도 아래 국회는 만장일치로 시아누크 국왕을 축출시키는 투표를 실시하고, 론 놀 총리에게 비상대권을 부여함. 쿠데타 이후 론 놀은 시아누크가 체결했던 비밀조약들을 파기하고, 북부 베트남 군대와 '민족자유전선'(National Liberation Front: Viet Cong)에게 캄보디아를 떠나라고 요구하면서, 친서방(pro-Western)정책과 반공산주의 정책을 폄. 이에 시아누크는 5월 달에 베이징에 망명정부를 세우고, 공산 중국과 북부 베트남은 프놈펜(Phnom Penh)의 론 놀 정부를 전복시키기 위해 좌파인 '크메르 루즈'(Khmer Rouge)를 지원함으로써 캄보디아는 내전상태로 돌입함. 1975년 4월 론 놀 정부를 축출하고 크메르 루즈가 새 정부를 수립하지만, 그 지도자였던 폴 포트(Pol Pot)가 총리가 되면서 1976년 4월 시아누크의 직위를 다시 박탈하고, 정치적으로 은퇴시킴으로써 시아누크는 공산 중국과 북한에서 망명생활을 하게 됨.
1971	1968년에 시작된 터키(Turkey) 학생들의 소요 사태는 특히 1970년~1971년에 걸쳐 광범위하게 진행된 가운데 군부에게는 쿠데타의 명분이자 정치적 선전의 수단으로 활용됨. 1971년 1월 1일 육군참모총장 타그막(Memduh Tagmaç) 장군의 경고에 이어서 3월 12일 재차 군부 수뇌들인 육군 사령관인 귤레르(Faruk Gürler)·해군 제독 에기세그루(Celal Eyiceoglu)·공군사령관인 바투르(Muhsin Batur) 장군은 국가에 반하는 특정 행동으로부터 군부는 국가를 보호할 의무가 있다는 것을 정부에 경고함. 이들은 정부가 즉각적으로 도시 폭력주의자들에 대한 엄격한 조치와 함께 초당파적인 지도력과 협력을 지향해야 한다고 명확히 요구한 최후의 비망록(memorandum)을 수네이(Cevdat Sunay) 대통령과 '터키 대의회'(Turkish Grand National Assembly: TBMM)에 전달하지만, 여기에 대한 반론이 논의되기엔 이미 데미렐(Süleyman Demirel) 총리와 '정의당'(Justice Party: AP)에 대한 군부의 인내심이 한계에 이르게 되면서 같은 날 데미렐 내각은 축출됨. 군부는 케말리즘(Kemalism)에 입각해 법과 질서를 회복한다는 명분하에 모든 학생단체와 1961년 설립된 노동당 또한 해산시켰으며, 더 나아가 1961년 헌법에 규정되어 있던 기본권과 정치적 활동을 제약하는 새로운 규정까지 삽입시킴. 새롭게 형성된 연합정부는 에림(Nihat Erim)을 총리로 선출하고, 1971년 4월 말에 가서 11개의 전국 주요 지방들과 앙카라(Ankara)와 이스탄불(Istanbul)에 계엄령을 선포함. 31개월 동안 존속된 계엄령의 시기 동안 4만 명의 좌파들이 체포되어 군사법정에 회부되었음에도, 1972년 4월경에 발간된 공식 정부 백서(白書)에 따르면 계엄령의 첫해 동안 단지 687명만이 군사법정에 세워졌던 것으로 기록되었을 뿐, 우익집단들의 경우 상대적으로 좌익에 비해 탄압의 강도는 약했음.

1971	부간다(Buganda) 지역의 왕이자 1963년부터 우간다(Uganda)의 대통령인 무테사 2세(Edward Mutesa Ⅱ)를 상대로 쿠데타를 일으킨 오보테(Apollo Milton Obote)는 1966년 3월 2일 스스로 대통령임을 선언함. 오보테 대통령은 이름뿐인 사회주의 정책으로 인해 특히 영국을 비롯한 서구 국가들에게 평판이 좋지 않았으며, 그의 정권 역시 군부로 인해 상당히 불안정한 상황이었음. 결국 이디 아민(Idi Amin) 장군은 오보테 대통령이 군(軍) 자금 횡령으로 자신을 체포하려 한다는 계획을 들은 후, 싱가포르에서 열린 '영연방 정상회의'(Commonwealth summit meeting)에 참석하러 간 1971년 1월 25일 쿠데타를 일으켜 실권을 장악하고, 결국 오보테 대통령은 탄자니아(Tanzania)로 도피함. 이때 영국 히스(Edward Heath) 총리의 보수당 정부는 이디 아민의 쿠데타를 '암묵적 승인'(tacit approval)한 것으로 알려짐.
1973	1970년 9월 4일 치른 칠레(Chile) 대통령 선거에서 '인민연합'(Popular Unity)당의 아옌데(Salvador Allende Gossens) 후보는 36.2%, 그 뒤를 '독립보수'(Independent conservative)당의 알렉산드리(Jorge Alessandri Rodríguez) 후보가 35.29%를 득표하였지만, 헌법규정상 대통령선거에서 과반수의 득표자가 없을 경우 국회가 득표율이 높은 두 후보들 중에서 한 명을 선택할 수 있었음. 이는 지난 1958년 대통령 선거에서도 전임 대통령인 알렉산드리(Jorge Alessandri)가 아옌데에게 국민투표에서는 뒤졌음에도 당선된 이유였는데, 9월 4일의 선거에서도 과반수 후보가 나오지 않았지만, 결과적으로 아옌데는 28.09%를 득표한 '기독민주당'(Christian Democratic Party)의 토믹(Radomiro Tomic) 후보의 지원에 힘입어 국회의 비준을 받아내는 데 성공함으로써 11월 4일 임기를 시작함. 이때 소련과 미국은 각각 아옌데 후보와 알렉산드리 후보에게 선거자금을 지원했는데, 구체적으로 소련의 '국가안보위원회'(State Security Committee: KGB)는 아옌데에게 비밀리에 42만 달러의 선거자금을, 또한 쿠바로부터 35만 달러를 선거자금으로 받았음. 반면 미국의 '중앙정보국'(Central Intelligence Agency: CIA)과 '국제 전신전화'(International Telephone and Telegraph: 이하 ITT)의 협조 속에서 ITT는 적어도 35만 달러를 알렉산드리 후보에게 지원했지만, 그의 승리를 확신했었던 CIA로서는 직접적으로 알렉산드리 후보에게 자금을 지원할 필요를 느끼지 못했음. 아옌데가 대통령에 당선되면서부터 미국의 제거공작은 본격적으로 시작되는데, 대표적으로 취임 불과 12일 전 극우주의자들로 하여금 군의 중립을 고수한 슈나이더(René Schneider) 육군 참모총장의 납치시도가 실패하지만, 그때 입은 부상으로 슈나이더 장군은 사흘 후 사망함. 아옌데 대통령은 그가 추진했던 논쟁적이었던 사회민주적인 계획으로 인해서 집권기간 내내 국내 불안, 동맹파업, 공장폐쇄, 미국의 제재 등이 고조됨. 이러한 근본적인 배경에는 이미 스페인 식민통치 시절부터 왜곡되기 시작한 라틴아메리카의 경제구조가 자리하고 있었는데, 대표적으로 미국과 칠레 기득권 세력의 이윤추구를 위해 소위 '바나나공화국'(Republic of Banana)이란 명칭으로 불릴 정도로 경제실정이 왜곡되어 있었음. 즉 바나나공화국이란 한 나라의 산업구조가 특정 작물이나 지하자원의 수출에만 국한되어 있어 그 작물의 작황이나 국제시장에서의 시세에 따라 경제성장이 좌우되는 경우를 지칭함. 이에 아옌데 정부는 이런 왜곡된 경제 구조를 시정하여, 계급 간 심화된 갈등구조를 치유하기 위해 미국 중심의 다국적 기업들이 소유하고 있던 탄광 및 구리광산을 국유화시키고, 노조의 활동을 강화시키는 개혁을 시도함. 이 같은 아옌데 정부의 개혁정책은 칠레의 구리광산을 비롯한 여러 산업 분야를 독점하다시피 하고 있던 미국의 경제적 이익을 침해할 수밖에 없었던 반면 미국으로서도 쿠바에서 발생한 사회주의 혁명과 더불어 칠레에서 선거를 통한 사회주의 정부의 등장을 도저히 묵과할 수 없었던 상황이었음. 키신저(Henry Alfred Kissinger) 국무장관을 중심으로 미국의 국가안보회의에서는 칠레 문제를 해결할 두 가지 공작을 추진함. 첫째, 칠레 경제를 도탄에 빠뜨리는 것이었는데, 이를 위해 미국은 칠레의 주요 수출품이었던 구리의 국제시장 교란을 목적으로 비축하고 있던 구리를 국제시장에 내놓은 결과 가격은 15.7%나 하락함. 둘째는 칠레 군부를 사주하여 쿠데타를 일으키게 만드는 것으로, 이를 위해 8백만 달러의 자금을 지원함. 그럼에도 불구하고 칠레의 민중들은 1973년 3월 의

	회선거에서 아옌데의 인민연합에 과반수가 넘는 지지를 보냈고, 이에 힘입은 아옌데 정부의 개혁은 추진력을 얻게 되고, 본격적인 개혁에 착수하기 전 국민들로부터 재신임을 묻는 투표를 실시하려는 당일인 1973년 9월 11일 군부쿠데타가 일어남. 미국의 지원을 받은 칠레의 육군·해군·공군 및 경찰이 연루된 쿠데타군은 '군사평의회'(military junta)를 설치하고 의장에 피노체트(Augusto Pinochet) 육군 최고사령관을 선출함. 쿠데타군이 대통령 관저인 '라 모네다'(La Moneda) 궁(宮)으로 몰려오자 아옌데 대통령은 그때까지도 쿠데타군에게 점령당하지 않았던 유일한 국영방송인 마가야네스(magallanes) 라디오에 대(對)국민 고별연설을 한 이후 쿠데타군의 대통령 궁에 대한 폭격 와중에 사망함.
1973	1972년 3월 1일 경제 위기와 게릴라 폭동의 한 가운데서 우루과이(Uruguay) 군부가 진행한 재계표(再計票)에 의해 대통령으로 선출된 볼다베리(Juan María Bordaberry)는 취임 6주 후 국가를 폭력화시키는 게릴라세력을 근절시키기 위해 헌법과 개인의 자유권을 정지시키고 군부에게 제한 없는 구금(拘禁)을 허용함. 즉 그는 우루과이가 처한 어려운 상황을 다루기 위한 시도로 권위주의적 방법들에 의지했으며, 가장 중요한 정부 직책에 군부장교들을 임명함. 이 때문에 1973년에 가서는 7명의 '국가안보위원회'(National Security Council) 구성원들이 실제적으로 국가를 통치하였기에 사실상 볼다베리 대통령은 군부의 애완견(puppet)이나 마찬가지였을 뿐만 아니라, 본격적으로 12년에 걸친 군부정권의 등장을 알리는 것이었음. 또한 볼다베리 대통령은 군부의 압력에 굴복하여 의회를 해산시키고, 모든 정당 활동을 금지시켰으며, 좌파 노동조합들을 금지시킴. 하지만 경제적인 여건들이 지속적으로 악화되면서, 결국 1976년 6월 12일 군부에 의해 축출됨.
1974	1927년 포르투갈(Portugal)의 카모나(António Óscar Carmona) 대통령에 의해 재무장관으로 임명된 꼬잉브라(Coimbra) 대학의 경제학 교수였던 살라자르(Antonio de Oliveira Salazar)는 긴축정책과 엄격한 재정정책을 실시해서 큰 성과를 거둠. 이에 1932년 총리로 임명되어 '신국가'(Estado Novo)를 이끌게 되는데, 이탈리아(Italia)의 무솔리니(Benito Mussolini)를 본떠 일당 독재와 비밀경찰에 기반을 둔 공화제적 조합국가체제를 확립함. 이 기간 동안 살라자르 독재정권은 포르투갈의 국민적 정서인 사우다드(Saudade), 즉 한(恨)의 정서를 대표하는 음악인 파두(Fado)를 40여 년간의 우민화(愚民化)정책에 활용함. 1968년까지 지속된 살라자르의 우익독재기간 동안, 억압정치와 소모적이었던 아프리카 식민지전쟁은 국민들의 불만을 가중시켰는데, 1961년 아프리카 식민지 앙골라(Angola)가 포르투갈에 대해 독립선전포고를, 1963년에는 모잠비크(Mozambique)와 기니비사우(Guinea－Bissau)도 독립 선전포고를 하여, 1974년까지 식민지전쟁이 근 13여 년간 지속됨. 이 와중인 1969년 뇌 부상을 입은 살라자르가 퇴진하고, 2년 뒤 사망했음에도, 포르투갈은 여전히 독재체제와 식민주의를 견지해 이를 '살라자르 없는 살라자르 체제'라고도 칭함. 1968년 살라자르로부터 권력을 이양받은 카에타누(Marcelo Caetano)는 일명 '조심스러운 자유화' 정책을 표방하면서 언론·종교의 자유, 해외 영토에 대한 자치부여 및 공평한 소득분배 등 살라자르 체제로부터의 탈피를 시도했지만, 아프리카 식민지 문제에 있어서만은 종래의 정책을 고수함으로써 가중되는 국방비 부담으로 인해 국민들의 불만은 고조될 수밖에 없었음. 이러한 상황하에서 육군참모차장인 스피놀라(Antonio Spínola) 장군이 자신의 저서인 '포르투갈의 장래'에서 아프리카 식민지 게릴라에 대한 무력대응정책을 지양하고, 본토와의 연방구성 등 정치적 해결을 주장하자, 1974년 3월 14일 카에타누 정부는 스피놀라 장군을 육군참모총장 고메스(Costa Gomes) 장군과 함께 해임시킴. 이 같은 정부의 조치가 도화선이 되어, 4월 25일 진보적인 소장파 장교들이 '국군운동'(Armed Forces Movement: MFA)의 기치 아래 무혈 쿠데타를 일으켜 카에타누 정부를 전복시킴으로써 살라자르 이후 수십 년 동안 지속되어 왔던 파시즘체제를 무너뜨림. 1974년 4월 25일의 군부쿠데타는 주동자들의 직책이 대부분 대위급 장교였기에 흔히 '대위들의 혁명'이라고도 부르는데, 특히 청년장교단이 수도인 리스본(Lisbon)에 진입하는 과정에서 시민들이 환영의 표시로 카네이션을 던져줌으로써 '카네이션 혁명'(Carnation Revolution)으로도 칭함.

1974	1973년 11월 25일 파파도플로스(George Papadopoulos)를 축출한 이오아니디스(Demetrios Ioannidis) 장군은 기지키스(Paidon Ghizikis) 중장을 그리스(Greece) 대통령에 임명하고, 민간인이었던 안드라우쵸플러스(Adamantios Androutsopoulos)를 수상으로 하는 민간 내각을 구성하였으나, 실제 권력은 군부가 장악함. 하지만 군사정부의 몰락을 재촉하게 된 결정적인 계기는 가혹한 탄압과 최악의 물가상승, 심각한 경제적 재난보다도 1974년 7월의 키프로스(Cyprus) 위기를 현저히 잘못 취급한 데서 비롯됨. 즉 그리스 군사정부는 키프로스의 그리스계 주민들이 그리스와의 정치적 통합을 추진한 '에노시스 운동'(Enosis Movement)을 지원하여 7월 15일 군부쿠데타를 유발시킴으로써 당시 키프로스 공화국의 대통령이었던 마카리오스(Makarios) 대주교(archbishop)를 축출시키는 데 성공함. 그러나 7월 20일 즉각적인 터키의 군사개입이 발생하여 키프로스 북부 키레니아(Kyrenia) 지역에 터키 군대가 상륙하면서, 8월 14일 키프로스 섬의 37%를 터키군이 장악하자 이에 대한 책임을 지고 안드라우쵸플러스 내각이 사퇴함. 그 결과 1974년 7월 23일 망명 중이었던 카라만리스(Konstantinos Caramanlis)가 프랑스에서 귀국하여 수상에 취임함으로써 군사정부는 붕괴됨.
1975	에티오피아(Ethiopia) 군부는 1974년 9월 12일에 고유 언어인 암하릭(Amharic)어로 위원회(Council)를 칭하는 더그(Derg)를 '임시군사행정위원회'(Provisional Military Administrative Council: 이하 PMAC)로 출범시킴. 이때 PMAC의 의장 및 내각수반을 1964년 소말리아와의 국경분쟁에서 명성을 얻었던 안돔(Aman Andom) 중장이 겸직하였지만, 그는 Derg의 구성원이 아니었던 관계로 실질적인 지위는 허약했음. 즉 에리트레아(Eritrea) 지역문제에서 안돔은 에리트레아가 에티오피아의 단일한 주(州)의 일부분인 동안 에리트레아인들에게 자치라는 실질적인 법령을 주어야 한다는 통치의 근본적인 변화를 시사하며 두 번의 성공적인 방문을 통해 광범위한 지지를 이끌어 냄으로써 분리주의자 분파들과 협상을 적극적으로 추진하려 했지만, 그의 해결방안은 Derg 내부에서 의견대립을 가져왔고 결과적으로 안돔은 11월 22일 밤에 처형됨. 11월 28일 새로운 PMAC의 의장으로 선출된 반티(Tafari Banti) 준장 역시 안돔과 마찬가지로 Derg의 구성원이 아니었던 관계로, 실질적인 권력은 Derg의 초기 창설 시 중요한 역할을 하였던 수석 부의장 멩기스투(Mengistu Haile Mariam) 소령과 차석 부의장 아바테(Atnafu Abate) 소령의 수중에 장악됨. 1974년 12월 20일 셀라시에 1세(Haile Selassie Ⅰ)의 퇴진 후 몇 달 동안 새로운 정부인 Derg는 좌파의 요구에 직면하여 에티오피안 사회주의를 강조하면서 '에티오피아 우선(優先)'(Ethiopia Tikdem)이란 선전문구(slogan) 아래 민족주의와 사회주의를 결합시키려 했음. 실행된 가장 직접적인 조항들은 개인회사들의 국유화였는데, 이는 즉시 행해졌으며, 은행들과 보험회사들 및 그 밖의 재무기관들도 1975년 1월 1일 국유화되었으며, 또한 72개의 상이한 개인들의 무역 및 산업회사들의 국유화도 2월 3일 뒤따름. 1975년 3월에는 사회주의경제체제를 설립하기 위하여 모든 지방토지들을 국유화시켰고, 7월에는 도시의 토지들도 국유화시킴.
1975	8월 15일 방글라데시의 몇몇 하급 장교들에 의해 군부쿠데타가 발생하여 무지부르 라흐만(Sheikh Mujibur Rahman) 대통령과 그의 가족 및 몇몇 장관들, 그리고 '아와미 리그'(Awami League)의 지도자들을 암살했지만, 독일을 방문 중이었던 그의 두 딸들은 암살위기를 모면한 채 귀국을 금지당함. 당시의 쿠데타는 대통령직을 즉각 승계한 라흐만 대통령의 동료이자 옛날에 절친한 친구였던 모스타크 아흐메드(Khondaker Mostaq Ahmed)를 포함한 파룩 레흐만(Syed Farooq Rehman) 중령・라시드 칸 중령(Sultan Shahriar Rashid Khan) 등 군부장교들과 아와미 리그에 의해 계획된 것임. 쿠데타의 원인이 된 것은 무지부르 라흐만 대통령이 법과 질서를 회복시키고, 불법적인 무기들을 회수하기 위해 만든 '라크시 바히니'(Rakshi Bahini)의 체계가 실패하면서 그 여파는 정부의 평판을 상당히 손상시켰음. 또한 부패와 암시장이 만연하게 되었고, 기근으로 인해 수천 명이 희생되면서, 이에 당황하고 불안해진 무지부르 라흐만 대통령은 방글라데시에서 유일한 정당인 BAKSAL(Bangladesh Krishak Sramik Awami League)을 설립함으로써 파키스탄으로부터의 독립

	에 이은 두 번째 혁명을 시도함. 하지만 그 같은 조치들은 그를 국민들과 BAKSAL로부터 멀어지게 만듦. 결과적으로 라흐만 대통령이 암살되면서 방글라데시는 정치적 혼란을 겪게 되고, 11월 3일과 11월 7일 일련의 역쿠데타가 발생하면서 쿠데타의 주동자들이 축출되지만, 연이어 벌어진 정치적 암살들로 인해 국가는 무력화(無力化)됨.
1975	1975년 7월 29일 '아프리카 통합기구'(Organization of African Unity: OAU) 정상회담에 참석하는 동안 발생한 무혈 군부쿠데타로 나이지리아(Nigeria)의 고원(Yakubu Gowon) 정부는 전복됨. 개혁성향의 젊은 하사관들이 주도한 쿠데타의 명분은 정부와 관료들의 부패로 인해 정권의 민정(民政) 이양을 거부한다는 것이었음. 쿠데타 이후 군부는 1966년 7월 29일의 역(逆)쿠데타에도 가담했었던 38살의 무타라 라맛(Murtala Ramat Muhammed) 준장을 고원의 후계자로 선택함. 권력을 장악한 무타라 라맛은 인민들의 호응을 얻기 위해 12개 주(州)의 주지사들을 축출시켰으며, 몇 주 동안 모든 정부 부처에서 1만 명의 민간 공무원을 공직 남용과 생산성이 결여되었다는 이유만으로 해직시키고, 군부 자체도 2만 5천 명~10만 명 정도의 규모로 숙군(肅軍)을 단행함.
1975	제2차 세계대전 후 차드(Chad)의 리세테(Gabriel Lisette)와 톰발바에(François Tombalbaye) 등은 '차드진보당'(Chadian Progressive Party: 이하 PPT)을 설립하지만, 리세테는 1960년 8월 11일 독립 1주일 전 축출당하고, 톰발바에가 초대 독립정부의 대통령직에 오름. 더구나 톰발바에는 리세테와 그의 지지자들을 차드로부터 국외로 추방시켰고, 남부 로곤(Logone) 지역을 세 개의 현(縣)으로 분할함으로써 리세테의 권력기반을 완전히 제거함. 톰발바에는 차드에서 프랑스 군대를 추방시켰지만, 한편으로는 식민지배의 유산을 독립 이후에도 존속시켰는데, 예컨대 다수의 정부 요직에 프랑스인 고문을 고용했고, 프랑스가 대부분의 국가재정 운영을 감독하는 것을 허용함. 또한 톰발바에는 대통령의 권한을 강화시켰으며, 1963년에는 국회 해산 및 경쟁 정당들을 제거시켰고, 노골적인 비판가들을 투옥하고, 대부분 공공 언론매체들을 폐쇄시킴. 무엇보다도 톰발바에는 공개적으로 북부 지역을 차별 대우함으로써 대통령 임기 15년 동안 차드를 분열시키는 데 억압적 통치가 주된 원인이 되었고, 반란세력들 역시 상호 강화되어 가면서 톰발바에는 프랑스 군대를 다시 차드로 불러들이게 됨. 결국 1975년 4월 13일 발생한 군부쿠데타로 톰발바에가 살해당하고, 남부 출신으로 육군 대령 재직 시 톰발바에 대통령에 의해 투옥되어 쿠데타 이후 석방된 말로움(Félix Malloum)이 1978년 8월 29일까지 대통령직과 총리직을 겸직함.
1976	1월 11일 에콰도르(Ecuador)의 라라(Guillermo Rodríguez Lara) 대통령이 석유를 통해 벌어들인 막대한 세입을 민족주의와 산업화정책에 과도하게 투입시켜 오히려 부채(負債)를 지게 되면서, 이의 균형을 잡기 위해 사치스러운 수입품에 60%의 관세를 매기고, 민간 부문을 몹시 뒤흔들어 놓은 결과 무혈(無血) 군부쿠데타로 축출됨. 1979년 8월 10일까지 지속된 군사평의회(military junta)였던 '정부 최고위원회'(Supreme Council of Government)는 포베다(Alfredo Poveda) 제독이 의장을 맡은 가운데, 알센타레스(Luis G. Durán Arcentales) 장군과 프랑코(General Luis Leoro Franco) 장군이 주도하였음.
1976	10월 6일 태국(Thailand) 군부의 급진적인 영관급 장교들로 구성된 '젊은 망나니들'(이하 Young Turks) 집단의 지원하에 해군 제독인 쌍애(Sangad Chaloryu)가 주도한 군부쿠데타는 '국가행정개혁위원회'(National Administrative Reform Council: 이하 NARC)를 통해서 질서와 권위주의적 지배를 회복한다는 명분하에 쎄니(Seni Pramoj) 정부를 축출함. 그들은 군부의 정치개입을 직업주의적인 사명의 정상적인 일부로 믿었으며, 정치적 불안정을 강압적으로 일소시키고자 했는데, 특히 1970년대 중반부터 1980년대 중반까지 탁월한 성과를 보였던 부패 청산을 정치에서의 주된 임무로 인식하고 있었음. 하지만 군 조직들을 장악하지 못했고, 군부의 정치적 우월성을 재정립시키지도 못한 가운데 단지 최상의 역할은 국왕옹립자에 그쳤는데, 그 결과 NARC는 권위주의적이고, 충실한 반공주의자이자 왕정 지지자인 민간인 타닌(Thanin Kraivichien)을 총리로 하는 새로운 정부를 형성했지만, 이는 명백한

	재앙임이 입증됨. 즉 그의 광신적인 냉전 전사(戰士)에의 집착은 '국내방위작전본부'(Internal Security Operations Center: ISOC)와 '국경순찰경찰'(Border Patrol Police: BPP)을 동원하여 시위 학생들에 대학살을 자행하고, 또한 농민과 노동조합의 지도자들 및 누구든 공산주의자로 의심되면 가혹한 탄압을 가함. 이를 통해서 보다 많은 미국의 지원을 기대했었던 타닌의 의도와는 달리 국내외 투자자들의 투자를 감소시킨 촌극이 되고 맘. 그는 1년 후에 젊은 망나니 분파에 의해 축출당하고, 1977년 10월 20일 끄리앙싹(Kriangsak Chomanand) 장군이 권력을 장악함.
1976	2월 13일 나이지리아(Nigeria)의 군사통치자인 무타라 라맛(Murtala Ramat Mohammed)이 라고스(Lagos)에서 발생한 '유산(流産) 쿠데타'(abortive coup)로 암살당하면서, 그의 수석(首席) 참모였던 오바산조(Olusegun Obasanjo)가 권좌(權座)에 오름.
1976	3월 24일 아르헨티나(Argentina)의 비델라(Jorge Rafael Videla) 장군・마세라(Emilio Eduardo Massera) 제독・아고스티(Orlando Ramón Agosti) 장군으로 대표되는 3두 체제하의 군부쿠데타는 무질서・부패・파괴의 극복과 국가경제의 퇴조를 뒤집기 위하여 페론의 미망인을 축출한 후 '군사평의회'(military junta)를 세움. 이들 우익 군부독재정권의 지도자들은 '국가재편성과정'(The National Reorganization Process)이라는 명분 아래 아르헨티나를 1976년~1983년까지 통치함. 이 기간 동안 군사평의회는 국회와 주 의회를 폐쇄시켰고, 자치체의 시장・주지사・최고법원 판사의 지위를 빼앗고, 군부통제 아래 노동조합과 몇몇 기업가연합을 배치하였으며, 다수의 특정 조치들이 정치 영역을 통제할 목적으로 제정됨. 또한 모든 정치적 활동은 금지되었으며, 다수의 좌익정당들과 분파들을 불법화시킴.
1977	7월 5일 파키스탄(Pakistan) 군부는 쿠데타를 일으켜 부토(Zulfikar Ali Bhutto) 총리를 포함한 주요 정당의 지도자들을 감금함. 7월 7일 육군참모총장 지아 울 하크(Muhammad Zia-ul-Haq) 장군은 헌법을 정지시키고 계엄령을 선포하면서 3개월 안에 총선 실시를 약속함. 계엄령으로 인해 부토 총리의 직무가 정지된 가운데, 실질적으로 총리직을 수행한 지아 장군은 정당 활동을 금지시키지 않았으며, 더구나 부토를 석방하면서 10월에 새롭게 실시되는 선거가 자유로운 경쟁 속에서 치러질 것임을 보장함. 하지만 부토의 대중적 인기가 증명되고 그의 정부가 유지될 가능성이 커지자, 1978년 3월 1일 포고(布告)로 총선을 취소시킨 다음, 지아 장군은 모든 정당 활동을 금지시켰으며, 200여 명의 언론인들을 체포하고, 다수의 신문사들을 폐간시켜 버림. 또한 부토의 '파키스탄 인민당'(Pakistan People's Party: PPP) 지도부들의 범죄 행위에 대한 조사에 착수하여 정적(政敵)을 살해한 혐의를 덮어씌워 부토에게 사형을 선고한 다음 1979년 4월 6일 교수형을 집행함.
1978	1973년 7월 17일 자히르 샤(Zahir Shah) 국왕의 이탈리아 방문 중 다우드(Mohammad Daud Khan) 전(前) 총리가 무혈 쿠데타를 일으켜 전제군주제를 폐지시키고, '아프가니스탄 공화국'(Afghanistan a republic)을 선언하면서 대통령에 취임함. 하지만 1978년 4월 19일 유명한 좌파였던 아크바르(Mir Akbar Khyber)가 다우드 정부에 죽임을 당하는데, 이는 아프가니스탄의 공산주의자들을 단결시키는 계기로 작용함. 아크바르의 장례식에 약 3만 명 가까이 운집하는 것을 지켜본 다우드 대통령은 공산주의자들의 쿠데타를 두려워한 나머지 1965년 1월 1일 설립된 '아프가니스탄 인민민주당'(People's Democratic Party of Afghanistan: PDPA)의 지도자였던 타라키(Nur Muhammad Taraki)와 카말(Babrak Karmal)을 체포하라고 명령하지만, 오히려 4월 27일 카불(Kabul) 국제공항의 군 기지에서 시작된 군부쿠데타에 의해 다우드 대통령과 그의 가족은 그 다음 날인 4월 28일 살해됨. 다우드 대통령에 이어 권력을 장악한 타라키(Nur Muhammad Taraki)는 친소련(pro-Soviet) 공산주의 정부를 설립했지만, 1979년 9월 14일 부수상(副首相)이었던 아민(Hafizullah Amin)이 주도한 쿠데타로 축출됨. 아민 정부가 파키스탄이나 미국의 지원을 얻으려는 시도와 아울러 소련의 조언을 받는 것을 거부하면서 군사적인 연대(連帶)를 시도하자 소련 당국으로서는 독자적인 민족주의의 대두를 지켜볼 수만은 없게 됨. 이에 소련은 아프가니스탄에 공산주

	의 정부를 유지시키기 위하여 군사적 원조를 증가하기로 결정하지만, 이 같은 목표를 달성하는 데 아민 대통령의 존재는 눈에 가시였던 관계로, 12월 24일 소련은 아프가니스탄을 침공하고, 12월 27일 소련의 특수부대가 대통령 궁을 습격하여 아민 대통령을 암살함.
1979	10월 26일 박정희(Park Chung-hee) 대통령이 '중앙정보부'(Korean Central Intelligence Agency: KCIA) 부장이었던 김재규(Kim Jae-gyu)에 의해 암살되면서, 국군보안사령관이자 대통령 시해사건 합동수사본부장을 맡은 전두환(Chun Doo-hwan) 소장이 12월 12일 계엄사령관이자 육군참모총장이었던 정승화(Chung Sung-hwa) 장군을 대통령 암살에 연루시켜 최규하(Choi Kyu-ha) 대통령의 재가(裁可)를 받지 않은 가운데 체포함. 이른바 12·12 군부쿠데타 이후 전두환의 신군부세력에는 육사 11기생인 그의 동료들, 즉 노태우(Roh Tae-woo), 정호용(Jeong Ho-yong) 등이 군부의 요직을 장악하게 됨. 또한 전두환 장군은 1980년 4월 중앙정보부장 서리직까지도 겸직함으로써 군부의 실세로 급부상한 가운데, 5월 17일을 기해 비상계엄령을 전국으로 확대하려 했지만, 국회에 의해 거부되자 김대중(Kim Dae-jung)을 비롯한 다수의 정치인들을 체포함. 결국 집권의 마지막 과정으로 5월 18일 전라남도 광주(Gwangju)에서 평화로운 시위대에 대학살을 자행하자, 이에 대한 책임을 지고 최규하 대통령이 8월 16일 사퇴하면서 9월 1일 전두환 장군이 통일주체국민회의 선거인단 투표에 의해 대통령직을 계승함. 그 다음 해인 1981년 2월 25일 개정 헌법하에 '민주정의당'(Democratic Justice Party) 후보로 출마하여 대통령 선거인단 투표에 의해 90.6%의 득표율로 7년제 단임 대통령으로 선출됨.
1980	1979년 11월 1일 군부쿠데타로 볼리비아(Bolivia) 대통령직에 오른 나투쉬(Alberto Natusch Busch) 장군이 겨우 16일 만에 의회에 의해 축출되면서, 11월 16일 최초의 여성 대통령으로 취임한 구에이렐(Lidia Gueiler Tejada)은 '임시대통령'(interim President)으로서 1980년 실시될 새로운 대통령 선거를 감독할 책무를 부여받았지만, 1980년 7월 17일 우파(右派)인 가르시아 메자(Luis García Meza Tejada) 장군이 주도한 소위 '코카인 쿠데타'(Cocaine Coup)로 불린 유혈 군부쿠데타로 실각하고 망명함. 대통령이 된 가르시아 메자는 모든 정당 활동을 금지하고, 정적(政敵)들을 국외로 추방했으며, 노동조합을 억압하고, 언론에 재갈을 물림. 비록 군부쿠데타가 미국의 카터(Jimmy Carter) 행정부의 정책에 반하는 것이었음에도, 가르시아 메자 대통령은 보다 보수적이고 우호적인 독재정부를 표방함으로써 워싱턴(Washington)으로부터 정권을 승인받는 데 성공함. 분명한 것은 가르시아 메자 정부가 마약 판매활동에 깊이 연루되어 있었다는 점이며, 또한 마약 기업연합(cartel)들에게 직접적으로 자금을 조달함으로써 정권을 차지했다는 점에서 그의 정권 장악을 코카인 쿠데타라고 칭하는 이유임. 이 점은 결국 가르시아 메자 정부를 국제적으로 완전한 외톨이로 전락시키게 만들며, 심지어 1981년 새롭게 들어선 보수적 성향의 미국의 레이건(Ronald Reagan) 행정부조차도 거리감을 보였고, 연이은 국제적인 항의로 인해 1981년 8월 3일 가르시아 메자 대통령은 사임함.
1980	9월 11일 터키(Turkey)의 데미렐(Süleyman Demirel) 정부를 축출시킨 에브렌(Kenan Evren) 장군의 무혈 군부쿠데타가 발생함. 쿠데타의 직접적인 원인은 1979년 후반기 동안 정치적·경제적 불안정의 고조에서 찾을 수 있는데, 즉 1977년과 1980년 사이 정치적 폭력과 테러리즘은 이미 심각한 상태였고, 악화일로에 달한 결과 5,241명이 사망했고, 부상자는 14,152명이었는데, 이 수치는 독립전쟁에서 발생했었던 터키의 손실에 상당하는 수치였었음. 9월 20일 쿠데타 세력들은 이미 퇴역한 해군제독으로서 당시 이태리 대사였던 우루수(Bülent Ulusu)를 임시 총리로 하는 새로운 민간인 내각의 구성을 발표하는데, 민간인 내각의 안정화를 위해 군부는 쿠데타 이후 초기 4달 동안 32,537명의 테러리스트들을 구금시켰고, 당국자들은 757정의 자동식 무기를 포함한 168,000정 이상의 소화기(小火器)들, 90만 발 상당의 총탄과 다이너마이트 951개, 화약 2,100㎏, 그리고 632개의 폭약장치들을 압수함. 또한 1980년 9월에서 1983년 2월 사이 테러행위로 의심받은 6만 명이 넘는 사람들과 불법적인 정치 활동가들이 체포됨. 이때 군부는 5명의 장군들과 1명의 제독으로 구성된 '국

	가안보회의'(National Security Council: NSC)를 통해 권력에 개입할 수 있는 제도적 장치를 마련함.
1980	1971년부터 라이베리아(Liberia)를 통치한 톨버트(William Richard Tolbert) 정부는 1979년 4월에 가서는 수백 명의 시위자들이 수도(首都) 몬로비아(Monrovia)의 거리에서 쌀값 폭등에 항의하며 긴장감에 휩싸이기 시작함. 결국 톨버트 대통령이 시위대에게 발포를 명령하여 약 70여 명이 사망함. 질서회복 노력에도 불구하고 시위는 라이베리아 전 지역으로 확산되었고, 시위 주동자들을 체포하여 진정시키려는 시도마저도 실패로 끝남. 1980년 4월 12일 육군 특무상사였던 도우(Samuel Kanyon Doe)가 주도한 군부쿠데타가 발생하여 톨버트 대통령과 수많은 관리들을 공개 처형함으로써 1800년대 미국으로부터 이주(移住)자들의 후손들로서 기독교적 생활과 미국식 문화 및 정치 조직을 기반으로 부유한 엘리트층을 형성한 '미국출신의 라이베리아인들의 지배'(Americo-Liberian rule)를 종식시킴. 쿠데타의 성공 이후 도우 특무상사와 그의 협력자들은 군사정권인 '인민구제평의회'(People's Redemption Council)를 구성하고 정권을 장악함. 이어 1984년까지 정당 활동은 금지되었고, 1985년 10월 15일 열린 대통령선거에서 도우의 '라이베리아민족민주당'(National Democratic Party of Liberia: NDPL)이 광범위한 기만과 부정선거로 51%의 득표율로 승리함. 또한 도우 정부는 종족 관(觀)을 채택하여 자신의 출신 부족을 정치적·군사적 지배집단으로 기용한 결과 종족간 적대감과 긴장감이 최고조에 이르게 만들었음. 결국 1989년 12월 24일 도우 정부의 옛 협력자였던 테일러(Charles Ghankay Taylor)가 코트디부아르(Côte d'Ivoire)로부터 라이베리아로 진격하면서 내전이 발생하게 되고, 도우 대통령은 1990년 9월 9일 반란군에게 붙잡혀 처형됨. 1995년 끝난 내란의 결과 약 20여만 명이 죽었고, 150만 명이 고향을 떠나야 했으며, 라이베리아 국가 기반시설의 대부분이 파괴됨.
1980	1973년 총선거에서 승리하여 네덜란드(Netherland)령(領) 자치정부의 총리로 취임한 아론(Henck Alphonsus Eugene Arron)은, 그 후 1975년 11월 25일 독립을 성공적으로 이끌어 내어 '수리남 공화국'(Republiek Suriname)의 초대 총리가 되며, 1977년 10월 재선됨. 아론 총리는 1979년 가이아나(Guyana)의 번함(Linden Forbes Burnham) 총리와 어업권(漁業權) 및 국경 재개방 협정을 체결함으로써 기존의 보크사이트(bauxite) 생산에 편중된 산업 체제를 개선하여 낙후된 경제를 살리고자 했지만 실패하고, 결국 높은 실업률이 군부쿠데타의 빌미로 작용함. 1980년 2월 25일 특무상사(Sergeant Major)였던 보우테르세(Desire Bouterse)가 주도한 군부쿠데타로 축출된 후 2년 동안 투옥됨. 쿠데타 이후 비록 수리남의 대통령직은 그대로 보존되었지만, '국가군부평의회'(National Military Council)의 의장으로 취임한 보우테르세는 1988년 사임하기까지 사실상(de facto) 국가 권력자로서 대통령직을 1982년부터 행사함.
1981	2월 23일 스페인(Spain) 국회의사당 안에서 전 각료가 참석한 가운데 소텔로(Leopoldo Calvo Sotelo) 신임 총리에 대한 인준투표가 진행되고 있을 때에 극우파였던 테헤로(Antonio Tejero Molina) 중령이 200여 명의 무장민병대원들을 이끌고 국회를 점령한 다음, 테러리즘을 종식시키기 위해 군사정부를 세우는 것이 자신들의 목표라고 주장함. 이때 극우파 군부 지도자였던 보쉬(Jaime Milans del Bosch) 장군도 자신의 관할구인 바르셀로나(Barcelona)에 계엄령을 선포하고 시내에 탱크를 진입시켰지만, 군 통수권자였던 국왕 카를로스 1세(Juan Carlos Ⅰ)는 TV 연설을 통해서 즉시 쿠데타군을 진압할 것을 명령함으로써 결국 불발쿠데타의 주동자였던 보쉬 장군과 테헤로 중령에 대한 성공적인 재판과 투옥을 이끌어 내면서 민주화 이행에 결정적인 역할을 함. 무엇보다도 불발쿠데타의 배경에는 프랑코(Francisco Franco)를 추종했던 극우 군부세력들이 수아레스(Adolfo Suárez González) 수상의 공산당 합법화 조치와 '바스크 분리주의자'(Basque Homeland and Freedom: ETA)들에 대한 미온적인 태도 및 민주화과정에 대한 불만 등이 축적된 상황에서 1979년 지방선거에서 '사회노동당'(Socialist Workers Party: PSOE)이 승리하자 좌파의 집권을 우려한 나머지 쿠데타를 일으켰던 것임.

1982	1978년 8월 22일 케냐(Kenya)의 케냐타(Jomo Kenyatta) 대통령이 사망하면서 모이(Daniel Toroitich arap Moi)가 대통령직을 승계함. 그러나 1982년 8월 1일 토요일 자정 무렵 공군 사병(Senior Private Grade－I)인 오주카(Hezekiah Rabala Ochuka)를 주동자로 한 군인들이 '케냐의 소리'(Voice of Kenya) 라디오 중계소를 접수한 다음, 정부 전복을 선언함. 하지만 단지 6시간 만에 정부군의 진압으로 오주카가 탄자니아(Tanzania)로 도주하면서 쿠데타는 실패로 끝나게 되고, 후일 본국으로 송환된 오주카는 1987년에 교수형을 당함. 무엇보다도 오주카의 실패한 쿠데타를 모이 대통령은 정치적 정적(政敵)들을 제거하는 기회 및 권력을 강화하는데 활용함. 예컨대 모이 대통령은 오랜 기간 사법조사를 통해서 케냐타 인맥(人脈)들을 반역자와 동일시하면서 내각에서 전임(前任) 케냐타 대통령 인맥(人脈)의 영향력을 감소시켜 나감. 즉 모이 대통령은 그들을 사면(赦免)하는 대신 정부에서 추방시켰고, 자신의 권력을 강화하여 나갔으며, 특히 적법하게 유일정당(single－party) 체제의 국가를 확립하기 위한 헌법 변경을 위해 지지자들을 임명함. 또한 실패한 쿠데타 이후 케냐 공군은 완전히 해체되었으며, 900여 명이 투옥됨.
1983	1975년 10월 1일 나이지리아(Nigeria) 민간 민주정부의 회복을 위한 상세한 일정 및 최종기한을 발표한 무타라 라맛(Murtala Ramat Mohammed)이 1976년 2월 13일 암살(暗殺)되었음에도 불구하고, 그의 후계자인 오바산조(Olusegun Obasanjo) 장군은 1979년 10월 1일 민주적인 선거로 선출된 민간인 대통령인 샤가리(Alhaji Mukhtari Shehu Shagari)에게 권력을 이양하고 군부는 병영(兵營)으로 물러감. 그러나 샤가리 정부 아래에서 만연한 부패와 국제 석유가격의 하락이 겹치면서 국가재정은 현저히 악화(惡化)된 반면, 종교적・정치적인 폭력은 확산됨. 이에 나이지리아 군부는 1983년 12월 31일 육군 소장 부하리(Mohammadu Buhari) 장군과 이디아그본(Tunde Idiagbon) 장군의 주도로 쿠데타를 일으켜 '최고군사평의회'(Supreme Military Council: SMC)를 설치하는데, 그 명분은 부적합하고 부패한 지도력이 초래한 심각한 경제적 곤경과 불확실성으로부터 국가를 구한다는 것이었음.
1984	12월 12일 모리타니(Mauritania)의 '국가구제군사평의회'(Military Committee for National Salvation) 의장인 하이달라(Mohamed Khouna Ould Haidalla) 대통령이 전(前) 육군 참모장 출신인 타야(Maaouya Ould Sid'Ahmed Taya)가 주도한 무혈(無血) 군부쿠데타로 축출됨. 타야 정부는 모리타니에서 백인 무어인(Moorish)의 공동체를 편애(偏愛)했던 이전 정부들의 전통을 지속함으로써, 상대적으로 흑인 무어인들과 아프리카 흑인들을 차별했으며, 비(非)아랍 지역인 남부에서의 정치적 불안 상태를 군사적인 수단을 동원하여 진압함.
1985	1971년 1월 25일 군부쿠데타를 일으켜 실권을 장악한 우간다(Uganda)의 이디 아민(Idi Amin) 장군은 공포정치를 실시하는데, 예컨대 모든 정치활동은 금지되었고, 군은 체제에 비판적이라고 의심되는 사람을 사살할 수 있는 권한까지 부여받았으며, 특히 카와(Kakwa)족 출신이었던 이디 아민은 아콜리(Acholi)족과 랑고(Lango)족 및 아시아계 주민들을 박해(迫害)함. 이디 아민의 통치기간 동안 약 30만 명이 학살당했고, 경제와 사회 기간시설은 거의 붕괴되었으며, 우간다를 탈출하려는 난민들의 행렬이 이어짐. 또한 인플레이션(inflation)이 거의 1,000%에 달하면서, 국가재정의 고갈을 초래한 결과 군인들에게조차도 봉급을 지불할 수 없는 상황에 이르렀고, 군부 역시 종족 간 갈등으로 분열되면서 이디 아민 대통령으로서도 새로운 돌파구를 모색할 수밖에 없는 국면에 처함. 이때 이디 아민 대통령은 북부 탄자니아(Tanzania)의 카게라(Kagera) 지역의 병합(倂合)을 시도하면서 1978년 10월 탄자니아와의 전쟁을 선택하게 되고, 그 결과 압도적인 탄자니아군의 화력(火力)으로 인해 1979년 4월 11일 이디 아민 대통령은 수도(首都)인 캄팔라(Kampala)에서 쫓겨나 망명함. 그 이후 1971년 이디 아민의 쿠데타로 실각하고 탄자니아로 망명했던 오보테(Apollo Milton Obote) 전(前) 대통령이 귀국하여, 1955년 자신이 만든 '우간다인민의회'(Uganda People's Congress: UPC)를 재조직하여 1980년 12월 17일 대통령 선거에서 승리하지만, 나머지 정당들이 부정선거였다고 주장하는 가운데, 최대의 정적(政敵)인 무세베니(Yoweri Museveni)의 '국민저항군'(National Resistance Army: 이하 NRA)과 몇몇 군벌(軍閥) 집단들은 게릴

	라 투쟁을 벌임. 이를 진압하는 과정에서 오보테 대통령은 일반 주민들을 포함한 약 20여만 명을 학살함으로써 국제적인 비난을 받게 되고, 더구나 그 역시 이디 아민 정부와 마찬가지로 자신의 출신 종족인 랑고족에 대한 편애 정책을 실시한 결과 회복하기 힘들 정도로 국민들의 원성(怨聲)을 사게 됨. 그 결과 1985년 7월 27일 오보테 대통령은 루트와 노켈로(Tito Lutwa Okello) 장군과 오라라 오켈로(Bazilio Olara－Okello) 대령이 주도한 군부쿠데타로 축출되고, 군사평의회가 설치되지만, 몇 개월 후 무세베니의 NRA가 정권을 장악하고, 그가 대통령에 취임함.
1985	8월 27일 나이지리아(Nigeria)에서 바방기다(Ibrahim Badamasi Babangida) 장군이 주도한 군부쿠데타로 최고 권력자인 부하리(Mohammadu Buhari)와 육군참모총장 이디아그본(Tunde Idiagbon)이 축출됨. 그 배경을 보면 부하리와 이디아그본 정부는 초기에는 다수 나이지리아인들에게 인기가 있었지만, 정부에 대한 비판을 억누르기 위해서 어떠한 사람이라도 국가에 위협이 된다고 간주되는 한 재판 없이 무기한 구금할 수 있는 권리를 국가에 준 국가안보 칙령 제2조를 포함한 보다 가혹한 방법에 의지하면서부터 지지(支持)는 줄어들기 시작함.
1987	1983년 8월 21일 미국 망명에서 귀국을 강행한 필리핀(Philippine)의 니노이 아키노(Benigno Ninoy Simeón Aquino) 전(前) 상원의원이 마닐라(Manila) 국제공항에 도착 후 공개적으로 암살됨. 그 후 미망인(未亡人)인 코라손 아키노(María Corazon Sumulong Cojuangco－Aquino) 여사가 정계(政界)에 입문하여 '민족민주기구연합'(United Nationalists Democratic Organizations: UNIDO)의 대통령 후보가 됨. 1986년 2월 7일 치른 대통령 선거에서 '신사회운동'(New Society Movement)당(黨)의 마르코스(Ferdinand Emmanuel Edralín Marcos)가 코라손 아키노를 근소한 표차로 제치고 승리한 것으로 필리핀 '선거위원회'(COMELEC)가 발표하면서 종교계를 중심으로 시작된 반발은 2월 22일 군부의 주요 인사였던 엔릴레(Juan Ponce Enrile) 국방장관과 라모스(Fidel Valdez Ramos) 육군참모차장이 마르코스 대통령에 대한 지지를 철회하면서 최절정에 달한 필리핀의 '민중혁명'(People Power Revolution)의 영향 아래 2월 25일 마르코스 대통령은 하야(下野)하고 하와이(Hawaii)로 망명함. 1986년 2월 25일 집권한 코라손 아키노 정부는 권력기반이 반(反)마르코스 세력들의 연합정부로 일명 '무지개 연대'(rainbow coalition)로도 불렸음. 그 세력 분포를 보면 라모스와 엔릴레 등 우익 군부세력·전통적 과두엘리트·가톨릭 교회세력·진보적 지식인 및 전문가 집단·노동운동단체 등 복잡했던 관계로 아키노 대통령은 광범한 대중적 지지에도 불구하고 강력한 개혁적 리더십을 발휘할 수 없었음. 집권 2년째인 1987년에 가서는 세 번의 쿠데타가 발생함. 첫째, 1월에 발생한 쿠데타는 마르코스 지지 세력들에 의한 것으로 마닐라 TV 방송국과 몇몇 군사목표물이 장악되었지만, 정부의 신속한 대처로 확대되지 않은 가운데 완전한 진압까지 4일이 소요됨. 두 번째 쿠데타는 4월에 마르코스 추종자들에 의해 또다시 발생했는데, 1월의 쿠데타보다도 작은 규모였으며, 불과 몇 시간 만에 진압되었음에도, 군사령부를 쿠데타군에게 점령당함. 세 번째 쿠데타는 8월 28일 호나산(Gregorio Ballesteros Gringo Honasan) 대령의 주도로 발생했는데, 그는 1986년 2월 당시 마르코스 대통령에 대한 반란에서도 주요 역할을 담당했었던 인물임. 1987년 쿠데타에서 호나산 대령은 수백 명의 병력을 이끌고 직접 TV 방송국과 공군기지를 점령하지만, 말라카낭(Malacañang) 궁(宮)에 대한 습격이 실패하면서, 쿠데타군은 아귀날도(Aguinaldo) 기지로 향하여 군 총사령부를 점령함. 또한 전국 각지에서 동시 행동에 돌입한 쿠데타군들이 여러 군 기지들을 점령하는 상황이 발생했지만, 하루 만에 쿠데타는 실패로 돌아감.
1989	1987년 8월 28일의 군부쿠데타를 주도했던 호나산(Gregorio Ballesteros Gringo Honasan) 대령에 의해 주도면밀하게 계획되고, 또한 군부 내 여러 계파들의 지지를 규합하여 1989년 12월 1일 시도된 필리핀(Philippine)의 군부쿠데타는 코라손 아키노(María Corazon Sumulong Cojuangco－Aquino) 대통령 취임 후 7번째로 발생한 쿠데타이자 필리핀 군부의 정예부대인 정찰부대(Scout Rangers)와 해병대 등 약 3천여 명이 연루된 가장 대규모의 유혈(流血)

	군부쿠데타였음. 이때 쿠데타군은 아귀날도(Aguinaldo) 기지·크라메(Crame) 기지·보니파시오(Bonifacio) 요새(要塞)와 빌라모르(Villamor) 공군 기지·카비테(Cavite) 해군 기지 등을 구식(舊式) T-28 항공기를 동원하여 공격하였을 뿐만 아니라 말라카냥(Malacañang) 궁(宮)을 향해 공중폭격까지 시도함. 이 당시 코라손 아키노 대통령의 구원 요청으로 클라크(Clark) 공군 기지에서 미군 전투기가 반란군 진압을 지원하고, 수빅 만(Subic Bay)에 위치한 미국 해병대 100명이 마닐라의 미국 대사관을 보호하기 위해 파견되는 과정을 거쳐 8일만에 겨우 쿠데타는 진압됨. 그러나 실패한 군부쿠데타의 결과는 재앙(災殃)에 가까운 피해를 가져왔는데, 100여 명에 가까운 사망자와 600여 명이 넘는 부상자를 발생시켜 정치적·경제적 측면에서 코라손 아키노 정부에 치명적인 타격을 안김. 구체적으로 살펴보면 라우렐(Salvador H. Laurel) 부통령이 공개적으로 쿠데타 음모에 가담하여 코라손 아키노 대통령의 사임을 요구했으며, 15억 달러로 추산되는 경제적 손실을 입었을 뿐만 아니라 군 내부의 심각한 분열 및 정치화를 초래시켰다는 점, 게다가 공산반군들에게 전열을 정비할 시간적 여유를 주는 부정적인 파장을 몰고 옴. 또한 쿠데타의 수습과정에서 코라손 아키노 정부는 아베니나(Edgardo Abenina) 장군과 엔릴레(Juan Ponce Enrile) 전(前) 국방장관 및 19명의 장교들을 반란 및 살인혐의로 기소하고, 연루된 수백 명의 군인들에 대한 조사를 진행함.
1990	4월 22일 나이지리아(Nigeria)에서 바방기다(Ibrahim Badamasi Babangida) 대통령의 축출을 기도한 군부쿠데타가 올카르(Gideon Orkar) 소령의 주도로 발생하지만, 결국 그와 공모자들인 엠페레(N. Empere) 대위·다코로(P. A. Dakolo) 대위 등 약 300여 명의 군인들과 30명 이상의 민간인들이 체포되면서 실패로 끝남. 쿠데타의 시작은 라고스(Lagos) 지역에 위치한 '나이지리아 연방 라디오 협회'(Federal Radio Corporation of Nigeria: FRCN)를 점령한 다음, 올카르 소령은 나이지리아 국민들을 대상으로 쿠데타의 정당성을 주장하면서 바방기다 정부를 만연한 부패 및 독재화·사악(邪惡)함·방탕함·기만 등과 아울러 1986년 3월 5일 유산(流産) 쿠데타의 연루혐의를 씌워 처형한 바트사(Mamman Jiya Vatsa) 장군과 10월 19일 암살된 언론인 기와(Dele Giwa)의 살인마로 바방기다 대통령을 지목하는 비판 연설을 내보내면서, 자신들의 쿠데타에 의해 성공적으로 축출되었다고 주장함. 1990년 7월 올카르 소령 외 41명은 반역죄로 유죄를 선고받은 다음 '육군통치위원회'(Armed Forces Ruling Council: AFRC)의 확인을 거쳐 총살형에 처해졌고, 9명은 징역형을 받았으며, 나머지 31명의 군인들은 사면(赦免)됨.
1991	1985년 3월 10일 소련(Soviet-Union)의 체르넨코(Konstantin Ustinovich Chernenko) 공산당 서기장이 사망하면서, 3월 11일 후임자로 선출된 고르바초프(Mikhail Sergeevich Gorbachyov) 서기장은 개방(Glasnost)과 개혁(Perestroika)을 도입함으로써 정체된 공산당과 국가경제의 변혁을 시도하는 작업을 1986년 2월 소련공산당 제27차 회의를 통해서 착수함. 구체적인 개혁개방의 내용으로 고르바초프 서기장은 1987년 1월 당 중앙위 전원회의에서 경제개혁은 정치체제의 민주화가 선행되지 않고서는 불가능함을 천명하고 연이어 선거제도의 개혁·공산당 및 입법부의 정비·법치국가의 확립 및 자율적 시민정치의 보장·인민대의원 선거·연방대통령제 도입·공산당 1당 체제의 포기·민주집중제의 포기·정보공개주의를 표방하는 획기적인 정책들을 추진함. 특히 1989년 인민대의원회가 창설되면서 각 공화국과 자치단체에서 실시된 선거로 인해 민족문제가 전체 소련 연방으로 확대되기 시작했는데, 대표적인 사례로 에스토니아(Estonia)·라트비아(Latvia)·리투아니아(Lithuania)로 구성된 발트 연안 3개 공화국과 몰다비아(Moldavia)·그루지야(Georgia)를 들 수 있음. 무엇보다도 발트 3국은 1940년 히틀러와 스탈린 간 영토협정을 토대로 소련의 무력에 의해 점령당했음을 1989년 12월 소련 정부로부터 공식적인 인정을 받아 냄으로써 1990년 봄 소련으로부터 분리를 선언하게 되고, 연달아 다른 연방국가들 역시 독립을 요구하면서 소련의 경제는 계속 악화되고 국민들의 불만은 고조되어 감. 1991년 2월 19일 옐친(Boris Nikolayevich Yeltsin) 러시아 공화국 최고회의 의장이 고르바초프가 소련을 독재국가로 몰아가고 있다고 맹비난하면서, 고르바초프의 연방대통령직 사임을 요구하고 나서면서, 옐친을

	지지하는 대규모 시위가 발생하고, 이에 반발한 소련 보수파들과의 긴장관계가 발생하면서 정국이 혼란에 빠짐. 이에 고르바초프 연방대통령은 1991년 7월 29일 옐친 러시아 공화국 대통령, 7월 30일 나자르바예프(Nursultan Abishuly Nazarbayev) 카자흐스탄(Kazakhstan) 대통령과 보수파들을 해임하기 위한 계획을 담은 비밀대화 내용이 KGB에 도청당하면서 쿠데타의 빌미를 제공함. 1991년 8월 18일 야나예프(Gennady Ivanovich Yanayev) 부통령·크류츠코프(Vladimir Alexandrovich Kryuchkov) KGB 위원장·야조프(Dimitri Yazov) 국방부장관·파브로프(Valentin Sergeyevich Pavlov) 총리·바크라노프(Oleg Baklanov) 국방위원·스타로두브체프(Vasily Starodubtsev) 연방의회 의원·티잔코프(Alexander Tizyakov) 국가 사업위원회 의장·푸고(Boris Karlovich Pugo) 내무부장관으로 구성된 소위 '8명의 일당'(Gang of Eight)들의 주도로 '국가비상위원회'(State Emergency Committee)가 설치되고, 당시 크리미아(Crimea) 반도에 위치한 별장에서 여름휴가를 보내고 있던 고르바초프 연방대통령의 권한 박탈과 체포 명령을 내리면서 동시적으로 전국에 계엄령을 선포함. 소련의 보수 세력들이 내세웠던 분열과 혼란으로부터 조국을 구하기 위한 쿠데타 시도는 발생한 지 몇 시간 만에 옐친이 주도한 반(反)쿠데타 항쟁 및 총파업 촉구에 부딪힘. 결국 8월 20일 주요 도시에서 전개된 반쿠데타 집회와 시위를 군부가 적극적으로 봉쇄하지 않은 가운데 쿠데타는 실패로 끝남. 1991년 8월 19일 불발 쿠데타 이후 급격히 무너지기 시작한 소련연방은 12월 24일 완전히 붕괴됨.
1992	1954년 '민족해방전선'(National Liberation Front: 이하 FLN)이 이끈 무장투쟁을 통해 1962년 3월 19일 프랑스와 '에비앙 협정'(Évian Accords)을 선언하고, 7월 3일 독립을 쟁취한 알제리(Algeria)는 초대 대통령에 FLN의 지도자였던 벤 벨라(Mohamed Ahmed Ben Bella)를 선출함. 하지만 1965년 6월 9일 부총리 겸 국방장관인 부메디엔(Houari Boumédiènne) 육군참모총장이 주도한 군부쿠데타로 벤 벨라 대통령은 실각한 뒤 투옥됨. 즉 정치적 실용주의자였던 부메디엔으로서는 벤 벨라 대통령의 독재적인 정부운영 태도와 이념적 엄격성에 대한 불신이 증대되어 간 결과가 무혈 군부쿠데타였던 것임. 쿠데타 이후 초창기에는 개인적 권력 기반이 취약했었던 부메디엔은 허약한 권력자로 비춰졌지만, 1967년 그에 대항한 군부 장교들의 실패로 끝난 쿠데타 시도 이후 그의 통치가 공고화된 가운데, 1978년 12월 27일 병사(病死)할 때까지 지속됨. 특히 쿠데타 이후 헌법을 정지시킨 부메디엔은 '혁명평의회'(Revolution Council)를 최고기관으로 하고 스스로 의장에 취임함. 실각한 벤 벨라 대통령이 유럽인 소유 농지를 국유화했던 것처럼 부메디엔 역시 사회주의 노선을 계승하여 외국계 기업들을 국유시켰으며, 국영회사를 설립하여 중화학공업을 추진함. 또한 1967년 FLN을 통해서 일당 독재체제를 강화시킨 가운데, 1989년 6월 복수정당체제로 이행하기 위한 최초의 통합 지방선거에서 기존 정권이 패배하고 새로운 정치세력이 등장함으로써 종언(終焉)을 맞을 때까지 지속됨. 그의 사망 이후 1978년 11월부터 국방장관을 지낸 벤제디드(Chadli Bendjedid)가 1979년 2월 9일 대통령이 되는데, 그는 1983년 3월 알제리 최초로 총선거를 실시하여 장기집권의 기반을 굳히는 데 성공함. 또한 FLN 중심의 일당 독재정권에 강한 불만을 가졌던 대다수의 알제리 국민들은 당시 급속하게 부상하기 시작한 이슬람 원리주의 강경파 정당인 '이슬람구국전선'(Islamic Salvation Front: 이하 FIS)을 지지하게 되는데, 1986년 FIS는 벤제디드 대통령에게 극단적 사회주의 노선의 수정을 요구하게 됨. 1989년 2월 실시된 국민투표를 통해 벤제디드 대통령은 사회주의 단일정당 조항을 삭제하고, 결사의 자유를 허용하는 헌법 개정안을 승인하는데, 이를 통해 1990년 6월 최초로 실시된 복수정당제하의 지방선거에서 FIS가 FLN에 승리를 거둠. 하지만 1991년 6월 총선거를 앞두고 수도인 알제(Alger) 등지에서 FIS 지지자와 치안 부대 간에 벌어진 대규모 충돌로 인해, 벤제디드 정부는 총선 연기 및 비상사태의 선언과 더불어 내각이 총사퇴함. 더구나 FLN의 입김으로 FIS의 마다니(Shaykh Abbassi Madani) 의장이 체포되면서, FIS 지지자들의 전국적인 폭동을 초래시키게 됨. 결국 연기되었던 총선거의 1차 투표가 1991년 12월 16일 실시되는데, 이때 FIS는 80% 이상의 의석을 차지하여 압도적인 승리

	를 거두게 되고, 이에 FLN 측은 1992년 1월 11일 예정된 제2차 투표를 중단함과 동시에 제1차 투표결과를 무효라고 주장하면서 벤제디드 대통령의 사임을 강요하고, 전국에 군대를 배치하여 경계를 강화하는 등 쿠데타적인 조치를 취하게 됨.
1992	1984년~1989년까지 대학(Agrarian National University)의 학장으로 재직 중이었던 후지모리(Alberto Ken'ya Fujimori)는 전국대학총장연합회장으로 선출되면서 정계(政界)에 투신하여, 1987년~1989년까지 국영 TV 정치프로그램의 사회자로서 국민들에게 인지(認知)되기 시작함. 그는 테러리즘과 살인적인 인플레이션(inflation)이 기승을 부리던 1989년에 들어서 변화를 의미하는 '캄비오 90'(Cambio 90)이란 연합 신당(新黨)을 급조한 뒤 1990년 7월 28일 실시된 페루(Peru) 대통령 선거에서 일본의 지원 아래 파탄상황에 이른 경제부흥을 공약(公約)하는 등 대중영합주의(populism)적인 수사(修辭)로 민심을 사로잡아 여당 후보인 바르가스 료사(Mario Vargas Llosa) 후보를 근소한 표차로 따돌리고 대통령에 당선됨. 집권 1년 만에 연 7,000%에 달하던 인플레이션을 억제시키고, 국영기업의 민영화・공공요금의 대폭적인 인상・유가(油價)의 30배 인상 조치 등 과감한 신자유주의적 경제정책으로 경제를 성장세로 전환하였음에도, 높은 실업률과 고질적인 빈부격차로 인한 반정부활동 및 시위는 지속됨. 이에 후지모리 대통령은 1992년 4월 5일 군부와 공모하여 '자기 쿠데타'(autogolpe)를 단행하여 개혁을 위한 명목으로 헌법을 정지시키고 의회를 강제 해산시켜, 사실상 공개적인 권위주의 체제로 나아감. 이 조치에 맞서 페루 의회는 쿠데타를 지지하지 않았던 로만(Máximo San Román) 제1부통령을 대통령으로 선출하였고, 대통령 암살과 정부전복을 목적으로 11월 13일 살리나스 세도(Jaime Salinas Sedó) 장군이 주도한 쿠데타 시도 등 혼란이 거듭되었지만, 11월 총선에서 후지모리 대통령의 '캄비오 90-새로운 다수' 당이 승리함으로써 수습됨. 또한 부패추방과 사법개혁 등 강력한 개혁추진 바탕을 마련한 후지모리는 재선을 금지한 1993년 헌법을 개정해 장기집권의 발판을 구축한 다음, 1995년 4월 64.42%의 득표율로 21.81%를 받은 유엔사무총장 출신인 케야르(Javier Perez de Cuellar) 후보를 물리치고 재선됨. 한편 대(對)테러 강경정책으로 공공질서를 회복시켜 높은 인기를 누렸는데, 1992년 6월 좌익 반군 '투팍 아마루 혁명운동'(Movimiento Revolucionario Tupac Amaru: 이하 MRTA)의 지도자인 캄포스(Alfredo Polay Campos)를 체포하고, 9월에는 '빛나는 길'(Shining Path: SL)의 창시자인 구스만(Manuel Rubén Abimael Guzmán Reynoso)을 체포하는 등 괄목할 만한 성과를 거두었을 뿐만 아니라, 1996년 12월 17일 페루 주재(駐在) 일본대사관 관저에서 열린 일왕(日王) 생일기념 리셉션 도중 MRTA 반군들이 투옥된 동료들의 석방을 요구하면서 벌인 인질극을 126일 만에 무장병력을 침투시켜 제압함. 2000년 3선에 도전한 후지모리 대통령의 Peru 2000당은 4월 9일 치른 '페루의 가능성'(Perú Posible)당의 톨레도(Alejandro Celestino Toledo Manrique) 후보와의 1차 투표에서 49.87%를 받아 과반 득표에 실패하지만, 5월 28일 치른 2차 투표에서는 74.33%를 받아 25.67%(40.24%)에 그친 톨레도 후보에 승리함. 그러나 부정선거 시비로 야당의 사임압력을 받아 왔으며 결국 2000년 10월 일본으로 도피한 뒤 11월 팩스로 본국에 사직서를 제출한 후 의회 탄핵으로 해임됨으로써, 철권통치를 자랑하던 후지모리 대통령-몬테시노스(Vladimiro Lenin Montesinos Torres) 국가정보국장-에르모사(Nicolás de Bari Hermoza) 장군의 삼두체제(三頭體制)는 무너짐.
1992	세계 석유의 약 13%를 생산하고 있는 베네수엘라(Venezuela)에서 1930년대까지 석유는 대부분 미국 기업들이 소유하고 있었지만, 1976년 국유화되면서 이를 '베네수엘라 국영석유회사'(Petróleos de Venezuela, S. A.: PdVSA)가 통제하게 됨. 하지만 주요 자원인 석유를 독점하게 된 국가는 두 개의 보수정당, 즉 '민주행동'(Democratic Action: AD)당과 '베네수엘라 그리스도교사회당'(Social Christian Party of Venezuela: COPEI)이 번갈아 집권하면서 권력과 이윤을 나눠 가짐. 1989년에 페레스(Carlos Andrés Pérez) 대통령은 스스로가 대전환이라고 부른 시장 지향적이면서, 퇴직금제도 및 사회보장제도를 축소하는 등 신자유주의적인 정책들을 도입함으로써, 이미 1980년대부터 축적되어 왔던 사회 양극화의

	누적된 모순이 2월 27일 수도(首都) 카라카스(Caracas)에서 한꺼번에 폭발하게 됨. 소위 '카라카조'(Caracazo)라 불린 이 폭동은 생활고에 격분한 시민들이 상점을 약탈하자, 폭동을 진압하는 과정에서 페레스 대통령은 군대를 동원해 수천 명을 학살해 버림. 이에 '혁명적인 볼리바리안 운동-200'(Revolutionary Bolivarian Movement-200: 이하 MBR-200)이라는 혁명세력을 군 내부에서 조직하고 있었던 육군 중령 차베스(Hugo Rafael Chávez Frías)는 상황을 더 이상 좌시할 수 없다고 판단하고, 1992년 2월 4일 페레즈 정부를 전복시키려는 쿠데타를 시도하지만, 실패로 돌아가고 차베스를 포함한 주도세력들은 투옥됨. 얼마 후 페레즈 대통령은 부패혐의로 탄핵을 당하게 되고, 1993년 12월 대통령에 당선된 칼데라(Rafael Caldera Rodríguez)는 1992년 쿠데타를 시도한 사람들을 석방함. 그 후 차베스는 군부 내의 혁명세력과 진보적인 시민세력을 규합하여 '제5공화국 운동'(Fifth Republic Movement: 이하 MVR)이라는 좌파 정당을 창당하고 1998년 12월 6일 56.3%의 득표율로 대통령에 당선됨으로써, 기존 보수정당들이 독식해 왔던 정치구조에 MVR이 가세하면서 새로운 정치지형이 형성됨. 취임 후 차베스는 공약(公約)으로 내걸었던 제헌의회 의원 선거에서 총 131명의 의원 중에서 반대파 6명을 제외한 압도적인 승리를 거두면서, 대통령 소환제를 포함한 '볼리바리안 헌법'을 제정함. 이 헌법에 의해 2000년 7월 30일 치른 대통령 선거에서 59.76%에 이르는 역대 최다 득표율로 대통령에 재선(再選)되면서, 이전의 제4공화국에서 국명(國名)도 '베네수엘라 볼리바르 공화국'(Bolivarian Republic of Venezuela)으로 바꿔 제5공화국을 출범시킴.
1997	1996년 6월 28일 에르바칸(Necmettin Erbakan) 총리가 취임하면서 취했던 조치들의 대부분은 세속주의의 요새(要塞)로서의 터키의 실상(image)과 충돌하는 것들이었음. 예컨대 에르바칸 총리와 그의 추종자들은 젊은 청년들에게 종교적인 색채를 지닌 전문학교에 진학하게끔 조장했고, 정부 건물들과 군 기지들에서 종교적인 의식들의 허용을 시도했으며, 그리고 세속주의의 심장부로 알려진 앙카라(Ankara)와 이스탄불(Istanbul) 지역에서 거대 회교사원들(mosques)의 건축을 옹호함. 이에 터키 세속주의의 제1의 수호자라고 자처했던 군부의 입장에서는 '이슬람복지당'(Welfare Party: 이하 RP)의 정책과 계획들의 작은 부분까지도 우려할 수밖에 없었던 상황이었음. 특히 군부의 장군들은 RP가 표방한 조직에서 바람직하지 않은 사람들을 제거하는 정책인 '살라미 전술'(Salami tactics)이 설사 계획일지라 하더라도 터키를 이슬람 국가로 되돌릴 것이라고 믿음. 이 때문에 에르바칸 총리 정부에 반발한 군부로서는 1997년 2월 28일부터 '완만한 쿠데타'(slow coup)를 시작하여, '국가안보회의'(National Security Council: 이하 NSC)는 정부 운영에서 이슬람의 영향력을 축소할 것을 요구하는 18개 항목을 에르바칸 총리에게 전함. 군부의 요구들 중에는 종교적인 전문학교에서 교육받는 학생들의 수를 줄이고, 무기를 축적(蓄積)하고 있다고 생각되는 회교 집단들에 대한 엄중한 단속이 취해졌으며, 승인받지 않은 '코란 학교들'(Koran Schools)을 폐쇄시키고, 특히 RP는 회교 근본주의에 대한 찬동(贊同)으로 인해 군부로부터 축출당한 직원들의 충원까지도 중지됨. 비록 장군들이 에르바칸 총리의 사임을 명확하게 요구하지는 않았다 하더라도, 군부의 요구사항들은 너무나도 강력한 것이었고, NSC는 이슬람 근본주의자들의 우세를 방지한다는 명분 아래 RP와 '정도당'(True Path Party: 이하 DYP)의 연정(聯政)을 붕괴시키기 위한 공작(工作)의 일환으로, 4월 26일 연정의 한 축이었던 DYP 출신 장관 2명을 사임하게 만듦으로써 주변 분위기를 조성하여 나감. 마침내 6월 30일 에르바칸 총리 스스로 사퇴를 결정하게 되지만, 사태는 여기서 끝나지 않은 채, 군부는 그들의 의도대로 일련의 조치들을 취하기 시작했는데, 즉 군부의 입장은 에르바칸의 사퇴뿐만이 아니라, RP가 어떠한 권력조차도 지니는 것을 원하지 않았기에, 연방 검사들은 에르바칸의 RP가 추진했던 친(親)이슬람정책들이 터키에서의 세속적 질서를 전복시킬 목적이었다는 이유로 '최고 법원'(Supreme Court)에 정당 폐쇄를 요청함.
1999	1990년 11월 6일 취임한 파키스탄(Pakistan)의 샤리프(Nawaz Sharif) 총리는 1999년 10월 12일 인도와의 카슈미르(Kashmir) 분쟁을 외교적으로 타협하려는 데 대한 군부의 불

	만이 고조되고 있다는 점을 간파하고 카라맛(Jehangir Karamat) 장군의 뒤를 이어 육군참모총장에 오른 무샤라프(Pervez Musharraf) 장군의 해임을 시도하면서, 첩보부대(Inter-Services Intelligence: ISI) 국장인 지아우딘(Khwaja Ziauddin) 장군을 후임 육군참모총장에 임명함. 또한 당시 스리랑카(Sri Lanka) 군부를 방문하고 귀국 중이었던 무샤라프를 포함한 승객 200여 명이 탑승한 민항기가 카라치(Karachi) 공항에 착륙하지 못하도록 명령했지만, 군부는 지아우딘의 임명을 반대하면서 카라치 공항을 접수하여 무샤라프는 연료가 거의 소진된 상태에서 가까스로 착륙할 수 있었음. 해임된 지 2시간 만에 즉각적으로 단행된 무혈(無血) 군부쿠데타가 17시간 만에 성공하면서 권력을 장악한 무샤라프는 헌법을 정지시키고, 국가비상사태를 선언하는 동시에 '잠정헌법령'(provisional constitutional order)을 선포하면서 '행정수반'(chief executive)이란 호칭으로 최고 권력을 장악함. 또한 샤리프 전(前) 수상과 그의 동생이자 펀잡 주 총리였던 샤리프(Shahbaz Sharif), 기타 5명의 측근들을 투옥한 뒤 '반테러법정'(Anti Terrorist Court: ATC)에 회부함. 2000년 4월 12일 열린 샤리프 전 총리에 대한 공판에서 민항기 납치 및 테러 죄를 적용해서 각각 종신형(25년)과 함께 50만 루피(rupee)의 벌금형 및 전 재산 몰수, 탑승승객에 대한 보상금으로 200만 루피를 지급할 것을 선고하지만, 12월에 가서 사우디아라비아로 추방함. 1999년 10월 17일 국영 TV로 중계된 연설을 통해 무샤라프 장군은 쿠데타를 정당화하면서, 그 이유로 파키스탄의 상황을 경제가 붕괴되었고, 정부는 진실성을 상실했으며, 국가 제도들은 파괴될 상황에 놓였다고 연설함. 덧붙여 샤리프 총리의 행정이 군부의 파멸을 시도한 것이었다고 비난하면서 안정을 위한 마지막 수단이 바로 쿠데타였다고 주장함.
1999	1960년 8월 7일 프랑스로부터 독립한 코트디부아르(Côte d'Ivoire)의 대통령에 취임한 우푸에 브와니(Félix Houphouët-Boigny)의 '코트디부아르 민주당'(Democratic Party of Côte d'Ivoire: 이하 PDCI)이 30년 가까이 일당 지배를 지속하다가 1990년에 가서야 복수정당제가 도입됨. 1993년 12월 7일 독립 이래 대통령으로써 정권을 장악했었던 우푸에 브와니 대통령이 사망한 이후, 1995년 10월 22일 대통령 선거에서 집권당인 PDCI의 앙리 베디에(Aimé Henri Konan Bédié)가 대통령에 당선됨. 또한 11월 26일 치른 의회선거에서도 PDCI는 147석을 차지한 반면 야당의 전체 의석은 24석에 불과했음. 1995년 10월 앙리 베디에 대통령은 군대를 동원하여 정적(政敵)을 억압하라는 명령을 거부했다는 이유로 구에이(Robert Gueï) 장군을 해임하고, 더 나아가 1997년 1월 퇴역시킴. 하지만 1999년 12월 24일 구에이 장군은 무혈 군부쿠데타를 주도하여 실권(實權)을 장악한 다음, 2000년 1월 임시정부를 세움. 2000년 10월 22일 대선에서 그바그보(Laurent Koudou Gbagbo)가 이끄는 '아이보리인민전선'(Ivorian Popular Front: FPI)은 구에이가 대선 승리를 선언하자 수도(首都)인 아비장(Abidjan)에서 대규모 반정부 시위를 주도해 구에이는 국외로 탈출하고, 10월 26일 그바그보가 대통령직에 오름.
2000	1970년 10월 10일 영국으로부터 독립한 피지(Fiji)는 토착 피지인과 인도 이주민 사이에 심각한 인종갈등이 내포된 결과 1987년 2번, 2000년에 1번 등 총 3번에 걸친 군부쿠데타가 발생했었음. 인종갈등의 주된 원인에는 영국의 식민통치 시기인 1879년부터 강제적으로 이주당한 인도인들이 단기간 내에 경제적·정치적 주도권을 장악하게 되면서부터 생겨난 상대적 박탈감과 상실감이 자리하고 있음. 따라서 피지의 정당들 역시 인종별로 나뉜 가운데 연립하는 구조였는데, 1987년 4월 총선에서 토착 피지인들이 지지한 마라(Kamisese Mara) 총리의 '동맹당'(Alliance Party)이 바바드라(Timoci Uluivuda Bavadra)의 다인종연대(multiracial coalition)에 패배함. 결국 자신이 만든 '피지 노동당'(Fiji Labour Party: 이하 FLP)과 인도 출신의 피지인들이 우월적 지위를 지녔던 '민족연합당'(National Federation Party)과 선거연합을 통해 총선에서 승리한 바바드라가 총리가 되면서 인도인이 정부를 장악한 것처럼 비춰지게 됨. 이에 1987년 5월 14일 라부카(Sitiveni Ligamamada Rabuka) 중령 주도로 군부쿠데타가 발생하여 바바드라 총리는 축출되었지만, 피지에서 의회 민주주의와 헌법을 유지하려 한 가닐라우(Kanatabatu Ganilau) 총독이 공직(公職)에서 물러나기를

	거부하자, 대령으로 진급한 라부카는 9월 25일 두 번째 군부쿠데타를 일으켜 가닐라우 총독을 강제적으로 사퇴시킨 다음 공화국을 선포하고 영연방 제도를 폐지시킨 다음, 10월에 영연방을 탈퇴하여 1997년 10월 다시 복귀함. 12월 5일 임시정부를 세운 라부카 대령은 가닐라우 전(前) 총독을 대통령에, 마라를 총리에 앉힘. 1990년 정치체제에 피지인의 독점적인 지배를 보장하는 새로운 헌법이 적용되면서, 라부카는 군복을 벗고 1991년 새롭게 형성된 '피지인 정치당'(Fijian Political Party)을 선택하여 1992년 총선에서 승리하여 총리가 됨. 1997년 6월 인종 간 차별개선을 골자로 하는 새로운 헌법이 의회를 통과하면서, 피지인만의 독점적 정치지배 구조가 사라진 후 치른 1999년 5월 총선은 사실상 토착 피지인들과 인도계열 피지인들 간 경쟁이었는데, 여기서 후자가 승리하여 FLP의 초드리(Mahendra Pal Chaudhry) 총리가 취임함. 이에 2000년 5월 19일 토착 피지인들의 지원을 받은 사업가(事業家) 스페이트(George Speight)가 무장괴한을 이끌고 국회의사당에 난입하여 초드리 총리와 장관들을 억류함으로써 쿠데타가 성공한 듯 보였지만, 5월 30일 바이니마라마(Josaia Voreqe Bainimarama) 피지군 총사령관이 재쿠데타를 일으켜 계엄령을 발효하고 헌법을 폐기시킨 다음 임시정부를 구성함. 6월 9일 임시정부의 재정 고문으로 참여한 카라세(Laisenia Qarase)를 7월 4일 사실상 총리로 임명하고, 7월 13일 새롭게 선출된 일로일로(Josefa Iloilo) 대통령에게 권력을 이양함. 마침내 7월 27일 쿠데타를 주도했던 스페이트와 369명의 지지자들이 체포됨.
2000	1809년 8월 10일 스페인으로부터 독립한 이후 끊임없는 폭동과 혁명으로 17회의 헌법개정과 58회의 정권교체가 발생한 에콰도르(Ecuador)에서 1998년 8월 10일 마후아드(Jamil Mahuad Witt)가 대통령으로 선출되지만, 2000년 1월 21일 구티에레스(Lucio Edwin Gutiérrez Borbúa) 대령이 주도한 군부쿠데타로 축출됨. 즉 마후아드 대통령이 신자유주의적 경제정책에 입각하여 인플레이션을 통제하기 위해 은행 계좌의 동결을 선언하는데, 특히 그에 의해 추진된 경제개혁 가운데는 자국 통화의 신뢰성부족을 이유로 달러로 전환하는 '달러 공용화'(dollarization) 정책도 있었음. 이에 경제난과 부정부패의 온상이라는 이유로 '에콰도르 원주민연맹'(Confederation of Indigenous Nationalities of Ecuador: 이하 CONAIE) 소속 원주민들은 수도(首都) 키토(Quito)에서 정부청사와 의사당, 대법원 청사 등을 점거한 채 정권 퇴진을 요구하며 농성을 벌였는데, 여기에 일부 강경파 군인들이 합세하여 쿠데타를 일으킴. 쿠데타 후 군부의 위계질서를 보호하기 위해 구티에레스 대령은 국방부장관 겸 육군참모총장이었던 멘도사(Carlos Mendoza Poveda) 장군을 '국가평의회'(Council of State) 의장으로 내세웠지만, 미국을 비롯한 국제사회의 압력과 CONAIE의 지원 부족으로 군사평의회(junta)체제는 24시간 후에 무너지고, 부통령이었던 노보아(Gustavo Noboa Bejarano)가 대통령직에 취임함. 무엇보다도 여기에는 쿠데타 세력과 연대해 국가평의회 의장으로 권력을 장악하게 된 멘도사 장군이 3명의 국가평의회의 구성원 중 원주민단체 지도자인 바르가스(Carlos Antonio Vargas Guatatuca)와 대법관출신의 변호사 솔로르사노(Carlos Solórzano Constantine) 두 명의 민간위원들이 해체를 거부했음에도 불구하고 의장인 자신이 국제사회로부터 에콰도르의 고립을 막기 위해 해체를 결심한 데서 비롯됨. 그 결과 구티에레스는 해임되고 6개월 동안 투옥됐지만, 기소(起訴)되지 않고 석방됨. 예편한 구티에레스는 원주민 단체ㆍ공산당ㆍ좌파 성향 노조의 지지 속에 2002년 '1월 21일 애국사회당'(January 21 Patriotic Society Party: PSP)을 창당함. 2002년 10월 20일 4명의 후보가 출마한 대통령 선거에서 구티에레스는 부패척결과 경제회생, 고용창출ㆍ원주민 권익신장 등을 공약으로 예상을 뒤엎고 1위를 차지한 가운데, 에콰도르 최대 부호(富豪)인 노보아(Alvaro Noboa) 후보가 2위를 차지했지만, 과반수 득표자가 나오지 않은 관계로 11월 24일 구티에레스 후보와 노보아 후보 간 결선투표가 실시됨. 에콰도르 선거관리위원회가 밝힌 결선 투표결과 원주민들과 서민층의 지지를 확보하는데 성공한 구티에레스 후보가 전체 유효 투표수의 55%를 얻어 승리함.

4) 2001년~현재까지의 쿠데타

연 도 (年度)	내　　용
2002	4월 11일 베네수엘라(Venezuela)에서 친(親)차베스(Hugo Chávez) 지지자들과 반(反)차베스 지지자들 사이에 폭력적인 충돌이 발생하면서, 린콘(Lucas Rincón Romero) 육군 참모총장이 전국적인 방송을 통해서 차베스 대통령이 사직서를 제출했다고 발표함. 한편 군 기지로 이동한 차베스는 군부지휘관 회의를 열어 군부와 언론・경영 단체・정당들로부터 지지를 받은 차모나(Pedro Carmona)를 임시 대통령으로 선출함. 그의 임기는 4월 12일부터 13일까지로 쿠데타 시도에 의해 차베스 대통령이 일시적으로 축출되어 다시 정부의 통치기능이 회복될 때까지였음.
2002	1993년 공정한 민주적인 선거로 선출된 중앙아프리카공화국의 파타쎄(Ange-Félix Patassé) 대통령은 재차 공정한 선거로 1999년 재선(再選)에 성공함. 그러나 2001년 5월 28일 보지즈(François Bozizé) 장군의 주도로 쿠데타 시도가 발생하지만 실패로 끝나고, 2001년 10월 보지즈는 육군참모총장직에서 해임됨. 그 후 정부군과 보지즈의 반란군과의 전투는 2002년 내내 지속되고, 결국 2003년 5월 15일 파타쎄 대통령이 니제르(Niger)를 방문하고 귀국하는 길에 보지즈 장군이 주도한 군부쿠데타로 축출됨.
2003	미국 주도의 이라크 침공을 뒤따라 이슬람 지도자들을 투옥하고 이스라엘과의 전면적인 외교관계의 실시를 반대한 퇴역 육군 대령 하넨나(Saleh Ould Hanenna)의 주도로 6월 8일 모리타니(Mauritania)의 타야(Maaouya Ould Sid'Ahmed Taya) 대통령에 대항한 쿠데타 시도가 실패로 끝남.
2003	7월 16일 상투메 프린시페(São Tomé and Príncipe) 공화국의 메네제(Fradique de Menezes) 대통령이 나이지리아(Nigeria)를 방문한 동안 페레이라(Fernando Pereira) 소령의 주도로 군부쿠데타가 발생함. 군부의 불만은 부패와 석유 수익(oil revenue)의 불공정한 분배에 근원한 것으로 1주일간 권력을 장악한 군부는 메네제 대통령과 협상을 통해서 다시 그에게 권력을 반환함.
2003	9월 14일 경제 침체・정치적 불안정・미지급된 봉급을 둘러싼 군부의 불만은 기니비사우(Guinea-Bissau)에서 발생한 무혈(無血) 쿠데타의 계기가 됨. 쿠데타를 주도한 세아브라(Veríssimo Correia Seabra) 장군은 야라(Kumba Yalá) 대통령을 체포해 자택에 감금시키고, 쿠데타의 정당성을 야라 정부의 무능 탓으로 돌림. 9월 17일 공식적으로 사임을 표방한 야라 대통령은 향후 5년 동안 정치활동에 참여하지 않는다는 정치적 협정에 서명함.
2003	7월 27일 트릴라네스(Antonio Trillanes) 해군 중위의 주도하에 스스로를 마그달로(Magdalo)라 칭한 321명의 우파(右派) 성향의 하급 장교들이 마카티(Makati) 시(市)의 쇼

11) 시리아에서 바트당은 두 개의 분리된 민족주의자 집단에서 시작되었다. 이들 가운데 첫 번째 집단은 1940년대에 아플라크(Michel Aflaq)와 알-비타르(Salah al-Din al-Bitar)에 의해 창설된 '아랍부활운동'(Arab Resurrection Movement)이다. 이들은 상대적으로 소규모의 지식층과 학생들 집단으로, 아플라크는 이 집단의 중요한 이론가였는데 그의 사상은 본질적으로 막연한 사회주의와 결합된 낭만적인 민족주의의 형태였지만, 계급투쟁적인 사상은 거부했다. 두 번째 집단은 알-알수지(Zaki al-Arsuzi)의 주위에서 형성되었는데, 그의 아랍 민족에 대한 개념은 근본적으로 언어학상의 민족이었다. 그리고 역사가인 바타투(Hanna Batatu) 또한 그에게 민족주의를 채워 주었고, 그가 믿은 아라위테(Alawite) 종교의 신비한 경향도 영향을 끼쳤다. 몇몇 자료에 의하면 1940년에 알-알수지가 아랍부활운동으로 알려진 집단을 설립한 것으로 나타나지만, 다른 자료들에는 단지 그가 다마스쿠스(Damascus)에서 개업한 서점의 이름으로 사용한 것으로 보고 있다. 여하튼 알-알수지가 최초로 아랍부활운동이란 명칭을 채택했음은 분명하다. http://en.17-of-100.info/Ba'ath_Party(검색일: 2006. 8. 10)(각주번호는 42쪽에 위치함)

	핑 공간이자 사업 구역에 위치한 오크우드(Oakwood) 호텔을 장악하고 반란을 일으킴. 이때 그들의 의도는 필리핀 국민들에게 아로요(Gloria Macapagal - Arroyo) 행정부의 부패를 알리는 동시에 아로요 대통령에게 계엄령 포고를 제안 및 서명을 주장했지만, 22시간 후에 조용히 항복함.
2004	3월 28일 콩고 공화국의 수도 킨샤사(Kinshasa)에서 1997년 9월 7일 사망한 전임 대통령이었던 세코(Mobutu Sese Seko)의 지지자들에 의한 쿠데타가 시도되지만 실패로 끝남.
2004	5월 16일 차드(Chad)에서 데비(Idriss Déby) 대통령에 대항해 육군 대령 하가르(Bechir Haggar)가 주도한 약 80명의 쿠데타군은 가벼운 교전 후 체포되는데, 5월 18일 전국에 중계된 TV연설을 통해 데비 대통령은 쿠데타군의 최종적인 목표가 대통령의 암살이었다고 밝힘. 실패한 쿠데타가 발생한 주된 원인을 두 가지로 추측해 볼 수 있는데, 첫 번째 원인은 데비 대통령이 삼선(三選)을 위해 헌법을 변경하려 했기 때문임. 두 번째 원인으로는 서부 수단(Sudan)의 달푸(Darfur) 지역에서의 잔자위드(Janjaweed) 전사(戰士)들의 반란을 포함한 데비 대통령의 외교정책 결정과정에서의 갈등에서 비롯되는데, 이때 데비 대통령은 수단과의 관계를 우호적으로 유지하려 했지만, 공식적인 부인에도 불구하고 병참 및 정치적 내지 재정적으로 반란군들을 지원하는 수단 정부에 대해 다수의 차드의 고급관료들은 불만을 가졌음.
2004	6월 11일 콩고 공화국에서 렌게(Eric Lenge) 소령의 주도로 시도된 군부쿠데타는 카빌라(Joseph Kabila) 대통령이 국영 TV에 출현하여 쿠데타가 저지되었다고 선언하면서 실패로 끝남.
2004	5월 8일 영국 공수특전단(SAS) 출신의 용병사업가 만(Simon Mann)의 주도하에 용병 65명이 짐바브웨(Zimbabwe)의 하라레(Harare) 국제공항에서 보잉 727화물수송기에 타고 있다가 체포되면서 적도 기니(Equatorial Guinea)의 석유이권을 둘러싼 다국적 쿠데타 음모가 발각됨. 여기에는 은구에마(Teodoro Obiang Nguema Mbasogo) 대통령이 자신의 아들(Teodorín Nguema Obiang Mangue)에게 권력승계를 추진하려는 데 대해 지배세력 간의 갈등이 불거지고 있는 상황을 배경으로 함. 흥미로운 사실은 영국 수상이었던 대처(Margaret Thatcher)의 아들(Mark Thatcher)이 쿠데타에 연루된 혐의로 8월 25일 남아프리카 공화국에서 체포되어 2백만 랜드(rand)의 보석금을 내고 석방됨.
2005	현직 토고 대통령인 에야데마(Gnassingbé Eyadéma)의 아들인 에쏘지마((Faure Essozimna Gnassingbé)의 대통령직의 계승은 그의 아버지가 2002년 12월 중병에 걸렸을 때부터 이미 예정된 것이었음. 예컨대 대통령직의 피선거권 연령을 45세에서 35세로 낮추기 위한 헌법 수정이 이루어진 가운데, 2005년 2월 대통령인 에야데마의 유고(有故)가 발생함. 2월 25일 에쏘지마는 여당 선거인단에 의해 대통령 후보로 지명됨과 동시에 당 총재로 선출된 반면, 야당의 경우 외국에 추방되었다 3월 19일 귀국한 올림피오(Gilchrist Olympio)로서는 최소 1년은 국내에 거주해야 한다는 토고(Togo) 헌법 규정에 부합되지 못한 관계로 대통령 선거에 나설 수 없었기에, 야당 연합에서는 74살의 고령이었던 밥 - 아키타니(Emmanuel Bob - Akitani)를 경쟁상대로 내세움. 대통령 선거 후 공식적인 결과에 의하면 여당인 에쏘지마 후보가 60%를 상회하는 득표율을 올린 것으로 나타났지만, 선거가 조작된 것이라는 야당의 비난이 뒤따랐고, 많은 사람들이 사망하는 폭력 또한 발생하지만, 5월 4일 에쏘지마 당선자는 대통령으로서 선서를 함. 하지만 토고 대통령 선거는 의회에 의해 합법적으로 공인받았음에도 국제사회의 승인을 받지 못함.
2005	4월 15일 증가하는 정치적 위기와 수도(首都)인 키토(Quito)에서의 시위에 직면한 에콰도르(Ecuador)의 구티에레즈(Lucio Gutiérrez) 대통령은 수도(首都)에 국가 비상사태를 선포하고 새로운 대법원 판사의 임명을 취소해 버림. 4월 16일 적용된 국가 비상사태를 시민들은 따르지 않았고, 육군의 아구아스(Aguas) 장군은 비상사태 집행을 거부했으며, 에콰도르 의회는 대법원의 해산을 재가할 것인지를 결정하기 위한 회기를 가지기를 기대함. 4월 20

	일 비상사태의 포기를 요청하는 에콰도르 의회의 태도 표명이 있은 지 일주일 뒤 대통령이 헌법적인 임무를 저버렸다는 이유로 의회는 구티에레즈를 대통령직에서 축출시키고, 부통령인 팔라시오(Alfredo Palacio)를 대통령으로 선출함.
2005	2월 1일 네팔(Nepal)의 가넨드라(Gyanendra) 국왕이 정부를 해산시키고, 모택동주의자(Maoist)들의 활동에 대적한다는 구실로 행정권 전부를 차지함. 그는 2002년부터 2005년에 이르는 동안 세 명의 총리를 해임시켰는데, 마지막으로 해임된 듀바(Sher Bahadur Deuba) 총리는 2002년 10월 4일에 이어 두 번째로 해임됨. 그의 형이자 전임 국왕이었던 비렌드라(Birendra)의 경우는 입헌군주로서 최소한의 역할을 정부에 행사했지만, 반면 가넨드라 국왕은 입헌군주제에 대한 비난과 함께 청산시킴으로써 절대군주제를 회복시킴.
2005	1984년 12월 12일 모리타니(Mauritania)에서 대통령이자 '국가 구원을 위한 군부 위원회'(Military Committee for National Salvation)의 의장인 하이달라(Mohamed Khouna Ould Haidalla)는 당시 육군참모총장이자 1984년 3월 8일까지 총리를 지낸 타야(Maaouya Ould Sid'Ahmed Taya)의 군부쿠데타로 축출됨. 하지만 타야 대통령이 2005년 8월 1일 사망한 사우디아라비아의 파드(Fahd) 국왕의 장례식에 참석하기 위해 출국한 동안, 군인들이 정부 건물들과 국가 언론기관을 장악함. 쿠데타를 주도한 집단들은 스스로 '정의와 민주주의를 위한 군부평의회'(Military Council for Justice and Democracy)를 세우고, 8월 3일 성명을 통해서 쿠데타를 발표함.
2006	2월 24일 아로요(Gloria Macapagal-Arroyo) 대통령을 목표로 림(Danilo Lim) 장군이 주도한 군부 내 우익 모험주의자들에 의한 의심스러운 군부쿠데타 음모가 필리핀에서 발각됨. 동일(同日) 내려진 '필리핀 포고령 1017'(Philippine Proclamation 1017: 이하 PP1017)은 정당한 사유 없이 체포하거나 공공이익을 위해 개인의 권리를 제한할 수 있는 권력을 아로요 대통령이 행사할 수 있는 것이었음. 쿠데타 음모가 좌절되고, 시위대의 해산 후에도 PP1017은 예상되는 쿠데타 음모・폭력・불법적인 시위・대중폭동에 대비하기 위해 일주일 동안 지속되었으며, 후에 PP1021에 의해 해제됨.
2006	2005년 12월 26일~28일 사이 동부 차드(Chad)의 모데이나(Modeina)에서 설립된 가장 큰 반란연맹인 '민주주의로의 변화를 위한 연합기구'(United Front for Democratic Change: 이하 FUC)의 목표는 데비(Idriss Déby) 대통령 정부를 전복시키는 데 있었음. FUC의 의장인 아브델케림(Mahamat Nour Abdelkerim)의 반란군은 2006년 4월 13일 수단 국경 근처의 기지로부터 수도(首都)인 은자메나(N'Djamena)를 침공하지만, 차드 군대에 의해 격퇴 당함. 이 때문에 차드는 반란군을 훈련시키고 지원한 수단을 비난하면서 2월 8일 수단과 갈등종식에 서명한 '트리폴리 협정'(Tripoli Agreement)을 파기하면서, 두 국가 간에 심각한 외교 분쟁이 초래됨.
2006	9월 19일 유엔 총회에 참석하기 위해 뉴욕을 방문 중이었던 태국(Thailand)의 탁신(Thaksin Shinawatra) 총리가 이슬람 출신의 육군참모총장 쏜티(Sonthi Boonyaratglin) 장군이 주도한 무혈 쿠데타로 사실상 축출되고, 최측근 인사들인 와나사팃(Chitchai Wanna-sathit) 부총리와 아유타야(Thammarak Isaragura na Ayuthaya) 국방장관은 체포됨. 9월 20일 푸미폰(Bhumibol Adulyadej) 국왕이 쿠데타를 추인(追認)하면서 군부와 경찰 수뇌부로 구성된 군사정부인 '민주개혁평의회'(Democratic Reform Council: DRC)는 상하원과 정부, 헌법재판소의 해산과 함께 헌법중지를 발표함.

2. 쿠데타의 분류

쿠데타는 (1) 주도세력이 기도하는 정치세력의 변화에 따라 궁중 쿠데타, 혁명적 쿠데타, 개혁 쿠데타로 구분할 수가 있다.

첫째로 '궁중 쿠데타'(palace coup)는 정책상 큰 변화 없이 정권담당자들만 교체되는 것으로 대부분의 쿠데타가 이 유형에 속한다. 아시아에서도 태국(Thailand)과 필리핀(Philippine)에서 빈번하게 발생했던 쿠데타는 국체나 정체의 변동을 기도했던 것이 아니라 집권세력 내부에서 기득권을 지키려는 분파와 더 많은 권력의 쟁취를 기도하는 세력 간의 충돌과정에서 유래한 것이 대부분이며, 쿠데타로 집권한 군부세력 역시 쿠데타로 전복되는 양상이 통례적이다.

둘째로는 '혁명적 쿠데타'(revolutionary coup)인데 정권담당자는 물론 국가정책상의 급격한 변화를 초래하는 쿠데타로 예컨대 1952년 7월의 이집트(Egypt) 쿠데타를 통해 왕정에서 사회주의 공화국으로 전환되었고, 1969년 9월의 리비아(Libya) 쿠데타는 왕정에서 사회주의 군부독재로 바뀌었으며, 1963년 이라크(Iraq) 및 시리아(Syria)에서 '아랍사회주의 부흥당'(Baath)에 의한 쿠데타 등과 같이 통치형태가 변경되는 경우도 있다.

셋째, '개혁 쿠데타'(reform coup)는 궁중 쿠데타와 혁명적 쿠데타의 중간적인 성격으로 권력의 정점에 위치한 세력에 의해 쿠데타가 주도되지만, 그 강령이 근본적인 개혁양상을 표방하는 경우를 지칭한다. 예컨대 1974년 에티오피아(Ethiopia)의 셀라시에(Haile Selassie) 왕정을 전복하고 집권한 군부세력 내의 멩기스투(Mengistu Haile Mariam)가 1977년 2월 2차 쿠데타를 감행하여 맑스-레닌주의 정권을 수립한 것이 대표적인 사례일 것이다.

(2) 쿠데타의 전개방식에 따라 의회식 쿠데타, 소수식 쿠데타, 내란식 쿠데타, 모략식(혼합식) 쿠데타로 분류할 수 있다.

첫째, 의회식 쿠데타는 쿠데타 감행 후 국회를 해산 또는 무력으로 위협하여 국권을 장악하는 쿠데타로 형식적이나마 의회 제도를 지향하고 있는 모든 국가들에서 발생하는 쿠데타는 이 유형에 속한다.

둘째, 소수식 쿠데타는 고도로 조직화된 소수 정예분자들이 무력으로 기존 정치 및 군부세력을 장악하는 형태로서 주도세력들은 맑스－레닌주의, '회교 율법'(Sharia Law) 등 강력한 이념으로 무장되어 있으며, 거대한 조직과의 정면대결에 따르는 실패의 가능성을 감안, 초기 단계에서 주도권을 장악하기 위해 과감한 유혈행동 및 기타 과격행동을 수반한다.

셋째, 내란식 쿠데타는 국가 및 사회의 각종 기관에 파시스트적인 세포를 조직하여 내란을 유발하여 국권을 장악하는 쿠데타를 지칭한다. 이는 1936년 스페인의 프랑코(Francisco Franco) 장군이 군부・지주・성직자들과 결탁하여 쿠데타를 감행한 후에 '인민전선'(Popular Front)에 대한 대대적인 탄압을 통하여 내란을 유발하여 1939년 4월 1일 정권장악에 성공한 사례가 대표적이다.

넷째, 모략식(혼합식) 쿠데타는 의회식 쿠데타와 내란식 쿠데타를 혼합한 형태로 내란을 일으키는 한편 의회를 무력화시켜 국권을 장악하는 쿠데타의 형태이다.

(3) 쿠데타의 발생동기를 중심으로 구국 쿠데타, 혁신 쿠데타, 응징 쿠데타, 침체 쿠데타로 분류할 수가 있다.

첫째, '구국 쿠데타'(security coup)는 무능한 정권으로 인해 국가안보가 위태롭거나 집권세력의 중대한 정책실패로 인해 민생이 도탄에 빠진 경우에 구국적 차원에서 거사하는 것으로 일반적으로는 대중에게 인정받을 수 있는 공약사항(公約事項)을 내걸고 거사 직후 구(舊)집권세력에 대한 비판을 통해 정권의 정통성을 확보하려는 경향성을 보인다.

둘째로 '혁신 쿠데타'(reformist coup)는 부정부패와 위헌에 대한 숙정(肅正)을 기도하는 쿠데타로 근본취지는 구국 쿠데타와 대동소이하지만, 현실개혁의 방식이 사회체제의 근본적 변화를 통한 위로부터의 혁명을 시도한다는 점에서 구국 쿠데타와는 차이점이 있다.

셋째, '응징 쿠데타'(punitive coup)는 군부가 정치인들로부터 무시당했다고 느낄 때 행하는 쿠데타로 통상 군부의 세력이 미미하거나 쿠데타가 잦은 국가에서 주로 발생한다. 군부의 세력이 타(他) 계층에 비해 국가권력에서 차지하는 비중이 상대적으로 적어 다른 세력들로부터 종종 무시당하는 사례가 빈발하다든지, 아니면 군부의 힘이 상대적으로 약화되어 기득권을 비(非)군부세력에 의해 박탈당할 경우, 혹은 쿠데타가 빈발하는 국가일 경우 군부지도자들의 인내심이 극도로 약화되는 경향이 있어 민정이양 후 수년 내에 민간정치인들의 행태(behavior)에 불만을 가지고 거사하는 사례가 해당된다.

넷째, '침체 쿠데타'(creational coup)는 전쟁이나 긴장상태가 장기간 발생하지 않은 데서 비롯된 권태감에서 유래되는 쿠데타로 1971년 일본 군국주의 부활을 주장하며 할복(割腹) 자살한 '미시마 유키오'(三島由紀夫) 사건이 대표적인 사례이다.

(4) 정권담당세력의 인적변화를 기준으로 감수 쿠데타, 예방 쿠데타, 정권연장 쿠데타, 거부 쿠데타로 구분한다.

첫째, '감수 쿠데타'(reduction coup)는 쿠데타 주도세력 내부 분열로 연속적인 쿠데타가 발생하여 집단구성원의 숫자가 감소되는 경우가 해당되며, 이를 공고화 또는 내부 쿠데타라고도 한다.

둘째, '예방 쿠데타'(preventive coup)는 국가수반의 불법적인 임기연장을 방지하기 위해 일으키는 친위적 성격의 쿠데타이다.

셋째, '정권연장 쿠데타'(preservative coup)는 쿠데타에 의해 실각했던 전직 국가수반을 복귀시킬 목적으로 감행하는 쿠데타를 지칭한다.

넷째, '거부 쿠데타'(pre－emptive coup)는 특정 인물이나 집단의 집권을 방지하기 위한 목적으로 감행하는 쿠데타를 지칭한다.

(5) 쿠데타의 결과에 따라 실행에 옮기지 못한 경우 음모(陰謀)라 지칭되며, 거사 이후 성공·실패 및 친정부세력이나 반군 중 어느 쪽도 상대방을 완전히 제압하지 못하고 장기 내전 또는 타협으로 종결되는 경우로 분류된다.

(6) 기타 분류방법으로는 폭력(무력)행사 여부에 따라 유혈 쿠데타와 무혈 쿠데타로, 사전 인지 여부에 의해 예상 쿠데타 및 은닉(隱匿) 쿠데타로 분류되기도 한다.

이상의 내용을 요약하여 도식화해 보면 <표 1>과 같다.

〈표 1〉 쿠데타의 분류

<table>
<tr><th>분류기준</th><th colspan="2">유 형</th><th>내 용</th></tr>
<tr><td>정치변화</td><td colspan="2">1. 궁중 쿠데타
2. 혁명적 쿠데타
3. 개혁 쿠데타</td><td>• 정책상의 큰 변화 없이 정권담당자만 교체
• 정권담당자는 물론 정책상의 급격한 변화를 초래하는 쿠데타
• 궁중 쿠데타와 혁명적 쿠데타의 중간적인 쿠데타</td></tr>
<tr><td>방 법</td><td colspan="2">1. 의회식 쿠데타
2. 소수식 쿠데타
3. 내란식 쿠데타
4. 모략식(혼합식)쿠데타</td><td>• 국회를 힘으로 위협하여 국권을 장악하는 쿠데타
• 조직된 소수 정예의 무력에 의한 쿠데타
• 국가 및 사회의 각종 기관에 파시스트 세포를 조직하여 내란을 적극적인 규모로 일으켜 국권을 장악하는 쿠데타
• 의회식 쿠데타와 내란식 쿠데타를 혼합한 형태로서 내란을 일으키는 한편, 의회를 장악하여 국권을 탈취하는 쿠데타</td></tr>
<tr><td>동 기</td><td colspan="2">1. 구국 쿠데타
2. 혁신 쿠데타
3. 응징 쿠데타
4. 침체 쿠데타</td><td>• 무능한 정권으로 인해 국가안보가 위태로울 때 구국을 위한 쿠데타
• 부정부패와 위헌에 대한 숙정을 기도하여 일으키는 쿠데타
• 군대가 정치인들로부터 무시당했다고 느껴질 때 행하는 쿠데타
• 전쟁 및 긴장의 장기간 부재에서 오는 권태감에서 발생하는 쿠데타</td></tr>
<tr><td>집권담당 세력의 인적변화</td><td colspan="2">1. 감수 쿠데타
2. 예방 쿠데타
3. 정권연장 쿠데타
4. 복고 쿠데타
5. 거부 쿠데타</td><td>• 쿠데타 가담세력 내부 불화로 잇달아 발생되는 쿠데타로 집단구성원의 숫자가 감소되는 경우
• 국가수반의 불법적 임기연장 기도를 방지할 목적으로 일으킨 쿠데타
• 국가수반의 임기연장을 기도하기 위해 일으키는 쿠데타
• 거세된 전직 국가수반을 복귀시킬 목적으로 일으키는 쿠데타
• 특정 인물이나 집단의 집권을 방지하기 위한 쿠데타</td></tr>
<tr><td rowspan="4">쿠데타의 결과</td><td colspan="2">음 모</td><td>실행에 옮기지 못한 경우</td></tr>
<tr><td rowspan="3">거사된 쿠데타</td><td>성공사례</td><td>쿠데타 기도자의 목적이 달성된 쿠데타</td></tr>
<tr><td>실패사례</td><td>쿠데타 기도자의 목적이 실패한 쿠데타</td></tr>
<tr><td>타 협</td><td>친정부세력이나 반란군 중 어느 쪽도 상대세력을 완전 제거할 수 없어 장기내전 또는 타협으로 끝나는 쿠데타</td></tr>
<tr><td>기 타</td><td colspan="2">예상된 쿠데타</td><td>장기간 계획과 준비를 통해 이루어진 쿠데타</td></tr>
</table>

출처: 이재성, 「제3세계 군부쿠데타 연구: 실태 분석 및 전망」(한양대학교 행정대학원 외교안보학전공, 1991), 30 - 40쪽.

제3절 군부쿠데타의 개념

군부쿠데타는 군부 간섭(military intervention) 혹은 집정관주의 (praetorianism)로 표현되는데, 제3세계에서 사회발전이나 정치 변화에 관심을 가지는 군 장교들이 무력(武力)의 사용을 통해 실제상 위협함으로써 중요하거나 유력한 행위자로 위치하는 상황을 의미한다.[12)] 즉 군이 무력을 동원하여 기존 정권을 붕괴시키고 정치권력을 장악하는 일련의 행위를 지칭하는 것이다. 일반적으로 군부쿠데타의 시초는 집정관주의에서 그 역사성을 확인할 수가 있다.

집정관주의는 원래 고대 '로마제국의 근위병제도'(The Praetorian Guards of the Roman Emperor)에서 유래된 것으로, 당시 로마제국의 아우구스투스(Augustus)가 원로원을 보호하기 위한 목적으로 설치한 것이다. 집정관의 권력은 세 가지 요인들에 기반하고 있었는데, ① 지방의 군사력을 독점하며, ② 계승권의 결정적인 규칙이 존재하지 않았으며, ③ 로마원로원의 신망을 받고 있었다. 바꿔 말하면 견고하지도 않고 제1순위의 인물을 선택하는 데 급박한 규칙이었음에도 불구하고 원로원의 포고는 합법적인 통치자로서의 승인에 결정적인 것이었고, 이러한 결정을 지방의 군부도 인정했다. 그 후 로마에 거주하면서 군부의 유일한 대표자였던 집정관은 원로원에 군 출신 후보들을 심는 것도 가능해졌는데, 이들은 군부의 지원을 훨씬 능가하여 권력과 정치적 영향력을 획득하기 위한 수단으로 합법적 문서에 서명하는 것을 조작함으로써 원로원을 폭넓게 조종할 수 있었다. 그렇지만 편협한 군부는 황제가 로마에 필요하지 않다는 공공연한 실수를 저지르면서 원로원의 정당한 권력도 소멸시키고 집정관제를 강화하였다.[13)]

특히 5현제시대(A.D.96～A.D.180) 이후 로마제국이 쇠퇴기에 접

---

12) Costantine, P. Danopoulos, "Intervention and withdrawal: notes and perspectives", in Costantine, P. Danopoulos(ed.), *From military to civilian rule*(Routledge: 1992), 1쪽.

13) Lucian W. Pye, "Armies in the Process of Political Modernization", in Jason L. Finkle and Richard W. Gable(ed.), *Political Development and Social Change*(New York: 1971), 306쪽.

어들게 되면서 군부에 대한 황제의 장악력은 점진적으로 약화되었으며, 결과적으로 황제의 근위대가 자신들의 직권을 남용하여 근위대장인 집정관의 주도로 친위쿠데타를 일으키게 되고, 원하는 대로 정치 전반을 결정지음은 물론 더 나아가 황제의 옹립 및 폐위과정에서도 영향력을 발휘하게 된다. 이 시기에 군부에 의해 무려 26명의 황제들이 폐위되었다는 역사적 사실은 당시 군부의 영향력을 짐작하고도 남음이 있다. 이후 무력으로 정치권력을 장악하게 된 집정관은 군인 신분을 유지한 가운데 통치권을 행사했으며, 군부 내부의 실력자들 간 권력다툼도 다반사로 진행되었다. 이러한 역사적 배경을 기반으로 현대 국가에 있어서도 무력을 동원하여 정치권력을 장악하면서 등장한 군부의 실권자를 집정관으로 지칭하게 되었다.

그러나 오늘날 사용되고 있는 쿠데타(coup d'état)란 개념은 1799년 11월 9일 프랑스의 보나파르트(Napoléon Bonaparte) 장군이 군부쿠데타를 일으켜 1792년 9월 22일 출범한 제1공화정의 집정관(consul)이 되고, 1804년 5월 18일 나폴레옹 1세(Napoleon I)로 등극하는 과정에서 무력으로 총재정부를 전복시킨 브뤼메르(Brumaire) 쿠데타[14]에서 기인된 용어이다. 이를 맑스(K. Marx)는 그의 조카인 루이 보나파르트의 친위쿠데타를 통한 황제로의 등극과정을 계급론적 시각에서 정치·경제적 변화 요인을 설명하고자 했는데, 그의 계급론에 입각한 분석은 1970년대 일부 맑스주의자들에 의해서 군부권위주의정권의 대두를 설명하는 데 활용되기도 했다.[15]

---

14) Karl Marx, *The Eighteenth Brumaire of Louis Bonaparte,* Lawrence & Wishart, 1984; 최장집은 군이야말로 애국심과 보수주의 이념을 담지하여 부르주아 지배와 국가기구 내에서 가장 핵심적이며 믿음직스러운 조직으로, 밑으로부터의 혁명이나 급진적 변혁을 시도하는 세력에 대한 가장 강고한 보루로 묘사된다고 보았다. 『한국민주주의의 이론』(서울: 한길사, 1993), 107쪽.

15) 한배호, 『한국정치동태론』(서울: 법문사, 1994), 37쪽.

쿠데타란 개념은 프랑스어로 '예기치 못했던 일격'(stroke of state)을 뜻하는 것으로, 국가에 대해 일격을 가한다는 뜻이다. 즉 개인이나 집단이 폭력적으로 정권을 탈취하는 기습적인 행동으로, 자각적으로 훈련된 지배적 세력의 일부가 이미 장악하고 있는 권력을 보다 더 강화시키기 위하여 일으키는 친위쿠데타를 비롯하여 새로운 정권을 탈취하기 위하여 동일한 지배세력의 다른 부분을 향해 비합법적·무력적인 수단으로써 기습을 감행하는 것을 말한다.[16)]

또한 사전적 의미로 쿠데타의 개념을 살펴보면 웹스터(Webster) 사전(1985년)에서는 병력의 일부를 집중적, 전격적으로 또는 결정적으로 사용하여 정부 요인을 실각시키거나 폭력을 사용하여 국가 정책을 예기치 못했던 방향으로 재편성하는 것을 지칭한다.

라포포트(David C. Rapoport)가 제시한 '군부 침해'(military usurpation)[17)]란 용어에서도 군부쿠데타의 개념을 발견할 수가 있다. 군부 침해는 단지 무장했거나 무장하지 않은 구성원들로 구성되는 공민(公民)의 전후관계와 상통된다. 즉 무장한 구성원은 정부의 이익을 옹호하는 집단인 것이다. 따라서 군부 침해는 공민을 구성하는 무장하지 않은 구성원들에 의해 정부가 합법성이 있는 것으로 간주될 때는 발생하지 않지만, 불신임되면 시민들을 억압하는 데 군인들을 이용하여 퇴진을 거부하게 되고, 잘 훈련된 군부는 명령에 순응함으로써 의심할 여지없이 정부에 도움을 주지만 신뢰는 한계에 도달하며, 신뢰가 바닥났을 때의 대안이 쿠데타인 것이다.

퍼거슨(Gregor Ferguson)은 쿠데타의 개념을 부패와 정치가들의

---

16) 이극찬, 『정치학』(서울: 법문사, 2001), 227쪽.

17) David C. Rapoport, "The Political Dimensions of Military Usurpation", *Political Science Quarterly*, Vol.83, No.4(December, 1968), 569쪽.

경박함으로부터 국가 자체를 구하는 영속적인 개혁과 새로운 질서의 창출이라는 관점에서 보았다.[18] 또한 이를 네 가지 유형들을 통해서 확인한 바 있다.[19] 첫 번째 유형은 계급조직의 최고 지위에 있는 군인에 의해 쿠데타가 계획되고 조정되는 것을 당연한 것으로 간주한다. 두 번째 유형은 유일하게 민간인과 군부 간 음모(plot)가 결합하는 것이다. 여기에는 일반적으로 선임 장교(senior officer)들과 약간의 정부 측 인사들이나 혹은 야당(opposition political party)들이 참여한다. 앞선 두 가지 유형들과는 대조적으로 오히려 퍼거슨에 의해 예외적인 것으로 간주되었던 세 번째 유형은 외부에서 착수되어지고, 국가에 상당한 불만을 품은 적대적인 정치꾼(politician)들에 의해 조장되는 용병(傭兵)이든 또는 외국 군대이든 어느 한쪽을 필요로 한다. 네 번째 유형은 '소규모의 반란'(putsch)으로, 이는 선임 장교단에서 불필요한 회원자격을 갖춘 군 내부의 파벌(派閥)을 지칭한다.

군부쿠데타의 역사는 단지 과거의 특정 시점에 국한된 것이 아니라 열려진 가능성을 가진 현재진행형임에 분명하다. 여기서는 1950년대 중반부터 2001년에 이르는 기간 동안 쿠데타의 성공비율을 도식화시킨 맥고완(P. McGowan)의 자료를 제시해 보기로 한다.[20]

---

18) Gregor Ferguson, *Coup d'etat: A practical manual*(Arms & Armour Press, New York: 1987), 17－18쪽.

19) Gregor Ferguson, *ibid.,* 113－125쪽.

20) 자세한 내용은 P. McGowan, "African military coups d'etat, 1956－2001: frequency, trends and distribution", *Journal of Modern African Studies*, Vol.41, No.3(2003)을 참고할 것.

〈그림 2〉 쿠데타의 성공 비율

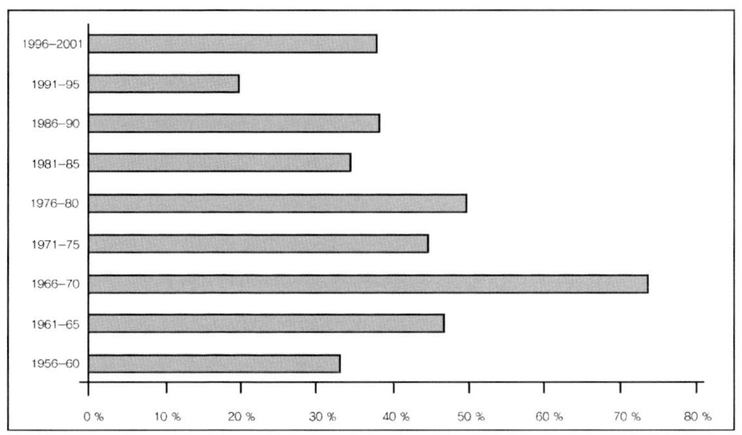

출처: P. McGowan, "African military coups d'etat, 1956－2001: frequency, trends and distribution", *Journal of Modern African Studies*, Vol.41, No.3(2003), 351쪽 재인용.

여기서 그는 1966년～1970년까지가 성공한 쿠데타의 비율이 70%를 상회하면서 절정을 이룬 시기였음에도 불구하고, 1980년대 후반에 들어서 냉전의 소멸과 지속적인 자유민주주의를 향한 노력에도 일반적인 기대와는 달리 쿠데타의 현저한 감소가 발생하지 않았다는 점에 주목하고 있는 듯하다. 특히 그는 1995년～2001년 사이 군부쿠데타 사례의 증가를 민주화가 보다 안정적인 사회－정치적인 환경을 가져왔다는 일반적인 기대에 대한 도전이었다고 제시한 바 있는데, 분명한 점은 군부쿠데타가 1956년～2001년 동안 내내 소멸되지 않은 가운데 사실상 성공적으로 지속되어져 왔음을 <그림 2>를 통해서 확인이 가능하다는 데 있다.

또한 은고마(Naison Ngoma)에 의하면 1961년～2004년 사이 80건의 성공한 쿠데타와 181건의 실패한 쿠데타, 그리고 알려지지 않은 쿠데타 시도가 있었는데, 특히 1995년～2001년 사이 군부쿠데타 사례의 증가는 민주화가 보다 안정적인 사회－정치적 환경을 가져올 것이라는 일반적인 예상에 대한 도전이었다.[21)]

무엇보다도 간과될 수 없는 사실은 제2차 세계대전 이후 군부쿠데타의 발생에 주된 원인으로 작용했었던 정치・경제적 변수를 기준으로 선진국과 후진 국가란 이분법적 구분은 21세기에 들어서도 거의 변하지 않고 있다는 점이다. 예컨대 맥고완의 조사 이후인 2002년부터 2005년까지 발생한 군부쿠데타의 사례를 보더라도 정치적이든 경제적이든 후진국에 해당되는 국가들에서 전적으로 쿠데타가 발생했다는 점에서 시사하는 바는 크다.[22)] 즉 서구적 기준의 일반적인 기대치에 후진 국가들의 상황이 미치지 못하는 것은 어쩌면 당연한 일인지도 모른다.

---

21) Naison Ngoma, "Coups and Coup Attempts in Africa: Is there a missing link?", *African Security Review*, Vol.13, No.3(2004), 87쪽.

22) 여기서는 실패한 쿠데타와 쿠데타 시도 사례는 제외하고 성공한 쿠데타의 사례들만을 제시하기로 한다. 첫째, 2002년의 경우 '중앙아프리카 공화국'(Central African Republic)에서 1차례 발생했다. 둘째, 2003년의 경우는 2차례 발생했는데, '상투메 프린시페'(São Tomé and Príncipe), '기니비사우'(Guinea－Bissau)였다. 셋째, 2004년의 경우는 아이티(Haiti)에서 1차례 발생했었다. 마지막으로, 2005년의 경우는 군부가 주도한 것은 아니지만 3차례 발생했는데, 에콰도르(Ecuador), 네팔(Nepal), 모리타니(Mauritania)였다. http://www.answers.com/topic/coup－d－tat(검색일: 2006. 8. 3)

제2장 군부쿠데타의 원인과 군부정권의 유형

제1절 군부쿠데타의 원인

군부쿠데타의 발생원인은 특정 국가의 정당정치 체계가 확립되어 있지 않은 관계로 경험부족의 상태 및 국민일반의 정치적 수준・지적 수준이 낮으며, 현 정부의 부정부패가 극심한 가운데 강력한 압력단체가 존재하지 않은 관계로 군부라는 강력한 조직의 압력이 표출되는 상황에서 찾을 수 있을 것이다. 특히 제2차 세계대전 이후 독립한 국가들 중 몇몇을 제외하고는 거의 대부분이 군부통치 또는 쿠데타의 경험을 가지고 있다.

파이너(S. E. Finer)는 다른 사회집단이 지니고 있지 않은 몇 가지 특성을 군부가 지니고 있다고 지적한다.[1] 첫째, '고도의 중앙집권적인 지배체계'(a highly centralized command)를 지닌다. 둘째, 민간집단에서 볼 수 없는 '엄격한 위계질서'(strict hierarchy)와 '강력한 규칙'(formidable discipline)을 지닌다. 셋째, '광범위한 연계망'(extensive intercommunication)과 '집단정신'(an esprit de corps)을 가지고 있다.

1) S. E. Finer, *Comparative Government*(New York: Basic Books Inc., 1971), 542쪽.

넷째, 외부의 적에 대해 국가를 수호하거나 희생정신·자기수양·용맹성 등 상징에 유리한 위치를 갖고 있다.

마지막으로 무기를 독점한다.

이러한 특성을 지닌 군부의 정치개입이 일어나는 가장 중요한 동기에 대해 헌팅턴(Samuel P. Huntington)은 군사적인 것이 아니라 그 원인이 정치적인 동기에 있으며, 사회의 정치적·제도적 특성을 반영한다고 보았다. 이처럼 군사적인 설명으로서 군의 정치개입을 설명하지 못하는 이유는 이것이 후진국에서 볼 수 있는 광범위한 사회현상의 단지 한 특정된 단면에 불과하기 때문이며, 이런 상황에서 정치의 자율성·복잡성·단결성 및 적응성은 부족하게 되고 필연적으로 정치조직의 제도화 수준 역시 낮을 수밖에 없다.[2)] 따라서 특정 사회에서 효율적인 정치기구가 존재하지 않거나 약점을 지니고 있다면 군부가 정치에 개입하는 현상은 필연적일 수밖에 없는데, 역으로 본다면 민간 지식인들의 지배에 뒤따르기 마련인 어떠한 약점들이 결과적으로 군부의 등장을 초래시켰다고 볼 수가 있다.

신생국가들의 대부분은 그들 스스로가 경험한 바 없었던 선진국의 정치제도를 경쟁적으로 도입하여 시행하려 하였지만, 선진국의 민주주의는 그들 나름대로의 정치적·경제적·문화적 경험과 시행착오를 거치면서 확립되었던 관계로 제도화의 과정에 이르는 간격을 신생국가들이 단기간에 따라잡기란 힘겨울 수밖에 없는 상황이었다. 이러한 정치제도의 불안정성은 신생국가들에서 국내적 혼란을 초래시켰으며, 모든 사회세력과 집단들 역시 정치에 직접적으로 관련된 결과 사회는 무질서해졌지만, 군부만은 예외였다.

---

2) Samuel P. Huntington, *Political Order in Changing Societies*(New Heaven: Yale University Press, 1973), 194쪽.

이 점이 선진국과 후진국의 군부의 역할을 구별시켜 주는 척도인데, 그 해답은 바로 적극적인 정치역할의 유무(有無)에서 찾을 수 있다. 후진국에서 군부는 국가의 안보와 위기를 극복한다는 명분하에 군 장교단 단독으로 또는 장교들과 민간인 동조자들이 하나의 분파를 이루어 비밀결사를 조직하여 일정한 단계에 도달하면 결국 군부쿠데타로 폭발하게 되는 것이다.[3)]

파이너는 군부쿠데타가 폭발 내지 또 다른 형태로 정치에 개입하는 원인에 대해 대략적으로 다섯 가지의 근거를 제시하고 있다.[4)] 첫째, '국가의 이익'(national interest)에 관한 사항, 둘째로 '계급 이익'(class interest)에 관한 사항, 셋째로는 지역적 · 인종적 또는 특정 집단의 '배타적 이익'(particularistic interest), 네 번째로는 '군부 자체의 이익'(corporate self-interest of the military interest), 다섯째, '쿠데타 지도자들의 개인적 이익'(the personal interest of coup leaders).

이러한 배경 위에서 1960년대에 군부쿠데타가 발생했던 몇몇 국가들의 사례를 <표 2>에서 확인할 수 있다.

〈표 2〉 선별적인 군부쿠데타의 동기 부여(1964년~1967년)

국가 / 이익	알제리	가 나	나이지리아	시에라리온	브라질	아르헨티나	그리스
국 가	×	×			×	×	×
계 급					×		×
배타적		possibly	×	×			
조합적	×	×			×		
개인적	×			×			×

출처: S. E. Finer, *Comparative Government*(New York: Basic Books Inc., 1971), 545쪽.

3) S. P. Huntington, *op. cit.,* 199쪽.

4) S. E. Finer, *op. cit.,*(1971), 544-545쪽.

<표 2>에서 파이너가 제시한 국가들의 사례를 구체적으로 확인해 보면 다음과 같다.[5] 첫째, 알제리(Algeria)의 경우 '민족해방전선'(National Liberation Front: FLN)의 무장투쟁을 이끈 벤 벨라(Mohamed Ahmed Ben Bella) 대통령이 1965년 6월 9일 부총리 겸 국방장관인 부메디엔(Houari Boumédiènne) 육군참모총장이 주도한 군부쿠데타로 축출된 것을 예로 든 것이다.

둘째, 가나(Ghana)의 경우는 1966년 2월 24일 아프리카에서 반제국주의 운동의 역사적인 지도자 중 한 사람인 니쿠루마(Kwame Nkrumah) 대통령이 중국의 베이징(Beijing)을 국빈 방문 시 미국 CIA의 지원 아래 코토카(E. K. Kotoka) 대령 · 아프리파(A. A. Afrifa) 소령 · 퇴역 육군 중장 안카라(J. A. Ankra) · 경찰 감찰위원장 할레이(J. W. K. Harlley) 장군이 주도한 군부쿠데타를 예로 들고 있다.

셋째, 나이지리아(Nigeria)의 경우는 두 가지 군부쿠데타의 사례를 언급하고 있는데, ① 1966년 1월 15일 군부의 젊은 장교집단이 쿠데타를 일으켜 당시 서부와 북부 지역의 주지사 및 연방 재무장관까지 겸직했었던 바레와(Abubakar Tafawa Balewa) 총리를 암살하면서 제1공화국을 전복시킨다. 뒤이어 '혁명최고위원회'(Supreme Council of the Revolution)의 이름으로 북부 지역에 최초로 계엄령을 발동하면서 결과적으로 이론시(Johnson Thomas Umunnakwe Aguiyi－Ironsi)가 군 최고사령관과 연방 군사정부의 지배자라는 권한을 지닌 가운데 최초의 '군사 지배자'(military ruler)가 된 사례이며, ② 국가권력을 장악한 이론시가 국가의 지배권을 자신의 출신부족인 이그보(Igbo)족이 장악하게 만든 가운데 편애를 넘어선 이해관계를 증대시킨 것

---

5) S. E. Finer, *op. cit.*,(1971), 544－545쪽. 파이너가 사례로 든 7개 국가들에 대한 보다 상세한 부연 설명은 필자가 덧붙인 것이다.

이 원인이 된 종족 간 갈등은 1966년 7월 29일 북부 지역 장교들의 유혈 역(逆)쿠데타(counter-coup)로 최고조에 이르면서 이론시와 많은 이그보족 출신의 장교들과 병사들이 살해당하게 되고, 북부의 소수 인종집단 출신으로 육군 중령이었던 고원(Yakubu Gowon)이 타협에 의한 선택으로 국가의 최고 권력자에 오른 것을 예로 들고 있다.

넷째, 시에라리온(Sierra Leone)의 경우는 1967년 3월 21일 멘데(Mende)족 출신의 육군 준장 랜사나(David Lansana)의 주도로 군부쿠데타가 발생하여 3월 17일 총선에서 승리한 스티븐스(Siaka Probyn Stevens) 총리를 가택 연금시킨 사례이다.

다섯째, 브라질(Brazil)의 경우는 1961년 8월 25일 콰드로스(Jânio da Silva Quadros) 대통령이 사임하면서 부통령이었던 굴라르(João Belchior Marques Goulart)가 권력을 승계했지만, 그의 좌익 성향적인 정책은 미국으로 하여금 정권 퇴진을 압박하게 되고, 결국 1964년 5월 31일 육군참모총장이었던 블랑코(Humberto de Alencar Castello Branco) 장군이 군부쿠데타로 굴라르 정권을 축출시키고, '군사독재'(military dictatorship)를 정착시켰던 사례였다.

여섯째, 아르헨티나(Argentina)의 경우는 1966년 6월 28일 옹가니아(Juan Carlos Onganía Carballo) 장군이 주도한 군부쿠데타로 일리아(Arturo Ilia) 대통령이 축출당하면서 '군사정부'(military junta)가 등장한 사례이다.

마지막으로 그리스(Greece)의 경우는 1967년 4월 21일 파파도플로스(George Papadopoulos)와 패타코스(Stylianos Pattakos)가 이끈 익명의 대령집단이 정부 고위층의 배후 지원 아래 4월 3일 등장한 카넬로풀로스(Panayiotis Kanellopoulos) 총리의 '국가급진연합'(National

Radical Union)이 중심이 된 연립정부를 붕괴시키고 계엄령(martial law)과 야간통행금지 조치를 통해서 그리스 전체를 장악한 사례를 제시한 것이다.

또한 군부쿠데타를 발생시키는 원인에 대해 파이너는 국내정치의 혼란으로 인해 사회질서의 회복이 어려워짐에 따라 민간정부가 비정상적으로 군부에 의존하거나 혹은 민간정부의 실정(失政)으로 군부의 인기가 높아지는 경우를 다음과 같이 세 가지로 세분화하였다.[6]

첫째, 명백하고도 심각한 위기상황이다. 이는 국내정치가 내란상황에 이른 것을 의미하는 것으로 이러한 상황의 전개는 전쟁 직후나 정치적·사회적 적대세력들로 심하게 분열되어 정부가 응집력 있는 대중의 지지를 받지 못하고, 그 존속을 우월한 세력에게 의존해야만 하는 무정부(無政府) 상황이 전개됨에 따라 정부로서는 사회적 혼란을 수습하는 최후의 수단으로서 군부를 동원하게 된다. 이 점이 바로 군부 정치개입의 원인으로 작용한 것이다.

둘째, 잠재적이고 만성적인 위기상황이다. 이것은 앞의 것보다도 더욱 일반적인 것으로서 정치적·사회적으로 소수 집단이 대중적 기반이 없는 가운데 혹은 대중의 지지 또한 열악한 상황임에도 불구하고 정권을 유지해 나가는 국가에서 두드러지게 나타나는 현상이다. 따라서 필연적으로 군부의 힘에 의존하게 되고, 군부가 정권을 지지하지 않을 경우에는 그 즉시 붕괴된다. 결과적으로 군부는 정권의 취약성을 빌미로 정치적 지배집단으로 등장하게 된다.

셋째, 정치권력의 공백상황이다. 이는 정치권에 강력한 권위와 지배체제를 갖춘 정치세력이 존재하지 않을 경우 발생하는 것으로

---

6) S. E. Finer, *The Man on Horseback: The Role of the Military in Politics*(New York: Frederick A. Praeger, 1962), 75－80쪽.

당연히 군부의 개입을 저지할 만한 어떠한 세력도 존재하지 못하게 된다.

펄뮤터(Amos Perlmutter)는 군부 내부에서 쿠데타가 발생하는 요인을 네 가지로 보았다.[7] 첫째로는 군부조직 내부의 정치적인 행위자의 존재, 둘째는 군부조직 내부의 정치적 음모집단의 존재, 셋째로 현재 또는 미래에 정치적인 야망을 지닌 장교들의 존재, 마지막으로 직업으로서의 군대를 고려하지 않은 장교들의 존재이다.

자노위츠(Morris Janowitz)는 군부가 국내정치에 개입하게 되는 원인을 조직 자체의 특성, 즉 폭력을 관리할 목적에서 고안된 조직이기 때문에, 사회 내의 어떠한 조직보다도 내부적으로 고도의 결속력을 유지하고 있을 뿐만 아니라 지휘관의 정신(ethos)이나 이데올로기에 의해 정치적인 잠재력을 갖는 조직으로 발전하기 쉽다고 주장했다.[8] 여기에서 자노위츠가 군부를 폭력을 담당하는 조직으로 상정한 것과 유사하게 라스웰(Lasswell)과 카플란(Kaplan)도 군부를 폭력전문가로 규정했다.[9]

한승주 교수도 군부쿠데타를 유발하는 요인들을 크게 세 가지로 분류시킨 바 있다.[10] 첫째, 기존하는 정권 및 정치체제의 취약성으로, 정권과 그것을 뒷받침해 주는 체제가 정통성과 지지를 얻지 못할 뿐 아니라 자체 방어에 미흡했을 경우이다.

둘째, 특정 국가에 있어서의 군 자체의 내용과 성향이다. 즉 군

---

7) Amos Perlmutter, *The Military and Politics in Modern Times*(New Haven: Yale University Press, 1977), 101쪽.

8) Morris Janowitz, *The Military in the Political Development of New States: An Essay in Comparative Analysis*(Chicago University Press, 1964), 31－32쪽.

9) Harold D. Lasswell and Abraham Kaplan, *Power and Society: A Framework for Political Inquiry*(New Haven and London: Yale University Press, 1969), 211쪽.

10) 한승주, "쿠데타, 그 성향과 흐름", 『월간조선』(1982년 5월호), 120－121쪽.

내부의 인적 구성, 이념 및 직업의식 등의 양상은 정치개입에 결정적인 영향을 준다.

셋째, 사회와 군의 상대적 위치와 관계이다. 군의 정치개입 가능성은 그 사회에서 갖는 군의 비중, 군에 대한 사회의 태도 및 의존도 등에 의해 많이 좌우되기 때문이다.

이대규 교수의 경우는 <표 3>과 <표 4>에서 제시된 것처럼 사회적 조건과 군사적 동기라는 두 개의 틀로써 학자들의 기존 논의에 대한 문헌분석을 통하여 군부정치개입의 원인일람표를 만들고, 이를 원인과 비교하여 분석한 바 있다.

〈표 3〉 군부 정치개입의 원인일람표

조건 / 요인	사 회 적 조 건
1. 경제적	국민소득 감소, 국민총생산 감소, 무역적자, 인플레이션, 외채
2. 사회적	사회결집력 미약, 계급갈등, 자원동원 저하, 중산층 분열, 무질서, 폭력 사회이동 급진
3. 정치적	정치제도화 미진, 정당 쇠퇴, 정당 몰락, 부정부패, 엘리트 분열, 전통주의자 & 엘리트 갈등, 민・군 지도자 간 논쟁
4. 국제적	외국 영향력, 외국 위협, 외국 침입
동기 / 이익	**군 사 적 동 기**
1. 군부조합적	군부가치관, 국방예산, 직업자율성, 제도지속성, 경제간섭, 정치침투
2. 국민적	국가구제, 정당구출, 국가발전

출처: 이대규, 『폴란드 군부의 정치개입』(부산: 세종출판사, 2000), 41쪽 재인용.

〈표 4〉 군부정치개입의 원인분석가와 원인

분석가	사회적 조건				군사적 동기	
	1	2	3	4	1	2
Huntington			○			
Janowitz			○			
Welch · Smith	○	○	○			
Finder					○	
Abrahamson					○	
Wynia	○	○	○	○		○
Perlmutter		○	○		○	
Hoadley	○		○		○	
Jonson · Slater · McGowan	○	○	○		○	
Nordlinger	○	○	○		○	
Perlmutter · LeoGrande		○	○			○
Remington	○	○	○	○	○	

출처: 이대규, 앞의 책, 42쪽 재인용.

벤다(Hary J. Benda)는 군부가 쿠데타를 통해 정치무대에 등장하게 되는 배경 및 원인으로 민간 지식인의 지배에 동반되는 약점을 크게 세 가지로 지적하고 있다.[11] 첫째로 민간 지식인은 반식민주의 정치에는 익숙해져 있는 반면 효율적이면서 능률적인 정치인으로 기능할 수 있게 하는 실제적인 행정경험은 거의 전무한 형편이다.

둘째로는 민간 지식인에 의해 도입된 민주제도 내지 의회제도는 대체적으로 중앙과 지방을 연결시키는 조직을 가지지 못한 가운데, 다시 말한다면 사회적 · 정치적 진공상태 속에서 운영되어진다.

셋째로는 대부분의 비서구 국가들의 의회제도하에서 기능하고 있는 정당들은 대체로 조직된 사회집단을 대표하는 것이 아니라

11) Harry J. Benda, "Non Western Intelligentsias as Political Elites", in John H. Kautsky(ed.,) *Political Change in Underdeveloped Countries*(New York: John Wiley and Sons, Inc., 1966), 247 – 248쪽.

인물을 중심으로 하는 붕당(朋黨)이기 일쑤이다. 따라서 일단 독립을 쟁취하고 나면 격심한 파벌 간 갈등에 휩쓸리게 되는데, 이것이 중앙정부의 목표와 업적을 훼손시키는 데 기여하게 되면서부터 군부의 입김을 강력하게 만드는 원인으로 작용하게 된다.

이상두 교수는 군부쿠데타의 요인으로 네 가지를 지적하고 있는데, 이를 간략히 정리하면 다음과 같다.[12] 첫째, 정치적인 요인이다. 신생국가의 카리스마적인 정치지도자는 자신을 국가와 동일시함으로써 사실상 배타적인 지배체제를 수립하는데, 이들이 사라진 뒤에는 정치적 공백을 메울 야당세력이 없기 때문에 군부쿠데타가 발생하기 쉬운 이유이다.

둘째, 경제적인 요인이다. 1957년~1964년까지 군부쿠데타의 발발과 경제적 환경 간의 상관관계는 <표 5>와 같고, 1960년~1972년까지 경제발전단계별 군부개입의 분포는 <표 6>과 같다.

〈표 5〉 경제생활 수준별 군부쿠데타

1인당 GNP($)	국가 수	쿠데타 횟수	발생비율(%)
105 이하	21	9	75
106~239	29	10	55
252~739	23	13	42
812 이상	4	5	13

자료: *World Military Expenditure* 1968~69.

12) 자세한 내용은 이상두, "아프리카의 민족주의와 쿠데타", 옥전 차기벽 박사 화갑기념논총발간위원회, 『옥전 차기벽박사 화갑기념논총』(서울: 한길사, 1984), 105-108쪽을 참조할 것.

〈표 6〉 경제발전단계별 군부쿠데타

경제발전단계	1인당 GNP($)	국가 수	쿠데타 횟수	발생비율(%)
Ⅰ	45~64	12	9	75
Ⅱ	70~105	18	10	55
Ⅲ	108~239	31	13	42
Ⅳ	262~794	36	5	13
Ⅴ	862~2,577	14	1	5

출처: K. Hopkins, "Civil Military Relations in Developing Countries", *British Journal of Sociology*, Vol.17 (1965).(실패한 사례도 포함됨)

셋째, 사회적 요인이다. 사회구조의 고도화나 다양화가 이루어지지 않고 다수의 중간집단이 성숙해 있지 않은 전근대적 사회에서 군부쿠데타는 빈번하게 발생한다.

넷째, 그 사회에서 유일한 지배집단이 군부밖에 없는 사회일수록 군부쿠데타는 자주 일어난다. 즉 군부는 이 상황에서는 가장 잘 조직된 국가의 제도이고, 안정과 존속을 보장할 수 있는 훈련과 조직을 갖춘 유일한 집단이기 때문이다.

이상을 종합하여 필자로서도 군부쿠데타가 발생하게 되는 원인을 크게 네 가지로 정리할 수 있을 것 같다.

첫째는 특정 국가의 정치문화의 수준이 매우 낮은 경우이다. 이들 국가들에서는 일반화된 대중의 정치적 무관심이 군부로 하여금 정치에 참여하게 하고 있다. 신생국의 대부분은 식민통치과정에서 서구의 교육적 혜택을 입지 못한 관계로 문맹이 다수이며, 자연히 정치적 문제에 무관심하였다. 또한 기존 정치인집단은 부패해 있거나 경험의 부족으로 무능을 극복하지 못하여 사회에 문제를 제기할 수 있는 이익집단이 육성되어 있지 않았고, 정치적 상호관계도 원활히 소통되지 않고 있었다. 이 같은 정치적 나약성은 군부로 하여금 정치에 개입하는 빌미로 작용하게 되었다.

둘째는 경제적 후진성이다. 신생국을 지배하고 있는 극심한 빈곤과 부의 편중으로 사회 전체가 무질서하게 되는 틈을 이용하여 군부는 자신의 행정능력을 과신한 결과 본연의 임무를 벗어나 민간영역으로의 침범충동을 느끼게 된다.

셋째는 군부 자체의 조직역량에 기인한다. 즉 신생국의 군부는 근대화 추진에 필요한 자원 중 막대한 예산을 군 양성에 투자하고 있기 때문에 일정수준 엘리트집단에 위치하고 있으며, 그 기능에 있어서도 전문화·세분화가 가장 잘 추진된 집단이었다.

넷째는 사회적 요인이다. 새롭게 동원된 집단 간의 분열과 갈등이 현저하게 지속되는 한 사회적 동원은 쿠데타를 촉진하며, 특히 근대화나 정치적 동원이 초기 또는 과도기적 단계에 처해 있는 국가들에서 쿠데타는 빈번하게 발생한다. 또한 하층계급의 불만이 증가함에 따라 지배계층은 한층 더 군부에 의존하게 되며, 의존도가 높아질수록 군부는 명령에 복종하기보다는 권력을 장악하려는 경향을 노골화하게 된다.

제2절 군부정권의 유형

군부정권의 유형, 즉 집정관제 군부는 펄뮤터(Amos Perlmutter)의 지적처럼 크게 두 개의 기본 유형으로 구분할 수 있다.[13]

---

13) Amos Perlmutter, “The Praetorian State and the Praetorian Army: Toward a Taxanomy of Civil－Military in Developing Politics”, in Jason L Finkle and Richard W Gable(ed.), *Political Development & Social Change*(New York: John Wiley & Sons, 1971), 314쪽.

첫 번째인 '중재자 유형'(arbitrator－type)은 전문지식의 현저한 강조에서 더욱 전문가를 지향하는 경향이 있으며, 독자적인 정치적 조직을 가지지 않으며, 정치적 이념을 만드는 데도 관심을 갖지 않는다. 또한 군부 지배의 시한을 부과하며, 정부를 마음에 드는 민간인 정권에 양도하는 것을 계획한다. 따라서 중재자 유형은 군부가 병영으로 복귀하는 시점을 기준으로 사실상 많은 사례들의 경우에서 알 수 있듯이 민간 권력과 정치적 안정성의 보호자로 행동하였던 바, 반드시 그들의 정치적 영향력을 포기하는 것은 아니었다.

두 번째로 '통치자 유형'(rulers type)은 명령을 유지하기 위한 도구로서 독자적인 정치적 조직체이며, 대부분의 사례들에서 정치적 조직과 분명하게 밀착되며, 정교한 정치적 이념을 가진다. 이 유형은 만일 민간 정권의 복귀를 위한 조건들이 이행되지 않았을 때에는 결과적으로 군부통치로 보아도 무방하며, 민간 통치로의 복귀를 위한 조건들이 충족될 경우에는 통치자로서의 군부는 결과적으로 군사력의 우위로 민간 정권을 전복시킨다. 더욱이 통치자로서의 군부는 군부지배의 시한을 부과하지 않으며, 병영으로 복귀할 규정도 만들지 않고, 대부분의 사례들의 경우 병영으로의 복귀를 전혀 고려하지 않는다.

통치자 유형은 다시 1964년부터 1985년까지의 브라질 군부지배 체제를 지칭하는 '군사평의회'(Junta)형과 정권을 개인지배로 군힘으로써 출현하는 '군사지도자'(Caudillo) 유형으로 나눌 수가 있다.[14] 이 유형의 지도자들은 그들의 공헌이 아니고서 국가는 유지되지 않는다고 생각한다.

---

14) Guillermo O'Donnell and Philippe C. Schmitter, *Transitions from Authoritarian Rule: Tentative Conclusions about Uncertain Democracies*(The Johns Hopkins University Press, 1986), 34쪽.

이상두 교수는 군부주도형 정권을 쿠데타에 의해 성립된 군사정권이 그 후 민간정치가와 협력하는 체제를 취하면서 주도권을 확보해 가는 유형으로 보았다.[15] 즉 군부로서는 쿠데타 이후 정치 및 경제 분야의 안정과 개발을 위해 민간인과 협력하는 '군-민간 전문가'(military-civilian technocrats) 혼합 체제를 이루게 되는 경우가 흔하다. 이 같은 군부주도형 체제를 '준민간형 군부정권'(quasi-civilianized direct military rule) 혹은 '민간형 군부정권'(civilianized military regime)으로 칭할 수 있는데, 이는 순수한 군부지배정권보다도 근대화의 추진에 있어 보다 능률적인 것으로 인식된다.

또한 1960년대 중반 이후에 등장하기 시작한 군부정권과 군부주도형 정권은 대체로 두 유형으로 나눌 수가 있다. 첫째, 잠정적 정권으로 이는 문민통치의 부패척결·정치적 혼란상태의 구제와 안정·종족주의적인 분리주의의 극복·일당지배의 타도 등 한정적인 목적을 위해 잠정적으로 정권을 담당하는 것을 일컫는다.

둘째, 개혁형 정권으로 장기적 비전에 입각하여 정치적·경제적·사회적 개혁을 적극적으로 추진하려는 정권을 지칭한다. 특히 아프리카의 경우는 1960년대에는 주로 잠정형의 군부정권이 많이 등장했지만, 1970년대 이후 개혁적 정권이 압도적인 추세이다.

그 다음으로 펄뮤터는 집정관제를 세 가지 유형으로 분류하고 있다.[16] 첫째, '개인적 집정관제 모델'(personalist praetorian model)로 한 사람의 군부지도자가 모든 권력을 장악하여 전제군주나 폭군과도 같은 자의적인 지배권을 행사하는 모델을 지칭한다.

---

15) 이상두, "아프리카의 민족주의와 쿠데타", 옥전 차기벽 박사 화갑기념논총발간위원회, 『옥전 차기벽 박사 화갑기념논총』(서울: 한길사, 1984), 112쪽.

16) Amos Perlmutter, *Political Roles and Military Rulers*(London: Frank Cases, 1981), 41-44쪽; 130-131쪽.

둘째, '과두적 집정관제 모델'(oligarchic praetorian model)이다. 이것은 소수의 군부지도자들이 패권세력을 형성하면서 권력을 장악하는 모델로서, 여기에서는 개인적 집정관제 모델에 비해서는 군부의 정치적인 영향력과 자율성이 강하게 표출되는 것이 특징적이라 할 수 있다.

셋째, '조합적 집정관제 모델'(corporate praetorian model)로 일인 또는 소수의 군부출신의 지도자에 의해 정치권력이 장악된 첫 번째와 두 번째의 경우와는 달리 집단으로서의 군부가 통치권을 장악한 가운데 정치적 기능을 담당하는 모델을 의미하는 것이다. 이 모델에서 군부는 지배동맹을 결성하면서 민간과 군부의 연립방식을 통해 지배권을 행사하는 것이 특징적인데 그 대상은 기술·관료집단을 위시한 각 사회부분의 단체들이 해당된다.

노드링거(Eric Nordlinger)의 경우는 집정관제의 유형을 세 가지로 분류하였는데, 이를 도식화하면 <표 7>과 같다.

〈표 7〉 집정관제의 유형

내용 \ 유형	중재자 유형	후견인 유형	통치자 유형
권력의 범위	거부권(veto power) 행사를 통한 간접통제	정부통제 (government control)	정권 지배 (regime dominance)
정치와 경제 목표	현상유지	현상유지 혹은 오류 및 결합 시정	정치와 사회·경제적인 변화를 추구
주도 세력	민간인 주도	민·군 연립	군부 주도
권위주의적 성격	낮다	보통	높다

출처: Eric Nordlinger, *Soldiers in Politics: Military Coups and Government*(New Jersey: Prentice-Hall, 1977), 22-27쪽.

첫째, '중재자'(moderators) 유형으로 여기에서 나타나는 특징으로는 비토권(veto power)을 통한 간접통제를 하지만, 민간정부가 군부의 희망대로 따르지 않을 경우에는 대체 쿠데타를 통해 보다 유순한 민간그룹이 권력을 갖게 한다. 또한 정치와 제도적인 기본 규칙을 강제하여 도전집단들 간에 세력균형을 유지하려 하며, 사실상 경제적 보상의 배분에 중요한 변화를 수반하는 어떠한 방식도 저지한다.

둘째, '후견인'(gurdians) 유형의 특징은 군부가 민간통치자를 대체할 필요성을 느끼는 것을 제외하고는 중재자 유형과 유사하다. 즉 공공연히 정부를 통제하는 태도를 취하는 것이지만, 군부의 목적은 중재자 유형과 같이 보수적이다. 이와 유사하게 메흐덴(F. Mehden)도 '암묵적 억압'(tacit coercion)을 통해서 군부의 민간정부에 대한 후원자(backer) 역할에 주목하고 그 개입의 사례로,[17] ① 인도네시아 군부가 1945년에서 1965년까지 수카르노(Sukarno) 정부를 지지한 사례, ② 트루질로(Rafael Trujillo)의 암살 이후 도미니카 공화국(Dominican Republic)의 군부가 의도적으로 발라구에르(Joaquín Balaguer) 정부를 지지함으로써 잠재적 폭발 직전의 국내 상황에 안전판 역할을 한 사례, ③ 에콰도르(Ecuador)에서 군부가 1940년대 말 이후 입헌절차에 따라 선출된 아로세메나(Carlos Julio Arosemena) 민간 정부의 계승을 강력히 지원해 주었던 사례, ④ 1951년 필리핀(Philippines)에서 선거과정의 공정성을 보장하기 위해 군부가 개입하여 엄정하게 중립을 지켰던 사례, ⑤ 1944년~1954년 과테말라(Guatemala)와 1945년~1948년 베네수엘라(Venezuela)에서 '청년장교단'(junior officer corps)이 사회민주주의 운동을 지원하여 정권획득이 가능하도록 지원한 사례와 또한 그들의 정권을 공고히 하는

17) Fred R. von der Mehden, *Politics of the Developing Nations*(Prentice-Hall, Inc., 1964), 104-105쪽.

데 기여하였던 사례 등을 제시한 바 있었다.

셋째, 통치자형(rulers) 유형의 특징은 중재자 유형과 후견인 유형보다도 보다 야심만만하고 권력에 미치는 범위가 현격하다. 세력균형을 유지하는 것과는 거리가 멀게 이 유형의 통치는 정부통제뿐만 아니라 때때로 정치·경제의 상징적 측면들의 기본적인 변화와 심지어 사회체제까지도 변화를 목적으로 한다.

자노위츠(Morris Janowitz)는 신생국의 정치발전과 군부 개입의 성격을 중심으로 군부정권의 유형을 민군(民軍)관계로 파악했다. 이것은 다시 선진국과 신생국에 적용될 수 있는 유형으로 구분되는데, 먼저 선진 산업국가에 적용될 수 있는 모델로 ① '귀족주의적 모델'(aristocratic model), ② '민주적 모델'(democratic model), ③ '전체주의적 모델'(totalitarian model), ④ '개리슨국가 모델'(garrison-state model)의 네 가지를 들었다.[18]

그렇지만 이들 선진국의 유형이 신생국 군부를 파악하는 데 적용될 수 없다고 보고, 신생국의 정치발전과 연관시켜 적용할 수 있는 유형으로 ① '권위주의적 개인통제'(authoritarian-personal control), ② '권위주의적 대중정당'(authoritarian-mass party), ③ '민주적 경쟁체제'와 '반(半)경쟁체제'(democratic competition and semi-competition systems), ④ '민군연합체제'(civil-military coalition systems), ⑤ '군부과두제'(military oligarchy)란 다섯 가지 유형을 새롭게 제시하였다.

여기에서는 신생국의 유형을 중심으로 그 특징들을 요약해 보기로 한다.[19] 첫째, 권위주의적 개인통제이다. 이 유형은 근대화의 초

---

18) Morris Janowitz, *Military Conflict: Essays in the Institutional Analysis of War and Peace*(Sage Publications, 1975), 138-139쪽.

기 단계에 위치하는 신생국에서 빈번하게 나타나는 것으로 군부가 개인의 독재 아래에서 세력의 확장을 억제당하는 것을 가리킨다. 예컨대 과거의 에티오피아(Ethiopia)는 개인적이고 전통적인 힘에 기반한 권위주의적 통치이고, 과거의 남부 베트남은 새로이 발전한 개인 독재체제이다.

둘째, 권위주의적 대중정당이다. 이 유형은 권위주의적인 권력이 의회제도가 존재하지 않는 가운데 강력한 개인적 리더십 아래에서 단일정당 국가에 기반한 것이다. 단일대중정당의 영향력하에 존재하고 있는 민간경찰・의회제도 양자는 군부에 대한 견제세력으로 작동하며, 이 같은 국가에서의 군부는 규모가 작고 아직 충분하게 발달되어 있지는 않다.

셋째, 민주적 경쟁체제와 반(半)경쟁체제이다. 민주적 경쟁체제는 대개 선진산업국가에서 나타나는 유형인 민주적 모델과 동일한 것이다. 민주적 모델에서 정치권력의 행사는 오직 다당제 및 선거제도를 통해서만 성립되며 정치엘리트에 의한 군부의 통제는 군부의 기능 및 군부의 권력행사의 조건을 규정하고 있는 기구와 규칙을 통해서만 이루어지는 것을 지칭한다. 민주적 경쟁체제는 반(半)경쟁체제를 포함시켜야만 분명해질 수 있는데, 튀니지와 모로코에서 시민주권은 식민지적 전통들이 군부로 하여금 강력한 자기억제의 분별력을 이식했기 때문에 일부분 군부의 역할을 제한시키기 위한 목적으로 작용한다. 이들 국가들에서 정치 정당뿐만 아니라 경쟁하는 민간 제도들과 권력단체들은 국내정치를 지배하지만 정치적 경쟁은 적당히 허용한다. 군부가 그들의 정치적 행위를 확장시킬 때

19) Morris Janowitz, *The Military in the Political Development of New States: An Essay in Comparative Analysis*(Chicago University Press, 1964), 6－7쪽.

는 '정치적 연합'(Political Bloc)을 형성하는데, 민간 지도자들은 오직 군부의 소극적인 동의 혹은 적극적인 지원으로 인해 지배력을 유지시키며, 정치적 경쟁의 정도는 쇠퇴한다.

넷째, 민군(民軍)연합체제이다. 이 유형은 군부가 적극적인 정치적 연합으로서의 역할을 담당하게 되는 경우로 민간정당 혹은 여타 관료제적 정치집단이 이를 지원한다. 민간단체의 권력 장악 및 유지는 군부의 지원 위에서만 가능하게 되며, 군부는 경쟁적 정치집단 사이에 공식적 혹은 비공식적인 심판관의 역할을 수행하는 경우도 있다. 그러나 이러한 상황은 극히 과도기적인 상황일 뿐 대부분의 경우에는 군부 자체가 지배집단으로서 광범위한 정치 개입을 하게 된다.

다섯째, 군부과두제이다. 이 유형은 민군연합체로부터 발전하게 되는 형태로 적어도 시한 때문에 정치적 주도권은 군부로 넘어간다. 일단 군부가 지배집단으로 정치의 장에 등장하게 되면 민간인의 정치활동은 변화하고, 제한받거나 혹은 억압당하게 된다. 따라서 군부과두제는 민군연합체제에서 발생한 정치적 혼란과 불안정한 상태를 수습하기 위하여 군부가 과도정부의 역할을 잠정적으로 맡는 일반적인 정치참여가 장기화되는 경우 나타나는 유형이라고 볼 수가 있다.

제2부

군부의 정치개입과 민주화과정

여기서는 대륙별로 군부쿠데타를 경험했던 국가들의 사례를 중심으로 구체적 분석을 시도하고자 한다. 특히 개별국가의 역사적 특수성과 정치적 상황 및 경제적 상황들의 복합적인 상관관계를 통해 군부정치개입의 과정에 대한 '사례 분석'(case study)을 시도하고자 했다. 사례 분석에서 제시된 국가들은 제2차 세계대전을 전후로 군부의 정치개입의 경험을 가졌던 국가들로 한정하였으며, 대륙별 몇몇 국가들로 국한시켜 분석하였다.

제3장 아시아(Asia) 지역

아시아 지역에서 군부의 정치개입은 제2차 세계대전 이후 보편적 현상으로 자리하게 된다. 아시아 지역의 군부는 개별 국가수준에서 정치적 · 사회적 · 경제적 · 문화적 영역에 걸쳐 지대한 영향을 끼쳤다. 따라서 역설적이지만 군부에 대한 분석이야말로 아시아 지역을 이해하는 과정의 일부분이기도 하다. 군부의 정치개입에 대한 이론적 논의는 근대화론에 과대성장국가론을 절충시키는 입장이 설득력을 가진다.[1] 즉 제2차 세계대전 이후 신생국으로서 독립하게 되는 아시아 국가들의 대부분은 정치적으로는 서구식 민주주의제도를 경쟁적으로 도입하였지만, 그 결과는 대개 카리스마(Charisma)적 지도자에 의해 지배되는 권위주의체제로 귀결되었고, 경제적으로는 단기간의 수입대체 산업화단계를 거쳐 수출주도형 산업화전략을 중점적으로 추진하였기 때문이다.

또한 아시아 지역은 전통시대 중화세계(中華世界)의 변방에 위치하였던 국가들이 대부분이었던 관계로 유교문화의 직접적인 영향력하에서 중앙집권적인 정치구조를 지향했던 전통이 잔존했던 관계로, 세계의 여타 지역들에 비해 전통지향적인 정치문화의식이 강

1) 차기벽, “제3세계의 민주화와 한국의 위상”, 성균관대 사회과학연구소, 『사회과학』, 통권 28호(1988), 9쪽.

하게 작동되었던 경험을 공유하고 있기도 하다. 특히 한국과 대만의 경우는 식민통치를 겪는 과정에서 강제적 식민통치기구가 비대해졌던 '과대성장국가'(over-developed state)[2]의 경험을 지니고 있다. 즉 알라비(Hamza Alavi)에 의하면 식민지 국가는 강력한 관료주의-군부기구를 갖추고, 토착 사회계급들을 종속시키는 규칙적인 작용을 통하여 정부 기구들을 운영해 나가며, 후기 식민지 사회는 국가의 과대 성장된 기구들과 규칙적이고 통제된 토착 사회계급들의 작용들을 거치면서 제도화된 관행들을 이어받았다는 것이다.

이런 점에서 아시아 지역 군부의 정치개입은 전통적인 정치문화의 유산(遺産)과 과거 식민지의 경험 및 근대화에 대한 국내외적 환경으로부터의 좌절 및 극복과정에서 출현한 것이다. 또한 군부는 상대적으로 타(他) 집단에 비해 월등한 조직력과 교육수준 및 기술력을 보유하고 있었다. 따라서 군부로의 엘리트 집중현상이 나타났고, 이들의 의식 기저에는 획일주의 · 강제성으로 대표되는 군사문화가 자리하게 되는 가운데, 정치적 · 사회적 불안정성의 확산은 군부의 정치개입을 불러온 계기로 작용하였던 것이다.

특히 동남아 국가들에서 일반적으로 발견되는 군부의 정치개입의 성격은 대부분이 개별국가 수준에서 경험했던 역사성에 근거를 두고 있다.[3] 이는 서구 열강에 의한 식민지 경험, 특히 어떤 국가의 식민지 지배를 겪었느냐가 중요한 문제인데 예를 들면 미얀마(Myanmar)의 경우는 영국의 식민지였고, 인도네시아(Indonesia)는 네덜란드에 의해, 필리핀(Philippine)의 경우는 스페인으로부터 미국에 걸친 연속적

2) Hamza Alavi, "The Post-Colonial Societies: Pakistan and Bangladesh", *New Left Review*, Number 74(July/August, 1972), 61쪽.

3) 조홍국, "탈식민지시대의 버마 군부에 대한 역사, 사회문화적 고찰", 한양대 민족학연구소, 『민족과 문화』, 제2집(1994), 96쪽.

식민지배의 경험을 가지고 있다. 이 과정에서 식민모국의 정치·사회·문화적 영향력과 개별국가들의 국내적 환경과의 충돌이 발생되었다.

둘째는 군부의 형성배경으로, 식민지 군부로 창설되었다가 독립 이후 새 정부에 그대로 수용된 경우와 식민지세력이나 점령군에 대한 무장투쟁의 과정에서 형성된 경우의 두 가지 유형으로 구분할 수가 있다. 후자의 경우 군부가 외세(外勢) 통치로부터 해방과정에서 중추적 역할을 했다는 배경 때문에 신생국가의 발전에 있어서도 군부의 지도적 역할이 정당화되거나 혹은 부분적으로는 사회에 의해 인정되기도 하였다.

셋째는 군부에 끼친 외국의 영향이다. 이는 무기 공급·해외 군사교육·군사고문관들의 활동 등의 형태로서 특히 미국·소련·중국·영국으로 대표되는 강대국들과의 정치적 이해관계가 깊이 결부되어 있었다.

이러한 역사성은 동남아 군부들에서 몇 가지 공통적 특징들을 발견할 수 있게 해 준다.[4] 첫째로 군부가 정치질서의 고정적인 구성요소로 기능하게 되었다는 점이다. 즉 군부는 국가의 제도적 구성체로서 국내의 정치적 상황이 위험수준에 도달하고 있다고 판단할 경우에는 즉각 개입하게 되고, 이러한 경향성에는 군부 자체의 안전에 대한 고려까지도 포함되곤 한다.

둘째로는 군부가 정부조직과 행정체계에 정치적으로 밀접해 있다는 점인데 이를 통해 관료집단과 정치구조와 더불어 동일한 지배엘리트층에 소속되어 직접적인 정치적 영향력의 행사를 용이하게 추진시킬 수 있게 된다. 셋째로는 군부와 경제 분야와의 상호연계성이 뚜렷하다는 점이다. 예컨대 군부의 고위 장교들의 경우 현

4) 조홍국, 앞의 논문, 97쪽.

역뿐만 아니라 퇴역 이후에도 국영기업들에서 핵심적인 지위를 차지하게 되면서 상당한 수준의 사회적 특권을 누렸다.

여기에서는 특히 아시아 지역 중에서도 태국, 인도네시아, 미얀마, 파키스탄을 중심으로 군부의 정치개입을 분석해 보기로 한다. 아래의 <표 8>은 아시아 지역에서 확인된 군부 정치개입의 경험을 제시한 것이다.

〈표 8〉 아시아 지역 군부 정치개입의 경험

국가명	군부의 정치개입		현 정체			정당정치		
	제2차 세계대전 전	제2차 세계대전 후	민정	왕정	군정	무당	일당	다당
대 만	○	○	○					○
대한민국		○	○					○
미얀마		○			○			○
방글라데시		○	○					○
인도네시아		○	○					○
태 국	○	○		○				○
파키스탄		○			○			○
필리핀		○	○					○
합 계	2	8	5	1	2			8

자료: 조선일보 연감 2003, 참조.
외교통상부 재외공관, http://www.mofat.go.kr/mission/missions map.mof/

제1절 태국(Thailand) 군부의 정치개입과 민주화과정

1. 군부의 정치개입과정

태국은 짝끄리 왕조(Charkri Dynasty: 1782~현재)를 거치면서 국가를 재조직하게 되는데, 특히 몽꿋 왕(King Mongkut, 재위 1851～1868),[5] 쭐라롱껀 대왕(King Chulalongkorn, 재위 1868～1910), 와치라운 왕(King Vajiravudh, 재위 1910～1925), 쁘라차티뽁 왕(King Prajadhipok, 재위 1925～1935)을 거치는 동안 전통적인 관료제도에 기반을 둔 직업적 군 장교라는 계급이 형성되었으며, 군대는 하나의 독립된 제도로 변모하였다. 이때 독립된 제도의 특징으로는 집권화된 조직과 직업화, 그리고 제도적 자부심 및 민족주의에 대한 헌신 등을 들 수 있다.[6]

군 장교들은 19세기 말 이래 정기적으로 유럽에 파견되어 발전한 현대문물을 익힐 수 있었지만, 그들이 습득했었던 자긍심은 귀국 후 권력을 독점하고 있었던 귀족들과 그 측근들이 저지른 중요한 정책결정과정에서의 전횡(專橫)으로 말미암아 좌절되고 말았다. 특히 1929년부터 1931년에 걸친 세계경제대공황이 태국 경제를 심각한 위기국면으로 몰아간 가운데, 1930년 초에 들어서면 군 예산마저도 대폭 삭감되면서 그 결과 국방장관이었던 버워라뎟(Prince Bowaradet)가 물러나게 된다.[7] 그의 사임(辭任) 배경에는 경제침체로 국방성 관리들과 군인들의 퇴직을 막기 위한 자기희생이라기보다도 군부의 불만을 간접적으로 드러낸 것이라는 시각이 우세했다. 특히 와치라운 왕의 통치기 동안 쌀 수출로 인한 심각한 동요(動搖)가 국가의 팽창적인 지출과 결합되면서 막대한 무역적자와 외채를 초래시켰는데, 1925년 11월 26일 쁘라차티뽁 왕이 승계했을 때

5) 1956년 아카데미 남우주연상 · 미술상 · 주제가상 · 녹음상 · 음악상을 수상한 '왕과 나'(The King and I)의 실제 주인공이다. 월터 랭(Walter Lang)이 감독한 영화에서 몽꿋 왕의 역할은 율 브린너(Yul Brynner), 가정교사 역할은 데보라 커(Deborah Kerr)가 맡았었다.

6) 죤 J. 죤슨 편저 / 김규택 역, 『군과 정치』(서울: 일조각, 1963), 24쪽.

7) 차상호, "태국의 입헌혁명과 정치발전", 홍순옥 교수 화갑기념논집 간행위원회, 『홍순옥 교수 화갑기념논집』(서울: 동국대학교 출판부, 1989), 217쪽.

에도 경제는 여전히 적자재정으로 악화된 상태였었다. 게다가 국수주의(國粹主義)와 경제적인 측면에서 사회주의의 부상(浮上)과 더불어 교육받은 도시계급 중 상당수가 현상(status quo)을 문제 삼기 시작한 가운데, 1930년대에 엄습한 대공황으로 1930년~1932년까지 쌀 가격의 60% 이상, 토지 비용의 90% 이상이 하락하면서 긴축 경제정책과 세금의 증가를 초래했다. 이는 결과적으로 방콕에 거주하고 있던 노동자들과 도시중간계급들을 견디기 힘든 상황으로 내몰고 만다.

이러한 배경하에 1932년 6월 24일 카나랏싸던(Kanarasadorn)의 주도 아래 절대왕정을 붕괴시키고 입헌군주제로의 변화를 초래한 무혈(無血) 쿠데타가 발생하게 된다. 이를 주도했던 카나랏싸던은 1927년 프랑스 파리에서 쿠데타를 위해 결성된 다양한 세력들의 연합체를 지칭하는 것으로,[8] 육군 23명, 해군 14명, 민간관료 14명으로 구성되었다. 각 집단이 지닌 특성은 다음과 같다. 첫째는 파혼(Phahon Phonphayuhasena) 대령을 지도자로 보수적 성향을 띤 노장파 장교 집단으로, 파혼은 카나랏싸던의 단장으로 1932년 쿠데타 당시 연장자로서 쿠데타 단장이 되었다.

둘째는 민간인 측 지도자인 쁘리디(Pridi Phanomyong)를 지도자로 사회주의적 이념을 갖고 있던 집단이다.

셋째는 피분(PhibunSongkram) 소령을 지도자로 하는 소장파 장교 집단인데 이들은 군국주의를 추진하려는 세력으로 쿠데타 이후에 가장 강력한 세력으로 대두된다.

이 당시 카나랏싸던이 내건 쿠데타의 목표는 6가지로 요약할 수

8) 이병도, "태국의 선거제도와 정당체계", 한국동남아학회, 『동남아시아연구』, 12권 1호 (2002), 50쪽.

있다.[9] ① 국가의 정치적·법적·경제적인 독립의 유지, ② 죄악(罪惡)의 일소와 국가의 안정 유지, ③ 국가경제계획에 의한 인민의 경제적 번영 추구, ④ 모든 인민에게 평등권 부여, ⑤ 위의 4가지 원칙에 위배되지 않는 한 인민의 자유 부여, ⑥ 인민에게 최대한의 교육기회 부여.

그 다음으로 이들이 쿠데타를 일으킨 원인은 두 가지 측면에서 접근해 볼 수 있다.[10] 첫째, 카나랏싸던은 절대군주제에 대한 불만을 서구 민주제도와 자유민주주의로 대체시키고자 했다. 둘째, 군부 내의 분열과 쁘라차티뽁 왕의 균형재정 정책으로 인해 정치적·경제적 측면에서 정부로부터 만족할 만한 대우를 받지 못했던 개인적인 불만이 축적되었다.

쿠데타를 일으킨 후 육군파·해군파·민간인파로 통치개혁을 위한 혁명위원회를 설치하였는데, 그 구성원은 <표 9>에서 제시되고 있다.

---

9) 차상호, 앞의 논문, 221쪽.

10) 차상호, 위의 논문, 220쪽.

〈표 9〉 카나랏싸던(Kanarasadorn)의 구성원

파 벌	성 명	계 급
육 군	프라야 파혼폰파유하쎄나	대령
	프라야 쏭 쑤라뎃	대령
	프라야 릿 티아크네	대령
	프라쁘라 쌔핏 타야웃	중령
	루엉 피분 쏭크람	소령
	루엉 타차나이 니욤쓱	대위
해 군	루엉 씬쏭 크람차이	소령
	루엉 쑤파 차라싸이	소령
	루엉 탐롱 나와싸왓	대위
	루엉 나와위	대위
	루엉 니텟 꼰라낏	대위
	루엉 나와위	대위
민간인	루엉 쁘라딧마누탐	
	쁘라윤 폼롬 마나뜨리	
	루엉 꼬윗 아파이웡	
	루엉 나리 벳마닛	

출처: 차상호, 앞의 논문, 221쪽.

1932년 6월 28일 태국 최초의 의회가 구성된 이후 그해 12월 10일 헌법을 공포하고 쿠데타의 주동자들이 결성한 인민당(People's Party)의 과반수가 임명직으로 국회에 진출함으로써 본질적으로 비(非)민주적인 성격을 내포하고 있었다. 특히 인민당 내부의 파벌갈등과 왕당파의 도전은 결과적으로 의회체제를 불안정하게 만들었는데, 대표적으로 쁘리디가 고안한 사회주의적 국가경제계획안의 급진성을 둘러싼 의회 내 파쟁(派爭)으로 인민당 내부에서 수구파와 개혁파 간 분열이 발생하게 된다.

이때 카나랏싸던의 구성원이 아니었던 쁘라야(Phraya Manopakorn Nititada) 초대 총리가 모든 갈등을 종식시키고 국가의 위기를 막는다는 명분하에 의회를 폐쇄하자 1933년 6월 20일 카나랏싸던은 피

분을 중심으로 육군과 해군이 군사쿠데타를 일으켜 의회를 정상화시킨 다음 파혼(Phraya Phahol Pholphayuhasena)이 총리로 취임하는데, 이 과정에서 1932년 쿠데타의 주체세력들 중 수구파가 제거된다. <표 10>은 초대 총리였던 쁘라야 이후의 역대 태국 총리들을 제시한 것이다.

〈표 10〉 태국의 역대 총리들

성 명	재임기간(年)
마노빠껀 니띠따다(Phraya Manopakorn Nititada)	1932～1933
파혼 폰파유하쎄나(Phraya Phahol Pholphayuhasena)*	1933～1938
피분 쏭크람(Plaek Phibunsongkhram)*	1938～1944
쿠엉 아파이웡(Khuang Abhaiwongse)*	1944～1945
타위 분야껫(Tawee Boonyaket)	1945
쎄니 쁘라못(Seni Pramoj)	1945
쿠엉 아파이웡(Khuang Abhaiwongse)*	1946
루엉 쁘라딧마누탐(Luang Praditmanutham)	1946
탐롱 나와싸왓(Thawal Thamrong Navaswadhi)*	1946～1947
쿠엉 아파이웡(Khuang Abhaiwongse)*	1947～1948
피분 쏭크람(Plaek Phibunsongkhram)*	1948～1957
폿 싸라씬(Pote Sarasin)	1957
타넘 끼띠카쩐(Thanom Kittikachorn)*	1958
싸릿 타나랏(Sarit Dhanarajata)*	1959～1963
타넘 끼띠카쩐(Thanom Kittikachorn)*	1963～1973
싼야 탐마싹(Sanya Dharmasakti)	1973～1975
쎄니 쁘라못(Seni Pramoj)	1975
크릿 쁘라못(Kukrit Pramoj)	1975～1976
쎄니 쁘라못(Seni Pramoj)	1976
타닌 끄라이위치엔(Tanin Kraivixien)	1976～1977
크리앙싹 참마난(Kriangsak Chomanan)*	1977～1980
쁘렘 띤술라논(Prem Tinsulanonda)*	1980～1988
찻차이 춘하완(Chatchai Choonhavan)*	1988～1991
아난 빤야라춘(Anand Panyarachun)	1991～1992
쑤친다 크라쁘라윤(Suchinda Kraprayoon)*	1992

성 명	재임기간(年)
아난 빤야라춘(Anand Panyarachun)	1992
추언 릭파이(Chuan Leekpai)	1992~1995
반한 씬라빠아차(Banharn Silpa-Archa)	1995~1996
차왈릿 용짜이윳(Chavalit Yongchaiyudh)	1996~1997
추언 릭파이(Chuan Leekpai)*	1997~2001
탁씬 친나왓(Thaksin Shinawatra)	2001~2006

* : 군부 출신

출처: http://en.wikipedia.org/wiki/List_of_Prime_Ministers_of_Thailand(검색일: 2006. 05. 6)
한국태국학회, 『태국의 이해』(서울: 한국외국어대학교 출판부, 2005), 150쪽 참조.

1933년 10월 11일 파혼 정부를 전복시키면서 왕정복귀를 도모한 역(逆)쿠데타가 발생하지만, 3일 만에 주모자인 전(前) 국방장관 버워라뎌가 사이공(Saigon)으로 망명함에 따라 실패로 끝나고 만다. 뒤이어 피분(Plaek Phibunsongkhram)이 1938년 12월 26일 총리직에 오르는데, 1944년 8월 1일까지 지속된 피분의 군사정부는 강력한 민족주의·군국주의·영토 확장주의를 추구하며 '준(準)파시스트'(Quasi-Fascist)화되어 갔으며 제2차 세계대전 중인 1941년 12월 12일 군국주의 일본과 공수동맹(攻守同盟)을 맺고 1942년 1월 25일 연합국(미국·영국)에 선전포고를 하기도 했었다. 이후 전쟁이 연합국에 유리하게 전개되어 가자 1944년 7월 피분 정부와 그의 지지자들은 일본에 대항한 '자유타이운동'(Free Thai movement: 이하 Seri Thai)을 이끌었던 쁘리디에 의해 축출되고, 그의 후원하에 8월 1일 쿠엉(Khuang Abhaiwongse)의 중도파 문민정부가 들어서면서 민주시민정은 1947년까지 3년가량 지속되는데, 이때가 시민지배의 정점이었다.[11] 1946년 헌법을 개정하는 과정에서 의회세

11) Thak Chaloemtiarana, *Thailand: The Politics of Despotic Paternalism*(Bangkok: Thammasat University Press, 1979), 15쪽.

력을 중심으로 민간인들은 군 출신 정치가들에 대한 방벽(防壁)으로서 전문적인 행정부의 봉사란 이론을 내걸었는데, 5월 9일 공표된 헌법 제66조는 직업관리(여기에는 군 장교들도 포함)가 정치적 직위에 취임하는 것을 금지시켰다.[12]

그렇지만 여태껏 통치의 한 부분이었던 군부와 관료들은 민주주의 발전을 바람직한 것으로 간주하지 않았다. 무엇보다도 피분의 주도로 쿠데타를 모의하던 군부의 분파인 '젊은 사자들'(Young Lions)의 불만을 촉진시킨 사건이 발생한다. 즉 1946년 6월 9일 아난다(Ananda Mahidol) 왕이 총기사고로 사망하게 되는데 문제는 살해되었는지, 아니면 자살했는지가 명확하게 밝혀지지 않았다는 점이다. 1946년 3월 24일 총선 결과 총리가 된 쁘리디 역시 의혹을 풀지 못한 채 국왕시해란 책임공방 속에서 8월 21일 사임하는데,[13] 이 사건의 여파는 국가적으로 정신적인 공황(恐慌)을 초래하였다. 또 다른 요인으로는 동맹파업과 공공연한 항의 등 불안정을 초래하고 국가를 위험상태로 몰아가는 민주정치의 상태 역시 쿠데타의 불씨를 제공하기엔 충분했다.

그 결과 1947년 11월 8일 군부쿠데타는 피분의 후원하에 퇴역장성들인 핀(Phin Chunhavan), 싸릿(Sarit Thanarat) 장군과 파오(Phao Sriyanond)의 주도로 재차 민간정부를 붕괴시킨 다음 쿠엉을 임시정부의 총리로 선출하는데, 이때부터 20년간에 걸친 군부지배가 시작된다. 1947년 군부쿠데타의 핵심세력 36명의 출신배경은 육군이 33명, 공군이 2명, 경찰간부가 1명이었다. 즉 육군의 비중은 태국

12) 죤 J. 죤슨 편저 / 김규택 역, 앞의 책, 26쪽.

13) Nai Thawee Bunyaketu, "The 1932 Coup: Before and After", in Jayanta K. Ray(ed.), *Portraits of Thai Politics*(New Delhi: Orient Longman Ltd., 1972), 117쪽.

군부에서 가장 높았는데, 그 이유는 국방부의 사무차관과 장관들의 대부분이 육군 출신이었고, 국방비에서 육군에 충원되는 비용이 월등히 높았기 때문이었다. 특히 국방부는 군사 이외의 많은 사업에 종사하고 있었던 관계로 군부는 다른 기관들보다도 월등한 재정적 자원을 확보할 수 있었으며, 그 중심에 서 있는 육군은 정치적 상황 변화에 적극 대처해 나가면서 2006년까지 무려 20차례에 걸쳐 정치개입을 단행하였다.

〈표 11〉 태국의 성공한 쿠데타와 실패한 쿠데타(Coups & Rebellion)

No.	발생일자	성공한 쿠데타(Coup)	실패한 쿠데타(Rebellion)
1	1932. 06. 24	○	
2	1933. 06. 20	○	
3	1933. 10. 11		×
4	1939. 01. 29		×
5	1947. 11. 08	○	
6	1948. 10. 01		×
7	1949. 02. 26		×
8	1951. 06. 29		×
9	1951. 11. 29	○	
10	1957. 09. 16	○	
11	1958. 10. 20	○	
12	1971. 11. 17	○	
13	1976. 10. 06	○	
14	1977. 03. 26		×
15	1977. 10. 20	○	
16	1981. 04. 01		×
17	1985. 09. 09		×
18	1991. 02. 23	○	
19	1992. 05. 22		×
20	2006. 09. 19	○	

출처: www.rspas.anu.edu.au/pah/human_rights/papers/2001/Thanet.pdf(검색일자: 2006. 12. 18)
이대규 · 황규희 · 김인혁 공저, 『비교군부정치개입론』(부산: 동아대학교출판부, 2001), 136쪽을 참조로 필자가 재구성.

태국 군부는 정치·경제 분야의 근대화를 내세우면서 국영기업과 사기업을 통한 경제적 부를 축적해 나가기 시작하였고, 빠른 속도로 정치·경제적 이익집단으로 변모하는 과정을 통해 행정관료 및 대기업과의 연대(coalition)를 기반으로 새로운 정치엘리트로 부상하게 되었으며, 이 과정에서 국가·종교·국왕은 상징적 존재로서 군부정권을 합리화시켜 주는 도구로 활용되었다.[14)]

1947년의 쿠데타 주도자들은 그들이 국가·종교, 그리고 왕을 대리한다고 선언하면서, 오직 군의 명예를 더 높이고, 왕의 시해사건을 해결하고, 부패와 공산주의를 제거하기 위하여 행동할 것이라고 단언한다. 특히 제2차 세계대전 당시 일본에 협력했던 피분이 1948년 4월 8일 쿠엉을 강제적으로 축출하고 다시 총리로 복귀하게 되는데, 여기에는 당시 동남아시아의 중국·베트남·말레이시아·필리핀에서 출현한 소련을 맹주로 하는 공산혁명이 서구의 봉쇄선을 돌파할 것이라는 두려움의 확산도 컸다. 흔히 '도미노 이론'(domino theory)으로 잘 알려진 1940년대 후반부터 1950년대에 걸쳐 미국이 신봉한 대외정책 탓에 공산주의 운동의 해독제로 처방된 것은 반(反)공산주의 지도자들과의 제휴 및 그들로 하여금 국가건설의 임무를 성취할 수 있도록 지원함으로써 자유세계를 강하게 만드는 것이었고,[15)] 무엇보다도 피분은 이러한 조건들을 충족시켜 주기에 적합한 인물이었다. 구체적으로 피분의 반공산주의는 대외정책에서 찾을 수 있다. 즉 중화인민공화국의 승인을 거부했고,

---

14) 윤진표, "태국의 정치변동과 민주화의 과제", 동남아지역연구회, 『동남아의 정치변동』(서울: 21세기 한국재단, 1994), 65쪽.

15) Carl Oglesby, "Vietnamese Crucible: An Essay on the Meaning of the Cold War", in Carl Oglesby and Richard Shaull, *Containment and Change*(New York: Macmillan, 1967), 3－176쪽.

1950년 한국전쟁 당시 유엔의 결정을 지지했으며, 인도네시아에서 공산주의 폭도들과 일전을 치르고 있었던 프랑스를 후원하기까지 했다. 특히 피분은 태국 주변의 모든 태국어 사용 지역을 통일시켜 강력한 타이민족국가를 건설하기 위한 범(汎)태국민족운동으로서 국가통제하에 경제민족주의·영토민족주의 및 문화민족주의를 표방한 '랏타니욤'(Rathaniyom) 운동을 국가정책의 골격으로 삼아 태국 민족주의를 고취시키고, 국제적 지위를 드높이기 위해 국방력을 강화하고 또한 군부의 정치적 지위를 향상시키고자 하였다.[16)]

피분이 총리에 취임한 후 3년 동안 경쟁적인 군부 분파들에 의한 다양한 쿠데타 시도가 있었는데, 1948년 10월 1일 군 내부에서 반(反)피분세력이 체포되었지만, 해군과 해병대를 동원한 후원자였던 전임 총리인 쁘리디와 쿠엉은 체포되지 않았다. 또한 1949년 2월 26일에 가면 쁘리디의 후원을 받는 해군과 해병대의 쿠데타가 3일간 전투를 치른 후 진압되었으며, 1951년 6월 29일 다시 해병대와 해군 병력이 쿠데타를 일으켜 피분을 납치하지만 육군과 공군에 의해 진압되면서, 이 결과 해군 병력의 상당한 축소 및 해군 하사관들의 숙청을 불러왔다.

1951년에 들어서 1947년의 쿠데타를 성공시킨 협력자였던 파오와 싸릿에게 정치권력을 부여하여 분할통치를 노렸던 피분의 의도는, 6월 29일 발생한 쿠데타 당시 그가 납치당한 선박을 싸릿과 파오가 폭파 명령을 내림으로써 실상 군부 내 영향력이 예전 같지 않음을 증명하고 말았다. 11월 29일 피분에 의한 친위쿠데타로 1949년 헌법이 정지되고 1932년 헌법으로 복귀하는데, 그 명분은 공산주의의 위협에 처한 정부로 하여금 의원의 과반수를 임명할 수 있

---

16) 차상호, 앞의 논문, 235쪽.

게끔 회복시킨다는 것이었다. 개정된 헌법은 1952년 3월 8일 공표(公表)되는데, 새로운 단원제 의회 구성원의 절반은 대부분 군인들로 선출되어졌고, 1955년까지 정당정치는 금지되었다.

피분과 파오, 싸릿의 삼두정치(三頭政治)가 지속되면서, 태국은 필리핀의 마닐라에서 개최된 동남아시아집단방위조약에 참여하여 1954년 9월 8일 '동남아시아조약기구'(Southeast Asia Treaty Organization: 이하 SEATO)를 창설하고, 그 이듬해인 1955년 SEATO의 사령부를 방콕에 설치함으로써 군사기지를 제공한다. 하지만 싸릿과 파오가 차기 총리직을 두고 권력경쟁을 벌이는 가운데 피분은 자신의 정치적 기반확충을 위해 정당설립을 허용함으로써 태국 최초의 정당법이 1955년 9월에 제정되었다.

1957년 2월 17개의 정당이 참여한 가운데 실시된 총선 결과 피분의 승리에 부정투표가 자행되었다는 근거 없는 주장이 제기되면서, 피분과 파오, 싸릿의 영향하에 있던 국회의원들까지도 확신하는 분위기가 조성된다. 연이은 대학생들의 시위가 발생하게 되면서 피분은 비상사태를 선언했지만, 싸릿은 이 기회를 놓치지 않고 학생들을 억압하는 대신 평화로운 시위를 허용함으로써 지도자로서의 인상을 세련되게 끌어올렸다. 이 과정에서 싸릿은 그의 경쟁자이자 미국의 후원을 받았던 경찰 수뇌였던 파오에게 공공질서를 회복한다는 명분하에 잠재적인 권력경쟁자였던 세리 타이(Seri Thai)를 제거시키게 함으로써 대중들에게 경찰테러의 두려움을 각인시키는 동시에 파오에 대한 증오와 경멸감을 불러일으키면서 결과적으로 권력경쟁에서도 우위를 점하게 된다.[17] 결국 1957년 9월

17) 미국의 파오에 대한 후원에 관한 자세한 내용은 Frank C. Darling, *Thailand and the United States*(Washington, D. C.: Public Affairs Press, 1965), 72－73쪽을 참고할 것.

에 국방장관직을 사임하는 과정에서 싸릿이 보여 준 피분과 정권으로부터의 철저한 결별은 9월 17일 쿠데타의 성공으로 완성된다.

권력을 잡은 싸릿은 엘리트 분파들 간 심각한 경쟁을 초래하였던 소위 '피분 체제'(Phibun System)를 중지시킨 다음, 파오의 잔당들을 숙청하고, 해군과 공군을 재편성함으로써 군부를 개인적인 권력도구로 만든 이후 신병치료차 1년가량 외국에 나갔다. 하지만 그의 빈자리를 맡은 심복인 타넘(Thanom Kittikachorn)이 의회를 다루는 데 실패함으로써, 무엇보다도 싸릿의 보호를 받아 왔던 군부는 의회의 힘에 밀려날 상황에 처하고 만다.

1958년 10월 귀국한 싸릿은 28일에 친위쿠데타를 단행하여 계엄령(martial law)을 선포한다. 즉각 1953년 헌법과 1955년의 정당법을 폐기하고, 독단적이었던 의회를 약화시키기 위해서 1968년까지 일체의 정당 활동을 비롯한 정치적 집회 및 결사까지도 금지[18)]시킴으로써 더욱 권위주의적이고 독재정부의 형태로 권력의 재편성을 시작했다. 싸릿은 버마의 네윈(Ne Win)과 마찬가지로 헌법을 도외시하고, 모든 정당 활동을 금지시켰으며, 적대적인 언론들에 가혹한 조치를 취한 것을 비롯하여 공산주의자와 그 동조자로 간주된 사람들을 체포하거나 처형했는데, 여기에는 노동조합 간부들도 포함되었다.[19)] 네윈과 같이 싸릿의 신질서(New Order)는 결과적으로 사회 세력들의 대부분을 억압한 가운데, 군부의 지지를 기반으로 정치무대는 고도로 제한되어졌으며 권력은 독재자의 수중에

---

18) 이 결과 태국에서는 1969년 2월 선거까지 약 12년간 선거가 실시되지 않았다.

19) 1958년과 1962년 사이 공산주의자로 의심되거나 공산당 활동과 관련된 약 250명이 체포되었다. 특히 공산당 간부였던 전기 기술자인 수파차이(Supachai Sisati)와 북동부 지역의 전직 의원이자 정치가인 쿠홍(Khong Chanda Wong), 쿠홍의 추종자인 통판(Thongphan Sutthimat), 중국계 학교의 교사였던 루암(Ruam Phromwong) 4명은 인민의 이름으로 처형되었다. Thak Chaloemtiarana, *op. cit.,* 200－205쪽.

집중되어졌다. 구체적으로 싸릿은 총리·군 최고통수권자·육군사령관·국가발전의 대행자·경찰 및 14개의 기타 기관들의 총수 등 정부의 모든 주요 직책들을 겸직했다.[20] 독재 권력을 행사했음에도 불구하고 싸릿이 민간관료들의 진가(眞價)를 중요시하고서 그들의 지원을 필요로 했다는 점은 인도네시아의 수하르토(Suharto)와 흡사했다.

싸릿은 민주주의를 정당들과 정치인들의 싸움·사상·경쟁, 그리고 난잡하고 위험스러운 법규들이 갈등하는 상태로 간주했기에, 그가 내세웠던 정치 질서는 계급제도적인 것이었다. 즉 온정주의적인 관점에서 지혜로운 아버지들이 자녀들을 행복 증진을 위해 구속하는 것과 같이 지배자들과 관료들은 질서를 목적으로 국민들을 구속한다는 이 같은 지배 양식을 람쿠함행 모델이라고 한다.[21] 즉 이것은 루엉(Luang Wichit)이 수호타이(Sukhothai) 왕조의 람쿠함행(Ramkhamhaeng) 재건설에 근원을 둔 관념론적 사상으로 싸릿은 철저한 신봉자였다.

태국정치에 남긴 싸릿의 가장 중요한 기여는 리더십의 이원적 형태에 있다. 즉 군주를 국가의 종교적인 화신(化神)으로 떠받드는 반면 실제 권력을 행사하는 것은 실권자라는 것이다.[22] 무엇보다도 서구식 민주주의 경험이 일천했음에도 왕권에 대해서만은 여전한 존경심을 지녔던 싸릿은 푸미폰(Bhumibol Adulyadej) 국왕에게 최초로 쿠데타를 승인받기를 원했으며, 국왕 또한 친서(親書)로 신뢰를 표시함으로써 쿠데타와 군부정권의 정통성을 확보할 수 있었다

20) Thak Chaloemtiarana, *op. cit.,* 277－282쪽.

21) Thak Chaloemtiarana, *ibid.,* 161－162쪽.

22) Thak Chaloemtiarana, *ibid.,* 186쪽.

는 점에서 양자의 관계는 보완적인 것이었을 뿐 아니라 쿠데타 이전에 비해서 국왕의 정치적 역할이 확대되는 계기도 마련되었다. 1963년 12월 8일 싸릿의 사망 이후 계승자인 타넘과 쁘라팟(Praphat Charusathien)이 싸릿체제 및 군부독재의 지배형태를 존속시키려 했지만,[23] 싸릿 없는 싸릿체제는 별개의 것이었다. 1968년 개정헌법이 공포되고 제2차 정당법이 마련되면서 11개의 정당이 참여한 1969년 총선에서 타넘은 선출과정을 거치지 않은 채 총리에 취임하지만, 1957년~1958년에 걸친 일시적인 지배 당시와 마찬가지로 재차 휘하 정당의 의원들을 다루는 데 무능력함을 드러내고 만다. 이 때문에 1971년 11월 17일 친위쿠데타를 일으켜 즉각 의회를 해산하고, 정당 활동을 금지시킨 배후에는 궁극적으로 싸릿체제를 재건하려는 의도가 내포되어 있었다. 이로 인해 싸릿 정권 때부터 재개된 국왕의 정치적 역할이 더욱 적극적 형태로 나타나게 되는데, 11월의 쿠데타 당시 국왕은 교서를 통해 쿠데타 세력이 국민의 이익을 옹호해 주기를 촉구하면서 동시에 쿠데타를 승인하여 군부정권의 계승자인 타넘에게 정통성을 부여했던 것이다.

하지만 타넘이 재건하고자 했던 싸릿체제는 더 이상 현재의 필요를 만족시키지도, 미래의 필요를 약속하지도 못했다.[24] 특히 1968년 헌법이 정지된 가운데 새롭게 출범한 체제는 행정권과 의회권을 타넘을 위시하여 쁘라팟, 현역 군인으로 타넘의 아들이자 쁘라팟의 보좌관이었던 나롱(Narong Kittikachorn)의 삼두체제인 군사평

---

23) Likhit Dhiravegin, *Demi－Democracy: The Evolution of the Thai Political System*(Singapore: Times Academic Press, 1992), 174쪽.

24) David Morell and Chai－Anan Samudavanija, *Political Conflicts in Thailand: Reform, Reaction, and Revolution*(Cambridge Massachusetts: Oelgeschlager, Gunn & Hain, Publishers, Inc., 1981), 5－6쪽.

의회에 집중시켰다. 무엇보다도 민간정치세력들이 유달리 분개한 것은 아들인 나롱을 군부의 장교직에 올려 영구적인 정치 왕조를 만들려 한 타넘의 분명한 목표 때문이었다.

1969년 2월의 총선 이후 '애국학생센터'(National Students Centre of Thailand: NSCT)[25)]를 중심으로 전제적인 지배에 저항한 학생들의 주된 요구는 군부지배의 종료와 민주적인 헌법의 제정이었는데, 무엇보다도 그들은 1932년 혁명의 이상(理想)이 성취되기를 바랐다. 이 과정에서 많은 희생이 뒤따랐지만, 타넘의 운명은 육군사령관인 끄릿(Krit Sivara)과 경찰 수뇌인 쁘라쎗(Prasert Ruchira－wong)이 시위진압을 거절했을 때 결정되었다. 특히 1973년 10월 14일 사태를 전후로 국왕은 최초로 정치에 간여하게 되는데, 유혈사태의 종식과 군사정권에 대한 지지를 철회함으로써 타넘과 쁘라팟의 망명을 촉구하였으며, 위기 후 민간인 출신의 대법원 판사였던 싼야(Sanya Thammasak)를 임시 총리로 임명함으로써 결과적으로 군부정권이 붕괴되는 데 기여하였다.

1973년 10월 사태는 태국 정치에서 혁명적인 사건이었는데, 학생들과 함께 최초로 도시중간계급이 군부와 구지배계급 양 세력의 연대된 폭력을 꺾었으며, 완전한 민주주의로의 전환(轉換)을 상징하는 양원제 의회를 규정한 신헌법에 대한 축복을 국왕으로부터 받았다는데 있다. 무엇보다도 활성화된 민주주의로 인해 1976년 10월 6일 군부쿠데타가 발생하기까지 근 3년 동안 군부는 정치 무대

25) 당시 NSCT는 11개의 대학교로 구성되어 있었다. 즉 Chulalongkorn University, Thammasat University, Kasetsart University, Silapakorn University, Mahidol University, Chiang Mai University, Khonkaen University, Songkla University, Prasammitra Teachers College, Bangsaen Teachers College, Patumwan Teachers College였다. Ross Prizzia, *Thailand in Transition: The Role of Oppositional Forces*(University of Hawaii Press, 1985), 48쪽.

로부터 배제된다. 특히 1973년 이후 군부는 몇 개의 분파(分派)들로 분열되었는데, ① 끄릿 그룹, ② 쌍애 제독의 공군-해군 그룹, ③ 타넘-쁘라팟의 왕정주의자 그룹, 끄리앙싹과 싸유드(Saiyud Kerdpol)의 최고사령부 그룹들이었다.

한편 태국 특유의 다당제는 불행하게도 새로운 민주적 기능을 이끌어 갈 안정적인 정치세력들을 형성하는데 실패하고 말았다. 이 때문에 1974년 10월에 가서 민주적 헌법과 이에 의거한 제3차 정당법이 제정되면서 총 42개의 정당들이 참가한 1975년 1월 총선 결과 안정적인 다수당이 출현하지 못한 가운데 제1당을 차지한 쎄니(Seni Pramoj)의 연립정부는 한 달 만에 붕괴되었고, 뒤이어 18개 정당의 지지로 총리에 선출된 크릿(Kukrit Pramoj)의 연립정부 역시 노동자 소요와 인플레이션 등으로 야기된 국내의 정치적 불안정과 주변국가의 공산화와 관련된 외부적 위협에 시달렸었다. 하지만 1976년 4월에 실시된 새로운 총선 결과마저도 동일한 결과를 초래한 가운데 쎄니의 '민주당'(Democrat Party)과 크릿의 '사회행동당'(Social Action Party)이 연대하여 크릿이 총리직에 오르게 된다. 그가 노동보호법을 제정하고, 일당(日當) 임금을 올리는 법률을 제정하자,[26] 농민들 또한 지역 관공서 · 고리대금업자 · 지주 · 방콕 중심적인 정책에 맞서 그들의 이익을 방어하고 조직화에 착수한 결과 최초의 전국적인 농민조직인 '태국농민연합'(Farmer's Federation of Thailand: 이하 FFT)을 결성한다. FFT의 시위와 청원에 직면하게 된 크릿 총리로서는 다양한 농촌개혁 법률을 제정하게 되면서, 농촌에 거주하고 있던 토호들도 당연히 증가하는 농민들의 집단행동에 고도의 경계심을 가질 수밖에 없었다.[27]

26) David Morell and Chai-Anan Samudavanija, *op. cit.,* 193-195쪽.

지배층과 피지배층 간의 사회적 동원이 고도의 양극화된 정치환경을 초래하면서부터 산발적인 폭력들이 벌어졌고, 군부로서는 정치체제에 개입할 수 있는 또 다른 기회를 엿볼 수 있었다. 당시 우월한 군부 분파의 지도자였던 끄릿 장군은 크릿 총리에게 새로운 총선 실시를 요청했고, 총선 후 다시 쎄니가 총리직에 오르면서, 끄릿은 국방장관을 맡지만 급작스럽게 사망하고 만다.

1976년 10월 온건한 중간계급들의 여론은 타마쌋(Thammasat) 대학을 근거지로 급진적인 학생들의 흐름이 더욱 호전성을 띠면서부터 등을 돌리게 된다. 같은 시기에 돌연 국외로 추방된 타넘이 귀국하면서 그의 즉각적인 국외 추방을 주장했던 대학생들은 공산주의자 내지 공산주의자들의 조종을 받는다는 근거 없는 주장들에 내몰려 군부에 의한 대학살이 타마쌋 대학에서 자행되었다.

1976년 10월 6일 군부의 급진적인 영관급 장교들로 구성된 '젊은 망나니들'(이하 Young Turks)[28] 집단의 지원하에 해군 제독인 쌍애(Sangad Chaloryu)가 주도한 군부쿠데타는 '국가행정개혁위원회'(National Administrative Reform Council: 이하 NARC)를 통해서 질서와 권위주의적 지배를 회복한다는 명분하에 쎄니 정부를 축출하였다. 그들은 군부의 정치개입을 직업주의적인 사명의 정상적인

27) David Morell and Chai－Anan Samudavanija, *op. cit.,* 205－233쪽.

28) 젊은 망나니들은 '젊은 군부장교그룹'으로서 공식적으로 1973년 후반 '7반' 졸업생인 대략 6명의 장교들이 조직했다. 여기사 반(Class)이란 1951년 미국 '웨스트 포인트'(West Point) 육군사관학교의 시스템의 도입 이후 졸업한 장교 집단들을 지칭하는 것이었다. 1953년에 1반이 졸업했는데, 차왈릿(Chavalit Yongchaiyuth) 장군이 1반 소속 장교였다. 특히 젊은 망나니들을 설립한 장교는 제4기갑부대의 마눈(Manoon Rupekajorn), 총사령부의 최고사령관으로 훗날 방콕 시장이자 1992년 피의 5월에서 반(反)군부 반란의 지도자인 짬롱(Chamlong Srimuang), 제1기갑부대의 찬분(Chanboon Phentragul), 기술자인 쌩싹(Saengsak Mangklasiri), 그리고 인사 국장이었던 쁘리디(Pridi Ramasoot)였다. 보다 자세한 내용은 Chai－Anan Samudavanija, *The Thai Young Turks*(Singapore: Institute of Southeast Asian Studies, 1982), 27－30쪽을 참조.

한 부분인 것으로 믿었으며, 정치적 불안정을 강압적으로 일소시키고자 했는데, 특히 1970년대 중반부터 1980년대 중반까지 탁월한 성과를 보였던 부패 청산을 정치적 임무로 인식하고 있었다. 하지만 그들은 군 조직들을 장악하지 못했고, 군부의 정치적 우월성을 재정립시키지도 못한 가운데 단지 최상의 역할은 국왕 옹립자에 그쳤다. 무엇보다도 Young Turks 분파는 타닌, 끄리앙싹(Kriangsak Chomanand), 그리고 쁘렘(Prem Tinsulanonda)이 권력을 잡는 데 도움을 준 반면 통치자로는 행동하지 않았다. 그렇지만 쁘렘이 Young Turks 분파의 이상을 배신했다는 것을 간파한 때인 1981년 4월 1일과 1985년 9월 9일 두 차례에 걸쳐 쁘렘을 축출하려 했지만 실패하고, Young Turks 분파의 정치적 역할은 왕에 대한 숭배와 사실상 쁘렘이 그들의 지도자라는 복합적인 요인들로 인해 혼란스러워져만 갔다.[29]

다시 1976년 10월 6일 쿠데타로 돌아가 보면, NARC는 권위주의적이고, 충실한 반공주의자이자 왕정 지지자인 민간인 타닌(Thanin Kraivichien)을 총리로 하는 새로운 정부를 형성했지만, 이는 명백한 재앙임이 입증된다. 즉 그의 광신적인 냉전 전사(戰士)에의 집착은 '국내방위작전본부'(Internal Security Operations Center: ISOC)와 국경순찰경찰(Border Patrol Police: BPP)을 동원하여 시위 학생들에 대학살을 자행하고, 또한 농민과 노동조합의 지도자들 및 누구든 공산주의자로 의심되면 가혹한 탄압을 가했던 것이다. 이를 통해서 보다 많은 미국의 지원을 기대한 타닌의 의도와는 달리 국내외 투자자들의 투자를 감소시킨 촌극이 되고 말았다.[30] 그는 1년 후에

29) Chai-Anan Samudavanija, *op. cit.,* 39쪽.

30) 타닌의 촌극(interlude)에 관한 보다 자세한 내용은 Kamol Somwichien, "The Oyster and

젊은 망나니 분파에 의해 축출당하고, 1977년 10월 20일 끄리앙싹 장군이 권력을 장악했다.

끄리앙싹 총리는 타닌 정부 당시의 반체제인사들에 보다 온건한 정책을 추진하였다. 즉 학생과 반체제인사들에 사면령을 내리고 언론검열을 완화시켰으며, 1978년에 군부의 의회와 내각에 대한 우월적인 지위를 인정하는 새로운 헌법을 제정했다. 이어 1979년 4월에 실시된 총선 결과 5월에 끄리앙싹이 재차 총리직에 선출되었다. 그러나 베트남이 캄보디아를 침공하면서 대규모 피난민과 더불어 베트남과 크메르 루즈(Khmer Rouge) 양 세력들이 주기적으로 태국의 영토를 침범하여 국경지역에서 벌인 충돌은 태국 정부를 곤경에 빠뜨렸다. 태국정부는 1979년 베이징(Beijing)을 방문하여 태국공산당운동에 대한 지원을 중지하겠다는 등소평(Deng Xiaoping)의 약속을 받아 냈지만, 1979년의 유가(油價) 인상과 인플레이션(inflation)으로 인해 1980년 2월 끄리앙싹 총리는 축출되고, 육군사령관인 쁘렘이 뒤이어 총리직을 맡게 된다.

1983년과 1986년 총선을 통해 8년 동안 총리직에 있으면서 Young Turks 분파의 두 차례에 걸친 쿠데타를 극복하는 과정에서 쁘렘의 정치가로서의 뛰어난 능력은 발휘되어졌다. 즉 군부 분파들과의 경쟁과 경쟁 정당들의 다양한 이해관계들을 성공적으로 조정해 나감으로써, 비록 쁘렘의 최초 권력 기반이 Young Turks 분파였음에도 불구하고, 주된 경쟁자였던 쑤친다(Suchinda Kraprayoon)의 5반과 밀접한 관계를 유지하였고, 알띠(Arthit Kamlangek)와 쑤친다 집단을 통해 1981년 Young Turks 분파의 쿠데타를 좌절시켰으며, 알띠

---

the Shell: Thai Bureaucrats in Politics", *Asian Survey,* Volume 18, Number 8(August 1978), 829－837쪽을 참조할 것.

의 굳건한 후원자인 삐치(Pichit Kullavanij)에 대항마로 후일 쑤친다 집단의 지도자가 되는 차왈릿을 내세웠다. 이들의 권력관계를 자유자재로 쁘렘이 활용한 대표적인 사례로는 1986년 차왈릿과 쑤친다 집단의 지원을 받아서 총리직에 대한 야망을 드러내었던 알띠를 육군사령관직에서 해임시켰던 것이다.[31] 하지만 대중들에게는 충실한 존재로 비춰짐으로써 황실의 전폭적인 지지를 받아 낼 수 있었다.

쁘렘 총리가 재임을 원하지 않은 가운데 실시된 1988년 4월 총선에서 '찻 타이 당'(Chart Thai party)의 지도자인 찻차이(Chatchai Choonhavan)가 연립정부의 총리직에 오른다. 찻차이의 자유로운 시장 정책은 큰 기업들과 경영자들과 같은 자본가 집단에게는 평가를 받았지만, 교육과 의료봉사와 같은 숙원적인 문제들을 소홀히 한 채 전혀 개선시키지 않았다. 또한 토지 보유권, 이농(離農), 환경 침식의 문제는 누적된 채 방치시켰고, 산업공해 · 무질서한 교통 · 홍수, 그리고 방콕의 과잉 인구들 역시 마찬가지였다. 그 결과 국민들의 불만에 직면하게 되면서 찻차이 총리와 군부와의 관계 역시 불안정해질 수밖에 없었다.

특히 군부의 정치개입 유형과 군부 실력자에 의해 재편성된 태국의 권력은 미얀마나 인도네시아와는 매우 상이한 것이었다. 즉 일상적인 군부 지배의 유형이 쿠데타로 시작되고 또 다른 쿠데타로 인해 막을 내리는 것이었다면,[32] 태국의 경우는 쿠데타가 성공하면 헌법과 의회 폐지가 뒤따랐으며, 또한 정당이 금지되고, 활동 역시 정지된 가운데 의회 형태와 구조들의 기반이 되는 새로운 헌

---

31) Joseph J. Wright Jr., *The Balancing Act: A History of Modern Thailand*(Bangkok: Asia Books, 1991), 293쪽; 308쪽.

32) Chai-Anan Samudavanija, *op. cit.,* 1-2쪽.

법의 적용이 뒤따랐던 것이다. 이 같은 태국식 민주주의는 얼마 지나지 않아 부패를 몰아내고, 민주주의를 구하고, 국가와 그 외의 것들을 보호하기 위해 착수된 또 다른 쿠데타에 의해 폐기되는 악순환의 반복이었다. 현재까지도 군부 지배 혹은 군부 독재자, 그리고 태국식 의회 규정이 일체화되어져 군부의 정치 무대에서의 퇴장을 완벽하게 막지 못하는 결정적인 원인으로 작용하고 있음은 부정할 수 없는 사실이다.

태국 사회에서 군부가 그들의 영향력을 유지하려 한 대표적인 사례들은 다음과 같다. 첫째, 기존 육군 사령부의 조직에 ISOC라는 명칭만을 추가한 '국내치안작전사령부'(Internal Security Operational Command: ISOC)를 들 수가 있다. 이는 안보 관련 제반분야에 관련해서는 지방경찰 및 행정조직들이 자체 지휘계통 외에도 육군에 이중 보고를 제도화시킨 것이다.

둘째, '수도권 치안사령부'를 들 수가 있는데, 육군사령관이 자동적으로 수도권 치안사령관을 겸임하여 수도권 일원의 육군·해군·공군 및 경찰 등 모든 전투부대를 지휘할 수 있게끔 만들었다.

셋째, 군부는 태국에서 최대의 매스컴을 장악했는데, 특히 5개의 공영 TV방송국 중 시청률이 높은 2개의 방송국(채널 3번과 채널 5번)을 육군이 소유 또는 통제하고 있었다.[33] 또한 태국 전역에 존

33) 정규 텔레비전 채널 수는 6개로, 5개의 국영 채널과 1개의 민방으로 구성되어 있는데, 국영 방송국들은 채널번호를 방송국의 이름으로 사용하고 있다. ① 채널 3번(Thai TV Channel 3)은 정부가 운영주체이면서 민간(The Bangkok Entertainment Co.)에 위탁해서 방송을 한다. ② 채널 5번(Royal Thai Army TV)은 운영주체가 육군으로 되어 있다. ③ 채널 7번 역시 운영주체는 육군이면서 민간(Bangkok Broadcasting & TV Co.)에 위탁해서 방송을 한다. ④ 채널 9번(Modernine TV)은 운영주체가 정부(MCOT)로서 우리나라의 KBS와 유사한 위치라고 볼 수 있으며 가장 넓은 지역에서 시청이 가능하다. ⑤ 채널 11번(The Government Public Relations Department)은 운영주체가 총리실로 각종 정부 사업을 소개하고 있다. http://www.leeyoung.net(검색일: 2006. 5. 8)

재하는 523개의 라디오 방송국의 경우, 203개가 군부 소유(경찰은 44개를 소유)였지만, 1999년 1월 육군은 군에 필수적으로 소요되는 약 50개를 제외하고는 국가에 전부 반납했다.

넷째, 지역개발을 위한 사업조직을 확대하였는데, 이를 전담할 공병(工兵)으로 구성된 4개의 개발사단을 창설하여 농촌지역의 도로건설, 대민(對民)지원 등 적극적 선무활동을 통해서 군부를 태국 최대의 대민지원 기구로 자리매김 시켰다. 또한 개발의용대·마을단위 자위대 등을 전국적으로 조직하여 자위·치안·보건·농사·교육 등 주민들을 관리하였다.

그 다음으로 태국 군부의 정치개입의 특성을 요약해 보면,[34] 첫째, 태국 군부는 제도상의 응집력을 가졌다. 즉 육군사관학교나 국방대학의 졸업생 또는 지도자 간의 결혼으로 내각에서 영향력과 헤게모니를 행사하였다.

둘째, 태국 군부의 지도자는 정치적 숙련가였다. 태국 정치과정의 원동력은 군부의 중견장교들의 숙련된 정치적 능력에 달려 있다고 해도 과언이 아니다.

셋째, 군부는 상향이동의 기회였다. 태국의 정치문화에서 군부는 사회적 권위가 비교적 높았다.[35]

넷째, 군부는 그 자체가 간섭의 의지를 지녔는데, 태국 사회에서 가장 잘 조직되고, 훈련된 조직체인 관계로 정치과정에 대한 성공

---

34) Chai-Anan Samudavanija, *Political Conflict in Thailand-Reform, Reaction, Revolution*(O'elgeschlager, Gunn & Hain Publishers, Inc., 1981), 58-64쪽.

35) 태국의 지배계층은 크게 세 계층으로 분류된다. 첫째는 최고지배계층으로 군총사령관, 1932년 혁명에서 명예를 얻은 자, 2~3인의 왕족. 둘째는 제2그룹으로 육군 장성 또는 대령, 고위공무원, 국회의원, 유망한 사업가이다. 셋째는 지배계층의 소위 정치인, 방콕에서 교육을 받은 자와 정치활동에 관심이 있는 지방출신자로 구성된다. 황규희, "태국의 군부와 정치발전", 부산외국어대학교 사회과학연구소, 『사회과학논총』, 제1집(1985), 32쪽.

적인 간섭이 가능했다.

다섯째, 군부는 선거를 통해서 관료집단을 통제했다.

마지막으로 군부는 사업과 상업에 참여했다. 즉 군부엘리트와 상업 · 산업 · 금융활동이 유착관계를 가졌다.

태국 군부의 정치개입을 촉진하였던 요인들은 크게 세 가지로 규정할 수가 있다.[36] 첫째는 정치적 위기로 여기에는 정당의 분열상황 · 관료의 부패를 들 수가 있고, 둘째는 사회적 혼란으로 이데올로기적 양극화 · 정치참여의 폭발이며, 셋째는 경제적 침체로 경제구조의 불균형 · 경제정책의 실패에서 촉발된 것이었다.

특히 군부의 이익이 민간인에 의해 도전받는 시점에서 정치개입 현상은 강하게 표출되었다. 예컨대 1947년의 군부쿠데타는 「자유타일랜드운동」이란 단체의 정치적 영향력이 증대하자 이들은 국가를 유지 · 보존하기 위한 군부의 그동안의 공헌을 낮게 평가하였고, 이러한 현상을 군부지도자들은 명예에 대한 훼손으로 받아들였던 것이다. 1957년의 쿠데타 또한 군부와 경찰 사이의 배타적 대립상황에서 발생한 것으로 경찰의 현대장비의 보유는 상대적으로 '준(準)군사적인'(paramilitary) 경향성을 띠게 되었고, 이를 군부는 물리적 독점에 대한 중대한 도전으로 간주했던 것이다.

또한 군부의 정치개입을 가능케 한 이데올로기적 요인으로는 다시 두 가지를 들 수 있다.[37] 첫째는 전통의 수호로, 여기에는 국왕의 보호와 불교의 보존, 민족의 수호가 해당된다. 둘째는 국가 안보였는데, 구체적으로는 태국공산당의 활동, 공산국가와의 외교관계가 결부되어 있었다. 여기에서 주목할 점은 태국통합의 구심점을

---

36) 이대규 · 황규희 · 김인혁 공저, 앞의 책, 180－211쪽.

37) 이대규 · 황규희 · 김인혁 공저, 위의 책, 212－239쪽.

위해 와치라운(Vajiravudh) 왕이 제창한 국왕·불교·민족의 보호자임을 군부는 자처했는데, 이는 전통지향적 정치문화를 이용하여 국민감정을 동원시켜 정치개입의 명분을 확보한 것이었다. 그 외에도 안보문제 역시 군부의 이해와 결부되는 것으로 판단했다. 예컨대 1942년 12월에 창설된 '태국공산당'(Communist Party of Thailand: 이하 CPT)은 국가권력의 장악을 위해서는 무장투쟁만이 최선의 길임을 주장하면서 활동범위가 점차적으로 확대되어 주로 북부 및 동부 지역에서 태국 인민해방군에 의한 무장투쟁이 1973년 3,500회에서 1975년에는 8,000회로 증가하였다. 따라서 군부에게 공산당은 국가안보를 위협하는 대상이었고, 특히 1975년 인도차이나 지역에서 공산혁명의 성공은 군부를 자극시켜 정치권력을 정당화하는 수단으로 안보문제가 활용된 결과가 바로 1976년 10월 발생한 군부쿠데타였다. 이 과정에서 국가의 반공정책 및 군부의 정치무대에서의 역할을 합법화시킨 1980년의 제65/2523 명령과 1982년의 제66/2523 명령의 결과 태국의 북부 및 동부 지역의 CPT 조직은 완전히 와해되고 만다.

2. 천민(賤民)자본주의체제와 민주화과정

1991년 2월 23일 쑤친다(Suchinda Kraprayoon)와 쑨뜨론(Sunthorn Kongsompong)의 주도로 군부쿠데타가 발생하여 쑨뜨론 장군이 의장인 '국가평화유지위원회'(National Peace keeping Council)와 관계를 맺고 있던 민간인 아난(Anand Panyarachun)을 임시 총리로 추대한다. 아난의 반부패 조치들은 대중적 인기를 받은 가운데 쿠데타 이후 일상화된 총선이 1992년 3월에 실시되어졌다. 이때 군부는 총선에 대비해 군부정당인 '싸막키탐'(Samzkhitham)당을 만들고, '태국 국가당'(Thai National Party) 및 '사회행동당'(Social Action Party)과 연대하여 의회를 통한 권력유지를 계획했다. 총선 결과 제1당이 된 싸막키탐당은 친(親)군부정당들과 연정을 구성하여 각본대로 정당연합들의 추대를 받아들인 쑤친다 장군이 총리가 되지만, 이것은 사실상 그가 푸미폰 국왕과 일찍이 맺은 약속을 깨뜨리는 것이었고, 새로운 정부는 군사정권이 모습을 바꾼 것이라는 국민적 의심을 일반화시켜 버렸다.

하지만 1992년의 태국은 더 이상 1932년의 시암(Siam)이 아니었다. 즉 국민이 직접 선출한 하원의원 출신이 총리로 선출되기를 희망했던 태국 국민들에게 쑤친다의 총리 취임은 전직 방콕 시장이었던 짬롱(Chamlong Srimuang)의 주도하에 예전에 보지 못했던 대규모 시위가 벌어졌고, 수만 명이 집회에 참가했다. 쑤친다는 그에게 개인적으로 충성을 맹세한 군부대를 동원하여 도시에 주둔시키고, 폭력으로 시위를 억압하려 한 결과 도시의 심장부에서 대학살이 자행되어 수백 명의 시민들이 사망한다. 마침내 1992년 5월 국왕이 개입하여 쑤친다와 짬롱을 TV 생방송으로 소환한 결과 쑤친다의 퇴진을 이끌어 냈다. 1992년 5월의 민주화항쟁 이후 군부의 정치적 영향력은 많이 감소되었으나, 정치·경제의 핵심적인 기득권 세력으로 비(非)군부집단들과 동맹으로 얽힌 가운데 존재하는 관계로, 이는 태국의 민군관계가 복잡하다는 것을 명시[38]하는 동시에 실질적으로 정치권력이 민간정부의 수상에게 있기는 하지만, 여타 국가

38) David Morell, "Alternatives to Military Rule in Thailand", in Henry Bienen and David Morell(ed.), *Political Participation Under Military Regimes*(Sage Publications, 1976), 20쪽.

에 비해서는 군부의 강력한 영향력이 작용하는 범주에 위치한다고 볼 수 있다.

푸미폰 국왕은 1992년 9월 13일 실시될 선거 때까지 총리로 아난을 재임명했는데, 총선 결과 주로 방콕과 남부의 진보적인 유권자들을 대표한 추언(Chuan Leekpai)의 민주당이 제1당이 되고, 여기에 반(反)군부 정당들이 연대하여 의회 과반의석을 약간 상회한 185석을 확보하여 추언을 총리로 하는 연립정부를 구성하였다. 하지만 추언 총리는 1995년 총선에서 반한(Banharn Silpa－acha)이 주도한 보수적인 지방정당들의 연대에 패배하고 말았다. 반한 정부는 1996년 조기총선을 실시하지만 차왈릿 장군의 '새희망당'(New Aspiration Party: 이하 NAP)이 근소한 승리를 거둠으로써 다시 정부가 교체된다.

〈표 12〉 태국 선거의 원인과 투표행태 및 의석수(1933년～1996년)

연 도	투표 방식	의석수	투표율 (%)	선거 원인
1933	간접선거	78	41.45	쿠데타*, 1932년의 헌법 제정
1937	직접선거	91	40.22	임기 종료
1938	직접선거	91	35.03	의회 해산
1946	직접선거	96	32.53	의회 해산
1948	직접선거	99	28.59	쿠데타/ 1947년의 헌법 제정
1952	직접선거	123	38.95	쿠데타/ 1932년의 헌법 개정
1957(2월)	직접선거	160	57.50	임기 종료
1957(12월)	직접선거	160	44.07	쿠데타
1969	직접선거	219	49.16	1968년의 헌법 제정
1975	직접선거	269	47.18	1974년의 헌법 제정

*: 원문에서는 혁명(revolution)이지만, 필자는 쿠데타로 규정함.

출처: Orathai Kokpol, "Electoral Politics in Thailand," in Aurel Croissant, Gabriele Bruns, and Marei John(eds.), *Electoral Politics in Southeast and East Asia*(Singapore: Friedrich Ebert Stiftung, Office for Regional Co－operation in Southeast Asia, 2002), 278쪽.

취임한 지 얼마 지나지 않은 1997년 아시아 금융위기에 직면하게 된 차왈릿 총리는 위기관리능력에 대한 강력한 비판이 제기되면서 11월에 사임하고 다시 추언이 총리직에 복귀했다.

〈그림 3〉 태국 경제성장률(%)

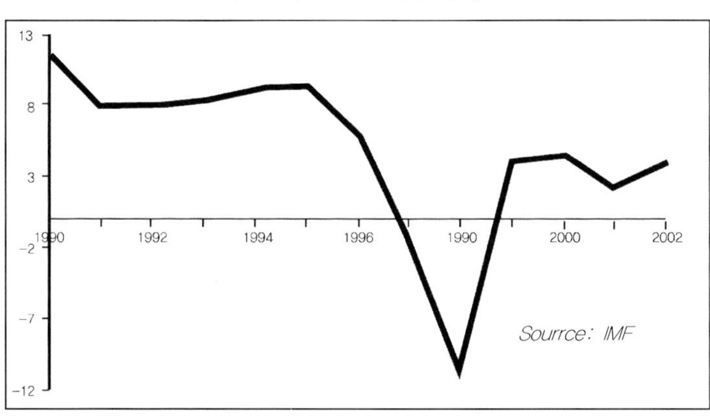

출처: www.pacom.mil/publications/apeu02/24Thailand11f.pdf(검색일: 2006. 11. 11)

추언 총리는 태국 경제회복을 위하여 '국제통화기금'(International Monetary Fund: 이하 IMF)과의 협의하에 통화(通貨)를 정착시키고 IMF의 간섭을 허용했다. 1997년의 위기는 과거 군부가 사회적 혼란에 개입했었던 것과는 달리 민주적인 절차에 의거하여 민간지도자들이 해결하였다. 무엇보다도 1997년 10월 11일에 개정된 태국 헌법은 가장 민주적인 선거제도를 마련했는데, 하원의원은 소선거구제(single-member constituency)에 의해서 지역구의원 400명과 정당명부식 비례대표제에 의한 100명으로 구성되었고, 상원의원은 지역을 기준으로 선거구당 1명의 상원의원을 주민들의 직선으로 선출하도록 규정했던 것이다.

2001년 선거에서는 경제성장과 반부패를 강령(綱領)으로 내건 백만장자인 탁신(Thaksin Shinawatra)의 '타이락타이'(Thai Rak Thai: 이하 TRT)당이 새롭게 등장하여 40.6%의 득표율로 총 248석을 획득함으로써 다수당을 차지하였다. 그 결과 정부를 구성하기 위해서는 단 3석이 더 필요했음에도 불구하고 탁신은 14석의 소규모 정당인 Seri Tham을 흡수했을 뿐만 아니라 41석의 Chart Thai와 36석의 NAP 양 정당을 융화시키는 거대 연합을 선택했다.[39] 특히 TRT의 보수적이고 대중주의적인 성향에 비해 자유주의적 성향을 견지하는 강력한 야당인 민주당(Democrat Party: 이하 DP)의 경우 26.7%의 득표율로 128석을 얻는 데 그쳤다. 무엇보다도 탁신의 TRT가 승리할 수 있었던 배경에는 저소득층과 농촌지역의 압도적인 지지에 있었는데, 구체적으로 의료비 감면과 부채 탕감 등 파격적인 정책뿐만 아니라 기득권 세력인 소위 방콕 엘리트(Bangkok Elite)들에 대한 비판이 저소득층의 열광적인 지지를 이끌어 내었던 것이다. 반면 DP는 주로 남부 출신의 정치인들에 의해 주로 지역을 기반으로 변화되어 왔는데, 비록 남부를 주요 근거지로 했음에도 불구하고, 특히 방콕에서 사업가, 화이트칼라(white collar), 중산층 등 고소득 자영업자층의 지지를 받았다.[40]

20개 정당이 경쟁했던 2005년 2월 6일의 총선에서도 탁신 총리의 TRT는 총 375석을 획득하는 압도적인 승리를 거두었다. 또한 2001년 총선 이후 TRT의 연정 파트너였던 Chart Thai 당도 26석을 차지하였다. 반면 야당의 경우 DP는 겨우 96석에 그쳤으며, 새로 창당된 Phak Machacon 당이 3석, 그리고 탁신 총리가 연정 파기의

39) Aurel Croissant and Jörn Dosch, *Old Wine in New Bottlenecks? Elections in Thailand under the 1997 Constitution*(Leeds: University of Leeds, 2001), 16쪽.

40) Kokpol Orathai, "Electoral Politics in Thailand", in Aurel Croissant, Marei John(eds.,) *Electoral Politics in Southeast & East Asia*(Singapore: FES, 2002), 277－321쪽.

사를 밝힘으로써 다시 야당이 된 Chart Thai 당의 26석 및 여기에 더하여 10월 30일 싱부리(Singburi) · 삐칫(Pichit) · 싸톤(Satoon) · 우따이(Uthai Thani) 네 지역에서 실시된 재선거(re-election)에서 연대한 야당들이 3석을 차지함으로써 전체 의석의 1/4에 해당되는 125석을 확보할 수 있었다. 그 결과 내각관료에 대한 탄핵권을 야당이 갖게 됨으로써 거대 여당의 독주를 제어할 수 있는 최소한의 안전판을 확보할 수 있었다.[41] 하지만 무엇보다도 2005년 총선이 지니는 의미는 군부쿠데타가 빈번하게 발생했었던 태국에서 최초의 민주적인 선거를 통해 선출된 탁신 총리가 공식적인 4년 임기를 마쳤으며, 비교적 자유로운 선거를 통해 의회에서 절대다수 의석을 차지한 정당이 처음으로 출현했다는 데 있다.

41) 야당이 탄핵의 첫 번째 목표로 지목한 인물은 여당인 TRT의 당수이자 총리인 탁신이었다. 그 이유는 보궐선거 유세장에서 탁신의 연설내용을 문제 삼았는데 그 내용은 "내가 수상으로서 신경을 쓸 수 있는 지역은 한정되어 있다. 우리를 뽑아 주는 지역만 혜택이 갈 것이다."라는 것이었다. 따라서 야당은 이 발언이 선거법에 위반된다고 항의하면서 탄핵의 대상으로 지목한 것이다.

〈표 13〉 태국 2001년과 2005년 총선 결과

정 당	2001년 선거				2005년 선거			
	지역구		비례대표	총의석	지역구		비례대표	총의석
	득표율(%)	의석	의석		득표율(%)	의석	의석	
Thais Love Thais(TRT)	40.6	200	48	248	60.7	308	67	375
Democrat Party(DP)	26.7	97	31	128	18.3	71	25	96
Thai Nation(Chart Thai)	5.3	35	6	41	11.4	18	8	26
New Aspiration Party(NAP)	7.0	28	8	36	0.4	–	–	–
National Development Party (Chart Pattana)	6.1	22	7	29	–	–	–	–
Liberal Democratic Party (Seri Tham)	–	14	0	14	–	–	–	–
Citizens' Party(Rassadom)	–	2	0	2	–	–	–	–
Social Action Party(SAP)	–	1	0	1	–	–	–	–
Great Peoples' Party (Phak Machacon)	–	–	–	–	8.3	–	–	3
Phak Khonkhoplodnee (Khonkhoplodnee Party)	–	–	–	–	0.6	–	–	–
Thai Motherland	–	1	0	1	–	–	–	–
전 체	**100.0**	**400**	**100**	**500**	**100.0**	**400**	**100**	**500**

출처: *Political Handbook of the 2000~02*(Binghamton, NY: CSA Publications), 2003.
www.en.wikipedia.org/wiki/Thailand legislative election, 2005(검색일: 2006. 5. 6)

그러나 2006년 1월 탁신 총리의 가족들은 지주(支柱) 회사이자 최대의 매스컴 회사인 '친 코포레이션'(Shin Cooperation)의 지분 49.6%를 73억 바트(baht, 약 19억 US 달러)에 매각하는 과정에서 불법적으로 세금을 포탈하여 막대한 이익을 챙긴 사실이 밝혀지면서 탁신은 정치적 수세에 몰리게 된다.[42] 특히 언론과 지속되었던 갈등구조는 탁신 정부를 회복할 수 없는 상황으로 몰아가고 말았다. 대표적으로 태국의 유력 언론인인 쏜티(Sondhi Limthongkul)가 TV 토론 프로그램에서 정부의 부패와 권력남용에 대한 비판[43]을 가하자

42) Kasian Tejapira, "Toppling Thaksin", *New Left Review*, 39(May/June, 2006), 7쪽.

43) 예컨대 공연장을 돌면서 계속 진행된 매주 금요일의 토크쇼에서 쏜티는 시민들에게 탁

2005년 9월에 들어서 방송중단 조치를 취하게 된다.

하지만 공연장을 돌면서 쏜티의 비판이 계속되자 탁신 총리가 직접 명예훼손죄로 고소하는 동시에 11월에 가서는 쏜티가 설립한 일간지 푸짯깐(Phujatkarn Daily) 신문사의 웹사이트를 폐쇄시키는 탄압을 가하는 등 대립상황은 12월에 가서야 푸미폰 국왕의 중재로 고소를 취하하게 되지만, 그 이듬해인 2006년 1월에 들어서자마자 탁신과 그의 가족들의 세금포탈 사건이 발생하게 된다.[44] 이 사건은 수도 방콕에서 분노한 시위들을 촉발시켜, 결국 2월 24일 오후 5시 국왕과의 면담 후 탁신 총리는 오후 6시에 특별 방송을 통해 사회적 혼란으로 인해 해외로부터의 투자가 줄고 있으며, 폭력사태가 염려되어 국민의 심판을 받겠다는 것을 이유로 의회해산을 선언하게 된다. 하지만 실상은 권력남용과 부패 등 도덕성 위기를 타개하기 위해 총선을 예정보다 3년씩이나 앞당겨 실시한 것이고, 더구나 탁신 총리는 여당인 TRT가 유효득표의 50%를 얻지 못할 경우 총리직 사임을 약속했기에, 총선의 최대 관심은 TRT당의 유효 득표율에 집중될 수밖에 없었다.

'태국선거관리위원회'(Election Commission of Thailand)가 3월 1일부터 8일까지 후보등록을 받고 4월 2일 총선을 실시한다고 공식적으로 발표하면서 선거운동이 시작된다. 2월 26일 방콕에서 열린 TRT의 선거유세에서 탁신 총리는 총선거에서 승리하면 야당과 시민단체가 참가하는 거국내각을 구성할 것을 제의하면서 투표참여를 호소했다. 하지만 야당인 DP의 아피씻(Abhisit Vejjajiva) 총재는

신 총리의 여동생이 국방부의 비행기를 자신의 파티참석을 위해서 사용한 사실을 폭로하였다. Kasian Tejapira, *op. cit.*, 5쪽.

44) http://www.ipsnews.net/news.asp?idnews=31193(검색일: 2006. 5. 6)

국민이 요구하고 있는 헌법 개정과 탁신의 비리조사에 대한 답변을 먼저 하라고 비판하면서, Chart Thai 및 Phak Machacon 등과 연대하여 조기총선을 정치적 수세에서 벗어나려는 일종의 정치적 술수로 규정하면서 4월 총선에 후보를 내지 않기로 합의했다.

입후보 등록이 마감된 후 후보등록을 마친 정당은 7개로 집계되었는데, 이미 선거 거부를 선언한 바 있었던 주요 3야당이 등록하지 않은 가운데 야당에서는 군소정당 6개만이 등록하였다. 여기서 흥미로운 태국의 선거법을 먼저 이해해야 할 필요가 있는데, 즉 선거법 제74항에 의하면 선거구에 입후보자가 1명일 경우 유권자 20% 이상의 득표를 얻어야 하며, 20% 이상 득표하지 못할 경우에는 재선거 실시를 규정하고 있었다. 이에 TRT로서는 선거법 제75항이 규정하고 있는 득표에서 앞선 후보가 당선된다는 규정을 적용받기 위해 군소정당 후보들의 등록을 유인하는 등 필사적인 노력을 기울였지만, 결과적으로 군소정당에서 입후보한 후보들의 자격 미달이 드러나면서 TRT 후보 단독으로 선거를 치르게 된 선거구가 전국 400곳 중에서 278곳에 이르렀다. 또한 태국 선거법은 유권자가 투표하지 않을 경우 예컨대 기권했을 경우에도 유효 투표로 간주하고 있다.

〈표 14〉 태국 2006년 4월 3일 총선 결과

정 당	지역구 (4월 3일)			비례대표 (4월 19일)	총의석
	득표수	득표 율(%)	의석	의석	
TRT	15,866,031	61.1	360	100	560
Others	267,196	1.1	-	-	-
No Vote	9,842,197	37.9	-	-	-
Vacant			40	-	40
DP	선거 거부				-
Chart Thai	선거 거부				-
Phak Machacon	선거 거부				-
전 체	**25,975,424**	**100.0**	**400**	**100**	**500**

출처: www.en.wikipedia.org/wiki/Thailand legislative election, 2005(검색일: 2006. 5. 6)

4월 3일의 총선은 TRT당과 17개 군소정당이 참가한 반면 주요 3야당이 불참한 가운데 치러졌다. 선거 결과 주요 3야당의 선거 거부로 군소정당들은 비례대표의석 확보 기준인 5%의 유효득표조차도 올리지 못한 가운데, TRT는 전체 400곳 선거구 가운데 단독 출마한 278곳이 포함된 360곳에서 당선자를 냈지만 태국선거관리위원회는 투표용지에서 기권란의 기표율이 TRT 후보의 득표율을 상회하는 선거구가 2/3를 넘으며, 특히 방콕에서는 투표자의 50.1%가 기권란에 기표했다고 발표했다. 예컨대 TRT는 36곳의 방콕 선거구의 28개 지역에서 기권투표의 수보다도 적은 표를 받았는데, 앞선 2005년 선거에서 TRT는 방콕의 30곳 선거구에서 승리를 거둔 바 있었다. 이러한 결과 39곳 지역구에서 TRT 후보들의 지지율은 선거법에 규정된 최저 당선 득표율인 20%에 미달된 것으로 나타나 재선거를 실시할 수밖에 없는 상황이 발생하게 된다.

여기에는 주요 3야당과 쏜티, 짬롱이 공동대표인 '국민민주주의연대'(People's Alliance for Democracy: 이하 PAD) 등 탁신의 사임을 요구해 왔던 시민단체들이 투표에는 참여하되 투표용지의 기권란에 기표하자는 기권투표 선전이 유권자들을 설득시킨 결과였다. 즉 반탁신(anti – Thaksin)세력들은 탁신이 의회를 해산하면서 TRT가 유효득표의 50%를 얻지 못할 경우 총리직 사임을 약속했기에 선거법에서 규정하고 있는 기권투표를 전략적으로 선택한 것이었다.

지역적 투표성향이 강한 태국에서 2006년 총선 결과 드러난 투표성향을 보면 중부, 북부, 그리고 북동부 지역들에서 유권자들의 대부분은 경쟁상대가 없는 가운데 TRT 후보들에게 압도적인 투표를 했다. 하지만 수도인 방콕과 야당인 DP의 거점인 남부 지역의 유권자들은 정부를 부정했다. 특히 이들 지역의 다수 지역구들에서 유권자들은 심지어 TRT 후보들이 단독 입후보한 경우에도 거부의 사로서 투표용지의 기권란을 선택했다. 예컨대 전체 국민의 민의를 대변하는 상징성을 지닌 방콕 지역의 개표결과를 보면 TRT가 차지한 득표 49.9%에 비해서 기권표는 50.1%로 높게 나타났었다. 더구나 탁신 총리의 고향인 치앙마이(Ching Mai)에서도 기권표 24.54%, 무효표 14.87%로 투표자들의 약 40% 정도가 반대표를 던진 것으로 나타나 TRT에 충격을 주었다.

4월 3일 TV 생방송에 출연한 탁신 총리는 이번 총선에서 TRT가 올린 득표율은 57%로 약 1,620만 표를 얻었다고 주장하면서 사임을 거부했지만, 총선 전부터 결과에 관계없이 탁신 총리 축출을 위한 시위를 강행할 것이라고 공언한 PAD는 조기총선 무효소송을 제기할 것이라고 밝혔다. 그 다음 날인 4일 오후 3시경 탁신 총리는 후아힌(Huhain)의 별궁으로 푸미폰 국왕에게 선거결과를 보고하기 위해서 찾았다가 국왕으로부터 1,000만 표가 넘는 기권 표를 무시하지 말라는 질책을 들은 후 오후 8시 30분 사임발표를 했다.

탁신에 대한 상반된 평가가 상존함에도 불구하고, 그의 등장으로 인해 1997년 7월 바트(baht)화 폭락을 계기로 촉발된 아시아 외환위기의 진원지였던 태국 경제를 부흥시켰다는 찬사뿐만 아니라 '탁시노믹스'(Thaksinomics)[45]라는 신조어(新造語)까지 만들어 낼 정도의 성과를 올린 것만은 분명하다.

〈그림 4〉 태국 탁시노믹스의 경제구조: 2 · 3단계

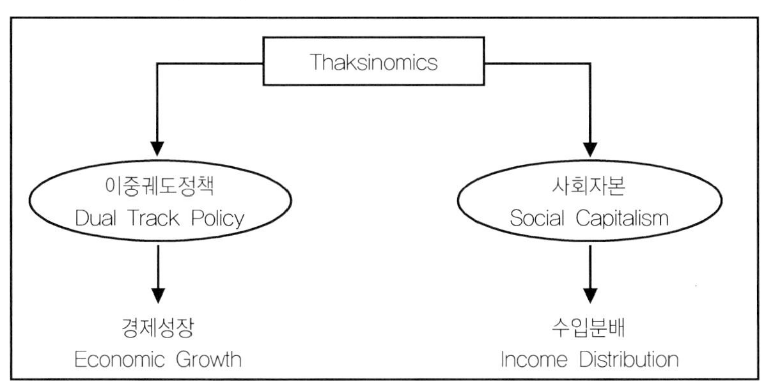

출처: www.eco.ru.ac.th/tawin/EC709/Fiscal policy.pdf(검색일: 2006. 11. 11)

2001년 태국의 언론인들에 의해 처음 사용된 이 용어는 2003년 필리핀의 아로요(Gloria Macapagal-Arroyo) 대통령이 사용한 이후 신조어(coinage)로 널리 사용되었다. 즉 2001년 초부터 2003년 말까지 탁신 정부의 경제정책은 세 단계로 나눌 수 있다. 첫 번째 단계는 국내시장의 고양정책, 두 번째 단계는 복수의 경제방식, 세 번째 단계는 사회간접자본 주도의 성장과 자본주의의 심화였다. 결과적으로 탁시노믹스는 괄목할 만한 성공을 거두게 되는데, 구체적으

45) 권율, "동남아시아", 「KIEP 세계경제」, 통권 87호(제8권 제12호), 2005년 12월호, 77쪽; 대외경제정책연구원, 「KIEP 세계경제」, 통권 94호(제9권 제8호), 2006년 7 · 8호, 203쪽.

로 태국 경제의 성장률을 보면 2001년 2.1%, 2002년 5.3%, 2003년 6.9%, 2004년에 가서는 6.1%로 최고조에 이르렀으며, 그 후 2005년 4.7%로 다소 낮아지고 있는 추세이다.

하지만 2006년 1월에 불거진 탁신 일가(一家)의 주식매각과정에서의 불법적 세금포탈은 격렬한 시위와 조기총선으로 이어져 재차 민주정치의 불확실성을 초래한 단초로 작용하고 말았다. 즉 탁신 총리의 권력이 그의 치부(致富) 수단으로 활용되었다는 점에서, 이는 베버(Marx Weber)가 제시했던 전근대적 자본주의 형태 중에서도 천민자본주의(Pariakapitalismus)에 가까운 것이었다. 근대 이전의 비합리적이면서도 정치 기생적이었던 천민자본주의의 특징은 합리적 산업경영에 기초하지 않는 가운데 저급한 윤리의식을 토대로 주로 투기적 이익만을 추구하는 상업자본주의의 일종이자 국부(國富)의 실체인 상품생산 활동과도 거리를 두었다는 사실은,[46] 탁신 총리의 경우에서처럼 재벌이 직접 국가권력을 장악함으로써 등장한 천민자본주의체제하에서 민주화과정의 위기상황을 태국의 사례는 적나라하게 보여 주고 있다. 특히 태국 헌법재판소가 선거무효 안건에 대한 심의 결과 5월 8일 재판관 14명 중에서 8명의 찬성(6명은 반대)으로 총선무효 결정을 내렸음에도 불구하고, 국왕과의 당초 약속과는 달리 사임하지 않은 채 5월 말 사실상 총리직에 복귀한 뒤 9월 14일에는 10월 15일에 총선 후 사임 계획을 밝히면서 정국을 혼란 속으로 몰아넣었다.

9월 8일 출국한 탁신 총리가 9월 19일 유엔 총회에 참석하기 위해 뉴욕을 방문 중 이슬람 출신의 육군참모총장 쏜티(Sonthi Boonya-

---

46) Marx Weber, *From Max Weber: Essays in Sociology,* translated, edited, and with an introduction by H. H. Gerth and C. Wright Mills(New York: Oxford university press, 1946), 66쪽.

ratglin) 장군이 주도한 무혈 쿠데타로 최측근 인사들인 와나사팃(Chitchai Wannasathit) 부총리와 아유타야(Thammarak Isaragura na Ayuthaya) 국방장관이 체포되고, 사실상 탁신 총리도 축출되고 만다. 또한 쏜티 장군은 전국 일대에 계엄령을 내리고 역(逆)쿠데타를 막기 위해 전 군을 주둔지에서 이동하지 말 것을 명령했다. 이어 <표 15>와 같이 군부와 경찰 수뇌부로 구성된 군사정부인 '민주개혁평의회'(Democratic Reform Council: 이하 DRC)를 설치하고 상하원과 정부, 헌법재판소의 해산과 함께 헌법중지를 발표했다.

〈표 15〉 태국 민주개혁평의회 구성원

성 명	직 책	DRC 직책
Sonthi Boonyaratglin	육군참모총장	의장
Sathiraphan Keyanon	해군참모총장	제1 부의장
Chalit Pookpasuk	공군참모총장	제2 부의장
Kowit Wattana	경찰청장	제3 부의장
Winai Phatthiyakul	국가안보위원회장관	장관
Ruangroj Mahasaranon	최고사령관	수석 고문

출처: http://en.wikipedia.org/wiki/Administrative Reform Council(검색일: 2006. 9. 21)

무엇보다도 군부쿠데타가 성공할 수 있었던 결정적인 요인에는 탁신 총리 일가의 부정부패로 인한 도시중산층을 중심으로 한 국민여론의 군부쿠데타에 대한 우호적인 시각과 이미 푸미폰 국왕이 탁신 총리와 충돌한 적이 있으며, 국왕이 평소 쏜티 사령관을 신임해 왔다는 점[47]을 들 수가 있다. 이미 쏜티 장군은 탁신 총리가 정적(政敵)이자 전직 총리였던 프렘(Prem Tinsulanonda) 장군 계열인 자신을 교체하려 한다는 소문이 나돈 다음인 7월에 전격적으로 탁

47) 『세계일보』(2006. 9. 20)

신 총리에게 충성을 맹세한 중간급 장교 가운데 절반가량인 129명을 전보조치 시킨 바 있었기에,[48] 9월 20일 국왕의 쿠데타 추인 후 탁신 계열로 구성된 내각 인사들과 군 내부의 친(親)탁신 계열들에 대한 대대적인 숙정작업이 이루어진 가운데 10월 1일 과도정부를 이끌어 갈 새로운 총리로 육군총사령관과 합참의장을 역임한 퇴역 장성인 수라윳(Surayud Chulanont)이 취임했지만, 2007년 10월로 예정된 총선까지 당분간 태국 정국과 민주주의의 난맥상은 불가피할 전망이다.

제2절 인도네시아(Indonesia) 군부의 정치개입과 민주화과정

1. 군부의 정치개입과정

인도네시아는 1945년 6월 22일 '판짜실라'(Pancasila)를 국가이념으로 채택한 이래 1957년 2월 21일 수카르노(Sukarno) 대통령 명령으로 도입된 '교도민주주의'(Guided Democracy) 체제와 1966년 3월 11일 수하르토(Haji Mohammad Suharto) 장군이 권력을 이양받음으로써 '신질서'(New Order) 체제가 수립된 이후에도 판짜실라는 공식적 국가통치의 근원이자 정치권력의 정통성과 정당성을 부여하는 중요한 기능을 수행하였다.[49] 특히 수카르노 대통령과 수하르토

48) http://blog.naver.com/khy021?Redirect=Log&logNo=60028875764(검색일: 2006. 9. 20)
49) Jose Arsenio Torres, "The Political Ideology of Guided Democracy", *The Review of Politics,*

대통령 모두 1950년대 동안 인도네시아가 경험했었던 서구식 자유민주주의 형태를 강력하게 거부한 대신, 인도네시아의 문화적 규범과 조화되는 판짜실라의 민족적 이념과 1945년 헌법에 의존했다.[50) 구체적으로 판짜실라는 '다섯 가지'(산스크리트어로 panca) '기본정신'(원래 sila는 산스크리트어로 기둥이라는 뜻)으로 구성되어 있는데, 첫째는 '신앙의 존엄성'(Belief in the One and Only God), 둘째로 '인간의 존엄성'(Just and Civilized Humanity), 셋째로는 '통일 인도네시아'(The Unity of Indonesia), 넷째로는 '대의정치'(Democracy guided by the Inner Wisdom in the Unanimity arising out of Deliberations amongst Representative), 다섯째는 '사회정의 구현'(Social Justice for the Whole of the People of Indonesia)이었다.[51)]

1945년 8월 17일 네덜란드로부터 독립 선언 이후 인도네시아의 최고 권력은 '국민협의회'(People's Consultative Assembly: 이하 MPR)에 있다고 규정되었지만, 실제로는 4년간에 걸친 독립 전쟁을 치른 끝에 1949년 12월 27일 국제적으로 독립을 인정받는 과정을 이끌었던 수카르노 대통령에게 집중되었다. 하지만 독립 당시 정치・경제・사회 등 모든 부문에서 인도네시아의 상황은 최악이었다. 예컨대 1948년 중부 자바(Java)에서 과잉 인구와 물자부족으로 소요사태가 일어난 것을 시작으로, 인도네시아 공산당과 정부군 간 좌・우익 대립, 주요 정당들 간의 권력투쟁, 종교분쟁, 여러 부족들 간의 갈등 등으로 인해 정치상황은 총체적으로 불안정한 상태였다.[52)] 이

Vol.25, No.1(January, 1963), 46쪽.

50) Philip Eldridge, "Human Rights in Post－Suharto Indonesia", *The Brown Journal of World Affairs,* Volume Ⅸ, Issue 1(Spring, 2003), 129쪽.

51) http://www.mofat.go.kr/mission/emb/ww_info_view.mof(검색일: 2004. 04. 15)

52) 이신일, "인도네시아의 민주화과정에 관한 연구", 청주대학교 국제협력연구원, 『국제문

러한 상황의 타개책으로 수카르노 대통령은 1957년 2월 21일 교도민주주의체제를 발표하면서 인도네시아식 민주주의를 표방했지만, 의회에 의해 부결되자 7월 5일 의회를 해산하고 동시에 1950년 8월 14일 제정된 대통령의 권력을 감소시킨 헌법을 무효화시키면서 1945년 독립 당시의 비상대권이 주어지는 구헌법으로의 복귀를 발표하였다.

교도민주주의에 대한 이해는 1958년 10월 31일 하사투딘(Hasatudin) 대학에서 행한 수카르노의 연설에서 잘 드러난다.[53] 그는 당시 인도네시아가 처한 정치 환경을 서로 옳다고 주장만 하고 서로의 과오만을 찾으면서 지속적으로 투쟁하는 무질서와 단합이 되지 않는 상황으로 보면서 이를 '난투적(亂鬪的) 자유주의'(free-fighting liberalism)로 규정했다. 이를 개선하기 위한 방편으로 수카르노는 모방민주주의가 아닌 고유의 민주적 방식에 눈길을 돌렸다. 즉 자바(Java)·술라웨시(Sulawesi)·롬복(Lombok)·발리(Bali) 등지의 촌락들에서 실시되고 있는 협의(consultation; musyawarah)와 동의(consensus; musfakat)에 의한 민주주의 방식인 '상호의존'(gotong rojong; mutual assistance) 방식에 주목한 것이다.[54] 이 방식은 한 표라도 많이 얻는 것이 정당한 것으로 인정받는 난투적 자유주의와는 달리 토론은 촌장과 지도자의 지도 아래 행해지며, 토론을 통해 하나의 공동타협안을 도출해 내는 과정에서 자연스럽게 동의가 획득될 수 있다는 것이었다. 따라서 촌락에서 행해졌던 토론과 동의의 방식은 독재가 개입될 여지가 없는 고유한 민주주의였기에 이것으로부터

화연구』, 제20집(2002), 148쪽.

53) 수카르노, "난투적 자유주의의 종말", 『사상계』(1964년 9월호), 164-169쪽.

54) David Reeve, *Golkar of Indonesia: An Alternative to the Party System*(Singapore: Oxford University Press, 1985), 112-113쪽.

인도네시아의 여건에 적합한 민주주의의 방향성을 도출해 내기 위해 국가가 주도하는 교도민주주의로의 전환을 주장한 것이다.[55)]

교도민주주의체제는 '나사콤-밀'(NASAKOM-MIL)체제로도 불리는데 이는 수카르노의 주된 권력기반으로 민족주의(Nationalism)·종교(Agama)·공산주의(KOM; Communism)자들과 군부(Military)의 연합체로 형성된 일종의 불안정한 민족전선이었다.[56)] 그러나 실질적으로는 인도네시아 사회의 양대 조직세력인 군부와 공산당 간의 불안한 세력균형 위에 세워진 수카르노의 가부장적 권위주의체제로 보는 것이 나사콤-밀에 대한 보다 정확한 이해일 것이다. 더구나 경제적으로 촌락공동체의 집산주의(集散主義)적 전통을 강조하는 '교도경제'(guided economy)에 입각하여 민족적 공업경제를 수립하려던 수카르노의 실험[57)]은 여러 이유들로 인해 실패로 돌아갔는데, 가장 중요한 이유는 자본축적과 기업체적 조직, 경영과 기술면에서의 훈련 등의 기반을 제공할 능력을 가진 민족적 부르주아

---

55) 오늘날 민주주의라는 용어는 우호국과 적성국 모두 크게 다른 사회적·헌법적인 관행들을 언급하는 데 사용한다. 하지만 교도적(guided), 기초적(basic), 통제된(controlled), 직접적(direct), 대중적(popular), 전체주의적(totalitarian)과 같은 용어는 모두 국민의(of the people), 국민에 의한(by the people), 국민을 위한(for the people) 대표제 혹은 헌법적 정부와 같은 서구 민주주의의 일상적인 의미들을 벗어난 변질된 것들이다. Jose Arsenio Torres, *op. cit.,* 38쪽.

56) 윤성이·이동윤, "인도네시아의 정당정치와 민주주의 공고화", 세종연구소, 『국가전략』, 통권 제22호(2002), 144쪽 재구성; 수카르노는 일찍이 "나는 NASAKOM이다"라는 유명한 이야기를 했는데, 그 속내에는 그의 지지자들에게 민족주의, 종교, 공산주의가 융합되기를 넌지시 비친 것이었다. Paige Johnson Tan, "Navigating a Turbulent Ocean: Indonesia's World-view and Foreign Policy", *Asian Perspective*, Vo1.31, No.3(2007), 155쪽.

57) 교도경제에서 수카르노가 추구한 목표들은 ① 행복과 사회정의를 도입하는 인도네시아식 사회주의를 창조하는 길을 여는 일, ② 인도네시아 경제제도에서 자유주의적·식민지적 성격을 억제하고 제거하는 일, ③ 모든 분야에 있어서 통일국가경제를 건설하는 데 정부의 지도를 보장하는 일, ④ 모든 네덜란드 기업은 국유화를 원칙으로 하고 민간 기업에 적극적으로 넘기지 않는 일이었다. 岸幸一, "指導された民主主義", アジア經濟問題硏究所, 『インドネシアの政治社會構造』(東京: 東京大學教 出版會, 1961), 212-217面; 차기벽, 『근대화정치론』(서울: 박영사, 1969), 241쪽 재인용.

지가 존재하지 않았다는 데 있었다.

<표 16>은 인도네시아 경제가 악화되기 시작한 1950년대 말부터 1965년 수하르토의 집권까지 소위 '교도경제'(Guided Economy) 기간에서 드러난 재정적자 변화추이를 나타낸 것이다. 이 시기의 특징으로는 극심한 재정적자, 인플레이션, 외국자본 및 외국기업에 대한 적대감의 표출, 누적된 국제수지 적자 등으로 인해 1인당 실질 국민소득이 과거 식민지배 시대보다도 감소하는 극심한 경제난을 초래하였다. 특히 교도경제 기간 중에 실시되었던 경제정책은 극단적인 '내수 전략'(inward strategy), 화교(華僑)의 경제적 활동의 제한, 외국기업과 국내 기간산업의 국유화를 적극 추진하였던 것이다.[58]

〈표 16〉 인도네시아 교도경제(**Guided Economy**) 기간의 재정적자 변화추이

(단위: 백만 루피아 Rupiah)

연 도	세입(R)	세출(E)	재정적자(D)	D / E(%)
1959	30,571	44,350	13,779	31.1
1960	53,649	60,544	6,895	11.4
1961	62,218	90,071	27,853	31.0
1962	74,018	119,388	45,370	38.0
1963	162,129	293,336	131,207	44.7
1964	283,386	685,025	401,639	58.7
1965	923,443	2,224,100	1,320,657	58.8

출처: Shinichi Ichimura(ed), *The Economic Development of East & Southeast Asia*(Kyoto: Kyoto University Press, 1975), 23쪽.

따라서 민간관리들과 군부에 국가자본주의의 통제권을 할당할 수밖에 없었으며, 특히 수카르노 대통령이 실시한 토지분배정책은 과거 네덜란드에 의한 지배시대로부터 뿌리내렸던 축적 구조에 길

58) Shinichi Ichimura(ed), *The Economic Development of East & Southeast Asia*(Kyoto: Kyoto University Press, 1975), 2－6쪽.

들여져 있던 계급들, 즉 대표적으로 군부·국가관리·도시중간계급들·토착 상인부르주아지의 반발을 사게 된다. 이들 계급들의 입장에서는 교도민주주의체제 이래 발생된 정치적·사회적 모순들을 해결하기 위해서라도 수카르노 체제의 붕괴와 아울러 배분보다도 축적이 우선시되는 세계자본주의 경제로의 복귀야말로 가장 이상적인 정책이었기 때문이다.[59)]

일면 수카르노와 군부 간 협력은 각기 지배를 위한 필요성 때문이었고, 당시 수카르노는 혁명의 지도자로서의 합법적인 권위를 가졌으며 또한 군부는 질서를 유지하기 위한 노골적인 힘을 가지고 있었다. 예컨대 노사분규 현장에 직접 개입하여 물리적인 해결방법을 동원하기 전에 미리 노동조합의 결성자체를 방해하거나 혹은 형성과정에 개입하거나 또는 지역별 노조의 임원진에 군인을 앉힘으로써 자유로운 노동조합의 결성을 적극적으로 저지시켰던 것이다. 대표적 사례로 1951년 군사령 제1호로 파업금지를 명한 적도 있으며, 같은 해에 비상조치법 제16호는 노사분규에 강제조정절차를 의무화함으로써 군부의 개입을 제도화하였던 것이다. 이 때문에 1980년~1982년까지 연평균 150건이 넘었던 파업이 1983년에 가서는 75건으로, 1984년에는 55건으로 급격히 줄어들었다.[60)]

특히 수카르노의 교도민주주의의 면면(面面)을 본다면 정책이나 연설들이 대중들을 위해 다듬어졌고 대중들에 의한 인정을 국가 정당성의 필수적인 기반으로 간주했었던 점에서는 분명히 민중적이었지만, 동시적으로 권위주의적이기도 했다. 그 이유는 기존 내

59) R. J. 로빈슨/임영일 옮김, "인도네시아에서의 국가의 변화", 『제3세계연구1』(서울: 한길사, 1984), 105-106쪽.

60) 신윤환, "노동의 취약성과 국가의 억압적 통제: 수하르토 체제하의 인도네시아 사례연구", 한림대학교 아시아문화연구소, 『아시아문화』, 제6호(1990), 115쪽.

각책임제 정부와 정당정치, 그리고 선거에 의한 의회는 대통령의 권위와 임명제 의회로 바뀌었고, 정치적 참여는 사회의 직능집단들을 대변하면서도 국가가 후원하고 통제하는 조직체를 통해서 가능했기 때문이다. 이 시기 동안 가장 중요한 정치적 측면은 군부의 등장이었는데, 이들은 국가기관 안에서의 권위직들을 확보하였으며, 또한 국가기관 안에서 전략적인 경제부분들, 예컨대 국영 상사와 국영 석유회사들에 대한 통제력을 소유함으로써 군부는 국가재정에 의존하지 않은 가운데 자체적인 재원(財源)을 확보하였고, 더 나아가 해외 및 화교 부르주아지들과의 경제적 동맹이란 기반까지도 구축하였던 것이다.[61] 이 때문에 조직된 지지 세력이나 힘의 기반이 부족했던 수카르노로서는 연합정부에서 자신의 지위를 지원해 줄 제휴자를 찾았는데, 바로 '공산당'(Indonesian Communist Party: 이하 PKI)이었다.[62] 즉 1955년 말 수카르노 대통령은 최초로 PKI와의 우호관계를 시도하여 1957년 초 공산주의자들과의 동맹을 확고하게 결성한다. 이 덕분에 1955년 9월 29일 총선 당시 자바(Java)에서 5,477,707표를 얻었던 PKI는 1957년 6월부터 11월까지 열린

61) R. J. 로빈슨 / 임영일 옮김, 앞의 책, 107－108쪽.

62) Donald Hindley, "President Sukarno and the Communist: The Politics of Domestication", *The American Political Science Review,* Vol.56, No.4(December, 1962), 915쪽; 수카르노 시대에 PKI의 지도력은 '국가권력에 대한 두 가지 국면 이론'(theory of two aspects in state power)을 제안하기도 했다. 즉 한편으로는 매판계급, 관료제－자본가계급과 지주계급들로 구성되는 반민중적 측면이고, 다른 한편으로는 국가의 부르주아지와 프롤레타리아트 대부분을 조정하는 유용한 측면이다. 이처럼 이 시기 인도네시아의 국가권력은 모순되는 것처럼 보였는데, 그 배경에는 상호 적대적인 두 가지 측면이 자리하고 있었다. 첫 번째 측면은 국민들의 이해관계를 상징했는데, 수카르노 대통령은 PKI와 다른 집단들을 옹호하는 진보적인 태도와 정책을 선언했다. 두 번째 측면은 국민들의 적대감을 상징하는 것으로 수카르노 대통령은 우익세력 혹은 완고한 보수정치인들을 옹호하는 태도와 정책을 선언한 것이다. Issa G. Shivji, "The state in the dominated social formations of Africa: some theoretical issues", *International Social Science Journal,* Vol.32, No.4(1980), 731－732쪽.

지방 및 지역선거에서 7,514,197표로 득표가 증가하는데 이 과정에 수카르노 대통령이 일정부분 기여했다는 사실은 양자(兩者)의 밀월관계를 짐작할 수 있는 명백한 증거였다.[63] 또한 수카르노 대통령의 보호 아래 PKI는 대중조직과 당원들을 상당할 정도로 증가시켰는데, 1959년 7월~1962년 10월 사이 150만 명에서 200만 명으로 당원 수가 증가하게 된다.

수카르노 정부의 급속한 PKI와의 제휴와 편향성 및 중국공산당과의 밀착, 더불어 소련과의 군사협력관계의 증가가 미국의 군사원조를 넘어서면서 아이젠하워(Eisenhower) 행정부로서도 수카르노 정부의 좌파적 경향성 및 소련과의 유대관계에 우려를 가질 수밖에 없었다.[64] 더구나 수카르노 대통령은 인도네시아의 위상을 높일 목적하에 1955년 4월 18일~4월 24일까지 인도네시아의 반둥(Bandung)에서 대부분 신생독립국인 아시아-아프리카 국가들이 모인 가운데 초강대국들에 대항한 '비동맹운동'(Non-Aligned Movement: NAM)을 주창한 '반둥회의'(Bandung Conference)의 개최를 지원하기까지 했다.[65]

1956년 12월 1일 하타(Mohammad Hatta) 부통령이 수카르노 대통령의 강화되는 독재 권력에 저항하다 해임과 더불어 중앙정치무대로부터 추방당했지만, 그는 수마트라, 동부 군도(群島) 지역에서는 명망이 높은 인물이었다. 이로 인해 1958년 2월 10일 수카르노

63) Donald Hindley, *op. cit.*, 915-917쪽.

64) 1940년대 후반 냉전체제가 생성되기 시작되면서 인도네시아는 일방(一方)의 세력권에 서는 것을 거부했다. 1945년~1958년까지의 의회 민주주의 아래에서 정부는 친미 내지 독자노선의 경향이 교차되었다. 초창기의 동요(動搖)에도 불구하고, 대체로 미국과 소련의 세력권 사이에서 균형을 유지하고자 노력했다. 인도네시아는 잠시 미국의 원조를 받기도 했지만, 소련 또한 인정하면서 차관을 받기도 했다. Paige Johnson Tan, *op. cit.*. 152쪽.

65) 당시 총리였던 알리(Ali Sastroamidjojo)는 반둥회의로 인해 인도네시아는 매우 이른 시일 내에 세계정치 지도상에서 존경받는 지위를 획득할 것이라고 선언하기도 했다. Paige Johnson Tan, *ibid.*, 152쪽.

가 일본·인도를 비롯한 아시아 국가들을 방문하러 외유(外遊) 중이었을 때 수마트라 지역의 일부 군 장교들은 수카르노가 명목상의 대통령으로 돌아가고, 하타와 족자카르타(Yogyakarta)의 군주(sultan)인 하멩쿠부우나 4세(Hamengkubuwona Ⅳ)의 책임 아래 새로운 정부 형성을 요구하는 최후통첩을 자카르타 중앙정부에 보낸다. 5일 후 이들은 '인도네시아공화국혁명정부'(Revolutionary Government of the Indonesian Republic: 이하 PRRI)의 수립을 선언한다. 2월 16일 수카르노 대통령이 귀국하면서 반란군들의 근거지에 대한 공중 폭격이 이루어지고 반란군의 근거지가 함락되지만, PRRI의 반란은 수카르노 정부와 미국과의 관계를 악화시키고 만다. 예컨대 수카르노는 반란군에 미국이 무기를 공급했다고 비난하면서, 미국인들의 생명과 재산보호를 위해 수마트라 유전지역에 대한 해병대 상륙이란 미국 정부의 제안조차도 거부했던 것이다. 당시 미국은 실제로 은밀히 반란군을 원조한 가운데, 사실상 반공산주의와 이슬람 운동이 결합된 PRRI 반란은 CIA를 포함한 서구의 지원과 무기 공급을 받았었다. 특히 미국은 수마트라뿐만 아니라 술라웨시 지역의 반란군에게도 무기를 지원하기까지 했었다. 미국은 PRRI의 반란이 진압된 후 자카르타 중앙정부에서 가장 강력한 반공산주의자였던 나수션(Abdul Haris Nasution) 장군과 밀착관계를 갖는 반면, 미국과의 관계가 악화되면서 수카르노 대통령 역시 소련에 밀착되기 시작했으며, 무엇보다도 중화인민공화국과의 관계에 보다 적극적이었다.

외국기업과 국내기간산업의 국유화에 불만을 품은 세력들에 의해 1957년 11월 30일 중부 자카르타의 시키니(Cikini)의 학교를 방문 중이었던 수카르노 대통령이 수류탄 공격을 받아 6명의 아이들이 죽었지만, 암살위기를 넘긴 수카르노 대통령은 그 다음 날인 12

월 1일 246개에 달하는 네덜란드 기업들에 대한 국유화를 명령한다. 이 같은 암살기도는 1962년에 들어서도 끊이지 않았으며, 술라웨시 지역을 방문할 당시에도 재차 시도되었다.

수카르노 대통령은 중국계 인도네시아 거주자들에 적대적인 차별 법률뿐만 아니라 대중매체와 출판계를 상대로 정부 통제를 강화시켜 나갔다. 또한 독재권력을 강화시키기 위해 1959년 7월 9일 대통령 명령으로 1945년 헌법을 재개정하여 교도민주주의 원리들의 보완을 쉽게 할 수 있는 대통령체제를 설립했으며, 더구나 1960년 3월 5일 수카르노 대통령은 정적(政敵)들을 제거하기 위해 1955년 9월 29일 선출된 국회를 해산시키고, 새로운 임명 국회인 '상호의존 의회'(Gotong Royong House of Representatives: DPRGR)로 대체하였던 것이다. 이 과정에서 총 257명의 국회의원 가운데 130명은 교도민주주의에 협력적인 군부를 포함한 인물들로 대체되었으며, 특히 공산주의자들이 65석을 차지한 가운데 12월 말에는 지방과 지역위원회 역시 재편성되었다.[66)]

무엇보다도 수카르노 대통령의 좌파로의 급격한 이동은 우파들에 대한 정치적 탄압으로 이어졌는데, 여기에는 미국과 영국이 인도네시아의 혁명을 고의적으로 방해하고 있다는 사실상의 믿음이 자리하고 있었다. 이러한 배경하에 1962년 8월 24일~9월 4일 자카르타(Jakarta)에서 개최된 아시안게임을 정치적으로 활용하여 이스라엘과 대만 선수단의 참가를 거부하였던 것이다. 또한 영국의 후원을 받은 말레이시아 연방 창설을 인도네시아의 독립에 위협이 되며, 이 지역에서 영국의 영향력을 확대시키기 위한 신(新)제국주

---

66) Guy J. Pauker, "Toward a New Order in Indonesia", *Rand Papers*(Rand Divisions: 1967), 10쪽; Donald Hindley, *op. cit.,* 924쪽.

의적 음모라고 주장하면서 말레이시아를 영국의 애완견에 비유했다.[67] 뿐만 아니라 1963년 1월 20일 인도네시아 외무부장관인 수반드리오(Subandrio)가 말레이시아와 대결정책을 추진할 것임을 선언하면서, 인도네시아에 대한 미국의 군사원조도 중단되었다. 더 나아가 1963년 7월 27일 수카르노 대통령은 의회에서 말레이시아 연방설립을 좌절시키겠다고 선언하면서 동시에 임기제한이 없는 '종신대통령'(president for life) 취임을 선언한다. 1963년 9월 16일 말레이시아 연방이 공식 출범하게 되고, 미국의 후원하에 말레이시아가 유엔(United Nations: UN) 안전보장이사회에 참석하자 1965년 1월 20일 유엔을 일시적으로 탈퇴하기도 했다.

1964년~1965년 사이 수카르노 대통령의 PKI에 대한 호감은 증가한 반면, 신식민주의자와 제국주의자들을 지칭한 '네코림'(Nekolim)에 대한 경계와 미국 CIA의 암살 음모를 주장한 정부의 정치선전 활동은 인도네시아 국민들의 정신세계를 공략하는 성과를 거두었다. 또한 PKI나 좌파 계열에 적대적인 경쟁 정당들의 활동을 금지하였으며, 공산주의자들로 하여금 대부분의 언론과 국영방송기관인 안타라(Antara) 뉴스를 장악하게 했다. 하지만 이로 인해 PKI에 적대적이었던 군부와 이슬람을 중심으로 반공세력들을 단합시키게 만들었다. 무엇보다도 수카르노 대통령의 건강 악화는 그의 사후(死後) 군부의 보복조치에 불안감을 느낀 PKI로 하여금 NASAKOM-MIL보다도 공산주의가 광범위하게 뿌리내릴 수 있게끔 새로운 정

67) 분쟁의 원인은 1961년 보르네오(Borneo) 섬이 네 개의 분리된 주(州), 즉 인도네시아 자치주인 칼리만탄(Kalimantan)은 보르네오 섬의 남쪽에 위치했고, 북쪽에는 브루나이(Brunei) 왕국과 두 개의 영국 식민지들인 사라와크(Sarawak)와 나중에 사바흐(Sabah)로 바뀌는 영국령 북부 보르네오로 나눠졌다. 동남아시아 지역의 식민지들로부터 철수의 일부분으로 영국은 1957년 8월 31일 영국 연방에 편입된 말라야 연방에다 영국령 보르네오와 말라카반도의 식민지들을 결합시켜 말레이시아 형성을 시도했던 것이다.

치체제를 형성하기 위한 모종의 거사를 계획하게 하였다. 1965년에 들어 군부가 좌파와 우파 두 분파로 나누어진 가운데, 10월 1일 새벽 평소 반공산주의를 표방했던 장군 6명이 수카르노 대통령을 축출하려 했다는 쿠데타 음모 혐의로 운퉁(Untung bin Syamsuri) 중령이 이끈 대통령 친위대에 살해당한다. 이들은 수카르노 대통령의 혁명과업을 지속적으로 추진한다는 명분 아래 참여세력으로는 공군 · 해군 · 경찰의 각 사령관, 그리고 친(親)공산당 계열의 각료들이 포함되어 있다고 발표했다.[68] 하지만 주요 시설 중 어느 한 곳도 점령하지 못했을 뿐만 아니라, 친위쿠데타에 일부 가담한 공군을 제외한 전군(全軍)을 장악하는 데도 실패함으로써 결국 '9 · 30 운동'(September 30th Movement)으로 불린 친위쿠데타는 실패하고 말았다. 더구나 친위쿠데타의 배후에 수카르노 대통령의 지원이 있었다는 증거가 나타나면서 국가와 군부 모두에서 반공산주의 분파들이 급격히 부상(浮上)하게 된다.[69]

친위쿠데타 과정에서 생존자 가운데 강경한 반공산주의자로 당시 국방장관직과 육군참모장직을 맡고 있었던 나수션 장군과 비정치적이고 수카르노에게 충성파로 분류되어 화(禍)를 면했던 육군 특수부대 '코스트라드'(Army Stategic and Reserves Command: Kostrad) 사령관이었던 수하르토 장군은 미국과 영국의 지원하에 10월 1일 쿠데타를 일으켜 좌파이자 수카르노 대통령의 친위파였던 렉소사무드라(Pranoto Reksosamudra) 육군참모총장을 강제적으로 제거한 다음, 10월 14일 수하르토 장군이 육군참모총장직에 오른다. 10월

68) Harold Crouch, *The Army and Politics in Indonesia*(New York: Cornell University Press: 1978), 101 – 110쪽.

69) Michael R. J. Vatitiotis, *Indonesian Politics under Suharto*(London and New York: Routledge, 1994), 20쪽.

18일 군부가 장악한 라디오 중계소에서 공산당을 금지한다는 선언이 발표되었다. 이어 수하르토와 나수션 장군 간에 벌어진 권력투쟁의 결과, 1966년 2월 1일 수카르노 대통령은 수하르토 육군 소장을 중장으로 진급시키면서 동시에 같은 달 나수션 장군을 국방장관직에서 해임하였다.

결국 1965년 9·30 사태로 지칭되는 무력사태를 통해 군부는 수하르토를 중심으로 정치에 적극적으로 개입하게 되며, 이를 토대로 1966년 3월 11일 수하르토 장군은 평화를 회복하기 위해 모든 행정권을 이양한다는 대통령 명령인 '수뻐르서마르'(SuperSemar)[70]란 문서에 의해 수카르노 대통령으로부터 광범위한 권력을 이양받았다. 3월 12일 수뻐르서마르에 의해 공식적으로 PKI의 활동을 금지시킨 다음, 3월 18일에 가서는 수카르노 내각의 각료 대부분을 체포하고, 3월 27일 새로운 내각을 발표했다. 그 후 노동절(May Day) 행사를 전면 중지하고 각종 집회나 단체들에서 적기(赤旗)의 사용을 일절 금지시켰으며, 1966년 5월 28일 방콕 회담을 통해 말레이시아와의 갈등을 종결하면서 8월 11일 관계 정상화 조치가 단행된다. 또한 9월에 가서는 일시 정치적인 이유로 탈퇴했었던 UN에 재가입하게 된다.

수하르토가 출현하기 전 인도네시아의 정치사는 두 시기로 구분할 수 있다.[71] 첫째는 1945년 11월 14일 초대 총리의 취임에서부터 수카

---

70) 「3월 11일 명령서」란 뜻으로 수카르노가 수하르토에게 대통령직을 대행하도록 한다는 문서를 지칭하는 것으로, 인도네시아어 표현 Surat Perintah Sebelas Maret 중 각 단어의 첫음절들을 따서 만든 두문자어(acronym)인데 교묘하게도 자바의 와양(wayang: 힌두신화를 극화시킨 일종의 오페라로 주로 인형을 사용하나 사람을 등장시키는 것도 있다)에서 가장 중요한 역할을 맡은 서마르(Semar)라는 등장인물을 연상시키는 조어(造語)이다. 이러한 언어를 사용한 상징조작은 신질서하에서 여러 사건들의 긍정적 또는 부정적 이미지를 강화하기 위해 즐겨 사용된 바 있다. 신윤환, 앞의 논문, 108쪽 재인용.

71) Djoko Suryo, "Political Transformation in Indonesia", *The Southeast Asian Review,* The Korean Association of Southeast Asian Studies, Vol.9(2000), 173쪽.

르노 대통령에 의해 1959년 7월 9일 총리제가 폐지될 때까지의 의회 민주주의 기간으로 <표 17>은 역대 총리들의 명단을 제시한 것이다.

〈표 17〉 인도네시아 역대 총리

NO.	성 명	재 임 기 간	소 속 정 당
1대	Sutan Sjahrir	1945.11.14~1947.06.20	인도네시아사회주의당(PSI)
2대	Amir Sjarifuddin	1947.07.03~1948.01.29	인도네시아민족당(PNI)
3대	Mohammad Hatta	1948.01.29~1950.01.16	인도네시아민족당(PNI)
4대	Abdul Halim	1950.01.16~1950.09.05	초(超)당파
5대	Muhammad Natsir	1950.09.05~1951.04.26	인도네시아무슬림위원회(Masyumi)
6대	Sukiman Wirjosandjojo	1951.04.26~1952.04.01	인도네시아무슬림위원회(Masyumi)
7대	Wilopo	1952.04.01~1953.07.30	인도네시아민족당(PNI)
8대	Ali Sastroamidjojo (1차 내각)	1955.07.30~1955.08.11	인도네시아민족당(PNI)
9대	Burhanuddin Harahap	1955.08.11~1956.03.20	인도네시아무슬림위원회(Masyumi)
10대	Ali Sastroamidjojo (2차 내각)	1956.03.20~1957.04.09	인도네시아민족당(PNI)
11대	Raden Djuanda Kartawidjaja	1957.04.09~1959.07.09	인도네시아민족당(PNI)

출처: http://en.wikipedia.org/wiki/List of Prime Ministers of Indonesia(검색일: 2006. 10. 23)

둘째는 1959년에서 1965년까지 수카르노 대통령의 교도민주주의 기간이다. 수카르노 정권의 교도민주주의를 민중주의적 권위주의체제로 본다면, 수하르토의 신질서는 '기술관료적 권위주의'(technocratic authoritarianism)로 규정할 수 있다.72) 즉 후자의 이데올로기적 토대는 발전이 국가 관리들에 의해 과학적이고 객관적인 방식으로 계획되고 추진될 수 있다는 주장으로, 여기서 국가의 기능은 경제성장을 위한 과학적 전략들을 마련하고 동시에 발전이라고 하는 장기적 목표들을 위해 정치적 통제와 사회적 안정을 확보해 주는

72) R. J. 로빈슨/임영일 옮김, 앞의 책, 109쪽.

것으로 정의될 수 있다. 특히 경제발전은 이데올로기적 자산이 되는 동시에 그 정당화의 요소가 되며, 한 발 더 나아가 탈정치화와 억압을 정당화하는 수단으로 기능하게 된다.

1950년대 후반기에 의회민주주의에서 교도민주주의로 변경된 이후 인도네시아 군부는 '이중 기능'(Dual Function), 즉 국방과 치안의 기능수행뿐만 아니라 국가 발전과 사회 안정을 위하여 정치 · 사회적 참여기능을 합법적으로 수행할 수 있었기 때문에 비합법적인 방법으로 정권을 탈취한 다른 국가들의 군사정권과는 상이한 경우였다.[73] 이중 기능은 합법적으로 국가안보기능과 정치 · 사회적 역할을 함께 수행하였으며 직능집단의 일원으로서 정치에 관여할 수 있는 제도적 장치를 보장받았는데,[74] 우선 국가안보기능은 일반적인 군부의 기능으로 국내외로부터 야기되는 소요 · 방해 · 공격 · 도전 등에 대해서 국가와 국민의 안전을 유지하고 도모하는 임무로서 정부기관으로서의 기능이며, 그 다음으로 사회적 기능은 국가목표를 달성하기 위하여 국가의 정책수행과 국민의 복지증진을 위한 노력과 행동과정에 적극적으로 참여하여 최대한의 성과를 거둘 수 있도록 하는 기능으로 군부를 사회 직능집단의 하나로 보는 것이다.[75]

1968년 6월 10일 수하르토 대통령에 의해 인도네시아에서 본격적인 군부통치가 시작된다. 군대의 명령 구조와 유사하게 군부는 정보기관들을 통제하여(공식적으로는 해체되었지만) 민간단체들을 감시했고, 정부는 모든 단계에서 교시(敎示)를 내렸다. 군인들의 비

73) 정철종, 「수하르토 군부의 정치참여에 관한 연구」, 충북대학교 행정대학원 행정학전공(1997), 60 – 61쪽.

74) 이동윤, "정통성 위기와 정치변동: 인도네시아의 사례를 중심으로", 한국동남아학회, 「동남아시아연구」, 12권 2호(2002), 107 – 108쪽.

75) 양승윤, "인도네시아 군부와 정치변동", 동남아지역연구회, 『동남아의 정치변동』(서울: 21세기 한국재단, 1994), 130쪽.

(非)군사적인 관리와 기술적인 부서(部署)들에 대한 임명이 증가했고, 공무원·군부·경찰·변호사 등의 직업군(群)들과 노동·사업·여성·청년 등의 특수한 이익집단군(群)들을 그들 자신들의 분야를 독점적으로 대표하는 협회(association)로 합병하여 모든 지휘·조직·활동들을 엄격하게 통제했다. 특히 수하르토 대통령은 수카르노 대통령 시기에 군부의 직능단체로 조직된 소위 '기능집단들'(functional groups)이었던 골까르(Golongan Karya: 이하 Golkar)를 정치적인 조직들과 결합하여 1971년~1997년까지의 모든 선거에서 승리함으로써 신질서체제에서 집권 여당으로 활용하였다.[76)]

선거에서 승리한 수하르토 대통령의 신질서 정부는 정당체제를 단순화하기 위한 노력들을 한층 강화시켜 나갔는데, 1973년 1월 정당들은 강제적으로 두 개의 새로운 정당, 즉 '연합개발당'(United Development Party: PPP)과 '인도네시아민주당'(Indonesian Democratic Party: PDI)으로 합병함으로써 과업은 완수되었다.[77)]

76) Philip Eldridge, *op. cit.,* 129쪽.

77) PPP는 4개의 무슬림 정당들로 구성되었다. 즉 Nahdhatul U'lama(NU), Partai Sarekat Islam Indonesia(PSII), Partai Muslimin Indonesia(Parmusi), 그리고 Pergerakan Tarbiyah Islamiah(PERTI)였다. 반면 PDI는 세속적-민족주의 정당들인 Partai Nasional Indonesia(PNI), Murba, Ikatan Pendukung Kemerdekaan Indonesia(IPKI) 및 Christian Partai Kristen Indonesia(Parkindo), 그리고 Partai Katolik(Catholic Party)로 구성되었다.

<그림 5> 인도네시아 신질서(New Order) 시기의 정부 구조

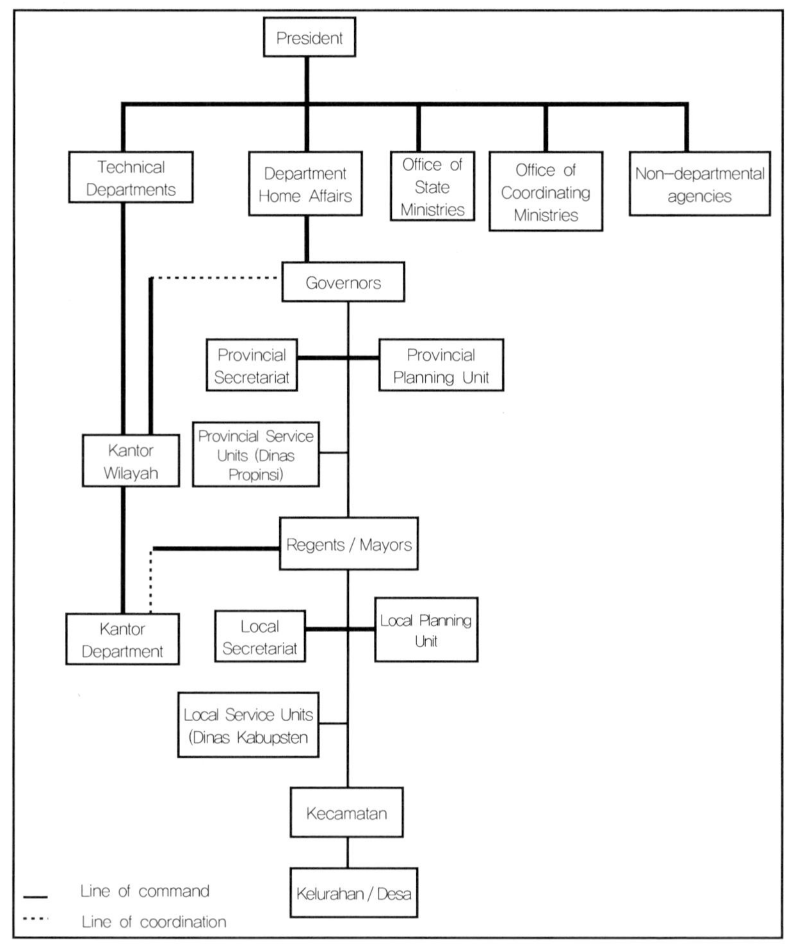

주: 1. Knontor Wilayah는 지방 단계에서 부문별로 구분한 지역 사무실임(2001년 폐지됨).
2. Knantor Department는 섭정 혹은 자치체 단계에서 부문별로 구분한 지역 사무실임(上同).
출처: http://www.vuw.ac.nz/commonwealthseminar/Papers/2003/...(검색일: 2006. 10. 27)

군부와 Golkar는 자신들의 제도적 이익과 일치했기에 정권의 지속성에 무조건적으로 헌신했다. 그 결과 군부와 Golkar는 한편으로는 정권과 친정부세력 사이에서, 다른 한편으로는 인도네시아 중산층 사이에서 '결정표'(swing vote) 역할을 하게 된다.[78] 특히 1973년~

1974년 1차 석유가격의 급등으로 군부와 Golkar는 정치적인 영향력을 갖게 되고, 급등 이후 석유수출에의 대량 의존은 군부·관료·Golkar를 경제에 깊숙이 연루(連累)시켜, 이들의 정치-경제적 지원을 토대로 양산(量産)과 확장이 허용되었다. 다시 말해 1973년~1974년 사이의 1차 석유 호황과 뒤이어 1986년 석유 가격의 급락은 신질서 지배연합의 경제적 기반이 정권에 직접적으로 영향을 미치는 거대한 석유 수입에 의존하는 상태에 이르렀음을 보여 주었다. 또한 석유 호황기간 동안에 경제적 민족주의자들과 '버클리 마피아'(Berkeley Mafia)[79] 사이에 경쟁적인 갈등이 끊임없이 발생했고, 군부와 Golkar는 1960년대 후반~1980년대 초반 사이 영향력을 지닌 권력집단으로 변해 갔다.[80]

수하르토의 신질서체제는 정치적 안정을 위하여 군부와 관료기구에 기반을 두면서 정치·경제·사회·법·안보 등 '오형질서'(Five Forms of Order)의 중요성을 강조하였으며, 국가정보부 및 안보·질서회복을 위한 작전사령부·특수작전사령부·내무성 산하 사회정치총국 등을 억압적 기제로 활용하여 국민들의 정치참여와 사회활동을 철저하게 통제하였다. 또한 1971년부터 다시 실시된 국회의원 선거에서 치안질서회복을 위한 포고령을 통해 ① 유권자를 협박하지 말 것, ② 정부공무원의 권위에 도전하지 말 것, ③ 국민의 단결을 저해하지 말 것, ④ 정부정책을 비판하지 말라는 소위 '4대 금기사항'을 발표하고, 그

---

78) Benjamin Smith, "If I Do These Things, They Will Throw Me Out: Economic Reform and the Collapse of Indonesia's New Order", *Journal of International Affairs,* Vol.57, No.1(Fall, 2003), 120쪽.

79) 인도네시아 대학 출신으로 캘리포니아 대학교에서 교육받은 전문 경제학자 집단으로, 이들은 국제경제공동체에 가까이 밀착되었고, 수하르토 대통령은 신질서 체제의 초기에 경제정책의 지휘권을 주었다.

80) Benjamin Smith, *ibid.,* 120쪽.

위반을 조사한다는 명분하에 선거에 참여하는 야당세력의 선거운동을 엄격하게 감시 및 통제함으로써 큰 승리를 거둘 수 있었다.[81)]

이후 등장한 억압정치의 사례로는 1973년 강제적인 정당통합의 실시, 1975년 정당법을 개정하여 공무원의 정당가입 금지 및 지구당을 시・군 단위까지만 허용하여 야당의 조직 확충을 방해했으며, 1982년에는 선거운동 규제를 위한 대통령령을 공포하여 정당의 선거운동 계획에 대한 사전 심의제 실시뿐만 아니라 사회 안전을 보장한다는 명목으로 지방단체장의 선거운동 금지권한을 강화시켰으며, 선거운동기간을 60일에서 45일로 단축하는 등 야당의 정치활동 자체를 강압적인 방법을 동원하여 규제하였다. 또한 수카르노의 장녀인 메가와티(Megawati Sukarnoputri)가 1993년 12월 PDI의 당수(黨首)로 선출되자 강압적인 방법을 동원하여 추방시킴으로써, 결국 여당인 Golkar 우위의 비경쟁적 정치지형을 확립하였다.[82)] 수하르토의 신질서 정부는 특히 억압과 시민사회의 명망 있는 조직들에 대한 통제를 효과적으로 실시했는데, 초기에 억압적 안보조직들은 공산주의자・좌파・수카르노 대통령 지지자들을 제거하는 데 중점을 두었지만 시간이 흐르면서, 특히 학생들・정치적으로 조직화된 이슬람 조직들・적대적인 정당들에 대한 탄압으로 바뀌어 갔다.[83)]

결과적으로 인도네시아 군부의 정치개입과정은 다른 국가들의 경우에서처럼 군부가 직접 쿠데타를 일으켜서 정권을 탈취하는 방법이 아니었다. 그 이유는 국부로서의 수카르노의 카리스마 및 NASAKOM－MIL로 대표되는 정치체제가 존재했던 관계로, 군부

81) 양승윤, 『인도네시아 현대정치론』(서울: 한국외국어대학교 출판부, 1998), 257쪽.

82) 자세한 내용은 윤성이・이동윤, 앞의 논문, 146－147쪽을 참조할 것.

83) R. W. Liddle, "Soeharto's Indonesia: Personal Rule and Political Institutions", *Pacific Affairs,* Vol.58, No.1(Spring, 1985), 75쪽.

로서는 대항대상으로서 수카르노를 일차적으로 선택했다기보다는 차선의 대항대상으로 PKI를 먼저 붕괴시키고 난 다음에 수카르노를 퇴진시키는 방법을 택했던 것이다.[84]

2. 집권층의 부정부패와 민주화과정

1997년 7월의 재정 위기는 급속히 정치적·경제적 위기로 전환되었고, 종족 간·종교 간 갈등상황의 확산이 군부의 강제진압을 불러온 결과 궁극적으로는 사회혼란과 정치적 불안을 증폭시켰다. 특히 수하르토 정권의 정통성은 경제위기 이후 측근과 친족들의 부패가 가시화되면서 흔들리기 시작하는데, 인도네시아 금융위기의 최대 원인제공자로 수하르토 대통령과 그 일가의 경제독점체제가 거론되기도 한다.

〈그림 6〉 인도네시아 부패 인식의 진전(1995년~2001년)

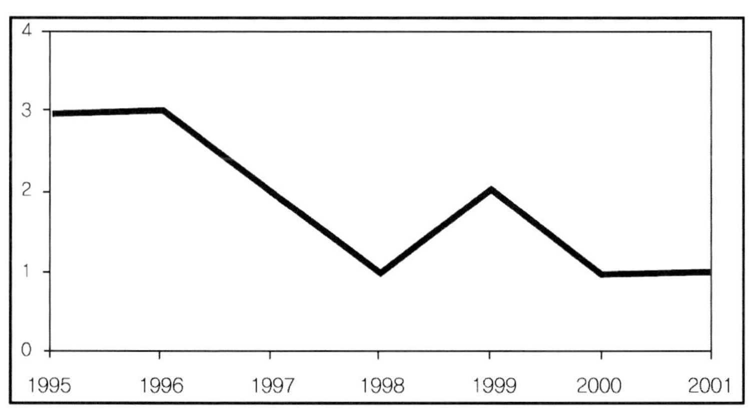

주: 정치적 위험 부문의 부패 지수는 0~6등급으로 구분됨. 이때 높은 단계의 숫자는 부패가 덜하다는 것을 나타냄.
출처: Philip Keefer, "The Political economy of corruption in Indonesia", DECRG, 2002.
www.worldbank.org/publicsector/.../anticorrupt/KeeferIndonesia.pdf(검색일: 2006. 10. 26)

84) 이신일, 앞의 논문, 151쪽.

인도네시아 '국가토지국'(National Land Agency)의 자료에 따르면 수하르토 대통령 일가가 소유하거나 법인조직의 형태로 약 3.6억 헥타르(hectare; 10,000㎡)의 부동산(real estate)을 관리했던 것으로 밝혀졌는데, 이는 벨기에(Belgium)보다도 넓은 면적이었다.[85] 수하르토 대통령 자신도 국영 항공기제작사 소유주였으며, 특히 6명의 자녀(3男 3女)들이 소유한 국내회사는 적어도 564개였으며, 이들은 석유, 농·수산물, 은행, 통신사업 등 대형 사업의 대부분을 장악하고 있었다.

대표적인 사례로 막내아들인 푸트라(Hutomo Mandala Putra)의 경우 영국의 아스콧(Ascot)에 22채의 고급 아파트와 함께 18홀 규모의 골프장 주식 75%를 소유하고 있었으며, 장녀인 하르디얀티(Siti Hardiyanti Rukmana) 역시 보잉(Boeing) 747 여객기를 처분했음에도 불구하고 수하르토 일가는 DC-10기, 보잉 737 기가 남아 있었다. 더 나아가 정치권력까지도 장악할 목적으로 1997년 5월 총선 당시 직계 자녀 4명과 이복동생, 며느리, 사촌동생 등 7명이 무더기로 출마한 바 있다.[86]

대학생들을 주축으로 한 시위가 조직화되고 대통령 퇴진 요구가 증가하자, 1998년 5월 초 수하르토 대통령은 2003년 임기 말까지 정치개혁은 없을 것이라고 선언한다.[87] 또한 IMF로부터 43억 달러의 원조를 용이하게 하기 위해 인도네시아 정부와 IMF의 일괄거래 협정에 따라 연료와 전기에 대한 국가 보조금을 없애면서 5월 초부터 긴장감이 고조되기 시작했다. 5월 첫째 주에 수마트라 섬의

---

85) 『Time』(1999. 5. 24)

86) 『조선일보』(1998. 1. 10)

87) 『Washington Post』(1998. 5. 2)

메단(Medan) 시(市)에서 폭동이 발생했고, 5월 13일에는 폭동진압 경찰이 거리 시위를 벌이려던 트리삭티(Trisakti) 대학교 학생들에게 발포하자,[88] 그 반발로 자카르타에서 대규모 폭동이 발생했다. 한 가지 지적할 점은 트리삭티 사건이 있기 전까지 인도네시아 군부는 학생들의 교내 시위를 허용했었고, 교외 시위에 대해서도 진압 시 치명적인 폭력을 사용하지 않았다는 사실이다.

결국 5월 19일 TV로 생중계된 대(對)국민연설을 통해 수하르토 대통령은 가능한 한 빠른 시일 내 현행 선거법을 개정한 뒤 총선을 치를 것이며, 새롭게 구성될 의회에서 대통령과 부통령을 선출하게 될 것과 더불어 자신의 불출마를 선언함으로써 2003년까지로 규정된 임기를 채우지 않고 중도 퇴진할 것임을 분명히 밝혔다. 이어 5월 21일 수하르토 대통령이 사임함으로써 그의 정부는 붕괴되는데,[89] 이는 <그림 6>에서 제시된 바와 같이 1998년도에 부패 지수가 최악의 상황에 이르렀다는 사실과도 무관하지 않다.

하비비(Bacharuddin Jusuf Habibie)의 과도정부가 권력을 승계했지만, 수하르토 정부보다도 열악한 경제 상황에 부딪치게 된다. 구체적으로 살펴보면 통화 위기는 파국 직전이었고, 1997년 7.4%에 도달할 것으로 기대되었던 경제성장률은 5%로 떨어졌다. 인플레이션 비율은 11.3%로 급등했고, 외채(外債)는 사적(私的) 차관이 65억 달러, 정부차관이 53억 달러로 총 118억 달러로 급격하게 증가

88) 『New York Times』(1998. 5. 13)

89) 독일 베를린에 본부를 둔 부패 감시단체인 국제투명성기구(Transparency International: 이하 TI)에 의해 전직 국가 지도자 중 수하르토 대통령이 세계 최악의 부패 지도자로 꼽혔다. 즉 독일 베를린에 본부를 둔 부패 감시단체인 TI는 최근 20년간 집권한 정치 지도자들의 축재 실상을 파헤친 '2004 세계부패보고서'를 3월 25일 발표했는데, 이에 따르면 31년간 집권한 수하르토 대통령은 재임기간 중 150억~350억 달러에 이르는 국가 재산을 빼돌린 것으로 나타났다. 『동아일보』(2004. 3. 27)

했다. 수천 개의 사업들이 파산했는데, 특히 대부분은 '자산 부문'(property sector)이었으며, 2백만 명이 실직한 것으로 평가되었다. 구매력 역시 급격하게 떨어졌고, 특히 기본적인 생필품의 가격도 불시에 폭등함으로써 악화일로(惡化一路)로 치달았다.

〈그림 7〉 인도네시아 국내총생산(GDP)의 추이: 1990년~2003년

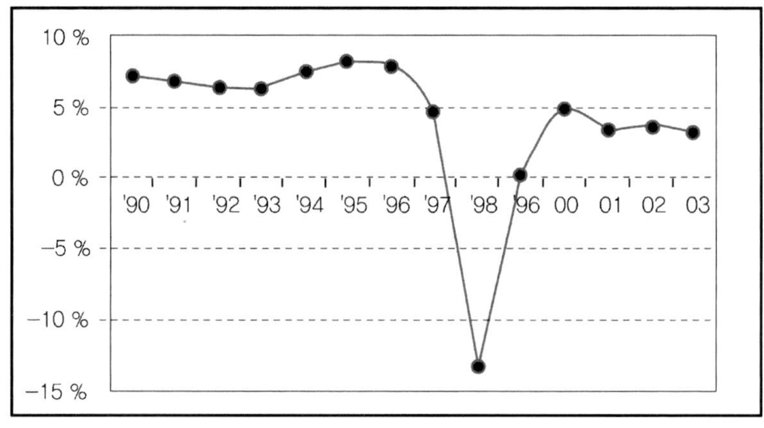

자료: www.undp.or.id/pubs/ihdr2004/ihdr2004_full.pdf(검색일: 2006. 11. 11)

더 나아가 1998년 7월 인도네시아 경제는 심각한 좌절을 겪게 되는데, 예컨대 1인당 GNP는 1,088달러에서 250달러로 감소했고, 은행 부문은 거의 도산(倒産)했으며, 수천 개에 달하는 회사들의 파산으로 실직자는 1천6백만 명을 육박하는 것으로 추정되었다. 또한 기본적인 생필품의 가격(특히 쌀)은 300% 이상 증가가 지속되었다.

이상과 같이 하비비 정부가 직면했던 딜레마(dilemma)인 정치적 안정과 경제회복은 정치적 안정성과 공공질서의 회복 없이 달성하기란 불가능했다. 왜냐하면 정치적 안정성과 공공질서는 정부가 어떠한 방식으로 경제조건들을 회복할 수 있느냐에 좌우되었기 때문

이다.[90)]

개헌이 이루어지고 1999년 6월 7일 48개 정당들이 참여한 가운데 실시된 총선 결과 '국민각성당'(National Awakening Party: 이하 PKB)의 와히드(Abdurrahman Wahid)가 대통령으로 선출되었지만,[91)] 소수당 집권의 한계를 극복하지 못한 채 권력남용 혐의로 MPR의 탄핵을 받아 사임하고 만다.[92)] 와히드 대통령을 탄핵으로 몰아간 독직(瀆職) 사건은 '블록 게이트'(Bulog－gate)와 '브루나이 게이트'(Brunei－gate)였다. 먼저 블록 게이트는 2000년 7월 24일 와히드 대통령의 안마사인 수원도(Suwondo)가 국가조달청 간부에게 대통령이 아체(Aceh) 구호기금으로 쓸 돈이라며 '국가조달청'(State Logistics Agency: 이하 Bulog)의 공금 350억 루피아(약 44억 원)를 받아 착복한 사건으로, 전직 경찰간부 등이 와히드가 돈을 일부 챙겼다고 주장하는 과정에서 대통령의 연루의혹이 증폭되면서 사건은 확대 되었다.

또한 브루나이 게이트는 와히드 대통령이 블록 게이트를 해명하

90) Rizal Sukma, *Islam and Foreign Policy in Indonesia: Internal Weaknesses and the Dilemma of Dual Identity*(The Asia Foundation Working Paper Serious: 1999), 43－44쪽.

91) 총 695명의 의원들이 참여한 가운데 MPR에서 간접선거로 실시된 대통령 선거 결과 와히드 후보는 373표, 메가와티 후보는 313표를 얻었다. 『Asia Week』(1999. 10. 29), Vol.25, No.43.

92) 와히드가 이끄는 '국민각성당'(National Awakening Party: PKB)은 51석에 불과해 메가와티 부통령의 '인도네시아 민주투쟁당'(Indonesian Democratic Party－Struggle: PDI－P), 구(舊)여당인 Golkar에 이어 제3당에 머물렀다. 그러나 와히드는 수하르토 정권 시절 3천500백만 회원을 보유한 이슬람단체 '나흘다뚤 울라마'(Nahdatul Ulama: 이하 NU)를 15년간 이끌며 명망을 쌓아 온 덕택에 이슬람계 정당들과 연합해 메가와티를 누르고 대통령에 당선될 수 있었다. 친(親)와히드 계열인 NU가 빈민층 이슬람교도들을 대변하는 반면 2천5백만 명의 회원을 보유한 또 다른 이슬람 세력인 무하마디아(Muhamadya)와 이슬람 지식인들의 연합인 이치미(ICIMI)는 각각 중산층과 부유한 지식인층을 대변하는 반(反)와히드 계열의 중추 세력들로, 이들 두 단체들은 대통령이 부패의혹을 받고 있다는 사실 그 자체가 국가적 수치라며 철저한 진상조사를 해야 한다는 입장이다.

는 과정에서 아체 구호기금 조성을 위해 국가조달청 자금대신에 브루나이 하사날 볼키아(Hassanal Bolkiah) 국왕으로부터 2백만 달러를 받았다고 밝히면서 착복 혐의를 받은 것이다. 이에 MPR은 2001년 2월 1일 두 종류의 독직 사건에 연루혐의를 받은 와히드 대통령을 조사하기 위해 50명의 국회(People's Representative Assembly: 이하 DPR) 의원으로 구성된 특별조사위원회의 보고서를 여당인 PKB 의원들이 퇴장한 가운데 승인하고(393표 대 4표), 모든 조사를 2월 28일 완료한다. 그 결과 DPR 특별조사위원회는 와히드 대통령의 범법 행위로 결론 내리고 이에 대한 공식적인 견책서한과 해명요구안을 4월 30일 발부한 가운데, 5월 29일 와히드 대통령은 보고서가 명료하지 못하다고 반발했다. 마침내 2001년 7월 23일 MPR은 부패와 무능력에 대한 책임을 물어 만장일치(591표 대 0표)로 와히드 대통령을 탄핵했다.

동시에 당시 부통령이자 의회 제1당인 '인도네시아 민주투쟁당'(Indonesian Democratic Party of Struggle: 이하 PDI－P)의 메가와티가 대통령직을 승계함으로써 본격적인 민간정부의 시대를 열게 된다. 또한 2002년 8월 10일 MPR은 헌법개정안을 통과시킴으로써 정·부통령직에 대한 직선제 개헌과 MPR에서의 군경·직능대표제 폐지 등 일련의 정치개혁을 이끌어 내고, 2004년부터는 헌정사상 최초로 대통령을 직접 선출할 수 있게 하였다. 헌법 개정에서 간과할 수 없는 사실은 1999년 이후 선출된 DPR 500명과 전국 각 주별로 선출된 지역대표의원 130명, 각 분야 전문가로 구성된 직능대표 및 군경대표 65명 등 총 700명으로 구성되었지만, 군부의석과 직능대표제를 폐지함으로써 군부의 직접적인 정치개입을 차단시켰다는 데 있다.[93]

여기에서는 2004년 4월 5일 실시된 총선거와 2004년 7월 5일(1차)과 9월 20일(2차)에 걸쳐 실시된 대통령 선거결과를 제시해 보기로 한다. 그 전에 2002년 헌법 개정 결과 변경된 인도네시아 의회정치의 특징을 간략히 살펴보면, 기본적으로 5년을 임기로 하는 상·하 양원 체제인 인도네시아 의회는 상원에 해당하는 MPR과 하원에 해당하는 DPR의 2원 조직으로, 다시 하원은 DPR과 2001년 11월 9일 새롭게 결성된 32개 주(州)를 대표(각 4명)하는 '지역대표자협의회'(Regional Representatives Council: 이하 DPD)로 구성되었다. 특히 MPR의 기능은 독립 이후 간접선거에 의한 대통령 선출 및 탄핵권까지 행사하는데, 여기에 DPR 550명과 128명의 DPD가 포함되어 총 678명이 MPR의 구성원이었다.[94] 여기서는 하원에 해당하는 DPR 중심으로 파악하기로 한다.

1999년 6월 7일 치른 총선의 경우 새로운 정치법으로 신설된 '선거위원회'(General Elections Commission: 이하 KPU)에 선거를 관리할 포괄적인 권한을 부여했는데, 5명의 정부 대표들과 선거에서 경쟁할 자격을 갖춘 48개 각 정당의 대표자 1명이 선거위원회의 구성원이었다. 더구나 1999년 2월에 제정된 선거법은 정당이 다음 선거(2004년 총선)에서 경쟁할 자격을 갖기 위해서는 적어도 의회 의석의 2%를 반드시 차지할 것을 명시했지만, 42개 정당들이 이 문턱에 걸렸고, 심지어 그중 27개 정당들은 단 한 석도 차지하지 못했다. 총선 결과가 분명해지고 의석 점유에 실패한 몇몇 정당들의 KPU 대표들은 강제적으로 KPU가 그들 정당들에 국민협의회 의석을 배분할 것을 계획했고, 또한 2%의 필요조건을 철회시키기

93) 윤성이 · 이동윤, 앞의 논문, 158쪽.

94) http://www.traveldocs.com/id/govern.htm(검색일: 2006. 10. 29)

위한 일련의 양동작전에 착수했다. 무엇보다도 이러한 행위들이 정당한 선거결과를 거부하는 명분으로 작용했지만, 8월 3일 와히드 대통령이 개입하여 선거결과가 유효하다고 선언함으로써 일단락된다. 특히 1999년 6월 7일 실시된 총선까지는 군부의 정치적 영향력이 감안되어졌는데, 구체적으로 48개의 정당들이 참여한 가운데 전체 의석 500석 중 462개 의석을 놓고 경쟁을 벌였고, 나머지 38개 의석은 군부의 대표자들에게 할당되어졌다.

반면 2004년 4월 5일에 실시된 총선은 앞서 지적한 바 있지만 1999년과는 달리 MPR에 군부의석과 직능대표제를 폐지함으로써 군부의 직접적인 정치개입을 차단시켰다는 데 그 의의가 있다. 또한 DPR 전체 의석도 550석으로 조정되어진 가운데 최종적인 총선결과는 5월 5일 발표되었는데, 수하르토 시대의 집권당이었던 Golkar가 현직 대통령인 메가와티가 이끄는 PDI－P에 승리를 거둔 것으로 나타났다.

〈표 18〉 인도네시아 1999년과 2004년 국회(DPR) 선거결과 비교

정 당	득표수	득표율(%)		의석수	
		2004년	1999년	2004년	1999년*
Golkar(PGK)	24,480,757	21.6	22.4	128	120
Indonesian Democratic Party－Struggle(PDI－P)	21,025,991	18.5	33.7	109	153
National Awakening Party(PKB)	11,994,877	10.6	12.6	52	51
United Development Party(PPP)	9,248,265	8.1	10.7	58	58
Democratic Party(PD)	8,455,213	7.5		57	
Prosperous Justice Party(PKS)	8,324,909	7.3	1.4	45	6
National Mandate Party(PAN)	7,302,787	6.4	7.1	52	34
Crescent and Stars Party(PBB)	2,970,320	2.6	1.9	11	13
Reform Star Party(PBR)	2,763,853	2.4		13	
Prosperous Peace Party(PDS)	2,425,201	2.1		12	
Concern for the Nation Functional Party(PKPB)	2,398,117	2.1		2	4

정 당	득표수	득표율(%)		의석수	
		2004년	1999년	2004년	1999년*
Justice and Unity Party(PKPI)	1,423,427	1.2		1	
United Democratic Nationhood Party(PPDK)	1,313,654	1.2		5	
Freedom Bull National Party(PNBK)	1,230,455	1.1		1	
Pancasila Patriots' Party(Partai PP)	1,073,064	0.9		-	
Indonesian National Party Marheanism(PNIM)	922,451	0.8		1	
Vanguard Party(Partai Pelopor)	897,115	0.8		2	
Indonesian Nahdlatul Community Party(PPNUI)	895,566	0.8		-	
Indonesian Democratic Vanguard Party(PPDI)	855,218	0.7		1	
Freedom Party(Partai Merdeka)	841,821	0.7		-	
Indonesian Unity Party(PSI)	679,296	0.6		-	
New Indonesia Alliance Party(Partai PIB)	672,952	0.6		-	
Regional United Party(PPD)	657,907	0.6		-	
Social Democrat Labour Party(PBSD)	635,182	0.6		-	
전 체	113,488,398	-		550	500

* : 1999년 자료는 5개의 주요 정당들과 중소 규모의 정당들에 국한시켰다.
출처: http://www.en.wikipedia.org/wiki/Indonesian presidential election, 2004(검색일: 2006. 4. 30)

유권자들은 PDI－P에 대해 부패 · 실업 · 불안정 · 부당한 재판에 대한 불만을 표출함으로써, PDI－P는 1999년 총선 당시에 비해 44석을 상실하고 말았다. 또한 2004년 총선은 특히 대도시의 경우 유권자들이 그들의 종교 · 인종 · 지역에 기반을 둔 공식적 · 비공식적 결속집단의 지도자에 속박된 투표성향을 보이지 않았다는 사실이다. 유권자들은 유도요노(Susilo Bambang Yudhoyono)의 PD에 7.5%의 득표율을 부여함으로써, 그의 높은 인기를 확인시켜 주었지만 여기에는 일정부분 유도요노가 메가와티 대통령에 의해 계급을 강등당한 데 대한 동정표적인 성격도 있었다.

하지만 분명한 사실은 유도요노와 PD가 받은 표들은 사실상 모두 1999년 총선 당시 메가와티와 PDI－P가 받았던 표라는 점이다. 왜냐하면 PD는 불과 2002년에 창당된 신생정당이었기 때문이다.[95)]

유권자들은 Golkar에게도 1999년 선거와 비슷한 득표율을 부여함으로써 압도적인 승리를 안겨 주지도 않았는데, 그 이유는 Golkar를 완전히 신뢰하지 못했기 때문이었다.[96]

그 다음으로 5년 임기의 대통령 선거를 향한 후보자들의 싸움은 2004년 4월 5일에 치른 DPR 선거결과에 의해서 부분적으로 결정되어졌다. 즉 인도네시아의 선거법은 대통령 후보들에게(반드시 구성원이어야 한다는 것은 아니지만) DPR 선거에서 적어도 5%의 득표율 또는 DPR 전체 550석 중에서 3%인 17석을 차지한 정당 혹은 연합의 추천을 받아야 한다고 규정했기 때문이다.[97] 무엇보다도 2004년 대통령선거는 인도네시아 역사상 최초로 국민들의 직접선거가 실시되었다는데 의의가 있다.

〈표 19〉 인도네시아 2004년 대통령 선거 결과

후 보	정 당	1차(7월 5일)		2차(9월 20일)	
		득표수	득표율 (%)	득표수	득표율 (%)
Susilo Bambang Yudhoyono	Democratic Party	36,051,236	33.58	67,196,112	60.9
Megawati Sukarnoputri	Indonesian Democratic Party – Struggle	28,171,063	26.24	43,198,851	39.1
Wiranto	Golkar	23,811,028	22.18		
Amien Rais	National Mandate Party	16,035,565	14.94		
Hamzah Haz	United Development Party	3,275,011	3.06		
전 체		**106,228,247**	**100.0**	**110,394,163**	**100.0**

출처: http://www.en.wikipedia.org/wiki/Indonesian presidential election, 2004(검색일: 2006. 4. 30)

95) Jusuf Wanandi, "The Indonesian General Elections 2004", *Asia – Pacific Review,* Vol.11, No.2(2004), 117쪽.

96) Jusuf Wanandi, *ibid.,* 127쪽.

97) http://www.en.wikipedia.org/wiki/Indonesian_presidential_election,_2004(검색일: 2006. 4. 30)

2001년 대통령직을 승계했었던 메가와티 대통령은 2004년 재선에 도전했지만 그간의 타성과 부패로 곤경에 처하게 되자, 궁여지책으로 인도네시아에서 가장 큰 이슬람단체의 의장인 무자디(Hasyim Muzadi)를 부통령 후보로 영입했음에도 불구하고, 세 정당(PD · PKBI · PBB)의 추천 후보로 나선 전임 안보장관인 유도요노와 그의 부통령 후보인 PGK 당원이자 유명한 사업가인 칼라(Jusuf Kalla)에 1차 투표에서 약 7.6%의 격차로 패배하였다. 특히 2004년 대선의 경우 총선 전 실시된 여론조사에서도 유도요노는 가장 인기 있는 대통령 후보로 부각된 바 있었고, 7월 5일 실시된 1차 투표결과는 예측이 정확했음을 실제로 보여 주었다.

1차 투표의 상위득표 후보자 2명이 격돌한 9월 20일 2차 결선투표에서도 메가와티는 20%가 넘는 큰 격차로 패배하게 되는데 그 주된 원인으로는 흔들리는 경제, 만성적인 부패, 그리고 증가하는 불안감 등 대중들에게 축적되어진 불만들이 결과적으로 그녀를 재선에 실패하게 만든 악재(惡材)로 작용한 것이다.

제3절 버마 / 미얀마(Burma / Myanmar)[98] 군부의 정치개입과 민주화과정

1. 군부의 정치개입과정

제2차 세계대전의 종결 이후 1940년대 내내 일본과 영국으로부터 버마의 독립을 옹호해 왔던 '반파시스트 인민자유연맹'(Anti-Fascist People's Freedom League: 이하 AFPFL)이 정국(政局)의 주도권을 장악하기 시작했다. 1946년 1월 AFPFL의 총재가 된 아웅 산(Aung San) 장군은 9월에 '버마행정위원회'(Executive Council of Burma) 의장으로 선출된다. 비록 식민모국이었던 영국의 거부권 행사에도 불구하고, 사실상 아웅 산은 총리로서의 역할을 수행했다. 그가 최우선적으로 추진했던 것은 '주권회복'과 '국민통합'이었는데, 이를 위해 1947년 1월 27일 영국의 런던에서 애틀리(Clement Richard Attlee) 총리와 1년 이내에 버마의 독립을 보장받는 '아웅 산-애틀리 협정'(Aung San-Attlee Agreement)을 체결한다.

특히 아웅 산은 독립의 선행조건으로 소수 종족들의 의사가 존중되어야 한다는 조항을 삽입시켜, 2월 12일 남부 샨(Shan) 주(州)의 삥롱(Panglong)에서 샨족 · 카친(Kachin)족 · 친(Chin)족 지도자들과의 회담을 통해 '삥롱 협정'(Panglong Agreement)을 체결함으로

98) 1948년 1월 4일 독립 당시의 국가 명칭인 버마 연방에서, 1989년 6월 18일 군부독재정권에 의해 미얀마로 변경되었다. 버마의 민주화운동진영에서는 바뀐 국명을 거부하고 있지만, 군사정권의 의도는 과거 명칭이 버마족과 그들만의 국가를 지칭했던 것이었던데 비해 미얀마는 버마족뿐만 아니라 모든 소수 종족들이 포함된 진정한 국가 명칭이라고 주장한다. 이러한 두 입장을 절충하여 필자는 연대기(chronicle)적 관점에서 버마와 미얀마란 두 개의 국가명칭을 함께 사용하기로 한다.

써 독립 버마연방의 설립을 위한 역사적 토대를 마련할 수 있었지만, 이는 카렌족과 아라칸(Arakan)족, 몬(Mons)족이 불참한 가운데 진행된 것이었다. 4월 9일 실시된 제헌의회 구성을 위한 선거에서 아웅 산이 이끈 AFPFL은 전체 202석 가운데 196석을 차지함으로써 압도적인 승리를 거두었다.[99)]

그러나 7월 19일 아웅 산이 랑군(Rangoon)에서 열린 행정위원회 회기 동안 7명의 각료들과 함께 암살(暗殺)당하면서, AFPFL을 이끌게 된 우 누(U Nu)는 10월 애틀리 영국 총리와 버마의 독립 협정인 '누-애틀리 조약'(Nu-Atlee Treaty)에 서명한다. 1948년 1월 4일 영국으로부터 독립하면서 총리에 취임한 우 누는 곧바로 카렌(Karen)족을 위시한 다양한 소수 종족들과 공산주의 분파들 및 군에서 일정부분 조직화된 공산주의 분파들의 무장 반란에 직면하게 된다. 이렇게 된 근본적인 원인은 출범 당시부터 AFPFL에 내재된 태생적 한계가 아웅 산의 암살로 급격히 분출되었다고 보는 것이 정확할 것 같다. 그 이유는 세 가지로 들 수 있는데, 첫째로는 독립 초기 AFPFL의 성격이 대중적 기반이 취약한 엘리트(elite) 중심의 정치조직에 불과한 것이었다는 점에 기인한다. 둘째로는 소수 종족들과의 연대를 시도하였던 아웅 산과는 달리 대다수의 버마족이 다수였던 AFPFL 지도자들은 소수 종족들과의 연대에 거부감을 가지고 있었기에, 그들이 아웅 산에게 지녔던 거부감의 확산이 결국 우파(右派)에 의한 암살로 이어졌던 것이다. 이 때문에 아웅 산이 암살된 이후 독립 당시 다양한 정파(政派) 및 종족 집단으로 구성된 AFPFL의 분열은 필연적으로 가속화될 수밖에 없었다. 셋째, AFPFL은 사회주의적 경제개혁 프로그램을 완벽하게 실행할 수도

99) http://www.innwa.com/dev/qezine/news/get-news.asp?id=141(검색일: 2006. 9. 11)

없었을 뿐만 아니라 개혁에 필연적으로 수반되는 부작용의 해결에도 실패함으로써 정적(政敵)을 양산(量産)했던 것도 한 원인이었다. 예컨대 AFPFL 정부의 토지 국유화계획은 부재(不在) 지주(地主)를 제거시켰다는 점에서는 성공한 반면, 토지를 소유하지 못한 농민의 문제를 해결하는 데에는 전적으로 실패했던 것이다. 이로 인해 두드러진 이촌향도(離村向都) 현상은 도시에서 실업이 확산되는 빌미로 작용하게 된다.

이처럼 독립 직후부터 버마는 점진적으로 사회주의를 실현하고자 했던 우 누 총리의 AFPFL 정부와 급진적 사회변혁을 추구했던 공산주의세력, 그리고 분리 독립을 주장했었던 소수 종족들 간 내전(內戰) 상태에 빠지고 말았다. 특히 독립 초기의 반란 집단들 가운데 공산주의 분파는 1946년 3월 두 계열, 즉 트로츠키(Trotsky) 계열의 소(Soe)가 이끈 적기(赤旗, Red Flag) 공산당으로 지칭된 '버마의 공산당'(Communist Party of Burma: 이하 CPB)과 스탈린(Stalin) 계열로 탄툰(Than Tun)이 이끈 백기(白旗, White Flag) 공산당이라 불린 '버마 공산당'(Burma Communist Party: 이하 BCP)으로 분리된 상태였었다. 이들 가운데 과격파였던 CPB에 의한 반란이 이미 7월에 시작된 가운데, 다수파였던 BCP도 모택동의 중화인민공화국의 지원하에 1948년 10월 무장 반란을 일으켰다.

또한 1948년 7월 제2차 세계대전에 참전한 민병(民兵) 조직인 '인민의용군'(People's Volunteer Organization: 이하 PVO)도 공산주의자들과 연대한 백기파와 잔류한 황기(黃旗, Yellow Flag)파로 분열되었다.[100] 1948년 12월 버마정부가 최대 소수 종족인 카렌족 지도자들을 체포하고 1949년 1월 '카렌민족방어조직'(Karen National

---

100) 양승윤 외, 『미얀마』(서울: 한국외국어대학교 출판부, 2005), 56－57쪽 참조.

Defense Organization: KNDO)을 불법화시켜 무장해제를 시도하자, 1월 31일 '카렌국민연합'(Karen National Union: 이하 KNU)을 중심으로 버마연방으로부터 분리 독립을 위한 무장투쟁이 공식적으로 전개되며,[101] 6월 14일 토웅우(Toungoo)를 임시수도로 한 꼬두래(Kawthule) 국(國)의 독립을 선언한 이래 50년 이상 무장투쟁을 벌인 결과 오늘날까지 미얀마 군사정부로부터 박해를 받고 있는 실정이다.[102]

또 다른 소수 민족이었던 몬족 역시 1948년 8월 19일 반란을 일으켜 '몬민족해방군'(Mon National Liberation Army: MNLA), '몬영토회복군'(Monland Restoration Army: MRA) 등을 결성하여 무장투쟁을 전개시켰다. 그 결과 1949년 2월~4월 동안 남동부 지역 전체가 카렌족과 몬족의 수중에 장악된 최악의 상황이 발생하기도 했으며, 버마 제2의 도시인 만달레이(Mandalay)를 포함한 이라와디 계곡의 대부분은 PVO와 공산주의자들에 의해 공동 지배되기도 했었다. 하지만 조정능력을 전혀 발휘하지 못했던 반란군의 공격은 점차적으로 우 누 총리와 수도 방위를 책임진 네윈(Ne Win) 장군에게 유리하게 작용하여 만달레이가 탈환되고, 공산주의자들과 PVO

---

101) 대표적으로 '카렌 민족해방군'(Karen National Liberation Army: KNLA), '카렌 평화군'(Karen Peace Army: KPA), '신의 군대'(God's Army) 등을 들 수 있다. http://www.peoplepower21.org/library/library_view.php?article_id=12130(검색일: 2006. 9. 10)

102) 미얀마 남동부와 태국 국경 인근에 위치한 에투흐타(Ei Tu Hta) 난민촌은 카렌족의 대규모 탈출(exodus)로 인해 생겨난 것이다. 직접적인 원인은 탄 쉐(Than Shwe) 장군이 이끄는 미얀마 군사정권이 2005년 11월 남부 해안가에 위치한 수도(首都) 양군(Yangoon)을 카렌족 거주 지역 인근인 핀마나(Pinmana)로 옮기면서 카렌족을 강제노역에 동원하기 위해 살인과 강간·고문 등 갖은 만행을 저지른 결과 이를 피하기 위해 카렌족은 태국 북부의 매홍손(Mae Hong Son) 주(州)와 반정부군인 KNU가 장악한 남동부 지역으로 목숨 건 피난을 감행할 수밖에 없는 상황에 몰렸다. 2006년 5월 2일 미얀마와 국경을 맞댄 태국의 매홍손 주는 카렌족 난민이 1,841명에 달한다고 밝힌 바 있다. 『경향신문』(2006. 5. 15)

는 한풀 꺾여 해체되면서, 카렌족은 살윈(Salween) 강을 넘어 퇴각하게 되는데, 정부가 승리한 주된 원인 중의 하나로 우 누 총리의 전적인 중립화외교정책[103]을 들기도 한다.

또 다른 도전은 모택동(Mao Zedong)이 이끈 중국공산당에 패배하고 중국 대륙에서 추방당한 국민당(Kuomintang: 이하 KMT)이 1950년대 초반 동부 버마 지역에 기지들을 설치함으로써, 버마는 공산중국으로부터 간섭이라는 위협에 직면하게 되었다.[104] 이에 버마 군부는 1960년 12월 시작된 '메콩 작전'(Mekong Operation)으로 1961년 2월 KMT의 군대를 최종적으로 축출시키는 데 성공한다.

---

103) 우누 총리는 거의 외국의 지원을 받지 않았으며, 냉전기간 중 미국이나 소련, 혹은 다른 외국 정부의 어떠한 형태의 지원도 거절했다. 이것이 행운으로 작용하여 그의 정적(政敵)들도 외국으로부터 어떠한 지원도 받지 못했다. 그 결과 오늘날 버마는 초강대국들이 개입함으로써 황폐화되었던 베트남(Vietnam)과 캄보디아(Cambodia)의 사례와 비교한다면 시사하는 바가 크다.

104) 당시 버마에 현실적인 위협은 KMT 자체가 아니라 중국 공산정권으로의 합병에 있었다. 1950년대 초반 내내 버마의 지도자들은 중국 본토에서 공산당의 위치를 안정화시키기 위한 방편으로 중국의 변경(邊境)에 위치한 KMT의 제거를 통해 달성할지에 대한 걱정으로 전전긍긍했었다.

〈표 20〉 버마/미얀마 역대 총리

No.	성 명	재 직 기 간	소 속 정 당
1	U Nu(1차 정부)	1948.01.04~1956.06.12	AFPFL
2	Ba Swe	1956.06.12~1957.03.01	AFPFL
	U Nu(2차 정부)	1957.03.01~1958.10.29	AFPFL
3	Ne Win(1차 정부)	1958.10.29~1960.04.04	Military
	U Nu(3차 정부)	1960.04.04~1962.03.02	Union Party
	Ne Win(2차 정부)	1962.03.02~1974.03.04	Military / BSPP
4	Sein Win	1974.03.04~1977.03.29	Military / BSPP
5	Maung Maung Kha	1977.03.29~1988.07.26	Military / BSPP
6	Tun Tin	1988.07.26~1988.09.18	Military / BSPP
7	Saw Maung	1988.09.21~1992.04.23	Military
8	Than Shwe	1992.04.24~2003.08.25	Military / NUP
9	Khin Kyunt	2003.08.25~2004.10.18	Military / NUP
10	Soe Win	2004.10.19~현재	Military / NUP

출처: http://en.wikipedia.org/wiki/Prime Minister of Myanmar(검색일: 2006. 9. 14)

1954년 우 누 총리는 혼란스러운 정국을 안정화하기 위한 이념적 수단으로 불교를 국가종교로 채택하는 수정헌법을 제안했지만, 소수 종교인 기독교와 이슬람 신자들의 불만을 초래하자 학교에서 세 종교 모두 공평하게 교육시키겠다는 제의를 통해서 진정시키고자 했다. 동시에 국영공장의 건설, 외국계 대기업의 국유화, 토지개혁 등을 통해서 경제개발을 달성하고자 했는데, 이러한 우 누의 야망은 복지국가라는 의미의 '삐도따'(Pyiedawtha) 계획을 통해 불교의 궁극적 목표인 열반(涅槃, Nirvana)에 도달하기 위한 전 단계로서 경제적 여건을 형성하는 것이었다.

하지만 8년에 걸쳐 시행된 삐도따 계획은 사회적 불안정과 농업생산의 저조, 원조단절, 쌀 수출 감소, 외화(外貨)사정 악화, 기술 및 관리운영의 미숙으로 실패하고 만다.[105] 실패의 주된 이유는 불교문화와 경제발전의 상관관계에서 발견할 수 있다. 즉 현재의 상태를 개선하려는 노력의 무모함을 역설하려는 불교의 업(業; Karman)의 논리와 보시(布施; dānapati) 경제구조는 현실에 있어서 생산을 위한 자본축적보다도 소비와 내세(來世)의 공덕(功德)을 위한 측면이 강하기 때문에 경제적 발전을 달성하기란 쉬운 일이 아니었다. 따라서 종교적 가치와 경제성장을 동시에 이루려 했었던 우 누 총리의 계획은 이율배반적 속성을 지닌 것이었다.[106)]

이와 같이 정부의 경제개발 실패에 따른 불만의 증대와 함께 카렌족 좌파와 공산당과의 제휴가 이루어져 소수 종족 분쟁이 다시 확대되었고, 우 누 총리의 국정관리 능력도 한계에 부딪치게 된다. 특히 집권당인 AFPEL이 1958년 5월 우 누 총리와 타킨 틴(Thakin Tin)을 중심으로 한 '청렴파'(AFPFL – Clean)와 우 바스웨(U Ba Swe)와 우 쪼네잉(U Kyaw Nyein)이 이끈 '안정파'(AFPFL – Stable)로 분열되고[107)], 정국(政局)이 불안정한 상황으로 치닫자, 1958년 9월 26일 우 누 총리는 자발적으로 육군참모총장이었던 네윈 장군에게 권력을 양도하여 약 16개월에 걸친 '잠정내각'(Caretaker Government)이 출범하게 되는데, 이때 네윈 장군은 1947년에 채택된 헌법에 의거하여 엄정하게 선거절차를 진행시켜 나갔다.[108)] 1960년 2월 6일 총선 결과 소수 종족집단의 지원을 받은 청렴파가

---

105) 1961년 당시 버마의 1인당 수입은 50달러로, 아시아에서조차도 낮았지만 쌀, 티크(teak) 목재와 광물(鑛物) 생산을 증가시키기 위해 노력한 삐도따 계획은 대표적으로 공산 중국으로부터 84억 달러의 차관(借款)과 124.5억 달러의 경제 원조를, 그리고 일본으로부터는 전쟁배상금이라는 잡다한 출처들로부터 재정을 마련했었다. 『Time』(1961. 9. 15)

106) 양승윤 외, 2005, 59 – 62쪽 부분 재인용.

107) Nehginpao Kipgen, "What Does Union Day Mean to Ethnic Minorities?", 『The Irrawaddy』(2007.2.14)

108) Frank N. Trager, "The Failure of U Nu and the Return of the Forces in Burma", *The Review of Politics,* Vol.25, No.3(July, 1963), 309쪽.

63.2%의 득표율로 군부의 지원을 받은 안정파에 압도적인 승리를 거두게 되고, 한때 거의 80%에 달하는 250명의 하원 의원을 확보한다.[109] 4월 4일 다시 권력을 양도받은 우 누가 총리직에 복귀하게 되고, 그의 청렴파는 '연방당'(Union Party)으로 개칭(改稱)했다.

우 누 총리는 국가주의와 사회주의, 그리고 통일을 강조했지만, 특히 불교가 종교적인 신앙심으로 그의 사상 전반에 걸쳐 자리한 결과 1961년 8월 29일 버마 의회는 불교를 국가통합의 수단으로 선언하는 일종의 '종교적 국가'(Religious State) 법안을 324 대(對) 28이라는 압도적인 표차[110]로 통과시켰다.[111] 이에 우 누는 전국에 걸쳐 6만 개의 탑(pagoda)을 세울 것을 계획했는데, 이는 불교 지배자의 원형(原型)이었던 '마우르야 제국'(Maurya Empire)의 아쇼카(Ashoka, B.C.96~B.C.232) 황제를 연상케 하는 것이었다. 더구나 한 걸음 더 나아가 우 누 총리는 자신을 '높은 경지의 계몽가'(Bodhisattva) 내지 미래의 부처라고 선언하기까지 했다.[112]

이로 인한 국가의 분열을 군부는 좌시하지 않고, 1962년 3월 2일 우 누 정부의 종교적 국가에서 드러난 무능력한 행정력과 경제정책, 특히 소수 종족정책에 불만을 가진 네윈의 군부는 세속주의적(secularism) 국가로의 전환을 무혈 군부쿠데타를 통해서 실현하게 된다.[113] 군부가 조직한 '혁명평의회'(Revolutionary Council: 이하

---

109) Frank N. Trager, "The Political Spilt in Burma", *Far Eastern Survey,* XXVII(October, 1958), 145-155쪽.

110) 『Time』(1961. 9. 15)

111) Fred R. von der Mehden, *Politics of the Developing Nations*(Prentice-Hall, Inc., 1964), 132-133쪽.

112) Francois Houtart, "Buddhism and Politics in Southeast Asia, Part Two", *Social Scientist,* Vol.5, No.52(November, 1976), 32쪽.

113) 현재까지도 지속되고 있는 군부정권의 통치기간은 네 가지 시기로 구분된다. 첫째, '혁명위원회'(Revolutionary Council: RC)에 의한 통치기간은 1962년부터 1974년까지

RC)는 네윈을 포함한 17명의 군인들만으로 구성되었고, 네윈은 RC를 통해 행정권 · 사법권 · 입법권 모두를 장악했다.[114] 1962년 4월 30일 RC는 기존의 연방제도를 폐지하고 '버마식 사회주의'(Burmese Way to Socialism: 이하 BWS)를 발표하여 서구식 정치체제를 거부하고 급진적인 정치 · 경제정책을 취하는 기본노선의 선언 이후인 7월 4일 '버마사회주의계획당'(Burma Socialist Programme Party: 이하 BSPP)을 설립하면서부터 사회 질서와 국가 안전의 유지를 내세우면서 군부의 통치 및 권위를 정당화시켰다. 즉 네윈의 RC는 당리당략(黨利黨略)적인 파벌정치(派閥政治)의 폐해로 인해 의회민주주의적 정당정치질서로는 버마의 통합과 사회주의경제의 건설을 가져오기가 어렵다고 주장하면서 영국식 의회민주주의 틀을 거부하고 국유화와 비(非)자본주의적 발전노선을 채택하면서 BWS를 주창한 것이다.[115]

네윈의 RC 군부정권이 1974년 3월 2일 BSPP 정부에 권력을 이양할 때까지 발생했었던 대표적이었던 억압과 학살 사례는 다음과 같다. 첫째, 최초의 학살은 1962년 7월 7일 랑군 대학교에서 공산주의자들과 '랑군대학교 학생클럽'(Rangoon University Students' Union)의 군사정부에 반대하는 평화시위를 군대를 동원하여 진압함으로써, 100명 이상의 학생들이 사망하고, 다수의 부상자가 발생한 가운

의 기간이 해당된다. 둘째, '버마사회주의계획당'(Burma Socialist Programme Party: BSPP)이 통치했던 1974년부터 1988년까지다. 셋째, '국가법질서회복위원회'(State Law and Order Restoration Council: SLORC)가 통치한 1988년부터 1997년까지의 기간이다. 넷째, SLOPC가 개편된 '국가평화발전위원회'(State Peace and Development Council: SPDC)의 통치기간은 1997년부터 현재까지 지속되고 있다. 여기에 관한 자세한 내용들은 본문에서 본격적으로 다뤄질 것이다.

114) Frank N. Trager, *op. cit.*, 320쪽.

115) 양길현, "미얀마의 미완의 민주화", 동남아지역연구회, 『동남아의 정치변동』(서울: 21세기 한국재단, 1994), 245쪽.

데 7월 8일 네윈은 저항의 근거지였던 학생클럽 건물을 파괴시킨다.

둘째, 1967년 6월 22일 중국인과 버마인 공동체 간 발생한 폭동이 군부정권에 대한 분노로 바뀌면서 6월 27일 랑군에서의 대규모 시위로 발전하자 네윈은 계엄령을 선포하고, 1,300명의 중국인과 2,000명 이상의 버마 학생들과 시민들을 체포했다.

셋째, 아라칸(Arakan) 자치주의 최대 도시인 아키아브(Akyyab)에서 쌀 부족으로 발생한 분쟁을 군은 8월 13일 5,000명의 시위 군중들에게 발포하여 100명 이상이 사망하고, 수백 명의 부상자들이 발생했다.

넷째, 1969년 12월 1일 랑군에서 개최된 학생 축제에서 학생들과 당국 간에 운동경기 입장권을 둘러싸고 발생한 분쟁이 순식간에 대규모 반정부 시위로 변하면서 랑군과 만달레이(Mandalay) 행정주에서 수천 명의 학생들이 시위에 참가했다. 이를 당국이 강제력을 동원하여 진압하자 시위가 폭동으로 바뀌면서 거의 300명의 학생운동 지도부가 체포되고, 대부분은 소속 학교에서 퇴학 조치된 가운데 휴교령이 내려졌다.

마지막으로, 1974년 5월 13일 중부 버마의 차웅(Chauk) 지역에서 석유 부문 노동자들이 중심이 되어 열악한 노동환경 개선과 임금 인상을 요구하는 시위가 42개 국영기업으로 확대되고 더 나아가 전국적으로 확산될 조짐을 보이게 된다. 6월 6일~7일에 걸쳐 시위 군중을 향해 발포한 이후 22명의 노동자가 사망하고, 80명이 부상당했다고 버마 당국은 발표했지만, 노동자 측에 의하면 100명 이상이 사망한 것으로 알려졌다. 이때 학생들은 노동자들의 투쟁에 연대를 시도했지만, 휴교령이 취해진 가운데 수천 명의 노동자들이 투옥되었다.

1972년 4월 20일 네윈을 비롯한 20여 명의 고위 장성들이 퇴역하여 민간인으로 변신했지만, 우 산유만은 현역 신분을 유지한 가운데, 네윈은 1973년 12월 개정 헌법을 국민투표(referendum)에 회부시켜 95.5%의 투표율에 90.19%의 찬성으로 1974년 1월 3일 신헌법을 공포함으로써 독재체제를 성공적으로 구축했다. 3월 2일 인민의회(Pyithu Hluttaw)를 개최한 네윈은 RC의 권한을 BSPP에 위임하는 동시에 RC를 해체한다고 발표하면서, 25명으로 구성된 '국가평의회'(State Council)를 조직하여 자신이 의장 겸 대통령직을 맡고 우 산유를 당서기로 임명하였다.

또다시 군사정부와 학생들 간의 대결은 12월 5일 제3대 유엔 사무총장을 지낸 우탄트(Maha Thray Sithu U Thant)의 장례식을 둘러싸고 발생했다. 이때 불교 승려들과 학생들은 두 차례 유엔 사무총장을 역임했던 우탄트에 적합한 경의를 표할 것을 요구했지만 이를 군사정부가 거절하면서 발생한 시위가 일당독재의 종식으로까지 확산되었다. 연이은 충돌의 결과 랑군에서만 적어도 9명이 죽고, 1,800명이 체포된다. 이와 함께 군사정부가 지속적으로 소수종족집단들과 BCP를 상대로 군사행동에 착수하면서 국가 전체에 내전(civil war)이 지속되었다.

1981년 11월 9일 퇴역 장성인 우 산유가 네윈이 사임한 대통령직을 승계하지만, 네윈은 BSPP의 의장직은 유지하였다. 1985년 8월에 개최된 제15차 BSPP 회의에서 부의장에 지명된 우 산유는 이후 네윈의 후계자로 공식적인 인정을 받았다. 고립화정책을 동원하여 버마를 실질적으로 통치하였던 1962년부터 1988년의 기간 동안 무엇보다도 경제는 타격을 받았다. 당시 국민들에게 생필품을 공급하는 역할을 암시장과 만연한 밀수가 담당했던 반면 중앙정부는 파산상태에 처해있었다.

1988년에 들어서면서 한층 더 악화일로에 처한 국가와 사회의 기능장애 문제는 7월 23일~7월 26일까지 열린 BSPP의 임시 회의의 첫 번째 날 개막사에서 네윈은 3월과 6월에 발생한 대규모 평화시위 당시 학생들과 시민들을 향한 '군사경찰'(Military Police; Lone Htein)의 발포로 사상자가 발생한 유혈사태에 대한 간접적인 책임을 지면서 BSPP 부의장이자 대통령인 산유(San Yu) · BSPP 사무총장이었던 아예코(Aye Ko)와 공동 사무총장인 쎄인 르윈(Sein Lwin), 그리고 BSPP 중앙행정위원회 위원인 툰틴(Tun Tin) 등 4명의 동반 사퇴를 선언했다. 또한 네윈은 1988년 9월 하순 일당제와 다당제에 대한 선호(選好)를 묻는 국민투표를 제안함으로써 모두를 경악하게 만들었다. 하지만 그의 주장에 대해 첫째, BSPP 회의는 네윈과 우 산유를 제외한 나머지 3명의 사퇴를 승인하지 않은 가운데, 쎄인 르윈을 BSPP의 새로운 의장으로 선출하였다. 불행하게도 1962년 7월 7일 랑군 대학교에서 100명 이상의 학생들을 학살했을 뿐만 아니라 1988년 3월과 6월의 시위에서도 학생들과 시민들을 살해한 주모자로 각인되었던 쎄인 르윈의 등장은 향후 미얀마 정국의 뇌관(雷管)으로 자리하게 된다. 둘째, 네윈이 주장한 국민투표 요청을 수용하지 않았을 뿐만 아니라 다수의 국민들이 요구했던 다당제로의 전환마저도 거부함으로써 1988년 8월 8일~8월 12일까지 전국의 수많은 도시들에서 발생한 이른바 '8888 민주항쟁'을 유혈 진압하고 만다.

버마 군사정부의 폐쇄주의적 정치노선과 경제정책 실패는 1988년 8월 8일 학생들과 시민들에 의한 소위 '8888 혁명'이라는 민중항쟁을 촉발시켰고 민주화 요구는 9월 18일 종결될 때까지 계속된다. 즉 1988년 8월 8일 오전 8시 8분 10만 명 이상의 학생들과 시민들이 랑군에서 반정부 시위를 벌였는데, 당시 시위대들이 8이 4개가 겹치는 시간대를 선택했던 이유는 고유한 민속적인 주술에 근거한 것으로 정권의 종식을 상징적으로 예시하는 시간대를 택했기 때문이다.116)

시위를 주도했었던 학생들과 젊은 층들이 군사정부의 표적이 된 가운데 학생운동 지도부들은 대부분 체포되었으며, 이 무렵 민주화 운동의 지도자이자 '민주국민연맹'(National League for Democracy: 이하 NLD)을 설립한 아웅산 수지(Aung San Suu Kyi)가 등장하지만, 군사정부의 탄압을 받아 1989년~1995년까지 가택 연금되고 만다. 8888 혁명의 결과 8월 12일 쎄인 르윈이 BSPP 의장직과 대통령직에서 물러나고, 8월 19일 일시적으로 네윈의 법률고문이었던 마웅마웅(Maung Maung) 박사(博士)의 민간정부가 수립되어 계엄령 철회와 다당제 수용 등 일련의 민주화 조치를 발표했다. 이를 토대로 8월 29일에 가면 26년만에 결성된 최초의 야당인 우 누의 '민주평화연맹'(League for Democracy and Peace: LDP)이 등장한다. 하지만 9월 18일 쏘마웅(Saw Maung)이 주도한 소위 '유사 쿠데타'(Pseudo Coup)의 성격을 띤 군부쿠데타가 일어나 '국가법질서회복위원회'(State Law and Order Restoration Council: 이하 SLORC)를 설치한 다음,117) 행정·입법·사법권을 장악하고, 네윈의 BWS 노선을 자본주의적 경제체제로 전환시키게 된다. 특히 1988년 민주화

---

116) David I. Steinberg, *The Future of Burma: Crisis and Choice in Myanmar*(University Press of America, 1990), 29쪽.

117) 『Human Rights Year Book』(1994), 25쪽; 이때 SLORC는 4대 과업, 즉 ① 법과 질서 회복, ② 안전하고 원활한 교통망의 확보, ③ 식량과 의복, 충분한 주거공간의 공급, ④ 다당제 민주총선의 실시였는데, 1990년 4월 말 당시 SLORC의 제1서기였던 킨 윤(Khin Nyunt)은 "4가지 과제 중 3가지가 달성되었기 때문에 이제 남은 과제인 다당제 민주선거를 실시할 것이다."라고 명백하게 밝힘으로써 마웅마웅 총리가 제시했던 민주화 일정이 차질 없이 진행되는 듯했다. 양승윤 외, 앞의 책, 106-107쪽 부분 인용.

시위를 진압한 이래 군사정부는 대략 19만 명 수준이었던 SLORC의 군대인 탓마도(Tatmadaw) 병력 수를 30만 명을 상회하게끔 증가시켰다. 무엇보다도 1988년 8월 8일의 민주항쟁이 좌절된 원인은 버마 시민사회의 취약한 토대에도 일정부분 책임이 있지만, 보다 근본적으로는 네윈의 BWS로 인해 초래된 경제의 고립과 폐쇄라는 구조적 악순환의 반복이 결과적으로 시민사회의 성장을 저해시켰던 결정적 원인이었다. 이처럼 어려운 상황에 놓인 반군부 민주화운동을 이끈 실질적인 지도자는 바로 아웅산 수지였지만, 그녀에 대한 탄압기제로 군부는 앞서 언급한바 대외접촉과 정치활동을 봉쇄시키는 가택연금을 시의적절하게 활용하고 있다.

현재까지도 지속되고 있는 군부정권은 전통적 왕권으로 대표되었던 정부의 절대적인 권력에 대한 관념을 군사력을 동원하여 재확립시킨 것이다. 전통적으로 인간관계에 바탕을 두었던 버마/미얀마의 권위 개념은 보웅(Boung)과 오자(Oza)로 대표된다.[118] 즉 전자는 덕(德)을 지닌 자는 타고난 지도자의 속성을 갖추고 있다는 것이며, 후자는 권위(權威)를 갖고 있는 자는 큰 단체나 사회의 뛰어난 지도자의 자격이 있다고 간주되어졌다. 이는 군부정권의 지도자들을 일반적으로 국민들에게 인정받게끔 하는 주요 도구로 작용했고, 네윈뿐만 아니라 뒤를 이은 쏘마웅과 1992년 4월 23일 건강상의 이유로 쏘마웅의 뒤를 이은 탄유(Than Shwe)에게서도 동일하게 발견할 수 있다.

미얀마는 아시아 지역에서 현재까지도 유일하게 군정체제를 유지하고 있는 국가이다. 따라서 군정의 가장 핵심적인 역할을 수행하고 있는 '국가평화발전위원회'(State Peace and Development Council: 이하 SPDC) 체제의 구성원을 통해 군부정치개입의 수준을 짐작해 볼

118) 조홍국, 앞의 논문, 105쪽.

수 있다. 특히 SPDC는 1988년 9월 쿠데타 이후 설립된 SLORC가 1997년 11월 15일에 개편된 것이지만, 정책적 변화를 내포한 것은 결코 아니었다.

아래의 <그림 8>은 15명의 구성원으로 개편된 SPDC를 포함한 미얀마 군사정부의 전체적인 통치체제를 도식화한 것이다.

〈그림 8〉 미얀마 군사정부의 통치체제

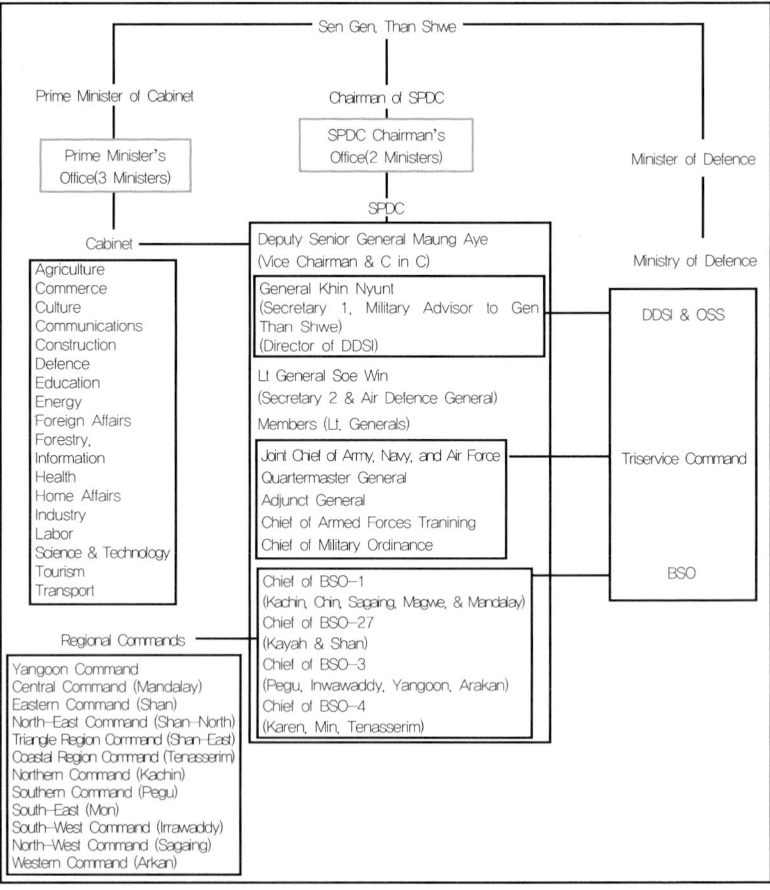

주: SPDC 내부에서 발생한 권력변동으로 킨 윤(Khin Nyunt) 총리는 2004년 10월 18일 실각함.
출처: http://www.bharat-rakshak.com/MONITOR/ISSUE5-6/bahroo.html(검색일: 2006. 4. 30)

<그림 8>에서 제시되고 있는 SPDC의 구성원(Members)은 육군, 해군, 공군 수뇌부로 직책은 모두 중장이다. 또한 SPDC는 군부 최고지도자들의 협의기구적인 성격을 지니고 있다. 하지만 구성원의 직책이 제시되고는 있지만 실명(實名)이 언급되어 있지 않는 관계상 필자가 그 현황을 정리한 것이 <표 21>이다.

〈표 21〉 미얀마 국가평화발전위원회(SPDC) 구성원 현황

직 위	성 명	계 급	주 요 직 책
의 장	Than Shwe	원 수	총리, 국군사령관, 국방장관
부의장	Maung Aye	육군부원수	육군사령관
제1서기	Soe Win	중 장	공군사령관
제2서기	Thein Sein	중 장	
위 원	Thura Shwe Mann	중 장	소수 민족위위원장, 보건위 위원장 교육위원회 위원장, 총리보좌관
	Soe Win	중 장	국군 참모총장
	Thiha Thura Tin	중 장	공군 총사령관
	Aung Myint		
	Thein Sein	중 장	훈련사령관
	Kyaw Win	중 장	군 훈련사령관
	Ye Myint	중 장	북부 지역사령관
	Aung Htwe	중 장	동부 지역사령관
	Khin Maung Than	중 장	남서지역사령관
	Maung Bo	중 장	남동지역사령관
	Tin Aye	중 장	국방산업소장

자료: 외교통상부 재외공관, http://www.mofat.go.kr/mission/emb/ww info view.mof

결과적으로 미얀마 군부의 정치개입이 여타 동남아국가들과 상이한 개입과정을 보여 준 점은 그 특징을 두 가지 정도로 지적해 볼 수가 있다.[119] 첫째, 대부분의 동남아국가들에서는 군부가 정부에서 강력한 위치를 차지하고는 있지만, 형식상으로는 민간정부로

119) 조홍국, 앞의 논문, 98－99쪽.

대표된다. 하지만 미얀마의 경우는 예외적으로 군부의 직접 통치라는 정체(政體)를 현재까지도 공식적으로 유지하고 있다.

둘째로 미얀마는 오랜 기간 동안 전통적 문화를 상당부분 보존할 수 있었다. 그 이유는 외국의 정치·경제·문화적 영향으로부터 스스로를 효율적으로 방어할 수 있었던 고립주의적 외교노선의 결과인 동시에 이 과정에서 군부의 역할은 주도적이었다.

2. 군부의 정권이양 거부와 차단된 민주화과정

1988년 8월 19일 마웅마웅의 민간정부가 공약했었던 다당제하의 총선 실시는 9월 18일 쏘마웅의 군부쿠데타로 등장한 SLORC 체제에서도 유지된 가운데, SLORC가 정당 설립을 허용한 결과 233개의 정당이 등록하였다. 대표적인 정당들의 면면을 살펴보면 군부의 경우 기존의 BSPP를 친정부정당인 '민족통일당'(National Unity Party: 이하 NUP)으로 재편성했고, 1988년 9월 24일 아웅산 수지와 우 틴 우(U Tin Oo), 아웅 지(Aung Gyi)는 '민주국민연맹'(National League for Democracy: 이하 NLD)을 결성하였다. 하지만 아웅산 수지의 경우 1989년 7월 20일부터 가택 연금되었던 관계로 1990년 총선에는 참가할 수 없었다.[120)]

120) 『Human Rights Year Book』(1994), 26쪽.

〈표 22〉 1990년 5월 27일 미얀마 총선 결과

정 당	득표수	의석 경쟁	당선 의석(%)
National League for Democracy(NLD)	7,934,622	447	392(80.82)
Shan Nationalities League for Democracy(SNLD)	222,821	58	23(4.74)
Arakan League for Democracy(ALD)	160,783	25	11(2.27)
National Unity Party(NUP)	2,805,559	413	10(2.06)
Mon National Democratic Front(MNDF)	138,572	19	5(1.03)
National Democratic Party for Human Rights(NDPHR)	128,129	8	4(0.82)
Party for National Democracy(PND)	72,672	3	3(0.62)
Chin National League for Democracy(CNLD)	51,187	13	3(0.62)
Kachin State National Congress for Democracy (KSNCD)	13,994	9	3(0.62)
Union Paoh National Organisation(UPNO)	35,389	15	3(0.62)
Zomi National Congress(ZNC)	18,638	4	2(0.41)
Naga Hills Regional Progressive Party(NHRPP)	10,612	6	2(0.41)
Kayah State Nationalities League for Democracy (KSNLD)	11,664	8	2(0.41)
Ta-ang (Palaung) National League for Democracy (TNLD)	23,975	9	2(0.41)
Democratic Organisation for Kayah National Unity (DOKNU)	16,553	3	2(0.41)
Patriotic Old Comrades League(POCL)	2,435	3	1(0.21)
Democracy Party(DP)	63,815	105	1(0.21)
Karen State National Organization(KSNO)	6,401	3	1(0.21)
Graduate and Old Students Democratic Association (GOSDA)	10,634	10	1(0.21)
Shan State Kokang Democratic Party(SSKDP)	6,195	2	1(0.21)
Union Danu League for Democracy(UDLD)	23,145	4	1(0.21)
Kamans National League for Democracy(KNLD)	10,596	3	1(0.21)
Mara People's Party(MPP)	5,873	4	1(0.21)
Union Nationals Democratic Party(UNDP)	196,518	247	1(0.21)
Mro or Khami National Solidarity Organization(MKNSO)	22,778	4	1(0.21)
Lahu National Development Party(LNDP)	15,796	7	1(0.21)
United Nationalities League for Democracy(UNLD)	9,389	4	1(0.21)
Independents	-	87	6(1.24)
전 체	**12,018,745**		**485(100.0)**

출처: Khin Kyaw Han · MP-NLD · Yenangyaung, *1990 Multi-Party Democracy General Elections*(Democratic Voice of Burma, 1990), 14-15쪽; 19-21쪽.

전체 485개의 의석을 놓고 실질적으로 93개의 정당들이 경쟁한 결과 친정부세력인 NUP가 단 10석에 불과했던 반면, 반정부세력들의 경우 아웅산 수지가 이끈 NLD가 392석, '샨민주국가연맹'(Shan Nationalities League for Democracy: SNLD)은 23석으로 압승을 거두었으며, 기타 정당들이 60석을 차지한 것으로 나타났다. 하지만 SLORC는 국민의 의사를 전체적으로 반영하지 못한 가운데 총선이 실시되었다는 점을 구실로 내세워 NLD에 정권이양을 거부하고 총선결과를 무효화시켜 버렸다.[121]

또한 1990년 7월 27일 21개 항(項)으로 된 악명(惡名) 높은 '1990년 제1호 선언'(Declaration No. 1/90)을 공포(公布)하는데, 오직 SLORC만이 입법권・행정권・사법권을 행사할 수 있는 권리를 가지며 또한 임시헌법 아래 정부의 형성을 승인하지 않을 수 있는 권리도 지녔다.[122] 이를 위해 SLORC는 '군사정보국'(Military Intelligence Service: MIS)을 동원하여 모든 정당들에 공고문 제1/90호를 승인할 것을 명령하고, 이를 거절하는 정치인들에게는 감금과 장기간 투옥(投獄)시켜 체계적으로 선거결과의 무효화를 시도했던 것이다.[123]

한편 아웅산 수지는 1998년 9월, 1990년 총선에서 선출된 사람

---

121) 『International Herald Tribune』(2005. 11. 30)

122) http://www.ncgub.net/NCGUB/index%20of%20NCGUB.htm(검색일: 2006. 9. 5)

123) http://www.irrawaddy.org/database/1998/vol6.3/uphillbattle.html(검색일: 2006. 9. 5); 아웅산 수지의 계속적인 가택연금 상태의 지속과 군사정부의 정권이양 거부 및 정치활동 규제와 탄압으로 NLD 소속 일부 당선자들은 소수 종족 반군들에 합류하게 된다. 그들은 1990년 12월 KNU의 본거지인 카렌 주 마네뻘로(Manerplaw)에서 소수 종족조직, 학생조직과 함께 잠정 정부의 성격을 지닌 '버마연방국민연합정부'(National Coalition Government of the Union of Burma: NCGUB) 수립을 선언하였고, 1992년 7월에 가서는 현 미얀마 군사정부를 불법으로 규정하고 새로운 민주정부를 건설할 때까지 공동 대처할 것을 선포하였지만, 1995년 1월 마네뻘로와 '카렌 민족해방군'(Karen National Liberation Army)의 난공불락의 요새로 알려진 고무라(Kawmoora)가 미얀마 정부군의 대대적인 공세로 인하여 함락됨으로써 소수 종족들과 버마족 내의 반정부 정치조직과의 연대는 사실상 유명무실해진 상태이다. 양승윤 외, 2005, 177 - 178쪽 부분 재인용.

들을 대표하는 기구인 '인민의회대표위원회'(Committee Representing the People's Parliament)를 구성하고, 그 산하에 10개의 '의회위원회'를 설치하는 등 NLD의 정당한 권력인수권을 일관되게 주장하고 있다. 하지만 이보다 앞선 미국 국무성의 1994년도 보고서에 따르면 1993년 말경 1990년 총선에서 선출된 총 485명의 국회의원 중 억압으로 인한 사임, 국외 망명, 구속, 사망으로 174명이 의원직을 상실했으며, 1990년 총선에서 경쟁했던 200개 이상의 정당들 가운데 단지 10개만이 형식상 적법하게 존재하는 것으로 나타났다. 또한 2000년 5월 당시 미얀마 선거관리위원회의 발표에 따르면 1990년 선거에서 선출되었던 485명의 당선자 가운데 이미 사망 34명, 사임 97명, 자격박탈 72명, 해외도피 113명으로 인해 169명만이 실효성을 갖춘 당선자로 남아 있는 실정이다.[124]

<표 23>은 2006년 5월 27일을 기준으로 1990년 총선에서 당선된 485명 가운데 NLD의 당선자들의 상태를 미얀마의 행정구역인 7개의 자치 주(State)와 7개의 행정 주(District)로 구분하여 총선 이후 16년이 경과된 시점에서 의원들의 근황을 보다 세부적으로 제시해 주고 있다.

---

124) 『Japan Economic Newswire』(2000. 5. 16)

<표 23> 미얀마 1990년 총선 당선 의원 485명의 상태(2006년 5월 27일 현재)

자치주 & 행정주 (State) (Division)	NLD당선자	투옥상태인 NLD당선자	망명한 NLD당선자	사망한 NLD당선자
Arakan 자치주	9 (26)	0 (1)	1 (3)	0 (2)
Chin 자치주	4 (13)	0 (0)	0 (3)	0 (1)
Irrawaddy 행정주	48 (51)	0 (0)	2 (3)	7 (8)
Kachin 자치주	14 (19)	1 (1)	1 (1)	5 (7)
Karen 자치주	10 (14)	0 (0)	0 (1)	1 (3)
Kayah 자치주	4 (8)	0 (0)	1 (2)	1 (1)
Magwe 행정주	39 (39)	0 (0)	2 (2)	5 (5)
Mandalay 행정주	55 (56)	1 (1)	4 (4)	15 (15)
Mon 자치주	16 (20)	0 (0)	1 (1)	1 (2)
Pegu 행정주	47 (51)	2 (2)	4 (5)	10 (10)
Rangoon 행정주	59 (61)	4 (4)	2 (2)	18 (18)
Sagaing 행정주	52 (58)	2 (2)	4 (4)	11 (12)
Shan 자치주	22 (56)	2 (3)	0 (3)	4 (8)
Tenassarim 행정주	13 (13)	0 (0)	0 (0)	3 (3)
NLD / (전체)	**392 (485)**	**12 (14)**	**22 (34)**	**81 (95)**

주: ( )는 전체를 나타냄.
주: 자치주는 소수 종족 거주지이며, 행정주는 다수 종족인 미얀마족이 거주함.
출처: http://www.ncgub.net/MPU/1990 MP situation.htm(검색일: 2006. 9. 4)

<표 23>에서 제시된 자료들 가운데 특히 투옥상태인 NLD 당선자들에 대한 자료들을 보다 세부적으로 제시한 것이 다음의 <표 24>이다. 여기서는 투옥자들의 명단, 출신 지역, 체포 일자, 형량 등을 구체적으로 확인할 수 있다.

〈표 24〉 투옥상태인 NLD당선자

성 명	지 역	정 당	체포일자	형 량
Dr. Zaw Myint Maung	Mandalay	NLD	1990년 11월	37년
Khin Maung Swe	Rangoon	NLD	1994.8.5	7년
Dr. Than Nyein	Rangoon	NLD	1997.10.28	8년
Dr. May Win Myint	Rangoon	NLD	1997.10.28	7년 6개월
Yaw Hsi	Kachin	NLD	1998.10.2	5년
Naing Naing	Rangoon	NLD	2000년 8월	21년
Aung Soe Myint	Pegu	NLD	2003.8.31	7년
U Than Htay	Shan	NLD	2004.8.16	5년
U Kyaw Khin	Shan	NLD	2005.2.25	14년
Kyaw San	Sagaing	NLD	2005.3.17	7년
U Saw Hlaing	Sagaing	NLD	2005.3.30	12년
U Khin Maung Win	Pegu	NLD	2006.3.31	7년
Kyaw Min	**Arakan**	**NDPHR**	**2005.3.17**	**47년**
Khun Htun Oo	**Shan**	**SNLD**	**2005.2.9**	**92년**

14명의 투옥자 가운데 2명을 제외하고는 모두 NLD 소속의 당선자들이다. 여기서는 대표적으로 NLD 소속 당선자들의 몇몇 사례들을 확인해 보기로 한다. 첫 번째 사례로는 '스가잉 행정주'(Sagaing Division) 출신의 우쏘 힐라잉(U Saw Hlaing)의 경우를 들 수 있다. 가족들에 의하면 적극적인 정치적 행위로 인해 체포되었음에도 불구하고, 불법적인 컴퓨터를 보유하였다는 죄를 뒤집어쓰고 2005년 3월 30일 체포되어 5월 26일 카탈(Kathar) 행정주 법원에서 공표된 '16 & 20 법령' 위반혐의로 12년 형을 선고받았지만, 재판 기간 내내 변호인 접견조차도 허용되지 않았다.

두 번째는 랑군(Rangoon) 행정주 출신인 메이 윈 민트(May Win Myint) 박사의 사례이다. 1997년 10월 28일 체포된 그녀는 이미 7년 6개월간 복역했음에도, 군사정부(junta)는 '10(A) 법령'이라는 이름으로 그녀의 구금을 2004년 10월 3일까지 6개월 연장시켰다. 당시 그녀는 눈, 혈액, 심장질환으로 고통받고 있었으며 한 달 주기로 병원 검사를 받았는데, 가족들에 의하면 2004년 4월 12일 악화된 목 질환을 치료하기 위해 랑군(Rangoon) 종합병원에 입원했던 것으로 알려졌다.

세 번째 사례는 샨(Shan) 자치주 출신인 우탄 테이(U Than Htay)의 경우이다. 2004년 8월 16일 지방 당국에 체포되어 10월 25일 2만 짜트(Kyat)의 벌금과 함께 중노동 형(刑) 5년을 선고받았다. 그의 혐의는 라시오(Lashio)에 소재한 그의 전자 상가(商家)에서 불법적인 상품들을 판매했다는 것이었지만, 사실상 수지 여사를 석방하라는 서명운동을 주도했기 때문에 구금된 것이었다.

마지막 사례는 랑군 행정주 출신의 탄 뉘엔(Than Nyein) 박사의 사례로 형기(刑期)를 마쳤음에도 불구하고 2005년 1월 24일 '10(A) 법령'의 미명하에 1년이 추가로 선고되어 투옥 상태에 있다.

또한 <표 25>는 '민주주의와 선거지원을 위한 국제위원회'(International Institute for Democracy and Electoral Assitance: 이하 IDEA)에서 미얀마 정치체제의 자유도 수준을 정치적 권리(이하 PR)와 시민적 자유(이하 CR)라는 두 가지 측정 범주들을 사용하여 1990년 총선 결과를 측정하여 제시한 것인데, 여기서 IDEA는 미얀마 정치체제를 자유롭지 않은 상태로 규정한 바 있다.

〈표 25〉 미얀마 총선과 정치적 권리 & 시민적 자유의 상태

Year	Total Vote	Registrati on	Vote / Reg	Invalid	Political Right	Civil Right	Status
1990	15,120,000	20,619,500	73.3%	12.3	7	7	Not Free

출처: IDEA, *The International IDEA Handbook of Electoral System Design*(Strömsborg: 2005).

가장 중요한 것은 PR과 CR을 측정한 수치에 있는데, IDEA는 평점 1을 자유의 최고 등급으로, 평점 7은 최하 등급으로 평가했다. 따라서 해당 총선에서 표시된 PR과 CR의 등급은 종합적인 상태를 나타내는 평균인데, IDEA는 구체적으로 등급 평균이 1.0~2.5일 경우 자유(Free) 상태, 3.0~5.0일 경우는 부분적인 자유(Partly Free), 5.5~7.0일 경우는 자유롭지 않음(Not Free)으로 간주했다.

사실상 현재까지 활동 중인 정당은 유일한 야당인 NLD와 관변정당인 '연방단결발전협회'(Union Solidarity Development Association: 이하 USD)만이 존재하고 있는 실정이다. 특히 전자인 NLD는 총선 이후부터 조직적인 탄압에 직면하게 되는데, 수지 여사의 장기간 가택연금 및 지방 당사의 폐쇄 조치 등이 대표적인 사례일 것이다. 이로 인해 NLD는 청년층 당원 확보가 힘들어진 동시에 당원의 노령화(老齡化)가 가속화되면서 정당의 기반이 약화되어 활동이 미약한 상태에 놓여 있다. 하지만 NLD에 대한 국민의 전폭적인 지지와 아울러 서방까지도 아웅산 수지를 지지하고 있다는 점을 고려 한다면 향후 제도적 민주화로 되돌릴 정치적 변동이 발생할 경우 NLD의 집권가능성은 의심할 여지가 없다. 후자인 USD는 1993년 9월 15일 SLORC에 의해 6백여만 명의 회원을 각 지방행정 단위별로 조직해서 만든 관변단체로서 활동의 대부분은 정부시책 지지, 아웅산 수지 등 야권인사 및 미국의 경제제재 비난, 관제 데모 등을 주도함으로써 친정부 정치세력을 대표하고 있다.

SLORC가 버마식 사회주의 헌법을 철폐하고 그 대안으로 1993년 1월부터 '국민회의'(National Convention)를 개최하여 현재까지도 신헌법 제정 준비 중에 있지만 여러 가지 난제에 직면해 있는 실정이다. 신헌법의 핵심 골격은 군부의 지속적인 정치 개입을 심의 및 의결기관인 국민회의의 개최를 통해서 헌법으로 확정 지으려는 데 있었다.[125)] 하지만 국민회의는 1995년 11월 18일 NLD 측 대표 86명 전원이 탈퇴함에 따라 파행적이고 비민주적으로 진행되다가 결국 1996년 3월에 가서는 무기한 휴회되고 만다. 그 후 NLD 측은 1999년 9월 16일에 가서 별도의 헌법초안 작성을 위해 '10인 대표위원회'(Committee Representing People's Parliament)를 구성하여 활동하고자 했지만, 이를 SLORC는 이미 6월 달에 채택한 국정교란방지법을 동원하여 허가를 받지 않은 헌법 기초행위로 규정하고 금지시켜 버렸다.

또한 아웅산 수지는 2000년 9월 다시 가택연금에 처해져 2002년 5월 해금(解禁) 이후 전국을 돌면서 민주화운동을 지원하는 연설에 집중 했다. 특히 그녀는 8월 국제사회를 향해 보다 의미 있는 민주적인 대화 단계에 이르기까지 미얀마 군사정부에 대한 경제제재를 유지해 줄 것을 호소하기도 했다. 군사정부의 유화정책으로 인해 2001년 동안에 200명을 상회하는 NLD 활동가들이 석방되었으며, 2002년 11월에는 나머지 115명의 정치범들까지 석방되기도 했다. 하지만 2002년 3월 4일 네윈이 군사정부에 대한 쿠데타 음모로 체포되면서 12월 5일 사망 때까지 가택연금에 처해진 가운데 3월 7일 네윈의 사위인 에쪼윈(Aye Zaw Win)과 3명의 손자(Aye Ne Win, Kyaw Ne Win, Zwe Ne Win)가 무력을 동원한 정권탈취 혐의로 체포된다.[126)] 9월 26일 에쪼윈과 손자 3명 모두에게 사형선고

125) 이 외에도 국민회의에서 심의 및 토의되었던 신헌법의 주요 내용들로는 ① 간접선거에 의한 대통령제, ② 양원제 국회, ③ 군부의 행정·입법부 참여, ④ 외국인 부모 및 배우자를 가진 자의 피선거권 박탈, ⑤ 국가위기 상황의 발생 시 군 통수권자에게 비상 대권 부여, ⑥ 시장경제체제 천명 등이었다.

126) Maung Aung Myoe, "WILL THE FAILED COUP ATTEMPT DERALL THE ONGOING NATIONAL RECONCILIATION AND POLITICAL TRANSITION IN MYANMAR?",

를 내린 다음 12월 24일 형집행 정지와 함께 현재까지도 투옥상태에 놓여 있다.

또한 2003년 5월 30일 저녁부터 다음 날 새벽까지 미얀마 군사정부는 북부 데페인(Depeyin)에서 아웅산 수지에 대한 암살 시도 및 민간인 학살을 자행하였다.[127] 이때 군사정부의 지원하에 관변단체인 '연합공동체개발평의회'(Union Solidarity of Development Association: USDA) 회원들과 정치깡패로 동원된 죄수 등이 6개월째 정치순례에 나선 아웅산 수지와 NLD 회원들, 그리고 지지자들을 무차별적으로 공격하여 최소 70～80명을 현장에서 살해하는 만행을 저질렀지만 다행히 아웅산 수지는 무사하였다. 아웅산 수지의 피습사건 이후 미얀마 군사정부를 향한 국제사회의 비난은 고조되었다. 학살 이후 미국과 유럽연합은 즉각 경제봉쇄를 강화했고 ASEAN 회원국들과 미얀마 군부의 오랜 후원자인 중국까지도 아웅산 수지의 감금에 대해 우려를 표하기도 했다.

특히 사건 직후 '신사회민주정당'(Democratic Party for a New Society: DPNS), '버마학생민주전선'(All Burma Students Democratic Front: ABSDF), '민주국민연맹'(National League for Democracy: NLD), '정치범 원조위원회'(the Assistance Association for Political Prisoners: AAPP), '버마 민주화를 위한 태국행동위원회'(Thai Action Committee for Democracy in Burma: TACDB) 등 미얀마 내외(內外)의 11개 단체들이 국제사회의 책임 있는 행동을 촉구하기도 했다. 이들은 특히 미얀마에 주요한 영향력을 행사하는 인도와 중국정부를 향해

March 2002, 1쪽. www.rsis.edu.sg/publications/Perspective/IDSS032002.pdf(검색일: 2009.8.23)

127) Rianne ten Veen, "Myanmar's Muslims The Oppressed of the Oppressed", *Islamic Human Rights Commission*, 2005, 7쪽.

대(對)미얀마 정책재고를 촉구하는 공개서한을 보내고 미얀마 군부에 대한 무기판매 중지와 무역거래 보류를 요청하기도 했다. 5월 28일에 가면 미국은 군사정부가 아웅산 수지와 틴우(Thein Nu) 부의장, 그리고 1,000명이 넘는 정치범을 석방할 것을 촉구하는 성명서를 발표하게 되고, 상원의원인 맥코넬(Mitch McConnell)은 6월 4일 발표한 개인성명을 통해 유엔을 비롯한 국제사회의 무관심을 질타하기도 했다.[128)]

이 때문에 미얀마 군사정부는 8월에 들어 민주화를 향한 7단계의 노정(路程, road map)을 추진하고 아웅산 수지와의 대화를 재개하는 등 개혁적인 행보를 보이기도 했었다. 그러나 이를 주도하면서 개혁적인 행보를 보여 주었던 총리이자 SPDC의 제1서기였던 킨윤(Khin Nyunt)이 2004년 10월 18일 실각(失脚)하고, 그 자리에 민주화운동에 대한 강경진압파인 서윈(Soe Win)이 임명되면서부터 미얀마의 민주화 일정이 후퇴하는 것은 물론, 과거와 같이 미얀마를 극단적 고립주의로 회귀시킬 가능성은 다분하다.[129)] 예컨대 <표 26>은 '체계적 평화를 위한 센터'의 국장인 마샬(Monty G. Marshall)이 편집한 「Major Episodes of Political Violence 1946－2005」에서 1946년부터 2005년 말까지 전 세계의 주요 무력(武力) 갈등의 사례 316개의 목록들 가운데 미얀마의 사례들만을 추려서 소개한 것이다.

---

128) 『시민의 신문』(2004. 6. 26)

129) 군사정부는 17개의 반란집단들과 '휴전 협정'(cease－fire agreement)을 맺었는데, 이들 협정들의 대부분이 2004년 축출되어 가택연금 상태에 놓인 킨 윤(Khin Nyunt) 총리에 의해 공식적으로 체결되었다. 뒤이어 보다 강경노선의 군사정부가 들어서 소수 종족집단들에 엄격한 조치들을 취했다. 군사정부는 휴전협정에 서명을 받은 샨족과 같은 소규모 종족집단들의 경우에서와 같이 카렌족과 같은 큰 규모의 종족집단들도 더욱 압박한다면 휴전협정에 서명을 받을 수 있을 것으로 기대했지만, 여의치 않은 실정이다. 실각한 이후 킨 윤은 2005년 7월 5일 다양한 부패혐의로 랑군(Rangoon) 인근의 특별법정에서 44년 형을 선고받았지만, 감옥 대신에 가택연금에 처해진 상태이다.

〈표 26〉 미얀마 정치적 폭력의 주요 사례(1946년~2005년)

발 생	종 료	유 형	사회－체계에 미치는 영향력의 규모	국 가	특 징	사망자(명)
1948	1954	IV	1	버마	국가 간 폭력	na[1]
1948	?[2]	EW	4	미얀마(버마)	종족 간 전쟁[3]	100,000
1988	1988	CV	1	미얀마	국내 폭력 (학생 시위)	2,000

주: 1. na는 직접적으로 관련된 사망자의 수를 추정할 수 없음을 나타냄.
2. ?는 2005년 말 현재에도 계속되고 있음을 나타냄.
3. 미얀마(버마) 국경지역에서 저항하는 종족 분리주의자들에는 카친(Kachins)족, 카렌(Karen)족, 카레니(Karreni)족, 몬(Mons)족, 샨(Shan)족, 와(Wa)족 등이 있다.

출처: http://hometown.aol.com/cspmgm/warlist.htm#N2(검색일: 2006. 9. 10)

<표 26>에 제시된 사례 유형을 이해하기 위해서는 두 종류의 문자 약호(略號)를 알아야 한다. 즉 첫 번째 문자에 해당되는 C, E, I 중에서 C는 경쟁적인 정치 집단들에 뒤얽힌 국가 범주 내에서의 시민(Civil)을 나타낸다. E는 국가기관과 별개의 종족 집단이 뒤얽힌 국가 범주 내에서의 종족을 나타내며, I는 대개 두 개 내지 그 이상의 국가 사이에서의 국제적인 사건(International event)이나 외국의 지배(식민정책)에 저항하는 독특한 정책을 뜻한다. 두 번째 문자들인 V, W의 경우 V는 불가피하게 배타적인 목표를 지니지도 않은 가운데 폭력(Violence)이 수단으로 활용되는 것을 나타내고 있으며, 마지막으로 W는 싸움을 통해 일방적인 결과를 강요할 의도로 별개의 배타적 집단들 간의 전쟁(War)을 나타낸다.

그 다음으로 이해해야 할 것은 폭력 사례가 직접적으로 사회－체계에 미치는 영향력의 규모로, 이것은 10가지 범주로 구성되며 숫자가 낮을수록 규모는 작다. 세부적인 범주들의 내용을 보면 제1범주는 산발적(散發的) 내지 표출되는 정치적 폭력, 제2범주는 제한된 정치적 폭력, 제3범주는 심각한 정치적 폭력, 제4범주는 심각

한 교전(交戰)상태, 제5범주는 견고하면서도 연장된 교전상태, 제6범주는 광범위한 교전상태, 제7범주는 침투적 교전상태, 제8범주는 과학 기술적 진보에 의한 교전상태, 제9범주는 총체적인 교전상태, 제10범주는 박멸(撲滅) 내지 전멸(全滅)을 들 수가 있다.[130] 이들 가운데 미얀마의 사례 유형들은 제1범주와 제4범주에 해당되는 것으로 제시되고 있으며, 2006년 9월 현시점까지도 미얀마의 민주화과정은 군부에 의해 차단된 상태이다. 하지만 동시에 미얀마의 군사정부도 민주화를 실시하라는 강력한 대외적 압박으로 곤경에 시달리고 있기도 하다. 대표적인 사례로 미얀마는 2005년 7월 26일 라오스 비엔티안(Vientiane)에서 열린 '동남아시아국가연합'(Association of South-East Asian Nations: 이하 ASEAN) 외무장관회의에서 ASEAN 10개 회원국이 알파벳 순서에 따라 맡는 2006년 의장국을 포기한다고 밝혔다. 왜냐하면 미국과 유럽연합(EU)이 대표적 인권탄압국인 미얀마가 아세안 의장국이 되면 아세안과 협력하기 어렵다고 경고해 왔고, 이미 라이스(Condoleezza Rice) 미국 국무장관이 7월 28일부터 개최되는 '아세안지역안보포럼'(ASEAN Regional Forum: ARF)에 이례적으로 불참의사를 밝힌 것이 결정적인 사퇴압력으로 작용한 것이다. 특히 이 같은 서방 선진 국가들의 강경한 태도 표명은 싱가포르·말레이시아·인도네시아·태국·필리핀 같은 ASEAN 내 민주주의 국가들에도 영향을 미쳐 의장국 포기를 종용하게 되고, 미얀마 군사정부가 이에 굴복하고 만 것이다.[131]

결론적으로 군사정부의 강권통치 아래 차단당한 상태에 놓인 민주화과정의 순탄치만 않은 미래는 2005년 1월 18일 제2기 부시

---

130) http://hometown.aol.com/cspmgm/warcode.htm(검색일: 2006. 9. 10)

131) 『동아일보』(2005. 7. 28)

(George Walker Bush) 행정부의 라이스 국무장관 내정자가 상원 인준청문회에서 행한 모두(冒頭) 발언에서도 가늠할 수 있다. 즉 미얀마를 북한, 쿠바, 이란, 벨로루시(Belarus), 짐바브웨(Zimbabwe)와 함께 '폭정의 전초기지'(outposts of tyranny)에 포함시키면서 샤란스키(Natan Sharansky)의 '마을광장 시험'(town square test)을 적용해 '공포사회'(fear society)[132]로 규정했다는 사실은, 미얀마를 포함한 이들 국가들의 대내적인 정치제도가 얼마만큼 열악한 상황에 놓였는지에 대한 탁월한 비유임에 분명하다.

제4절 파키스탄(Pakistan) 군부의 정치개입과 민주화과정

1. 군부의 정치개입과정

인도로부터 독립하기까지 파키스탄의 역사는 바로 인도의 역사와 동일한 것이었다. 19세기 중반 이래 인도에 거주하던 회교도들(Muslims)은 '2개국 이론'(Two Nation Theory)[133]에 기반을 둔 모국

---

132) 인준청문회에서 라이스 내정자의 모두(冒頭) 발언은 다음과 같다. "만일 한 사람이 마을광장의 중심부를 거닐지 못하고, 그/그녀가 체포 · 투옥 내지 육체적 손상의 두려움이 없는 가운데 의사표현을 하지 못한다면 그 사람은 자유사회가 아닌 공포사회에서 살고 있다." if a person cannot walk into the middle of the town square and express his or her views without fear of arrest, imprisonment, or physical harm, then that person is living in a fear society, not a free society. 라이스 국무장관 내정자의 발언 전체는 미국무성 자료를 참고할 것.
http://www.state.gov/secretary/rm/2005/40991.htm(검색일: 2006. 9. 15)

133) 회교도와 힌두교도는 동일 민족의 범주에서 단순한 두 개의 이질적인 종교집단에 그치는 것이 아니라 사회 · 문화 전반에 걸쳐 뚜렷이 다른 두 민족인 까닭에 민족자결원칙에 근거하여 각기 국가를 가짐으로써 상호 공존 · 발전을 도모한다는 이론이다.

(母國) 분할 투쟁을 시작했다.[134] 그 근원에는 영국 식민통치하의 독립운동이 간디(Mohandas Karamchand Gandhi) 등 힌두교도들의 지도하에 1885년 소집된 국민회의를 중심으로 전개됨에 따라 회교도들도 국민회의에 대한 견제세력으로 1906년 '회교 연맹'(Muslim League)을 결성하고, 1930년대 초 시인이자 철학자였던 이끄발(Allama Muhammad Iqbal)[135] 등에 의해 시작된 회교국가로의 분할 독립 이념과 영국에서 인도-회교계열 학생 집단[136]의 열렬한 지원을 토대로 인도 대륙에서 '2개의 국가' 건설계획을 수립하였던 것이다. 당시 인도의 식민 지배국이었던 영국의 통치자들 역시 힌두교도와 회교도가 두 개로 분할된 별개의 민족이자 사회-문화적 실체로 존재한다는 것을 인지하고 있었다.

하지만 제1차 세계대전 당시 인도의 국민회의가 영국을 지지했음에도 불구하고 그들이 원했던 스와라지(Swaraji), 즉 식민지 자치정부는 1919년 2월 공포(公布)된 '로왈라트 법령'(Rowalatt Act)이라는 유효기간 10년인 인도 통치법에 의해 좌절되고 말았다. 무엇보다도 납세기준에 따라 남성의 10%만이 선거권을 부여받은 가운

134) 식민지 독립과정에서 분단국들을 다룰 때 분할 독립과 분리 독립은 약간의 차이를 지닌 개념으로 이해되어야 한다. 즉 '분할'(partitioned)은 문화적·종교적 요인에 의한 나뉨을 말하고, '분리'(divided)는 정치적·이데올로기적 요인에 의한 나뉨을 말한다. 또한 재통합의사의 유무(有無)에서도 전자는 거의 없는 데 반해 후자의 경우는 강력하게 갖고 있다는 데서 차이를 발견할 수 있다. 예컨대 인도-파키스탄의 경우는 전자의 대표적인 사례이며, 한반도의 경우는 후자의 사례로 볼 수 있다. 라윤도, "인도와 파키스탄의 분쟁연구"(인하대 정치외교학과 박사학위논문, 1999), 19-20쪽.

135) 이끄발에 관한 자세한 묘사는 Mohammed Ayub Khan, "Pakistan Perspective", *Foreign Affairs,* Vol.38, No.4(July, 1960), 547쪽을 참조할 것.

136) 이들 중 라흐맷 알리(Choudhary Rahmat Ali)는 1933년 1월 28일 발행된 팸플릿에서 최초로 파키스탄이라는 명칭을 사용했다. 이때 P는 Punjab 지방을, A는 Afghan 영역을, K는 Kashmir 지방을, S는 Sindh 지방을, 그리고 tan은 Baluchistan 지방을 대표하는 것이었다. 특히 i는 영어로 번역시 손쉽게 발음하기 위해서 후일 덧붙였다. http://www.spot-pakistan.com/History-3.html(검색일: 2006. 6. 10)

데 여성의 참정권이 철저하게 무시된 로왈라트 법령은 실질적인 자치와는 거리가 먼 것이었기에 국민회의가 내심 기대했었던 전쟁 협조에 대한 보상으로는 너무나도 미약한 것이었다. 이에 국민회의는 네루(Jawaharale Nehru)가 국민회의 의장이 되면서 1920년의 선거를 거부하고, 또한 창설 이래 줄곧 온건파에 의해 주도된 국민회의를 급진파를 이끌었던 간디가 장악하면서 1920년부터 비폭력적인 방법에 의한 불복종운동이 네루의 전폭적인 지원하에 전개되었다. 그 결과 인도 전국에서 자치(Svaraj)·영국 상품의 배격·국산품 애용운동(Swadeshi)·파업·납세 거부 등이 벌어지게 되고, 당황한 영국 정부는 향후 분할통치를 실시하겠다고 회교 연맹을 회유하였지만, 이들 역시 간디의 반영(反英)운동에 동참함으로써 힌두교도와 회교도 간 연대(coalition)를 통해 '킬라파트 운동'(Khilafat Movement)이 전개되었다.[137)]

하지만 네루는 1922년에 들어서 간디의 불복종운동에 반대하고 의회 투쟁주의를 제창하면서 스와라지(Swaraji)당을 결성한 후, 1923년부터 선거에 참여한 국민회의는 첫 선거에서 제1당이 되어 독립당 및 자유당과 함께 다수파를 형성했다. 1935년 재개정된 인도 통치법은 주 의회의 다수당이 주 내각을 만들고, 내각이 의회에 책임지게끔 규정하고 있었다. 1937년 새 통치법하에 치른 첫 선거에서 국민회의는 전국 주 의회 총의석인 1,585석 가운데 45%인 715석을 차지하면서, 결과적으로 총 11개의 주 가운데 7개 주에서는 단독으로, 2개의 주에서는 연립으로 내각을 구성할 수 있었다.[138)] 또한 향후 파

137) Shabnum Tejani, "RE – CONSIDERING CHRONOLOGIES OF NATIONALISM AND COMMUNALISM: THE KHILAFAT MOVEMENT IN SIND AND ITS AFTERMATH, 1919 – 1927", *South Asia Research*, Vol.27(3), 2007, 254쪽. 보다 자세한 내용은 249 – 269쪽 전문을 참조할 것.

키스탄 분할 독립에 결정적 역할을 하게 되는 알리 지나(Muhammad Ali Jinnah) 역시 온건파였기에 애초부터 간디의 비폭력 불복종운동에 찬성하지 않았으며, 결국 국민회의를 이탈하여 회교 연맹으로 옮긴 다음 1924년 의장이 되었다. 제2차 세계대전 중인 1940년 3월 23일 알리 지나의 회교 연맹은 '라호르 결의안'(Lahore Resolution)을 통해 인도에서 회교도들이 다수를 차지하고 있는 북서부와 북동부 지역들에 '회교 국가들'(Muslim States)의 설립을 강력하게 요구하는 '2개의 국가' 건설계획은 광범위한 지지를 얻게 된다. 제2차 세계대전 종전 후 영국은 인도에 독립을 부여하기로 결정하고, 인도・파키스탄 분할안을 내놓은 다음, 1946년 실시된 제헌의회 구성을 위한 총선 결과 국민회의와 회교 연맹이 다수 의석을 차지하였다.

당시 영국의 애틀리(Clement Richard Attlee) 총리는 인도가 영연방의 일원(一員)으로 남기를 희망하면서 각료사절단을 파견한다. 이들을 통해 파키스탄의 분할은 반대하면서도 ① 힌두교도 다수인 A지역, ② 회교도 다수인 B지역, ③ 회교도가 약간 우세한 C지역으로 나누는 세 개의 연방그룹 결성계획안(案)을 제시한 결과 1947년 6월 3일 분할계획서가 공포되었다. 하지만 총선 이후 임시정부의 구성을 놓고서 국민회의와 회교연맹 간 타결점을 찾기란 쉽지 않았던 상황 속에서, 회교연맹의 경우는 임시정부의 지분 50%를 요구하였지만 각료사절단은 이를 거부했다. 또한 국민회의의 간디 역시 처음에는 호의적으로 각료사절단을 대했지만, C지역의 형성으로 벵갈주와 아쎔(Assem) 주가 회교 연맹에 향후 합병될 경우를 염려하여 초기의 태도를 바꾸었다. 특히 네루가 1920년과 1928년에 이어 국

138) 內藤雅雄, "インド民族運動と國民會議派の組織", 『アジア・アフリカ言語文化研究』 (18, 1979), 20－21쪽.

민회의 의장이 되면서 1946년 각료사절단의 결성계획안을 포기한다고 선언하자 이를 알리 지나가 비난함으로써 통일 인도의 마지막 가능성은 사라지고 말았다. 재차 인도 총독은 국민회의와 이슬람교 연맹을 화해시키기 위해 간디와 네루에게 접근하여 각료사절단이 제시한 계획안을 받아들이도록 설득하지만 거부당하고 말았다.

애틀리 총리는 1948년 6월 이전 인도의 정권 이양을 발표하고 이를 위해 마운트배튼(Louis Mountbatten)을 총독으로 임명한다. 1947년 3월에 취임한 마운트배튼은 가능한 정권 이양을 단축하기 위해 국민회의 지도자들과 접촉했다. 당시 국민회의에서 가장 영향력이 컸었던 네루나 파텔(Sardar Vallabhbhai Patel) 모두 인도-파키스탄의 분할에 긍정적인 입장이었지만, 간디만은 반대 입장을 취했다. 그 후 간디의 영향력이 현격하게 쇠퇴하고 국민회의의 주도권이 네루와 파텔에게 넘어가면서부터 마운트배튼의 인도 분할과 두 개의 자치령에 관한 분할 계획안은 모든 정당으로부터 지지를 받았으며 영국 정부도 마지못해 동의하였다. 그 결과 마운트배튼이 인도의 모든 지도자들을 소집한 회의에서 권력이양을 위한 총독부의 계획을 놓고서 그들과 의견을 교환한 시점에 1명의 여성을 포함한 69명의 구성원들(후일 회원 수는 79명으로 증가)로 구체화된 파키스탄 최초의 '제헌의회'(constituent assembly)가 7월 26일 공표(公表)된 사실이 인도의 관보(官報)에 실리게 되었다.

최초로 개회된 제헌의회는 카라치(Karachi)에 세워진 신드 의회에서 8월 10일 열렸는데, 만장일치로 의장에 알리 지나가 선출되었다. 8월 12일 알리 지나를 '위대한 지도자'(Quaid-i-Azam)로 대우하는 공식적인 결의안이 통과되면서, 8월 14일에 가서 파키스탄은 지리적으로 인도를 사이에 두고 1,600㎞나 떨어진 동·서 2개의 지역[139]

으로 구성된 국가로 독립하게 되었다. 8월 15일 알리 지나가 최초의 총독으로, 알리 칸(Liaquat Ali Khan)이 최초의 총리에 취임하는데, 특히 알리 지나의 지위는 1948년 9월 11일 사망 때까지 지속되었다.

〈표 27〉 파키스탄 역대 총리

성 명	재 임 기 간
Liaquat Ali Khan	1947.08.14~1951.10.16
Khawaja Nazimuddin	1951.10.16~1953.04.17
Muhammad Ali Bogra	1953.04.17~1955.08.12
Chaudhry Muhammad Ali	1955.08.12~1956.09.12
Huseyn Shaheed Suhrawardy	1956.09.12~1957.10.17
Ibrahim Ismail Chundrigar	1957.10.17~1957.12.16
Sir Feroz Khan Noon	1957.12.16~1958.10.07
Mohammad Ayub Khan	1958.10.07~1958.10.28
Nurul Amin	1971.12.07~1971.12.20
Zulfiqar Ali Bhutto	1973.08.14~1977.07.05
Mohammad Zia-ul-Haq	1977.07.05~1985.03.24
Muhammad Khan Junejo	1985.03.24~1988.05.29
Mohammad Zia-ul-Haq	1988.06.09~1988.08.17
Benazir Bhutto	1988.12.02~1990.08.06
Ghulam Mustafa Jatoi(과도내각)	1990.08.06~1990.11.06
Nawaz Sharif	1990.11.06~1993.04.18
Balakh Sher Mazari(과도내각)	1993.04.18~1993.05.26
Nawaz Sharif	1993.05.26~1993.07.18

139) 동파키스탄은 영국식민통치 당시(1905년) 커즌(George Nathaniel Curzon) 총독이 벵갈 주(州)를 동·서로 분할하는 과정에서 동벵갈이 되었던 지역으로 1947년 분할 독립 당시 회교도들이 많이 거주한다는 이유로 1천 마일의 지리적 간격에도 불구하고 파키스탄의 5개 주의 하나로 편입되었다. 즉 파키스탄은 서파키스탄의 4개 주(편잡, 신드, 발루치스탄, 북-서 국경주)와 동파키스탄의 동벵갈 주 등 모두 5개 주로 구성되었다. 하지만 서파키스탄과는 종교를 제외하고는 민족·언어·자연조건·생활습관까지도 완전히 달랐다. 무엇보다도 서파키스탄인들 위주로 국가가 운영되면서 상대적으로 인구도 많고 경제력이 풍부한데도 불구하고 동파키스탄인들은 항상 소수로 인식되어 부당한 차별을 받게 되었다. 특히 동벵갈 주의 고위직과 기관장까지도 서파키스탄인들이 장악했을 뿐만 아니라 더 나아가 언어조차도 서파키스탄의 우르두어(Urdu)를 공용어로 선포하면서 동파키스탄인들은 벵갈어(Bengali)를 버리고 우르두어를 배워야만 했기에 일종의 식민지적 상황과도 같았다.

성 명	재 임 기 간
Moin Qureshi(과도내각)	1993.07.18~1993.10.19
Benazir Bhutto	1993.10.19~1996.11.05
Malik Miraj Khalid(과도내각)	1996.11.05~1997.11.17
Nawaz Sharif	1997.11.17~1999.12.12
Pervez Musharraf	1999.12.12~2002.11.23
Zafarullah Khan Jamali	2002.11.23~2004.06.26
Chaudhry Shujaat Hussain	2004.06.30~2004.08.28
Shaukat Aziz	2004.08.28~ 현재

주: 1. 1958년부터 1973년까지 계엄령으로 인해 총리직에 앉은 사람은 없었다.
2. 총리직은 다시 계엄령으로 인해 1977년 7월 5일부터 1985년 3월 24일까지 정지되었다.
3. 1999년 12월 12일 무샤라프가 샤리프 정부를 전복하고, 최고 행정관의 칭호를 얻으면서 결국 2001년 6월 20일 파키스탄의 대통령이 된다.

출처: www.mofat.go.kr/mofat/ICSFiles/afieldfile(검색일: 2006. 05. 6)

인도와 파키스탄 간의 분쟁은 1947년 영국으로부터 독립 당시 영국의 직할통치를 받고 있던 562개의 군주국(Princely States)들의 처리문제에서 비롯되었다.[140] 무엇보다도 독립국가로의 권력이양 문제를 책임지고 부임한 마운트배튼 총독은 군주국의 처리에 있어 3개의 원칙을 내세웠는데,[141] 첫째, 지리적 강제성의 원칙으로 인도와 파키스탄에 가까운 지역은 가급적 가까운 국가에 속한다. 둘째, 주민들의 종교 비율에 따라 국가를 선택한다. 셋째, 어느 쪽이든 소속되지 않는 경우는 허용치 않는다는 것이었다.

이들 가운데 최후까지 문제가 된 군주국은 주나가드(Junagadh) 왕국, 하이데라바드(Hyderabad) 왕국, 카슈미르(Kashmir) 왕국이었다.

140) 영국령 인도 전체의 40%가량을 차지하고 있던 군주국의 숫자는 통상 562개라고 기록되어 있지만 정확한 숫자는 아니다. 라자(raja)라 칭했던 번왕(藩王)의 통치를 받았으며, 인도 전 지역에 분포되어 작게는 수십 ㎢에서 수십만 ㎢까지, 또한 면적과 인구는 수만 명에서 수천만 명에 이르기까지 다양했다. Robert L. Hardgrave, Jr. & Stanley A. Kochanek, *India－Government and Politics in a Developing Nation, 4th(ed.)*(New York: HBJ Publishers, 1986), 53－54쪽.

141) 이은구, "카쉬미르 문제의 발단과 인도－파키스탄의 분쟁", 『국제지역연구』, 제6권 제4호(2003), 86쪽.

즉 인도 중앙에 위치했던 주나가드 왕국의 경우 회교도인 왕이 힌두교도가 다수였던 국민의 의사에 반해 파키스탄을 선택했다. 그 다음으로 인도 남부 중앙에 위치한 하이데라바드 왕국 역시 회교도 왕에 힌두교도가 다수였지만 완전한 독립을 원했다. 하지만 인도는 합병을 통해서 양 군주국을 강제적으로 귀속시켜 버렸다. 반면 카슈미르 왕국의 경우는 힌두교도였던 왕과 지배계급의 비율이 30% 정도였고, 60%에 달했던 다수의 회교도들은 마운트배튼 총독의 종교 비율에 따른 '분할 계획안'(Partition Plan)에 의하면 당연히 파키스탄을 선택해야 했음에도 하라싱(Maharajah Harasingh) 왕은 1947년 10월 26일 인도에 카슈미르 전부를 양도하는 협약안에 서명하고,[142] 인도가 이를 27일 수용함으로써 카슈미르의 합병은 합법화되었다.[143]

하지만 파키스탄이 이미 10월 22일부터 파탄족(Pathan Tribes) 무장세력을 주축으로 병력을 카슈미르 내부로 침투시킴으로써 전면적인 전쟁 상황에 돌입하게 되었다. 10월 28일 인도의 네루 총리가 병력을 파견하면서 시작된 인도－파키스탄 전쟁은 1948년 1월 1일 유엔 안보리에 상정되면서, 중재를 위해 1월 20일 '유엔 인도－파키스탄 위원회'(UN Commission for India and Pakistan: 이하 UNCIP)가 결성되었다. 마침내 1949년 1월 1일 휴전에 합의하고, 1월 5일 UNCIP의 합의안으로 카슈미르 사태는 잠정적인 해결국면을 맞게 되었다. 즉 7월 27일 카라치(Karachi) 협정에 따라 인도 63%, 파키스탄 37%의 비율로 남동부의 인도령인 '잠무 카슈미르'(Jammu and Kashmir)와 북서부의 파키스탄령인 '아자드 카슈미

142) Sumit Ganguly, "An Opportunity for Peace in Kashmir", *Current History,* Vol.96, No.614(December, 1997), 415쪽.

143) Emeka Ohajunwa, *India－US Security Relations 1947－1990*(Chanakya Publications, 1992), 29－31쪽.

르'(Azad Kashmir)로 분할되었다.[144)]

현재 카슈미르는 1962년 인도령 카슈미르의 일부인 '악사이 친'(Aksai Chin) 지역에 대해 중국과의 영유권을 둘러싼 국경분쟁이 발생하면서 <그림 9>에서와 같이 인도령 101,000㎢, 파키스탄령 78,000㎢, 중국 점령지역 41,440㎢ 등으로 분리되어 있다. 특히 인도령의 경우는 잠무(Jammu 26,000㎢), 카슈미르 밸리(Kashmir valley, 16,000㎢), 라다크(Ladakh, 49,000㎢) 등 3개 지역으로 분리되어져 있다.[145)]

〈그림 9〉 카슈미르 영유권 분쟁

출처: http://www.chosun.com/international/news/200607/200607130031.html(검색일: 2006. 7. 13)

---

144) S. M. Burke & Lawrence Ziring, *Pakistan's Foreign Policy, 2nd(ed.)*(Oxford University Press, 1990), 26－33쪽.

145) Dina Nath Raina, *Kashmir: Distortuons and Reality*(New Delhi: Reliance Publishing House, 1994), 1－13쪽.

파키스탄은 한편으로는 심각한 국내상황들에 직면하는데, 즉 정통 회교의 입장에서는 1949년 공표된 헌법 원칙들 가운데 자유로운 요소들의 일부분이라도 용납할 수 없었기에 상호 충돌하게 되었다. 또한 1951년 10월 16일 알리 칸 총리가 라왈핀디(Rawalpindi)에서 악바르(Syed Akhbar)가 쏜 총에 암살당하는데, 그는 파키스탄 정부의 카슈미르 정책에 적대감을 지녔으며, 카슈미르 전쟁에도 참전했었던 회교연맹 광신자였다.

뒤를 이은 나지무딘(Khwaja Nazimuddin) 총리와 알리 보그라(Muhammad Ali Bogra) 총리는 리더십의 공백을 메우는 데 실패하고 말았다. 특히 1954년 총선 결과 동벵갈의 과반수 주민들에게서 이질적인 서파키스탄 연방정부에 대한 불만이 점차 고조되어져 갔다. 이 같은 위기상황들에 대한 타개책으로써 파키스탄 정부가 취한 조치는 1954년 제헌의회를 해산하고 국가비상사태를 선언한 다음, 1955년에는 서파키스탄에 존재하는 주(州)들과 군주국들(princely states)을 12개의 지구(地區)로 구성되는 단일한 주로 통합시키는 것이었다. 또한 동벵갈이라는 명칭을 동파키스탄으로 변경시킴으로써 적어도 외양상 서파키스탄과 동등하게 만들었다. 즉 1954년 10월~1956년 3월까지 다양한 지역과 이념들을 융화시키기 위한 통합적 제도의 건설이 네 가지 원칙에 입각한 가운데 추진되었다.[146) 첫째, 서파키스탄은 하나의 주(州)로 통합하고, 동·서 파키스탄 지역은 모든 범주에서 동등하다.

둘째, 동·서파키스탄의 자치를 허용한다.

셋째, 파키스탄의 국가언어로 벵갈어(Bengali)와 우르두어(Urdu)

146) Talukder Maniruzzaman, "National Integration and Political Development in Pakistan", *Asian Survey*, Volume Ⅶ, Number 12(December, 1967), 877-878쪽.

양자를 인정한다.

넷째, 이념적 논쟁에서 파키스탄은 회교 이념을 고수한다는 일반적 합의에 도달하여 최종 결정은 의회의 토의과정을 거쳐서 통합의 원칙이 1956년 헌법으로 구체화되었다.

1956년 2월 29일 새로운 헌법이 최종적으로 의회를 통과하면서 독립 이래 실시되었던 총독제가 폐지되고, 초대 대통령으로는 마지막 총독이었던 미르자(Iskander Mirza)가 3월 5일 선출된 가운데, 3월 23일 연방(Commonwealth of Nations)제의 공화국이 출범했다.

〈표 28〉 파키스탄 역대 대통령

NO.	성 명	재 임 기 간	소 속 정 당
1대	Iskander Mirza	1956.03.23~1958.10.27	Republican Party
2대	Muhammad Ayub Khan	1958.10.27~1969.03.25	Military
3대	Yahya Khan	1969.03.25~1971.12.20	Military
4대	Zulfikar Ali Bhutto	1971.12.20~1973.08.14	Pakistan People's Party
5대	Fazal Illahi Chaudhry	1973.08.14~1978.09.16	Pakistan People's Party
6대	Muhammad Zia-Ul-Haq	1978.09.16~1988.08.17	Military
7대	Ghulam Ishq Khan	1988.08.17~1993.07.18	No Party
8대	Wasim Saijad(권한대행)	1993.07.18~1993.11.14	Pakistan Muslim League
9대	Farooq Leghari	1993.11.14~1997.12.02	Pakistan People's Party
10대	Wasim Saijad(권한대행)	1997.12.02~1998.01.01	Pakistan Muslim League
11대	Muhammad Rafiq Tarar	1998.01.01~2001.06.20	Pakistan Muslim League
12대	Perez Musharraf	2001.06.20~현재	Military

출처: http://en.wikipedia.org/wiki/List of President of Pakistan(검색일: 2006. 05. 6)

하지만 위태로운 경제적 상황은 비록 1953년 이후 기근을 경감시키기 위하여 미국으로부터 대규모의 곡물들이 선적(船積)되었음에도 불구하고 여전히 그대로였다. 대외관계 역시 카슈미르를 둘러싼 인도와의 갈등이 미해결상태로 남아 있었고, 아프가니스탄은 북서국경을 따라서 파탄 종족의 자치체인 푸쉬투니스탄(Pushtunistan) 국가를 구성하기 위한 선동의 조짐 또한 지속되고 있는 상황이었다. 특히 1956년 이후 파키스탄 정부의 안정성에 대한 위협이 점차적으로 증가되었으며 법률에 의한 정당 통제의 결여, 지속적인 재정곤란, 빈번한 '자당(自黨)의 반대투표'(floor crossing), 내각 교체, 광범위한 정치적 부패가 발생하게 되었다. 이로 인해 미르자 대통령은 총선이 1959년 1월로 예정되어 있었음에도 불구하고 취소하였으며, 군부의 지원하에 1956년 헌법을 폐기시키고, 중앙 및 주 의회들을 해산시킨 다음 1958년 10월 7일 계엄령을 선포했다. 그는 육군참모총장인 아유브 칸(Ayub Khan) 장군을 계엄사령관으로 임명함으로써 결과적으로 군부에 정치개입의 빌미를 제공하게된다.[147)]

파키스탄 군부의 정치개입은 (1) 1958년 아유브 칸의 군부쿠데타, (2) 1969년 야히아 칸(Yahya Khan)의 군부쿠데타, (3) 1977년 지아 울 하크(Zia－Ul－Haq)의 군부쿠데타, (4) 1999년 무샤라프(Pervez Musharraf)의 군부쿠데타에 이르기까지 네 차례 발생했다. 전통적으로 파키스탄 군부의 수뇌들은 보수주의적 성향을 강하게 표출했는데, 그 이유는 영국 식민치하를 겪으면서 자연스럽게 영국 군대의 전통을 체득(體得)한 결과 군의 정치개입 자체에 강한 반발을 보였기 때문이다. 하지만 독립 이후 군부 내부에서는 비전통적인 요인들이 여러 측면에서 광범위하게 나타나기 시작했는데, 그 요인들을 몇 가지로 요약해 보면 다음과 같다.[148)]

첫째로 신생독립국가인 파키스탄으로서는 외부의 위협으로부터 국

---

147) Tariq Ali, "Revolutionary Perspectives for Pakistan", *New Left Review,* Number 63(September/October, 1970), 44쪽.

148) 김성주, "파키스탄에 있어서 군부통치와 정치체제: 아유브 칸 정권의 경험", 성균관대 사회과학연구소, 『사회과학』, 통권 30호(1989), 217－219쪽.

가의 안보를 강화해야만 하였다. 따라서 파키스탄 군부는 점차 거대 조직화를 거치면서 성장해 갔으며, 가장 근대화된 집단으로 자리잡으면서 군부는 정치적 입지를 확보할 수 있었다.

둘째로, 군부를 정치에 개입할 수 있게 만들었던 요인은 정치적 불안정성에 근거했다. 예컨대 1948년 국부(國父)였던 알리 지나의 사망과 1951년에 알리 칸 총리의 암살로 1953년 라호르 지방에서 대규모 폭동이 발생하자 3월에서 5월까지 정부는 계엄령을 선포하고, 1954년에 들어서면 제헌의회를 헌법적 절차에 의하지 않은 가운데 해산시키고 말았다. 이렇듯 의회의 제(諸) 기능들이 마비되면서 전국적으로 폭력사태가 확산되자 파키스탄 정부는 행정력에 대한 공신력의 강화차원에서 당시 육군참모총장이었던 아유브 칸을 국방장관으로 기용했던 것이다.

셋째, 대부분의 여타 집단들에 비해 파키스탄 군부는 국민들로부터 좋은 인상과 존경을 받고 있었다.[149] 이는 군부가 1947년 독립 이래 정치적 중립의 자세를 견지해 왔던 전통적 성향으로부터 기인한 것이다. 따라서 이 같은 국민적 이미지를 배경으로 군부의 지도자들은 자신의 입지를 정치 · 사회적 영역으로 확대시킬 수 있었다.

먼저 1958년 10월 27일 발생한 아유브 칸 장군의 군부쿠데타부터 살펴보기로 하자. 파키스탄 최초의 군부쿠데타를 주도했던 육군참모총장 아유브 칸은 쿠데타의 목표를 국가를 재정립시키는 데 있다고 밝혔는데, 결과적으로 비전통적 요소들의 확대는 아유브 칸을 비롯한 군부 지도자들로 하여금 사회에 만연된 부정과 부패 및 혼란으로부터 법과 질서를 유지하고 국가를 위기로부터 구해야 한

149) Shuji Uchikawa(ed.), *Pakistan's Crisis: Political and Economical Analysis*(Institute of Developing Economics, March 2000), 1쪽.

다는 소명의식을 일으켜 계엄령의 선포와 더불어 헌법은 폐지되었다. 아유브 칸의 군사정부는 총리직을 폐지시키고 1960년 2월 헌법위원을 임명하여 '1962년 헌법'을 만드는데, 이 헌법은 상하양원제의 의회와 더불어 대통령제를 중심으로 두 개의 주(동·서파키스탄)와 두 개의 공용어(벵갈어와 우르두어)를 갖춘 회교 연방공화국을 규정하고 있었다.

1962년 3월 1일 시행된 신헌법은 1958년 이전의 약한 의회와 강력한 관료체제를 강력한 대통령 지배체제로 대체시켰는데, 대통령의 권력에 대한 원칙적인 제도적 억제는 입법부보다는 사법부에 집중되었던 관계로 파키스탄의 체제는 자유민주주의라기보다도 법치국가(Rechtsstaat)에 보다 가까운 것이었다.[150] 이렇듯 기초민주주의와 대통령지배 헌법은 정치제도의 골격을 제공했지만, 아유브 칸은 이집트의 나세르(Gamal Abdel Nasser)와 마찬가지로 1958년 10월~1962년 6월까지의 계엄령 기간 동안 정당 활동을 금지시킴으로써 시종일관 정당들에 적대적이었다.[151] 이 때문에 파우커(Pauker)를 비롯한 몇몇 학자들은 파키스탄의 약한 정치공동사회와 훈련이 잘된 군부의 지도력이 주어진 상황에서 쿠데타는 불가피한 것이었다는 점을 인정했었다.[152] 또한 아유브 칸의 통치를 서구학자들은 '예방 민주주의'(preventive democracy)로 지칭하기도 했다.[153]

아유브 칸의 군부정권은 관료집단과 연대하여 새롭게 조직된 정

---

150) S. P. Huntington, *Political Order in Changing Societies*(New Heaven: Yale University Press, 1973), 253쪽.

151) S. P. Huntington, *ibid.*, 254쪽.

152) Wayne Ayres Wilcox, "The Pakistan Coup d'Etat of 1958", *Pacific Affairs*, Vol.38, No.2(Summer, 1965), 142쪽.

153) Wayne Ayres Wilcox, *ibid.*, 142쪽.

부가 정치적 혼동과는 대조적으로 근대화를 지원할 수 있게 하였다. 특히 제3세계 군부쿠데타의 과정에서 흔히 나타나는 정통성의 위기를 경제개발이라는 효율성을 통해 적절하게 대처해 나간 결과 그의 통치 기간중 파키스탄은 연 7～10%의 경제성장률을 보이기도 하였다. 이를 알라비(Hamza Alavi)는 군부와 관료제 과두정치의 특수한 역할을 '후기 식민지사회'(Post－Colonial Society)에서의 일반적인 현상으로 지적하고, 대표적인 사례로 아유브 칸의 '기초민주주의'(The System of Basic Democracies)를 든 바 있다.[154)]

이러한 기초민주주의체제의 기본 목적은 비능률적인 갈등을 최소화시키면서 효율적인 행정업무를 극대화하는 데 있었지만, 임명되거나 선출된 위원들은 군부 및 행정 관료들과의 연합을 형성하고 궁극적으로 아유브 칸 정권의 추종자로 전락하고 말았다. 무엇보다도 후기 식민지사회의 유산(遺産)인 파키스탄의 기초민주주의는 과대 성장된 국가장치로 상속되어, 제도화된 실행은 토착 사회계층들을 통제하고 조정하는 가운데 작동하였다.[155)] 또한 간접선거제도에 기반을 둔 기초민주주의체제는 대중민주주의의 수용이라기보다는 지도자의 영속적인 개인 지배를 위한 새로운 제도적 장치였는데, 아유브 칸에 의하면 모든 국민이 그들의 지적 능력에 따라 효율적으로 정치에 참여할 수 있도록 보장하고, 적당히 강력하면서도 안정적인 정부를 이룩할 민주적인 제도들의 체계를 만들기 위한 고심 끝에 쿠데타 직후 1년 만에 창출된 것이었다.[156)] 따라서 기초민주주의체제는 국민들의 광범위한 정치참여를 유도해 냈다기

154) Hamza Alavi, "The Post－Colonial Societies: Pakistan and Bangladesh", *New Left Review*, Number 74(July/August, 1972), 64－68쪽.

155) Hamza Alavi, *ibid.*, 59－61쪽.

156) S. P. Huntington, *op. cit.*, 251쪽.

보다도 군부통치의 안정성과 지속성을 확보하려는 의도를 강하게 지녔던 제도였던 것이다.

1962년 12월~1963년 1월에 걸친 인도와 중국 간의 분쟁 당시 파키스탄은 중국과 쌍무적인 국경조약을 체결하면서 분쟁 중인 국경선을 포함함으로서 인도와의 관계는 급격하게 악화되고 마는데, 그 결과 카슈미르 지역의 분쟁은 앞서 제시된 <그림 9>와 같이 파키스탄-인도-중국 세 나라의 첨예한 이해관계 속에 위치하게 된 것이다. 카슈미르를 둘러싼 인도와의 오랜 분쟁은 결국 1965년 4월 8일 인도에서는 북서부이자 파키스탄에서는 동남부 지역에 위치한 군주국인 커치(Kutch)의 랜(Rann) 지역에서의 전쟁 발발[157]로 이어져 영국의 윌슨(Harold Wilson) 총리가 1965년 1월 당시의 경계로 양국이 돌아갈 것을 중재하면서 6월 30일 휴전협정이 성립되었다.

1965년 초 아유브 칸 대통령은 인도의 카슈미르 강제합병을 재선(再選) 전략의 하나로 채택하고, 카슈미르 장악을 위해 8월 5일 '지브랄탈'(Gibraltar)작전에 의해서 정규 훈련을 받은 게릴라(Mujahideen) 5,000명을 인도령 카슈미르에 침투시켜 대규모 시위 및 사회불안을 조성하려 했지만 실패하면서 9월 1일 침공을 감행했다. 이때 중재 당사자는 유엔과 소련이 맡았었는데, 새로운 중재세력의 등장은 그 동안 이 지역에서 큰 영향력을 발휘해 온 영국의 쇠퇴를 의미했다. 먼저 유엔 안전보장이사회의 중재를 9월 20일 인도가 수용하고, 22일에는 파키스탄 역시 수용함으로써 전쟁은 중지되었다. 이어 1966년 1월 10일 소련의 코시긴(Aleksey N. Kosygin) 총리 중재로 아유브 칸 대통령과 샤스트리(Lal Bahadur Shastri) 인도 총리 간에 전후

157) William J. Barnds, India, *Pakistan, and the Great Powers*(New York: Praeger Publishers, 1972), 197-200쪽.

문제 처리를 위한 '타슈켄트 협상'(Declaration of Tashkent)이 체결되었는데, 1965년 제2차 인도-파키스탄 전쟁의 실질적인 패배와 더불어 각종 부패 및 경제개발 실패 등의 악재(惡材)들은 아유브 칸 대통령을 정치적 위기상황으로 내몰기에 충분했다. 즉 서파키스탄은 알리 부토(Zulfikar Ali Bhutto) 전(前) 외무부장관이 결성한 '파키스탄 인민당'(Pakistan People's Party: 이하 PPP)이, 동파키스탄에서는 라흐만(Sheigkh Mujibur Rahman)[158]이 이끌었던 '아와미 연맹'(Awami League: 이하 AL)은 대표적인 정치적 반대세력들이었다. 특히 동파키스탄에서는 1966년 연방정부에 대한 불만과 자치에 대한 열망이 총파업으로 나타나기도 했었다.

1968년 10월 서파키스탄 전 지역에서 식료품 가격의 상승과 정치적 자유의 결핍이 원인이 되어 발생한 시위가 동파키스탄으로 급격하게 확산되면서, 아유브 칸의 기초민주주의 체제는 붕괴되기 시작했다. 더구나 상황의 단계적인 확대는 두 번째 계엄령이 1969년 3월 25일 발동되면서, 아유브 칸 대통령은 육군참모총장이자 계엄사령관이었던 야히아 칸 장군에게 권력을 이양하고, 1962년 6월의 신헌법은 폐기되고 말았다. 보통선거 실시 이전의 '잠정정권'(provisional regime)으로 출범한 야히아 칸 대통령은 자유로운 총선거를 위해 1970년 3월 30일 법률기구 및 규칙들을 공포하고, 헌법과 중앙 및 지방의회의 구성과 기능에 대한 기본적인 원칙들도 상세하게 제시하였다. 새 헌법에 의해 투표로 선출된 의회는 인구비례를 기초로 총 313석의 의석 중 동파키스탄에 169석(여성에게 할당된 의석 7석 포함), 서파키스탄에

158) 방글라데시 건국의 아버지로도 불리는데, 초대 총리였던 타주딘 아흐메드(Tajuddin Ahmed)에 이어서 총리(1972.1.12~1975.1.24)를 역임하고, 대통령제로 전환한 1975년 1월 25일부터 대통령이 되지만, 1975년 8월 15일 발생한 군부쿠데타로 가족과 함께 피살당했다.

144석(여성에게 할당된 의석 6석 포함)을 각각 할양하였다.

1970년 11월 12일 동파키스탄에 태풍 사이클론(cyclone)이 강타해서 15만 명 이상이 사망하는 20세기 최대의 자연재앙이 발생했음에도 불구하고, 1970년 12월 7일 중앙인 '연방수도권지역'(Federal Capital Area: FCA)과 다섯 곳, 즉 4개의 주(州)인 발루치스탄(Baluchistan), 펀잡(Punjab), 신드(Sindh), '북－서 국경주'(North－West Frontier Province: 이하 NWFP) 및 '소수종족연방보호지'(Federally Administered Tribal Area: 이하 FATA)에서 지방의회를 구성하는 선거가 자유롭고 공정한 가운데 동시에 열렸는데, 무엇보다도 정부는 모든 정당들에 엄정 중립을 유지하였다. 하지만 통합 파키스탄에서 처음이자 마지막이었던 1970년 총선은 국가 통일이란 입장에서는 현실적인 재앙으로 다가왔다. 특히 총선 결과 동·서파키스탄 전 지역에서 국민들의 신뢰를 받는 단 하나의 국민 정당도 존재하지 않았다는 사실은 그만큼 긴박한 정치적 상황이 정확히 반영된 것이기도 했다. 즉 선거 결과 당시 파키스탄 유권자들은 힌두교와 회교로 대표되는 종교분파와 동·서 두 지역 간 정치적인 양극화에 의해서 분열되었다.

먼저 동파키스탄의 경우 라흐만이 이끈 AL이 배당된 총 162석 가운데 160석을 차지하였지만, 서파키스탄에서는 단 한 석도 확보하지 못했는데, 구체적으로 아와미 연맹이 서파키스탄의 네 지역에서 확보한 득표율을 살펴보면 펀잡 0.07%, 신드 0.07%, NWFP 0.2%, 발루치스탄 1.0%였다. 그 다음으로 서파키스탄에서는 부토가 이끈 PPP가 배당된 총 138석 중에서 81석을 차지하였지만, PPP는 동파키스탄에서 후보를 낼 생각조차 못 했다. 서파키스탄의 나머지 57석은 7개의 정당들과 15명의 무소속 후보들의 몫이었다. 구체적으로 살펴본다면 신드와 펀잡 주(州)에서는 다수당이자 서파키스탄에서 유일한 거대 정당인 PPP와 '국가 아와미당'(National Awami Party: 이하 NAP)이 다수당을 차지했으며, 발루치스탄과 NWFP에서는 그들의 정치적 제휴세력이었던 '자미아'(Jamiat – ul Ulema – i – Islam: 이하 JUI)당이 다수당을 차지했지만, 동파키스탄에서는 단 한 석을 차지하는 데 그쳤다.

이와 같이 1970년 12월의 총선은 세 개의 명확한 권력 중심축과 더불어 새로운 정치지형을 형성했는데, 그 실체는 다음과 같다. 첫째, 동파키스탄에서의 AL이었다. 둘째는 신드와 펀잡에서의 PPP였다. 셋째는 발루치스탄과 NWFP에서의 NAP – JUI였다. 무엇보다도 야히아 칸의 군부는 이 세 개의 권력 중심축의 최상부에 위치한 네 번째 권력의 중심축이면서 동시에 새로운 정치지형의 중심축이기도 했다.

무엇보다도 총선 결과 동파키스탄을 기반으로 AL이 다수당을 차지한 반면 서파키스탄을 기반으로 한 부토의 PPP는 81석에 그침으로써 권력의 핵심인 총리직이 동파키스탄으로 넘어가게 되는 상황이 전개되자 1971년 3월 1일 야히아 칸 대통령은 의회 개원을 무기한 연기시킨 다음, 선거 결과를 취소하고, 3월 26일 AL의 활동을 금지시켰으며, 서파키스탄에 대한 반역죄의 명목으로 라흐만을 투옥시켜 버렸다. 이에 AL이 주도한 급진적인 '시민불복종운동'(civil disobedience movement)이 동파키스탄 정국을 혼란에 빠뜨리게 되고, 3월 26일 동파키스탄은 방글라데시로 독립을 선언하지만, 계엄령하에서 서파키스탄이 파견한 군대에 점령당한 상태였기에 AL 지도부는 인도의 캘커타로 피신하여 4월 10일, 아흐메드(Tajuddin Ahmed)를 수반으로 한 망명정부를 수립하였다. 또한 파키스탄 군대에 대항해 당시 육군 소령이었던 라흐만(Ziaur Rahman)[159]에 의

159) 후일 방글라데시의 대통령으로 1977년 4월 21일 취임하여 1981년 5월 30일 암살당했다. 2001년 10월 10일 취임한 현재 총리인 지아(Khaleda Zia)는 그의 부인이기도 하다. http://www.bangladesh.gov.bd/(검색일: 2006. 6. 15)

해 결성된 군사조직체인 '벵갈 해방전사'(Bengali mukti bahini) 간 내전 양상이 계속됨에 따라 약 1천만 명에 이르는 난민들이 인도로 탈출했으며, 수백 내지 수천여 명의 시민들이 살해되었다.160) 1971년 12월 6일 인도는 방글라데시를 지원하기 위해 동파키스탄에 공식적으로 군대를 파견하면서 제3차 인도－파키스탄 전쟁이 양국의 국경선을 따라서 발생하게 되었고, 그 결과 12월 16일 동파키스탄의 다카(Dhaka)가 인도군과 벵갈 해방전사의 합동작전에 의해 함락되면서 파키스탄의 패배로 끝났다.

전쟁 이후 1971년 12월 20일 대통령직과 더불어 최초로 민간인 신분으로서 계엄통치를 맡게 된 부토(Zulfikar Ali Bhutto)는 서쪽을 중심으로 새로운 파키스탄을 만들 것과 국가의 자신감을 회복할 것임을 약속하는 동시에 1971년 전쟁에 대한 비난을 교묘히 활용하여 야히아 칸의 군사정부(military junta)를 무력화시키면서 민간 지배를 회복시켰다. 특히 민간 지도력의 원칙을 주장하면서 변화된 의회 및 연방체제와 더불어 새로운 헌법을 도입했다. 1972년 7월 2일 인도의 심라(Simla)에서 개최된 파키스탄의 부토 총리와 인도의 간디(Indira Gandhi) 총리 간 정상회담시 카슈미르에 대한 정전(停戰)협정에서 경계설정이 앞서 <그림 9>에서 제시된 바 있는 현재의 통제선(Line of Control: LoC)인 것이다. 마침내 1974년 2월 부토는 라호르에서 세계회교국정상회담의 개최에 앞서 방글라데시를 인정했다.

한편 1973년 4월 10일 내각책임제의 새 헌법이 만장일치로 의회를 통과하고, 1973년 8월 14일 신헌법의 공표와 더불어 일라히(Fazal Illahi Chaudhry) 대통령과 부토 총리가 선출되었다. 1973년

---

160) G. W. Choudhury, *The Last Days of United Pakistan*(Indiana University Press, 1974), 186－187쪽.

의 헌법이 지닌 특징은 내각책임제로의 전환뿐만 아니라 이전까지의 의회(1947～1973)가 단원제(unicameral system)였던 데 반해 하원(National Assembly)과 상원으로 구성된 양원제(bicameral system)를 채택했다는 점이다. 부토 정부는 정치・경제적 혼란을 수습하기 위해 통제경제의 강화, 농민을 위한 토지개혁을 추진한 결과 1972년에 25%였던 인플레이션이 1976년에는 6%로 급락하면서 경제가 성장하기 시작했다. 이에 부토는 개혁정책들이 국민들의 광범위한 지지를 받았다고 확신하고 1977년 1월 10일 대통령에게 하원 해산을 요청하지만, 그의 선언은 순수한 '회교 율법'(Sharia Law)의 설립을 주요 의제로 내세운 9개의 반대정당들의 연대체인 '파키스탄민족동맹'(Pakistan National Alliance: 이하 PNA)의 형성을 초래했다.

1977년 3월 7일 실시된 총선거에서 여당의 압승(PPP 155석 대 PNA 36석)에도 불구하고, PNA는 부정선거가 자행되었다고 비난하면서 하원선거 결과의 거부를 선언하고, 대중시위의 배후 조종 및 지방의회 선거까지도 거부했다. 특히 PNA의 재선거 실시 주장을 부토가 일축하면서 폭력을 동반한 시위가 전국적으로 확산되었다. 이에 부토는 PNA와 협상을 시도했는데, 심지어 술과 도박 및 모든 반회교적 활동들의 금지라는 종교적 수단까지도 제시했지만, PNA가 주도한 시민불복종은 지속되었고, 더 나아가 사실상 군부에 대한 통제까지도 상실하게 되었다. 1977년 7월 5일 군부는 쿠데타를 일으켜 부토를 포함한 주요 정당의 지도자들을 감금시킨 다음 7월 7일 육군참모총장 지아 울 하크 장군은 헌법을 정지시키고 계엄령을 발효하면서 3개월 안에 총선실시를 약속했다. 이때 계엄령으로 인해 총리직이 정지되면서 실질적으로 총리직을 수행한 지아는 정당 활동을 금지시키지 않았으며, 더구나 부토를 석방하면서 10월에 새롭게 실시될 선거가 자유로운 경쟁 가운데 치러질 것임을 보장했다. 하지만 부토의 대중적 인기가 증명되고 그의 정부가 유지될 가능성이 커지자, 총선을 연기하고 부토의 PPP당 지도부들의 범죄 행위에 대한 조사에 착수하여 정치적 정적을 살해한 혐의를 덮어씌워 부토에게 사형을 선고한 다음 1979년 4월 6일 교수형을 집행하였다.

1978년 3월 1일 포고(布告)로 총선을 취소시킨 다음, 지아 총리는 모든 정당 활동을 금지시켰으며, 200여 명의 언론인들을 체포하고, 다수의 신문사들을 폐간시켜 버렸다. 지아 총리의 내각에 '자마아트 이슬라미'(Jamaat－i－Islami)[161]와 '파키스탄회교연맹'(Pakistan Muslim League)을 포함한 PNA를 구성한 몇몇 정당들이 참여했지만, PPP에 대한 억압은 지속되었고, 때때로 부토의 미망인(Nusrat)과 딸(Benazir)을 가택 연금시키거나 투옥시켰다. 게다가 1978년 9월 16일 이름뿐인 PPP 출신이었던 일라히 대통령을 대신하여 대통령직에 오름으로써 군사정부(military junta)가 권력을 독점적으로 장악하게 된 것이다.[162] 정당 배제의 원리 위에 1979년 9월 대다수 지방에서 시행되었던 선거체제를 지아 총리는 1985년까지 중앙 및 지방 선거에 존속시

---

161) 지아 군부정권과 연합하여 자신들의 이상을 구체적으로 실현하고자 했던 자마아트 이슬라미와 자신들의 정당성을 보장받을 필요성을 느꼈던 지아 군사정권의 이해관계가 교묘히 맞아떨어진 결과가 바로 회교국가화를 추진하는 것이었다. 특히 마우두디(Sayyid Abul A'la Maududi)가 설립한 자마아트 이슬라미의 경우는 자신들이 지향하는 이상의 실현을 위한 수단으로써 현실 정치와의 타협을 통해 정치권력을 획득하기도 했다. 이 과정에서 그들이 내세웠던 회교와 민주주의라는 두 원칙 중 민주주의는 지아 정부의 비민주성을 옹호하는 과정에서 실종되고 말았다. Tumtaz Ahmad, "Islamic fundamentalism in South Asia: The Jamaat－i－Isalmi and the Tablighi Jamaat of South Asia", in Martin E. Marty, R. Scott Appleby(ed.), *Fundamentalism Observed*(Chicago: University of Chicago Press, 1991), 480－481쪽; http://www.jamaat.org/ (검색일: 2006. 6. 21)

162) 필자는 이때까지는 권력구조가 내각책임제였던 관계로 지아의 직위를 총리로 호칭했으며, 1984년 12월 19일 선거 이후 대통령의 권한에 총리의 임면권이 부여되는 관계로 그 시점부터 대통령 호칭을 적용하였다.

켰다. 지아 총리는 1979년 11월 17일에서 11월 20일까지 중앙과 지방 선거를 실시한다고 선언하였지만, 역시 취소하고 말았는데, 그 이유를 많은 사람들은 1979년 9월의 지방선거에서 확인된 PPP 세력에 대한 두려움 때문이라고 보았다. 이 때문인지는 몰라도 지아 총리는 한층 더 나가서 정치 활동과 정당 활동 역시 금지시켜 버렸다.

1981년 11월 6일 공식적으로는 존재하지 않는 정당인 PPP와 마찬가지의 입장에 놓인 몇몇 다른 정당들이 '민주주의회복운동'(Movement for the Restoration of Democracy)을 결성하면서 연대하게 되었다. 이들의 요구는 계엄령 해제와 중지된 1973년 헌법에 근거해 총선을 실시하라는 간단명료한 것이었지만, 요구들이 수용되지 않는 가운데 특히 1983년 9월을 고비로 민주회복운동의 지도자들이 투옥되면서 시간이 흐를수록 지아 정부에 적대적으로 바뀌어 갔다. 지아 총리의 목표는 파키스탄을 회교국가로 만드는 것이었는데, 1978년 그는 1977년 총선에서 PNA의 요구 중의 하나였던 '회교국가'(Nizam－i－Mustafa)를 기반으로 하는 파키스탄 법률을 선언했다. 즉 어떠한 법률도 회교 율법에 순응하는 입법기구를 통과해야 하고, 이전에 통과된 법이라 하더라도 회교 법률과 일치되지 않는다면 무효라는 것이었다. 하지만 회교국가는 여러 가지 문제들을 일으켰는데, 대표적인 사례로 대부분의 파키스탄인들은 수니(Sunnis)파였지만, 현실적으로는 회교 법률의 해석을 달리하는 소수인 시아(Shia)파들이 존재하고 있었다. 특히 세금 징수제의 도입은 시아파들의 강력한 항의에 직면하게 되고, 결국 이슬라마바드(Islamabad)에서 시위를 벌이게 되면서 1981년에 가서야 법률은 수정되어졌다.

1979년 지아 총리는 회교 율법에 따라 사건들을 처리하기 위한 회교 법정(shariat courts)의 설립을 법령으로 공표하면서, 1년 후 음

주·절도·매춘·간통·위증 등 다양한 법률 위반들을 처벌할 회교 형벌들이 만들어졌다. 1985년 총선 전 지아 총리는 대통령으로서 정권을 지속적으로 장악하기 위한 권한을 부여받을 목적으로 표면상 국민투표를 실시하였는데, 1984년 12월 19일 실시된 국민투표에서 파키스탄의 '회교화 계획'(Islamization program)을 집중 부각시켰다. 이때 회교화가 바람직한 것인가라는 단순한 질문에 유권자들의 98%가 바람직하다고 투표한 결과를 놓고서 지아 총리는 대통령으로서의 새로운 5년 임기를 정당하게 부여받았다고 해석했지만, 투표는 의심할 여지없이 부정수단에 의해 조작된 것이었다.

1985년 2월 25일 총선 결과 1985년 3월 24일 주네조(Muhammad Khan Junejo) 총리가 취임하게 되고, 권력은 총리가 아닌 대통령의 수중에 놓이게 되는데, 그 대표적인 사례로 대통령의 총리 임면권(任免權)과 헌법 58조에 의거한 의회 해산권을 들 수가 있을 것이다. 이 같은 대통령의 무소불위적인 자유재량권의 행사로 인해 향후 파키스탄은 빈번한 정권교체를 경험하게 된다.[163] 또한 지아 대통령은 계엄령의 종식을 위한 전제조건으로 헌법의 8차 수정을 비준해 줄 것과 헌법의 변경을 포함한 계엄령하에서 취해진 모든 행위들이 합법적이었다는 점에 대한 승인을 요구했다. 수정조항이 통과되면서 지아 대통령은 1985년 12월 계엄령을 해제하고, 1986년 1월 정당법

163) 예컨대 1988년 11월 총선 결과 집권한 부토(Benazir Bhutto)는 5년 임기 중 20개월 만에 이샤크 칸(Ghulam Ishaq Khan) 대통령의 의회 해산으로 물러났고, 뒤이어 1990년 10월 집권한 샤리프 또한 1993년 4월 이샤크 칸 대통령의 의회해산권 발동으로 실각하고 말았다. 하지만 실각 6주 후에 대법원에서 대통령의 권력 남용을 이유로 샤리프 총리를 복권시킴으로써 대통령과의 갈등 및 대립관계는 심화되었고, 이에 육군참모총장이었던 와히드(Abdul Waheed)의 중재 및 종용으로 7월 15일 대통령과 총리가 동반 사퇴하게 되고, 칼리드(Miraj Khalid) 과도내각이 출범하면서 일단락되었다. 다시 1993년 10월 재집권에 성공한 부토 역시 PPP 부총재였었던 레가리(Farooq Leghari) 대통령의 의회 해산 명령으로 3년 만에 권좌에서 축출되고 말았다.

이 실시됨으로써 그동안 금지되었던 정당정치가 재개되었다.

1985년 총선 이후 자마아트 이슬라미 출신의 상원의원 2명이 파키스탄의 기본 법률로 헌법과 다른 입법기관들에 의해 제정된 법률들보다도 우위에 있는 회교 법률(sharia law)을 제정하고자 했다. 하지만 법률안은 1985년에 통과되지 못한 가운데, 1988년 5월 29일 주네조 총리의 해임과 5월 30일 중앙의회 및 지방의회의 해산 이후 6월 9일부터 8월 17일까지 대통령인 동시에 총리직에 머문 지아는 대통령 명령으로써 법률안을 제정했다. 또한 지아 대통령은 1988년 11월 17일을 총선 실시일로, 그 3일 후에 지방선거를 실시하기로 하였다. 하지만 선거 실시 전인 1988년 8월 17일 펀잡 주(州)의 바하왈푸르(Bahawalpur) 인근에서 의문의 비행기 추락사고로 사망하고 말았다.[164] 뒤이어 의회와 상원에 의해 8월 17일 임시 대통령에 선출된 상원의장 이샤크 칸(Ghulam Ishq Khan)은 총선 이후 알리 부토 전(前) 총리의 딸로서 다수당을 차지한 PPP의 당수(黨首)였던 부토(Mohtarma Benazir Bhutto)를 12월 1일 총리로 임명하였는데, 그녀는 민주적으로 선출된 최초의 여성 총리였다. 12월 12일 이샤크 칸이 대통령으로 선출됨에 따라 1977년 7월 지아 장군의 군부쿠데타가 발생한 이후 11년 만에 완전한 민선정부가 수립되게 되었다. 지아 대통령이 그토록 제정하고자 했었던 회교 법률은 부토 총리의 재직기간이었던 1990년 8월 6일까지는 의회의 승인을 받지 못해 법령 자체가 폐기되었지만, 1990년 11월 6일 샤리프(Nawaz Sharif) 총리가 취임하면서 개정된 회교 법률안이 1991년 5월 통과되었다.

1988년부터 1998년까지 파키스탄은 2번씩 선출되면서도 부패 혐

164) Barbara Crossette, "Who killed Zia", *World Policy Journal,* Volume XXII, No.3(Fall 2005), 94－102쪽을 참고.

의로 공직에서 물어난 부토와 샤리프가 번갈아 이끌면서 민간정부가 통치하였지만, 경제성장률은 1998년 말의 아시아금융위기로 하락했고, 1998년 첫 번째 핵실험장치의 시험 이후 국제적인 경제 제재조치가 취해졌다. 파키스탄의 핵실험은 인도의 핵실험장치의 시험 이후 얼마 지나지 않아 발생한 것이었기에 서남아시아 지역에서 핵무기 경쟁을 초래할지도 모른다는 공포 심리를 확산시키기엔 충분한 것이었다. 1997년 샤리프 총리의 재임 시 총선이 재개되어 그의 정당인 '파키스탄회교연맹'(Pakistan Muslim League: 이하 PMLN)이 헌법을 변경시킬 수 있을 정도인 의회 의석 2/3 이상을 획득하였는데, 선거 결과는 <표 29>에서 제시되고 있다.

〈표 29〉 파키스탄 1997년 2월 3일 총선 결과

정 당	의석수
Pakistan Muslim League(Nawaz)	137
Pakistan People's Party(PPP)	18
Muttahida Qaumi Movement(Altaf)	12
Awami National Party(ANP)	10
Baluchistan National Party(BNP)	3
Jamiat Ulema-i-Islam(Fazlur Rahman)	2
Jamhoori Watan Party(JWP)	2
Pakistan People's Party(Shaheed Bhutto faction)	1
National People's Party(NPP)	1
Independents	21
Minorities	10
Female elected members	20
전 체	**237**

주: 직접선거로 217석(207 이슬람, 10 비(非)이슬람), 20석은 여성에게 할당된 몫.
출처: http://www.hrcpelectoralwatch.org/NA-Statistical%20Report.htm(검색일: 2006. 5. 20)

샤리프는 총리의 권한을 구속하여 왔었던 공식적인 견제와 균형이란 헌법 조항을 없애기 위해 수정안을 내게 된다. 결과적으로 대통령의 의회해산권·육군참모총장 임명권·대법판사 임명권 등을 삭제한 제13차 수정안이 통과되면서 명백한 샤리프의 승리로 끝나게 되고, 이의 무력화(無力化)를 주도한 대표적 3인방이었던 레가리(Farooq Leghari) 대통령은 1997년 12월 2일 자진 사퇴하고, 12월 31일의 대통령 선거에서 샤리프의 측근인 타라르(Muhammad Rafiq Tarar) 상원의원이 압도적으로 당선되어 1998년 1월 1일 대통령직에 올랐다. 법원의 독립을 지키려 했던 대법원장 샤흐(Sajjad Ali Shah) 역시 1997년 12월 2일 해임되었다. 뒤이어 육군참모총장이었던 카라맛(Jehangir Karamat) 장군도 외부의 적이 문제가 아니라 경제가 파키스탄의 진정한 위협이 되고 있기에 이를 극복하기 위해 '국가비상평의회'(national security council) 설치를 요구하면서 샤리프 총리와 맞서다가 1998년 10월 7일 해임되었는데,[165] 정적(政敵)들을 제거하는 데 성공하면서 샤리프는 안정적인 집권 기반을 다지는 듯 보였다.

2. 준(準)군부체제 중심의 민주화과정

그러나 1999년 10월 12일 샤리프 총리는 카슈미르 분쟁을 외교적으로 타협하려는 데 대한 군부의 불만이 고조되고 있다는 점을 간파하고 카라맛의 뒤를 이어 육군참모총장에 오른 무샤라프(Pervez Musharraf) 장군의 해임을 시도하면서, '첩보부대'(Inter-Services Intelligence: ISI) 국장인 지아우딘(Khwaja Ziauddin) 장군을 후임 육군참모총장

---

165) http://www.tribuneindia.com/1998/98oct09/head5.htm(검색일: 2006. 6. 21)

으로 임명하였다. 또한 당시 스리랑카 군부를 방문하고 귀국 중이던 무샤라프를 포함한 승객 200여 명이 탑승한 민항기가 카라치(Karachi) 공항에 착륙하지 못하도록 명령했지만, 군부는 지아우딘의 임명을 반대하면서 카라치 공항을 장악하여 무샤라프는 연료가 거의 소진된 상태에서 가까스로 착륙할 수 있었다.

해임된 지 2시간 만에 즉각적으로 단행된 무혈(無血) 군부쿠데타는 17시간 만에 성공하면서 권력을 재장악한 무샤라프는 헌법을 정지시키고, 국가비상사태를 선언하는 동시에 '잠정헌법령'(provisional constitutional order)을 선포하면서 '행정수반'(chief executive)이란 호칭으로 최고 권력을 장악하였다. 또한 샤리프 전(前) 총리와 그의 동생이자 펀잡 주 총리였던 샤리프(Shahbaz Sharif), 기타 5명의 측근들을 투옥한 뒤 '반테러법정'(Anti Terrorist Court: ATC)에 회부하여 2000년 4월 12일 샤리프 전 총리에 대한 공판에서 민항기 납치 및 테러 죄를 적용해서 각각 종신형(25년)을 선고하고, 50만 루피(rupee)의 벌금형과 함께 전 재산 몰수 및 탑승승객에 대한 보상금으로 200만 루피를 지급할 것을 선고했지만, 12월에 가서 사우디아라비아로 추방하였다.

1999년 10월 17일 국영 TV로 중계된 연설을 통해 무샤라프 장군은 쿠데타를 정당화시켰다. 또한 그는 파키스탄의 상황을 경제가 붕괴되었고, 정부는 진실성을 상실했으며, 국가 제도들은 괴멸상태에 놓였다고 연설하였다. 덧붙여 샤리프 총리의 행정이 군부의 파멸을 시도한 것이었다고 비난하면서 안정을 위한 마지막 수단이 바로 쿠데타였다고 주장했다. 무샤라프는 이러한 악조건들을 치유시키고 민주주의를 번성시키는 외에 군부는 다른 어떠한 의도도 갖고 있지 않다고 언급하면서 치유방법으로 구체적인 목표들을 다음과 같이 제시하였다.

첫째, 국가의 신뢰감과 도덕성의 재정립.
둘째, 연방제의 강화 · 지역 상호 간 불균형 제거 · 국민의 단결력 회복.
셋째, 경제 부흥과 투자자들의 신뢰 회복.
넷째, 법과 질서의 공고화 및 신속한 재판 집행.
다섯째, 국가 제도들의 재건과 정치성의 제거.
여섯째, 풀뿌리 민주주의 단계에까지 권력의 양도.
일곱째, 신속하고도 전반적인 책무에 대한 보증.[166)]

2000년 5월 12일 파키스탄 대법원은 1999년 10월의 군부쿠데타를 합법적인 것으로 판결하면서 무샤라프 정권을 추인하였다. 또한 향후 3년간을 개혁과제 완수를 위한 기간으로 정하고 2002년 10월 12일까지 총선을 실시하여 연방의회 및 지방의회를 구성하도록 판결했다. 2001년 6월 20일 대통령에 취임한 무샤라프가 7월 인도의 아그라(Agra)를 전격적으로 방문하여 바지파이(Atal Behari Vajpayee) 인도 총리와 가진 정상회담은 별다른 효과가 없었지만, 빈 라덴(Osama bin Laden)이 주도한 9 · 11 테러가 발생하면서 미국은 파키스탄에 대한 기존의 제재를 풀고 아프가니스탄(Afghanistan) 탈레반(Taliban) 정부의 보호를 받고 있는 빈 라덴을 색출하고자 했다. 이에 파키스탄 정부는 미 공군의 비행기지와 영공사용권을 허가하고, 아프가니스탄에 대한 군사행동의 기지 역할을 자처했다. 이처럼 기민한 파키스탄 정부의 움직임들은 특히 다수의 아프가니스탄 난민들과 파탄족들이 거주한 국경지역들 및 파키스탄 도시들에서 폭력적인 반미시위를 불러왔지만, 파키스탄 정부는 오히려 전투적인 회교근본주의자 집단들에 강력한 조치를 취함으로써 미국을 중심으

166) “Aims and objectives of the government”, Report on the Work of the Government: 12 October, 1999 to January 2000, Directorate General Films and Publications, *Ministry of Information and Media Development*(Islamabad: Government of Pakistan, 2000).

로 하는 서방세계와 긴밀한 관계를 새롭게 형성시킬 수 있었다.

하지만 무샤라프가 취했던 친미 노선과 알카에다(Al-Qaeda) 간부 체포 등이 회교권의 반발을 초래시켜 총선에서 승리할 가능성이 희박해지자, 국민투표(referendum)라는 돌파구를 선택하게 된다. 무샤라프가 국민투표를 선택한 원인 가운데 하나는 경제의 회복세로 인해 여론이 자신에게 유리하다고 판단한 것도 한 몫을 했다. 왜냐하면 대표적인 미국의 경제주간지 '비즈니스위크'(Business Week)에 따르면, 카슈미르 분쟁이 가라앉은 2002년 2월에는 외국인 투자가 23%나 늘어났고, '카라치 증권거래소'(Karachi Stock Exchange: KSE)의 주가도 1년 이래 최고치를 기록했던 것으로 나타났다. 이 외에도 이코노미스트(Economist)지(誌)에 의하면, 무샤라프는 정당 및 사회단체들과의 면담을 통해서 이미 90%의 지지를 확보했으며, 전국 주요 군사령관들과도 협의가 이루어졌다는 사실 및 기자회견에서도 투표결과에 관계없이 군 총사령관직을 유지할 것이라고 언급하면서 패배해도 물러나지 않겠다는 뜻을 분명히 밝혔기 때문이었다.[167)]

그러나 무샤라프의 국민투표안은 야당과 법조계 및 종교계 등의 강력한 반발을 받게 되는데, 예컨대 야당인 부토 전 총리의 PPP와 샤리프 전 총리의 PMLN은 위헌이라며 투표 거부를 선언했다. 2002년 4월 30일 실시된 임기 5년 연장을 위한 국민투표의 결과 무샤라프는 유권자의 50%가 참가하여 98%가 찬성투표를 했다고 주장함으로써 2007년까지 장기집권의 기반을 구축할 수 있었다. 이 과정에서 무샤라프의 불법적인 권력 남용에 저항했던 대법원 판사들과 비평적이었던 신문의 편집자들이 강제적으로 축출되었는데, 대표적으로 국제금융법과 헌법의 세계적인 권위자였던 우사마니

---

167) 『조선일보』(2002. 4. 23)

(Mufti Taqi Usmani)도 포함되어 있었고, '발로치스탄 포스트'(Balochistan Post)지의 편집인은 국외로 추방되었다.

2002년 10월 10일 열린 연방의회와 지방의회를 구성하는 총선 결과 어떤 정당도 과반 의석을 차지하지 못한 가운데, 중도성향의 정당인 '파키스탄 무슬림연맹'(Pakistan Muslim League: PMLQ)이 다수의석을 차지한 것으로 나타났다. 이 당시 5년 임기의 총 342석으로 구성된 의회(National Assembly)는 60석이 여성 몫[168]이었고, 비(非)이슬람계 소수를 위해 10석이 배당되었다. 이들 특별 지정 의석에 더하여 여성과 소수 종파들은 일반 의석을 놓고서도 경쟁할 수 있었다. 또한 6년 임기의 상원(Senate)은 총 100석 가운데 66석의 일반의석과 나머지 14석은 4개 지방에 각 1석, FATA에 1석, 연방 수도에는 직접선거로 8석이 배당되었고, 2석은 의회선거에 준해서 할당되었다. 본래 상원의 의원 수는 45석이었지만 1977년에 63석으로 증가되었고, 1985년에는 87석이 되었다. 무샤라프 군사정부는 2002년 8월 21일 시행된 '법률 기본골격 명령'(Legal Framework Order: LFO)을 통해서 87석을 100석으로 증가시켰던 것이다.

168) 이전까지 참정권이 허용되지 않았던 여성들의 의회진출은 1965년 아유브 칸이 실시한 의회 재선거에서 출발하는데, 당시 총 156석의 의석 중에서 동·서파키스탄에 각각 75석이 할당되었으며, 나머지 6석이 바로 여성들을 배려한 몫이었다. http://www.infoplease.com/ce6/world/A0860200.html(검색일: 2006. 6. 11)

〈표 30〉 파키스탄 2002년 10월 10일 총선 결과

정 당	약칭	하원		상원
		득표율(%)	의석수	
Pakistan People's Party Parliamentarians	PPPP	25.8	71	11
Pakistan Muslim League(Quaid－e－Azam)	PMLQ	25.7	69	40
Muttahida Majlis－e－Amal Pakistan(islamist)	MMA	11.3	53	21
Pakistan Muslim League(Nawaz)	PMLN	9.4	14	4
National Alliance －Sindh Democratic Alliance －Millat Party －Others	NA	4.6	12	3
Muttahida Qaumi Movement (Federal National Movement, minority party)	MQM	3.1	13	6
Pakistan Muslim League(Functional)	PMLF	1.1	4	1
Awami National Party	ANP	1.0	－	2
Pakistan Tehreek－e－Insaf	PTI	0.8	1	－
Pakistan Muslim League(Junejo)	PMLJ	0.7	2	－
Pakistan Awami Tehrik	PAT	0.7	1	－
Pakhtun Khwa Milli Awami Party	PKMAP	－	－	2
Pakistan Peoples Party(Sherpao)	PPPS	0.3	2	2
Jamhoori Wattan Party	JWP	0.3	1	1
Pakistan Muslim League (Zia－ul－Haq Shaheed)	PMLZ	0.3	1	－
Pakistan Democratic Party	PDP	0.3	1	－
Balochistan National Party	BNP	0.2	1	2
Balochistan National Movement/Hayee Group	BNM/H	－	－	1
Non－partisans		14.1	21	4
Female elected members			60	
Minorities			10	
전 체		**100.0**	**342**	**100**

주: 1. 하원은 단독 선거구에서 272명의 구성원들이 선출되었고, 10석은 소수자들에게 60석은 의석수에 따른 배분에 따라 정당들이 지명해 놓은 여성들의 몫.
2. 상원의원의 절반은 매 3년마다 교체된다.

출처: http://en.wikipedia.org/wiki/Elections in Pakistan(검색일: 2006. 5. 19)

2002년 11월 무샤라프 대통령은 새로이 선출된 의회에 권력의 일부를 양도하였고, 자말리(Zafarullah Khan Jamali)가 총리로 선출

되지만, 2003년 12월 의회는 부분적으로 의회 해산권과 총리 해임권이라는 대통령의 비축된 권력을 회복시킨 제17차 법률 수정안을 대법원의 승인을 조건으로 통과시킴으로써 대통령의 절대 권력을 제어할 수 없는 상황을 스스로 만들고 말았다. 2004년 1월 1일 헌법 제41조 8항에 따라 의회에서 간접선거로 실시된 대통령 선거결과 전체 1,170표 중에서 658표를 얻은 무샤라프 대통령이 2007년 10월까지 공식적인 대통령에 선출된 것으로 간주되어졌다.

2004년 6월 26일 자말리 총리가 무능하다는 이유로 해임되면서, 2004년 8월 27일 의회에서 191명이 투표에 참가한 가운데 151표를 얻은 아지즈(Shaukat Aziz)가 2008년 8월 28일까지의 임기로 총리에 선출되고, 무샤라프 대통령은 그를 새로운 총리로 임명했는데, 그 이유는 재무장관으로서 파키스탄 경제를 회생시킬 성공적인 수완을 갖추고 있다고 판단했기 때문이었다. 이 와중에 2002년 8월 21일 시행된 LFO를 토대로 2004년 4월 의회가 대통령의 절대 권력을 제어할 수 없는 상황을 스스로 만든 제17차 법률수정안이 통과되면서 이를 근거로 '국가안전보장위원회'(National Security Council: 이하 NSC)가 창설되었다. 아래의 <표 31>에서 제시된 구성원 명단을 보면 의장 비서를 제외한 실질적인 NSC의 구성원은 의장을 포함한 14명이었다. 이 가운데 의장인 무샤라프 대통령이 직접 임명한 군부 인사 4명을 포함한 8명 이외에도 총리, 지방 총리 4명, 연방의회 대변인, 야당 당수, 상원의장이 포함된다. NSC에서 전반적으로 토의된 사안들은 국가안보 · 주권 · 영토 · 국방 · 국가의 안전과 위기관리의 문제들이었다.

그러나 무샤라프 대통령의 행정수반 명령에 의해 2001년 7월 창안된 NSC의 초기 외형은 현재와는 현저히 다른 것이었다. 예컨대 구성원의 범주를 보면 초기에는 군부와 지방 주지사들로 엄격히 제한되어 있었다. 하지만 현재 NSC가 지닌 구성원의 다양성 및 국가이익에 관련된 문제들로만 국한시켜 대통령과 정부에 조언하는 역할임에도 불구하고, 국가 사무에 제도화된 군부의 입김이 NSC를 통해서 창출되고 있다는 점은 주목할 만하다.

〈표 31〉 파키스탄 국가안전보장위원회(NSC) 구성원

성 명	직 위	지 위
General Pervez Musharraf	대통령	의장
Tariq Aziz		간사
Shaukat Aziz	총리	구성원
Muhammad Mian Soomro	상원 의장	구성원
Maulana Fazal - ur - Rahman	국회 야당 지도자	구성원
Ch. Amir Hussain	국회 대변인	구성원
Ch. Pervaiz Ellahi	펀잡(Punjab)주의 수석(首席) 장관	구성원
Dr Arbab Ghulam Rahim	신드(Sindh)주의 수석 장관	구성원
Akram Khan Durrani	북 - 서 국경주(NWFP)의 수석 장관	구성원
Jam Muhammad Yousaf	발로치스탄(Balochistan)주의 수석 장관	구성원
General Ehsanul Haq	합동참모본부(Joint Chief of Staff) 의장	구성원
General Ahsan Saleem Hayat	육군 부참모장	구성원
Admiral Muhammad Afzal Tahir	해군 참모장	구성원
Air Chief Marshal Tanvir Mahmud Ahmed	공군 참모장	구성원

출처: http://www.pakistan.gov.pk/(검색일: 2006. 05. 22)

〈표 32〉 파키스탄 총선에서 정치적 권리 & 시민적 자유의 상태

Year	Total Vote	Registrati on	Vote/Reg	Invalid	Political Right	Civil Right	Status
1977	17,000,000	30,899,152	55.0%	n/a	6	4	Not Free
1985	17,250,482	32,589,996	52.9%	2.4%	4	5	Partly Free
1988	19,903,172	46,206,055	43.1%	1.5%	3	3	Partly Free
1990	21,395,479	47,065,330	45.5%	1.1%	4	4	Partly Free
1993	20,293,307	50,377,915	40.3%	1.3%	3	5	Partly Free
1997	19,058,131	54,189,534	35.2%	2.3%	4	5	Partly Free
2002	29,829,463	71,358,040	41.8%	2.6%	6	5	Not Free

출처: IDEA, *The International IDEA Handbook of Electoral System Design*(Strömsborg: 2005).

<표 32>는 IDEA에서 파키스탄 정치체제의 자유도 수준을 PR과 CR이라는 두 가지 측정 범주들을 사용하여 1977년부터 2002년 총선까지의 측정 결과들을 제시한 것이다. 여기서 가장 중요한 것은 PR과 CR을 측정한 수치에 있는데, IDEA는 평점 1을 자유의 최고 등급으로, 평점 7은 최하 등급으로 평가했다[169].

169) 해당 총선에서 표시된 PR과 CR의 등급은 종합적인 상태를 나타내는 평균으로, 이때 등급 평균이 1.0～2.5일 경우 자유(Free) 상태, 3.0～5.0일 경우는 부분적인 자유(Partly Free), 5.5～7.0일 경우는 자유롭지 않음(Not Free)으로 간주된다.

제4장 라틴아메리카(Latin America) 지역

1494년 교황 알렉산더 6세에 의한 토르데실라스 조약의 문서화는 유럽에 의한 여타 지역의 식민지 경략을 종교적 권위로 승인해준 조치였다. 특히 당시 막강한 해군력을 기반으로 유럽에서 '패권국가'(Hegemony State)로 군림하고 있었던 스페인과 포르투갈에 의해 라틴아메리카는 철저히 식민지로 전락하게 되었다. 그러나 1776년 미국 혁명과 1789년 프랑스 혁명의 영향과 더불어 나폴레옹의 등장은 유럽의 판세를 전환시켰다. 즉 과거 식민열강이었던 스페인과 포르투갈의 상대적인 쇠퇴 및 라틴아메리카에서의 고립화로 인해 1820년대에 들어서 대부분의 남미국가들이 독립을 쟁취하지만, 역설적으로 유럽 절대주의 국가들의 식민통치의 잔재 또한 상속하게 된다. 특히 가톨릭교회는 유럽의 식민통치가 남겨 놓은 또 하나의 유산이었는데, 유럽에서와 같이 식민통치권력과 결탁함으로써 교회는 막대한 토지와 지배력을 보유하게 되었고, 이 때문에 19세기 말부터 시작된 라틴아메리카의 정치·사회혁명들은 교회의 특권에 저항한 개혁이 함의된 것이었다.[1)]

라틴아메리카가 식민 지배를 경험할 수밖에 없었던 또 다른 요

1) 민만식·권문술 공저, 『전환기의 라틴 아메리카: 정치적 상황과 국제관계』(서울: 탐구당, 1985), 14－15쪽.

인으로는 지리적 특성을 들 수가 있다. 즉 동부 해안지대와 서부 내륙지방을 가로막았던 남북에 걸친 산맥들 및 교통을 방해하는 아마존 등의 하천으로 인해 보다 큰 단위로서의 정치적 · 사회적 통합을 저해시켰기 때문이다. 더불어 유럽에 의한 식민지 지배시기에 라틴아메리카 전통사회의 경제적 특징으로는 '대농장제도'(Hacienda)와 '단작경제'(mono－culture economy)를 들 수 있다. 특히 대농장제도는 라틴아메리카식 장원제도로 발전하여 유럽 장원경제의 특징이었던 독립적이면서도 폐쇄적인 공동사회를 형성시켰다.[2] 예컨대 멕시코의 경우 1910년에 1%의 소수가 전체 토지의 97%를 소유하고 있었다는 사실을 라틴아메리카 지역 전체로 확대시켜 본다면 궁극적으로 정치 · 사회적 통합과 발전을 저해한 요인으로 작용했음은 확인되고 있는 사실이다.[3]

이 때문에 라틴아메리카 전통사회에서의 계급구조는 '페닌술라레스'(Peninsulares)로 불린 식민모국 출신의 정복자들과 식민지 태생의 지배계급(Criollo)으로 구성된 소수 특권계급의 대부분이 스페인계 백인들로 구성되어 정치권력의 독점 · 토지소유 · 가톨릭교회와의 결탁을 통해서 문화 · 교육제도를 독점하였다. 반면 하층계급은 인디언과 흑인 및 혼혈족인 메스티조(Mestizo)로 구성되었으며, 19세기 중엽까지 노예 내지 반노예적 상태로 백인들에게 지배당하였거나 혹은 산간벽지에서 소규모 조직을 유지한 채 존재하고 있었다. 따라서 라틴아메리카 전통사회의 계급구조에서는 중간계급이 거의 존재하지 않았으며, 양 계급 간의 간격(lag)은 화합되기 힘든

2) 라틴아메리카의 토지제도에 대한 이해를 높이기 위해서는 이 천, "라틴아메리카의 토지제도-농경지 소유의 유형과 특성을 중심으로-", 경상대학교 사회과학연구소, 『사회과학연구』, 제13집 제2호(1995), 185－210쪽을 참조할 것.

3) 민만식 · 권문술 공저, 앞의 책, 14쪽.

상황이었던 관계로 독립 이후 라틴아메리카의 국가들이 근대국가로 성장하기 위해서는 사회계급 간의 통합이 최우선적인 과제였다.[4)]

풀란차스(Poulantzas)는 자본주의 국가들의 범주에서 형성되는 중심부와 주변부, 종속국가 사이를 구별하는데 특수한 문제가 존재한다고 지적한 바 있다.[5)] 즉 근대화를 향한 종속국가들의 노력과 정치제도 사이의 관계를 설정하는데 일반적으로 자본주의 국가를 분석하는 이론들로서는 부적절하며, 제3세계국가들은 지배적 국가들에 의해 구조적인 착취와 억압이 아닌 단지 제3세계국가들과 선진국가들 간에 편차의 형성이란 문제에서 상황을 바라보는 관점인 저개발국가의 이념에 충실해야 한다는 것이다.

오늘날 자본주의 국가들의 범주는 '예외적 국가형태'(exceptional state forms)인 파시스트 국가들과 군부독재와는 구분을 해야만 하는데, 이들은 어느 정도 전형적으로 강제력의 대리자이며, 거칠게 대응하고 중심부 국가들과 이해관계를 가진 한, 의회민주주의 모델을 추구한다. 따라서 예외국가들의 모델은 다른 국가들에 적용시킬 수 없으며, 그들의 현상은 전적으로 그들 자신의 문제인 관계로, 여기에서는 특히 남미 지역에서 출현했던 예외적 국가의 형태였던 군부독재에 주목하고자 한다.

라틴아메리카 국가들은 경제적으로 대부분 광물과 농산물을 수출하고 공산물을 수입하는 대외 지향적 경제정책을 추구하였지만, 세계대공황의 여파로 민족주의적 이데올로기가 확산되는 가운데 자립적인 국민경제를 지향하는 수입대체산업화가 본격적으로 추진

4) 민만식 · 권문술 공저, 앞의 책, 15쪽.

5) Nicos Poulantzas, "Research note on the State and Society", *International Social Science Journal,* Vol.32, No.4(1980), 603－604쪽.

되면서부터 산업발전을 선호하는 도시의 민중세력이 주도적으로 정치무대에 등장하게 된다. 원래 라틴아메리카의 민중주의(populism) 내지 대중영합주의는 산업부르주아지가 정치적 헤게모니를 장악하고 있지 못한 상황에서 정치엘리트들이 다계급적(多階級的) 정치연합의 필요에서 창출한 것이었다. 따라서 민중에 기반을 둔 정권은 수입대체산업화를 추구하는 한편 일련의 사회정책을 통해 산업부르주아지와 임금노동자를 포함하는 도시지역의 지지를 받지만, 반면 수입대체산업화에 따르는 외환수요의 증대·국제수지의 악화·인플레이션 등의 경제 불황이 고조되기 시작하면서 민중주의적 정권의 바탕이 되는 정치연합은 흔들리게 된다. 이에 정권은 수출지향 산업화를 목적으로 물가안정과 임금억제정책을 실시하지만, 민중들의 저항에 직면하게 되면서부터 정치적·경제적인 위기국면을 초래시키고 말았다.

이러한 국면의 전개에서 산업부르주아지·가톨릭교회·군부 등은 정치연합으로부터 이탈하여 정권의 반대세력으로 자리하게 되고 오직 민중만이 정권의 지지 세력으로 남게 되면서 정치·사회적 혼란을 가속화시키고 만 것이다.[6] 더구나 라틴아메리카에 대한 미국의 정치적·경제적 이해관계는 절대적인 것이었고, 그 역사는 1823년 12월 2일 발표된 먼로독트린을 통해 확인할 수 있다. 이 선언은 유럽 국가들에 의한 아메리카대륙의 식민지화 반대 및 불간섭을 천명한 것으로 그 범위를 북아메리카에서 남아메리카의 남쪽 끝까지로 정한 가운데 이 지역을 '미국의 권리와 이익이 포함되는 원리', '우리의 평화와 안전에 대한 위협', '미국에 대한 비우호적인 의도' 등으로 표현한 것은 역사적으로 남아메리카에 대한 간

6) 차기벽, 앞의 논문, 9-10쪽.

섭주의의 출발로 해석할 수 있는 근거이다.[7)]

먼로독트린은 1904년과 1905년에 걸쳐 루스벨트(Theodore Roosevelt) 대통령이 연례교서에서 '먼로독트린의 확대해석'(Roosevelt Corollary to the Monroe Doctrine)을 발표하면서 라틴아메리카 지역은 정치 · 경제 · 문화의 영역들에서 미국에 종속되기 시작한 이래, 1912년에 들어서면 태프트(Taft) 대통령의 '달러외교'(Dollar Diplomacy)의 발표 이후 경제 분야에 대한 간섭은 노골화되기 시작하였다.[8)] 그러므로 라틴아메리카의 민중주의정권들에게서 급속하게 확산된 민족주의적 이념을 미국의 입장으로서는 방관보다는 확산을 막기 위한 방책으로 민중주의정권과 등을 돌린 군부를 배후 조종함으로써 쿠데타를 일으킨 다음, 친미주의적 정권을 수립시켰던 것이다. 예컨대 군부쿠데타로 브라질의 굴라르 정권을 무너뜨리고 형성된 블랑코 군부정권에서 핵심적 위치를 차지했던 장교들 중에서 미국에서 훈련받은 장교들의 비중이 높았던 것으로 나타났다는 점[9)]은 라틴아메리카에서 출현한 군부정권과 미국과의 유착관계를 반증하는 사례이기도 하다. 따라서 라틴아메리카의 국가들은 아시아에서 보편적이었던 카리스마적 개인지도자를 정점으로 중앙집권화된 '강력한 국가'(Strong State)와 상대적으로 '약한 시민사회'(Weak Civil Society)의 경로를 밟았다기보다는 일정부분 산업화의 기반이 축적된 가운데서도 유약한 중앙정부의 무능력한 통치기능이 정치적 · 사회적 혼란을 가중시켰다는 점에서 양자는 뚜렷하게 구별이 된다.

대표적으로 오도넬(O'Donell)이 제시한 바 있는 '관료적 권위주

---

7) 김우현, 『세계정치질서』(서울: 한울, 2001), 59－60쪽.

8) 김우현, 위의 책, 79쪽.

9) Alfred Stepan, *The Military in Politics: Changing Patterns in Brazil*(Princeton: Princeton University Press, 1971), 236－240쪽.

의'(Bureaucratic-Authoritarian) 이론은 고도의 경제성장과 저수준의 정치상황이 대립되는 가운데 나타나는 역설적인 현상을 잘 묘사해 주고 있다. 여기에서 군부와 관료, 자본가는 일종의 지배연합을 구성한 채 소수만의 특권 유지·확대를 위한 조직적인 재생산과 더불어 국가관료집단인 군부에 지원배분을 집중하는 과두제 정치를 지향하였다. 또한 밀링턴(Millington)은 군부쿠데타를 방지하는 두 가지 방향성으로 첫째는 합리적이면서 효과적인 정치체계를 발전시키는 것이고, 둘째는 군부 규제 자체를 넘어서 통제에 기반을 둔 권위주의적 체계를 창출하는 것이라고 제시한 바 있다.[10] 그러나 이 중 어떠한 사례에서도 군부의 충성심이 불확실해지면 행정부는 제거된다고 보았는데, 이는 정치적 불안정성이 심각했던 라틴아메리카에서 권력집단으로서 군부의 실체를 적나라하게 설명해 주고 있다.

라틴아메리카에서 군부의 개입을 설명해 주는 또 다른 요인의 하나로는 민중주의를 들 수가 있다.[11] 즉 민중주의에 대한 대부분의 전통적 개념들은 '누적 개념'(cumulative definitions)으로 이는 상이한 범주로부터 각기 다른 속성들을 내포하고 있는 것이다. 특히 민중주의 정치와 사회적 토대, 사회경제적 배경조건들 혹은 현실 정책들, 특히 팽창경제정책과 일반적인 분배 수단은 밀접한 관련성을 지닌다. 대부분의 학자들은 민중주의의 성격을 개념화하는 과정에서 정치지도자의 개인별 특성, 서민적 양식에 주목했으며, 역사적으로 과두제 지배의 몰락 이후 대중사회의 등장 혹은 수입대체

---

10) Thomas M. Millington, "The Latin American Military Elite", *Current History*, Vol.56, No.335(June, 1969), 353쪽.

11) Kurt Weyland, "Clarifying a Contested Concept: Populism in the Study of Latin American Policies", *Comparative Politics*, Vol.34, No.1(October, 2001), 5-6쪽.

산업화의 초기 국면, 전통사회에서 근대사회로의 이행과 같은 특정한 발전 단계에 민중주의를 위치시켰다. 이때 정치적 공백은 긴장의 충만과 일시적인 계급동맹을 형성하거나 또한 개인지도자에 의해 결합되었는데 이로부터 '타협국가'(estado de compromiso)가 등장하며, 이것은 민중주의의 또 다른 이름이기도 하다. 이러한 민중주의 현상은 정치적인 민중선동·조직의 불안정·경제적 무책임성·과도한 분배과정에서의 관용과 결합되어 특정한 경향으로 묘사되어졌고, 라틴아메리카의 1960년대와 1970년대에 등장했던 군부정권들에 있어서는 그들이 처한 상황에 따라 연대 및 제거의 대상이기도 했다.

여기에서는 특히 브라질과 아르헨티나를 중심으로 라틴아메리카 지역 군부의 정치개입 현황을 살펴보기로 한다.

〈표 33〉 라틴아메리카 지역 군부 정치개입의 경험

국가명	군부의 정치개입		현 정체			정당정치		
	제2차 세계대전 전	제2차 세계대전 후	민정	왕정	군정	무당	일당	다당
과테말라	○	○	○					○
니카라과	○	○	○					○
도미니카(共)		○	○					○
멕시코	○		○					○
베네수엘라	○	○	○					○
볼리비아	○	○	○					○
브라질	○	○	○					○
수리남		○	○					○
아르헨티나	○	○	○					○
아이티		○	○					○
엘살바도르	○	○	○					○
에콰도르		○	○					○
온두라스		○	○					○
우루과이		○	○					○
칠 레	○	○	○					○

국가명	군부의 정치개입		현 정체			정당정치		
	제2차 세계대전 전	제2차 세계대전 후	민정	왕정	군정	무당	일당	다당
콜롬비아		○	○					○
코스타리카		○	○					○
쿠 바	○	○	○				○	
파나마		○	○					○
파라과이		○	○					○
페 루	○	○	○					○
합 계	11	20	21				1	20

자료: 조선일보 연감 2003, 참조.
외교통상부 재외공관, http://www.mofat.go.kr/mission/missions map.mof

제1절 브라질(Brazil) 군부의 정치개입과 민주화과정

1. 군부의 정치개입과정

1822년 9월 7일 포르투갈로부터 독립한 브라질은 페드로 1세(Pedro Ⅰ)의 통치 아래 제정(帝政)시대를 겪게 되는데, 최초의 군부쿠데타는 1889년 11월 15일 데오도로(Marshal Manuel Deodoro da Fonseca) 장군에 의해서 발생한다. 그는 1831년 4월 7일 왕위를 승계한 페드로 2세(Pedro Ⅱ)의 왕정을 붕괴시킨 다음 1891년 2월 26일 대통령중심제 국가로 전환시켰지만,[12] 필연적으로 공화정의 경험이 미비했던 현실은 빈번하게 의회와 충돌하게 된다. 이에 데오도로 대통령은 11월 3일 국가비상사태를 선포하면서 계엄령을

12) 의회 간접선거 결과 데오도로 후보 129표, 모라이스(Prudente José de Moraise Barros) 후보 97표, 기타 6표였다.

내리고 국회를 해산시켰지만, 이 같은 결정에 반발한 의회 세력과 해군 고위 장교단의 지원을 받은 멜로(Custódio José de Melo) 제독에 의해 11월 23일 축출되었다.

대통령 단임제의 전통[13]은 1928년 남부 리오그란데(Rio Grande do Sul) 주(州)의 주지사였던 바르가스(Getúlio Dornelles Vargas)가 1930년 10월 24일 개혁주의 소장 장교단인 '테니엔테스'(tenentes)를 이끈 프라고소(Augusto Tasso Fragoso) 장군과 바레토(João de Deus Mena Barreto) 장군의 암묵적 지지를 얻어 남부 리오그란데, 서부 미나스 제라이스(Minas Gerais), 북부 파라이바(Paraíba) 등 3개 주(州)에서 군부쿠데타를 일으켜 수도(首都)인 리오데 자네이로(Rio de Janeiro)로 진격해 퇴임을 3주 앞둔 루이스(Washington Luís Pereira de Sousa) 대통령과 11월 15일 취임식을 앞둔 프레스테스(Júlio Prestes de Albuquerque) 대통령 당선자를 축출[14]한 이후 형성된 것이다.

11월 4일 실권(實權)을 장악한 이른바 '1930년 혁명'(Revolution of 1930)으로 불린 바르가스의 군부쿠데타[15]는 1889년 설립된 '구 공화국'(Old Republic) 체제를 종식시켰는데, 무엇보다도 그의 권력 획득을 가능케 했던 것은 1920년대 말부터 발생했던 적어도 세 가지 중요한 범위들을 포함한 위기에 있었다.[16] 첫째, 경제 위기를

13) 이 전통은 1995년 1월 1일 카르도소(Fernando Henrique Cardoso) 대통령이 취임할 당시까지도 4년 단임제였으나 1997년 6월 4일 대통령, 주지사 및 시장의 연임 허용 헌법 수정안이 의회에서 최종 가결됨에 따라 1998년 대통령 선거에서 카르도소 대통령은 최초로 연임(連任)에 성공하였다.

14) Thomas E. Skidmore, *Politics in Brazil 1930－1964: An Experiment in Democracy*(Oxford University Press: 1967), 3－7쪽.

15) 10월 24일에서 11월 3일까지 운영된 군사정부(Junta)는 프라고소 장군을 의장으로 바레토 장군 및 노론하(José Isaías de Noronha) 장군으로 구성되었다.

16) Bernardo Kucinski, *Brazil: State and Struggle*(London: Latin American Bureau Ltd, 1982), 16－18쪽.

들 수가 있다. 국제적인 불황은 커피 무역의 점진적인 쇠퇴를 심화시켰는데, 특히 1929년 미국 월 스트리트(Wall Street) 증시(證市) 추락의 불똥은 브라질 커피 산출의 가혹한 삭감을 의미하는 것이었다. 특히 커피는 브라질의 주요 수출 품목이자 산업화와 자본 축척의 기반이었던 관계로 심각한 결과들을 초래시킬 수밖에 없었다.

둘째, 심원(深遠)한 정치적 위기를 들 수 있다. 이것은 지배계급의 상이한 요소들 간 갈등에서 기인된 것으로 1889년 구체제의 설립 이래 연방정부에 대한 관리 및 감독은 조야(粗野)의 정치를 지배하고, 자칭 대령으로써 그들의 통제 아래 놓인 지역에서 부정투표·강제력·생색내기를 통해 자신들의 정치적 지위를 지켜 나갔던 상파울로(São Paulo)와 미나스 제라이스의 토지 소유자들 수중에 놓여 있었다. 대공황 기간 동안 커피나 양(羊) 목장을 경영하는 거물(巨物)들은 손해를 보았던 반면, 이들 집단들의 경제적 지배력과 정치적 세력의 상대적인 쇠퇴는 도전받기 쉬운 취약한 분야에서 신생 반대 세력들의 힘을 강화시키기 시작했다. 예컨대 새로이 등장하게 된 계급들은 이전에는 중앙의 정치권력으로부터 배제되었던 주로 리오데 자네이로와 상파울로 등 거대 도시들을 기반으로 하는 생산업자들, 반항적이었던 군부의 하급 장교들(tenentes), 도시출신의 전문직 종사자들 및 이들 지역에서 대규모 토지 소유자들이었다.

셋째, 증가하는 사회적 위기들의 등장이다. 이는 새롭게 조직된 노동계급들이 구체적인 사회변화를 요구하기 시작하면서 나타났다. 대부분의 정치적인 주장들이 차단되었음에도 불구하고, 브라질에서 노동자들은 주목할 만한 정치세력화에 성공했다.

1930년 11월 30일 권력을 손에 넣은 바르가스는 구공화국의 소멸(消滅)을 선언한 가운데, 새로운 정치체제인 조합주의(corporatism)에 입각한 지배를 확립시켰다. 무엇보다도 새롭게 형성된 계급들이 구지배층과 전통적 이념들에 도전하기 시작하면서 사회혁명을 위한 바르가스의 '주의'(doctrine)와 그의 '보통 사람'(common man)에의 호소는 새로운 지배층으로 등장한 대중들을 지지 세력으로 돌아서게 만듦으로써,[17] 바르가스야말로 마키아벨리(Machiavelli)적이면서도 능수능란한 대중영합주의자(populist)의 시초였다. 특히 1910년대와 20년대에 걸쳐 강화된 노동운동에 대한 통제와 노동자계층의 지지 확보를 위해 1930년 12월 '노동부'(Ministry of Labor)를 창설하고,[18] 노동법원 · 노동조합세(稅) · 노동조합 자금통제 등에 이를 적극 활용함으로써 '국가조합주의'(State Corporatism)를 구현하고자 했지만,[19] 다양한 욕구의 분출이라는 조합주의적 폐해는 결국 1932년 7월 9일 상파울로에서 유산(流産) 무장 폭동을 불러오고 말았다. 1933년 5월 3일 예정대로 열린 국민의회(Constituent Assembly) 선거는 이전 1930년 선거와 비교하면 놀라울 정도로 공정하게 치러진 가운데, 1934년 7월 16일 새로운 헌법이 의회를 통과하고 의회는 1938년 1월로 예정된 대통령 직접선거 때까지 바르가스의 임기를 연장시켰다.[20] 하지만 1935년에서 1937년까지 브라질 정국은 급격한 혼란에 직면하게 되는데, 대표적인 사례로 1935년 11월 리오데 자네이로와 북동지역의 몇몇 주(州)들에서 공산주의자들의 반

17) C. Neale Ronning, "Brazil's Revolutionary Government", *Current History,* Vol.49, No.304(November, 1966), 296쪽.

18) Thomas E. Skidmore, *op. cit.*, 14쪽.

19) Alfred Stepan, "The New Professionalism of Internal Warfare and Military Role Expansion", in Alfred Stepan(ed.), *Authoritarian Brazil: Origins, Policies, and Future*(New Haven and London: Yale University Press, 1973), 33쪽.

20) Thomas E. Skidmore, *ibid.*,(1967), 19－20쪽.

란이 시도되었으며,[21] 11월 말경에는 북부 요새인 나탈(Natal)과 레시페(Recife)에서 시작된 병영(兵營) 반란이 남부의 협력을 받지 못한 가운데[22] 그때마다 바르가스는 강제력을 동원하여 권력을 유지 및 강화시켜 나갔다. 또한 1936년 12월 바르가스의 우익 협력자로 '전쟁성 장관'(War Minister)에 임명된 두트라(Eurico Gaspar Dutra) 장군이 바르가스와의 협의하에 1937년 9월 30일 공산주의 혁명의 음모를 폭로한 '코헨 계획'(Cohen Plan)을 적발했다고 발표했다.[23] 완벽하게 꾸며낸 날조였지만 10월 1일 바르가스는 1933년 2월 27일 독일의 히틀러(Adolf Hitler)가 독재 권력을 정당화시키기 위하여 국회의사당(Reichstag) 방화사건을 공산주의자들의 음모로 몰았던 것처럼 코헨 계획을 이용하여 의회에 국가 비상권을 요청하고 승인을 받아 냈다.

11월 10일 바르가스는 새로운 헌법을 공포하고, 스스로에게 독재 권력을 부여하는데, '신(新)국가'(Estado Nôvo) 체제는 유럽식 조합주의와 파시즘 모델로 특히 포르투갈과 이탈리아를 모방한 것으로 브라질 유형의 파시즘인 '인테그라리스타스'(Integralistas)로 알려진 지방 파시즘 운동을 지원하여 양성시켰다.[24] 같은 날 바르가스는 라디오 방송에서 국가의 통합을 위협하는 정당의 민주화는 반드시 중지되어야 한다고 명확히 밝혔으며, 또한 의회에 대해서는 부적절하고 고가(高價)의 장치로 유지하려는 것은 상책이 아니라고 말하면서 의회를 해산시켰다. 12월 2일 모든 정당들이 폐지되고, 새롭게 통합된 연방권력이 행사됨으로써[25] 이전 1934년 헌법에서

21) Bernardo Kucinski, *op. cit.,* 22－23쪽.

22) Thomas E. Skidmore, *op. cit.,*(1967), 23쪽.

23) Thomas E. Skidmore, *ibid.,*(1967), 27쪽.

24) Bernardo Kucinski, *ibid.,* 22쪽.

는 대통령이 행정법령에 근거하여 통치했었다면, 1937년 친위 군부 쿠데타 이후에는 무제한적인 권력을 지니게 되었다.[26]

하지만 제2차 세계대전 이후 바르가스의 '신(新)국가' 체제는 몰락의 길을 걷게 되는데, 그 배경은 대중들의 반란 탓이 아니라 유럽에서 파시즘의 사멸(死滅)과 반(半)파시스트 정권들이 곤경에 빠지게 된 영향이 브라질에 던진 파급효과, 즉 바르가스 정부의 방식으로는 보다 복잡해져 간 브라질 사회의 새로운 다양한 세력들을 적절하게 관리할 수 없었다는 점, 바르가스의 다소 민족주의적 색채를 지닌 경제정책은 전쟁이라는 주변상황에서는 미국에 의해 묵인되었지만 평화 시에는 수용되지 못했던 것과 같은 몇몇 다른 요인들에 있었다.[27] 이미 '신(新)국가' 체제의 마지막 2년 동안(1943년~1945년) 체제의 몰락을 예견하고 있었던 바르가스 대통령은 1943년 가장 신임했던 필요(Marcondes Filho) 노동부장관이 제출한 새로운 정치운동을 승인했으며, 정치체제가 재개된 순간 그 자신도 참가하여 권력이 선거과정에 좌우되게 만듦으로써 결과적으로 '신(新)국가' 체제의 마지막 2년은 새로운 국면의 징후를 보였던 시기였다.[28] 또한 1945년 4월 중순경 정치적 사면과 투옥되었던 수백명의 정치범들을 석방했는데, 이들 가운데 '신(新)국가' 체제 기간 동안 감옥에서 신음했던 유명한 공산주의 지도자였던 프레스테스

25) Thomas E. Skidmore, *op. cit.*,(1967), 29쪽.

26) Alfred Stepan, *op. cit.*,(1973), 32쪽.

27) Bernardo Kucinski, *op. cit.*, 27－28쪽.

28) 바르가스의 정치 이력은 세 단계로 구분할 수 있다. 즉 첫 번째 단계는 1930년~1937년까지이며, 정치적 중재자 및 독재 권력의 획득을 위한 음모자 역할을 수행했던 시기이다. 두 번째 단계인 1937년~1945년까지인 '신(新)국가' 체제가 해당된다. 세 번째 단계는 1945년 권좌에서 물러난 바르가스가 새로운 정치운동의 지원 아래 민주적인 지도자로서 출현하여 다시 권력을 잡게 되는 1950년부터 권총자살로 생(生)을 마감하는 1954년까지의 기간이다. Thomas E. Skidmore, *ibid.*,(1967), 40－41쪽.

(Luís Carlos Prestes)도 포함되어 있었다.

5월 1일 열린 대규모 집회에서의 연설을 통해 바르가스 대통령은 자신의 임무가 완수되었기에 대통령 후보로 두트라를 지지한다고 선언한다. 바르가스에 의해 5월 9일 전국 규모의 정당인 '사회민주당'(Social Democratic Party: 이하 PSD)이 창당되고, 7월 1일 두트라가 대통령 후보로 공식 지명되었다. 5월 23일에는 석방된 프레스테스가 리오데 자네이로에서 열린 지지자들의 집회에서 새롭게 합법화된 '브라질 공산당'(Brazilian Communist Party: 이하 PCB)을 통해 정치활동의 시작을 알린 가운데, 5월 28일 대통령 선거 날짜가 12월 2일로 정해지면서 본격적인 대통령 선거를 위한 정치활동이 전개되었다. 이어 8월 17일 대부분의 반(反)바르가스 세력들이 참여한 가운데 PSD에 이어 두 번째로 큰 정당인 '민주국민연합'(Democratic National Union: 이하 UDN)이 고메스(Eduardo Gomes) 장군을 후보로 선거운동을 공식적으로 발표했다.

이들 외에도 바르가스가 대통령으로 남기를 원하는 세력들이 등장하여 스스로를 '우리는 원한다'라는 의미의 '퀘레미스타스'(queremistas)로 지칭하고, 그들의 목표를 '제툴리오와 함께 제헌의회를'(A Constituent Assembly With Getúlio)로 내세운 가운데, 노동자들 중심의 '브라질노동당'(Brazilian Labor Party: 이하 PTB)을 조직했다.[29] 이러한 움직임에 바르가스 대통령이 애매모호한 태도(어떠한 격려도 없지만, 그렇다고 그들의 성장을 가로막지도 않음)를 취하자 결국 1945년 10월 29일 민주적인 정권으로의 이행을 요구한 몬테이로(Pedro Aurélio Góes Monteiro) 전쟁성 장관과 두트라 장군이 주도한 군부쿠데타로 바르가스 독재 권력이 종식되면서 그의 '신

29) Thomas E. Skidmore, *op. cit.*,(1967), 50-51쪽.

(新)국가' 체제 역시 종결되었다.[30] 하지만 이미 1930년 이래 폭발적으로 팽창하였던 국가는 중요한 정책결정시 사회로부터의 압력에 거의 시달리지 않을 정도의 충분한 권력을 비축해 놓은 상태였기에, 1945년 바르가스 축출 당시의 브라질은 의심할 여지없이 '국가 지배적인'(state-dominated) 사회로 이행되어져 있었다.[31]

바르가스가 축출된 뒤 사기가 꺾이고 분열된 PTB의 경우 일부는 두트라 후보를 지지하고, 또 다른 일부는 PCB의 투지에 이끌리거나 혹은 대통령 선거 자체에 흥미를 잃기도 했다. 결국 두트라 후보와 고메스 후보가 겨룬 1945년 12월 2일 대통령 선거 결과 35% 득표에 그친 고메스 후보에 비해 안정적인 승리의 최저 한계인 미나스 제라이스, 남부 리오그란데, 상파울로 주를 포함한 전국적으로 55%를 득표한 두트라 후보의 승리로 끝나게 되었고, 1946년 1월 31일 대통령직에 취임하였다. 또한 같은 날 치른 의회 선거에서도 PSD가 42%의 득표율로 151석을 차지한 가운데 UDN이 26%로 77석, PTB가 10%로 22석, PCB가 9%로 14석을 차지하였다.[32]

하지만 군부의 압력으로 축출당한 전임 독재자인 바르가스가 두트라 대통령과 PSD의 비호(庇護) 아래 자신의 출신 주(州)인 남부 리오그란데에서 PSD 상원의원으로 선출되었음에도 불구하고, 노동자들에게 PTB에 참여하라고 부추기는 그의 행동은 공개적으로 정부를 무너뜨리겠다는 의사표시나 다름없었다. 이 당시 바르가스야말로 새로운 사회계급들의 정치적 잠재성을 인식하고 있었던 유일한 인물이었던 것이다.[33] 결국 PSD와 PTB를 손에 넣은 바르가스

30) Thomas E. Skidmore, *op. cit.*,(1967), 52-53쪽.

31) Youssef Cohen, "Democracy from Above: The Political Origins of Military Dictatorship in Brazil", *World Politics,* Vol.40(1987), 48-49쪽.

32) Thomas E. Skidmore, *ibid.*,(1967), 63-64쪽.

는 1950년 6월 7일 PTB의 대통령 후보로 지명되었고, 10월 3일에 가서는 PSD의 대통령 후보로도 지명됨으로써 두 정당으로부터 동시에 지명을 받았다. 그러나 현 정부에 대한 바르가스의 공격에 분개한 두트라 대통령이 후계자를 선택하겠다는 고집으로 인해 미나스 제라이스를 거점으로 하는 PSD로서도 반대할 도리가 없어 변호사이자 정치가인 마샤도(Cristiano Machado)를 대통령 후보로 결정하였다.[34] 또한 바르가스의 정적(政敵)인 UDN의 경우도 1945년 대통령 선거에서 후보로 지명한 바 있었던 고메스를 재지명한 가운데, 1950년 10월 3일 열린 대통령 선거에서 승리한 바르가스가 다시 권좌에 오르게 되었다.

〈표 34〉 브라질 1950년 10월 3일 대통령 선거 결과

대통령 후보	소속 정당	득표수	득표율(%)
Getúlio Vargas	Brazilian Labour Party(PTB)	3,849,040	48.90
Eduardo Gomes	National Democratic Union(UDN)	2,342,384	29.76
Cristiano Machado	Social Democratic Party(PSD)	1,679,193	21.33

출처: http://pdba.georgetown.edu/Elecdata/Brazil/pres50.html(검색일: 2006. 9. 30)

1951년 1월 31일 취임한 바르가스는 브라질 사회가 독재 권력에 휘둘렸었던 '신(新)국가' 시기에 비해 상이한 계급구조를 보이고 있다는 사실을 깨달았는데, 특히 산업화와 도시화 과정들이 확대되면서 생산업자·도시노동계급·도시중산층이란 세 부문들이 강화되어져 있었다. 하지만 1951년~1953년까지 인플레이션으로 인해 사회적 긴장감이 고조되자 브라질 경제발전을 위해 바르가스가 선택

33) Edwin Lieuwen, *Arms and Politics in Latin America*(New York: Prederick A. Praeger, 1961), 76쪽.

34) Thomas E. Skidmore, *op. cit.*,(1967), 76-77쪽.

한 새로운 전략은 국가의 직접적인 개입이었고, 그 대표적인 사례가 바로 2년간의 논쟁을 거쳐 1953년 10월 3일 법률 2004로 국가의 석유사업 독점을 승인한 '페트로브라스'(Petrobrás)의 설립이었다. 또한 1953년 6월 좌파 성향의 굴라르(João Goulart)를 재무부장관으로 임명하는데, 그의 등장이 갖는 의미는 중산층들로부터의 의심과 융화될 수 없었던 보수 반대세력들에 직면하여 보다 강력하게 노동계급의 지지를 구축하고자 했었던 바르가스의 새로운 정치적 전략을 드러낸 것이었다.[35] 하지만 UDN을 위시하여, 특히 리오데 자네이로와 상파울로에 자리했던 반정부적인 언론매체들로부터 선동적인 기회주의자로 낙인찍힌 굴라르는 1954년 2월 22일 최초로 도시 지역의 상업 내지 산업노동자들에게 적용되는 최소임금의 100% 인상을 권고한 이후 그날 바로 해임되지만, 그의 새로운 임금안(案)은 5월 1일 실제로 채택되어졌다. 같은 날 즉각적으로 바르가스의 임금 법령에 대항한 시위가 벌어졌고, 심지어 군부로까지 확산되었다. 무엇보다도 경제상황이 개선되지 않고 최악으로 치달은 가운데 발효된 임금법령은 임금·신용·정책의 변화를 둘러싼 국내적 긴장들과 중첩되면서 외화 획득에 치명적인 손실을 입혔다. 더구나 증가하는 민간인과 군부의 반(反)바르가스 연대에 노동계급들의 지원을 거의 받지 못한 가운데, 좌파에서 가장 조직화되고 독자적인 정치세력이었던 PCB마저도 바르가스를 향해 불확실한 태도를 취하고 있었다.

8월 10일 고메스(Eduardo Gomes) 장군과 타보라(Juarez do Nascimento Fernandes Távora) 장군이 이끈 반(反)바르가스 장교들이 코스타(Zenóbio da Costa) 전쟁성 장관과 대통령의 사임을 요구했지만

35) Thomas E. Skidmore, *op. cit.*,(1967), 112 - 113쪽.

거부당하고, 재차 8월 22일 고메스 장군이 이끈 공군 장교단이 대통령의 사퇴 요구 성명(聲明)을 공포(公布)하면서 재차 대통령의 하야(下野)를 압박했지만 다시 거부당했다. 8월 23일 마지막 희망이었던 코스타 전쟁성 장관의 지휘통제권을 무력화(無力化)한 반(反)바르가스파 장군들과 중도파 장군들 등 27명의 장군들의 사퇴 요구에 직면한 바르가스의 최후의 선택은 8월 24일 권총자살이었다. 그렇지만 바르가스 대통령이 남긴 민중주의적 유산은 뒤이어 집권하게 되는 쿠비체크(Juscelino Kubitschek de Oliveira), 콰도로스(Jânio Quadros), 굴라르까지 계승되어져 1964년 군부쿠데타가 일어나기까지 지속되었다.

바르가스의 자살 이후 부통령이었던 필요(Café Filho)가 이끈 '잠정정부'(caretaker government)는 1955년 10월로 예정된 대통령선거를 관리하는 임무를 맡았다. 10월 3일 실시된 선거에서 PSD 후보였던 미나스 제라이스 주의 주지사인 쿠비체크가 PTB와의 연대를 통해 굴라르를 부통령 후보로 내세웠다. 그 이유는 비(非)도시 지역 중심의 정당조직이었던 PSD와 도시 지역에서 강세를 보였던 PTB의 결합은 득표전략에서는 상당한 파괴력을 지녔기 때문이었다. 그 결과 쿠비체크는 36%의 득표율로 대통령에 당선되어 1956년 1월 31일 대통령직에 취임하지만, 1945년 두트라의 55%와 1950년 바르가스의 49%에 비하면 확연히 낮은 것이었다. 그럼에도 주목할 만한 사실은 부통령 후보였던 굴라르가 받은 득표(3,591,409)는 쿠비체크의 득표(3,077,411)보다도 많았다는 점이다.[36]

쿠비체크 대통령 시기에 브라질은 외국 자본을 바탕으로 놀라울 정도의 경제성장을 이루었다. 즉 1956년～1961년까지 놀랄 만한

36) Thomas E. Skidmore, *op. cit.*,(1967), 145 – 149쪽.

실질 경제성장을 기록했는데, 산업생산이 80% 증가했고, 심지어 철강 산업은 100%라는 고비율의 성장을 기록했었다. 또한 기계 산업은 125%, 전기통신 산업의 경우는 380%, 운송장비 산업의 경우는 무려 600%의 성장률을 보임으로써, 1957년~1961년까지 실질 경제성장률은 연간 7%였었다.[37] 무엇보다도 이러한 경제정책의 직접적인 성과는 쿠비체크 대통령이 정치적 안정을 성공적으로 유지할 수 있었던 것이 결정적이었다.

최소 득표율로 대통령에 당선된 쿠비체크가 자신의 정치적 지지기반을 확대하기 위해 선택했던 상징은 새로운 수도인 브라질리아(Brasília)의 건설계획이었다. 이것은 이미 1955년 4월 4일 대통령 선거 유세장에서 수도 이전 의견을 묻는 국민들에게 공약으로 제시한 바 있었다.[38] 대통령 당선 직후 쿠비체크는 내륙 개발이라는 목표를 앞세워 1956년 4월 18일 '신수도 건설공사'(New Capital Urbanization Agency: NOVACAP)를 설립하고, 수도 이전을 착수시켰다. 당시 수도였던 리오데 자네이로를 중심으로 한 해안 도시들은 수도 이전을 반대했지만, 경제 중심지였던 상파울로와 군부는 찬성하는 입장이었다. 임기 내 이전이라는 쿠비체크 대통령의 공약을 위해 '50년의 진보를 5년 안에'(fifty years progress in five)라는 선전문구(slogan)로 수도 이전을 추진시킨 결과 브라질리아에 임시 대통령 집무실 건설을 시작한 이후 3년 6개월 만인 1960년 4월 21일 입법·사법·행정부가 브라질리아에 입주를 완료하였다. 특히 신수도 건설과정에서 노동자들을 조직화시키는 데는 이미 대통령 선거과정에서 쿠비체크로부터 노동부 장관을 선택할 수 있는 자유

37) Thomas E. Skidmore, *op. cit.*,(1967), 164쪽; Bernardo Kucinski, *op. cit.*, 31쪽.

38) Thomas E. Skidmore, *ibid.*,(1967), 167쪽.

재량권을 부여받았던 PTB의 지도자이자 대중영합주의자(populist)였던 굴라르 부통령의 절대적인 영향력이 발휘되어졌다.[39] 하지만 1958년 중반부터 첫 번째 인플레이션을 겪으면서 1월부터 8월 사이 리오데 자네이로의 생필품 가격은 10% 상승하게 된다. 이에 쿠비체크 대통령은 '국제통화기금'(International Monetary Fund: 이하 IMF)의 차관 300만 달러를 차용하는 대신 IMF가 요구한 안정화 조치들을 강요받았음에도,[40] 1959년 1월 1일 민간공무원과 군부 전원에 대해 30%의 봉급 인상이라는 새로운 최소임금을 선언하고 만다.[41]

〈그림 10〉 신(新)수도인 브라질리아 구역별 배치도

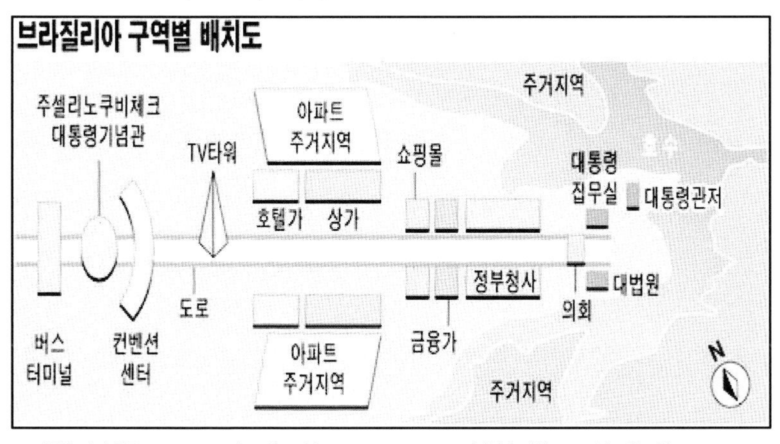

1. 대통령 관저 완공 : 1956년 10월 31일.
2. 주거지역의 건설: 1958년 6월 5일.
3. 최초의 도로포장 : 1958년 8월 5일.
4. TV타워 개통 : 1967년 3월 9일.
5. 최초의 쇼핑센터 개점 : 1971년 11월 21일.

출처: http://www.chosun.com/politics/news/200408/200408040440.html(검색일: 2006. 10. 3)

---

39) Thomas E. Skidmore, *op. cit.*,(1967), 169쪽; 172쪽.

40) Cheryl Payer, *The Debt Trap: The IMF and the Third World*(New York: Monthly Review Press, 1974), 44쪽.

41) Thomas E. Skidmore, *ibid.*,(1967), 177－178쪽.

그 결과 쿠비체크 대통령의 퇴임을 앞둔 1961년 1월에 가서는 인플레이션이 거의 50% 상승하는데, 그 원인들로는 신수도건설에 국가재정의 대량 투입과 농업 부문을 소홀히 취급했기 때문이었다.[42] 1960년대 동안 브라질의 도시인구는 쿠비체크 대통령의 정책으로 60% 증가했지만, 그때까지도 식료품 공급·운송수단 및 교육·의료·주택·사회 공공시설의 필수적인 발전을 촉진시키는 대책마련은 상대적으로 미미했었다.[43]

이러한 배경하에서 1960년 대통령 선거를 앞둔 1959년 11월 UDN 전당대회에서 콰도로스가 대통령 후보로 지명되고, 여당인 PSD와 PTB는 다시 선거연합을 통해 로트(Henrique Teixeira Lott)를 후보로 내세워 10월 3일 대통령 선거가 실시되었다. 그 결과 득표율 48.26%로 UDN의 콰도로스 후보가 32.93%의 로트 후보, 18.80%를 받은 '진보사회당'(Progressive Social Party: PSP)의 바로스(Ahdemar de Barros) 후보를 꺾고 압도적으로 대통령에 당선되었다. 특히 1960년 대선에서 발견할 수 있는 이변(異變)은 부통령 선거에서 PTB 소속인 굴라르가 당선되었다는 사실이다. 그는 근소한 득표 차이로 UDN의 캄포스(Milton Campos) 후보에 승리함으로써 브라질 선거사상 최초로 대통령 당선자와 소속 정당이 다른 부통령이 출현하게 된다.[44]

1961년 1월 31일 취임한 콰도로스 대통령은 당면한 경제 위기

42) 인플레이션의 영향은 차기 정부인 콰도로스 대통령의 짧은 임기를 촉발시켰고, 그를 계승한 굴라르 정부에까지 미쳤다. 즉 1962년 50%, 1963년에는 75%로 인플레이션이 상승했다. Alfred Stepan, "Political Leadership and Regime Breakdown: Brazil", in Juan J. Linz and Alfred Stepan(ed.), *The Breakdown of Democratic Regimes: Latin America*(The Johns Hopkins University Press, 1978), 114쪽.

43) Bernardo Kucinski, *op. cit.,* 32쪽.

44) Thomas E. Skidmore, *op. cit.,*(1967), 192－193쪽.

상황을 극복하기 위해 조세(租稅) 개혁과 정부기구의 재정비 및 제국주의적 미국 자본의 지배에서 벗어난 중립외교노선을 시도하지만, 8월 19일 쿠바 혁명의 지도자인 체게바라(Che Guevara)에 브라질 최고훈장을 수여하자 야당과 언론 등은 격렬하게 반발하면서 그의 사임을 요구하였다. 야당이 다수였던 국회 구조에서 거듭되는 하야 요구에 직면하게 된 콰도로스 대통령은 취임 7개월 만인 8월 25일 브라질의 정치발전을 이끌 정치제도의 개혁을 방해하는 풍토에서는 더 이상 대통령직을 수행할 수 없다는 성명을 발표한 이후 사임의사와 함께 영국으로 망명하고 말았다.[45] 당시 공산 중국을 방문 중이었던 굴라르 부통령은 헌법에 정해진 최우선적인 대통령직 승계자였지만, 군부의 반발에 부딪혀 8월 26일~9월 4일까지 9일간 갈등과 타협 및 협상의 순간을 거치게 되었다. 그 결과 9월 2일 국회가 대통령의 권한이 대폭 축소된 내각제로의 수정 법안을 채택함으로써[46] 9월 5일 귀국한 굴라르는 9월 7일 대통령직에 취임하였다.

다시 강력한 대통령제로의 환원을 위해 굴라르 대통령은 1962년 10월 7일 국민투표(plebiscite)를 통해 내각제냐, 아니면 대통령제냐를 결정짓기를 원했다. 이 과정에서 군부 내부의 분열을 초래하여 결과적으로 투표 실시에는 실패했지만, 군부에 지원세력을 얻음으로써 국회로서도 이른 시일 내에 투표시기를 잡을 수밖에 없었다. 1963년 1월 6일 PTB의 지지 아래 실시된 국민투표의 결과 강력한 대통령제로의 환원이 이루어졌다. 하지만 굴라르의 정책들은 급진주의적 성향을 띠고 있었다. 즉 정권의 지지기반을 중산층과 보수

45) 이신일, “브라질의 군부통치와 민주화에 관한 연구”, 청주대학교 국제문제연구원, 『국제문화연구』, 제19집(2001), 131쪽; Thomas E. Skidmore, *op. cit.*,(1967), 201－202쪽.

46) Alfred Stepan, *op. cit.*,(1973), 118쪽.

세력보다도 노동자·농민·군부의 하위계급에 기반을 둔 가운데, 1964년 3월 13일 토지개혁과 주요 산업시설의 국유화 조치를 단행하면서 기득권세력의 반발을 초래시켰고, 이 과정에서 사실상 좌파는 분열되었다. 특히 국회와의 충돌과정에서 굴라르는 노동자들을 동원하였고, 사병(士兵)들의 권익신장을 명분으로 집회와 시위를 허용하기도 했다. 이러한 굴라르의 좌익 성향적인 정책은 결국 미국으로 하여금 정권의 퇴진을 압박하게 된다.[47] 1964년 3월 20일 굴라르에 대항한 군부의 음모는 육군참모총장이었던 블랑코(Humberto de Alencar Castello Branco) 장군의 주도하에 진행되었고, 3월 31일 무혈 군부쿠데타가 발생하여 굴라르 대통령은 축출되고, 4월 9일 육·해·공 3군 군부장관들로 구성된 최고혁명사령부의 이름으로 '제도법 제1호'(Institutional Act 1: AI－1)를 공표하면서 향후 21년 동안 브라질은 군사정부를 경험하게 된다.

굴라르 정권을 축출한 군부쿠데타는 정치제도의 장기간 실패와 당면한 경제적·정치적 위기가 고조된 가운데 민간정권의 급진화와 분극화(分極化)에 따른 결과였다.[48] 이에 대해 코헨(Youssef Cohen)은 군부정치의 원인으로 정치적 위기와 경제적 위기 중에서 특히 정치적 위기로 파악했는데, 브라질의 경우 정치적 위기가 경제적 위기를 발생시킨 사례는 아니며, 적어도 경제적 위기는 중요했지만, 결정적으로는 악화된 정치적 위기가 쿠데타의 원인이었다고 보았다.[49] 스테판(Alfred Stepan) 또한 1964년 이래 브라질 군부

---

47) Youssef Cohen, *op. cit.*, 35－36쪽.

48) Barry Ames, "Rhetoric and Reality in a Militarized Regime: Brazil Since 1964", in Abraham F. Lowenthal(ed.), *Armies and Politics in Latin America*(Holmes & Meier Publishers, Inc., New York · London, 1976).

49) Youssef Cohen, *ibid.*, 37쪽.

의 정치개입을 '신직업주의'(new professionalism)로 지칭한 바 있는데,[50] 양자의 차이점은 <표 35>에서 제시되고 있다.

〈표 35〉 대조적 패러다임: 구직업주의 & 신직업주의

	구직업주의	신직업주의
군부의 기능	대외적 방어	대내적 안보
정부에 대한 민간인의 태도	민간인이 정부의 정통성을 인정	사회 일부분에 의한 정부 정통성에의 도전
필요한 군부의 기술	정치적 기술과는 양립될 수 없는 고도의 전문화된 기술	고도로 상호 연관된 정치적·군사적 기술
군부의 직업 활동 영역	제한적	무제한적
군사문화가 사회화되었을 때의 영향	군부의 정치적 중립	군부의 정치세력화
민·군 관계에 미치는 영향	비정치적 군부와 민간인 통제에 공헌	군사적-정치적 관리주의와 역할 팽창에 기여

출처: Alfred Stepan, "The New Professionalism of Internal Warfare and Military Role Expansion", in Alfred Stepan(ed.), *Authoritarian Brazil: Origins, Policies, and Future*(New Haven and London, Yale University Press, 1973), 52쪽.

이러한 신직업주의와 이전 군부가 지녔던 구직업주의와의 가장 극명한 차이점은 '군부의 기능'(function of military)에서 발견할 수 있다. 즉 후자가 대외적 방어에 치중하는 반면 전자는 대내적 안전과 국가발전에 치중한다는 점에서 일반적으로 신직업주의적 군부는 제3세계에서 흔히 나타나는 정치적 저발전 형태와 다름없다. 특히 신직업주의로 제시된 군부의 기능을 근대화를 추진하거나 달성하는 과정에서 어떻게 평가하느냐에 따라서 정치에 대한 개입(intervention)으로 개념화할 것인지, 아니면 참여(participation)로 개념화할 것인지를 결정짓게 된다.[51] 예컨대 비서구사회인 개발도상

50) Alfred Stepan, *op. cit.*,(1973), 47쪽. 특히 구직업주의와 신직업주의에 대한 비교항목은 52쪽을 참고.

51) 홍 철, 『한국형 정체 모델과 민간·군부 권위주의: 민간권위주의형 정체와 군부권위

국가에서 군부의 역할을 긍정적으로 평가하는 입장들은 주로 참여 개념을 채택하는 반면,[52] 개입은 폭력의 직접적인 사용이나 간접적인 위협을 통해 '사이에'(inter) 끼어든다는 성격을 강하게 띠는 것으로, 이미 제2장에서 군부를 폭력을 담당하는 조직으로 보았던 자노위츠(Janowitz)와 폭력전문가로 규정했던 라스웰(Lasswell) 및 카플란(Kaplan)의 지적에서도 그 개념을 찾을 수 있다.

브라질 군부정권은 1964년 이래 민간집단과의 광범위한 동맹체제를 구축하여 정치적 지배의 중요한 수단으로 삼았는데, 군부－근대화되고 보수적인 직업정치가－기술관료로 구성된 쿠데타연합[53]과 국가－외국자본－국내자본으로 구성된 소위 삼자동맹[54]의 이중적 동맹구조로 관료적 권위주의를 근간으로 하는 것이었다. 이것은 브라질의 자본주의적이면서도 권위주의적 성격을 지닌 정치・경제의 구조를 뒷받침하는 골격을 이루었다.[55] 또한 정치적으로 브라질 군부정권은 크게 두 가지 유형의 정당화에 의존하고자 했다.[56] 첫째는 선거적 정당화로 선거에서의 승리를 통해 수권능력을 과시하는 것이었다. 이를 위해 선거법을 끊임없이 조작함으로써 여당이 선거에서 승리하도록 하였다. 둘째는 수단적 정당화로 사회적으로

주의형 정체의 비교』(대구: 정림사, 2005), 83쪽.

52) Samuel P. Huntington, *Political Order in Changing Societies*(New Heaven: Yale University Press, 1973), 36쪽.

53) H. Jon Rosenbaum, "Brazil's military regime", *Current History,* Vol.58, No.342(February, 1970), 74쪽.

54) Peter Evans, "Shoes, OPIC, and the Unquestioning Persuasion: Multinational Corporations and U. S.－Brazilian Relations", in Richard Fagen(ed.), *Capitalism and the U. S.－Latin American Relations*(Stanford University Press, 1979), 305－310쪽.

55) 김영명, "아르헨티나와 브라질의 민주화, 성균관대 사회과학연구소", 『사회과학』, 통권 28호(1988), 53쪽.

56) 이영조, "다시 시작하는 과거: 남미 군부통치의 유산", 사회과학원, 『계간 사상』, 가을호(1994), 39쪽.

중요한 가치를 달성하는 데 현재의 체제가 유효한 수단임을 증명함으로써 정당성을 획득해 나가는 것으로, 구체적으로 경제안정과 경제성장이란 실적을 과시함으로써 체제를 정당화하려는 것이었다.

그러나 브라질 군부가 1964년 3월 병영(barrack)을 떠난 이래 성립된 군부정권은 경제나 정치질서의 구조적 변화를 수행하지 않았고, 또한 사회구조의 변화를 옹호하지도 않았다. 따라서 비록 군부가 권력을 행사하는 것을 정당화하는 용어로 사용했고, 그들이 지칭했던 혁명의 임무는 본질적으로 하나의 개량주의였으며, 군부의 통치는 권위주의적이었고, 임의적이었으며, 단명일 수밖에 없었다.[57]

〈표 36〉 브라질 군부독재정권(1964년~1985년)

임기	성 명	재 임 기 간
29대	Castelo Branco	1964.04.15~1967.03.15
30대	Costa e Silva	1967.03.15~1969.08.31
	General Aurélio Lyra Tavares Admiral Augusto Rademaker Grünewald Brigadier Márcio de Souza e Mello	1969.08.31~1969.10.30
31대	General Garrastazu Médici	1969.10.30~1974.03.15
32대	General Ernesto Beckmann Geisel	1974.03.15~1979.03.15
33대	General João Figueiredo	1979.03.15~1985.03.15

출처: http://en.wikipedia.org/wiki/List of Presidents of Brazil(검색일: 2006. 9. 17)

일반적으로 브라질에서 군부 통치는 블랑코, 실바(Artur da Costa e Silva), 메디치(Emílio Garrastazú Médici), 가이젤(Ernesto Beckmann Geizel), 피게이레도(João Baptista de Oliveira Figueiredo) 장군의 통치기간을 지칭한다. 특히 블랑코, 실바, 메디치의 통치기간이 가장

57) Rollie E. Poppino, "Brazil after a Decade of Revolution", *Current History,* Vol.66, No.389(January, 1974), 2쪽.

악명 높았던 시기였지만, 군사정부는 굴라르 정부 당시 발생했던 경제위기의 극복을 위해 일련의 안정화 정책들을 펼쳤다. 그 결과 인플레이션을 <표 37>에서 제시된 것과 같이 1965년에는 55.4%, 1966년 38.6%로 낮추는 데 성공하여 그 절정인 1970년~1972년 사이에는 10% 선에 머물렀다.[58] 동시적인 수출 위주의 산업화정책을 통해 1968년~1974년 실바 대통령과 메디치 대통령에 걸쳐 소위 '브라질의 기적'을 이룩하게 되었다.

〈표 37〉 브라질의 연간 인플레이션

연 도	물가인상(%)	연 도	물가인상(%)
1962	54.8	1970	18.2
1963	78.0	1971	17.3
1964	87.8	1972	17.4
1965	55.4	1973	20.5
1966	38.6	1974	31.5
1967	28.8	1975	32.7
1968	27.8	1976	41.3
1969	20.3		

출처: José Serra, *ibid.*, 119쪽 재인용.

기적에 가까운 경제성장으로 무엇보다도 중산층 이상의 광범위한 지지를 확보함으로써 자신감을 얻게 된 군사정부로서는 경제나 정치질서의 구조적인 변화가 불필요했고, 또한 사회구조적인 변화를 주창(主唱)하지도 않은 가운데[59] 1985년까지 21년간 군사정권을 유지시킬 수 있었다. 이 같은 비약적인 경제성장을 배경으로 앞서

58) José Serra, "Three Mistaken Theses Regarding the Connection between Industrialization and Authoritarian Regimes", in David Collier(ed.), *The New Authoritarianism in Latin America*(Princeton University Press, 1979), 119쪽.

59) Rollie E. Poppino, *op. cit.*, 2쪽.

<표 36>에서 제시된 군사정부의 억압적 통치기제가 정권담당자의 변화에 따라서 어떻게 실체화되었는지를 간략하게 제시해 보기로 한다.

첫째, 블랑코 장군의 통치기간이다. 1964년 4월 11일 보수파 의원들로만 구성된 의회에서 형식적인 투표를 통해 대통령에 당선되면서,[60] 4월 15일 출범한 블랑코 정부는 정치적 보수파와 기술관료의 연대로 이루어진 것이었다. 그러나 경제건설과 사회 안정화의 추구라는 목표는 일치했지만, 이를 달성하려는 수단들을 보는 관점은 상이했다. 즉 블랑코 대통령은 다양한 정치세력들의 활동을 허용하는 의회라는 장(場)을 통해서 개혁을 이루기를 원했던 반면, 민간 기술관료들과 군부 극단주의자들은 군사정부가 힘을 강화하기까지 의회 해산과 정당 활동을 금지시키기를 원했던 것이다. 이러한 배경하에서 정치적 위기는 1965년 3월 상파울로 시장선거에서 공개적으로 콰도로스 전(前) 대통령의 지원을 받은 후보가 당선되면서 시작되는데, 이때까지만 해도 연방정부의 위상은 직접적인 위험에 처하지는 않았지만, 1965년 10월 실시된 주지사 선거의 경우는 달랐다. 즉 11개 주 가운데 구아나바라(Guanabara) 주와 미나스 제라이스 주의 경우는 현 지사들이 처음에는 반(反)바르가스 음모에 있어 탁월한 협력자였지만, 지금은 블랑코 정부의 경제 안정화 계획을 거리낌 없이 비판할 정도로 정치적 입지를 구축한 상태였기에, 선거결과는 블랑코가 이끈 연방정부의 대중적 인기를 시험하는 장(場)으로 간주되기엔 충분한 것이었다. 따라서 7월 동안 10월 선거에 대처하기 위해 블랑코 정부는 두 가지 수단들을 동원하였

60) 선거 결과 블랑코 후보는 압도적인 361표를 얻었고, 타보라 후보 3표, 두트라 후보 2표, 기권 72표, 불참 37표였다.

는데, 첫째로는 '부적격 법률'(ineligibility law)을 통해 1963년 1월 6일 국민투표 이후 굴라르 정부에서 장관으로 등용된 인물들을 다가오는 10월 선거에 입후보할 수 없도록 막았다. 두 번째 수단은 새로운 정당들을 만드는 것이었다.[61] 10월 선거결과 야당들이 11개 주지사선거에서 모두 승리하면서 강경한 군부의 반응에 부딪힌 블랑코 대통령은 1965년 10월 27일 '제도법 제2호'(Institutional Act 2: AI－2)의 공포를 통해서 13개 정당들의 활동을 금지시켰고, 대통령과 부통령을 간접선거제로 제도화시켰으며, 군사법정을 통해 주지사 당선자들을 조사하였다. 또한 1965년 11월 20일 시행령 제4호를 통해서 양당제를 도입하였는데, 친정부적인 '국가재건연합당'(National Renewal Alliance Party: 이하 ARENA)과 형식적 야당인 '브라질민주운동'(Brazilian Democratic Movement: 이하 MDB)이었다. 1966년 2월 5일에는 주지사와 시장선거를 간접선거로 규정한 '제도법 제3호'(Institutional Act 3: AI－3)를 공표하는 동시에 군부 강경파들에 굴복한 블랑코 정부는 AI－3이 1967년 3월 15일까지 강제적으로 존속된 가운데 1966년 10월 3일 실시된 대통령 조기선거결과 블랑코 정부에서 전쟁상(64. 04. 15～66. 06. 30)을 지낸 실바 장군이 대통령으로 선출되었다. 이미 ARENA가 전체 의석 475석 가운데 285석을 지배하고 있는 상황에서 군부 장교들의 80%가 실바를 지지하자 결국 블랑코로서도 실바를 대통령 후보로 선언하지 않을 수 없었던 상황이었다.[62] 또한 11월 15일 실시된 총선에서 ARENA가 304석으로 다수 의석을 차지하면서, 블랑코 정부는 언론 통제법안과 개정된 국가보안법을 도입하여 군사정권을 강

61) Thomas E. Skidmore, *op. cit.*,(1967), 311쪽.

62) 『Time』(1966. 4. 29)

화하였는데, 1967년 1월 24일 공표된 새 헌법은 주(州)들에 대한 연방정부의 권력을 증가시킨 것이었다.

둘째, 실바 장군의 통치기간이다.[63] 1967년 3월 경제학 교수 출신으로 재무부장관에 임명된 네토(Delim Neto)는 블랑코 정부가 실패했었던 상대적인 안정화에 성공하면서 경기회복을 가져왔다. 무엇보다도 실바 정부의 특성은 개인적 자유와 정상적인 정치활동들을 억압하는데 혁명의 회생(回生)과 '새로운 민주주의'(New Democracy)의 창조를 강요했다는 점에서 발견되는데, 이는 억압 자체뿐만 아니라 브라질 정치를 근본적으로 개편하려는 지배 세력들의 의도를 검토하는데도 필요한 것이었다.[64] 1968년에 들어서 학생들과 일부 성직자들의 반정부시위가 발생하고 8월 상파울로 TV 방송국 폭파사건을 비롯하여 9월 달에는 브라질 군부가 정적들을 잔혹하게 고문했던 방법들을 책으로 펴낸 알베스(Márcio Moreira Alves) 의원이 군부를 가리켜 '고문자들의 은신처'라고 비난하는 의회 연설을 하자, 군부 장성들은 그를 구금시키려 했지만,[65] 의회는 알베스의 의회 면책권 박탈을 요구한 대통령의 긴급 요청을 거부했다.[66]

이러한 상황들에 직면한 실바 대통령은 1968년 12월 13일 소위

63) 1966년 10월 3일 의회의 형식상(pro－forma) 투표를 야당인 MDB가 거부함으로써 실바 후보는 294표를 얻어 대통령에 당선되었는데, 이때 기권 및 불참은 175표였다.

64) H. Jon Rosenbaum, *op. cit.,* 76쪽.

65) 『Time』(1968. 12. 20): 원래 신문기자였던 알베스는 1964년~1965년에 발행된 신문기사의 연재(連載)를 통해 브라질에서 최초로 고문(拷問)을 입증했다. 1966년 하원의원으로 당선되어 의회 연설에서 면책특권을 이용하여 군사정부의 장군들을 공격했지만, 1968년 12월 13일 AI－5가 공표되면서 정치적 권리들을 박탈당한 채 투옥되고 말았다. James N. Green, "Clerics, Exiles, and Academics: Opposition to the Brazilian Military Dictatorship in the United States, 1969－1974", *Latin American Politics and Society,* Vol.45 No.1(Spring, 2003), 100쪽.

66) Thomas E. Skidmore, "Politics and Economic Policy Making in Authoritarian Brazil: 1937－71", in Alfred Stepan(ed.), *Authoritarian Brazil: Origins, Policies, and Future*(New Haven and London: Yale University Press, 1973), 9－10쪽.

'쿠데타 내부의 쿠데타'로 불린 '제도법 제5호'(Institutional Act 5: AI－5)를 공표하였는데, 이는 그 후 10년간 1,577명에게 적용되어 가혹한 정치탄압의 도구로 작용하게 되었다. 즉 AI－5의 공표는 국내문제를 해결하는 데 회유책보다도 폭력적인 억압을 내세웠던 강경파들의 정책이 승리했음을 의미하는 것이었다.[67] 이로 인해 연방 및 주(州) 의회 폐쇄, 정치범을 위한 '인신보호영장'(habeas corpus)의 중지, 개인 재산의 몰수, 수백 명의 체포, 개인의 정치적 권리가 폐기되었다. 또한 88명의 연방의원(야당인 MDB 61명과 여당인 ARENA 27명) 및 5명의 상원의원(모두 야당인 MDB)들의 의석을 박탈시켰다. 그 뒤 얼마 지나지 않아 2월 7일 또 다른 중요 법률인 '제도법 제7호'(Institutional Act 7: AI－7)가 공표되는데, 이것은 대통령에게 적당한 시점이라고 판단될 때까지 국가의 모든 선거들의 취소를 허용하는 것이었기에 실로 엄청난 권력을 대통령에게 집중시켰음을 알 수 있다.[68]

하지만 1969년 8월 심각한 동맹 파업과 함께 8월 30일 실바 대통령이 뇌일혈로 쓰러지면서 권력의 행사가 불가능하게 되었다. 뒤이어 9월 4일 리오데 자네이로에서 '10월 8일 혁명운동'(October 8 Revolutionary Movement: MR－8)이란 도시게릴라단체에 의해 엘브릭(Charles Burke Elbrick) 미국 대사의 납치라는 새로운 테러리즘의 등장으로 인해 혼란과 불확실성이 부각되면서 이미 뇌일혈로 무기력해진 실바 대통령을 대신하여 8월 31일부터 10월 30일까지 '제도법 제12호'(Institutional Act 12: AI－12)에 의해 그루네왈드(Augusto Hamann Rademaker Grünewald), 타바레스(Aurélio de Lira

---

67) Bernardo Kucinski, *op. cit.,* 42쪽.

68) H. Jon Rosenbaum, *op. cit.,* 75쪽.

Tavares), 멜로(Márcio de Sousa e Mello) 세 명의 3군 장관들이 행정권을 담당했다. 이 과정에서 '군사평의회'(Military Junta)는 합법적인 권력승계자였던 민간인 부통령 알렉시오(Pedro Aleixo)를 배제시킴으로써 헌법절차를 무시한 가운데 10월 7일 '제도법 제17호'(Institutional Act 17: AI－17)를 공포하여 중앙정보국(National Intelligence Service: SNI) 국장이자 강경노선을 추종했던 메디치 장군을 대통령으로 선출했다.[69)]

셋째, 메디치 장군의 통치기간이다. 메디치 정부가 출범하자 정치인들과 언론들은 AI－5의 폐지와 주지사와 대통령의 직접선거를 강력하게 요구했지만, 오히려 대통령의 권한이 강화되어졌고, 간접선거를 규정했던 조항들도 강제적으로 존속되었다. 또한 1973년 중반까지 국가안보를 이유로 언론들의 대통령 계승에 관한 모든 토론을 금지시켰다. 이 같은 억압이 일시적인 중단 없이 지속되어진 가운데 정부를 헐뜯는 논평들은 인쇄조차 되지 못했다.[70)]

법률의 범위를 넘어선 고문과 정치적 암살과 같은 수단적 조치들은 메디치 정부에서 가장 심각하게 자행되어졌다. 주로 극좌파들을 상대로 중앙정보국의 부서였던 '작전 및 정보 분견대－치안보호작전센터'(Department of Information Operation－Center of Internal Defense Operations: DOI－CODI) 및 1969년 7월 상파울로에 설치되어졌던 군부와 경찰 요원들로 구성된 'OBAN'(Operation Bandeirantes)은 고문을 자행하여 일부 범죄자들을 죽이거나 불구로 만들었다. 또한 상파울로 주에서 수백 명의 경찰관들로 구성된 특수 팀인 'ROTA'

---

69) 1969년 10월 25일 의회 간접선거에서 경쟁자가 전무(全無)한 가운데 메디치 후보는 293표, 기권 76표를 받았다. 『Time』(1969. 10. 31)

70) Rollie E. Poppino, *op. cit.,* 35－36쪽.

(Rondas Octensivas Tobias de Aguiar)는 암살과 관련해서는 가장 악명이 높았다. 이 같은 정치적 풍토에서 사회적 안정이 위기에 직면하게 되자 메디치 대통령은 1973년 6월 15일 군부 고위층들과의 협의를 통해서 가이젤 장군을 9월에 열린 ARENA 전당 대회에서 후계자로 지명하였다. 한편 야당인 MDB도 9월 말 대통령 후보로 귀마라에스(Ulisses Silveira Guimarães) 상원의원을 지명했다. 이 같은 결정은 대통령 선거를 거부하자는 소수 분파들의 항의가운데 장기간의 토론을 거친 후 공평한 TV 및 라디오 시간을 보장한다는 조건에서 내려진 것이었다. 1974년 3월 15일 간접선거로 치러진 대통령 선거는 가이젤 후보의 압도적인 승리로 끝난 가운데,[71] 정권이 이양되어졌다.

2. 군부의 계획적 민주화과정

가이젤 장군과 피게이레도 장군의 통치기에 '정치개방'이라는 자유화조치를 통해 정치범 석방과 사면복권, 반체제세력들의 정치활동 허용, 언론 통제를 완화하는 과정에서 내건 형식적 명분은 정치적 차원에서 권위주의의 완화, 경제적 차원에서의 국가주의 지양, 그리고 행정적 차원에서는 관료주의의 탈피였지만,[72] 근본적으로는 체제의 제한된 개방을 통해 권위주의 통치를 제도화시키려는 속셈이 자리하고 있었다. 즉 자유화 조치를 통해 국가 내 동맹을 재결

71) 의회 간접선거 결과 가이젤 후보 400표, 귀마라에스 후보 76표, 기권 21표로 가이젤 후보의 압도적인 승리로 나타났다.

72) Marcilio Marques Moreira, "Political Liberalization & Economic Crisis", *Government & Opposition,* Vol.19, No.2(Spring, 1984), 162-163쪽.

속시키고, 브라질 발전 모델을 재건하려는 의도 위에서 경제와 군부 중심의 정체를 안정화시키려는 시도를 도모했지만, 보다 궁극적인 목표는 군부통치의 제도화에 있었던 것이었다.[73)]

메디치 장군에 이어 1974년 3월 15일 대통령으로 취임한 가이젤 장군은 전임자들과는 달리 임기 동안 기존 정책의 변경을 수반시키게 되는 적어도 세 가지 결정적 쟁점들에 부딪혔다.[74)] 첫째는, 아랍과 이스라엘 간 분쟁으로 1973년 10월 17일 시작된 '석유위기'(Oil Crisis)의 여파가 지닌 잠재적 문제였다. 즉 다량의 중동(中東) 원유에 의존해 온 브라질 경제로서는 만일 이 지역으로부터 원유공급이 중단되거나 감소할 경우 석유분야가 경제에서 차지하는 비중이 높았던 까닭에 거의 재앙에 가까운 충격을 초래시킬 것임은 분명한 일이었다.[75)]

둘째, 가이젤 대통령의 임기 동안 경제 또는 정치적 상황에 영향을 미친 반(反)외세적 성향의 민족주의가 또 다른 쟁점이었다. 전임자들의 시기에 경제발전정책이 외국 자본에 과잉 의존했던 결과 경제호황기에 외국 투자자들은 지나치게 과도한 이익을 챙기게 된다. 하지만 전임 정부들은 반(反)외세 논쟁을 거부하면서, 긴급하게 필요한 거대한 양의 자본과 자본재를 보유하기 위하여 급속한 경제성장의 촉진과 유지를 정당화시켰으며, 외국으로부터 대금업자와 투자가에게 유리한 협정들의 기한 연장을 지속시켰던 것이다. 당시 브라질의 낮은 경제성장이 전망되고 있었던 시점에서 이 같은 국

---

73) 김영명, 『제3세계의 군부통치와 정치경제: 브라질 · 한국 · 페루 · 이집트의 비교연구』 (서울: 한울, 1985), 194－195쪽.

74) Rollie E. Poppino, *op. cit.*, 37쪽.

75) 80%의 원유를 수입에 의존했던 브라질로서는 경제적 필요성에 의해 외교 정책을 변경하게 된다. 즉 가이젤 대통령은 친(親)이스라엘적 태도를 석유 부국인 사우디아라비아와 이라크에 대한 유착관계로 변경시킨 것이다.

면들의 전개는 가이젤 대통령으로 하여금 전임 정부들의 정책들을 반대 세력의 저항을 뿌리치고 지속할 것인지, 아니면 외국 자본들에 대한 보다 제한적인 정책을 채택할 것인지를 결정해야만 하는 상황으로 몰아갔다.

셋째, 브라질의 혁명적인 정치체제와 관련된 쟁점을 들 수 있다. 근 10년에 걸친 군사정부의 권위주의적 지배 기간 동안 브라질의 정치체제에서 가장 심각한 쟁점이었던 것은 군부지도자들이 기본적인 정책결정을 내려 비(非)정치적이었던 기술관료들에 권고하여 시행하는 것이었다. 즉 이러한 정치체제에서는 의회나 국민의 의견들이 전혀 고려될 필요가 없었기에, 보다 만족스러운 결과들에 도달하기 위한 광범위한 대중 토론과 논쟁조차도 허용되지 않았다. 하지만 정치적 결정과정에서 배제된 데 분노한 국민들이 늘어남에 따라 가이젤 대통령으로서는 적절한 대처가 필요한 시점이었다.

1967년~1973년의 경제 기적이 정점에 달했던 1974년 당시 브라질은 '경기침체 속의 인플레이션'(stagflation)이 정치적 자유화와 공존하는 국면이었다. 즉 군사정부 시기에 브라질 사회는 도시화가 70% 가량 진행되어졌고, 산업경제화를 이루었으며, 원자재보다도 제조된 상품들이 수출된 가운데 주민의 약 55%가 유권자로 등록되어 있었다. 더구나 이미 1974년 4월과 5월 아라구아이아(Araguaia)에서 중국 계열의 공산당 분파인 '브라질의 공산당'(Communist Party of Brazil: PC do B)이 만든 도시게릴라 기지들과 납치 및 즉결처형을 자행했던 강경파들인 '민족해방단'(Action for National Liberation: ANL)과 더불어 '민족해방을 위한 전위'(People's Revolutionary Vanguard: VPR)를 포함한 좌파 조직들은 소멸된 상태였었다.[76] 따라서 사회 안정을 위협해 왔던 좌파 도시게릴라들이 사라진 마당에 더 이상 군부가 정치의 장(場)에 머무를 명분을 찾기 어려워졌다는 인식이 일부 장군들 사이에서 확산되기 시작했다.

이 같은 어려움에 직면한 가이젤 대통령이 돌파구로 선택한 것은 점진적인 '이완 정책'(relaxation policy)하에 제한된 정치조직들과 선거를 개방(abertura)함으로써 궁극적으로는 군사정부의 통치를 제도화시키겠다는 속셈을 지녔던 민주화정책이었다. 하지만 소위 '가이젤 계획'(Geisel Project)은 정치적 안정화의 한계를 설정하는 동시에 후원 역할까지도 자임한 것이었으며, 민주적 요소뿐만 아니라 억압적인 권위주의적 요소들 역시 뒤섞여 있었다.[77] 예컨대 1974년 11월 15일 치른 총선 당시 상원 선거에서 야당인 MDB가 예상을 뒤엎고 전체 의석의 2/3이상을 점유하고 있었던 여당인 ARENA의 의석 구도를 깨뜨렸던 점, 1977년 4월 1일 사법부의 개혁법안이 의회를 통과하지 못하게 되자 계엄령이 선포되고, AI-5를 발동시켜 의회를 해산하면서도 동시에 정치적 협상인 '4월 법안'(April Package)을 야당과 맺기도 했었던 사례가 대표적일 것이다. 즉 가이젤 대통령은 의회 법안 통과 시 종전에 2/3 이상 다수결이었던 것을 과반수로 완화시키는 헌법 개정 대신, 야당의 요구인 하원의원과 상원의원의 분리투표를 수용한 일괄거래를 선택했던 것이다.[78]

1978년 5월 12일 상파울로 인근 상베르나르도(São Bernardo)에서 시작된 2,500명에 달하는 '싸브-스카니아'(Sabb-Scania) 트럭 회

76) Bernardo Kucinski, *op. cit.,* 57쪽.

77) Silvio R. Duncan Baretta and John Markoff, "Brazil's Abertura: A Transition from What to What?", in James M. Malloy and Mitchell A. Seligson(ed.), *Authoritarians and Democrats: Regime Transition in Latin America*(University of Pittsburgh Press, 1987), 45-46쪽.

78) Bernardo Kucinski, *ibid.,* 59쪽.

사 노동자들의 동맹파업은, 5월 14일 포드(Ford)사에서도 9,500명의 노동자들이 참여하게 되면서 브라질 자동차산업의 심장부인 상파울로 주변 산업지대로 광범위하게 확산되었다.[79] 이는 군사정부가 1964년 이래 불법으로 규정한 동맹파업을 일거에 뒤엎어 버린 것으로, 18개 도시들의 400여 개 공장에서 500만 명의 노동자들이 두 달 가까이 지속한 대규모 동맹파업의 형태는 소규모 산업지역이었던 미나스 제라이스와 리오데 자네이로에서도 되풀이되어졌다.[80] 또한 1978년 11월 15일의 총선 결과 상원 선거의 경우 여당인 ARENA의 42.93%의 득표율보다도 야당인 MDB의 득표율이 57.07%로 높게 나왔으며, 상원 전체 의석에서는 여당의 의석수가 많았지만, 1974년 선거 당시와 비교한다면 여당은 다수의석마저 상실한 반면 야당으로서는 의회를 통한 거부권(veto power)을 확보하게 된 것이다.[81] 이렇듯 군사정부로서는 정치적 개방조치를 통해 부분적인 자유화를 용인하면서도 저항이 거세질 경우에는 다시 억압을 가하는 자유화-억압의 순환구조를 활용함으로써 1974년 이래 가이젤 정부는 반대 세력과의 정치적 타협을 골간으로 하는 완화(distensão) 정책을 동원하여 민주화를 진행하여 나갔던 것이다. 무엇보다도 가이젤 대통령이 전임자들과는 달리 군부와 협의를 통해 후계자를 정해 왔던 전통을 일방적으로 깨뜨리면서까지 독단적으로 후계자를 선택할 수 있었던 배경을 '4월 법안'을 통한 정치적 타협에서 찾기도 한다.[82]

---

79) John Humphrey, *Capitalist Control and Workers' Struggle in the Brazilian Auto Industry*(Princeton University Press, 1982), 160-165쪽.

80) Bernardo Kucinski, *op. cit.*, 67쪽.

81) Bernardo Kucinski, *ibid.*, 56쪽; 1974년 총선에서 전체 66석의 상원 의석 중 여당은 46석, 야당은 20석을 차지했던 반면, 1978년 총선 결과 전체 67석 가운데 여당은 40석, 야당은 27석으로 나타났다.

하지만 짧았던 고도성장을 통해 이룩했었던 브라질의 경제 기적이 하강국면에 접어들기 시작하고, 인플레이션의 장기화로 실질임금이 감소되는 시대로 접어들게 된다. 예컨대 1976년 'DIESSE' (Inter-Union Department of Statistics and Socio-Economic Studies)의 연구에 의하면 브라질 노동자의 46%가 1965년에 비해 30%의 실질임금 감소를 경험하고 있음을 확인할 수 있다.[83] 또한 1960년 전체 국민소득의 39.5%를 점유하고 있었던 소득분배구조의 상위계층 10%인 인구는 1979년에는 46.7%로 늘어난 반면 하위계층 50%가 차지하는 부의 몫은 1960년 17.7%에서 1970년 14.9%, 1976년 11.6%로 계속 줄어들었다. 이러한 열악한 소득분배구조는 인플레이션에 의해 더욱 악화되어져 임금노동자들로 하여금 군사정부에 대한 불만을 고조시키게 만들었다. 또한 1977년까지 지속된 학생들의 시위와 1978년 5월~7월 노동자들의 동맹파업에 대한 정부의 대응이 체포 구금·군의 대학주둔·학생회의 불법화조치 등으로 인해 사회정화라는 위기상황에 처하게 되면서, 가이젤 대통령의 후임자 선출작업이 진행된 결과 1978년 10월 15일 치른 의회 간접선거를 통해 피게이레도 장군이 대통령에 당선되었다.[84] 하지만 포고령 477호에 의하여 국외 망명자 1만 명, 시민권 박탈자 4,682명, 대학 제적생 245명과 수천 명의 시민들이 체포되고,[85] 1979년 1월 1일까지 AI-5가 발동되어졌다.

---

82) Bernardo Kucinski, *op. cit.,* 60쪽.

83) Maria Helena Moreira Alves, *State and Opposition in Military Brazil*(Austin: University of Texas Press, 1985), 83쪽.

84) 1978년 10월 15일 의회 간접선거에서 피게이레도 후보는 355표, 몬테이로(Euler Bentes Monteiro) 후보 225표, 기권과 불참은 11표였다.

85) http://www1.umn.edu/humanrts/cat/brazil2000.html(검색일: 2006. 10. 13)

피게이레도 대통령의 취임 한 달 전쯤인 1979년 2월 11일 이란에서는 샤(Shah) 왕조의 팔레비(Mohammad Reza Pahlavi) 국왕이 호메이니(Ayatollah Ruhollah Musavi Khomeini)가 주도한 이슬람 혁명으로 축출되었다. 새롭게 등장한 이란 정부가 석유수출을 전면 중단시키면서 제2차 석유위기가 발생하게 되었다. 흥미로운 사실은 1973년의 제1차 석유위기의 충격을 대부분의 국가들이 겪은 데 비해 남미 국가들은 큰 혼란에 휩쓸리지 않은 가운데 지속적인 성장을 달성했다는 점이다. 하지만 1979년 제2차 석유위기를 겪는 과정에서 발생했던 석유가격 급등의 여파는 1982년 8월에 들어서면서 남미 국가들을 재정 위기로 몰아넣게 된다. 대표적인 사례로 멕시코의 경우 외채로 인한 채무 불이행이 결국 IMF의 고강도 구조조정을 초래시켰으며, 브라질 역시 기적의 경제 성장이 끝나면서,[86] 후유증에 시달리게 되었다.

1979년 3월 15일 대통령에 취임한 피게이레도 장군은 가이젤 정부에서 실시했던 완화정책을 바탕으로 한 개방(abertura) 정책을 통해서 민주화로의 이행을 보다 적극적으로 추진할 것을 약속하고, 1979년 8월 28일 '사면법'(Amnesty Law) 제6683호를 제정하여 1961년 9월 2일~1979년 8월 15일 시기 동안의 정치범들을 사면하였다. 이때 정치적 권리를 상실했거나 투옥 내지 추방되었던 4,650명이 직접적인 혜택을 받았을 뿐만 아니라 1965년 이후 처음 실시될 22개 주(州)의 주지사 선거를 포함하여 1982년 11월 15일에 실시될 총선에서 연방정부의 공직에도 출마할 수 있었다. 또한 1965년 11월 20일 시행령 제4호를 통해서 그동안 브라질 정치를

86) Riordan Roett, "The Transition to Democratic Government in Brazil", *World Politics*, Vol.38, No.2(January, 1986), 371쪽.

구속해 왔었던 양당정치 체제를 다당제로 전환시키려한 피게이레도 정부의 자유화 계획을 1979년 11월 27일 의회가 승인함으로써 ARENA와 MDB는 폐지되어졌다. 그 이후 MDB의 경우는 1980년 1월 15일 '브라질민주운동당' (Brazilian Democratic Movement Party: 이하 PMDB)을 창당하게 되고, 정부는 여당이었던 ARENA를 대체할 보수 성향의 '사회민주당'(Social Democratic Party: 이하 PDS)[87]을 1980년 1월 31일 창당하였다. 이들 정당을 포함하여 1979년 6월 17일 설립된 '민주노동당'(Democratic Labour Party: PDT), 1980년 2월 10일 설립된 '노동자당'(Workers' Party: PT), 1980년 6월 6일 설립된 '브라질노동당'(Brazilian Labour Party: PTB)과 같이 1980년대가 시작되면서 5개의 새로운 정당들이 정치 무대에 등장하게 되는데, 이러한 다당제로의 전환은 야당의 분열을 계획한 군사정부의 의도 아래 진행된 것이었다.

또한 노동자들이 노동조합의 조직화를 통해서 그들의 요구를 반영시켜 나가자 피게이레도 군사정부는 노동조합 지도부를 제거함으로써 새로운 노동운동을 없애기로 결정하였다. 그 계기를 제공한 것은 1980년 금속노조원들의 임금 투쟁이었다. 당시 제2차 석유위기로 인해 경제위기가 심화된 가운데 1978년 1배럴당 평균 12.40달러였던 석유 가격이 1979년에는 17.10달러로 올랐고, 1980년이 시작되면서 거의 30달러에 육박하고 있었다. 1980년 4월 1일 상파울로

87) 하지만 PMDB와는 달리 PDS는 몇 차례 이합집산과정을 겪었다. 즉 1993년 '기독교민주당'(Christian Democratic Party: PDC)과 합당하여 '진보개혁당'(Progressive Reform Party: PPR)을 설립하였다. 그 뒤 1995년에 가서는 '진보당'(Progressive party: PP)과 함께 말루프(Paulo Sálim Maluf)를 지도자로 '브라질진보당'(Brazilian Progressive Party: PPB)을 결성하였다. PPB는 '브라질사회민주당'(Brazilian Social Democracy Party: PSDB) 및 '자유전선당'(Liberal Front Party: PFL)과 연대하여 카르도소(Fernando Henrique Cardoso) 대통령을 지원하게 되었다.

교외에 위치한 산업자치체였던 상투 안드레(Santo Andre), 상베르나르도(São Bernardo), 상카이타노(São Caetano)로 대표되었던 소위 ABC 지역의 모든 노동자들의 지지하에 폭발한 동맹파업에 1978년 상베르나르도와 디아데마(Diadema) 지역의 금속노조위원장에 선출된 룰라(Luiz Inácio Lula da Silva)의 지도력 아래 6개의 다른 도시들에서 8만 명의 노동자들이 가담했다.[88] 같은 날 정부의 탄압이 신속히 진행되면서 이미 이틀 전 ABC 지역에 도착한 육군 참모장 아료사(Ernani Ayrosa) 장군의 지휘 아래 룰라와 15명의 노동조합 지도부들은 '정치와 사회질서를 위한 국가국'(State Department for Political and Social Order: DEOPS)과 DOI-CODI에 체포된다.[89] 하지만 이미 대외 부채는 80억 달러에 도달한 상태였고, 1981년에 가서는 경제가 '제로성장'(zero growth)으로까지 치달았다.

1983년에 가서는 노동운동 또한 노선 차이로 인한 조정기를 거쳐, '아우뗀띠코스'(Authenticos) 그룹, 가톨릭 재야 노동운동 세력, 트로츠키(Leon Trotsky)주의자들이 1983년 8월 28일 상베르나르도에서 창립한 급진적 상향의 '유일노동자중심'(Unique Workers' Center: 이하 CUT), 석 달 뒤 '통일노조'(Unidade Sindical) 그룹은 보다 온건한 '노동계급전국연합'(National Conference of the Working Class: 이하 CONCLAT)으로 재편된다. 특히 정부나 기업주들에 공격적이었던 CUT의 강경전략이 효과를 보면서 CONCLAT보다도 조직력은 급격히 증가되었다. 예컨대 1985년 파업이 발생했던 노조들의 약 60%가 CUT 소속인 것으로 보도된 가운데 나머지 40%도 CUT의 지원을 받은 것으로 알려졌다.[90]

---

88) Bernardo Kucinski, *op. cit.*, 84쪽.

89) Bernardo Kucinski, *ibid.*, 85쪽.

결과적으로 1985년부터 CUT의 파업 우선주의가 노동현장을 지배하게 되면서 그 여파가 CONCLAT의 주요 노조의 이탈현상으로 나타나자, 1986년에 3월 23일 조합명칭을 '일반노동자총연합회'(General Confederation of Workers: CGT)로 변경시키고 보다 강경한 투쟁노선을 채택하게 된다. 또한 다당제로 전환된 가운데 1982년 11월 15일 실시된 총선(특히 1965년 이후 처음으로 실시된 22개 주의 주지사 직접선거 포함) 결과는 <표 38>에서 제시되고 있다.

〈표 38〉 브라질 1982년 11월 15일 총선 결과

정 당	연방 하원			연방 상원		
	득표	득표율	의석	득표	득표율	의석
Social Democratic Party(PDS)	17,775,738	43.22	235	17,794,069	42.21	15
Brazilian Democratic Movement Party(PMDB)	17,666,773	42.96	200	18,410,338	43.66	9
Democratic Labor Party(PDT)	2,394,723	5.82	23	2,496,189	5.92	1
Brazilian Labor Party(PTB)	1,829,055	4.45	13	1,909,452	4.53	0
Workers' Party(PT)	1,458,719	3.55	8	1,538,786	3.65	0

주: 연방 상원은 단지 의석의 ⅓만 교체.
출처: http://pdba.georgetown.edu/Elecdata/Brazil/legis1982.html(검색일: 2006. 9. 19)

총선 결과 나타난 특징은 야당지지율이 여당보다 우세하게 나타났음에도 불구하고, 대통령 선출권을 가진 선거인단의 세력분포는 여당이 우세한 상황이었다. 또한 선거가 사실상 PDS와 PMDB 양당 간 경쟁이었으며, 특히 주지사 선거의 경우 야당은 22개 주 가운데 상파울로, 리오데 자네이로, 미나스 제라이스를 포함한 10개 주에서 승리를 거둠으로써 다당제로의 정당개혁을 의도했던 군사정부의 계획은 국민들의 저항 투표에 직면하여 후퇴할 수밖에 없

90) Margaret E. Keck, "The New Unionism in the Brazilian Transition." in Alfred Stepan(ed.), *Democratizing Brazil*(New York: Oxford University Press, 1989), 278쪽.

었고, 경기 후퇴와 실업률의 증가로 인해 군사정권의 정치적 지배력은 현저히 쇠약해져 갔다.

그 후 야당인 PMDB는 학생·노동자·교회 등을 주축으로 한 민중세력 및 군소(群小)정당들과 제휴하여 직선제 개헌을 정치쟁점화시켰고, 이는 결과적으로 개헌논의의 활성화와 더불어 집권층 내부의 정책충돌을 초래시키게 된다. 즉 여당인 PDS의 부총재였던 샤베스(Shaves)를 중심으로 온건파는 직선제 개헌을 주장했고, 피게이레도 대통령 개인으로서도 간선제에 회의적인 태도를 취하였지만, 1982년 4월 15일 국회에 제출된 직선제개헌 요구법안은 부결되었다. 그러나 자유주의 일파들의 대선후보를 둘러싼 내분을 겪은 결과 권위주의적 지배세력의 일부가 새로운 민주정부에 참여하게 되면서 역설적으로 지배세력 전통적 정치정향을 보장받게 된다. 부연하자면 PDS의 자유주의 일파가 1984년 대선후보를 둘러싸고 벌인 권력투쟁과정에서, 말루프(Paulo Maluf)가 대통령후보로 선출되자 샤베스 등 52명의 유력인사들이 탈당하여 군부와 당을 주축으로 한 쿠데타동맹을 크게 약화시키고만 것이다.[91] 이들은 1984년 11월 '자유전선당'(Liberal Front Party: PFL)을 창당한 후 야당인 PMDB와 연합하여 '민주연합'(Democratic Alliance: DA)이라는 정치적 연합체를 구성하게 되며, 1985년 1월 15일 대통령 선거에서 야당인 PMDB의 네베스(Tancredo de Almeida Neves)를 대통령 후보로 지지하여 그 대가로 PFL 당수인 사르네이(Sarnay)는 부통령 후보가 된다. 의회 간접선거하의 대통령선거에서 군부의 지원을 받은 여당의 말루프 후보와 야당의 네베스 후보 간의 대결에서 야당이 승리함

91) 보다 자세한 내용은 김호진, "군부지배 국가의 탈군부화 모형: 브라질과 한국", 한국정치학회, 『한국정치학회보』, 20집 1호(1986), 222-223쪽을 참고할 것.

으로써 1964년 군부쿠데타로 시작된 브라질 군부의 정치개입은 종식되고, 민간정부로의 평화적인 정권교체가 이루어지게 되었다.[92)]

이상과 같이 브라질의 민주화과정은 군부와 밀접한 상관성을 지닌 가운데 달성된 결과물이었다. 즉 가이젤 정부와 피게이레도 군사정부하에서 민간정부로의 정권 이양이라는 민주화과정이 관리된 결과, 1974년 가이젤 정권의 '완화'(distensão) 정책이 단행되었고, 1979년 집권한 피게이레도 정권 역시 정치 개방(abertura)을 단계적이고 점진적으로 실현하였던 것이다. 따라서 이 같은 브라질 민주화과정의 특성을 몇 가지로 요약해 본다면 다음과 같다.[93)] 첫째, 1974년부터 1985년에 군부정권이 붕괴되기까지 11년이라는 장기간에 걸쳐 점진적으로 진행되었으며, 군부의 퇴진과정에서 과격한 혁명이나 유혈극은 발생되지 않았다.

둘째, 브라질의 민주화는 대부분의 기간(期間) 군부정권의 주도하에서 군부정권의 수순에 따라 진행되어졌고, 관리된 형태를 띤 것이었다. 다만 최종 단계인 피게이레도 정권기에는 군부의 영향력이 급격히 약화되어진 가운데 민정이양 뒤에도 6년간은 군부정권이 선출하고 영향력을 받는 대통령에 의한 '계속지배'(contiuismo)가 불가능해지면서, 민간세력과 군부 간 타협의 형식으로 정권이 이양되었다.

셋째, 민주화의 결과로 수립된 민간정권은 군사정권과 많은 유사성을 지녔는데, 군부정권하에서 활동하던 인물들이 많이 중용되어졌다.

1985년 1월 15일 정권교체에 성공한 네베스 당선자가 3월 14일

---

92) Riordan Roett, *op. cit.*, 372－373쪽; 대통령 선거 결과 네베스 후보 480표, 말루프 후보 180표, 기권 9표, 불참 9표였다.

93) 장을병, "제3세계의 민주화와 한국의 선택", 성균관대 사회과학연구소, 『사회과학』, 통권 28호(1988), 166－167쪽.

민선정부의 출범 직전 신병(身病)으로 수술을 받지만, 4월 21일 사망함에 따라 부통령 당선자인 사르네이(José Sarney)가 대통령직에 취임하게 된다. 사르네이 정부는 의회 민주주의를 강화시키려는 일환으로 1985년 5월 23일 PCB와 Pc do B 2개의 공산당을 합법화시켰으며, 문맹자들에게도 투표를 허용했고, 모든 주요 도시들 및 자치체의 시장들을 직접선거로 선출하게 했다. 또한 1988년 10월 5일 공표된 8번째 신헌법은 정치적 정적을 탄압하는 데 사용되었던 국가보안법을 폐지하고, 고문을 금(禁)하였으며, 다양한 형태의 비상 국민투표(plebiscite) · 국민발의 · 일반 국민투표(referendum)를 규정한 가운데 사실상 모든 형태의 검열을 폐지시켰다. 더 나아가 개인적 권리들을 보장했고, 모든 노동자들에게 파업권을 확대시켰는데, 공무원들 역시 예외는 아니었다. 하지만 법과 질서를 수호한다는 명분하에 군의 정치체제에 대한 개입권은 지속시켰다.

3. 민주화과정기의 민주주의

사르네이 정부의 1986년 2월 28일 '끄루사두 계획'(Cruzado Plan)을 시작으로 1994년 카르도소 정부의 '헤알 계획'(Real Plan)에 이르기까지 민간정부들의 최우선적인 목표는 경제안정화정책에 맞추어졌다. 특히 헤알 계획이 실시되기 직전까지는 일련의 '비정통적'(heterodox) 경제계획들이 시행되어졌었다. 먼저 사르네이 정부가 실시한 끄루사두 계획은 초기에는 부분적인 성공과 더불어 정치적 승리도 거두었지만,[94] 선거 후 일시적으로 2차 '끄루사두 계

94) 즉 끄루제이루(cruzeiros)를 대체한 새로운 통화(Cruzado)의 구축, 일시적 임금 및 가격

획'(Cruzado Plan Ⅱ)을 통해 수요를 억제하고 세금과 가격을 인상하는 조치를 단행한 결과 단기간 동안 가격에 영향을 미쳐 월별 인플레이션 비율의 경우 1987년 2월 21%였던 것이 1987년 5월에는 6%로 하락하기도 했다. 하지만 1987년 6월 13일 재정상황의 통제나 국제신용의 회복 없이 물가와 임금 동결, 예산 삭감 등을 통해서 인플레이션을 안정시키려했던 '베르쎄르 계획'(Bresser Plan)은 <표 39>에 제시된 바와 같이 400%의 인플레이션을 초래시키고 말았다. 더구나 1989년 1월 16일 실시된 '썸머 계획'(Summer Plan) 역시 물가 동결과 국영기업들의 민영화 및 공무원 해고를 시도했지만 1989년 말 인플레이션은 무려 2,397%에 이르게 되면서 사르네이 정부의 경제안정화 정책은 종결되고 말았다.

〈표 39〉 브라질 경제안정화 계획들 실시 전후의 연간 인플레이션 비교

경제안정화 계획	시행기간	계획 전 연간 인플레이션(%)	계획 후 연간 인플레이션(%)
Cruzado Plan	1986~1987	248	64
Bresser Plan	1987~1988	167	400
Summer Plan	1989~1990	993	2,397
Collor Plan Ⅰ	1990~1991	3,700	422
Collor Plan Ⅱ	1991	1,140	515
Real Plan	1993~1998	4,922	28

출처: http://www1.oecd.org/publications/e-book/10-2001-07-1-1599/1p.htm

또한 <표 40>은 사르네이 정부에서 발생했던 전체 파업건수와 파업참가자들의 숫자를 보여 주고 있다. 전반적으로 파업건수는

동결, 계약 시 물가연동제의 일시적 금지, 법령에 의한 8%의 임금인상 등이 포함된 1차 '끄루사두 계획'(Cruzado Plan)으로 20%에 달했던 통화팽창이 3월에 들어서는 1% 이하로 떨어졌고, 임금인상은 근로자들의 구매력으로 이어져 여당인 PDMB는 1986년 12월 의회선거에서 압승을 거두었다.

1988년을 제외하고는 증가했던 것으로 확인된 가운데, 예외적으로 1988년의 경우 전체 파업건수는 감소한 반면 파업참가자의 수로 미루어 대규모 파업이 발생했었음을 유추해 볼 수 있다. 예컨대 1988년 리오데 자네이로와 다른 도시들에서 연방공무원들, 교사들, 석유 및 전기 기술자들뿐만 아니라 지방자치체의 노동자들에 의한 일련의 동맹파업이 발생한 바 있다. 특히 11월에 정부군(政府軍)이 동맹파업을 진압하는 과정에서 세 명의 금속노동자들을 살해하였는데, 이에 대해 미온적이었던 정부의 대응은 모든 진압과정을 대통령이 승인한 것처럼 비쳐지면서, 정부를 겨냥한 불만이 폭발적으로 증가하기도 했었다.

〈표 40〉 브라질 사르네이 정부에서 발생한 전체 파업(1985년~1989년)

연 도	전체 파업 발생(건)	전체 파업 참가자(명)
1985	712	5,916,905
1986	1,148	4,871,400
1987	1,201	7,797,649
1988	656	7,275,422
1989	1,702	16,597,585
전 체	**5,419**	**42,458,961**

출처: Departamento Intersindical de Estatística e Estudos Sôcio-Econômicos, Boletim, 1985-1990.

1988년 10월 15일 제정된 헌법에 의해 1989년 11월 15일 치른 대통령선거는 1960년 이래 29년 만에 국민들이 직접선거로 대통령을 선출했던 상징성을 지닌 선거였던 관계로,[95] <표 41>을 통해

95) 1985년 민간정부가 출범한 이후에도 국민들은 직접선거로 대통령을 선출하지 못했다. 사르네이 정부 당시 룰라가 이끈 노동자당은 직선제 개헌을 주장한 '디레투자'(Direito Ja) 운동을 전개하여 주요 야당으로 자리 잡게 되고, 콜로르 대통령 선거 때부터는 간선제에서 직선제로 바뀌게 되었다. 조이환, "브라질 룰라 대통령에 관한 연구", 『국제지역연구』, 제7권 제3호(2003), 68쪽.

주요 정당 후보들의 득표뿐만 아니라 군소정당 후보들의 득표까지 도 구체적으로 제시해 보기로 한다.

〈표 41〉 브라질 1989년 대통령 직접선거 결과

후보	소속 정당	득표수	득표율(%)
1차 투표(11월 15일)			
Fernando Collor de Mello	PRN	22,611,011	28.52
Luís Inácio Lula da Silva	PT	11,622,673	16.08
Leonel Brizola	PDT	11,168,228	15.45
Mário Covas	PSDB	7,790,392	10.78
Paulo Maluf	PDS	5,986,575	8.28
Guilherme Afif Domingos	PL	3,272,462	4.53
Ulysses Guimarães	PMDB	3,204,932	4.43
Roberto Freire	PCB	769,123	1.06
Aureliano Chaves	PFL	600,838	0.83
Ronaldo Caiado	PSD	488,846	0.68
Affonso Camargo	PTB	379,286	0.52
Enéas Ferreira Carneiro	PRONA	360,561	0.50
Marronzinho	PSP	238,425	0.33
P.G.	PP	198,719	0.27
Zamir	PCN	187,155	0.26
Lívia Maria	PN	179,922	0.25
Eudes Mattar	PLP	162,350	0.22
Fernando Gabeira	PV	125,842	0.17
Celso Brant	PMN	109,909	0.15
Pedreira	PPB	86,114	0.12
Manuel Horta	PDCDOB	83,286	0.12
Corrêa	PMB	4,363	0.01
백지투표	-	1,176,413	1.60
무효투표	-	3,473,484	4.40
2차 투표(12월 17일)			
Fernando Collor de Mello	PRN	35,089,998	49.94
Luís Inácio Lula da Silva	PT	31,076,364	44.23
백지투표	-	986,446	1.40
무효투표	-	3,107,893	4.42

출처: http://pdba.georgetown.edu/Elecdata/Brazil/pres89.html(검색일: 2006. 9. 19)

22개 정당들의 후보들이 난립했었던 대통령 선거는 11월 15일 1차 투표 결과 과반수를 넘긴 득표자는 없었지만, 3강 구도를 형성한 가운데 의외로 군소정당에 불과했던 '국가재건당'(National Reconstruction Party: PRN)의 콜로르(Fernando Collor de Mello) 후보가 '노동당'(Workers' Party: PT)의 룰라 후보와 '민주노동당' (Democratic Labour Party: PDT)의 브리조라(Leonel Brizola) 후보보다도 많은 표를 받았다. 2차 투표는 최다 득표자인 좌파 성향의 두 후보들, 즉 콜로르 후보와 룰라 후보를 대상으로 실시된 결선투표였다. 룰라 후보는 2차 선거 실시 전 마지막 10일간의 선거운동에서 5%까지 격차를 좁혔지만, 콜로르 후보는 좌파를 뛰어넘는 파격적인 선거공약을 내세웠다. 예컨대 브라질에 더욱 자본주의가 확립될 수 있는 조건들의 창출, 1달에 3%씩 인플레이션의 감소, 정치적 부패의 일소, 경제부양을 위한 어떠한 충격조치도 사용하지 않으며, 서유럽·미국·일본과 같은 선진국들과의 유대 강화 및 궁극적으로 서구 선진국회의[96]인 'G-7'(Group of Seven)에 브라질이 참여하는

---

96) 2006년 현재 서방선진국 회담인 'G-8'(Group of Eight)의 회원국은 미국·캐나다·프랑스·독일·이탈리아·일본·영국·러시아로 구성되며, 이들 국가들은 세계 경제의 65%를 대표하고 있다. 하지만 원래 출발은 1973년 석유위기를 겪으면서 전 세계적인 문제들을 협의하기 위해 1975년 11월 15일 프랑스의 지스카르 데스탱(Valéry Marie René Giscard d'Estaing) 대통령이 파리 인근의 랑부예(Rambouillet)로 당시 주요 산업민주국가들의 정상들을 초대하여 정기적인 만남을 제안했다. 이때 매년 회의를 돌아가면서 갖는데 동의한 참석국가들은 프랑스·서독·이탈리아·일본·영국·미국으로 이루어진 G-6였다. 1976년 6월 27일 푸에르토리코(Puerto Rico)에서 개최된 정상회담 직후 미국의 포드(Gerald Rudolph Ford) 대통령에 의해 캐나다가 참여함으로써 G-7이 되었다. 또한 1977년 5월 7일 런던 회의에서는 영국에 의해 유럽연합이 최초로 초대된 이래 계속 참석하고 있다. 냉전이 끝난 1991년 7월 15일 개최된 런던회의에서는 구소련(현재의 러시아)이 G-7 정상회의 이후 업저버(observer)로 참여하기 시작한 이래 1994년 7월 8일 이탈리아의 나폴리(Naples) 정상회의에서는 'G-7+1' 회담이 진행되었다. 1997년 6월 20일 미국의 덴버(Denver)에서 정치회담이 시작되면서 러시아의 완전한 참여가 허용되면서 G-8로 개편되었다. 1차 석유 파동을 계기로 출현한 만큼 G-7 정상 회담은 1979년 6월 28일 개최된 도쿄(Tokyo) 회의까지는 주로 경기·에너지·통화·남북문제 등 주된 의제가 경제문제였지만, 1980년 6월 22일 이탈리아의 베니스

G-8을 공약하면서 이제 막 군사정부의 지배를 벗어나 낭만주의에 빠진 브라질 국민들에게 희망으로 다가섰던 반면 상대적으로 룰라 후보는 보수층들의 반감을 받은 가운데 치른 12월 17일 2차 투표 결과 5.71%의 차이로 패배하고 말았다.

1990년 3월 15일 출범한 콜로르 정부는 거의 5천%에 이른 인플레이션에 직면하여 유동성을 감소시키기 위해 국가 저축의 대략 80%를 동결시키고 통화를 변경하였지만,97) 인플레이션을 통제하는 데 실패하면서 5월 달에 1차 콜로르 계획은 보다 정통적인(orthodox) 정책으로 이동하기 시작했다. 이에 1991년 2월 1일 시행된 2차 콜로르 계획은 전면적인 물가연동제(indexation)를 공격하여 일상적인 가격들까지도 동결시켜 버렸고, 1,200달러 이상의 은행 계좌를 포함한 모든 단기 재정거래 역시 금지시켜 버린 가운데, 가시적인 성공을 확인하기 위해 필수적이었던 5개월이 지나기도 전에 발생한 대통령 탄핵으로 인해 실패로 끝나고 말았다.

즉 1992년 5월 13일 대통령의 동생인 페드로(Pedro Affonso Collor de Mello)가 콜로르 대통령의 선거담당자였던 파리아스(Paulo César Farias)를 선거자금을 횡령하여 외국에 설립한 유령회사로 빼돌렸다고 고발하였다. 2주 후 페드로는 재차 일간지와의 회견에서 콜로르 대통령의 부패 조직망(network) 관리를 폭로하자, 경찰은 대통령의 부인(否認)에도 불구하고 파리아스의 사업에 대한 전면조사에 착수하였다. 6월 초 국회도 상・하원 위원회를 통해 조사에 착수하게

(Venice) 회담에서 구소련의 아프가니스탄 침공에 대한 철수요구 성명을 채택하면서 정치 및 외교문제로 범위가 확대되었다. http://en.wikipedia.org/wiki/G7(검색일: 2006. 10. 16)

97) Luiz Carlos Bresser Pereira, "Populism and Economic Policy in Brazil", *Journal of Interamerican Studies & World Affairs,* Vol.33, No.2(1991), 18쪽.

되면서 파리아스가 콜로르 대통령의 은행계좌에 6억 5천만 달러를 은닉한 사실을 밝혀냈다. 1992년 8월 11일 대통령을 지원해 왔던 내각이 총사퇴하고 시민사회단체들은 대통령의 탄핵을 요구했다. 9월 29일 하원에서 탄핵안이 찬성 441표 반대 38표로 통과되고, 석 달 뒤 상원에서도 찬성 73표 반대 8표로 가결되면서 결국 콜로르 대통령은 사퇴하게 되고, 프랑코(Itamar Augusto Cautiero Franco) 부통령이 승계했다.

1993년 5월~1994년 4월까지 프랑코 정부에서 재무부 장관에 기용된 카르도소(Fernando Henrique Cardoso)는 초(超)인플레이션을 끝내기 위해 아리다(Pérsio Arida), 리센데(André Lara Resende), 바차(Edmar Bacha) 등의 조력(助力)을 받아 재정 및 통화(화폐)개혁인 '헤알 계획'(Real Plan)을 도입하였다. 1993년 6월 1일 처음 실시된 헤알 계획의 특징은 '재정전략'(fiscal strategy), '통화개혁'(monetory reform) 과정, '개방 경제'(opening the economy)였는데, 이것은 브라질 통화인 헤알화(貨)를 미국 달러화에 연동시켜 인플레이션 심리를 억제시킨 다음, 고(高)금리를 동반한 긴축정책 및 강력한 환율정책으로 물가 상승을 통제시키려했던 정책이었다. 이 같은 카르도소 경제정책의 배경에는 '워싱턴 합의'(Washington Consensus: 이하 WC)가 자리하고 있었다. 즉 1990년 미국 워싱턴 소재 '국제경제연구소'(Institute for International Economics: IIE)의 경제학자였던 윌리엄슨(John Williamson)이 최초로 제기한 WC는 IMF, '세계은행'(International Bank for Reconstruction and Development: 이하 IBRD), 미국 상무부를 참여시킨 가운데 개발도상국 등 제3세계 국가들을 대상으로 미국식 시장 경제체제인 '신자유주의'(neoliberal economy)적 경제체제로 재편하는 것을 목적으로 대내적으로나 대외적으로 모두 시장의 지배적인 역할을 옹호하는 경제 원리들을 핵심조항으로 내세웠었다.[98] 브라질이 WC를 적극적으로 수용한 결과 인플레이션은 앞의 <표 39>에서 1994년 시행 전 4,922%였던 것이 1993년~1994년에는 2,700%로 하락했고, 1997년에 가서는 무려 6.7%대로 떨어졌으며, 1998년에는 3.2%로 관리되었으며, 1999년에는 4.9%로 나타났다.[99]

헤알 계획이 상당한 성과를 보이면서 1994년 10월 3일 실시된 대통령선거에서 '브라질사회민주당'(Brazilian Social Democracy Party: PSDB) 후보로 나선 카르도소는 당초 열세일 것으로 예상된 룰라(Luiz Inácio Lula da Silva)와의 대결에서 1차 투표결과 54.27%를 득표하면서 27.04%에 그친 룰라에 압도적인 승리를 거두었다. 취임 후 헤알 계획의 연장선상에서 세제개혁·사회보장제도개혁·행정개혁·민영화 등 근본적인 개혁들을 추진했지만, 이해당사자 등 기득권 세력의 강력한 저항과 의회 내부의 반발로 인해 번번이 개혁은 지연되고 말았다. 카르도소 정부의 의회 지원세력의 분포(하원 전체 의석 513석 중 396석, 상원 전체 의석 81석 중 71석)를 감안한다면, 각종 개혁입법의 표결이 무난히 통과될 수 있었음에도 불구하고 당내 결속력이 약한 브라질 정당제도의 취약성과 의원들의 사리사욕(私利私慾)이 주된 원인으로 작용한 결과였다.[100]

---

98) Jan Joost Teunissen, "The Need for Visions on the Economy: By Way of Introduction", in Jan Joost Teunissen and Age Akkerman(ed.), *Diversity in Development: Reconsidering the Washington Consensus*(Seoul: KIEP, 2004), 1쪽; 워싱턴 협약의 주요 정책에 대해서는 Wing Thye Woo, "Serious Inadequacies of the Washington Consensus: Misunderstanding the Poor by the Brightest", in Jan Joost Teunissen and Age Akkerman(ed.), *ibid.,* 10쪽을 참고할 것.

99) http://www.nationsencyclopedia.com/Americas/Brazil－ECONOMY.html(검색일: 2006. 10. 17)

100) 김원호·권기수, "브라질금융위기 극복의 정치경제적 한계", 「KIEP 세계경제」, 통권 15호(제2권 제12호), 1999년 12월호, 18쪽.

사실상 민간정부의 후견 역할을 자처한 군부의 위상을 약화시킨 사건이 1995년 8월 28일 발생하였다. 즉 사면법 16주년을 맞아 카르도소 대통령은 군사정권 치하에서 사망한 136명의 정치범들을 인정하는 발의(發議) 법률에 서명하였는데, 사실상 사망하거나 부상 및 고문 피해자들의 가족들을 대상으로 배상의 필요성과 책임을 국가와 군 총사령관을 대표하여 가구당 미화 10만 5천 달러~16만 달러, 즉 10만 헤알~15만 헤알 사이의 금액을 보상 범위로 하는 것이었다.[101] 당연히 군부의 반발이 뒤따랐지만, 이를 강행하였다. 더 나아가 카르도소 대통령은 1999년 6월 기존의 육·해·공 3군 장관제를 폐지시키고, 국방부를 창설하여 퇴역 장성을 장관에 임명함으로써 민간인 우위를 분명히 했다.[102] 그렇지만 1997년~1998년 사이 각종 파업들이 분출한 가운데 성장마저 하향곡선을 보이게 되면서 사회 안정을 가장 최우선적인 목표로 지닌 군부의 영향력을 완전히 배제시키기란 불가능했다.

101) 1995년 9월 28일~30일 개최된 라틴아메리카연구회의 학술대회에서 발표된 Scott D. Tollefson, "Civil-Military Relations in Brazil: The Myth of Tutelary Democracy"를 http://lanic.utexas.edu/project/lasa95/tellefson.html에서 검색한 것이다(검색일자: 2006. 10. 17).

102) Jorge Zaverucha, "Fragile Democracy and the Militarization of Public Safety in Brazil", *Latin American Perspectives,* Vol.27, No.3(June, 2000), 8-32쪽; Wendy Hunter, "Brazil's New Direction", *Journal of Democracy,* Vol.14, No.2(April, 2003), 155쪽.

〈표 42〉 카르도소 1기 정부에서 발생한 전체 파업(1994년～1998년)

연 도	전체 파업 발생(건)	전체 파업 참가자(명)
1994	94	272,173
1995	94	221,219
1996	111	224,515
1997	57	74,681
1998	50	142,891
전 체	**406**	**935,479**

출처: DIEESE(2001), 135－137쪽.

1997년 6월 4일 의회의 선거법 개정에 따라 재출마한 1998년 10월 4일 대통령 선거에서도 다시 강력한 정치적 경쟁자였던 룰라와 맞붙은 가운데 1차 투표에서 53.06%를 얻어 31.71%에 그친 룰라를 꺾고 재선에 성공하였다. 한편 1997년 태국에서 시작된 동아시아 국가들의 금융위기와 더불어 1998년 8월 17일 발생한 러시아의 금융위기는 루블 화(貨)의 평가절하와 함께 90일간 부분적인 지불유예(moratorium) 선언으로 이어지면서 브라질 금융시장도 영향을 받게 되었다. 예컨대 외환시장의 경우 8월 달에 120억 달러, 9월 1일～22일까지 약 166억 달러 등 총 286억 달러가 유출됨으로써 외환보유고가 7월 말 700억 달러에서 9월 22일 약 460억 달러로 감소되고 말았다.[103)]

이에 IMF와 브라질 정부는 1998년 11월 13일 IMF 180억 달러, IBRD 45억 달러, '미주개발은행'(Inter－American Development Bank: IDB) 45억 달러, 미국 등 기타 서방선진국 145억 달러 등 총 415억 달러 규모의 금융지원 프로그램에 합의하였다. 이때 IMF와 합의한 금융지원조건의 주요 내용은 첫째, 1999년부터 3년간 기초재

103) 김원호 · 권기수 · 정선우 · 김진오, "중남미로의 금융위기 확산과 주요국의 대응정책", 「KIEP 세계경제」, 통권 1호(제1권 제1호), 1998년 10월호, 59쪽.

정수지 목표를 GDP 대비 매년 2.6%, 2.8%, 3% 흑자 달성, 둘째는 사회보장제도개혁, 행정개혁, 세제개혁 등을 통한 재정건전화, 셋째는 지속적인 경제개방화 추진, 넷째로는 엄격한 통화정책 추진, 다섯째는 거시경제안정, 마지막으로 현행 환율제도의 유지였다.[104] 그러나 1998년 12월 사회보장개혁 법안이 결국 의회에서 부결되면서 대외신임도 하락으로 이어져 브라질 경제위기의 주요 원인으로 작용하게 되며, 여기에 더하여 1999년 1월 6일 전(前) 대통령이자 브라질에서 두 번째로 큰 미나스 제라이스 주(州)의 프랑코 주지사가 연방정부에 대한 185억 달러의 채무를 90일간 지불유예를 선언하자, 1월 13일 브라질 중앙은행이 헤알화의 평가절하를 단행하면서 금융위기는 시작되었다.[105]

카르도소 정부가 금융위기의 극복과 외자유출을 방지하기 위해 고이자율정책을 실시한 결과 국내경기는 침체되고, 실업률이 급증한 가운데, 2002년 대통령선거는 룰라 후보의 '노동자당'(Workers' Party: PT)이 '자유당'(Liberal Party: PL), '브라질의 공산당'(Communist Party of Brazil: PC do B), '국가동원당'(Party of National Mobilization: PMN), '브라질공산당'(Brazilian Communist Party: PCB), '녹색당'(Green Party: PV), '자유전선당'(Liberal Front Party: PFL)과 선거연대를 구축한 반면, 세하(José Serra Chirico) 후보의 '브라질사회민주당'(Brazilian Social Democracy Party: PSDB)의 경우 '브라질민주운동당'(Brazilian Democratic Movement Party: PMDB), '진보당'(Progressive

104) 김진오, "1999년 중남미 경제전망", 「KIEP 세계경제」, 통권 3호(제1권 제3호), 1998년 12월호, 94쪽.

105) 『Financial Times』(1999. 1. 18); Suchada Langley and Chris Bolling, "Brazil's Financial Crisis & the Potential Aftershocks", *Agriculture Outlook,* in Economic Research Service/USDA(March, 1999), 9쪽.

party: PP)과 선거연합을 결성하여 양자 간 대결구도를 형성했다. 10월 6일 실시된 1차 투표에서는 과반수를 넘는 득표자가 나오지 않은 가운데, 룰라 후보가 46.40%, 쎄라 후보가 23.20%를 획득한 것으로 나타났다. 10월 27일 실시된 2차 투표 결과 룰라 후보가 61.43%를 획득하여 38.57%에 그친 쎄라 후보에 비교적 큰 표 차이로 승리하였다.

하지만 금속노조위원장 출신의 노동자 대통령이 집권하였음에도 불구하고 이미 신자유주의적 경제정책은 1990년 콜로르 대통령 시대의 두 차례에 걸친 콜로르 계획에 반영된 이래, 1994년 대통령 선거에서도 콜로르 정부의 재무부장관 출신인 카르도소가 신자유주의 경제정책을 주요 정책공약으로 내세워 1차 투표에서 승리를 거두었다는(1998년 대선에서도 마찬가지임) 점으로 미루어 짐작하면 브라질 국민들에게서도 상당한 지지를 받고 있는 상황이었다. 따라서 대통령 선거 당시 룰라 또한 좌파성향을 내던지고 우파에 가까운 공약들과 선거활동을 동원하여 변신하게 된다.[106] 예컨대 중산층 및 외국인 투자가들의 우려를 의식해 카르도소 정부의 경제정책을 그대로 유지시키고, 미국 및 IMF와의 관계에도 변화가 없을 것임을 강조했다. 또한 중산층과 기업가들을 안심시키기 위한 전략의 일환으로 1967년 섬유 회사인 코테미나스(Coteminas)를 설립한 기업가이자 PL 출신의 우파(右派)인 알렌카(José Alencar Gomes da Silva)를 부통령에 지명했다.

2003년 1월 1일 출범한 룰라 정부와 PT와의 균열 조짐은 이미 2002년 말 조각(組閣)이 발표되면서부터 한층 분명해졌다. 가장 의

106) 간단히 말해 2002년 대선에 나선 룰라는 더 이상 이전 세 차례, 즉 1989년, 1994년, 1998년 대선에서의 그가 아니었다. Wendy Hunter, *op. cit.*,(2003), 153쪽.

미심장했던 것은 PSDB 출신의 메이렐레스(Henrique E. Meirelles)를 브라질 중앙은행 총재에 임명한 것이었다. 또한 과거에는 트로츠키주의자였지만, 자유방임주의(Laissez-faire) 정책을 옹호한 프리드만(Milton Friedman) 주의로 전향한 파로치(Antonio Palocci Filho) 재무부장관의 경우도 열정적인 자유시장 지지자로 상층 사업가들에게 좋은 평가를 받은 인물이었으며, 산드라(Sandia) 농업회사를 경영했던 푸란(Luiz Fernando Furlan) 무역개발 장관의 경우도 백만장자였다. 하지만 PT 소속의 단 한 사람의 경제학자나 다른 좌파 세력들의 경우 내각에 참여시키지 않았다.[107] 특히 노동당 정부가 출범하면서 수많은 빈농(貧農)들이 토지 배분을 기대했음에도, 역설적으로 룰라 정부의 가장 큰 실패는 토지개혁이었다. 그 이유는 대통령 선거 당시 공약으로 토지 개혁을 통해 1백만 가구에 토지를 제공하겠다고 약속했었고, 대통령 선거 전후로도 1984년 1월 설립된 '농촌무토지노동자운동'(Rural Landless Workers Movement: 이하 MST)[108] 관계자들을 만난 자리에서 조차 임기 말까지 43만 가구에 토지를 배분하겠다고 정식으로 약속한 바 있었지만, 정부자료에 의하면 2003년 첫해 7달 동안 단지 2,534가구만이 배분받았을 뿐, 전임 카르도소 정부가 2002년 한 해 동안 43,000가구에 토지를 배분했던 것과 비교하면 철저히 실패했음을 알 수 있다. 이에 2003년 3월 27일 MST는 국가토지점거운동을 시작하여 4월 말 33,411가구들이 20개 주에서 135개가 넘는 라티푼디움(latifundium)을 점거했다. 그러나 임기 2년이 지난 2005년 1월까지 단 6만 가구만이 토지개혁

107) Emir Sader, "Taking Lula's Measure", *New Left Review,* 33(May/June), 2005, 70쪽.

108) 맑스주의와 가톨릭 자유주의가 결합된 MST는 종교적 교리의 혼합과 사회정의를 요구하면서 설립되었다. 159만의 구성원들에게 MST를 위해 일하고 운동에 참가한다면 자신의 토지를 가질 수 있을 것이라고 약속했다.

의 혜택을 받았을 뿐이었다. 노동자들의 투쟁 가운데 특히 공공부문과 은행 노동자들의 투쟁이 인상적이었다. 2003년 7월 8일 연금개혁안에 반대하는 35만 명의 공무원들이 파업과 시위를 벌였고,[109] 2004년 9월에는 구조조정으로 인해 지난 10년간 은행 노동자들의 수가 50% 가까이 감소했고, 지속되어진 임금 동결의 여파로 은행 노동자들의 경우 25% 임금 인상을 요구하며 파업을 벌였던 것이다.[110]

이러한 상황들이 신자유주의적 경제정책에서 비롯된 것임을 감안한다면 일면 브라질 좌파들에게 재결집의 기회로 작용한 측면도 있다. 예컨대 연금개혁(pension reform)안에 반대했다는 이유로 2003년 12월 14일 PT에서 축출당한 엘레나(Heloísa Helena) 상원의원과 젠로(Luciana Genro) 하원의원을 중심으로 2004년 6월 6일 결성된 '사회주의와 자유당'(Socialism and Freedom Party: P－SoL)은 하나의 좋은 사례임에 분명하다. 또한 2004년 지방선거에서 주요 도시들에서 PT가 패배한 근본 원인에는 룰라 정부가 기층 민중들의 기대를 배신했던 사이비 개혁에 대한 일부 환멸이 투표로 나타났다고 볼 수밖에 없다. 2004년 10월 31일 실시된 지방자치체 선거의 경우 전체적으로 볼 때 룰라 정부와 PT는 2000년 지방선거 당시 5천5백여 지방자치체 가운데 187개 지역보다도 증가한 411개 지역에서 승리하며 PT의 외형을 넓힌 것은 분명하다. 그러나 사실상 질적인 측면에서 본다면 PT는 정치적 상징성을 지녔던 96개 도시에서 패배했는데, 구체적으로 26개 주(州)의 주도(州都)와 인구 15만 명 이상의 70개 도시에서 패배했던 것이다. 대표적 사례로 첫째, 인구 1천1백만 명이 거주하는

---

109) http://www.socialistworld.net/eng/2003/07/09brazil.html(검색일: 2006. 10. 18)

110) 『다함께 신문』(2004. 12. 9)

브라질에서 가장 큰 도시인 상파울로 주(州)는 단순한 지방선거의 수준을 넘어 중앙정치의 대리전적인 성격을 띤 지역이었는데, PT의 현직 시장인 수플리시(Marta Suplicy) 후보는 PSDB-PFL 연합 후보인 세라에게 패배했다.

둘째, 제2의 도시인 리오데 자네이로 주에서도 PFL 소속인 마이아(Cesar Maia) 현 시장이 1차 투표에서 PT 후보에 승리했다. 셋째, 2001년 1월 25일~1월 30일까지 '세계사회포럼'(World Social Forum: WSF)이 개최된 리오그란데 주의 포르투 아레그레(Porto Alegre) 시장 선거에서 PT의 폰트(Raul Pont) 후보는 46%의 득표로 53%를 받은 '사회주의인민당'(Socialist People's Party: PPS)의 포가자(Jose Fogaza) 후보에 패배하고 말았다. 무엇보다도 브라질 정치사에서 특히 상파울로와 포트 알레그레 지역의 선거가 지닌 상징성은 1980년대 후반 이들 도시들에서 시민사회의 활동을 통해 군사독재정권에 저항한 시위운동이 PT로 개조(改造)된 지역이었기에 PT로서는 자신들의 아성(牙城)을 빼앗긴 셈이었다.[111)]

룰라 정부는 출범 당시 국내경제에 대한 비관적인 전망을 2년이 지난 2004년에 들어서 세계 경제의 성장에 따라 사상 최고치인 965억 달러의 수출 증가 및 무역 수지 역시 330억 달러의 흑자를 기록함으로써 성장 궤도에 진입할 수 있었다. 2004년 1월~10월까지 179만 개의 공식적인 일자리가 창출되면서 2월에 12%였던 실업률은 10%대로 하락했다. 특히 긴축재정과 긴축 통화정책을 강력히 실시함으로써 인플레이션의 경우 2002년 12.53%였던 것이 2003년에 들어서는 9.3%, 2004년에는 7.4%로 안정되었고, 헤알화의 안정기조로 인해 정부 부채(負債) 역시 2003년 12월 520억 달러

111) http://www.citymayors.com/politics/brazil_04elections.html(검색일: 2006. 10. 18)

에서 2004년 12월에 가면 사상 최저치인 300억 달러(810억 헤알)로 줄어든다. 이에 국제신용평가 기관들은 브라질의 신용 등급을 상향 조정시켰고, 2002년 당시 2,000포인트(point)를 넘었던 국가 위험도도 450포인트대로 낮아진 가운데 국내경제에 대한 낙관적인 전망은 2006년 대통령선거까지 이어졌다.

더 나아가 룰라 정부는 빈곤 가정들에 현금을 지원하는 '가족보조금 계획'(Bolsa Familia Programas)을 만들어서 새롭게 만든 사회개발부의 책임 아래 4가지 형태로 존재하였던 현금 지원계획을 통합시켰다. 이 같은 지원은 특수한 조건들에 방치되었던 가정의 아이들을 학교에 갈 수 있게 만들었고, 보건 의료원의 이용과 치료비 면제를 받을 수 있게 하였다. <표 43>에 제시된 바와 같이 가족보조금 계획에 의해 보호받은 가정들의 수는 급격하게 증가하여, 2003년의 360만 가정에서 2006년에 가면 1,120만 가정으로 예상된다. 그렇지만 1가구당 지원금은 비교적 적은편인데, 매월 5달러에서 33달러(미화) 사이로, 4인 가정을 기준으로 매월 평균 24달러였다. 하지만 대표적으로 연금개혁 등과 같은 재정개혁을 통해 복지재원을 마련하겠다는 룰라의 전략은 실제로 저소득층에 대한 사회보장 지출을 2002년 '국내총생산'(Gross Domestic Product: GDP)에서 차지한 비중인 12.6%에서 2005년에 가서는 13.9%로 확대시켰다.[112]

112) 『한겨레신문』(2006. 10. 23)

〈표 43〉 브라질의 빈곤과 가족보조금 계획

	2001	2002	2003	2004	2005	2006
빈곤[a]						
빈곤층 비율	35.1	34.3	39.2	33.6	-	-
극빈곤층 비율	15.2	14.0	16.7	13.1	-	-
가족보조금 계획 (Bolsa Familia Programas)						
수혜 가구(백만)	-	-	3.6	6.5	8.7	11.2[b]
정부 지출(미화: 억 달러)[c]	-	-	2.0	2.7	3.4	4.3[b]
정부 지출(브라질화: 억 헤알)	-	-	4.3	5.9	7.5	9.4[b]
1가구당 평균 월별 보조(미화: 달러)[c]	-	-	11.3	30.4	29.5	

주: a. 여기서 지칭되는 빈곤층들은 월수입이 단지 법정최소임금의 절반이 되지 않으며, 극빈곤층의 경우 월수입이 법정최소임금의 1/4이 되지 않는 사람들이 해당됨.
b. 예상치
c. 당해 연도 변동률
출처: Intituto de PesquisaEconômica Aplicada - IPEA(www.ipea.gov.br); MDS / Balanço do Programas Sociais(www.mds.gov.br)

하지만 '멘살라오 독직(瀆職) 사건'(Mensalão scandal)이 불거지면서 2004년 2월 16일 수석 장관(총리에 해당)인 디르세우(Jose Dirceu de Oliveira e Silva)의 측근이었던 디니즈(Waldomiro Diniz)의 뇌물수수 장면이 찍힌 비디오가 일간지에 공개된다. 연이어 2005년 6월 16일 디르세우 역시 뇌물 사건에 연루되어 사임하고 11월 30일 의원직까지 박탈당했다. 또한 2006년 3월 27일에는 팔로치(Antsnio Palocci) 재무장관이 그를 둘러싸고 확대된 부패 구설수에 휘말려 사퇴하게 되며,[113] 2006년 8월 브라질 상·하원 의원 72명이 연루된 연방정부의 보건예산횡령 의혹에서 63명이 연립정부에 참여한 정당 소속으로 드러난 가운데,[114] 룰라 대통령의 재선 가도에 위기가 찾아왔다. 2006년 10월 1일 실시된 대통령 선거에서 룰라 대통

113) 『TIME』(2006. 4. 13); CSIS, *Hemisphere Highlights*, Volume V, Issue 4, (April, 2006), 4쪽.

114) 연립정부 참여 정당 가운데는 PL이 18명으로 가장 많았으며, PTB 15명, PP 13명, PMDB 9명, PSB 4명, PT 2명, PRB 2명 등이 뒤를 이었다. 『한겨레신문』(2006. 8. 11)

령의 PT는 '브라질공화당'(Brazilian Republican Party: PRB), PC do B, PL, '브라질사회당'(Brazilian Socialist Party: PSB)과 선거연대를 구축한 반면, 전(前) 상파울로 주지사였던 알키민(Geraldo José Rodrigues Alckmin)의 PSDB는 '자유전선당'(Liberal Front Party: PFL), PPS와 선거연합을 결성하여 박빙의 양자 간 대결구도를 형성하였다. 10월 1일 실시된 1차 투표에서는 룰라 후보가 48.6%, 쎄라 후보가 41.6%를 획득함으로써 과반수 득표자가 나오지 않은 가운데, 10월 29일 2차 투표에서 룰라 후보는 60.8%를 득표하여 39.2%를 얻은 쎄라 후보에 승리하여 재선에 성공했다. 무엇보다도 독직 사건에도 불구하고 2차 투표에서 룰라가 승리할 수 있었던 결정적인 요인은 앞의 <표 43>에서 제시된 바와 같이 50%에 육박하는 빈곤층의 절대적인 지지가 있었기에 가능한 일이었다.

제2절 아르헨티나(Argentina) 군부의 정치개입과 민주화과정

1. 군부의 정치개입과정

1816년 7월 9일 스페인의 지배로부터 독립을 선언한 아르헨티나는 20세기 초반만 하더라도 세계에서 가장 부유한 나라들 가운데 하나였으며, 1930년 9월 16일 군부개입의 선례로 평가되는 우리부루(José Félix Uriburu) 장군의 군부쿠데타로 '급진시민연합'(Radical Civic Union: 이하 UCR)의 이리고옌(Hipólito Yrigoyen) 민주정부가 축출되기 전까지 민간주도의 정치지배를 안정적으로 지속시켜 왔었다. 그 후 군사정부와 민간정부가 혼재된 가운데, 정치적 격동기를 겪은 다음 비로소 1983년 10월 30일 알폰신(Raúl Alfonsín)의 민간정부가 출범하면서 민간 주도의 정치지배가 안정적으로 유지되고 있다. 따라서 여기에서는 1930년 군부쿠데타 이후 아르헨티나에서 일상화되어졌던 군부쿠데타와 민간정부로의 복귀과정을 비롯한 일련의 민주화 이행의 흐름을 <그림 11>을 통해 전체적으로 제시한 다음, 연대기적 흐름(일련번호 순서)에 따라 풀어 보기로 한다.

특히 1930년 이래 연이어졌던 군부정권들은 초기에는 무시 못할 세력으로 등장하여 일정부분 민중의 지지를 받기도 했었지만 제각각 급격한 불안정화의 과정을 거치면서 결국 선거를 통해 민간정치 분파들에 '권력이전'(transfer of power)이란 이름으로 굴복하게 된다.[115]

---

115) Aldo C. Vacs, "Authoritarian Breakdown and Redemocratization in Argentina", in James M. Malloy and Mitchell A. Seligson(ed.), *Authoritarians and Democrats: Regime Transition in Latin America*(University of Pittsburgh Press, 1987), 15－16쪽.

〈그림 11〉 아르헨티나 정치체제의 제도화 경로: 1870년~2004년

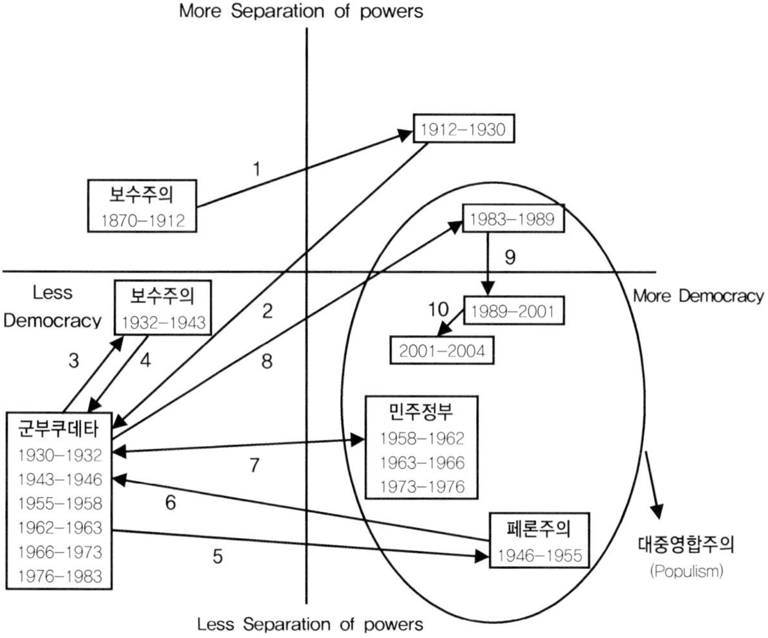

출처: Lee J. Alston and Andrés A. Gallo, *The Erosion of Checks and Balances in Argentina and the Rise of Populism in Argentina: An Explanation for Argentina's Economic Slide from the Top 10*(IBS: Working Paper, 2005), 38쪽 재구성.

우리부루 장군의 정권 장악은 근본적으로 군부와 보수적인 대토지소유자들의 이해관계에 의지한 결과였지만, 파시스트 저작(著作)들의 영향을 받으면서부터 대토지소유자들보다도 훨씬 광범위한 이해관계에 기반을 둔 '반(半)파시스트 조합주의 국가'(semi-fascist corporate state)로의 전환을 추진시켰다. 즉 이태리의 무솔리니(Benito Mussolini)에 대한 찬양과 가톨릭의 계율을 결합시켜 우리부루 대통령은 사회적 기능을 토대로 한 위계적인 사회 질서로의 전환을 시도했던 것이다. 예컨대 사회에서 가장 세련된 구성원들로 하여금 선거에서 우월한 영향력을 행사할 수 있게 했던 '제한 투

표'(qualification vote)를 들 수 있다. 이같이 합의 · 계급갈등의 제거에 기반을 둔 수직적 지배구조의 창출은 그 목적이 경제체제와 정치체제를 재건하는 데 있었지만, 보수적인 민간인들과 군부 분파들의 지원을 받는 데 실패하면서, 그들의 압력으로 우리부루 대통령은 물러나고 말았다.[116)]

그의 공백은 1930년 군부쿠데타에 협력했었던 후스토(Agustín Pedro Justo) 장군의 주도로 '국가민주당'(National Democratic Party)과 UCR, 그리고 '사회주의독립당'(Socialist Independent Party)이 연대하여 단기간에 '조화'(concordance: CC)라는 보수주의 정당이 결성되어졌다. 연대의 목적이 오직 급진주의자들의 정권획득을 저지시키는 데 있었기에, 1931년 11월 8일 실시된 대통령 선거는 광범위한 부정선거가 자행될 수밖에 없었던 한계를 내포하고 있었다. 선거 결과 607,000표를 받은 후스토 후보는 488,000표를 받은 '민주진보당'(Democratic Progressive Party: PDP)의 토레(Lisandro de la Torre) 후보에 승리하여 1932년 2월 20일 대통령에 취임하였다. 하지만 부정선거를 통해 군정에서 민정으로 변신한 보수주의체제는 민주주의와는 결단코 거리가 있었으며, 1943년 6월 4일 군부쿠데타가 발발하기까지 후스토 대통령의 집권기간은 '파렴치한 10년'(infamous decade)의 일부분으로 오명(汚名)을 남기게 된다.[117)] 후스토 대통령의 뒤를 이어 1938년 2월 20일 집권한 오르티즈(Roberto María Ortiz) 대통령 역시 1930년 군부쿠데타를 지원 했을

116) Peter H. Smith, "The Breakdown of Democracy in Argentina, 1916－1930", in Juan J. Linz and Alfred Stepan(ed.), *The Breakdown of Democratic Regimes: Latin America*(The Johns Hopkins University Press: 1978), 17쪽.

117) Arthur P. Whitaker, *Argentina*(Prentice－Hall, Inc.: Englewood Cliffs, New Jersey, 1964), 89쪽.

뿐만 아니라 재무부장관까지 역임했었던 인물이었다. 하지만 대통령에 취임하자마자 당뇨병(Diabete)에 걸려 1940년 8월 12일 카스틸로(Ramón Castillo) 부통령에게 권력을 이양하였다. 권력이양 후 정책변화는 국내보다도 국제적인 사안들에 집중되었는데, 특히 제2차 세계대전 발발 시 오르티즈 대통령이 중립을 표방했음에도 영국과 프랑스에 호의적(好意的)이었던 반면 카스트로가 실권을 잡았던 대부분의 시기에서는 상이한 입장을 취하게 된다. 즉 아르헨티나의 중립을 확고히 표방한 가운데 추축국가들(the Axis)에 호의적인 손짓을 보냈으며, 심지어 추축국가들로부터 비밀리에 무기를 도입하고자 했었다.[118)]

또한 카스틸로 대통령의 독재권력은 1941년 12월에 가서는 국제문제에 관한 공개토론을 금하는 애매모호한 '비상조치'(state of siege7)를 강요했고, 언론의 자유 또한 금지시켜 버렸다. 더구나 1942년 1월 15일~28일 브라질의 리오데 자네이로에서 열린 '미대륙 간 회의'(Inter-American Conference)에서 추축국들과의 외교관계 단절을 채택했음에도 칠레(Chile)와 함께 이를 거부한[119)] 카스틸로 정부의 선택으로 인해 아르헨티나는 연료 부족·생필품 가격의 인상·노동 불안에 직면하게 되었다.[120)]

그 결과 1943년 6월 4일 라우손(Arturo Rawson Corvalán) 장군과 육군 장교들의 비밀조직이었던 '연합장교단'(Group of United Officers: 이하 GOU)[121)]이 주도한 군부쿠데타가 발생하여 카스틸로 대통령

---

118) Arthur P. Whitaker, *op. cit.,* 100-102쪽.

119) Edwin Lieuwen, *Arms and Politics in Latin America*(New York: Prederick A. Praeger, 1961), 194쪽.

120) 『TIME』(1942. 7. 27)

121) 또한 GOU의 의미에는 정부(Government), 질서(Order), 통일(Unity)을 포함하고 있었다.

의 민간정부를 축출시킨 다음 라우손 장군이 대통령에 취임하였다. 하지만 3일 후 재차 라미레스(Pedro Pablo Ramírez) 장군의 쿠데타가 발생하여 국회는 해산되고 군인들이 정치에 개입하기 시작했다.[122] 특히 GOU의 페론(Juan Domingo Perón) 대령은 1943년 12월 10일 '노동·복지부 장관'(Secretary of Labor and Welfare)직을 맡아 산업화된 다수의 노동계급(proletarian)들을 노동조합(labor union)으로 편성시켰는데, 머잖아 이들은 군부 및 가톨릭교회[123]와 더불어 페론의 주된 권력기반으로 기능하게 된다.[124] 추축국들이 쇠퇴하는 것을 지켜본 라미레스 대통령은 미국과의 화해를 시도했지만 거부당하는데, 이 같은 실패는 아르헨티나가 독일과의 모든 관계를 중단시키게되는 원인으로 작용하였다. 하지만 독일로부터 지속적인 무기도입을 주장했던 군부의 반발을 불러와 1944년 2월 24일 라미레스 대통령이 실각하게 되면서, 파렐(Edelmiro Julián Farrell) 장군이 대통령직에 올랐다.

---

122) 윤태현, "아르헨티나의 군부", 한국외국어대학교 해외사정연구소, 『해외문제』, 제4집(1968), 30-33쪽; 1900년부터 1945년 사이의 아르헨티나의 정치와 군부에 관해서는 Robert A. Potash, "The Military and Argentine Politics", in Brian Loveman and Thomas M. Davis, Jr.(ed.), *The Politics of Antipolitics: The Military in Latin America*(University of Nebraska Press, 1978), 92-104쪽을 참고할 것.

123) 아르헨티나의 코펠로(Copello) 추기경은 1945년 11월 말 모든 가톨릭 신자들에게 1946년 2월에 치를 대통령 선거에 임하는 교서(敎書)를 통해서 가톨릭교회는 ① 정교(政敎) 분리, ② 공립학교들에서 종교적인 교육을 실시하지 않는 것, ③ 이혼을 합법화하여 법률을 뒤엎는 후보나 정당을 지지하지 않을 것임을 분명히 했다. 이때 명시적으로 카펠로 추기경은 페론 후보를 반대하지 않았고, 보다 주목할 만한 사실은 페론의 군사정부 역시 모든 공립학교들에서 종교적인 교육을 실시해야 한다는 법령을 내린 상태였다. 이와 대조적으로 페론에 대항한 강력한 민주연합전선을 구축한 공산주의자·사회주의자·진보적인 민주정당들의 경우는 학교와 국가 모두에서 종교를 분리하여야 하며, 이혼을 허용해야 한다고 주장했었다. 따라서 스페인 내전 당시 아르헨티나로 이민 온 다수의 친(親)프랑코 스페인 성직자들의 지지를 받고 있었던 코펠로 추기경이 페론을 지원했음은 분명한 사실이었다. 『TIME』(1945. 12. 3)

124) Arthur P. Whitaker, *op. cit.,* 104쪽; Mark Alan Healey, "The Fragility of the Moment: Politics and Class in the Aftermath of the 1944 Argentine Earthquake", *International Labor and Working-Class History,* No.62(Fall, 2002), 56쪽.

파렐 정부에서 페론은 전쟁성 장관직을 맡으면서 권력을 키워 가기 시작했는데, 1944년 중반 부통령이 되면서 제2인자가 되었다.[125) 하지만 페론의 친(親)추축국 정책들은 민간정부로 복귀하기를 희망했던 민·군 공히 많은 자유주의자들의 비판 대상이 되었고, 1945년 10월 9일 군부 내부의 반대 세력들에 체포되어 '마르틴 가르시아'(Martín García) 섬에 투옥된 가운데 사임을 강요당하게 된다. 10월 17일 '노동총연맹'(General Confederation of Labour: 이하 CGT)을 중심으로 부에노스아이레스(Buenos Aires)의 산업 중심지역에서 페론의 석방을 촉구하는 '데스까미사도스'(descamisados: 와이셔츠를 입지 않은 노동자들)의 대규모 시위가 벌어졌다.[126) 이에 경악한 군부는 그날 밤 페론을 석방하게 되고, 대통령 궁(宮)인 카사 로사다(Casa Rosada)의 발코니(balcony)에 모습을 드러낸 페론은 즉각 모든 공직에서의 사퇴를 발표하면서 대통령 선거에 입후보할 것임을 선언했다.[127) 10월 22일 배우이자 라디오 프로그램에서 멜로드라마(soap opera)의 주역(主役)이기도 했던 에바 두알테(María Eva Duarte)와의 결혼은 페론의 대중적 지지를 증가시켜 주었다. 특히 에바 페론의 인상적인 선거운동은 빈민층과 노동계층으로부터 열광적인 대규모 지지로 이어졌다.[128)

1946년 2월 24일 실시된 대통령선거에서 '노동당'(Labor Party: PL) 후보로 나선 페론은 전통적으로 급진당을 지지해 왔던 보수적

---

125) Deborah L. Berhó, "Working Politics: Juan Domingo Perón's Creation of Positive Social Identity", *Rocky Mountain Review*(Fall, 2000), 67쪽.

126) Julio A. Fernández, "The Crisis of Authority in Argentina", *Current History,* Vol.66, No.389(January, 1974), 18쪽.

127) Julio A. Fernández, *ibid.,* 18쪽.

128) David C. Jordan, "Authoritarianism and Anarchy in Argentina", *Current History,* Vol.68, No.401(January, 1975), 1쪽.

인 토지 엘리트, 관료주의적이고 전문 직종에 종사했던 중산층 및 심지어 사회주의 정당과 공산주의 정당의 이질적인 연대였던 '신민주연합'(New Democratic Union)의 탐보리니(José P. Tamborini) 후보와의 대결에서 총 2,734,386표 가운데 1,527,231표를 받아 56%의 득표율로 압도적인 승리를 거두었다.[129] 페론 정부는 군부와 일반대중들, 그리고 권위주의와 민주주의의 결합 양상을 띠었는데 이것은 비단 아르헨티나뿐만 아니라 남미에서의 전반적인 현상이었다. 특히 민중주의 혹은 대중영합주의(populism)를 적극적으로 활용한 대표적인 사례가 바로 페론 정부였던 관계로 먼저 간략하게 대중영합주의에 대해 살펴보기로 한다. 우선 대중영합주의는 권위주의적 유형과 민주주의적 유형으로 구분할 수가 있다. 양자의 확연한 차이점은 농민과의 유대관계에 있는데, 두 유형 가운데 민주주의적 유형에서 농민과의 유대관계는 질적 · 양적인 측면에서 훨씬 더 강력하게 나타났다. <표 44>는 대중영합주의의 권위주의적 유형과 민주주의적 유형을 리더십 · 지지 세력 · 이데올로기 & 프로그램 · 조직 & 리더십 유형이란 특성들을 통해서 비교 분석한 것이다.

〈표 44〉 대중영합주의(populism)의 두 유형

특 성	권위주의적	민주주의적
리더십	군부, 중상층계급	전문직 종사자, 지식인
지지 세력	이용 가능한 대중	조직화된 노동자, 농민
이데올로기 & 프로그램	산만하고 비중이 낮음, 단지 온건한 반제국주의적 성격	▸보다 구체적, 상대적으로 비중 높음. ▸특히 초기 단계에서는 경제적으로 민족주의적 성격
조직 & 리더십 유형	이완되고 비체계적 당조직, 지도자 또는 지도자의 신화에 의존	▸조직적으로 체계화된 구조, ▸지도자 생존 후에도 존속되는 경향

출처: 김병국 · 서병훈 · 유석춘 · 임현진 공저, 『라틴 아메리카의 도전과 좌절』(서울: 나남, 1991), 176쪽.

129) Arthur P. Whitaker, *op. cit.,* 120쪽; 『TIME』(1946. 1. 14)

정치적으로 페론 정부의 이념이었던 '페론주의'(Peronism)는 남미에서 대중영합주의의 대표적인 사례임에 분명하다. 즉 대중영합주의는 노동자·농민계급이 스스로의 조직적 자율성을 갖추지 못한 상태에서 군부·기업 및 교회와 같은 다른 사회 부문들과 연대하는 대중동원운동으로 규정되는 관계로, 제국주의적 산업화시기에 지주 및 상인들의 과두제에 대항하여 주로 산업자본가와 노동자계급의 계급연합에 기초한 과도기적 정치형태로서 부르주아 혹은 프롤레타리아 가운데 일방에 치우친, 헤게모니(hegemony)의 편중과도 거리가 먼 모호한 정치체제였다.[130] 더구나 아르헨티나의 대중영합주의는 다른 남미 국가들과 구별되는 사회·경제적 요건으로, 도시의 산업노동자계층과 중산층 가운데 하층을 중심으로 민중 부문(popular sector)이 다른 남미 사회에 비해 비대(肥大)하고도 조직화가 잘된 정치집단으로 성장한 것이다.[131]

비단 노동계급만이 아니라 페미니즘(feminism) 운동 역시 보수적이었던 가톨릭교회의 영향력으로 인해 좌절을 겪고 있던 상황에서 에바 페론은 여성들을 위한 평등권 부여에 착수했는데, 대표적인 사례로는 1947년 여성들의 투표권을 법률로 제정하는 데 성공하여 1951년 총선거부터 실시하게끔 만들었다. 즉 에바 페론은 실제적인 은혜와 위엄 양자(兩者)를 통해 정권으로부터 혜택을 받았다는 것을 느낀 대중들의 동원을 조성시켰던 것이다.[132] 무엇보다도 페론 대통령과 측근들에 의해 이념적으로는 자본주의도 공산주의도 아

130) Torcuato S. Di Tella, "Populism and Reform in Latin America", in C. Veliz(ed.), *Obstacles to Change in Latin America*(London: Oxford University Press, 1965), 47쪽.

131) 최장집, "아르헨티나의 정치변동과 갈등구조", 『제3세계연구 1』(서울: 한길사, 1984), 131－132쪽.

132) Arthur P. Whitaker, *op. cit.,* 129쪽.

닌 '제3의 위치'(third position)에서 '정의주의'(Justicialism)[133]라는 형식으로 정책과 주의(主義)를 독특하게 합성시켰던 것이 페론주의였다. 즉 자본주의와 공산주의에 내포된 이상주의 · 물질주의 · 개인주의 · 집단주의라는 장점들을 수용함으로써 궁극적으로는 인간의 행복과 사회의 조화를 달성할 수 있다는 사상으로 1949년 이후 공식화되었다.[134]

페론 대통령의 목적은 아르헨티나를 강력하고도 자신감 있는 근대국가로 전환시키기 위해 사회적 · 경제적 혁명을 조직화시키는 것이었기에 페론 정부를 미사여구(美辭麗句)를 동원해서 표현한다면 민족주의적(nationalistic), 군국주의적(militaristic), 그리고 강력한 반서구적(anti－Western) 요소들이 특징적이었다. 이 같은 정황(情況)으로 인해 일부 비평가들은 페론 치하(治下)의 페로니즘이 이태리의 파시즘(fascism)과 다르지 않다고 단언하기까지 했다.[135] 페론 대통령이 추진시켰던 사회정책들의 목표는 노동계급에게 권력을 부여하는 데 있었기에, 노동조합의 숫자를 확대함으로써 강력한 CGT의 확립을 지원했다. 또한 국가 전반에 걸쳐 산업화를 맹렬히 추진시켜 1947년 7월 29일 새로운 형식으로 국영 산업들을 증대시키기 위한 1차 5개년계획을 발표하였다. 이 계획은 초기에는 활성화되는 듯했지만,

133) 정의주의를 지탱하는 세 가지 기둥들로는 국가의 주권(national sovereignty)과 사회정의(social justice), 그리고 경제적인 독립(economic independence)을 들 수 있다. 보다 자세한 페론이즘의 이념적 특징에 관해서는 Paul H. Lewis, *The crisis of Argentinean capitalism*(Chapel Hill: North Carolina, 1990)을 참고; 또한 1973년 9월 23일 선거로 3번째 임기를 시작한 페론은 신문과의 인터뷰에서 정의주의는 정부가 국민들과 그들의 이익에 보다 밀착되어 일체화를 가능케 하는 것이라고 말하기도 했다. 『The Times of the Americas』(1973. 8. 22)

134) George I. Blanksten, *Peron's Argentina*(Chicago: The University of Chicago Press, 1974), 283－285쪽.

135) George Pendle, *Argentina*(Oxford: Oxford University Press, 1963), 103쪽.

1948년부터 유럽 국가들이 아르헨티나로부터 공산품과 생활필수품 수입을 감소시키면서부터 발생된 여파들로 인해 실패하고 말았다. 구체적으로 실패의 요인들을 지적해 본다면 첫째, 페론은 도시노동자계급과 노동조합을 기반으로 국가주의적인 독재정권을 설립하여 아르헨티나를 부유한 양 목장경영자들에 의해 지배되는 목축국가로부터 산업화된 국가로 전환시켰다. 하지만 손실을 감수한 채 자급자족과 외국 영향력의 제거를 목적으로 촉진된 산업화는 아르헨티나의 풍부한 기본 자산이었던 인적·물적 자원들을 시종일관 잘못 배치시키고 말았다. 예컨대 농업에서 비교 우위를 지녔음에도 불구하고, 산업화정책이 보호관세의 장벽으로 감추어져 발의되었던 것이다.

둘째, 아르헨티나 정부에 의해 철도와 공공시설이 외국인 소유로 양도되었고, 국가는 외국계 무역독점회사의 설립을 허용했다. 또한 농업 생산자들에게 지불하는 보상비용을 낮게 책정하였고, 이를 유지시킨 결과 농업 산출은 쇠락했고, 농업 부문의 투자에 대한 모든 유인(誘引)은 제거되었다. 따라서 농업과 사적 산업에서 고용을 제공하지 못하는 상황이 증가하게 되었고, 정부가 국가소유의 사업들 가운데 특히 철도부문에서 종업원 총수를 충원하여 잉여 노동력을 흡수시키려 한 결과 국가사업에 고용된 과잉 노동인력은 거의 10만 명에 이르렀다.

셋째, 페론이 그의 지지 세력이었던 노동계급에 적극적으로 의존한 이래 임금인상은 상품과 가격보다도 훨씬 빨랐던 가운데 끝없는 물가폭등-경기후퇴의 소용돌이가 시작되면서 경제의 침체 내지 전 분야에 걸쳐 쇠퇴현상이 발생하였고, 연중 물가 역시 평균 27% 가까이 증가되는 악순환이 반복되었다.[136]

---

136) John Thompson, "Argentine Economic Policy under the Onganía Regime", in Brian

넷째, 1950년부터 경기 침체가 시작되어 한때 세계 6위의 경제규모를 자랑했던 아르헨티나의 국가위상은 쇠퇴하기 시작했고, 1953년까지 가뭄이 지속되었다. 특히 1947년 7월에 시작된 마샬 플랜(Marshall Plan), 즉 '유럽부흥계획'(European Recovery Program: ERP)에 의해 1948년에 접어들면서 자급이 가능해진 유럽 국가들이 아르헨티나로부터 구매(購買)해 왔던 소고기와 기타 생필품들의 주문을 급감시키게 되었다. 이로 인해 농산물 수출이란 주된 소득기반의 감소는 산업화에 필요한 석유 · 석탄 · 철강의 공급까지 영향을 주었음에도 페론 정부는 긴축 정책을 실시하지 않았다.

경제정책의 실패로 인해 초기 대중영합주의의 예봉이 꺾이고 만 페론 정부로서는 그들의 지위를 유지시키기 위해 강제력과 위협이라는 수단에 의지하게 되었다. 즉 1948년부터 페론 정부는 경찰 고문과 독립 언론들에 대한 위협과 같은 전체주의적 관행들의 사용을 증가시켰으며, 의견을 달리하는 공무원들을 숙청시켰다. 또한 야당지도자인 급진당의 삼마르티노(Ernesto Sammartino)와 아라야(Agustin Rodriguez Araya)를 강제로 투옥시켜 버렸다.[137] 1949년 1월 24일~3월 11일 개최된 의회 회기에서는 1853년 9월 제헌의회(constituent assembly)에서 제정된 대통령의 재선을 불허(不許)했던 연방 헌법을 109표 대 48표로 재선이 가능하도록 개정하여 공표하였다.[138] 1949년 7월 페론당은 1952년 대통령 선거에서 페론 대통령을 후보로 재지명하지만, 이미 1951년에 들어서 아르헨티나의 경제는 수출 감소, 인플레이션의 증가, 철도 노동자 · 소방관 · 기술

Loveman and Thomas M. Davis, Jr.(ed.), *The Politics of Antipolitics: The Military in Latin America*(University of Nebraska Press, 1978), 229쪽.

137) 『TIME』(1947. 10. 6)

138) Arthur P. Whitaker, *op. cit.,* 131쪽.

자들의 동맹파업으로 열악한 상태에 놓였었다. 계엄령을 선포한 페론 대통령은 강권력을 동원하여 동맹파업을 분쇄하고, 이를 외국 선동가들의 부추김에 의해 발생한 것이라고 선동하였다.

〈표 45〉 페론 정부 시기 1인당 국내총생산(GDP) & 인플레이션

연 도	1인당 GDP(US 달러)[1]	인플레이션(%)[2]
1946	–	17.7
1947	5,089	13.5
1948	5,252	13.1
1949	5,047	31.1
1950	4,987	25.5
1951	5,073	36.7
1952	4,717	38.7
1953	4,874	4.0
1954	4,980	3.8
1955	5,237	12.3

출처: 1. www.econ.umn.edu/~julian/teaching/(검색일: 2006. 11. 4)
2. Guillermo O'Donnell, "Permanent Crisis and the Failure to Create a Democratic Regime: Argentina 1955-66", in Juan J. Linz and Alfred Stepan(ed.), *The Breakdown of Democratic Regimes: Latin America*(The Johns Hopkins University Press, 1978), 151쪽 부분 재인용.

또한 페론 대통령은 정부를 비판했다는 이유로 아르헨티나에서 규모가 큰 독립신문이었던 '라 프렌사'(La Prensa)의 발행을 중지시키고, 발행인이 국외로 탈출한 후에는 신문사를 몰수시켜 버렸다. 더구나 부통령직에 자신의 처(妻)인 에바 페론의 지명을 시도했지만 여성의 대통령 승계권이란 측면에 분노했던 육군의 일부 장성들이 1951년 9월 군부쿠데타를 시도했지만 실패로 끝난 이후 에바 페론 스스로 사퇴하였다. 이미 1949년 7월 '페론당' (Peronist Party)의 재지명을 받은 가운데 1951년 11월 11일 치러진 대통령 선거에서 페론은 1차 투표에서 과반수를 얻어 재선에 성공했다. 그러나

선거과정에서 페론의 추종자들은 정부가 미국 자동차 회사, 캘리포니아의 스탠더드(standard) 정유회사 및 기타 회사들과 접촉할 수 있는 수단을 승인하여 외국 기업들의 유치를 장려하자 국가산업의 창출이라는 기존 정책을 정부가 포기한 것으로 판단했다.[139] 게다가 1953년에는 두 가지 정책을 변경시킴으로써 대중적 지지를 약화시키고 말았는데, 그 하나는 데스까미사도스의 선전 삐라를 중지시킨 것이었고, 다른 하나는 미국과의 친교 회복에 착수한 것이었다.[140]

특히 이 시기 가톨릭교회는 페론에 적대적인 주요 단체들 가운데 하나로 돌아선 상태였다. 무엇보다도 가톨릭교회는 자선(慈善)의 독점을 시도했던 에바 페론에 분노했기에, 1952년 7월 26일 그녀가 자궁암(Uterine cancer)으로 사망한 이후 대중들의 요청에도 불구하고 '국가의 정신적인 지도자'(spiritual leader of the nation)로 인정하는 것을 거부했다. 1954년 9월 29일 페론 대통령은 로마 가톨릭교회에 적대적인 정치선전을 퍼붓는 중대한 실수를 저지르고 말았다.[141] 또한 1954년 11월에 착수된 연이은 법령과 명령들은 모든 공립학교들뿐만 아니라 사립학교들에서도 의무적이었던 종교교육을 억압했고, 이혼을 합법화시키는 법률 제정 등은 성직권(聖職權)에 대한 반발로 비춰져 이는 가톨릭 일간지인 '엘 푸에블로'(El Pueblo)의 신랄한 비판에 봉착하게 되었다.[142] 또한 가톨릭교회는

---

139) 이러한 우려는 1955년에 가서 현실화되었다. 즉 페론 대통령은 페론주의의 가장 근본적인 원칙이었던 경제적 민족주의를 저버리고, 석유 면허권을 부여했다. Arthur P. Whitaker, *op. cit.,* 135쪽.

140) Arthur P. Whitaker, *ibid.,* 135쪽.

141) Arthur P. Whitaker, *ibid.,* 142쪽.

142) Paul Hand, "This is not a place for delicate or nervous or impatient diplomats: the Irish Legation in Peron's Argentina(1948 – 1955)", *Irish Studies in International Affairs,* Vol.16(2005), 189쪽.

페론과 경쟁하기 위해 교회 소유의 노동조합 결성을 시도했지만, 이에 대해 페론 대통령은 성직자들을 추방하거나 종교 의례를 금지시키는 조치로 맞섰다. 1955년 6월 16일 긴장이 강화되면서 '국가주의자 해방연맹'(Nationalist Liberating Alliance)은 부에노스아이레스 도심가의 교회들을 불태워 버리거나 심지어 데스까미사도스들의 경우 성직자들을 공격하기도 했다. 같은 날 교황 비오(Pius) 12세에 의해 페론 대통령과 정부 각료들을 포함한 가톨릭교회에 적대적인 행동을 한 모든 공무원들이 파문(破門)되었으며, 동시에 페론 정부에 불만을 가졌던 해군과 공군이 부에노스아이레스에서 일으킨 반란은 육군이 정부 측을 지지한 덕분에 단시간에 진압되기도 했다.

1955년 9월 16일 로나르디(Eduardo A. Lonardi) 장군과 육군참모총장 아람부루(Pedro E. Aramburu), 퇴역 해군제독인 로하스(Isaac F. Rojas)의 주도하에 '자유 혁명'(Liberating Revolution)이라는 이름으로 페론 2기 정부를 축출시키는 쿠데타가 단행되었다.[143] 이때 군부는 쿠데타의 기치(旗幟)로 페론주의에 의해 초래된 문제들을 해결하기 위하여 국가 통일과 공공질서적인 가치들을 회복하고, 민간정부의 실패로부터 기인된 궁극적인 책임과 모든 과격주의 혹은 전체주의에 대항하여 공화주의의 길을 보호하는 임무는 군부의 책임이라는 '보호기능'(custodial function)의 개념을 내걸었는데, 이는 오도넬(Guillermo A. O'Donnell)의 지적과 같이 향후 아르헨티나에서 음모와 쿠데타의 방향성을 열어 놓게 되었다.[144]

---

143) 국외 추방된 페론 대통령은 파라과이(Paraguay), 베네수엘라(Venezuela), 도미니카 공화국(Dominican Republic)을 거쳐 최종 망명지로 스페인(Spain)에 안착했다.

144) Guillermo A. O'Donnell, "Modernization and Military Coups: Theory, Comparisons, and the Argentine Case", in Abraham F. Lowenthal(ed.), *Armies and Politics in Latin*

1955년 9월 21일 출범한 군사평의회(military junta)를 9월 23일 임시 대통령으로 선출된 로나르디 장군과 임시 부통령에 선출된 로하스 제독이 이끌었다. 이때 로나르디 대통령의 경제 고문으로 임명된 프레비시(Rául Prebisch)는 전(前) 아르헨티나 중앙은행 총재로 페론 정부시절 국외로 추방되어 유엔 산하 '라틴아메리카 경제위원회'(Economic Commission for Latin America: ECLA) 의장을 맡고 있었다. 하지만 두 달도 지나지 않아 로나르디 정부는 군부와 노동자들에 휘둘려 페론주의의 폐지를 철저하게 진행시키지 못했다는 이유로 아람부루 장군이 주도한 무혈 군부쿠데타로 전복되고 말았다. 아람부루 대통령은 1949년 헌법을 폐기하고, 대통령의 연임을 금지시키는 1853년 헌법을 회복시켰다. 또한 페론 대통령의 국외 추방 9개월 후인 1956년 6월 9일 발레(Juan José Valle) 장군과 탄코(Raúl Tanco) 장군이 주도한 페론주의자들의 소규모 군사반란을 진압하는 과정에서 수천 명을 체포하여 그 가운데 페론주의자로 간주된 38명을 처형시켰고, 수십 명은 신(新)정부 전복 음모로 투옥되었다. 아람부루 정부에서도 프레비시는 정부의 경제입안자로 임명되는데, 그의 지침에 따라 '아르헨티나무역협회'(Argentine Trade Institute: IAPI)를 폐지시켜 페론 정부의 경제개혁 계획을 해체시켰고, 수입제한 · 수출확대, 그리고 페소(pesos) 화(貨)의 평가절하를 단행했다. 프레비시의 목적은 이러한 변화들을 통해 미국과의 관계를 개선함으로써 궁극적으로는 미국이 대주주(大株主)인 IMF로부터 지원을 이끌어 내는 데 있었지만, 무역 적자 · 관세 수입, 그리고 아람부루 군사정부에 대한 국민들의 저항으로 프레비시의 목표는 달성되지 못했다.

America(Holmes & Meier Publishers, Inc., New York · London, 1976), 205쪽.

대부분의 라틴아메리카 군사정부들과 달리 아람부루 대통령은 1958년 2월로 예정된 대통령 선거와 총선거를 진행시켜 나갔는데, 이때 자신을 포함한 군 출신은 예외 없이 선거 참가를 금지시켰다. 또한 미래에 독재자가 등장하는 것을 방지하기 위해 의회의 권한을 강화시켰고, 대통령의 권력을 억제시키기 위한 목적으로 헌법 개정을 위해 아람부루 대통령의 요청으로 1956년 7월 28일 선거가 실시되었다.[145] 페론당의 참가가 금지된 가운데 치른 7월 28일 총선에서 발빈(Ricardo Balbín)이 이끈 UCR 우파가 프론디시(Arturo Frondizi Ercoli)가 이끈 비타협적 성향의 UCR 좌파에 근소한 승리를 거두었다. 이때 정당의 기능을 상실하였던 페론주의자들은 투옥된 지도자의 지시에 따라 '백지 투표'(blank ballot)를 던졌다. 9월 개회된 제헌 의회에서 비타협적 UCR 좌파와 이에 동조하는 몇몇 의원들이 퇴장한 가운데 만장일치로 1853년 헌법으로 복귀하였다.

1958년 2월 총선거 역시 UCR의 좌·우파 간 대결이었다. 이미 1957년 초 UCR은 두개의 정당으로 분리되었는데 이때 비타협적 좌파였던 프론디시가 이끈 분파들은 '비타협적 급진시민연합'(Radical Civic Union – Intransigent: 이하 UCRI)을, 발빈이 이끈 우파의 경우는 '인민의 급진시민연합'(Radical Civic Union of the People: UCRP)을 형성했다.[146] 선거 결과 프론디시 후보는 페론주의자들과 공산주의자들의 지원을 받아 제헌 의회의 다수 의석을 차지함으로써 우파인 발빈 후보에 승리를 거두고,[147] 대의제 정부의 형태로 1958

145) 『TIME』(1957. 6. 3)

146) Arthur P. Whitaker, *op. cit.,* 158쪽.

147) 총 900만 명의 유권자가 투표한 가운데 발빈의 UCRP가 260만 표를 받은 반면 프론디시의 UCRI는 4백만 표(45%의 득표율)를 받아 법률에 따라 전체 상원 의석과 하원 의석 70%를 얻었다. Nahuel Marisi, "To What Extent was Frondizi's administration progressive?", www.nahuelmarisi.free.fr/frondizi.pdf(검색일: 2006. 11. 5)

년 5월 1일 민간정부가 회복되었다.

프론디시 대통령은 어느 누구도 자신의 정치적 이념을 핍박받아선 안 된다고 믿었으며, 그가 제안한 사면 법안은 의회를 통과하였다. 이와 같은 자유주의의 새로운 환경, 노동 불안의 지속, 그리고 페론주의자들의 과격한 노동조합이 전국적으로 일으킨 동맹파업들은 프론디시 대통령과 군부사이의 단절을 가져왔다. 군부와의 결정적인 위기는 1962년 1월 우루과이(Uruguay)에서 개최된 미주 외무장관 회담에서 쿠바(Cuba) 문제에 대해 온건 노선을 취하면서 비롯되었는데, 당시 쿠바와 외교관계를 맺고 있었던 몇 안 되는 나라들 중의 하나였던 아르헨티나는 쿠바를 미주체제로부터 축출시키는데 반대한 것이다. 1962년 3월 총선에서는 페론 정부의 몰락 이후 최초로 페론주의자들의 선거 참여가 허용되었다. 선거 결과 전체 투표 가운데 단지 35%의 득표율을 올렸지만(다시 말해 65%라는 다수는 페론주의에 반대투표를 했다는 명백한 사실에도 불구하고) 당시 선거법에 따라 페론주의자들은 부에노스아이레스를 포함한 10개 주(州)를 지배하게 되었다. 이에 군부로서는 프론디시 대통령에게 개입 명령을 내려 페론주의자들이 승리한 10개 주의 선거결과를 뒤집을 것을 강하게 압박했다.[148] 프론디시 대통령이 군부에 저항한 결과 타협점으로 페론주의자들이 다른 정당들의 협조 없이 승리한 5개 지역들을 개입 범위로 잡았는데, 이들 가운데 주요 지역이었던 부에노스아이레스 주(州)도 포함되었다. 결국 1962년 3월 30일 군부는 프론디시 대통령을 사퇴시키려 했지만, 거절당하자 그를 체포하여 마르틴 가르시아 섬에 투옥시켜 버렸다.

군부에 의해 대통령직을 승계한 상원의원이었던 귀도(José María

---

148) Arthur P. Whitaker, *op. cit.*, 165쪽.

Guido)는 철저히 군부의 애완견(puppet) 노릇을 했다. 즉 대통령 명령으로 모든 정당들을 해산시키고, 공식적으로 1년간 의회를 휴회시켰는데, 이를 조종했던 군부의 의도는 페론의 추종자들이 3월 총선에서 35%의 놀랄 만한 득표율과 45석의 의석을 획득했기 때문이었다.[149] 또한 누가 정부를 지배하느냐를 놓고서 군부가 두 개의 분파로 반목(反目)한 가운데,[150] 1963년 4월 내무부 장관으로 취임한 라우치(Enrique Rauch) 장군은 정부의 전반적인 불안정한 구조를 공격하면서, 국가를 정화(淨化)하기 위해서는 군부가 확고히 내각에 진출해 정부를 통제해야 한다고 했다. 더 나아가 민간으로의 정권이양을 전제로 예정된 7월 7일 총선거의 연기를 시도했지만, 결과적으로 라우치의 제안은 입헌정부로의 신속한 복귀를 원했던 온가니아(Juan Carlos Ongania) 장군이 이끈 자유주의 분파의 반대로 인해 실패로 끝나고 말았다.[151]

페론주의자들과 공산주의자들을 제외한 가운데 7월 7일 실시된 총선 결과 일리아(Arturo Umberto Illia)를 대통령 후보로 내세운 UCRP가 전체 6,454,789표 가운데 무효 표 1,694,718표를 제외한 2,440,536표를 획득하여 27%의 득표율로 선거인단 169명을 확보하여, 1,592,872표를 받아 17%의 득표율로 109명의 선거인단을 확보한 UCRI와 726,663표를 받아 15%의 득표율과 43명의 선거인단을 모은 '인민전위당'(People Forward Union)에 승리를 거두었다. 1963년 10월 12일 의회 간접선거에서 UCRP의 대통령 후보로 나

---

149) 『TIME』(1962. 6. 1)

150) 콜로라도(Colorados; Reds) 분파는 페론주의자들과 극좌파들을 강력하게 다루면서 독재 권력을 추구했던 반면 아주리(Azules; Blues) 분파의 경우는 페론주의자들을 포함한 연대에 의한 입헌 정부에 호의를 가지고 있었다. Arthur P. Whitaker, *ibid.*, 167쪽; http://www.britannica.com/eb/article－33088/Argentina(검색일: 2006. 11. 6)

151) 『TIME』(1963. 5. 24)

선 일리아는 UCRI의 아렌데(Oscar Eduardo Alende) 후보와 인민전위당의 온가니아 후보를 누르고 대통령에 당선[152]되면서 재차 민간 입헌정부가 들어서게 되었다.

일리아 대통령이 취임 후 첫 번째 취한 조치는 페론주의자들의 정당을 둘러싼 모든 억압들을 제거한 것이었다. 특히 1955년 군부쿠데타 이래 대통령 명령 제4161/56호로 페론주의자들 정당의 정치적 태도 표명은 금지되어 왔기에 이는 군부의 분노와 경악을 불러오기에 충분했다. 또한 선거 제한 역시 해제시켜 1965년 3월 24일 총선에서 페론주의자들과 공산주의자들의 참여를 허용했다. 이 덕분에 페론주의자들은 집권당인 UCRP가 받은 2,734,970표보다도 많은 3,278,434표를 얻어 총 238석의 의회 의석 가운데 61석을 차지하여 승리할 수 있었지만, 이는 군부의 동요를 초래시켰다. 더구나 경제전문가들과의 대담을 통해 언론매체들은 정부에 적대적인 선전활동을 펼쳤고, 1951년 12월 설립된 '미주기구'(Organization of American States: OAS)에서 도미니카 공화국에 파견할 분담병력 파병을 거부함으로써, 군부의 인내는 한계에 달하고 말았다. 매사에 적극적인 대응을 하지 않아 별명이 거북이(turtle)로 지칭될 정도로 활동력과 결정력의 부족을 드러낸 일리아 대통령에 대해 1966년 6월 28일 육・해・공 3군 수뇌들[153]이 사임을 권고했지만 거부당하자 대통령 집무실에 난입하여 일리야 대통령을 축출시켰다.

6월 29일 온가니아 장군이 대통령에 취임함으로써 다시 군사정부의 통치가 재개되었다. <표 46>은 1966년 군부쿠데타 이후 등

---

152) http://en.wikipedia.org/wiki/Arturo_Umberto_Illia(검색일: 2006. 11. 6); 『TIME』(1963. 7. 19)

153) 육군의 피스타리니(Pascual Pistarini) 장군, 해군의 바레라(Benigno Varela) 제독, 공군의 알바레스(Adolfo Alvarez) 장군이었다. David C. Jordan, "Argentina's New Military Government", *Current History,* Vol.58, No.342(February, 1970), 85쪽.

장한 민·군 정치지도자들을 제시한 것으로, 그 범위는 마지막 군사정부였던 1982년 비요네(Reynaldo Bignone) 군사정부의 등장까지로 제한시켰다. 여기에 더하여 앞서 <그림 11>에서 제시된 정치체제의 향방을 나타내는 화살표와 숫자 역시 함께 참조하기 바란다.

〈표 46〉 아르헨티나 정치 지도자들(1966년~1982년)

성 명	권좌(年)	등 장			퇴장 형태	출신*(군/민간)
		연도	형태	나이		
온가니아(Ongania)	4	1966	1	52	3	1
레빙스톤(Levingston)	0	1970	1	50	3	1
라누쎄(Lanusse)	2	1971	1	53	1	1
캄포라(Campora)	0	1973	0	57	1	0
페론(Peron, Juan)	0	1973	0	78	2	1
페론(Peron, Isabel)	2	1974	0	43	3	0
비델라(Videla)	4	1976	1	51	1	1
비올라(Viola)	1	1980	0	55	1	1
갈티에리(Galtieri)	0	1981	0	54	1	1
비요네(Bignone)	1	1982	0	54	1	0

주: * 필자가 이해도를 높이기 위해 보완한 것임.
1. 등장 형태: 0=합법적인 등장, 1=비합법적인 등장
2. 퇴장 형태: 0=권력을 유지한 가운데, 1=합법적인 퇴장, 2=사망 내지 자연스러운 원인들
3=비합법적인 퇴장
3. 출신: 0=민간인 지도자, 1=군 지도자

출처: Henry Bienen and Nicolas van der Walle, *Of Time and Power: Leadership duration in the modern world*(Stanford: Stanford University Press, 1991), 129쪽 재구성.

새로운 정부가 최초로 취한 행동은 국회, 자치체 의회, 그리고 모든 정당들의 해산 및 대법원에서 반대분자들의 숙청, 모든 주(州)의 주지사들을 교체시키는 작업이었다. 또한 온가니아 정부의 주된 목표 중의 하나는 경제발전을 촉진시키는 것이었기에, 공공 부문과 민간 부문 공히 경제 계획의 균형을 잡기 위해 '국가발전위원회' (National Development Council: CONADE)를 만든 결과 경제

적 성과는 대체로 성공적이었다.[154] 하지만 노동자들의 경우 경제와 사회적 상황을 안정화시키기 위한 중요한 장애물이자 장기간에 걸친 걱정거리였다. 당시 노동운동의 선두에 서 있던 CGT의 사정은 더욱 복잡했다. 즉 페론주의자와 반(反)페론주의자 간의 분열뿐만 아니라 페론주의자들 간에도 소위 알론소(Joŝe Alonso)가 이끈 왕당파(loyal) 페론주의자와 반도르(Agusto Vandor)가 이끈 '페론 없는 페론주의자'(Peronist without Peron)로 분열되었기 때문이다. 이 틈을 헤집고 온가니아 정부의 노동운동 분열정책은 페론주의자들을 더욱 깊이 분열시키는 데 성공하는데, 이는 CGT 지도부가 1967년 2월 일으킨 동맹파업이 효과가 없었던 것에서 입증되었다.[155] 그럼에도 정부에 대한 공공연한 반항이 지속되자 철도 노조의 합법적 지위를 취소시켰고, 노조 자금을 봉쇄했으며, 불복종한 노동자들의 해고 조치와 더불어 군사법정에 세우기까지 했다. 결국 CGT가 굴복하면서 '노동 화해'(labor peace) 기간이 뒤따랐는데, 이때 알론소의 경우는 노골적으로 정부에 협조적이었다.

1968년 5월 28일 '페론주의자 인쇄공 노동조합'(Peronist Printers' Union)의 온가로(Raimundo Ongaro)가 '페소 콜론의 CGT'(CGT of Paseo Colón) 지도자로 선출되면서 정부에 가장 적대적인 노동조합이 정식으로 조직되었다.[156] 이들은 1968년 10월 17일 '국가정유공장'(state oil refinery: YPF)의 동맹파업을 지원하면서 강경노선을 드

154) 예컨대 지난 10년간 평균이 거의 연간 30%였던 인플레이션 추세는 1966년에 40%에 달했다. 하지만 1968년이 되면 이 같은 비율이 8%로 떨어지고, 1969년 4월에 들어서는 4.6%로 하락했다. David C. Jordan, *op. cit.*,(1970), 85쪽.

155) 정치과정에 공식적 참여가 거부되고 연이은 반(反)노동정책에 직면하게 된 노동자들은 점차로 파업과 폭력적 방법을 동원하면서 대정부 정치협상을 시도하려는 전략을 채택했는데, 예컨대 행동계획에 따라 총파업을 통해서 정권에 대한 위협을 기도했다. Peter G. Snow, *Political Forces in Argentina*(New York: Praeger, 1979), 94쪽.

156) David C. Jordan, *op. cit.*,(1970), 89쪽.

러낸 이래 연이은 파업들이 발생하게 되고, 여기에 정부의 임금동결로 인한 불안이 더해져만 갔다. 사회 불안의 또 다른 요인으로는 학생들의 시위를 들 수가 있다. 대표적으로 1969년 5월 15일 코리엔테스(Corrientes) 시(市)소재(所在) 대학교에서 식당들의 음식 가격이 인상된 데 대한 학생들의 시위를 진압하는 과정에서 경찰관이 쏜 총에 학생 1명이 사망하면서 전국적인 시위로 확대되었다.[157] 노동자들과 일부 상점 종업원들까지 학생들의 시위에 합류하면서 연대(solidarity) 움직임을 보이기도 했다. 특히 코르도바(Córdoba) 시(市)에서 발생한 시위의 경우에는 군을 투입하여 잔인하게 진압한 결과 15명이 사망하고, 50여 명이 부상당했으며, 4명의 노동조합 지도자들은 군사법정에서 3~10년 형을 선고받았다. 이 같은 학생들과 노동자들의 시위, 게릴라 및 테러리스트들의 활동이 증대됨으로써,[158] 사실상 온가니아 정부는 1969년에 붕괴된 것이나 마찬가지였다.[159]

온가니아 대통령의 가혹한 독재정치는 군부와 시민 모두에게서 비난을 받은 가운데, 심지어 군 장성들은 그의 직선적이고 속이 없는 성격을 파이프(The Pipe)를 의미하는 '엘 카노'(El Cano)에 비유하기까지 했다.[160] 사실상 온가니아 대통령의 주된 목표가 자신의 영속적인 권위주의 체제를 수립하기 위해 선거를 실시하는 대신

157) 구체적으로는 신(新)대학법을 제정하여 대학생들의 모든 정치적 행위들을 금지하여 궁극적으로 이들을 정책결정과정에서 완전히 배제하려 하였다. 이에 학생들은 점점 폭력적인 방법으로 의사표시를 하는데, 그 단적인 예로 1960년대 말에서 1970년대 초 사이에 급증하기 시작했던 도시 및 농촌 게릴라조직과 테러리스트 조직들의 대부분이 학생들의 지도를 받게 되었다. 자세한 세부조항들은 Peter G. Snow, *op. cit.,* 116－135쪽을 참조할 것.

158) Peter G. Snow, *ibid.,* 140－142쪽.

159) David C. Jordan, *op. cit.,*(1970), 90쪽.

160) 『TIME』(1970. 6. 22)

스페인의 프랑코(Francisco Franco)나 이태리의 무솔리니와 같은 지배체제인 조합주의적인 국가를 만드는 것임이 명백해지고, 군부로서도 의사결정과정에서 그들의 역할이 축소되면서 불만이 증가된 결과 1970년 6월 18일 라누쎄(Alejandro Agustín Lanusse) 장군이 이끈 민주주의 분파에 의해 온가니아 대통령은 축출되었다.

그 뒤를 이어 군사평의회가 대통령으로 선택한 인물은 레빙스턴(Roberto Marcelo Levingston) 장군이었는데, 온가니아 대통령의 무자비한 군부독재체제를 추종한 레빙스턴 대통령은 자유선거의 실시를 주장한 라누쎄가 이끈 군부와 충돌하게 되고, 이를 허용하지 않음으로써 1971년 3월 22일 정치적인 이유로 군부에 의해 축출되고 말았다.[161] 입헌정치의 지지자였던 라누쎄 장군은 대통령에 취임하면서 자유·번영, 그리고 정의의 풍토(風土)에서 민주적 제도의 완전한 재설립을 약속했고, 또한 1973년 3월에 총선거를 실시하겠다고 공약했다.[162] 이미 국외로 추방되었던 페론이 1972년 11월 스페인의 마드리드로부터 귀국하여 '정의당'(Justicialist Party: 이하 PJ)의 후보 지명을 기다렸지만, 라누쎄 정부는 1973년 총선거에서 페론의 피선거권이 없음을 명백히 했다.[163] 정부의 압력으로 1972년 말 페론이 다시 마드리드로 돌아가자 PJ는 페론이 후보를 사퇴하면서 내세운 캄포라(Héctor José Cámpora)를 대통령 후보로 지명하였다.[164] 특히 전체주의의 어떠한 형태라도 허용하지 않겠다

161) David C. Jordan, "Argentina's Bureaucratic Oligarchies", *Current History*, Vol.62, No.366 (February, 1972), 74－75쪽.

162) 이 당시 군 내부의 분열 상황들은 결과적으로 군부지도자들로 하여금 일련의 정치적 위기상황으로부터 돌파구를 찾기 위한 방법의 하나로 선거를 실시하여 합법적인 민간정부로 권력을 이양하는 것 이외에 어떠한 합리적인 선택도 취할 수 없게 만들었다.

163) Julio A. Fernández, *op. cit.*, 15쪽.

164) 이때 정의당은 두 개의 분파들로 분열되어 있었는데, 그 하나는 62개 단체들로 이루어

고 군부가 경고한 가운데, 근 10년 만에 치른 1973년 3월 11일 총선에서 PJ는 "정부는 캄포라에게, 권력은 페론에게"라는 선거전 구호를 활용한 가운데,[165] 좌파 성향의 캄포라 후보를 우파인 리마(Vicente Solano Lima) 부통령 후보가 보완하면서 49%의 득표율로 21.1%를 득표한 '급진당'(Radical Party: PR)의 발빈(Ricardo Balbin) 후보에 승리하여 5월 25일 민간 정부가 출범하였다.

캄포라 정부는 출범 후 제일 먼저 100명 이상의 정치범들에 대한 사면을 실시하였고, 5월 28일에는 미국의 출항금지(embargo)를 무시한 가운데 식량과 산업제품과 같은 원조를 아르헨티나로부터 받았던 쿠바와의 외교관계를 회복함으로써 그의 급진적인 이념은 우익이었던 페론주의와 적대전선을 형성했다. 당시 캄포라가 승리할 수 있었던 배경에는 악조건 속에 처한 아르헨티나 경제의 실상, 즉 치솟는 인플레이션 비율 · 증가하는 무역불균형 · 떨어지는 통화(通貨) 적립금 · 증가하는 실업률과 불완전 고용 · 공업 생산의 쇠퇴 상황을 끌어올릴 것이란 기대감이 있었기에 가능한 일이었다.[166] 하지만 캄포라 대통령의 경제적 고난을 완화하기 위한 조치들은 증가하는 테러리즘에 의해 어두운 그림자를 드리우고 말았다.

대표적인 공산주의 테러조직들로는 '인민혁명군'(People's Revolutionary Army: 이하 ERP)과 '무장혁명군'(Armed Revolutionary Forces: 이하 FAR)을 들 수 있는데, FAR의 경우 1973년 말 페론주의자 테러 조직인 몬토네로스(Montoneros)와 결합한 반면 ERP는 페론 정부

진 우익 노동조합들이었고, 또 다른 하나는 무장단체인 몬토네로스가 주도하는 좌파 운동이었다. Marcela Valdata, "Humiliation Policies Applied to Individuals, Detainees and Refugees During the Period 1975/1983 in Rosario, Argentina", www.humiliationstudies.org/documents/ValdataNY05meetingRT1.pdf(검색일: 2006. 11. 8)

165) 『TIME』(1973. 3. 26)

166) Julio A. Fernández, *op. cit.,* 16쪽 재구성.

를 복귀시키기 위해 테러주의자 단체들과 공조했음에도 불구하고 즉시 페론 정부에 적대세력으로 돌아서게 되었다. 일간지 '라 프렌사'(La Prensa)에 따르면 1973년 5월 25일~1976년 3월 24일까지 테러주의자 조직들은 1,358명을 암살했는데, 구체적으로는 군인 66명, 주(州) 경찰 136명, 연방 경찰 34명, 불온분자 445명, 부녀자와 아이들을 포함한 민간인 677명이었다.[167] 사실상 1955년 페론의 실각 이후 페론주의자들의 테러는 페론의 복귀를 목적으로 한 것이었기에 캄포라 정부에서 만연한 테러와 정부의 공산게릴라와의 협상실패는 PJ 우파 주도로 1973년 6월 20일 페론의 귀국에 빌미로 작용하게 되었다. 하지만 에제이자(Ezeiza) 공항 환영행사장에서 발생한 좌·우파 간 총격전으로 25명이 사망하고, 수백 명이 부상당한 소위 '에제이자 학살'(Ezeiza Massacre)의 책임을 지고 1973년 7월 13일 대통령과 부통령이 사임하면서 의회는 하원의장인 라스티리(Raúl Alberto Lastiri)를 임시 대통령에 임명하고 9월 23일 새로운 선거를 실시하기로 결정했다. 예상치 못했던 캄포라 대통령의 사임으로 누가 부통령이 될 것인가에 모든 정치인들과 군부의 추측이 난무한 가운데 놀랍게도 페론은 9월 4일 페론주의자들의 전당대회에서 자신의 처(妻)인 이사벨(Isabel Martínez de Perón)을 부통령 후보로 지명했다.

1973년 9월 23일 열린 선거에서 군부의 묵인 아래 대략 300만 명의 새로운 젊은 페론주의자들의 투표 참여는 1955년에 축출된 페론이 61.8%의 득표율로 승리하는 데 결정적인 역할을 했다.[168]

---

167) David C. Jordan, "Argentina's Military Government", *Current History,* Vol.72, No.426(February, 1977), 59쪽.

168) Julio A. Fernández, *op. cit.,* 15쪽 재구성.

하지만 10월 12일 페론이 대통령에 복귀하면서, 정의주의와 더불어 의외로 반좌파적 입장을 강력하게 추진하기 시작했다. 즉 페론 대통령의 복귀를 본격적으로 아르헨티나에서 사회주의혁명의 시작으로 받아들였던 젊은 페론주의자들과 몬토네로스, 좌파 노동운동 진영이 희망했던 반자본주의적 혁명과정의 제도화 대신 페론 대통령은 임금동결, 물가인상, 그리고 단체교섭과 경제적인 사유로 유발되는 파업을 금(禁)하는 사회조약을 강요했다.[169] 예상과는 달리 페론의 우익 성향적인 정책의 실시로 인해 맑시즘에 깊숙이 경도되어 있던 대학 행정당국자는 네오 파시스트(Neo－Fascist)로 교체시켰고, 좌경 성향의 주지사들은 축출되었다. 페론 스스로도 정의주의 운동의 범주에 좌파와 우파를 양립시킬 수 없다는 것을 인지한 가운데, 추종자들 간 분열에 엄정 중립을 견지하면서 통치술과 효율적인 대통령의 권위를 1974년 7월 1일 사망 때까지 유지시켜 나갔다.[170] 페론 대통령의 사망으로 페론주의가 1950년대와는 달리 1970년대에는 사회집단 전부를 끌고 갈 수 없는 상황에 직면하게 되자 젊은 페론주의자들 집단, 사회주의적 성향을 띤 학생집단, 테러리스트집단, 극우집단 등은 폭력이라는 수단을 동원하여 페론과 그가 사망한 이후 미망인이었던 이사벨(Maria E. Martínez de Perón) 정부 기간인 1973년～1976년까지 치안본부장, 노동조합총연맹 사무총장, 현직 부지사 등 고위관리들과 사회 주요 인사들을 포함한 약 1,500명을 희생시킴으로써 정치적 무질서와 혼란을 야기시켰다.[171] 특히 테러 행위는 지속적으로 증가하여 좌·우익 게릴라들

169) http://www.leftturn.org/Articles/Viewer.aspx?id＝885&type＝M(검색일: 2006. 11. 9)

170) Julio A. Fernández, *op. cit.,* 16－18쪽.

171) 최장집, 앞의 책, 146－147쪽 재구성.

에 의해 1975년에는 700명 이상이 사망했으며, 인플레이션 비율 역시 1974년 40.1%였던 것이 1975년 335%로 증가했고, 다시 1976년 3월에 가서는 4,670.3%로 급상승했다.[172)]

이에 1976년 3월 24일 육군의 비델라(Jorge Rafael Videla) 장군, 해군의 마세라(Emilio Eduardo Massera) 제독, 공군의 아고스티(Orlando Ramón Agosti) 장군으로 대표되는 3두 체제가 주도한 군부쿠데타는 무질서 · 부패 · 파괴의 극복과 국가경제의 퇴조를 뒤집기 위하여 이사벨 정부를 축출한 후 군사평의회(military junta)를 설치했다.[173)] 3월 26일 비델라 장군을 대통령으로 옹립한 가운데, 이들은 국회와 주 의회를 폐쇄시켰고, 자치체의 시장 · 주지사 · 최고법원 판사들의 지위를 박탈하였다.[174)] 군부통제 아래 충성을 맹세한 노동조합과 몇몇 기업가 연합을 배치시켰으며, 다수의 특정 조치들이 정치 영역을 통제할 목적에서 제정되었다.[175)] 또한 모든 정치적 활동은 금지되었으며, 다수의 좌익 정당들과 분파들 및 CGT 역시 불법화시켰다.[176)] 국가의 안정을 위협한다고 간주되는 파업 · 사회 불안 · 폭력 · 파괴에 대해 군사정부가 자체적으로 계획한 가장 대표적 억압으로 언급되는 것이 바로 '더러운 전쟁'(Dirty

---

172) 『The Wall Street Journal』(1976. 8. 30); David C. Jordan, *op. cit.*,(1977), 57쪽 부분 인용.

173) David C. Jordan, *ibid.*,(1977), 57쪽.

174) Lisa Avery, "A Return to Life: The Right to Identity and the Right to Identity Argentina's Living Disappeared", *Harvard Women's Law Journal,* Vol.27(2004), 238－239쪽.

175) 군사평의회(Junta)는 테러리즘과 게릴라들에 동정적인 분위기를 조성한다는 이유로 대학들을 폐쇄하였고, 최초로 도입한 조치들 중의 하나가 제572호 명령이었는데, 이는 교수진 가운데 위험스러운 인물들의 해임을 허용함으로써 중 · 고등학교와 대학교에서 좌파 교사와 교수들을 학교로부터 추방하기 위한 도구로 활용했다. 이때 부에노스아이레스 대학에서만 1,500명의 교수들이 해임되었다는 증언이 나오기도 했다. John Simpson and Jana Bennett, *The Disappeared and the Mothers of the Plaza*(New York: St. Martin's Press, 1985), 212쪽.

176) Aldo C. Vacs, *op. cit.,* 21쪽.

War)일 것이다. 이것은 국가재건을 기치로 1976년 3월 비델라 정부에서 시작되어 1981년 3월 비올라(Roberto Eduardo Viola) 정부와 12월 갈티에리(Leopoldo Fortunato Galtieri) 정부를 거치면서 1983년 12월 알폰신(Raúl Ricardo Alfonsín)의 민간정부가 출범하기까지 반대자 내지 불온 분자로 의심받는 사람들을 겨냥하여 7년간 정부가 벌인 군사행동이었다. 이때 정부에 대한 적대자뿐만 아니라 선량한 사람들도 정부 비밀기관에 의해 고문 내지 죽임을 당했는데, 그 숫자가 최소 9천 명에서 최대 3만 명에 달했다. 하지만 군사정부의 시각에서 더러운 전쟁의 개념은 만연된 테러조직을 종식시키기 위한 전쟁 과정에서 1,700명의 좌익 게릴라들과 124명의 군인 및 경찰들이 죽은 것을 지칭하는 것이었다. 게다가 이 같은 군사정부의 잔악한 인권탄압의 배후에 미국이 자리했다는 증거가 최근 밝혀지기도 했다.[177]

아르헨티나 군사정부에 의한 국가폭력은 군 '정보국'(Batallón de Inteligencia 601)과 불법적인 고문 및 감금 시설로 5천 명을 살해한 '해군 하사관 직업학교'(Navy Sub-Officers Mechanics School: ESMA)[178] 및 국가정보국(Secretariat of State Intelligence: SIDE)에 의해 주도적으로 자행되었다. 이로 인해 1977년 4월 30일 소위 더러운 전쟁 기간 중 실종자들의 어머니들로 구성된 '마요 광장의 어머니들'(Mothers of the Plaza de Mayo) 집회가 14명의 침묵시위로

177) 1976년 10월 7일 뉴욕(New York)에서 미국의 키신저(Henry A. Kissinger) 국무장관과 아르헨티나의 구쩨띠(César Augusto Guzzetti) 해군 제독 간 회담에서 포드(Gerald R. Ford) 행정부가 아르헨티나 군사정부의 가혹한 방책들을 승인했다는 문서가 최근 밝혀지기도 했다. 자세한 내용은 Daniel A. Grech, "Transcript: U. S. OK'd 'dirty war", 『The Miami Herald』(2003. 12. 4), 12A면을 참조할 것.

178) Michael Shifter and Vinay Jawahar, "Reconciliation in Latin America: A Fine Balance", *The Brown Journal of World Affairs,* Vol.XI, Issue 1(Summer/Fall, 2004), 128쪽.

시작된 이래[179] 1979년 8월 정식으로 등록되면서 행방불명된 자녀들을 돌려보내라고 요구하는 시위가 매주 목요일 오후에 이어졌다. 결국 군사정부는 실종자의 숫자가 9,000명이라고 인정했지만, 실종자 단체들이 주장한 30,000명과는 상당한 격차를 보였기에 후일 알폰신의 민간정부가 들어선 이후 1983년 12월 15일 대통령 직속기구로 출범한 '강제 실종자를 위한 국가위원회'(National Commission for Forced Disappearances: 이하 CONADEP)의 1984년 9월 공식적으로 발행된 보고서인 '눈까 마스'(Nunca Mas; Never Again)에는 실종자의 수를 8,960명으로 평가한 바 있다.[180]

1981년 3월 29일 건강이 악화된 비델라 대통령으로부터 권력을 양도받은 비올라 장군은 아르헨티나 역사상 최악의 경제위기에 몰렸다. 예컨대 외채는 증가했으며, 국제신용의 흐름은 중지되었고, 예비금이 급락했으며, 인플레이션은 120%로 치솟았고, 국민총생산(GNP)의 경우 5.9% 하락했다. 또한 투자는 19.2%, 평균적인 실제임금은 11.2% 하락하였다. 따라서 군 내부의 반대파들은 비올라 대통령에게 정중한 사퇴를 제안하지만 거부당하면서 군부의 분열은 명백해졌다.[181] 이같이 군부의 위기감이 연장되고 확대되어 가면서 결국 육군·해군·공군 지휘부로 구성된 군사평의회는 1981년 12월 11일 비올라 대통령을 축출하고, 갈티에리(Leopoldo Fortunato

---

179) Lisa Avery, *op. cit.*, 247쪽.

180) 또한 CONADEP는 현재까지도 실종 상태인 사람들과 비밀리에 감금되었다가 풀려난 사람들의 분포를 발표했는데, ① 육체노동자(Blue-collar workers) 30.2%, ② 학생 21.0%, ③ 봉급생활자(White-collar workers) 17.9%, ④ 전문직 직업 10.7%, ⑤ 교사 5.7%, ⑥ 자영업자 5.0%, ⑦ 가정주부 3.8%, ⑧ 군 신병과 공안부대(serurity forces)원, ⑨ 언론인 1.6%, ⑩ 연예인(배우, 가수) 1.3%, ⑪ 성직자(수녀, 신부) 등 0.3%였다. http://www.nuncamas.org/english/library/nevagain/nevagain_283.htm(검색일: 2006. 11. 11)

181) Aldo C. Vacs, *op. cit.*, 26쪽.

Galtieri) 장군으로 대체시켰다.

2. 호전적 애국주의(Chauvinism)의 파멸과 민주화과정

갈티에리 대통령은 전임 대통령들(비델라 · 비올라)에게서 부족하였던 군사지도자(caudillo)의 외양을 창출하려 시도하였고, 몇몇 주 정부와 보수적 정당들과의 접촉을 유지하면서 지지기반을 확장하려 하였지만, 1981년 12월 아르헨티나가 심각한 경제적 위기에 직면했다는 사실은 의심할 여지가 없었다. 즉 실업률의 증가와 실질임금의 15%나 하강하면서 가혹한 이자율이 절정인 상태가 지속되었고, 파산 또한 증가하였다. 게다가 정부의 세금 수입은 심각하게 감소했는데, 이는 20년 만에 가장 낮은 수준이었다.[182] 예컨대 쿠그레(Jacek Kugler)와 알베트만(Marina Arbetman)의 자료에 따르면 아르헨티나 군사정부(junta)의 자원 추출능력은 1981년과 1982년에 연이어 쇠퇴하고 있음을 <그림 12>는 보여 주는데, 한마디로 1980년 이후 정부의 자원 추출능력은 전적으로 잠재력보다도 아래로 폭락했다.

182) Monica Peralta-Ramos, *The Political-Economy of Argentina: Power and Class Since 1930* (Boulder: Westview Press, 1992), 87쪽.

〈그림 12〉 아르헨티나 군사정부의 자원 추출능력: 1960년~1982년

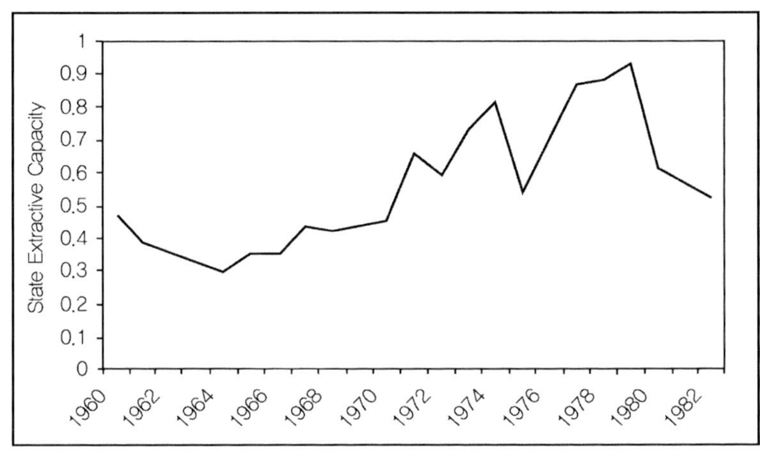

출처: Jacek Kugler and Marina Arbetman, "Relative Political Capacity: Political Extraction and Political Reach", In Political Capacity and Economic Behavior, Edited by Jacek Kugler and Marina Arbetman(Boulder: Westview Press, 1997).

이로 인해 정당들은 정부에 반대하는 연합세력을 형성하여 경제정책의 변화 및 급격한 민주주의로의 전환을 요구하였으며, 노동조합도 정부정책에 반대하면서 조합원들을 동원하기 시작했고, 중간계급들에서도 반(反)군부 성향이 증가하기 시작했다. 이 같은 상황에서 정권을 유지시키기 위한 군부의 선택은 두 가지 복안(腹案)으로 나타났는데, 첫째는 신속히 정치·경제적 위기를 해결하는 길이었고, 둘째는 정부를 떠나 국가를 통합시킬 출구(issue)를 찾는 방안이었다. 하지만 전자의 경우는 단기간에 대처하기란 불가능하였던 관계로 군부는 즉각적으로 유용한 두 번째를 선택하게 되었다. 즉 1833년 이래 영국에 점령되어 있었던 '말비나스 섬'(Malvinas island)을 통해 애국심을 불러일으키기로 결정한 것이다.[183] 이러한 아르헨티나 군사정부의 선택은 짐멜(George Simmel)의 견해를 빌리면 외부와의 갈등

183) Aldo C. Vacs, *op. cit.*, 26－28쪽.

이 권력 집중화와 집단의 응집력을 촉진시키며, 동시에 집단 내부의 불만 세력과 반대 세력을 억압할 수 있는 사회분위기를 조성할 수도 있다는 고도의 전략적 선택이었던 것이다.[184)]특히 내부분열과 구성원들 간의 적대감으로 인해 곤경에 처한 대부분의 국가들에서 전쟁과 같은 외부와의 갈등을 통하여 내적 응집력을 구축하려는 시도를 획책한다[185)]는 그의 지적은 비단 아르헨티나에만 국한되는 것이 아니라 동서고금(東西古今)의 역사를 통해서도 쉽사리 찾아볼 수 있다.

결국 말비나스 영유권을 둘러싸고 1982년 4월 2일 영국에 대한 전쟁을 선포하는데, 4월 3일 유엔이 제502호 결의안을 통해 직접적으로 아르헨티나의 철군을 요청했음에도 불구하고 갈티에리 정부가 꺼낸 민족주의적 수단은 철회되지 않았다. 6월 14일 영국군이 스탠리(Stanley) 항(港)에서 아르헨티나군 5천 명을 격파한 후 포클랜드(Falkland)를 탈환한 다음 아르헨티나 군사평의회가 갈티에리 대통령에 대한 지지를 철회하면서 전쟁은 끝났다. 결국 6월 18일 갈티에리 대통령이 퇴진한 다음, 7월 1일 민간정부로의 권력이전을 위한 임시 대통령이자 마지막 군사정부의 대통령으로 퇴역 장성 출신의 비요네가 취임하였다. 하지만 연이어 발생한 반정부 운동은 군사정부의 몰락을 더욱 가속화시켰는데, 특히 1982년 9월 시위 이후 11월에 들어서 부에노스아이레스 시민들의 세금납부 거부운동과 12월 6일 총파업의 성공[186)]이 결정적이었다.

1983년 2월 비요네 대통령이 민간정부로의 이양을 위한 선거절

---

184) George Simmel, *Conflict & The Web of Group－Affiliations,* Kurt H. Woff and Reinhard Bendix(trans.)(The Free Press, 1955), 98－99쪽.

185) George Simmel, *ibid.,* 92－93쪽.

186) 원호식, "아르헨티나", 『민주정치의 길, 이렇게 어렵다』(서울: 중앙일보사, 1988년 3월호 별책부록), 67쪽.

차를 공포하게 되고, 1983년 10월 30일의 총선거에서 UCR의 알폰신(Raúl Ricardo Alfonsín) 후보는 법에 의한 지배를 회복시키는 데 초점을 맞추었던 반면, 이와 대조적으로 군부-노동조합 협정에 관한 유언비어와 알폰신이 페론주의의 반대자들에게 사면의 영예를 부여한다는 약속은 군부 스스로가 페론주의자 당을 공격하게 만들었다.[187] 선거 결과 알폰신 후보는 52%의 지지로 40%를 얻은 PJ의 루더(Ítalo Argentino Luder)를 꺾고 민간정부를 출범시켰다.[188] 한편 알폰신의 당선은 1928년 10월 이리고옌 후보가 당선된 이후 무려 55년 만에 UCR 출신 후보의 집권인 데 비해 페론주의자들은 총선에서 첫 번째 패배를 당한 경우였는데, 세부적인 총선 결과는 <표 47>과 <표 48>에서 제시되고 있다.

〈표 47〉 아르헨티나 1983년 10월 30일 총선 결과

정 당	득표율(%)	의석수	
		하원 (1983~1985)	상원 (1983~1985)
UCR	46	128	18
UCR Allies	-	-	
Peronists	37	112	21
Peronists Allies	3	1	1
Centrists			
Leftists		3	
Other	11		
Local		8	6
백지투표 / 훼손된 투표	3		
전 체	**100.0**	**254**	**46**

출처: http://pdba.georgetown.edu/Elecdata/Arg/cong83.html(검색일: 2006. 9. 19)

187) Wendy Hunter, "Continuity or Change? Civil-Military Relations in Democratic Argentina, Chile, and Peru", *Political Science Quarterly,* Vol.112, No.3(Fall, 1997), 463쪽.

188) Wendy Hunter, *ibkd.,* 463쪽.

〈표 48〉 아르헨티나 1983년 10월 30일 대통령 선거(간접선거)

대통령 후보	소속 정당	득표율(%)
Raúl Alfonsin Foulkes	Radical Civic Union(UCR)	52.0
Italo Luder	Justicialists National Movement	40.0
Oscar Alende	Intransigent Party(PI)	2.5
Rogelio Frigerio	Integration and Development(MID)	1.2
Others	-	4.3

출처: http://www.binghamton.edu/cdp/era/elections/arg83pres.html(검색일: 2006. 9. 18)

알폰신 정부는 군부의 정치적 자율성과 영향력을 감소시키기 위하여 무수히 많은 조직의 교체를 제도화시켜 나갔다. 또한 군 예산・무기 도입, 그리고 국가방위정책과 같은 중요한 정책 분야에 관한 의사결정은 세 명의 군 수뇌들로부터 민간 출신의 국방부장관에게로 이전시켰으며, 다양한 방위산업에서 군의 통제를 제거시켰다. 무엇보다도 알폰신 대통령의 UCR 정부는 국내 치안에 관한 군부의 영향력을 제한시키는 데 성공했는데, 대표적으로 1988년 제정된 국가방위법률은 경찰과 국경수비대가 1차적인 책임을 지는 대내적 안전(제24059 / 88호)과 군부가 주도권을 행사하는 대외적 방어(제23554 / 88호)를 분리하였던 것이다. 특히 새로운 법률은 대내적 갈등에 대처한 행동계획에서 군의 참여와 군 정보기관을 국내 목적에 사용하는 것을 금지시켰다. 또한 국가방어위원회에 군의 참석을 인정하지 않았고, 군의 간섭 없이 민간인들을 보다 중요한 자리에 앉혔다.[189)]

1983년 12월 15일 취임 5일 후 알폰신 대통령의 명령 제187호로 CONADEP이 출범하여 군사정부 기간 동안의 실종자들에 대한 조사를 시작한다. 동시에 명령 제158호로써 1976년 이래 세 차례

189) Wendy Hunter, *op. cit.*, 463 - 464쪽.

에 걸친 군사정부 아래 인권을 박해한 모든 혐의자들의 색출과 함께 명령 제157호로써 군사정부 당시 폭력행위를 일삼았던 몬토네로스와 ERP 같은 좌파 게릴라 조직들의 지도자였던 피르메니히(Mario Firmenich), 바카(Fernando Vaca), 고리아란(Enrique Gorriarán), 페르디아(Roberto Perdía)를 재판정에 세웠다. 이어 12월 22일 마지막 군사정부 대통령이었던 비요네 대통령이 1983년 9월 23일 법률 제22924호로 제정했던 '자기 사면법'(self-amnesty law)을 '자기 사면 무효법'(법률 제23040호)을 통해 폐기시켰다.

1985년 4월 22일 본격적으로 군사정부 관련자들에 대한 재판이 시작되어 12월 9일 아르헨티나 대법원은 더러운 전쟁 기간 중 발생한 인권 유린 혐의로 전직 대통령 3명을 포함한 9명을 기소하여 이 중 5명에 유죄를 선고했지만, 무죄 선고를 받고 석방된 4명 가운데는 포클랜드 전쟁을 일으킨 갈티에리 대통령과 그의 군사정부 관련자들 전원이 포함되어 있었다.[190] 그럼에도 불구하고 민간정부가 군사정부 관련자들의 범죄행위를 단죄(斷罪)한 사실상 첫 번째 사례였다는 점에서 그 의의를 찾을 수 있다. 당시 재판부에 의해 기소된 군사정부 관련자들의 형량과 혐의 내용은 <표 49>에 제시된 바와 같다.

190) 1986년 5월 포클랜드 전쟁과 관련된 부적절한 행위에 대한 책임을 물어 12년 형을 선고받아 1988년 11월 유죄가 확증되지만, 5년을 복역한 후 1991년 메넴 대통령에 의해 사면을 받는다.

〈표 49〉 아르헨티나 군사정부 관련자들의 형량 및 혐의

군사정부 관련자	소속*	최종 직책	형량	혐 의
비델라 (Jorge Videla)	1	대통령	종신형	총 495건의 살인, 불법체포, 고문, 약탈
마쎄라 (Emilio Massera)	1	해군 제독	종신형	총 91건의 살인, 불법체포, 고문, 약탈
비올라 (Roberto Viola)	2	대통령	17년	총 100건의 불법체포, 고문, 약탈
람부루치니 (Armando Lambruschini)	2	해군 제독	8년	총 45건의 불법체포, 고문
아고스티 (Orlando Agosti)	1	공군 준장	4년 6개월	총 11건의 고문, 약탈
갈티에리 (Leopoldo Galtieri)	3	대통령	무죄	포클랜드 전쟁 개전 혐의
그라피그나 (Omar Graffigna)	2	공군 준장	무죄	불법체포, 고문
아나야 (Jorge Anaya)	3	해군 제독	무죄	포클랜드 전쟁 개전 혐의
라미 도조 (Basilio Lami Dozo)	3	공군 준장	무죄	포클랜드 전쟁 개전 혐의

주: *는 1976년 이래 등장한 군사평의회를 나타냄.

본격적인 과거사 청산 과정이 추진되면서 필연적으로 가해자[191]와 피해자 모두 상처를 입을 수밖에 없는 민감한 사안들이 연속해서 벌어지게 된다. 특히 군부의 반발을 감안한 알폰신 정부의 미봉책은 1986년 12월 23일 법률 제23492호에 의해 기형적 법률인 기소종결(Punto Final)법과 의무복무법의 제정이었지만, 단지 60일에

191) 과거사 청산작업이 본격적으로 진행되어 가면서 군부에는 위기감이 감돌았는데, 특히 하급 장교들마저 기소와 처벌의 위협에 노출되자 포클랜드 전쟁에서의 패배, 과거사 청산에 의한 극심한 명예훼손 및 이미 오랜 기간 예산 삭감에 따른 군 규모의 축소와 군부 내 심각한 갈등 등에 시달려 오고 있었던 것이다. 대표적으로 이에 관한 단적인 사례로서 1983년에 153,000명에 달했던 병력 수가 1986년에 이르러 78,000명으로 격감한 사실과 함께 포클랜드 패전의 책임을 둘러싸고 육・해・공군 간 공방이 끊이지 않았던 점을 지적할 수 있다. 이영조, "남미의 탈군사화", 서울대 사회정의연구실천모임, 『계간 비판』(겨울, 1993), 159쪽.

불과했던 기소 종결법의 시한은 피해자들을 분노케 했고, 군부 역시 300여 명의 장교들이 짧은 기간 동안 기소된 사실에 분노하였다.[192] 또한 피해자들은 의무복무법을 통해 가해자들이 지속적으로 군에 안주할 수 있다는 사실에 경악하고 말았다. 게다가 민간정부의 통치기반이 취약했던 까닭에 1987년 6월 9일 법률 제23521호로 제정된 강요에 의한 복종(Obediencia Debida)법은 상부의 명령에 복종한 하급관료나 장교, 단위 부대장 및 사병들의 사법처리를 전면 금지시켰던 또 다른 기형적인 법률의 하나였다.

---

192) Alexander Barahona de Brito, "Truth, Justice Memory, and Democratization in the Southern Cone", in Paloma Aguilar et.al(eds.), *The Politics of Memory: Transitional Justice in Democratizing Societies*(Oxford and New York: Oxford University Press, 2001), 123쪽; 군부의 불만은 이후 네 차례에 걸친 반란으로 표출되었다. ① 1987년 4월 17일 리코(Aldo Rico) 중령이 일으킨 '부활절(Semana Santa) 쿠데타'가 일어났는데, 쿠데타의 주된 목적은 실추된 군의 위신과 명예 회복 등을 요구했던 것이다. 이는 큰 성과를 거두어 군 수뇌부가 교체되고 '강요에 의한 복종법'이 통과되었다. 반란 이후 알폰신 대통령이 직접 쿠데타 부대를 방문하여 화해의 몸짓을 보였고 군부는 더러운 전쟁의 혐의 인정과 반성보다도 고문을 정당화하기까지 했다. ② 1988년 1월 13일 리코 중령이 자신의 사법적 처리(가택연금)에 불만을 갖고 일으킨 반란으로, 1월 17일 체포되어 강제 전역당한 뒤 수감되었다. ③ 1988년 12월 19일 알리 세이넬딘(Mohamed Ali Seineldin) 대령이 특수부대 카라핀타다(carapintada)의 참모총장을 중립적인 인물로의 임명을 요구하며 반란을 일으켰다. 또한 이전 반란에 연루되어 퇴역하거나 한직으로 밀려난 카라핀타다의 원대 복귀 및 더욱 포괄적인 사면 조치와 국방예산의 증액까지도 요구하여 그 결과 고위 장교인사 단행, 군인 급료 42% 인상 등의 성과를 얻어 냈다. ④ 1990년 12월 3일 세이넬딘 대령은 가장 폭력적인 카라핀타다 반란을 일으켰는데, 표면상으로는 반란 가담자의 복직과 군인들의 생활수준 향상을 주장했지만, 실상은 장군 진급에 실패했던 것이 원인이었다. 이전과 달리 메넴 대통령이 반란을 쿠데타로 규정짓고 신속히 대처함으로써 유혈사태(민간인 5명을 포함한 14명 사망과 부상자 50여 명) 이후 1991년 9월 초 체포된 세이넬딘은 종신형을 선고받았다. 박구병, "눈까 마스와 침묵협정 사이: 심판대에 선 아르헨티나 군부의 더러운 전쟁", 라틴아메리카연구, Vol.18, No.2(2005), 66–68쪽 http://www.yendor.com/vanished/uprisings.html(검색일: 2006. 11. 14)

〈그림 13〉 알폰신 정부의 조기 퇴진을 불러온 초(超)인플레이션

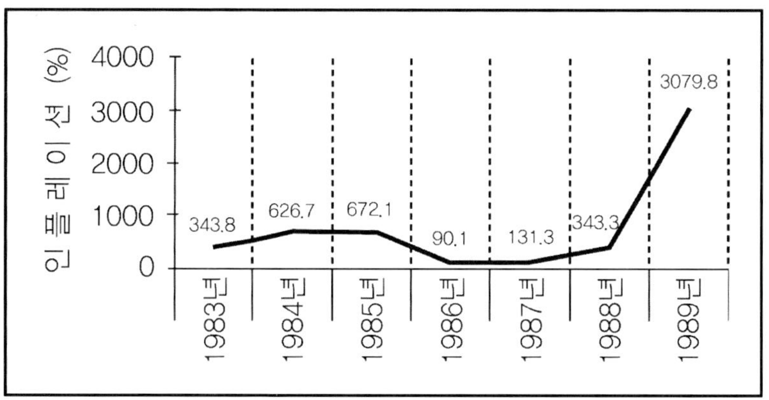

출처: International Monetary Fund 자료를 필자가 재구성.

1982년 이래 만연된 경기침체 속의 인플레이션을 잡기 위해 1985년 6월 14일 발표된 '아우스트랄 계획'(Austral Plan)은 새로운 통화, 임금 동결 및 가격 동결을 내용으로 하였지만, 알폰신 대통령의 목적은 내심 폐소화를 대체할 새로운 통화 구축에 있었던 것이다.[193] 하지만 아우스트랄 계획은 일시적으로 인플레이션을 낮추었지만, 경제성장을 자극하는 데는 실패하였다. 그 결과 1989년의 실질 임금이 1980년대의 80% 수준에 머물렀고, 인플레이션이 통제할 수 없을 정도로 진행되면서 알폰신 정부는 폭력을 동원하여 폭도들과 약탈자들을 제압하였다. 아우스트랄 계획을 보완하기 위해 1988년 8월 시행된 '프리마베라 계획'(Primavera plan) 역시 1989년 2월 실패함으로써 초래된 3,079.8%라는 초(超)인플레이션으로 12월 10일까지인 퇴임을 6개월 앞둔 시점에서 조기 퇴진하고 말았다.

193) 『TIME』(2001. 6. 24)

1989년 5월 14일 실시된 대통령 선거에서 UCR이 내세운 앙겔로스(Eduardo Cesar Angeloz) 후보가 32.48%를 얻은 데 비해 PJ의 메넴(Carlos Saúl Menem) 후보는 47.36%의 득표로 승리하여 정권이 교체되었다. 7월 8일 취임한 메넴 대통령은 두 가지 당면 과제를 안게 되었는데, 첫째는 알폰신 정부의 조기퇴진을 불러온 경제 위기를 극복하는 것이었고, 두 번째는 알폰신 정부가 매듭짓지 못한 과거사 문제를 처리하는 것이었다. 우선 과거사 문제에 대해 메넴 대통령은 정상적인 사법절차의 진행이 아닌 10월 8일 대통령 명령 제1002/89호와 1991년 1월 두 차례에 걸쳐 광범위한 대사면 조치를 취했는데, 그 배경에는 1970년대 군사정부하에서 3년간의 투옥과 2년간의 유형(流刑)을 겪은 자신의 민주화 경력[194]과 가혹한 탄압을 겪었던 PJ의 도덕적 권위가 자리하고 있었다. 당시 아르헨티나 법조계는 메넴 대통령의 사면령이 위헌이라며 강하게 반발했지만, 메넴 대통령은 고유 권한을 내세우며 반대여론 및 피해자 가족들의 반발을 무시하고 사면령을 관철시킴으로써, 군사정부 관련자들의 상당수는 그 후 국회 또는 주지사 등으로 정계에 복귀하기도 했다.

메넴 대통령이 추진했던 대표적 경제정책으로는 태환 정책과 공기업 민영화를 들 수 있다. 특히 PJ의 전통적인 지지 세력이었던 노동자들을 위한 정책보다도 친기업적이며,[195] 시장주의적인 신자유주의적 경제정책과 아울러 1991년 9월 비동맹 중심의 기존 외교

194) Peter Hudson, "Menem's Argentina: Economic Miracle or Quick Fix?", *The Washington Quarterly,* Vol.22, No.4(Autumn, 1999), 176-177쪽.

195) 친기업적 정책을 과시하기 위해 대기업인 붕게 본(Bunge & Born)의 임원이었던 로이그(Miguel Angel Roig)를 재무부장관에 임명했지만 돌연 사망하자, 또 다른 임원인 라파넬리(Nestor Rapanelli)를 다시 지명하였다. 하지만 1989년 3,923.6%의 인플레이션과 1990년에 1,343.9%의 초인플레이션을 맞이하게 되었다. 박채순, "아르헨티나의 정치·경제 사회: 키츠네르의 집권 2년", 라틴아메리카학회 발제문(2005. 12. 17), http://blog.daum.net/tomas/6018176(검색일: 2006. 11. 14)

노선에서 포클랜드 전쟁 이후 단교 상태에 있었던 영국과 국교를 정상화하고, 소원(疎遠)했던 미국과도 교류를 확대하여 친미·친서방적인 노선으로 전환하였다. 즉 철저히 신자유주의적 시장경제의 이름 아래 각종 제반규제 철폐, 국영기업의 민영화, 관세율 인하, 시장 개방 등이 시행되었던 것이다. 무엇보다도 가장 시급한 사항은 알폰신 대통령의 조기 사임을 초래하였던 인플레이션 문제를 처리하는 일이었는데, 이를 위해 1991년 1월 28일 재무부 장관에 임명된 카발로(Domingo Cavallo)에 의해 도입된 태환법(Ley de Convertibilidad)이 3월 27일 국회를 통과함으로써 시행되었다.

이를 바탕으로 시행된 태환 정책(Convertibility Plan)은 아르헨티나의 통화를 미국 통화와 연계시켜 정부와 중앙은행에서 교환을 책임지는 고정환율제를 법적으로 보장한 것으로, 그 결과 초(超)인플레이션은 <그림 14>에서와 같이 1991년 7월에는 180%, 1992년 7월에는 17.5%로 억제되었고, 1993년 8월에 가서는 0%를 기록하기도 했다.

〈그림 14〉 태환정책(Convertibility Plan) 시행 이후 인플레이션 비율

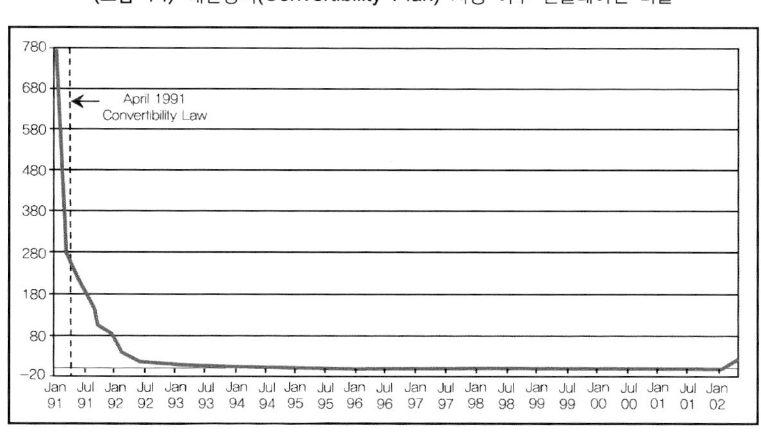

출처: www.//econ.umn.edu/~julian/teaching/econ4311_2005/(2006. 11. 26)

그 다음으로는 공기업 민영화와 외국인 투자유치, 금융시장 개방정책으로 해외자금을 끌어들여 1991~94년 연평균 7.7%의 고성장을 이룩했다. 이 과정에서 공기업의 98%가 민영화되었지만, 그 목적이 정부의 역할을 최소화하고 공기업의 경쟁력을 키우며 국가경제를 건전화시키기 위한 민영화와는 거리가 먼 것이었다. 특히 민영화의 대상 또한 전화, 수도, 전기, 항공, 정유회사, 은행 등이 망라되었을 뿐만 아니라 심지어 군 소유의 기업까지도 포함되었다.[196)]

여기에 더하여 카발로 재무부 장관의 기여로 1991년 3월 16일 파라과이(Paraguay)의 아순시온(Asunción)에서 '아순시온 조약'(Treaty of Asunción)에 의해 아르헨티나, 브라질, 파라과이, 우루과이(Uruguay) 4개국 간 공동시장 설립을 위한 메르코수르(Mercosur) 관세동맹이 출범[197)]함으로써 1994년까지 1인당 국내총생산(GDP)이 35% 증가되었다. 경제가 점차 어려운 고비를 넘어 안정화되면서 메넴 대통령은 임기가 끝나기 전인 1993년 11월 알폰신이 이끈 야당인 UCR과 '올리보스 협약'(Olivos Pact)을 맺었다. 이 협약의 가장 핵심적인 내용은 헌법 개정에 있었다. 즉 6년 단임제의 대통령 임기를 규정했던 헌법을 1994년 8월 22일 헌법 개정을 통해서 4년 중임제로

---

196) 대표적인 부패의 사례들은 첫째, 1994년 발생했던 '리베이트 추문'(Kickback Scandal)을 들 수 있다. 1994년 IBM 아르헨티나 지사는 아르헨티나 최대 상업은 행인 '방코 드 라 라시옹'(Banco de la Nacion)으로부터 2억 5천만 달러 규모의 전산 시스템 설치를 수주하는데, 최종 계약을 체결하는 과정에서 3,700만 달러의 뇌물이 제공되었음이 밝혀져 IBM 아르헨티나 지사장이었던 마르토라나(Ricardo Martorana)뿐만 아니라 정부 관계자, 은행관계자 등 21명이 기소되었다. 둘째, 메넴이 대통령으로 취임하여 맨 처음 취한 조치는 300억 달러라는 유리한 가격에 도관(導管) 공사를 준 것이었다. 셋째, 메넴 대통령은 1991년~1995년 사이 국제적인 무기수출 금지국이었던 크로아티아(Croatia)와 에콰도르(Ecuador)에 6,500톤의 불법 무기들을 판매하였다. 이상과 같은 사례들과 공기업의 민영화 과정을 통해 메넴 대통령은 10억 달러 이상을 빼돌린 혐의로 연방법원에 의해 2001년 6월 7일 체포되어 11월까지 가택연금에 처해졌다.

197) Marcelo Olarreaga and Isidro Soloaga, "Endogenous Tariff Formation: The Case of Mercosur", *The World Bank Economic Review,* Vol.12, No.2(1998), 297－298쪽.

개정한 다음 대통령 임기를 단축시키고 국민들에 의한 직접선거를 실시하기로 한 것이다. 이를 토대로 메넴 대통령은 1995년 9월 14일 재선에 성공하였는데, 그의 재선을 가능케 한 결정적인 요인은 무엇보다도 인플레이션을 억제시켰던 것이 결정적이었다.198)

〈표 50〉 아르헨티나 1995년 5월 14일 대통령 선거(직접선거)

대통령 후보	소속 정당	득표수	득표율 (%)
Carlos Saúl Menem	Peronist Party(PJ)	8,519,010	47.49
José Octavio Bordón	Front for a Country in Solidarity(Frepaso)	4,993,360	27.83
Horatio Massaccasi	Radical Civic Union(UCR)	2,898,128	16.16
Rico	Modín	303,529	1.69
Soianas	Alianza Sur	72,958	0.41
Zavelía	Fza. Repubicanas	63,300	0.35
Zamora	MST	45,938	0.26
Mazzitelli	Soc. Autént.	31,629	0.18
Altamira	Fte. Unidad Trab.	30,978	0.17
Méndez	Humanista	30,931	0.16
Christiensen	MAS－PTS	28,466	0.16
Tumini	Patría Libre	24,302	0.14
Santucho	Mov. D. Antilímp.	13,752	0.08
Paz	Frecopa	3,762	0.02

출처: http://pdba.georgetown.edu/Elecdata/Arg/arg95.html(검색일: 2006. 9. 19)

하지만 1994년 12월 멕시코의 페소화(貨)의 평가절하로 인해 급속하게 중남미 신흥시장으로부터 자본 이탈이 시작되는데, 이때 가장 큰 피해를 본 아르헨티나는 경제성장률이 －4.4%, 실업률은 16.4%를 기록하게 되었다. 무엇보다도 일시적인 물가 안정에 도움을 주었던 태환 체제의 부작용이 아르헨티나에 미친 영향력은 컸다. 첫

198) Steven Levitsky, "THE "NORMALIZATION" OF ARGENTINE POLITICS", *Journal of Democracy*, Volume 11, Number 2(April, 2000), 63쪽.

째, 미국의 달러화에 페소화를 고정시킨 부작용은 페소화의 가치를 상승시켜 결과적으로 수출경쟁력의 약화를 가져와 경상수지 적자폭을 증가시켰고, 외환보유고의 감소로 이어졌다. 둘째, 태환 체제는 사실상 통화정책에서의 주권을 상실케 만듦으로써 통화위기가 닥쳤을 때 국가가 통화정책에 주도적으로 개입하여 해결할 수 있는 통로를 철저히 차단시켜 버렸던 것이다.

결국 메넴 2기 정부에서는 1기 정부 때의 치적(治績)들이 '부메랑 효과'(boomerang effect)로 돌아오게 되는데, 국영기업을 민영화하는 과정에서 생긴 국가 자산이 1994년 멕시코 페소화 하락과 1997년 동아시아 경제위기의 여파 및 1999년 브라질 금융위기 등으로 인해 아르헨티나 역시 재정 적자가 누적되기 시작하였고, 국내기업들의 생산성까지도 하락하면서 실업자의 증가는 사회적인 불안정을 초래시키게 되었다. 마침내 국민들의 메넴 정부에 대한 불신감은 1999년 10월 24일 치른 대통령 선거를 통해서 분출되었다. 즉 2기 메넴 정부 후반부에 들어서 증가하는 부패와 높은 실업률은 메넴 자신의 출마가 헌법상 금지된 가운데 치른 선거에서 그의 정당인 PJ를 패배시켰던 것이다.[199] 비록 PJ가 대통령 자리를 잃었다 하더라도 23개 지역의 주지사 가운데 14개 지역에서 승리했고, 아르헨티나 상원에서도 최대 정당으로 여전히 존재하고 있었다.[200]

당시 PJ의 대통령 후보로는 메넴 대통령의 러닝메이트(running mate)였던 두알데(Eduardo Dualde) 부통령이 나선 가운데, 이에 맞

---

199) Mark P. Sullivan, "Argentina's Political Upheaval", *CRS Report for Congress: RS21113*(January 25, 2002); www.iwar.org.uk/news－archive/crs/7955.pdf(검색일: 2006. 11. 15)

200) Katrina Burgess and Steven Levitsky, "Explaining Populist Party Adaptation in Latin America: Environmental and Organizational Determinants of Party Change in Argentina, Mexico, Peru, and Venezuela", *Comparative Political Studies,* Vol.36, No.8(October, 2003), 891쪽.

서 대통령 후보로 UCR의 델라 루아(Fernando de la Rúa)를, 부통령 후보로는 중도 좌파노선을 추구한 '국가연대전선'(Front for a Country in Solidarity: 이하 FrePaSo)의 알바레스(Carlos Álvarez)를 내세운 UCR과 FrePaSo 연대가 격돌한 선거 결과 총 18,640,833표의 유효투표수 중에서 델라 루아 후보는 9,039,892표를 얻어 48.50%의 득표율을 보였던 반면, 두알데 후보의 경우 7,100,678표로 득표율이 38.09%에 그쳐 정권교체가 이루어졌다.[201] 12월 10일 연립정부의 형태로 델라 루아는 메넴의 뒤를 이어 높은 실업률과 인플레이션, 재정적자, 빈부격차, 부패 등 아르헨티나가 직면한 만성적인 경제위기 상황을 안고서 대통령에 취임하였다.

201) 선거 결과에 대해서는 Laura Tedesco, "The 1999 Elections in Argentina: Change in Style or Substance?", *European Review of Latin American and Caribbean Studies,* Vol.70(April, 2000), 105쪽 자료 재인용.

<표 51> 아르헨티나 주요 정치 기관의 지배 정당

선거 \ 연도 \ 정부	알폰신 정부			메넴 정부					루아 정부		키르츠네르 정부
	83-85	85-87	87-89	89-91	91-93	93-95	95-97	97-99	99-01	01-03	03-현재
대통령	UCR			PJ					UCR (연합)[1]	PJ[2]	PJ (FPV)[3]
하원 다수당	UCR	UCR	UCR	PJ	PJ	PJ	PJ	PJ	UCR (연합)	PJ[4]	PJ (FPV)[5]
상원 다수당	PJ	PJ	PJ	PJ	PJ	PJ	PJ	PJ	PJ	PJ	PJ (FPV)[5]
주지사 다수당	PJ	PJ	PJ	PJ	PJ	PJ	PJ	PJ	PJ	PJ	PJ (FPV)[5]

주: 1. 1999년 10월 24일 선거: UCR과 FREPASO와의 선거연합을 통한 연립정부(Alianza).
2. 2001년 12월 21일 루아(Fernando De la Rúa) 대통령이 물러나고, 임시대통령으로 취임한 푸에르타(Federico Ramón Puerta) 대통령부터 현재까지 모두 PJ 출신의 대통령임.
3. 2003년 4월 27일 치른 대통령 선거에서 PJ는 후보 단일화에 실패하여 세 후보로 분열되는데, 즉 메넴의 '해방 전선'(Front for Liberty)과 키르츠네르의 '승리 전선'(Front for Victory: FPV), 사아(Adolfo Rodríguez Saá)의 '대중운동 전선'(Front of the Popular Movement)이었다.
4. 2001년 10월 14일 실시된 총선 결과.
5. 2005년 10월 23일 실시된 총선 결과.

출처: Daniel Treisman, *Stabilization Tactics in Latin America: Menem, Cardoso, and the Politics of Low Inflation*(April, 2002), 11쪽을 필자가 재구성.
www.sscnet.ucla.edu/polisci/faculty/treisman/Stabtactics.pdf(검색일: 2006. 11. 13)

하지만 1년 남짓한 집권기간 동안 델라 루아 정부는 2000년 3월 IMF 구제금융 7억 4천만 달러를 받고, 12월에 가서 다시 2억 달러를 끌어들였고, 2002년 1월에 가서는 추가로 6억 3천만 달러를 승인받음으로써 IMF로부터 총 13억 7천만 달러의 구제 금융에 따른 관리를 받게 되는데, IMF와 체결한 일괄협정에 의하면 아르헨티나 정부는 재정 영역에서 일련의 구조적인 조치들에 동의하였던 것이다. 따라서 대중영합주의적 정책에 기반을 둔 아르헨티나 정부로서는 적극적으로 노동 관련법들을 개정하지 않을 수 없는 상황이었다. 노동개혁 법안을 통과시키기 위한 델라 루아 정부의 적극적인 공세(攻勢)는 다루기 힘든 상원의원들에게는 뇌물을 제공한다는 추문에 휩쓸리게 되고, 그 여파로 인해 2000년 10월 8일 알바레스 부통령이 사임하면서 결과적으로 UCR과 FrePaSo 간 연정(聯政)의 붕괴를 초래시키고 말았다.[202)]

무엇보다도 선거연대를 통해 선출된 델라 루아 정부의 근본 방침이 깨끗한 정부를 지향했던 관계로 추문은 국민들의 신용(특히 중산층 유권자들)을 심각하게 손상시켰을 뿐만 아니라,[203)] 2001년 10월 14일 실시된 총선에서도 부통령의 공백상태 속에서 PJ에 패하고 말았다. 여기에 더하여 12월 1일 카발로 경제장관이 은행예금의 인출제한(주 250달러 · 월 1,000달러)조치와 예금의 일부 동결을 발표한 이후 12월 18일~19일 정부의 긴축정책에 항의하는 폭동과 시위의 물결이 전국적으로 분출된 가운데, 수천 명의 중산층 시위대들이 부에노스아이레스 시가(市街)에서 취사도구(pot and pans)를 두드리며 카발로 경제장관의 사퇴를 요구하는 시위를 벌였다.[204)] 이때 정부의 잔인한 폭력적 진압으로 적어도 24명이 사망하면서 12월 20일 델라 루아 대통령이 사임하게 되는데, 부통령직이 공백이었던 관계로 의회는 PJ 출신의 푸에르타(Ramón Puerta) 상원의원을 12월 21일 임시 대통령으로 임명함으로써 <표 51>에서 제시된 바와 같이 대통령을 포함한 주요 정부 기구는 전적으로 PJ가 장악하게 되었다.

하지만 <그림 15>와 <그림 16>과 같은 경제적 위기의 심화는 결과적으로 푸에르타 대통령을 포함한 4명의 단명(短命) 대통령이

---

202) 델라 루아 대통령이 정치적 추문을 극복하기 위한 노력의 일환으로 산티바녜스(Fernando de Santibáñez) 정보국장을 교체하자 정치적 희생양이 되었다고 생각한 산티바녜스는 정부가 지원하는 노동개정 법안을 통과시키기 위해 야당의원들에게 10억 달러에 달하는 뇌물을 주었다고 공개적으로 알바레스 부통령을 비난했다. 『The Miami Herald』(2000. 10. 24)

203) Steven Levitsky and María Victoria Murillo, "Argentina Weathers the Storm", *Journal of Democracy*, Vol.14, No.4(October, 2003), 154쪽.

204) Uki Goni, "Cristina's Argentine Honeymoon Ends", 『TIME』(2008.4.2)

연이어 교체되는 촌극(寸劇)을 불러오고야 말았다. 즉 푸에르타 대통령의 임기는 고작 이틀 만에 끝났고, 그 뒤를 이은 전직 주지사였던 사아(Adolfo Rodríguez Saá) 대통령의 경우는 12월 23일~12월 30일까지 7일, 그리고 다시 등장한 카마노(Eduardo Oscar Camaño) 대통령 역시 12월 31일에 취임하여 하루 만인 2002년 1월 1일 물러나고 말았다.205)

〈그림 15〉 아르헨티나 1인당 국내총생산 성장률: 1989년~2002년(%)

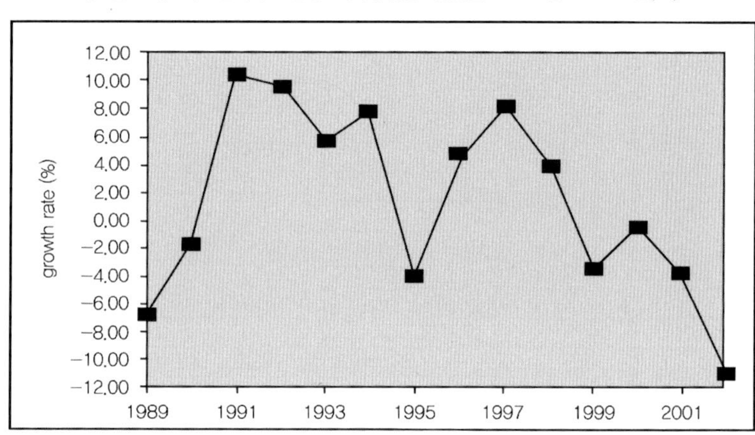

출처: World Bank World Development Indicators, 2003.

205) Carlos Escudé, "From Captive to Failed State: Argentina under Systemic Populism, 1975－2006", *The Fletcher Forum of World Affairs,* Vol.30, No.2(SUMMER, 2006), 127쪽에 제시된 도표 참고.

〈그림 16〉 아르헨티나 인플레이션: 1992년~2002년

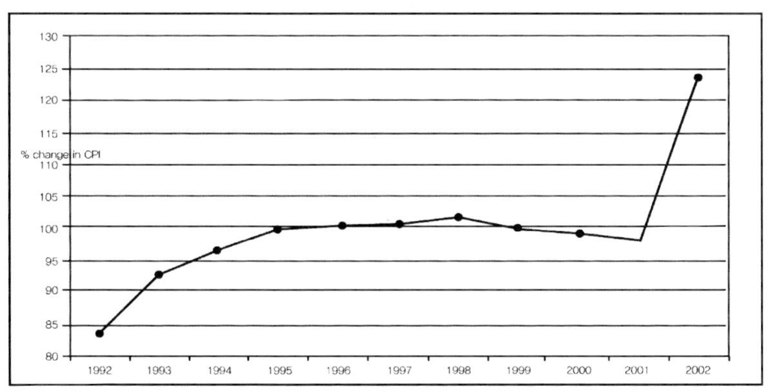

출처: World Development Indicators, 2003.

2001년 10월에서 2002년 6월 사이 5백만 명 이상의 국민들이 새롭게 빈곤층으로 추락했는데, 이는 1994년 빈곤층이 단지 22%에 불과했던 것과 비교해 본다면 이제 빈곤층은 국민들의 절반 이상을 차지하게 되었다.[206] 실질적인 델라 루아 대통령의 잔여 임기를 채운 대통령은 두알데(Eduardo Alberto Duhalde) 대통령이었는데, 2002년 1월 1일 취임한 그는 차기 대통령 선거전에 불출마를 선언하면서 선출직 공직자의 축소 및 부정부패 척결을 표명했을 뿐 사실상 노동개혁법안의 추진과는 거리가 먼 인물이었다. 특히 악화일로의 경제적 상황은 1월 3일 채무불이행(default)의 선언과 함께 1월 6일에는 의회로부터 긴급경제조치 권한을 부여받아 2월 페소화의 평가절하를 단행함으로써 1991년 이래 지속되어 왔던 태환 정책을 폐지시켰다. 그러나 이 같은 경제 조치들은 중산층에 보다 고통을 가중시켰는데, 정부는 태환 정책의 폐지로 아르헨티나의 수출 경쟁력의 개선을 의도했지만, 국내 상품가격을 인상시켰고 가구(家

206) Steven Levitsky and María Victoria Murillo, *op. cit.*, 155쪽.

口)와 회사 모두에 사실상 파산을 의미하는 것이었다.[207)]

2003년 4월 27일 실시된 대통령 선거는 1차 투표에서 메넴 후보가 산타 크루스(Santa Cruz) 주(州) 주지사를 1991년부터 세 차례 연임한 키르츠네르 후보에 2.3% 근소하게 앞선 상태에서 두 후보를 상대로 2차 결선투표가 5월 18일 치러질 예정이었다. 하지만 2차 투표 결과에 대한 예측에서 키르츠네르 후보가 거의 70%에 육박하는 득표율로 메넴 후보에 압도적인 승리를 거둘 것으로 나타나자, 결국 메넴 후보는 2차 투표에의 불참을 선언하였고, 5월 25일 중도좌파 페론주의자였던 키르츠네르 후보가 대통령에 취임하였다.

〈표 52〉 아르헨티나 **2003**년 **4**월 **27**일 대통령 선거 결과

대통령 후보	소속 정당	득표수	득표율(%)
Carlos Saúl Menem*	Front for Loyalty Alliance / Union of the Democratic Center Party	4,677,213	24.5
Néstor Carlos Kirchner*	Front for Victory Alliance	4,227,141	22.2
Ricardo López Murphy	Federal Alliance Movement to Recreate Growth	3,142,848	16.4
Adolfo Rodríguez Saá*	Alliance for the Popular Movement Front/Union and Liberty Party	2,714,760	14.1
Elisa María Avelina Carrió	Affirmative Alliance for an Egalitarian Republic	2,720,143	14.1
Leopoldo Raúl Guido Moreau	Radical Civic Union	–[1]	2.3
Patricia Walsh	United Left	–[1]	1.7
Others	–	1,737,982	4.7

주: * PJ 출신 후보들임.
1. Others의 득표수에 포함됨.
출처: http://www.binghamton.edu/cdp/era/elections/arg03pres.html(검색일: 2006. 11. 16)
Steven Levitsky and María Victoria Murillo, "Argentina Weathers the Storm", *Journal of Democracy*, Vol.14, No.4(October, 2003), 158쪽 부분 인용.

207) 『TIME』(2002. 1. 7)

1999년 대통령 선거 이래 경제적 곤경을 겪은 아르헨티나는 빈곤층이 58.5%에 육박한 가운데 치러졌던 2003년 대통령 선거의 분위기를 크게 세 가지로 요약할 수 있다.[208] 첫째, 널리 퍼진 정치가들에 대한 환상에도 불구하고 아르헨티나 국민들은 78%의 투표율로 그들의 민주주의에 대한 헌신을 보여 주었다. 이것은 1999년 대통령 선거 당시에 비해서는 약간 낮은 투표율이었지만, 2001년 총선에서 백지투표나 훼손투표가 거의 1/4 이었던 것과 비교한다면 오히려 3%가 낮았다.

둘째, 페론주의자들이 아르헨티나 정치에서 강력한 지배력을 보유하고 있었음에도 불구하고 단일 후보를 내세우는 데 실패했다. 이로 인해 메넴 전(前) 대통령과 두알데 현(現) 대통령 간에 심한 대립을 표출하게 되어, 선거과정에서 두알데 대통령은 키르츠네르 후보를 지원하게 된다. 그 결과 선거에서 키르츠네르 후보가 받은 득표의 절반가량이 두알데 대통령의 오랜 정치적 지지기반이었던 부에노스아이레스 주(州)로부터 나왔다는 사실이다. 선거 기간 중 메넴 후보가 아르헨티나의 경제적 문제들을 해결하기 위한 방편으로 미국 달러화와 미국과의 경제적인 연계를 포함한 신자유주의적 자유시장 전략을 옹호한 반면, 이와 대조적으로 키르츠네르 후보는 두알데 대통령의 경제정책의 지속성을 주장하면서 당시 경제회복을 주도했던 두알데 정부의 경제장관이었던 라바그나(Roberto Lavagna)의 유임을 공약했다. 또한 키르츠네르 후보는 메넴 후보의 신자유주의의 수사학적 측면을 공격했고, 국제 채권자들과의 협상 시 이자율과 채무의 감소를 요구하겠다고 맹세했다.[209]

208) http://www.economist.com/world/la/displayStory.cfm?story_id=1748949(검색일: 2006. 11. 17)

209) Mark P. Sullivan, *op. cit.,* CRS-4쪽.

셋째, 정치쇄신의 상당한 실험적인 징후들이 존재했다. 1945년 이래 PJ와 극단적으로 상이한 양당체제를 구축했던 UCR이 거의 소멸되었다. 즉 UCR의 공식적인 후보가 단지 2% 득표하는 데 그쳤기 때문이다. 하지만 모레아우(Leopoldo Raúl Guido Moreau)와 왈시(Patricia Walsh) 두 명의 급진주의자들이 무소속으로 변신하여 일정부분 성공을 거둠으로써 새로운 야당 건설에 대한 희망을 보이기도 했다.

대통령에 취임한 키르츠네르는 인권, 제도적인 개혁, 사법개혁(특히 대법원),[210] 경제 정책과 같은 영역들에서 대담한 정책들을 펼쳐 정부에 대한 국민들의 신뢰를 회복시켜 나갔다. 또한 취임 후 첫 번째 취한 조치는 지난 군사정부의 지배 기간 동안 인권 유린에 가담한 책임이 있는 군부의 고위 장성들과 전·현직 장교들을 단죄하였는데, 이때 1991년 메넴 대통령에 의해 사면된 군 장성들의 재수감을 지시했다. 8월 22일 과거 군사정권 기간 동안 군부에 의해 자행된 인권유린 행위를 처벌할 수 없도록 알폰신 정부 당시 제정한 두 개의 사면법(국민화합법과 의무복무법) 폐기안을 찬성 43표, 반대 7표, 기권 1표라는 압도적 표차로 통과시키는 것도 지원했다.[211]

2005년 6월 14일 아르헨티나 대법원은 국회와 사법부가 2003년

---

210) Nick Pearce, *Quiet Revolution: Progressive Government in Latin America*(London: The Institute for Public Policy Research, 2005), 4－5쪽; 아르헨티나 대법원은 메넴 대통령에 의해 5명에서 9명으로 늘어났는데, 새로운 재판관 4명을 대통령이 임명함으로써 1990년대 동안 대법원은 행정부로부터의 독립성이 부족하다고 강하게 비판받아 왔다. 2003년 키르츠네르 정부가 출범하면서 대법원 재판관 전부가 축출되거나 사퇴하였다. 대통령 명령으로 2003년 6월 19일 이래 대법원 재판관 후보는 자질판단을 위한 행정위원회에 참석해야만 했는데, 이수과정에는 대중매체·비정부기구(NGO)·전문법률단체·인권단체와의 토론 등을 거쳐 3개월 후 대통령이 후보를 결정하여 상원에 지명요청을 하면 2/3의 찬성표를 얻어야 대법원 재판관으로 임명되는 구조였다.

211) 이미 2001년 3월 1일 연방법원 판사 가브리엘 카바요(Gabriel Cavallo)는 기존 사면 법안이 인권보호를 명시한 헌법에 위배된다는 결정을 내린 바 있다.

무효화시킨 군 사면법과 명령복종법에 대한 위헌 확정판결을 내렸다. 키르츠네르 정부는 10월 23일 선거 중간평가에서도 상원의 경우 총 72석 중에서 42석을, 하원의 경우는 257석 가운데 107석을 차지함으로써 다수당의 위치를 차지하게 된다.[212] 승리의 주된 요인들로는 과거사 정리, 사법 개혁과 더불어 2003년부터 대부분의 경제 지표들이 상승세로 반전되었다는 점을 지적할 수 있다. 예컨대 GDP 성장률을 본다면 2001년 -4,4%와 2002년 -10.9%였던 것이 2003년 8.8%, 2004년에 9.0%, 2005년 9.2%, 2005년에도 9%로 재정의 안정화를 이루었으며, 실업률 또한 2003년 17.3%에서 2004년에는 14.0%로 하락하기 시작한 이래 2005년에 들어서는 12.7%로 지속적인 감소 추세가 2006년 현시점에서도 진행되고 있다.[213] 2005년 12월 15일 키르츠네르 대통령은 IMF에 지고 있는 98억 달러에 달하는 외채를 전액 조기상환하겠다고 발표하였다. 예정대로라면 2006년~2008년에 걸쳐 상환하여야 할 금액인데도 불구하고 조기 상환키로 한 까닭은 약 8억 4천2백만 달러를 절감할 수 있고, 더불어 수십 년 동안의 IMF라는 국제기구의 내정 개입으로부터 벗어남으로써 국가적 자존심을 회복하려는 데 있었다.[214]

다시 아르헨티나 정치체제의 제도화 경로를 제시한 <그림 11>로 돌아가 보면 1983년 알폰신 정부의 집권 이후 민간정부의 지배는 2003년 키르츠네르 정부에 이르기까지 20년에 걸쳐 진행되어져 왔다. 하지만 이 기간의 모든 정부들은 예외없이 페론 없는 페론주

---

212) Christine Peltier, "Argentina: President Kirchner is reaping the benefits of a high-risk strategy", *Conjoncture*(June, 2006), 29쪽.

213) Eugenio J. Alemán, *Wells Fargo Economics Country Reports: Argentina*(Wells Fargo, October, 2006), 1쪽.

214) 문남권, "IMF 외채 조기상환 발표", 한국외국어대학교 외국학종합연구센터, 『국제지역정보』, 제10권 1호(통권 150호), 2006. 01. 04.

의로부터 자유롭지 못했음은 노동관련법 개정이 줄곧 난항을 겪었다는 사실에서 단적으로 드러나고 있다. 특히 2003년 대통령 선거 당시 키르츠네르 후보가 내세웠던 공약의 핵심도 사회적 정의에 기반을 둔 국가 재건이었다는 점이다. 즉 외국인 투자와 개인 부문의 중요성을 인정하면서도 동시에 산업부분에 대한 국가 통제력 강화, 고용을 창출하기 위한 사회간접자본 계획 추진, 부의 재분배 강화 등은 노동조합을 넘지 않고서는 해결될 수 없다는 점에서 향후 아르헨티나의 민주화의 제도적 안착은 전적으로 대중영합주의를 어떻게 다루느냐에 달려 있다고 보아도 과언은 아닐 것이다.

제5장 중동(Middle East) 지역

중동 지역에 해당하는 국가들을 분류하는 과정은 학문적으로 고정되어 있는 것이 아니며 학자에 따라 지역이 확장되기도 하고 축소되는 경향을 띠고 있다. 이는 인터넷(Internet)을 통해 대한민국 해외공관의 검색에서 확인한 대륙별 공관현황에서도 중동과 아프리카 지역이 포괄적으로 제시되고 있었고, 중동관련 전문 단행본들에서도 중동국가에 대한 분류가 명확하게 제시되고 있지 않다는 점에서도 확인된다.

또한 중동과 아랍의 개념이 혼용되어 통용되고 있지만 중동이라는 지역은 7세기 이전에는 다양한 기독교문화와 지역주민들이 존재하고 있었던 지역으로 사막에 존재하는 다양한 유목민족이 일시적으로 중동 지역에서 흥망성쇠를 반복하여 왔었다. 그러나 7세기 이후 이슬람에 의해 중동 지역이 장악되면서 오늘날까지 중동 지역을 지배하는 민족은 아랍인이다.[1]

이런 까닭에 본서에서도 중동(Middle East)과 아랍(Arab)에 대한 엄격한 구분은 않기로 하지만, 중동과 아랍의 구분이 불철저함을 보여 주는 사례로서 학자들의 몇몇 견해를 제시해 보기로 한다.

---

1) 권오윤, "중동정치론", 김희오 외, 『현대지역정치론』(서울: 범학사, 1999), 297－299쪽.

우선 밀턴 에드워즈(Milton-Edwards)의 경우 중동 지역에 해당하는 국가들로 알제리(Algeria), 바레인(Bahrain), 이집트(Egypt), 요르단(Jordan), 이란(Iran), 이라크(Iraq), 이스라엘(Israel), 쿠웨이트(Kuwait), 레바논(Lebanon), 리비아(Libya), 모로코(Morocco), 오만(Oman), 카타르(Qatar), 사우디아라비아(Saudi Arabia), 시리아(Syria), 튀니지(Tunisia), 아랍에미리트연합(United Arab Emirates), 예멘(Yemen)을 들면서, 아랍세계에는 이란과 이스라엘을 제외시켰다.

아랍세계는 이슬람세계와는 대조적으로 다소간의 차이가 있는데 여기에 이스라엘은 제외되며, 파키스탄, 아프가니스탄(Afghanistan)과 같은 국가들이 포함된다. 그 밖의 조건에는 이 지역을 '기름진 초승달 지역'(Fertile Crescent)을 포함해서 적용시키는데, 여기에는 북부 레바논으로부터 시리아 동부, 이스라엘 남부가 해당된다. 레바논과 시리아를 흔히들 '동부 지중해 연안의 나라들'(Levant)로 기술하기도 한다. 걸프 국가들, 아랍-아프리카 국가들, 이슬람 국가들과 같은 호칭과 모로코, 알제리, 튀니지, 그리고 때때로 리비아에 적용되는 '석양의 섬'(Maghreb)과 같은 호칭은 지역의 내부와 외부의 쌍방에서 빈번하게 적용되었다.[2)]

그 다음으로 베르거(Berger)의 경우는 아랍이란 용어 자체가 복잡하다는 것을 인정하면서 이슬람의 예언자인 무함마드(Muhammad) 시기와 그 전에 아라비아 반도에서 유목생활을 하는 베두인(bedouin) 민족을 의미하는 데 아랍이 사용되었으며, 이것이 널리 퍼져 잔존한 것으로 본다.[3)] 따라서 그는 이집트, 시리아, 레바논, 요르단, 이라크의 다섯 나라를 아랍국가로 보고 있다. 게다가 중동이란 용어

2) Beverley Milton-Edwards, *Contemporary Politics in the Middle East*(Polity Press, 2000), 4-5쪽.

3) Morroe Berger, *The Arab World Today*(Doubleday & Company, Inc., 1962), 6쪽.

대신에 근대 지리학적 용어인 근동(Near East)을 제시한다. 근동은 대체적으로 세계의 잔여지역으로부터 구분되지 않는 특징을 가지며, 여기에 해당되는 나라들은 비록 주된 언어가 아랍어이지만 이스라엘, 터키, 이란과 아프가니스탄 같이 독자적인 언어를 사용하는 나라들도 있으며, 이런 까닭에 '아랍 단일체'(Arab Unity)의 구호가 통하지 않는다고 지적한 바 있다.

이들 외에도 학자들의 상이한 인식은 다양하게 존재하고 있다. 그러나 4장 또한 대륙별 구분을 기준으로 군부의 정치개입을 살펴보고 있다는 점을 고려한다면 아랍이란 명칭은 베르거의 지적에서처럼 대륙별 구분이란 기준에 부합되지 않는 관계로 중동 개념을 사용하고자 했다.

마지막으로 밀톤 에드워즈의 견해 역시 대륙별 기준으로 중동 지역에 해당하는 국가를 분류시키기란 모호한 실정이다. 따라서 일차적으로 중동이란 명확한 지역적 개념을 적용시키면서, 이차적으로 정치적 상호연관성과 종교적 · 문화적 동질성에 기초하여 구체적인 분류를 시도할 경우 군부의 정치개입이 발생한 국가들의 범주와 중동 지역의 범주는 대륙별 구분을 벗어나 아프리카와 유럽 대륙까지 확장할 수 있게 된다.

이 같은 기준으로 군부의 정치개입이 발생한 국가 중에서 구체적으로 아프리카에 위치한 이집트, 리비아, 알제리와 유럽지역에 위치한 터키를 중동 지역으로 분류시켰다. 중동 지역은 이슬람 문명의 절대적인 영향력 아래 서구 제국주의와 아랍 민족주의의 각축과정 속에서 정치 · 경제 · 사회적 근대화를 추진시켜 왔다. 특히 정치적으로는 전통적인 왕정체제와 권위주의체제가 혼재되어 있으며, 일반적으로 이 지역에서 서구식 자유민주주의제도가 정착되지 못하게 된 이유는 지난(至難)했던 제국주의적 침략의 역사와 더불어 종교적·민족적 복합성이 상호 작용한 결과이기도 했다.

또한 이슬람 교리가 급진적이고 호전적인 이미지로 변형되어 중동 지역의 국가들에서 분출되고 있다는 점은 이 지역 국가들의 정치력이 상대적으로 고도화되어 있지 못하다는 반증이기도 하며, 서구 국가에 대한 반제국주의적 감정과 이에 대항한 국가통합과정에서 수용된 민족주의 및 사회주의 이념과 과거에 집착한 이슬람 근본주의 등은 중동 지역의 일반적인 특징으로 규정되고 있는 실정이다.[4)]

중동 지역에서 급진주의(Radicalism)의 주된 근원은 이 지역의 일반화된 저개발을 추적함으로써 가능하며, 특히 제국주의 유산은 급진주의의 진행을 촉진시키는 데 일조했던 반면, 공산주의의 경우 근원으로는 간주되지 않는다. 왜냐하면 강력한 소련 혁명의 사례와 공산 중국, 그리고 공산주의 이데올로기의 흡수는 부분적 혹은 전체적으로 이 지역에서 단지 특정하게 소외된 집단을 상징하는 요인들이었기 때문이다.

오늘날 급진주의의 고무에 관한 모든 선행 근원들에는 이스라엘 문제가 어두운 그림자를 드리우는 관계로, 흔히 급진주의는 서구 자본주의의 제국주의적인 요소와 이스라엘의 시오니즘(Zionism)을 연계시킨 선정적인 행동 형태로 날조되곤 한다.[5)] 무엇보다도 중동 지역은 지정학적 측면에서 유럽·아시아·아프리카 대륙과 연결된 관계로 제국주의적 침략의 역사와 더불어 전략적으로도 매우 중요한 지역이다.

---

4) 김희오, 『제3세계정치론』(서울: 백산출판사, 1999), 509－510쪽.

5) George Lenczowski, "Arab Radicalism: Problems and Prospects", *Current History,* Vol.60, No.353(January, 1971), 35－36쪽.

더구나 정치·경제학적 시각에서 이 지역의 지정학적 중요성은 석유를 둘러싼 강대국들의 첨예한 이해관계가 얽혀 있을 뿐만 아니라, 제국주의 시기였던 1840년대에는 러시아의 적극적인 남하정책과 자국의 이익선을 보호한다는 명분하에 영국이 충돌하여 크리미아(Crimea) 전쟁이 발발하였을 뿐만 아니라, 독일의 빌헬름 2세(Wihelm Ⅱ)의 신항로정책은 중동 지역을 제국주의적 패권경쟁의 장으로 전락시켰던 역사가 있었다. 제1차 세계대전 이후 '오트만 제국'(Ottoman Empire)이 해체되고, 영국과 프랑스에 의해 현재 중동국가들의 범주가 형성되었기에 외압적 국가의 특성이 강하며, 제2차 세계대전 이후 특히 미국이 1956년 이후에 영국과 프랑스로부터 주도권을 이양받아 소련의 영향력이 이 지역 국가들에 미치는 것을 예방하려는 시도에서 중동의 국경지역에서 실시한 '봉쇄정책'(containment policy)을 통해 미국은 이 지역에 대한 포괄적인 영향력을 갖게 되었다.[6)]

결과적으로 중동의 군부정치는 유럽 제국주의의 등장 이전인 이슬람 정치체제에서는 강력한 군주제와 집정관제의 형식으로 혹은 약한 군주제와 집정관제 아래에서는 '종족 패권'(tribe hegemony)이란 이름으로 대개 독재정부의 강력한 대안으로써 일률적으로 분류되었다. 비록 군부권위주의가 식민지를 통치하는 데 활용된 토착관료 또는 기술자를 양성한 제국주의 관료제에 의해 완화되거나 혹은 감춰졌다 할지라도 유럽의 지배 아래 놓였던 대부분의 중동 지역에서 지속되었던 것이다.[7)] 따라서 중동 지역의 군부는 조합적인

6) J. C. Hurewitz, *Middle East Politics: The Military Dimension*(Frederick A. Praeger, Inc., Publishers, 1969), 69－72쪽.

7) J. C. Hurewitz, *ibid.,* 15쪽.

이익집단, 사회에서 가장 '근대지향적'(modern-oriented)인 집단, 신·구 중간계급의 첨병, 정치적 난국의 수습자 혹은 제도화가 약한 사회에서는 집정관적 지배의 집약이란 형태로서 존재해 왔던 것이다.[8)]

<표 53>은 중동 지역 군부의 정치개입의 경험을 제시한 것으로서, 특히 터키와 이집트의 사례를 중심으로 살펴보고자 한다.

〈표 53〉 중동 지역 군부 정치개입의 경험

국가 명	군부의 정치개입		현 정체			정당정치		
	제2차 세계대전 전	제2차 세계대전 후	민정	왕정	군정	무당	일당	다당
리비아		○	○			○		
시리아		○	○					○
알제리		○	○					○
이라크		○			○	○		
이집트		○	○					○
터키	○	○	○					○
합 계	1	6	5		1	2		4

자료: 조선일보 연감 2003, 참조.
외교통상부 재외공관, http://www.mofat.go.kr/mission/missions map.mof

8) Cabriel Ben-Dor, "Civilianization of Military Regimes in the Arab World", in Henry Bienen and David Morell(ed.), *Political Participation under Military Regimes*(Sage Publications, 1976), 39쪽.

제1절 터키(Turkey) 군부의 정치개입과 민주화과정

1. 군부의 정치개입과정

터키 민족국가의 근대화와 더불어 현대정치사에서 군부의 역할에 대한 엄밀한 연구는 '오토만 제국'(Ottoman Empire)에서 선행되었던 정치상황과 역사적 개요에 관한 간략한 개괄에서부터 시작되어야 한다.[9] 왜냐하면 17세기 이후부터 오토만 제국의 근대화는 군사행동과 혼재되어 있기 때문이다. 이 과정에서 터키 군부는 혁명적 이상을 포함한 새로운 이상들의 원천(源泉) 내지 촉매자, 근본적인 주동자로서 거의 300년간 핵심적 위치를 장악했으며, 특히 정치적 위기상황의 발생 시 등장해서 난관(難關)을 해결하는 신(神)과 같은 존재로 각인되었다.

세림(Selim) 3세와 계승자인 마흐무드(Mahmud) 2세의 지배하에서 근대화된 개혁들이 시행되어졌다. 즉 '신질서'(New Order; Nizami Cedid)라는 이름으로 광범위한 계획이 세림 3세에 의해 착수되었고, 이는 마흐무드 2세가 전통적인 이익집단들이자 근대화를 향한 개혁들에 반대하고 저항한 회교 법학자들인 울라마(ulama), 술탄의 근위대인 예니세리(Janissaries)[10]에서 고령(高齡)의 군부장교

9) Stanford J. Shaw, "Empire of the Gazis: The Rise and Decline of the Ottoman Empire, 1280 – 1808", *History of the Ottoman Empire and Modern Turkey I*(Cambridge University Press, 1976)과 Stanford J. Shaw and Ezel Kural Shaw, "Reform, Revolution and Republic: The Rise of Modern Turkey, 1808 – 1975", *History of the Ottoman Empire and Modern Turkey, II*(Cambridge University Press, 1977)은 오토만 제국과 터키 공화국을 연구하는데 기본 자료로서 이 분야의 다른 유형의 학술연구에도 유용한 도움을 준다.

10) 오토만 제국이 융성하며 발전해 가자 지도자들이 부딪친 가장 큰 난관은 인재의 확보였다. 즉 무슬림 출신의 터키인은 한정되어 있고 용병은 그 충성심을 믿을 수가 없었

들, 지방 통치자인 아얀스(âyans)의 영향력을 억제시키거나 폐지시킬 때까지 지속되었다.[11] 특히 군부 개혁에 가장 극심한 반대 세력은 예니세리로 알려진 군부의 전통적인 특권세력 출신들로, 이들은 강대국의 침입에 대항한 방어과정에서 무능력이 입증되었음에도 불구하고, 18세기가 끝날 때까지 콘스탄티노플(Constantinople)의 왕실 친위대로 확고하게 자리하여 왔었다.[12]

하지만 마흐무드 2세는 예니세리를 이용하여 아얀스를 억제함으로써 이들 두 이익집단 모두를 약화시킬 수 있었고, 울라마의 종교단체인 와크프(Waqf)까지도 통제할 수 있었다. 결국 1826년 6월 17일 마흐무드 2세는 황실 포병부대에 반항 근거지인 예니세리 병영에 대한 공격 명령을 내려 5시간도 채 못 되어 전멸시킴으로써 4백 년 동안 예니세리가 지녀 왔던 권력을 손에 넣었다.[13] 예니세리의 파멸과 함께 황실 포병부대의 지원으로 마흐무드 2세는 행정 개혁까지도 착수했다. 이와 같은 마흐무드 2세의 군부 개혁과 행정 개혁들은 오토만 제국의 근대화 과정에서 비록 강대국들의 도전에 대한 방어용으로 시작한 것이었음에도 불구하고 이들 개혁의 과정들은 '민족주의자 지식인집단'(Nationalist intellectuals)인 '청년 오토만'(이하 Young Ottomans)과 '청년 터키당'(이하 Young Turks)의 활동뿐만 아니라 마흐무드 2세의 계승자들의 임무로도 계승되었다.

다. 그래서 생긴 제도가 점령지의 어린아이들 중에서 장남을 제외한 남자아이들 가운데 5%의 범위 내에서 자질이 뛰어난 아이들을 선발하여 교육을 시킨 것이 예니세리(Janissaries)였다. 아주 어릴 때부터 그들은 강한 군사 훈련과 철저한 정신교육으로 무장되어 주로 술탄의 친위대로 선발되었다.

11) Kemal H. Karpat, "The Transformation of the Ottoman State, 1789 – 1908", *International Journal of Middle East Studies*(July, 1972), 251 – 252쪽.

12) Stanford J. Shaw and Ezel Kural Shaw, *op. cit.*, 15 – 28쪽.

13) Avigdor Levy, "The Officer Corps in Sultan Mahmud II's New Ottoman Army, 1826 – 1839", *International Journal of Middle East Studies*(January, 1971), 21 – 39쪽.

특히 이 같은 개혁과정의 도처에서 군부가 중요한 역할을 수행했다는 사실은 눈여겨보아야 할 사항이다.

1839년 마흐무드 2세가 사망하고, 아들인 메시드(Abdul Mejid) 2세가 왕위를 계승한 이후 최초의 조치는 1839년 11월 3일 귈하네(Gülhane) 칙령[14]의 선언이었다. 이 칙령은 오토만 역사에서 재조직 혹은 탄지마트(Tanzimat)로 알려진 개혁 시기의 시작이었지만, 그 후 1856년 2월 18일 강대국들의 압력에 부딪혀 개정 법령(Hatti-Hümâyun)이 선언되면서 개혁의 내용들은 후퇴하고 말았다. 하지만 칙령들의 핵심 주제와 탄지마트 시기 동안 제정된 개혁들은 종교적 신념 혹은 출신 국가에 상관없이 오토만 제국의 모든 국민들은 전적으로 평등하다는 선언이었다. 군대와 공무원직은 능력과 지능을 갖춘 어떠한 개인에게도 개방되었고, 지방 관료제도 역시 효과적으로 기능한 가운데 술탄(Sultan)은 사실상 정부의 전체 조직에 대해 전제적(專制的)인 통제를 행사하고 있었다.

이 같은 전제적 통제는 Young Ottoman이 19세기 중반 새로운 개혁을 추진하는 동인(動因)으로 작용하여, 하급 장교들과 지방 관료들은 Young Ottoman의 정당 조직화에 10년 앞선 1889년 최초의 비밀 혁명군사조직을 창설하게 되었다.[15] 이 집단의 최초 명칭이었던 '진보와 연합'(Progress and Union)은 후일 '연합진보위원회'(Committee of Union and Progress: 이하 CUP) 내지 Young Turks로 세상에 알려졌다. 구성원들은 술탄의 비밀경찰로부터 신분을 감추거나 비밀 유지를 위해 작은 세포(cell) 단위로 조직되었다.[16] 특

14) 이를 '장미원'(Rose Garden) 칙령이라고도 한다.

15) Ernest E. Ramsaur, Jr., *The Young Turks－Prelude to the Revolution of 1908*(Princeton University Press, 1956), 14쪽.

16) Ahmad Bedevi Kuran, *Our History of the Revolution and the Young Turks*(Istanbul, 1945), 47쪽.

히 Young Turks가 운동의 관념적 토대로 내세웠던 통합과 발전이라는 규범적인 활동에 전력했던 것이 아니라 사실상 군사운동이었음을 암시하는 충분한 증거를 만고(Andrew Mango)의 견해를 통해서 엿볼 수 있다.

> 1908년 청년 터키당의 혁명은 정치에서 군부간섭의 모델로 간주될지도 모른다. 권력을 강탈하는 군사행동은 하나의 군사정부(junta)에 절정의 권력이 집중될 때까지 1909년과 1913년에 다른 군사행동을 불러왔다.[17]

수년간 군사학교는 지적 행동주의와 술탄의 독재에 반대한 항의의 중심으로 자리하였지만, 이러한 행동들은 학교 자체에 국한된 것이었다. 그럼에도 불구하고 1906년까지 오스만투르크 제국 군대의 하급 장교들 사이에는 이미 군사위원회가 은밀히 조직되어 있었다. 각 세포 단위들은 소위 '조국과 자유'(Fatherland and Liberty: 이하 FaL)로 불렸는데, 다마스쿠스(Damascus)의 오스만투르크 제국 제5군에 배치된 참모본부 중위였던 무명(無名)의 케말(Mustafa Kemal)은 초기 구성원들의 일원(一員)이었다. 당시 케말 역시 제국의 아랍영토에 배치된 하급 장교들을 상대로 세포 조직들을 만들어 나갔지만, 권력의 실제적인 원천은 마케도니아(Macedonia)의 수도인 살로니카(Salonika)에 주둔한 제3군단에서 비밀 군사위원회를 결성한 하급 장교들의 수중에 있었다.

1908년 혁명 전야(前夜)는 느슨한 가운데서도 지식인·지방 관료·하급 장교 간의 강력한 동맹은 CUP의 기치 아래 지속되었다. CUP의 기치 아래 지속된 강력한 동맹은 또한 술탄을 제거시키는

17) Andrew Mango, "The Young Turks", *Middle Eastern Studies*(January, 1972), 116쪽.

데 동의했고, 이를 위해 폭력조차도 용인했다. 1908년 초기 몇 달 동안 오스만 제국의 도처에서 발생한 연속적인 군부 소요와 공공연한 폭동은, 7월에 발생한 Young Turk 혁명에서 절정에 다다랐다.[18] 사실상 근대화 지향세력이었던 하급 장교들이 주도한 혁명의 목표는 술탄을 퇴위시키고 터키공화국을 향한 토대를 불어넣는 데 있었다. 1914년 독일 군사사절단의 도착 이후 결과적으로 오토만 제국은 독일의 편에서 제1차 세계대전에 참전하게 되었고, CUP의 군부 권력은 오토만 제국의 국정 업무를 전적으로 장악했다. 하지만 제1차 세계대전에서 패전국으로의 전락과 함께 1920년 8월 10일 사실상 터키의 해체를 결정한 세브르 조약(Treaty of Sevres)을 체결함으로써 연합국에 영토를 할양하고 말았다. 이로 인해 터키의 영토는 단지 콘스탄티노플의 배후지와 터키의 발생지인 아나톨리아 고원으로 제한되었다. 하지만 세브르 조약은 즉각 터키에 의해 거부되고, 케말 아타투르크(Atatürk)에 의해 '실지회복운동'(Risorgimento)이 전개되면서, 연합국의 일원으로 뉘이(Neuilly)조약과 세브르 조약에 따라 트라키아(Thracia)와 '에게 해'(Aegean Sea)의 일부 및 아나톨리아(Anatolia)의 이즈미르(Izmir)를 할양받았던 그리스는 아나톨리아 지역에서 케말의 비호(protection)하에 민중들의 전폭적인 지지를 받았던 민족주의 운동과 충돌하게 되었다. 이 당시 케말은 FaL 세포 단위들의 잔여(殘餘)를 활용하여 아나톨리아와 루멜리아(Rumelia) 지역 방어를 위한 협회의 토대를 형성시키는 데 이용했는데, 역으로 방어협회는 터키 독립을 향한 조직・계획・집행을 떠맡게 되었다.

1919년 5월 15일에서 1922년 10월 12일까지 지속된 양 국가의 전쟁이 터키의 승리로 종결되고, 앙카라에서 열린 '터키 대의회'

---

18) Ernest E. Ramsaur, Jr., *op. cit.,* 132쪽.

(Turkish Grand National Assembly: 이하 TBMM)는 1922년 11월 2일 술탄으로 대표되었던 전제군주체제의 폐지를 선언하였다. 1923년 7월 24일 영국, 프랑스, 이태리, 루마니아, 그리스 등 연합국은 스위스의 로잔(Lausanne)에서 케말 정부와 터키의 독립 및 영구적인 국경선을 승인하는 협정을 조인한다. 이로써 터키는 소아시아 본토와 동부 트라키아의 확보 및 다르다넬스(Dardanelles) · 보스포루스(Bosporus) 양 해협의 국제관리 참가를 인정받게 되었다. 그 후 FaL은 1924년 창당(創黨)된 '공화인민당'(Republican People's Party: 이하 CHP)의 모태(母胎)가 되었다.

1923년 10월 29일 터키는 공화주의 · 민중주의 · 세속주의 · 국가주의 · 개혁의 기치 위에서 근본적인 혁명을 경험하게 되었다.[19] 즉 케말이 주도한 터키 핵심부(heartland)의 분할을 방지할 목적으로 계획되었던 국가적 투쟁의 최종적인 달성은 바로 터키 공화국의 선포였던 것이다.[20] 특히 근대 국가수립에 결정적 기여를 하게 된 '케말리즘'(Kemalism)은 과거의 봉건정치 및 종교제도를 타파하여 서구적 민주주의 제도를 정착시키는 것을 목표로 했다. 이는 관료를 중심으로 한 중산층 주도의 강력한 근대 민족국가를 형성하는 동시에 국가 주도적인 자본주의 발전을 추진하려는 것이었다.[21] 구체적으로 1937년 헌법에 명시된 케말리즘의 내용은 6개의 기본 원칙들로 구성되었다.[22]

---

19) Harry N. Howard, "Turkey: A Contemporary Survey", *Current History,* Vol.56, No.331 (March, 1969), 141쪽.

20) Eleanor Bisbee, *The New Turks: Pioneers of the Republic, 1920 – 1950*(University of Pennsylvania Press, 1951), 211쪽.

21) 최석만, "터키", 『민주정치의 길, 이렇게 어렵다』(서울: 중앙일보사, 1988년 3월 호 별책부록), 187쪽.

22) http://www.istanbulmuseum.org/muze/old_site/formation.html(검색일: 2006. 7. 10); 최석

첫째는 공화주의(republicanism)이다. 이것은 오토만 제국의 전제 군주제를 의회민주주의로 대체함을 뜻한다.

둘째는 민족주의(nationalism)로서 과거 오토만 제국의 영토에서 거주했던 여러 민족들을 배제한 채 터키인만의 민족주의를 뜻하며, 또한 다민족·다종교로 이루어진 과거 오토만 제국의 영토 및 문화와의 단절을 뜻하는 것이다. 특히 민족주의는 민족 간의 차이를 희석시키는 범세계주의적 이념을 배격했는데, 대표적으로 공산주의를 들 수 있다.

셋째, 민중주의(populism)로서 여기에는 계급갈등을 허용하지 않으면서 민중을 위해 국가가 봉사한다는 함의를 가진다.

넷째, 세속주의(secularism)는 오토만 제국에서와 같은 종교의 정치 간섭 및 교육 관여를 배제시킨 것이다.

다섯째, 국가 통제주의(statism)인데 이는 국가가 사회개혁, 특히 경제발전에 있어서 주도적인 역할을 해야 한다는 것이다.

여섯째, 혁명주의(revolutionism)는 이상과 같은 내용들의 총화이자 정당성의 근거가 된다.

이 중에서도 가장 중요한 핵심적인 것을 든다면 국가의 세속화, 즉 종교와 정치를 분리시키는 세속주의를 통해서 역사적으로 터키사회를 지배하여 왔던 이슬람의 영향력을 정치로부터 배제시키는데 있었다. 따라서 세속주의의 실현은 사회 각 분야의 제도를 서구화시키는 작업이며, 이 과정을 거치면서 비로소 터키는 이슬람 국가들 가운데 가장 서구화된 정치제도를 보유하게 된 것이다.

아타투르크 치하에서 세속주의와 민족주의를 향한 운동은 1924

만, 위의 책, 186－187쪽; 이 외에도 한국사회연구소 편, 『사회과학사전』(서울: 풀빛, 1990), 579쪽; 새뮤얼 헌팅턴/이희재 옮김, 『문명의 충돌』(서울: 김영사, 1997), 191쪽을 참조할 것.

년에 설립된 야당인 '진보공화당'(Progressive Republican Party: PRP)에 대한 철저한 탄압 위에서 진행되었다. 즉 PRP는 설립되자마자 급속하게 조직화되어 몇 달 내에 주요 도시들과 자치체에 지부(支部)를 조직했으며, 주(州) 수도뿐만 아니라 전국적인 중심지에, 그리고 행정구역의 중심지에 지부를 세워 풀뿌리 민주주의의 가능성을 가졌던 반면 여당인 CHP는 주(州) 중심적인 정당이었던 관계로 지방의 경우 정교하게 조직화시키지 못한 상태였다. 따라서 야당인 PRP의 우세한 동원능력에 직면하게 된 CHP로서는 민주정치의 기준을 이탈하여 1925년에 PRP의 활동을 금지시켰다. 이때 아타투르크의 정적(政敵)들은 대부분 1925년 법률의 표적이 되어 7,500명 이상이 체포되었고, 660명은 처형되었는데 이 중에는 전(前) PRP 집행부 6명도 포함되었다. 그 결과 1946년 '민주당'(Democratic Party: 이하 DP)이 등장하기까지 야당은 철저하게 존립의 근거를 인정받지 못하고 폐쇄된 가운데,[23] 여당만이 존재하는 '일당 권위주의적 정권'(one－party authoritarian regime)이 지속되게 되었다.

초기 정부에서 핵심 지배세력이었던 군 장교나 관료들에 도전할 만한 영향력을 갖춘 사회세력은 유일하게 토지귀족들뿐이었지만, 그들의 영향력은 정치권력의 핵심세력이라기보다도 보조적인 위치에 불과했다. 따라서 군부와 관료는 전통적으로 국가 수호자의 위치였지만, 근대화로 등장한 정당의 경우는 제한적인 다원화의 결과였던 관계로 국가를 수호하는 임무를 지녔다는 점에서 군부, 관료, 종교지도자들은 정당보다도 상대적인 영향력을 지니고 있었다. 특

23) Michele Penner Angrist, "Party Systems and Regime Formation in the Modern Middle East: Explaining Turkish Exceptionalism", *Comparative Politics,* Vol.36, Number 2(January, 2004), 238－239쪽; 비록 DP가 자영업자와 제조업자들의 이해관계를 대표했음에도 불구하고, 농촌 지역들에서도 강력한 지지를 받았다.

히 터키 정치에서 군부의 개입은 가장 최근인 1980년을 포함하여 공화국이 수립된 이래 세 차례 있었는데, 제각기 개입은 민주주의와 국가의 안전 혹은 재건이란 이름으로 정당화되었다.[24] 특이한 점은 1923년 이래 군부에 의해 골격이 갖추어졌던 통치자 유형의 정체(polity)에서도 군부의 개입은 그치지 않았다는 사실이다.[25]

케말 정권의 일당 권위주의적 노선이 국가주의에 기초했던 관계로 구조적인 부분에서는 과거 오토만 제국과 유사한 양상을 보여주었고, 상층부의 견고한 조직화에 비해 하층부는 원시적이고 분열화 및 파편화 현상을 지녔다. 그러나 1938년 케말의 사망 이후 토지귀족들이 정당에서 최고 지위에 오르고 지방 정당조직들도 좀 더 자율성을 획득하게 되면서부터 경제에 대한 국가통제의 반대, 외국자본의 투자에 보다 개방적인 입장으로 변화가 초래되었다.[26] 케말의 후계자로 대통령직에 오른 인물은 케말 정권에서 총리를 지낸 이뇌뉴(Ismet Inönü)였다.

---

24) 보다 엄밀히 말한다면 터키공화국의 건국 이후 군부는 그 권력에 도전하거나 아타투르크의 이데올로기에서 벗어난 정부를 네 차례나 추방시킨 바 있다. 뒤에서 본격적으로 다루게 될 것이지만, 1960년 이후 군부에서 사퇴 내지 축출시킨 총리는 무려 4명에 이른다. 최근의 사례로는 1997년 '이슬람복지당'(Welfare Party: RP)을 축출시키기 위해 '완만한 쿠데타'(slow coup)를 일으키기도 했다.

25) Frank Tachau and Metin Heper, "The State, Politics, and the Military in Turkey", *Comparative Politics*, Vol.16, No.1(October, 1983), 18쪽.

26) Ellen Kay Trimberger, *Revolution Above: Military Bureaucrats and Development in Japan, Turkey, Egypt, and Peru*(New Brunswick, New Jersey, 1978), 109쪽.

〈표 54〉 터키 역대 대통령

NO.	성 명	출 신	재 임 기 간
1대	Mustafa Kemal Atatürk	퇴역 장군	1923.10.29 ~ 1938.11.10
2대	Ismet Inönü	퇴역 장군	1938.11.11 ~ 1950.05.22
3대	Celal Bayar	정치인	1950.05.22 ~ 1960.05.27
4대	Cemal Gürsel	퇴역 장군	1961.10.10 ~ 1966.03.28
5대	Cevdet Sunay	퇴역 장군	1966.03.28 ~ 1973.03.28
6대	Fahri Koruturk	퇴역 제독	1973.04.06 ~ 1980.04.06
7대	Kenan Evren	국가안보회의 의장	1982.11.09 ~ 1989.11.09
8대	Turgut Özal	정치인	1989.11.09 ~ 1993.04.17
9대	Süleyman Demirel	정치인	1993.05.16 ~ 2000.05.16
10대	Ahmet Necdet Sezer	헌법재판소장	2000.05.16 ~ 현재

출처: http://www.mofat.go.kr/ek/ek a003/ek trtr/ek a02/ek b06/1178019 13136.html(검색일: 2006. 7. 15)

케말의 가장 가까운 친구였지만, 지도자로서의 외양과 방식에서는 대조적이었던 이뇌뉴는 케말의 기본 정책들을 지속시키는 동시에 단지 형식적으로 허용되었던 야당의 성장을 통제하에 허용함으로써 보다 관대함을 반영시키고자 했다. 하지만 필연적으로 이뇌뉴가 제도화시켰던 복수정당체제는 향후 20년간 터키 정치의 특색이 된 좌-우익 극단주의자들 사이의 파벌 간 양극화와 심각한 갈등으로 계승되고 말았다.[27] 무엇보다도 당시 군부에게서 두 가지의 놀라운 사실을 발견할 수 있다. 첫째, 이뇌뉴의 자유주의적인 정책들이 추진된 전 기간에 걸쳐 군부의 정치적 중립이 유지되었다는 사실이다. 그렇다고 이 때문에 터키 군부가 정치에 무관심했다는 결론을 내리기란 곤란하다. 왜냐하면 TBMM에서 군부는 일정비율의 의석을 지속적으로 할당받았기 때문이다. 즉 1920년 4월 23일 개최된 초대 TBMM에서 군부는 전체 56석 가운데 선출된 의원의

27) Roger P. Nye, "Civil-Military Confrontation in Turkey: The 1973 Presidential Election", *International Journal of Middle East Studies*(April 1977), 209-212쪽.

15%를 점유한 이래, 2대부터 7대 TBMM을 거치는 약 30여 년의 기간 동안 변함없이 의석의 20%를 차지했던 것이다.28)

둘째, 군부는 이중적인 이해관계를 지닌 일당 지배의 점진적인 완화까지도 고려했다는 사실이다. 비록 이것이 민주주의로의 접근 내지는 적어도 일당 독재를 넘어서는 것과 같은 독재 권력의 자발적인 자체 변형의 상당히 독특한 사례로 언급된다고 할지라도,29) 결과적으로 군부에게는 복수정당이 출현하는 상황은 기존 특권의 상실을 의미하는 것이었다.30)

〈표 55〉 터키 역대 총리

성 명	재임기간	여 당	연대 상대
Ismet Inönü(1차 정부)	1923.10.29~1924.03.06	CHP	없음
Ismet Inönü(2차 정부)	1924.03.06~1924.11.22	CHP	없음
Ali Fethi Okyar	1924.11.22~1925.03.03	CHP	없음
Ismet Inönü(3차 정부)	1925.03.04~1927.11.01	CHP	없음
Ismet Inönü(4차 정부)	1927.11.01~1930.09.27	CHP	없음
Ismet Inönü(5차 정부)	1930.09.27~1931.05.04	CHP	없음
Ismet Inönü(6차 정부)	1931.05.04~1935.03.01	CHP	없음
Ismet Inönü(7차 정부)	1935.03.01~1937.10.25	CHP	없음
Celal Bayar(1차 정부)	1937.10.25~1938.11.11	CHP	없음
Celal Bayar(2차 정부)	1938.11.11~1939.01.25	CHP	없음
Refik Saydam(1차 정부)	1939.01.25~1939.04.03	CHP	없음
Refik Saydam(2차 정부)	1939.04.03~1942.07.09	CHP	없음
Şükrü Saracoğlu(1차 정부)	1942.07.09~1943.03.09	CHP	없음
Şükrü Saracoğlu(2차 정부)	1943.03.09~1946.08.07	CHP	없음
Mehmet Recep Peker	1946.08.07~1947.09.10	CHP	없음

28) Frederick W. Frey, *The Turkish Political Elite*(Massachusetts Institute of Technology Press, 1965), 181쪽.

29) John H. Herz, "The Problem of Succession in Dictatorial Regimes: A Study in Comparative Law and Constitutions", *Journal of Politics*, 14(1952), 23쪽.

30) Frederick W. Frey, *ibid.*, 261쪽.

성 명	재임기간	여 당	연대 상대
Hasan Saka(1차 정부)	1947.09.10~1948.06.10	CHP	없음
Hasan Saka(2차 정부)	1948.06.10~1949.01.16	CHP	없음
Şemsettin Günaltay	1949.01.16~1950.05.22	CHP	없음
Adnan Menderes(1차 정부)	1950.05.22~1951.03.09	DP	없음
Adnan Menderes(2차 정부)	1951.03.09~1954.05.17	DP	없음
Adnan Menderes(3차 정부)	1954.05.17~1955.12.09	DP	없음
Adnan Menderes(4차 정부)	1955.12.09~1957.11.25	DP	없음
Adnan Menderes(5차 정부)	1957.11.25~1960.05.27	DP	없음
Cemal Gürsel(1차 정부)	1960.05.30~1961.01.05	비민간정부	없음
Cemal Gürsel(2차 정부)	1961.01.05~1961.10.27	비민간정부	없음
Emin Fahrettin Özdilek	1961.10.27~1961.11.20	비민간정부	없음
Ismet Inönü(8차 정부)	1961.11.20~1962.06.25	CHP	AP
Ismet Inönü(9차 정부)	1962.06.25~1963.12.25	CHP	CKMP, YTP
Ismet Inönü(10차 정부)	1963.12.25~1965.02.20	CHP	없음
Suad Hayri Ürgüplü	1965.02.20~1965.10.27	AP	없음
Süleyman Demirel(1차 정부)	1965.10.27~1969.11.03	AP	없음
Süleyman Demirel(2차 정부)	1969.11.03~1970.03.06	AP	없음
Süleyman Demirel(3차 정부)	1970.03.06~1971.03.26	AP	없음
Nihat Erim(1차 정부)	1971.03.26~1971.12.11	국가통일연대정부	없음
Nihat Erim(2차 정부)	1971.12.11~1972.05.22	국가통일연대정부	없음
Ferit Melen	1972.05.22~1973.04.15	선거관리 내각	없음
Naim Talu	1973.04.15~1974.01.26	선거관리 내각	AP, CGP
Bülent Ecevit(1차 정부)	1974.01.26~1974.11.17	CHP	MSP
Sadi Irmak	1974.11.27~1975.03.31	선거관리 내각	없음
Süleyman Demirel(4차 정부)	1975.03.31~1977.06.21	AP	MSP, MHP, CGP
Bülent Ecevit(2차 정부)	1977.06.21~1977.07.21	CHP	없음
Süleyman Demirel(5차 정부)	1977.07.21~1978.01.05	AP	MSP, MHP
Bülent Ecevit(3차 정부)	1978.01.05~1979.11.12	CHP	없음
Süleyman Demirel(6차 정부)	1979.11.12~1980.09.12	AP	없음
Bülent Ulusu	1980.09.21~1983.12.13	비민간정부	없음
Turgut Özal(1차 정부)	1983.12.13~1987.12.21	ANAP	없음
Turgut Özal(2차 정부)	1987.12.21~1989.11.09	ANAP	없음
Yildirim Akbulut	1989.11.09~1991.06.23	ANAP	없음
Mesut Yilmaz(1차 정부)	1991.06.23~1991.11.20	ANAP	없음
Süleyman Demirel(7차 정부)	1991.11.20~1993.06.25	DYP	SHP

성 명	재임기간	여 당	연대 상대
Tansu Çiller(1차 정부)	1993.06.25~1995.10.05	DYP	SHP
Tansu Çiller(2차 정부)	1995.10.05~1995.10.30	DYP	없음
Tansu Çiller(3차 정부)	1995.10.30~1996.03.06	DYP	CHP
Mesut Yilmaz(2차 정부)	1996.03.06~1996.06.28	ANAP	DYP
Necmettin Erbakan	1996.06.28~1997.06.30	RP	DYP
Mesut Yilmaz(3차 정부)	1997.06.30~1999.01.11	ANAP	DSP, DTP
Bülent Ecevit(4차 정부)	1999.01.11~1999.05.28	선거관리 내각	없음
Bülent Ecevit(5차 정부)	1999.05.28~2002.11.18	DSP	MHP, ANAP
Abdullah Gül	2002.11.18~2003.03.14	AKP	없음
Recep Tayyip Erdoğan	2003.03.14~	AKP	없음

약어: 1. Republican People's Party(CHP) 2. Justice Party(AP)
3. Republican Peasants Nation Party(CKMP) 4. New Turkey Party(YTP)
5. Republican Reliance Party(CGP) 6. Nationalist Movement Party(MHP)
7. National Salvation Party(MSP) 8. Motherland Party(ANAP)
9. True Path Party(DYP) 10. Welfare Party(RP)
11. Democratic Left Party(DSP) 12. Social Democratic Populist Party(SHP)
13. Justice and Development Party(AKP)

출처: http://en.wikipedia.org/wiki/List of Prime Ministers of Turkey(검색일: 2006. 7. 15)

제2차 세계대전 이후인 1946년 경쟁적 의회민주주의가 허용되면서, 총 465석의 TBMM 의석 가운데 CHP 396석, 최초로 등장한 야당이었던 DP 65석, 독립당 7석이었으나, 1950년 5월의 선거에서는 여당인 CHP가 겨우 69석에 그친 반면 바야르(Mahmud Celâl Bayar)와 멘데레스(Adnan Menderes)가 이끈 야당인 DP는 408석을 획득하여 집권에 성공하면서 공화국 설립 이후 연속적이었던 CHP의 지배를 종식시켰다.[31] 연이어 DP는 1954년 5월과 1957년 두 차례에 걸친 총선에서도 승리하였다. 예컨대 1957년 총선에서 의석분포를 보면 DP 421석, CHP 173석, 공화 국민당 4석, 자유당 4석으로 DP는 TBMM 의석 2/3 이상을 차지하기도 했었다.[32]

---

31) Frank Tachau and Metin Heper, "The State, Politics, and the Military in Turkey", *Comparative Politics,* Vol.16, No.1(October, 1983), 20쪽.

32) 신응균, "내가 목격한 土耳其혁명", 『사상계』(1960년 12월호), 198쪽.

멘데레스 총리가 이끈 DP 정권은 대규모의 경제발전과 정부독점을 완화시켜 그 결과 사기업의 급속한 성장 및 소작인, 도시중간계급인 사업가와 기업인들로 대표되는 새로운 집단들이 요구했던 정치적 · 경제적 권력을 허용했다. 하지만 멘데레스 정부의 경제에 대한 그릇된 관리는 도시민들에게 재정적인 측면에서의 물가상승 · 가격상승 · 소비재상품 부족이란 타격을 가해 고통을 겪게 만들었으며, 애매한 정치적 태도로 인해 세속주의에 의해 억제되어 왔던 회교의 부활을 촉진시켰다. 이는 아타투르크의 세속주의 유산의 보호자였던 군부를 매도하는 것이었기에 귤셀(Cemal Gürsel) 대장이 이끄는 군부[33]는 1960년 5월 27일 쿠데타를 일으켜 멘데레스 정권을 붕괴시키고 그를 처형한 후, 향후 5년 동안 표면적으로는 민간정부의 성격을 띠었지만, 실제로는 군부가 정치를 통제했다.[34]

권력을 손에 넣은 '국가통일위원회'(Committee of National Unity: 이하 CNU)는 혁명이 특정 개인이나 집단에 반대하는 것이 아니기에 모든 시민들은 자신들의 정체(正體)와 정당 가입에 상관없이 정의의 원칙에 따라서 대우받게 될 것이라고 선언했다.[35] 하지만 CNU의 초기 구성원 38명 가운데 14명의 장교들은 정의의 원칙에 대한 해석을 달리했는데, 즉 이들은 좌익 극단주의자들로부터 국가를 보호하기 위해 군부가 무기한 권력을 잡아야 한다고 믿었던 것이다.[36] 이에 귤셀 장군은 1960년 11월 13일 이들을 원지(遠地) 대

33) 귤셀이 주도한 쿠데타에 참가한 장교들은 38명이었는데, 대위부터 장군까지 가담하였고, 연령은 27세부터 65세까지였다. Walter Weiker, *The Turkish Revolution, 1960 – 61: Aspects of Military Politics*(Washington: Brookings Institution, 1963), 118 – 127쪽.

34) Dwight James Simpson, "Turkey: A Time of Troubles", *Current History,* Vol.62, No.365(January, 1972), 39쪽.

35) Walter Weiker, *ibid.,* 20 – 21쪽.

36) Walter Weiker, *ibid.,* 126 – 127쪽.

사관 무관(武官)으로 추방시켜 버렸다.

1961년 7월 9일 국민투표의 승인을 필요로 하는 새로운 헌법이 과반수가 넘는 61%의 찬성으로 비준되면서 제2공화국을 탄생시켰다. 14개의 정당들이 참여한 가운데 1961년 10월 15일 열린 총선 결과, 절대적인 다수 의석을 차지한 정당이 등장하지 않은 가운데 이때부터 터키는 연정(聯政)이라는 새로운 정치의 장(場)으로 진입하게 되었다.[37] CNU로서는 일당(一黨)이 확고하게 지배하지 못한 상황에서 사회적·정치적 혼란이 발생했었던 1960년 이전으로 복귀하는 데 상당한 불안감을 가지고 있었다. 그렇지만 이뇌뉴가 총리직을 수락하고 퇴역한 귤셀 장군이 TBMM에서 공화국 대통령으로 선출되자, 군부는 기꺼이 정부 권력을 양도했다.

이와 같이 1950년 이래 터키 정치의 불안정성은 군부의 정치적 간섭을 증대시켰지만, 군부가 직접 권력을 장악하거나 혹은 간접적으로 권력을 장악하든 간에 군부통치는 단명(短命)에 그쳤고, 예외 없이 선거에 의한 정치가 재개되어 새로운 정치체제가 수립되고 또다시 군부통치가 반복되었다는 점은 정치체제 자체가 지녔던 문제점을 노출시킨 것이었다.[38] 여기에는 무엇보다도 정당체계의 분극화, 연합정부의 불안정성, 관료집단 내부의 적대적 상황, 종교적·인종적·지역적 분파세력들의 정치화, 폭력과 테러의 난무 등과 같은 요인들이 정당체계를 통한 자연스러운 수렴 과정을 벗어

---

37) 상·하양원제의 새로운 헌법 아래에서 치른 총선 결과는 다음과 같다. 총 450석의 하원 선거에서 CHP는 173석을 얻은 반면 총 150석이었던 상원에서는 단지 36석에 그쳤다. 반면 대체로 DP의 계승자로 알려진 정의당(Justice Party)은 하원에서는 158석, 상원에서는 70석을 획득했다. 나머지 의석들은 1950년대 중반 멘데레스와 결별한 DP의 반대자들이 이끈 '신터키당'(New Turkey Party)과 뒤에 '국가행동당'(Nationalist Action Party)으로 개명한 '공화농민민족당'(Republican Peasants Nation Party)이 분할하였다.

38) 오도넬·슈미터·화이트헤드 엮음 / 염홍철 옮김, 『남부유럽과 민주화』(서울: 한울, 1989), 271쪽.

나게 한 것이다.

1968년에 시작된 학생들의 소요 사태는 특히 1970년~1971년에 걸쳐 광범위하게 진행되었다. 특히 대학 당국과 행정 당국의 변화에 대한 둔감과 부적절한 통제에 비해 대학생들은 지난 10여 년 동안 점점 더 정치화된 가운데, 과격주의의 성장은 좌·우익 양 진영에서 공히 두드러졌다.[39] 예컨대 좌익 진영의 경우는 맑시즘을 채택했을 뿐만 아니라 '정의당'(Justice Party: 이하 AP) 출신의 데미렐(Süleyman Demirel) 정부에 폭력을 행사하는 동시에 스탈린주의자들의 전략이었던 게릴라전까지 병행함으로써 당국으로서도 쉽사리 대처하기 어려운 상황으로 몰고 갔다. 결과적으로 양 진영의 피상적 지식들에 내포되었던 급진적인 요소들의 대부분은 군부에게는 쿠데타의 명분이자 정치적 선전의 수단으로 활용되어졌다.

1971년 1월 1일 육군참모총장 타그막(Memduh Tagmaç)의 경고에 이어 3월 12일 재차 군부 수뇌들인 육군 사령관인 귤레르(Faruk Gürler)·해군 제독 에기세그루(Celal Eyiceoglu)·공군사령관인 바투르(Muhsin Batur) 장군은 국가에 반하는 특정 행동으로부터 군부는 국가를 보호할 의무가 있다는 것을 정부에 경고했다.[40] 이들은 정부가 즉각적으로 도시 폭력주의자들에 대한 엄격한 조치와 함께 초당파적인 지도력과 협력을 지향해야 한다고 명확히 요구한 최후의 비망록(memorandum)을 수네이(Cevdat Sunay) 대통령과 TBMM에 전달했지만,[41] 여기에 대한 반론이 논의되기엔 이미 데미렐 총

39) 1970년 12월 트라브존(Trabzon)의 '흑해기술대학'(Black Sea Technical University)에서 우익계열의 학생들이 좌익계열의 학생들이 점거한 대학건물을 습격하여 학생 1명이 사망했다. 언론 보도에 따르면 사망한 학생은 1968년 중반 학생들의 폭동이 시작된 이래 18번째 희생자였다. Dwight James Simpson, *op. cit.,* 41쪽.

40) Roger P. Nye, *op. cit.,* 213쪽.

41) Dwight James Simpson, *ibid.,* 42쪽.

리와 AP에 대한 군부의 인내심이 한계에 이르게 되면서 같은 날 데미렐 내각은 축출되었다. 이때 군부는 역시 케말리즘에 입각해 법과 질서를 회복한다는 명분하에 모든 학생단체와 1961년 설립된 노동당 또한 해산시켰으며, 더 나아가 1961년의 헌법에 규정되어 있던 기본권과 정치적 활동을 제약하는 새로운 규정까지 삽입시켰다.[42)]

새롭게 형성된 연합정부는 에림(Nihat Erim)을 총리로 선출하고, 1971년 4월 말에 가서는 11개의 전국 주요 지방들 및 앙카라(Ankara)와 이스탄불(Istanbul)에 계엄령을 선포했다.[43)] 31개월 동안 존속된 계엄령의 시기 동안 4만 명의 좌파들이 체포되어 군사법정에 회부되었다. 하지만 1972년 4월경에 발간된 공식 정부 백서(白書)에 따르면 계엄령의 첫해 동안 단지 687명만이 군사법정에 세워졌던 것으로 기록되었을 뿐이었다.[44)] 더구나 우익집단들의 경우 상대적으로 좌익에 비해 탄압의 강도는 덜했다.

에림 총리의 연정(聯政)에 참여했던 당시 고령(高齡)이었던 이뇌뉴는 죽기 직전인 1973년 2월 28일 터키 정치에서 최소한 군부의 특수한 역할에 대한 해명 내지 정당화를 시도하면서 이를 분명하게 밝혔다.

> 민주정치의 삶에서 증대하는 요소들만큼 군부는 성실히 정당들을 이끌어야 하며, 모든 정당들은 군부가 국가의 생존을 이끈다는 책임감을 이해해야 한다. 민주주의의 활력과 원기는 이러한 균형의 존속으로부터 발생한다.[45)]

---

42) 최석만, 앞의 책, 189쪽.

43) Aaron S. Klieman, "Confined to Barracks: Emergencies and the Military in Developing Societies", *Comparative Politics*(January 1980), 148쪽.

44) Jacob M. Landau, *op. cit.,* 45쪽.

45) Roger P. Nye, *op. cit.,* 209쪽 재인용.

1978년∼1979년 사이 터키는 심각한 국제수지 위기에 빠지게 되는데, 특히 1979년의 '석유 위기'(Oil Crisis)는 경제에 큰 타격을 초래시켰다. 이때 100%를 넘나드는 인플레이션과 15% 내외의 심각한 실업률이 발생하면서 사회불안을 가중(加重)시켰다. 이로 인해 1975년 당시 8%의 경제성장률을 기록하기도 했었던 터키로서도 1979년에 와서는 −0.4%, 1980년에는 −1.1%로 퇴행적 성장을 기록하게 되고 리라(lira)화(貨) 역시 1달러당 1978년 25리라, 1979년 35리라, 1980년 89리라로 평가 절하되면서 2년 사이에 257%의 가치절하를 겪기도 했다.[46)]

1960년∼1980년 사이 터키 정치를 가장 분명하게 묘사한 용어가 있다면 바로 불균형(disequilibrium)일 것이다. 즉 50개가 넘는 소수 정당들과 두 개의 거대 정당(CHP와 AP)의 구조를 지닌 가운데, 사실상 이 기간 동안 내내 안정성과 지속성을 지녔던 행위자는 군부였다. 예컨대 1980년 9월 11일 발생한 군부쿠데타의 직접적인 원인은 1979년 후반기 동안 정치적·경제적 불안정의 고조 탓이었다. 또한 1977년∼1980년 사이 정치적 폭력과 테러리즘 역시 이미 심각한 상태였고, 악화일로에 달한 결과 사망 5,241명, 부상자는 14,152명으로 이 수치는 독립전쟁에서 발생했었던 터키의 손실에 상당하는 수치였다.[47)] 데미렐 정부를 축출시킨 에브렌(Kenan Evren) 장군의 무혈 군부쿠데타의 성격은 당시 발표된 공보(公報)를 통해 일면 군부의 거사 동기를 확인해 볼 수 있다.

---

46) 최석만, 앞의 책, 191－192쪽.

47) John H. McFadden, "Civil－Military Relations in the Third Turkish Republic", *The Middle East Journal,* Vol.39(Winter, 1985), 70쪽 재인용.

군사행동의 목표는 국가의 영토를 보호하기 위해, 국가 통합과 형제애를 제공하기 위해, 피비린내 나는 투쟁과 내전의 가능성과 존재의 방지 및 국가 권위의 실재를 회복하기 위해, 그리고 민주적 질서의 유연한 작동을 가로막는 요인들을 제거하기 위한 것이다.[48]

9월 20일 쿠데타 세력들은 이미 퇴역한 해군제독으로서 당시 이태리 대사였던 우루수(Bülent Ulusu)를 임시 총리로 새로운 민간인 내각의 구성을 발표하였다.[49] 민간인 내각의 안정화를 위해 군부는 쿠데타 이후 초기 4달 동안 32,537명의 테러리스트들을 구금시켰고, 당국자들은 757정의 자동식 무기를 포함한 168,000정 이상의 소화기(小火器)들, 90만 발 상당의 총탄과 다이너마이트 951개, 화약 2,100kg, 그리고 632개의 폭약장치들을 압수하였다. 또한 1980년 9월에서 1983년 2월 사이 테러행위로 의심받은 6만 명이 넘는 사람들과 불법적인 정치행위자들이 체포되었다. 동시에 유엔 주재 터키 대사였던 키르카(Coskun Kirca)는 TBMM에서 현 제도인 비례대표제를 폐지하고 '승자독식제도'(winner take all seats)로 대처할 수 있게끔 헌법 수정을 요구했다. 이 경우 단지 두 개의 정당만이 의석을 할당받을 수 있었고, 국가 위기 시 대통령에게는 예외적인 권력을 부여할 수 있게끔 하였다.[50]

1980년의 쿠데타는 1960년과 1971년 이래 세 번째의 군부개입이었는데, 이 당시에도 군부는 케말리즘의 원칙들을 떠받드는 점진적인 정치세력으로 응집력 있는 실체로 간주되었다. 9월 12일 발생

48) Frank Tachau and Metin Heper, *op. cit.,* 26쪽.

49) 『New York Times』(September 21, 1980), 12면; 퇴역 해군제독이었던 우루수의 내각은 13명의 전직 관리(government officers), 7명의 퇴역 장군들, 4명의 교수들, 1명의 언론인, 1명의 산업주의자, 1명의 노동조합 간부로 이루어졌다. Morris Singer, "Turkey in Crisis", *Current History,* Vol.80, No.473(January, 1981), 29쪽.

50) 『New York Times』(1980. 9. 21)

한 쿠데타에서도 군부는 과거의 사례와 동일하게 계엄령을 67개의 모든 주에 선포함으로써 공산주의 · 파시즘 · 이슬람 근본주의를 비롯한 제(諸) 정당들에게 반복적으로 경고를 보냈던 배경 역시 국가의 안정성을 강화하려는 의도에서였다. 이때 군부는 5명의 장군들과 1명의 제독으로 구성된 '국가안보회의'(National Security Council: 이하 NSC)를 통해 권력에 개입할 수 있는 제도적 장치를 마련했는데,[51] 이를 통해 정치참여뿐만 아니라 권력이양과정까지도 직접 통제했다는 사실은 노드링거가 제시한 후견인 유형에 보다 가까운 것이었다.[52]

군부가 취했던 조치들의 최우선적 목표는 군부 간섭에 적대적이었던 국내의 정적들을 억압하고, 전반적인 정치 구조를 개혁시키려는 데 있었다. 하지만 여전한 터키의 서구에 대한 연계(linkage)전략은, 역설적으로 군부 정권에 대한 서구 사회의 반발에 부딪히고 말았다. 이는 결과적으로 터키 군부를 압박시키게 되는 요인들로 작용하며, 특히 민간정부로의 이행과정을 이해하는 데도 평가되어져야 한다. 대표적으로 서독은 미국 다음으로 터키에 대규모의 군사적 · 경제적 지원국이었던 관계로, 터키의 군부정권으로서는 서독과의 관계를 악화시키지 않는 것이 무엇보다도 중요했다. 쿠데타 이후 많은 정치적 활동가들이 서독으로 탈주하여 정치적 망명을 요청한 가운데 이들을 본국으로 송환시키려 했던 터키 정부의 요구는 거부당했다. 서독뿐만이 아니라 전 유럽 국가들과 조직들이 터키 군부정권에 반대하는 조치들을 취하게 되면서 망명자 문제는 강력한 정치운동이자 항구적인 쟁점으로 바뀌게 된다.

---

51) Morris Singer, *op. cit.,* 27－29쪽.

52) Frank Tachau and Metin Heper, *op. cit.,* 28쪽.

이러한 결과의 대표적인 사례로서 서독의 하원(Bundestag) 위원회는 1981년 '경제협력개발기구'(Organization for Economic Cooperation and Development: 이하 OECD)의 국제차관 형식으로 원조 공약의 실행을 봉쇄시켰으며, 서독 정부는 또 다른 OECD 차관의 일괄조정을 요구한 터키의 요청까지도 거절했다. 요컨대 민주주의와 인권 논쟁은 서유럽국가들과 터키 간 양자 관계에서 공식적 내지 비공식적 측면을 통해 반복적으로 표출되어졌다. 이 같은 군부 정권에 대한 갈등적 접근으로 인해 유럽과 터키와의 관계는 부자연스러워졌고, 때로는 긴장관계에 놓였으며, 심지어는 악화되기까지 했다. 가장 대표적인 사례는 터키의 '유럽연합'(European Union: 이하 EU) 가입을 둘러싼 논쟁이 근 50여 년간 지속되고 있다는 사실이다.[53)]

---

53) 2005년 7월 실시된 유럽인들의 의식조사에서 잠재적인 가입 후보국들의 가입 의견을 물었을 때, 응답자의 52%가 터키의 가입을 반대한다고 대답했을 정도였다. 이러한 반대는 특히 독일, 룩셈부르크(Luxembourg), 프랑스, 오스트리아 등 EU의 회원국 확대에 반대하는 나라에서 높게 나타났다. 하지만 유럽인들의 반대에 비해 EU 회원국 지도자들은 터키의 가입을 추진하고자 했다. 그 이유는 크게 경제적인 측면과 지정학적인 측면에서 파악할 수 있다. 첫째, 경제적인 측면에서 터키는 EU에서 상당히 중요한 국가이기 때문이다. 우선 독일 다음으로 많은 인구를 가진 7,200만 명의 터키인들을 잠재적인 구매대상 인구로 보고 있다는 점이다. 또한 터키는 현재 EU의 7번째 교역 파트너인 동시에 13번째 수출국이기도 하다. 특히 2005년 상반기 대(對)터키 수출량은 지난해보다 54.87% 상승했다. 둘째로는 지정학적인 측면을 들 수가 있다. 2005년 10월 4일자 '파이낸셜 타임즈'(Financial Times)지는 터키가 역동적인 경제효과를 유럽에 가져올 수 있으며, 동시에 극동과 중앙아시아에서 중요한 전략적 역할을 담당할 수 있을 것이라고 강조했다. 지정학적으로 터키는 아르메니아(Armenia), 아제르바이잔(Azerbaijan), 불가리아(Bulgaria), 그루지야(Gruziya), 그리스, 이란, 이라크 및 시리아(Syria) 등 8개국과 국경을 맞대고 있다. 북쪽으로는 흑해, 남쪽으로는 지중해의 가운데에 위치하고 있다. 터키는 흑해 지역에서 역내 균형자 역할을 수행하는 동시에 지중해에서 상당한 통제권을 행사하고 있다. 또 카프카스(Kavkaz) 산맥을 중심으로 러시아와 마주하고 있다. '북대서양조약기구'(North Atlantic Treaty Organization: 이하 NATO)의 회원국으로서 터키는 NATO 영향권에 있는 남쪽 경계선에서 지역 전략에 중요한 역할을 담당하고 있다. 냉전 기간에는 소련의 위협 때문에 서방 진영으로부터 터키의 지정학적 입장이 중시되었고, 탈냉전 이후에도 구소련과 구유고 지역의 대부분 국가가 터키와 인종적·역사적·문화적으로 밀접한 관계를 가지고 있다. 구소련의 계승국인 러시아연방은 이 지역에서 터키의 가장 중대한 경쟁국가인 것이다. 이러한 점에서 터키는 지정학적으로 유럽에서 상당히 중요한 위치를 차지하고 있다. 또한 앞으로 유럽의 발전을 위해 극동 및 중앙아시아와 무역을 할 때 중요한 가교 역할을 할 수 있는 국가이다. 독일의 외무

터키의 EU 가입신청은 1959년 EU의 전신인 '유럽경제공동체'(European Economy Community: 이하 EEC) 때였다. 당시 터키는 1963년 앙카라 협정에 의해 EEC로부터 준회원국의 자격을 획득함으로써 경제 및 무역에서 보다 긴밀한 관계를 유지할 수 있게끔 관세동맹을 발전시키기로 합의했다. 더 나아가 1970년 EEC와 터키 사이에 관세철폐를 위한 예정표(timetable)가 만들어졌지만, 1980년 터키에서 발생한 군부쿠데타로 인해 가입 작업은 난항에 부딪히고 말았다.

반면 터키와 미국과의 관계는 이상적인 방향으로 발전해 갔다. 예컨대 1980년 10월 19일 쿠데타 한 달 후에 미국의 설득으로 터키 군부가 그리스의 NATO 복귀에 동의하자, 그 답례로 미국은 1980년에 92억 달러의 '국제통화기금'(International Monetary Fund: IMF) 신용대출을 보증했으며, 그 다음 해에는 350억 달러의 터키 채무를 연기시켜 주었다. 이 기간에 미국의 터키에 대한 경제적·정치적 원조는 주목할 만했다. 즉 1981년에는 453억 달러, 1982년에는 704억 달러, 1983년에는 688억 달러에 달했으며, 원조 꾸러미

장관 피셔(Joschka Fischer)의 표현대로 유럽 지도자들은 동지중해를 21세기 평화를 위해 가장 중요한 지역이라고 인식하고 있다. 이러한 이유로 EU의 지도자들은 향후 유럽의 발전을 고민하면서 여러 가지 어려움에도 불구하고 터키를 회원국으로 받아들일 결심을 한 것이다. 터키 입장에서는 EU로부터 경제적으로 많은 도움을 받을 것을 기대하고 있다. 가입 협상이 시작되기 이전인 1996년~2004년에 EU는 이미 터키에 11억 5,000만 유로(Euro)의 구조기금을 지원하였고, 2005년에는 300만 유로, 2006년에는 500만 유로를 지원할 예정이다. 이러한 추세대로 가면 2007년~2013년에는 10억 유로가 넘을 것으로 예상되고 있다. 이러한 지원을 통해서 터키는 경제적으로 상당히 발전할 수 있을 것을 기대하고 있다. 이뿐만 아니라 1992년~2002년 터키는 '유럽투자은행'(European Investment Bank: EIB)으로부터 19억 5,500만 유로를 투자받았으며, 앞으로도 더 많은 투자를 기대할 수 있어 경제에 대한 낙관적인 전망을 하고 있다. 그러나 가입을 위해 터키가 만족시켜야 할 조항은 35개 장(章)이나 되며, 그 분량은 8만여 쪽에 달한다. 심사 기간을 감안하면 2020년 정도는 되어야 가입이 가능할 것으로 전망된다. 결국 모든 조건을 만족시키기 위해서는 터키가 지금과는 완전히 달라져야 한다는 사실만은 분명하다.

http://buyeong.hs.kr/technote/read.cgi?board=sisa&y_number=73&nnew=2(검색일: 2006. 7. 19)

에서 교부금의 수준은 대폭적으로 증대되었다.[54)]

특히 1981년 레이건(Ronald Wilson Reagan) 행정부에 의해 추진된 '우호적인 권위주의 국가'(friendly authoritarian states)를 지속적으로 지원한다는 '민주주의로의 이행'(transition to democracy) 정책은 터키 군부에 민주주의를 회복시키고 인권을 고려하는 것이 원조가 중단되는 것보다도 상당히 효율적일 것이라는 자극을 주기에 충분한 것이었다.[55)] 이 시기에 터키는 새로운 헌법, 정당들과 선거법을 준비하기 위한 자문회의의 설립에도 불구하고 11월에 모든 정당들을 해산시킨다는 NSC의 결정 때문에 어려운 행로(行路)를 겪고 있었다. 하지만 에브렌 장군은 1981년 12월 민주주의로의 이행을 위한 일정표를 공표(公表)하였다. 특히 대략적인 총선 날짜의 공표 결과로 터키에 대해 유럽 국가들이 가졌던 고정관념의 악화(惡化)를 진정시키는데 성공했다. 또한 군부는 터키 정치를 정화(淨化)시키기 위한 노력의 일환으로 NSC의 1981년 칙령은 데미렐과 에제비트(Bülent Ecevit) 같은 인물들이 정치에 참여하는 것을 금지시켰다.

실질적인 민간지배로의 이행은 1982년 11월 7일 국민투표에 의해 에브렌(Kenan Evren)을 임기 7년의 대통령으로 선출하는 안(案)과 정치적 자유를 규제시키는 새로운 헌법을 확정하면서부터 시작되었다. 또한 상·하 양원제의 운영과정에서 법률의 제정 및 폐지 과정에서 드러난 의견대립 양상은 결과적으로 TBMM에서 상원제

---

54) *Country Reports on Human Rights Practices for 1982*(February 1982), Report by the US Department of States, 1020쪽; *Country Reports on Human Rights Practices for 1983*(February 1983), 1122쪽.

55) J. W. Spain and N. Ludington, "Dateline Turkey: The Case for Patience", *Foreign Policy*, Vol.50(1983), 151쪽.

도를 폐지시킴으로써 하원 550석의 단원제 의회로 바뀌었다. 특히 1982년 헌법은 NSC를 대통령이 주재한다고 명시함으로써 민간정부에 종속된 것처럼 보였지만, 구성원의 절반을 군 장교로 구성해야 한다는 제한을 두고 있었다. 이는 사실상 터키에서 NSC가 권력의 최종 조정자임을 명시한 것이나 다름없었다. 즉 국가적 과제를 결정하고 추진하는 과정에서 군부가 정치지도자들보다도 더 큰 영향력을 행사하여 왔음은 1960년 이후 군부로부터 축출당한 총리의 수만도 3명이었다는 사실에서 확인할 수 있다. 구정치인들의 정치활동이 금지된 가운데 1983년 11월 6일 실시된 총선 결과 군부의 지원을 받은 '국민민주당'(National Democratic Party)이 참패하고 오잘(Turgut Özal)의 '조국당'(Motherland Party)이 45%의 지지로 승리하였다. 이에 군부는 그들의 임무가 아직 완수되지 않았다고 생각했음에도, 민간정부에 권력을 양도했다.

2. 국가 수호자로서 군부의 영향력과 민주화과정

<그림 17>은 1982년 헌법을 토대로 그 이후의 선거에서 적용되었던 터키의 선거체제를 도식화한 것이다.

〈그림 17〉 터키 선거체제(electoral system)

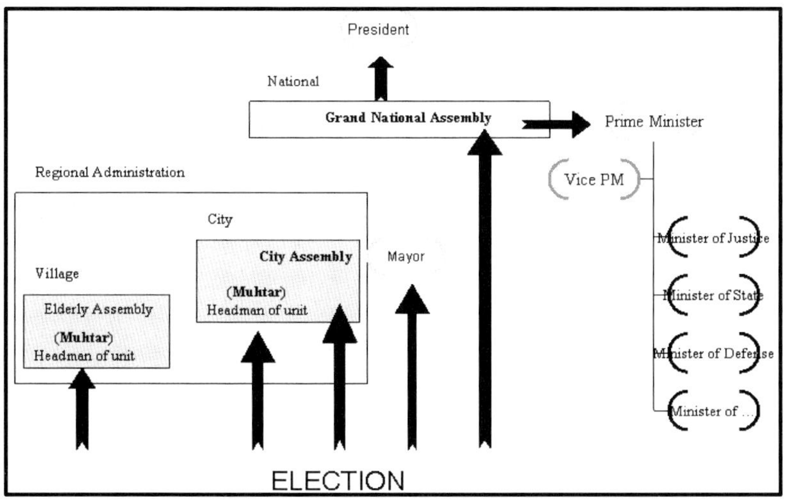

출처: http://upload.wikimedia.org/wikipedia/en/b/b0/Turkey_political_system.png(검색일: 2006. 6. 25)

1982년 헌법을 토대로 첫 번째 TBMM 선거가 시행되기에 앞서 1983년 7월 NSC는 정당들이 전국적으로 10% 정도 혹은 그 이상의 득표율을 획득해야만 TBMM에 진출할 수 있게끔 규정한 선거법 제2839호를 발표했다. 이 법안의 의도는 쿠르드족(Kurdish) 정당들의 TBMM 진출을 어렵게 하기 위한 것이었다. 또한 1982년 제정된 선거체제의 특징은 주(州)를 토대로 비례대표 제도를 유지시키는 것이 아니라 선거의 취지상 한 선거구에서 7명 이상이 선출되지 않게끔 하기 위해 인구밀도가 높은 주들은 보다 더 세분화시켰다. 또한 각 주들은 인구에 관계없이 자동적으로 최소한 1석을 할당받음으로써, 이 같은 조치들은 거대 정당들과 농촌 주(州)들에 유리하게 작용했다.

유권자들은 도시에서 구성된 하나의 행정구역 이상의 선거 행정구에서 '대도시 시장'(metropolitan mayor)을 선출하며, 또한 대도시 지역에서 각자 행정상의 관할구역에서 시장과 도시 의회의 직위들에 대한 투표권을 행사했다. 가장 최근의 선거로는 2004년 3월 28일 실시된 지방선거를 들 수 있는데, 당시 '최고선거위원회'(Supreme Board of Elections: YSK)의 결정에 의해서 20개 정당들이 참여했었다. 유권자들은 16곳의 대도시 자치체(municipalities)와 58곳의 도시 자치체, 65곳의 도시, 792곳의 자치체, 그리고 2,253곳의 관할 구역에서 투표를 했다. 이날 약 52,929명의 지방 행정가들과 3,122명의 도시(Cityt) 의회 의원들, 34,075명의 촌락(Village) 자치체 의회의원들이 선출되었고, 더불어 12개의 신생 자치체에 대한 선거도 이루어졌다. 선거 결과 81곳의 도시에서 여당인 AKP는 터키에서 가장 큰 도시인 이스탄불과 수도인 앙카라를 포함한 57곳의 시장 경쟁에서 승리했다. 반면 가장 큰 야당인 CHP는 불과 9곳의 시장 경쟁에서 승리했으며, 국가행동당(MHP)은 4곳, 그리고 정도당은 1곳, 사회민주인민당(SHP)은 5곳, '민주좌익당'(DSP)은 3곳에서 각각 승리하는 데 그쳤다.

1960년, 1971년, 1980년 세 차례에 걸쳐 쿠데타를 주도한 군부의 일관된 입장은 정치의 전면에 나서기보다는 세속국가인 터키의 수호자(guardian)로서의 역할을 충실히 담당하는 데 보다 주안점을 두었음은 앞서 밝힌 바 있다. 그 이유는 총구(銃口)로서 민주적인 절차에 의해 선출된 정부를 전복시켰다는 상황을 피하려는 조치이기도 했지만, 보다 본질적인 이유를 든다면 EU 가입을 승인받기 위한 기회를 상실할 수도 있다는 두려움이 자리하고 있었기 때문이다. 하지만 1983년 직접적인 군부 통치의 기간이 끝나면서 정치 참여의 문호가 이슬람주의자들에게도 개방되었다. 1987년 에르바칸

(Necmettin Erbakan)이 '이슬람복지당'(Welfare Party: 이하 RP)을 조직하면서, 1990년대는 군부와 이슬람주의자들 간 투쟁의 10년이었다.[56] 1996년 총선 결과 에르바칸 정부의 출범은 과거 세 차례에 걸친 군부쿠데타와는 성격을 달리하지만, 주변상황을 어렵게 몰아가는 '완만한 쿠데타'(slow coup)를 통해서 결과적으로 에르바칸 총리를 사퇴시키고, 더 나아가 그의 정당까지 정계에서 퇴출시킴으로써 정치의 장(場)에서 군부의 명백한 수호자로서의 역할을 보여준 대표적인 사례였다.

1996년 총선에서 에르바칸이 이끈 RP가 권력을 획득하기 전부터 이미 터키 사회에서는 이슬람주의자들의 활동이 고조되어졌었다.[57] 이들 세력들은 특히 군 내부에 침투하여 다수의 장교들과 하사관들을 포섭하였다. 예컨대 1987년 군사학교 사관후보생들의 다수가 이슬람 활동 때문에 제명(除名)되었으며,[58] 1994년 가을에는 15명의 해군 요원들이 정직(停職)되었고, 뒤따른 유사한 위반들에도 동일한 제재가 가해졌다. 이 와중에 등장한 새로운 이슬람주의자 정부가 터키의 세속적 국가주의 전통에 도전하는 자세를 취하면서부터 군부와의 충돌은 불가피한 상황이 되고 말았다. 우선 에르바칸 내각의 진용(陣容)이 드러났을 때부터 군부의 첫 번째 조치가 취해졌다. 즉 안보와 관련된 국방 · 외교 · 내무 세 분야의 장관직은 에르바칸의 RP 출신이 아니라 연정에 참여했던 정당 중에서 세속주의와 서구화에 찬성론적 입장을 표방한 '정도당'(True Path Party:

56) Vali Nasr, "The Rise of Muslim Democracy", *Journal of Democracy,* Vol.16, No.2(April, 2005), 22쪽.

57) 1994년 RP는 이스탄불과 앙카라에서 자치체 선거에서 승리를 거두었다, 1년 후인 1995년 12월 24일 실시된 의회 선거에서 22%의 득표율을 올렸다. Vali Nasr, *ibid.,* 22쪽.

58) Feroz Ahmad, "Islamic Reassertion in Turkey", *Third World Quarterly,* Vol.10(April, 1988), 751쪽.

이하 DYP)이 맡게끔 한 것이다. 또한 DYP의 지도자이자 전임 총리였던 실러(Tansu Çiller)는 외무장관직을 맡았다. 이 같은 타협은 명백히 군부의 추천에 의한 것이었고, 이를 통해 에르바칸과 외교정책 사이에 방화벽(fire wall)을 증가시키게 되기를 희망했던 것이다.[59] 그렇지만 1996년 6월 에르바칸 총리가 취임하면서 행사했던 조치들의 대부분은 세속주의의 요새(要塞)로서 터키의 실상(image)과 충돌하게 되었다. 예컨대 에르바칸 총리와 그의 추종자들은 젊은 청년들에게 종교적 외양을 지닌 전문학교에 진학하게끔 조장시켰고, 정부 건물들과 군 기지들에서 종교적 의식들의 허용을 시도했으며, 세속주의의 심장부로 알려진 앙카라와 이스탄불 지역에서 거대 회교사원들(mosques)의 건축을 옹호했다.

반면 터키 세속주의의 제1의 수호자로 자처했던 군부로서는 RP의 정책과 계획들의 작은 부분까지도 우려할 수밖에 없었던 상황이었다. 예컨대 군부의 장군들은 RP가 표방한 조직에서 바람직하지 않은 사람들을 제거시키는 정책인 '살라미 전술'(Salami tactics)이 설사 계획에 불과 하더라도 터키를 이슬람 국가로 회귀시킬 것이라고 믿었던 것이다.[60] 이 때문에 에르바칸 총리 정부에 반발한 군부로서는 1997년 2월 28일 '완만한 쿠데타'(slow coup)에 착수하여, NSC는 정부 운영에서 이슬람의 영향력을 축소시킬 것을 요구하는 18개 항목을 총리에게 전달했다. 당시 군부의 요구사항 가운데 대표적인 사례들을 살펴보면 종교적인 전문학교에서 교육받는 학생 수를 줄이고, 무기를 축적(蓄積)하고 있다고 생각되는 회교

59) Stephen Kinzer, "A Secular Land Takes a Gamble", 『New York Times』(July 7, 1996).

60) Sami Kohen, "How Islamic Party in Turkey Has Skewered Secularists", *Christian Science Monitor*(June 5th, 1996), 7쪽.

집단들에 대한 엄중한 단속을 취할 것, 승인받지 않은 '코란 학교들'(Koran Schools)의 폐쇄, 특히 회교 근본주의에 대한 찬동(贊同)으로 인해 군부로부터 축출당한 RP 직원들의 충원 중지 등을 들 수 있다.

비록 장군들이 에르바칸 총리의 사임을 명시적으로 요구하지는 않았다 하더라도, 군부의 요구사항들은 너무나도 강력한 것이었기에 에르바칸 정부가 지속될 가능성은 없는 듯 보였다. 더구나 NSC는 이슬람 근본주의자들의 우세를 방지한다는 명분 아래 RP와 DYP의 연정을 붕괴시키기 위한 공작(工作)의 일환으로,[61] 4월 26일 연정의 한 축이었던 DYP 출신 장관 2명을 사임하게 만듦으로써 주변 분위기를 조성시켜 나갔다. 마침내 6월 30일 에르바칸 총리 스스로 사퇴를 결정하게 되지만, 군부의 입장은 에르바칸의 사퇴뿐만이 아니라, RP가 어떠한 권력조차도 지니는 것을 원하지 않았기에, 연방 검사들은 에르바칸의 RP가 추진했던 친(親)이슬람정책들이 세속적 질서를 전복시킬 의도를 지녔다는 이유로 '최고 법원'(Supreme Court)에 정당 폐쇄를 요청했다. 1998년 1월 16일 터키 최고 법원은 이슬람 지향적인 RP의 정당 해체 및 지도자인 에르바칸 전(前) 총리에게 향후 5년간 정치참여를 금지시키는 판결을 내렸다. 이에 따라서 RP는 TBMM에서의 모든 의석(152석)을 박탈당했으며, 그들의 자산(資産) 역시 헌법재판소의 판결에 따라 몰수당하고 말았다.

에르바칸은 RP가 폐쇄당하자 재빨리 '미덕당'(Virtue Party: 이하 FP)이란 정당으로 재출범시켰음에도 불구하고, 그의 정치적 운명은 1999년 TBMM 선거에서 FP가 에제비트의 DSP와 바흐제리

61) http://www.hartford-hwp.com/archives/51/294.html(검색일: 2006. 7. 29)

(Devlet Bahceli)의 '국가행동당'(Nationalist Action Party: MHP)에 뒤이어 제3당으로 전락함으로써 추락하고 말았다. 더 나아가 2001년 6월 FP마저도 반세속주의 활동의 중심이 되고 있다는 헌법재판소의 판결에 따라 폐쇄되자, 에르바칸은 또다시 '지복당'(Felicity Party: SP)을 조직했지만, 당시 그의 지도력에 반기를 든 젊은 이슬람 행동주의자들이었던 에르도안(Recep Tayyip Erdoğan)과 굴(Abdullah Gül)이 이끈 온건 분파(分派)들의 혁명에 직면하였다.[62] 특히 에르도안과 그의 동조자들의 경우 서구와의 경제 통합 가속화에 열정적이었던 관계로, 에르바칸 총리의 반서구 정책에도 반발하였으며, 결국 SP를 탈당하여 AKP를 결성하게 되었다.

62) 처음부터 에르도안이 온건한 노선을 추구한 것은 아니었다. 1994년 시장에 당선된 에르도안은 코란을 읊는 것으로 첫 시정위원회를 개막하면서 자신을 이스탄불의 '이맘'(Imām, 회교 사회의 지도자)이라고 칭했다. 시장으로서 그는 피임을 규탄했으며, 이슬람 사원들의 보수공사를 지시하고, 공공장소에서의 음주를 금지시켰다. 이러한 열정들은 곧 그를 궁지로 몰아갔다. 1998년 집회에서 회교도의 상음(上音)으로 '사원은 우리의 병영이요, 돔(dome)은 우리의 헬멧이며, 첨탑은 우리의 총검이요, 신심(信心)은 우리의 군인이다'라는 시를 낭송한 이후 에르도안은 종교를 이용해서 사회불안을 선동했다는 죄목 아래 4개월 동안 투옥되고 말았다. 이 시기의 복역(服役)은 확실히 그를 변화시키는 효과를 초래하였다. 즉 '세속적 민주국가로서의 터키'라는 아타투르크의 '선견지명'(先見之明)을 수용한 것처럼 비쳐졌는데, 구체적으로 그는 종교가 국가 사안으로부터 분리된 개인적인 문제라는 견해를 피력하고 있기에 세속적인 터키 헌법을 기준으로 정치적인 상황판단의 잣대로 삼고 있다.

〈표 56〉 터키 총선 결과(1999년~2002년) 비교

정당 \ 득표율, 득실, 의석	득표율(%)		득실(%)	의 석	
	1999	2002		1999	2002
Democratic Left Party (Demokratik Sol Parti: DSP)	22.19	1.22	-20.97	136	0
Nationalist Action Party (Milliyetci Hareket Partisi: MHP)	17.98	8.34	-9.64	129	0
Virtue Party(Fazilet Partisi: FP)*	15.41	2.48	-12.93	111	0
Motherland Party(Anavatan Partisi: ANAP)	13.22	5.13	-8.09	86	0
True Path Party(Doğru Yol Partisi: DYP)	12.01	9.55	-2.46	85	0
Republican People's Party (Cuhuriyet Halk Partisi: CHP)	8.71	19.40	10.69	0	178
People's Democarcy Party (Halkın Demokrasi Partisi-HADEP)**	4.75	6.23	1.48	0	0
Grand Unity Party (Büyük Birlik Partisi: BBP)	1.46	1.02	-0.44	0	0
Justice and Development Party (Adalet ve Kalkınma Partisi: AKP)	0.00	34.28	34.28	0	363
Young Party(Genç Parti: GP)	0.00	7.25	7.25	0	0
Independents***	0.87	0.99	0.12	3	9
총 계	96.60	95.89		550	550
기타 정당	3.40	4.11	0.71		

*: 2002년에는 지복당(至福黨), 즉 Felicity Party(Saadet Partisi: SP)로 바뀜.
**: 2002년에는 Democratic People's Party(Demokratik Halk Partisi: DEHAP)로 바뀜.
***: 1950년에는 9명이 의회에 진출했고, 1954년에는 10명, 그리고 1969년에는 13명이 진출.
출처: http://meria.idc.ac.il/journal/2002/issue4/jv6n4a4.html(검색일: 2006. 7. 22)

<표 56>은 1999년과 2002년에 실시된 총선거에서 10% 이상을 득표한 정당들을 제시한 것이다. 두 차례의 총선 결과를 비교해 보면 1999년 총선을 통해서 TBMM에 진출하였던 정당들의 상당수가 2002년에 와서는 정당의 명칭을 바꾸거나 원천적으로 TBMM 진출이 좌절되는 등 대거 소멸 과정을 겪었음을 확인할 수 있다. 무엇보다도 2002년 11월 3일의 총선에서는 이슬람주의자들의 정당인 AKP가 TBMM 의석 550석 가운데 363석을 얻어 압도적인 승리를 거두

었다. 이 선거에서 쿠르드족 정당인 '민주인민당'(Democratic People's Party: DHP) 역시 대표단을 확보하는 데 실패한 가운데, 오직 CHP만이 10%의 득표율을 상회함으로써 TBMM에 진입할 수 있었다. 하지만 총선에서 승리한 AKP의 지도자인 에르도안은 이스탄불 시장 재임 시 종교적인 혐오감을 선동했다는 이유로 헌법재판소는 이때까지도 그가 정당의 당수나 TBMM 의원으로 선출되는 것을 허용하지 않았던 관계로, 실정법상 정부를 조직할 수가 없었다. 그렇지만 사실상 미국과 유럽 국가들이 에르도안의 권위를 인정했기에,[63] 터키 군부로서도 그의 정치활동 금지조치를 풀고 보궐선거(by-election)를 통해 TBMM 진출을 허용함으로써 터키 헌법에서 규정한 총리가 되는 데 필수적인 요건들을 갖출 수 있게 했다.

2004년 3월 공식적으로 총리직에 취임한 에르도안 총리의 AKP는 놀랄 만한 정치적·경제적인 개혁들을 도입시켰다. 즉 EU에 접근하기 위해 터키에게 요구되었던 공고한 시장경제, 안정적인 민주적인 제도들, 법률에 의한 지배, 국제적으로 승인된 인권 존중, 소수자 보호 등의 개혁조치들은 소위 '코펜하겐 규범'(Copenhagen criteria)에 전적으로 부합되는 것은 아니었지만 근접하게 반영시키고자 한 것들이었다. 구체적인 개혁의 사례들을 제시해 본다면 다음과 같다. 첫째, 쿠르드족의 문화적 표현에 대한 수십 년간의 억압 정책들이 완화되었다. 둘째, 사형(death penalty)제도를 폐기시켰다. 셋째, 통용되어 왔던 고문을 줄이는 법률이 만들어졌다. 넷째, 악명

63) 예컨대 미국의 부시(George W. Bush) 대통령은 에르도안을 백악관으로 초청함으로써 터키의 정치 지도자들을 어리벙벙하게 만들었다. 또한 부시 대통령은 자신과 에르도안이 제각기 신(神)을 믿고 있다는 사실이야말로 두 사람이 중요한 동반자인 이유라고 언급했었다. Deborah Sontag, "The Erdogan Experiment", 『New York Times』(May 11, 2003)

높았던 '국가방위위원회'(state security courts)를 폐지시켰다. 다섯째, '고등교육위원회'(higher education board)로부터 군부의 대표단을 철수시켰다. 여섯째, 언론 자유 · 민간인의 군부 통제 · 공공재정의 투명성 등도 코펜하겐 규범에 맞추기 위해 법률을 제정하였다.

앞으로도 터키 정치에서 민간인 우위의 정치구조의 지속과 더불어 EU 회원국이 되기 위해서는 반드시 군부의 수호자로서의 역할이 축소되어져야만 한다. 분명한 것은 터키 정부가 군부의 영향력을 감소시키기 위한 일련의 개혁 작업들, 예컨대 NSC의 구조개혁안의 통과로 민간 관료들의 대거 영입조치, 총리에 의한 NSC 사무총장 임명권의 행사 등이 이 순간에도 점진적으로 진행되고 있다는 사실이다.

제2절 이집트(Egypt) 군부의 정치개입과 민주화과정

1. 군부의 정치개입과정

1890년대 이래 이집트에 대한 영국의 개입과 1920년대~1930년대에 걸쳐 외양상 개입이 폭발적으로 급증했던 원인은 중동 지역에서 영국의 존재뿐만 아니라 '입헌 민주주의'라는 유럽의 사상을 부과시키려는 데 있었다. 제2차 세계대전이 이집트에 대한 유럽의 직접적인 영향력을 사실상 종결시켰음에도 불구하고, 일시적으로 서부 유럽에서 나타났던 파시즘(Fascism)과 나치즘(Nazism)의 도전은 역설적으로 비유럽사회에서 모방 모델로서 그들의 입헌 정부를 침식시켰다. 이 같은 흐름은 1922년 2월 28일 영국으로부터 공식적으로 독립한 이집트에서도 상당히 위세를 떨쳤는데, 파시즘과 나치즘에 대한 모방은 새로운 사회적·정치적 집단들의 급격한 출현에 영향을 주었을 뿐만 아니라 폭력은 일종의 신념으로 공유되었고, 정치적 목적 달성을 위해서도 활용되어졌다. 특히 몇몇 집단들은 1945년에 이르면 사회적·정치적 갈등을 해소할 목적에서 불가피하게 폭력의 사용을 용인하기도 했다.[64]

1922년 공식적인 독립 이후 1923년 4월 공포(公布)된 새로운 헌법이 상원과 하원으로 구성된 양원제의 대의정치 체제에 기반을 둔 가운데 1924년 1월 12일 치른 최초의 총선거에서 와프드(Wafd)당은 전체 211석 가운데 179석을 획득하여 다수 의석을 차지하였다.[65] 또한 1936년 5월 실시된 총선에서도 157석을 차지하여 승리하였다. <표 57>을 보면 왕권이 강화되었던 1931년 6월과 1944년 1월 8일 총선을 제외하고 와프드당은 정국(政局)을 주도적으로 이끌었다. 이에 비해 야당의 경우 1924년 최초 선거에서 단지 15.1%의 의석을 얻었고, 1936년 선거에서는 18.1%, 1942년 선거에서는 12.1%를 얻는 데 그쳤다. 야당의 의석 점유율이 정점에 달한 1950년 1월의 선거에서도 29.2%에 불과했다.[66]

64) P. J. Vatikiotis, *The Modern History of Egypt*(Frederick A. Praeger, Publishers, 1969), 315쪽.

65) Elie Kedourie, *Politics in the Middle East*(Oxford University Press, 1970), 174－177쪽.

66) Abdel Monem Said Aly, “Prelude to Change: Egyptian Democratization, 2005”, *Middle East Brief,* No.2(January, 2006), 4쪽.

〈표 57〉 이집트 총선 다수당: 1924년~1950년

	다수당	선거 거부
1923 / 1924	Wafd	
1926	Wafd	
1929	Wafd	
1931	pro-monarchy	Wafd
1936	Wafd	
1938	Wafd	pro-monarchy
1944 / 1945	pro-monarchy	Wafd
1950	Wafd	

출처: M. At-Tawil, Li I'btida Al-U'mam Wa As-Sadat, 1988 재인용.

특히 통치엘리트로서 와프드당의 지도력은 몇몇 대토지 소유자들과 소수의 산업자본가 및 금융업자의 손에 좌우되었으며, 추종세력으로는 도시의 '소시민'(petite-bourgeoisie) 다수와 유럽식 교육(중등학교 및 대학교육)을 주로 받은 지식인층, 주-지방 관리자, 촌락지도자, 그리고 전국 각지의 선도적인 자영농들이었다.[67] 제2차 세계대전 이후 작지만 성장하고 있었던 이집트의 중간계급은 국가의 정치적·사회적 환경에 대한 불만이 증대하기 시작하였다. 무엇보다도 중간계급은 광범위한 토지소유와 더불어 경제·사회·정치 부문에 대한 지배를 지속해 왔던 왕과 소수의 대지주들의 수중에 권력이 집중되는 것에 분개했다. 당시 이집트에서 정치권력은 토지 소유와 동일시되었으며, 거의 모든 정치지도자들의 경우 50에이커(acre: 1에이커는 4046.8㎡) 이상의 토지를 소유한 전체 인구의 0.4%에 속한 특권층이었다.

심지어 와프드당의 대다수 지도자들 역시 중간계급 출신임에도 불구하고 충분한 자산을 획득하였던 것이다. 의회가 거의 일상적으

67) P. J. Vatikiotis, *op. cit.*, 316쪽.

로 지주들의 이익을 대변하는 데 급급하였던 관계로, 1950년까지 지속된 대지주 정책의 실패는 급속하게 국가적 위기를 초래시켰다. 특히 대외 문제에 있어서 상층 지주계급들은 열광적인 민족주의자들의 요구사항이었던 이집트와 수단(Sudan)으로부터 영국을 완전히 철수시키는 데도 실패했으며, 또한 이스라엘 건국을 막기 위해 1948년 5월 15일 발발한 아랍-이스라엘 간 전쟁이었던 '팔레스타인 전쟁'(Palestine war)에서도 패배했다.[68]

〈그림 18〉 중동전쟁의 양상[69]

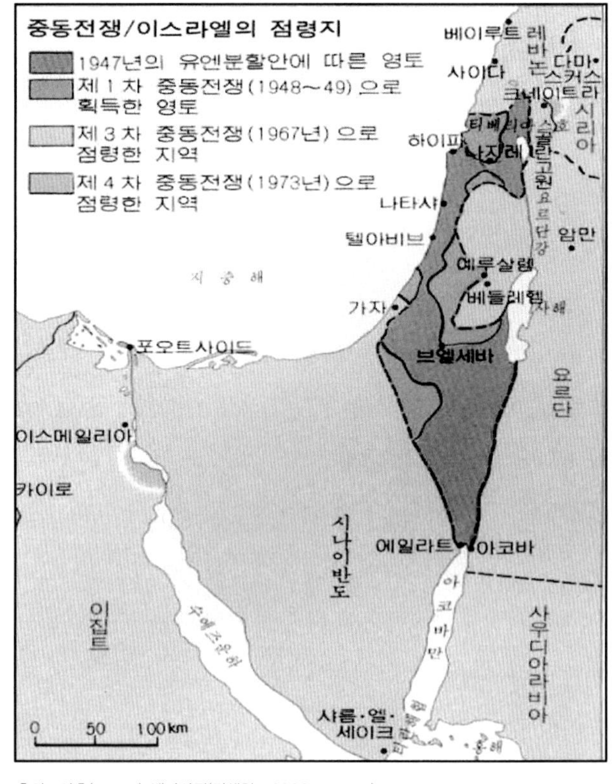

출처: 야후(Yahoo) 백과사전(검색일: 2006. 11. 27)

---

68) Don Peretz, *The Middle East Today*(Praeger Publishers, 1994), 230쪽.

이집트 국내의 도시 실업자 수는 증가했고, 농민들의 빈곤은 인구성장률의 증가와 침체된 경제에 직면하여 커져만 갔으며, 정부 최고위층의 광범위한 수뢰와 부패가 만연하였다. 정치지도자들은 당면한 문제들의 타개 및 필요한 급진적 조치를 통해 이를 해결할 의지 내지는 관심조차도 없었으며, 오직 그들의 관심은 자신들의 지위를 보호하는 데 있었다.[70] 이뿐만 아니라 제2차 세계대전의 종전 무렵 와프드당이 활력과 응집력을 상실하게 된 또 다른 원인으로는 전쟁 기간 동안 영국에 협조했던 관계로 많은 민족주의자들로부터 분노를 샀으며, 당의 지도자들이 불법적인 금융 조작에 연루되고, 은밀한 경제 정보를 악용하거나 혹은 공공재원을 유용하여 부를 축적했기 때문이었다.[71]

당시 나하스(Mustafa El Nahas) 정부는 극단적인 민족주의자들의 주장과 요구들을 수용함으로써 와프드당의 실패로부터 주의(注意)를 분산시키려는 시도로, 1951년 10월 일방적으로 1936년에 영국-이집트 간에 맺은 조약과 수단(Sudan)에 대한 양국의 공동관리 폐기를 선언하였다. 이때 이집트에서는 반영(反英) 감정이 폭동으로

69) 제1차 중동전쟁(1948년)은 이스라엘 쪽에서는 '독립 전쟁', 팔레스타인 쪽에서는 '대참사'(al Nakba)라고 칭한다. 5월 15일 이스라엘이 독립을 선언하자 아랍 국가들이 이스라엘을 침공하면서 시작되었다. 제2차 중동전쟁(1956년)은 수에즈 전쟁이라고도 하는데, 이집트의 나세르 대통령이 수에즈 운하의 국유화를 선언하면서 이에 대응해 이스라엘 군대가 10월 29일 수에즈 운하를 공격하면서 시작된 전쟁에서 11월 5일에는 영국·프랑스군이 합류하게 되었다. 제3차 중동전쟁(1967년)은 6일 전쟁으로도 불리며, 6월 5일 이스라엘 군대가 이집트·시리아·요르단을 급습하면서 시작되었다. 이때 전쟁기간은 요르단과는 3일·이집트와는 4일·시리아와는 5일간의 전쟁을 치렀는데, 6일 만에 전쟁에 참가한 아랍 국가들은 모두 UN의 정전(停戰) 권고를 수락하게 되었다. 제4차 중동전쟁(1973년)은 아랍 측에서는 '라마단 전쟁', 이스라엘에서는 '욤 키푸르'(Yom Kippur War) 전쟁으로 칭한다. 이 전쟁은 이슬람의 라마단 달(月)과 유대교의 욤 키푸르 축제 기간에 발발한 전쟁으로, 이집트와 시리아 군대가 10월 6일 이스라엘을 공격하면서 시작되었다.

70) Don Peretz, *op. cit.,* 230－231쪽.

71) Don Peretz, *ibid.,* 232쪽.

발전하여 카이로(Cairo)는 방화(放火)로 인해 폐허로 변했고, 많은 가게와 상점·호텔들이 문을 닫았으며, 경제적 신용과 화폐가치의 하락·관광 손실 등 이루 다 헤아릴 수 없는 손해가 발생했다. 그러나 당시 공산주의자·사회주의자, 그리고 '무슬림 형제단'(Muslim Brotherhood)의 혁명적인 움직임은 1952년의 정치적 파국에 대처하는 데 너무도 비조직적이었고 충분한 힘이 결여되어 있었다. 더구나 집권세력이었던 와프드당이 국가의 난제들을 해결할 만한 준비가 되어 있지 않았던 관계로, 구체제에 대항할 효율적인 행동이 가능한 유일한 집단은 바로 군부였다.[72)]

1952년 1월 25일 영국군이 이스마일리아(Ismailia)[73)]에서 게릴라 은신처로 의심되는 경찰 병영(barrack)을 공격하기 위해 이집트 영토를 침공, 대규모 교전이 벌어져 영국군 4명과 이집트 경찰 42명이 사망했다. 이로 인해 소위 '재앙의 토요일'(Black Saturday)이 되고 만 그 다음 날인 1월 26일 이집트인들은 1919년 봄에 일으킨 제1차 혁명에 이어 제2차 혁명을 일으켰다. 당시 이집트의 폭민(暴民)들은 카이로에서 대표적인 영국의 자산(資産)이었던 세퍼얼드 호텔(Shepheard's Hotel), '영국 국영항공사'(British Overseas Airways Corporation: BOAC) 사무소, '영국인 골프회관'(British Turf Club)을 불태워 버렸는데, 계엄령이 이집트 전국에 선포된 가운데 이 과정에서 영국인 26명이 사망했다.

1952년 7월 23일 이집트의 민족주의 장교들에 의한 쿠데타가 발생하여 같은 날 히라리 파샤(Ahmad Naguib Hilali Pasha) 총리를

72) Don Peretz, *op. cit.,* 234쪽.

73) 당시 사니타이르(Sanitaire)에 650명, 카라콜(Caracol)에 750명을 수용하는 두 곳의 경찰 병영이 있었다.

축출시키고, 3일 후인 7월 26일 푸록(Farouk) 국왕마저도 퇴위(退位)시켜 국외로 추방한다. 또한 1923년에 도입된 영국식 민주주의 제도를 폐지시켰으며, 정당들은 해산당하거나 활동이 금지되었다.[74] 자유장교단(Free Officers) 운동을 만들고 1952년 무혈 군부쿠데타를 주도한 9명의 면면(面面)은 육군 중령이었던 나세르(Gamal Abdul Nasser)와 사다트(Anwar as Sadat), 육군 소령 아미르(Abd al Hakim Amir)와 사림(Salah Salim), 그리고 후세인(Kamal ad Din Husayn), 공군 중령인 사림(Gamal Salim), 공군 소령인 바흐다디(Abd al Latif al Baghdadi), 기병대대의 지휘관이었던 이브라힘(Hasan Ibrahim), 기병대대 소령이었던 카리드 무히(Khalid Muhi ad Din)였다. 이들은 쿠데타에 성공한 다음 나기브(Mohamad Neguib) 장군을 표면에 앞세웠지만, 실질적인 쿠데타의 지도자는 나세르였다. 자유장교단이 새롭게 전환된 '혁명위원회'(Revolutionary Command Council: 이하 RCC)는 '군부 과두제'(Military Oligarchy)적인 통치체제로, 여섯 가지 근본적인 공약을 내걸었다.[75] 그 내용은 ① 제국주의와 그 통치기구의 종결, ② 봉건제의 종결, ③ 독점과 자본가 지배의 종결, ④ 강력한 국민 군대의 설립, ⑤ 사회 정의의 확립, ⑥ 실질적인 민주주의의 확립이었다.

군부는 국가 주도적인 성장정책을 채택하여 국가의 부를 증진시키기 위한 산업 활동들과 주(州) 개발에 적극적으로 개입하였다. 특히 군부는 소위 이중혁명이라는 골격(frame) 위에서 정치혁명과 사회혁명의 과업을 수행시켜 나갔다.[76] 첫째로 정치혁명은 쿠데타 이

74) Beverley Milton－Edwards, *Contemporary Politics in the Middle East*(Polity Press, 2000), 33쪽.

75) John Waterbury, *The Egypt of Nasser and Sadat: The Political Economy of Two Regimes*(Princeton University Press, 1983), 48쪽.

76) 이상두, 『나세르와 아랍혁명』(서울: 태양문화사, 1977), 129－136쪽.

전까지 정치권력을 장악하고 있었던 구지배계급으로부터 권력을 재편성하는 것을 목적으로 했다. 따라서 1952년 9월 10일 22개에 이르는 모든 정당 및 정치단체들에 대해 강령·당직자·간부·자금 및 재산에 관한 일체의 서류를 제출하게 했고, 12월 10일에는 1923년의 헌법을 폐기시켰으며, 그 다음 해인 1953년 1월 16일에는 와프드당이 정부 전복음모를 계획했다는 이유로 무슬림 형제단, 공산당 등 모든 정당 및 정치단체들을 합법적으로 폐지시킨 다음, 그들의 지도자들도 기소 내지 투옥시켰다.[77] 6월 18일 RCC는 공화국으로의 전환을 선언하면서 군주제를 폐지하고, 초대 대통령이자 총리로 나기브 장군을 선출했다.

둘째, 사회혁명은 정치변동에만 그치는 것이 아니라 궁극적으로는 사회체제의 변혁을 실현시키는 데 목적을 둔 것이기에 군부로서도 가장 중요시했던 것은 토지개혁이었다. 이 과정에서 대지주들에게 몰수한 땅을 농민들에게 분배한 결과 지지기반으로 포섭하는데 성공했다. 이들뿐만 아니라 노동자, 중산층 분파(分派)·학생·지식인·기술관료·공무원 등이 포함된 광범위한 연합을 구축하는데, 이들 역시 대지주들로 대표되는 구(舊)계급들에 적대적인 새로운 정권의 합법성과 지지를 위해 없어서는 안 될 장치였다. RCC는 다수의 개인 기업들을 몰수하여 국영기업으로 재분배시켰으며, 몰수한 토지는 무토지 농민들에게 재분배하였다.

1953년 6월 18일 초대 대통령이자 총리로 등장한 나기브 장군은 RCC와 충돌하기 시작했다. 마침내 1954년 2월 25일 나기브 대통령이 무슬림 형제단을 지원하고 독재 권력을 감싼다고 나세르가

77) S. P. Huntington, *Political Order in Changing Societies*(New Heaven: Yale University Press, 1973), 246쪽.

비난하면서 권력 투쟁이 시작되는데, 이날 RCC는 "나기브가 절대적인 권력을 요구했지만 이를 수용할 수 없었다."는 설명과 함께 그의 대통령직과 총리직의 사임을 발표한 다음 가택연금에 처했다. RCC에 의해 대통령이 공석(空席)으로 남겨진 가운데 나세르가 총리로 임명되지만, 나기브의 복귀를 바라는 시위가 발생하자, RCC로서도 이에 굴복하여 다시 나기브가 대통령직에 복귀하였다. 나기브에 의해 나세르는 총리직에서 강제로 축출되지만 짧은 총리로의 재임 중 나세르는 군부에서 친(親)나기브 세력들을 숙청할 수 있었다. 3월 25일 나기브 대통령에 의해 RCC의 해산과 더불어 군부의 병영으로의 복귀가 발표되면서 다시 시작된 권력투쟁은 8개월에 걸쳐 권력의 약화를 초래시키면서, 결국 11월 14일 나기브가 대통령직을 사임함으로써 나세르의 승리로 끝났다. 나기브 몰락의 가장 결정적인 원인은 의회의 비상 개회권을 보유하고 있었던 RCC의 역할에서 찾을 수 있다. 즉 11월 11일 RCC는 나기브에게 주었던 내각 각료들의 임면권 및 군 장교들의 승진과 해임권을 중지시킨다는 최후통첩을 했던 것이다.[78]

RCC의 확고한 권력 장악으로 1952년 군부쿠데타 이후 이원화되어 있던 정부와 RCC 조직은 일체화된 국가권력기구로 자리하게 되어, 1954년 6월에 가서는 이집트의 최고 권력이 RCC의 수중에 장악되었으며 11명의 구성원 모두 군인이었다. 또한 RCC 내각은 19명의 구성원을 선출하였는데, 8명은 군인으로 이들 역시 RCC의 구성원이었으며, 11명은 민간인들이었지만 실제적으로는 RCC의 상근 근무자들이었다.[79]

78) 『TIME』(1954. 3. 8)

79) 10년 후인 1964년에 중앙정부는 39명의 각료들로 구성되었는데, 단지 14명만이 군 장

권력구조의 공고화작업을 위해 나세르의 신(新)군부정권은 재빨리 영국 군대를 철수시키는 협정을 시도하였고, 1954년 12월에 들어서 1936년에 체결한 영국－이집트조약의 종결과 20개월 이내 영국군의 철수에 관한 협정이 체결되었다. 1956년 1월 16일 대통령의 총리 임면권(任免權) 등 공화국 대통령제 정부를 지향하는 196개 항목으로 구성된 신헌법이 공포되었다. 헌법은 2개 항의 새로운 개념을 포함하고 있었는데, 첫째는 이집트가 아랍국가라는 것이며, 둘째로 이집트는 국가 구성원들 간에 사회적 협동 작업을 통하여 사회복지와 경제계획을 행한다는 것이었다.

이 입헌 헌장에 도입된 실제적인 혁신은 의회제 정부의 형태를 대통령 체제로 대체시키는 데 있었으며, 이 헌법을 토대로 1956년 6월 23일 실시된 국민투표(plebiscite)의 결과 나세르가 대통령으로 선출되었다.[80)]

교였지만 중요한 위치를 모두 장악하고 있었다. 나세르의 사망 이후인 1974년 사다트(Mohamed Anwar El－sadat) 통치기에는 단지 대통령, 부통령, 국방장관과 두 명의 기타 장관들이 군인이었다. S. E. Finer, “The Retreat to the Barracks: notes on the practice and the theory of military withdrawal from the seats of power”, *Third World Quarterly,* Vol.7, No.1(January, 1985), 22쪽.

80) P. J. Vatikiotis, *op. cit.,* 387쪽.

〈표 58〉 이집트 국민투표(referendum) 결과: 1956년~1981년

연 도	득표율(%)	국민투표 대상
1956.6.23	99.84	1. 헌법 제정, 2. 나세르 대통령 취임*
1958	99.99	시리아(syria)와의 통합
1965	99.999	나세르의 대통령 재선
1968	99.989	나세르의 성명서
1970	90.04	사다트 대통령 취임
1971	99.9	이집트, 시리아, 리비아(Libya) 간 아랍연합
1971.9.11	99.98	헌법 제정
1974	99.95	10월 백서(October Paper)
1976	99.93	사다트의 대통령 재선
1977	99.42	국민단결법(National Unity Law)
1978	98.49	내정법(Interior Affairs Law)
1979.5.	99.90	평화 협정(Peace Treaty)
1980.5.22	98.96	1971년 헌법 변경(5.22)
1981	99.45	국민 전체의 통합
1981	98.46	무바라크 대통령 선출

*: plebiscite를 나타내며, 그 외는 모두 referendum임.
출처: M. At-Tawil, Li I'btida Al-U'mam Wa As-Sadat, 1988을 필자가 수정.

나세르의 권위주의는 정치·경제적 양 측면을 표면상으로는 포괄하는 주의(主義)였지만, 적어도 수사적(rhetoric)으로는 민중주의였는데, 본질적으로는 축적의 과정을 이탈하여 부의 재분배를 중요시한 것이었다.[81] 이러한 과정을 거치면서 1950년대와 1960년대의 이집트는 '국가 주도'(state-guided)로 '국가지배'(state-dominated)적인 경제성장을 이끌어 낸 소수의 개발도상국가들 속에 위치할 수 있었다. 특히 나세르 정권의 중핵이었던 군부는 이집트 안에서 가장 영향력 있는 집단이자, 혁명의 옹호자로서 정권이 추구하고자 한 정책들을 강력하게 추진할 수 있게 만든 원동력이었으며, 정권

81) John Waterbury, *The Egypt of Nasser and Sadat: The Political Economy of Two Regimes*(Princeton University Press, 1983), 10쪽.

역시 항상 군과 밀착된 관계에 있었다. 혁명위원회는 1956년까지 기본적인 정책조직 권한을 다른 군부장교나 민간 통치자와 공유하지 않았지만, 6월을 전환점으로 정권에서 군부의 색채를 표면적으로는 버렸다. 예컨대 계엄령을 해제시키고, 언론검열을 거두었으며, 모든 정치범을 석방시킨 다음 혁명위원회의 종결을 선언했다.

또한 내각에 진출한 군 출신 인사들에게 군으로 복귀할 것인가, 아니면 계속해서 공직에 봉사할 것인가를 결정하게 한 후 후자를 선택하면 그들을 모두 퇴역시킴으로써 나세르와 그의 추종자들은 이집트에 민간정부의 인상을 조성시켜 나갔다.[82] 이렇게 형성된 이집트의 '군부관료주의'(military bureaucrats)는 민간관료주의에 군부의 정치적 지배를 통합한 것으로, 군 출신 관료들의 대다수가 군부의 직위를 사임하고, 내각의 직위에 참여하여, 고위직과 심지어 중간직으로 다수의 민간인 각료들과 함께 했다. 그 결과 군부 관료주의는 정부의 외부로부터 다수의 기술전문가들을 충원시킬 수 있었으며, 혁신적인 사상을 제공했고, 관료제를 통해 군부의 지배를 강화시켰다.[83] 하지만 <표 59>는 내각 각료들 중에서 군부 출신 인사들의 비율은 1952년을 제외하고는 1953년 6월 10일~1968년 10월 28일까지 평균 40% 이상이었음을 보여 주고 있다.

82) J. C. Hurewitz, *Middle East Politics: The Military Dimension*(Frederick A. Praeger, Publishers, 1969), 130-131쪽.

83) Ellen Kay Trimberger, *Revolution Above: Military Bureaucrats and Development in Japan, Turkey, Egypt, and Peru*(New Brunswick, New Jersey, 1978), 159-160쪽.

〈표 59〉 이집트 내각의 군부출신 구성 비율: 1956년~1981년

내 각	군부 출신		내 각	군부 출신	
	인원	비율(%)		인원	비율(%)
1952.09.07	1	6.3	1961.08.17	16	51.5
1952.12.08	1	5.9	1961.10.19	15	51.6
1953.06.18	5	26.3	1962.09.29	17	47.1
1953.10.04	9	40.9	1964.03.24	16	36.3
1954.04.17	11	45.8	1965.10.02	19	46.2
1954.09.01	12	52.1	1966.09.10	21	55.2
1956.06.30	8	36.3	1967.06.19	19	65.4
1958.03.05	8	38.1	1968.03.20	13	39.4
1958.10.07	16	48.5	1968.10.28	13	41.9

출처: Richard Hrair Dekmejian, *Egypt Under Nasser: A Study in Political Dynamics*(Albany: State University of New York Press, 1971), 176-177쪽.

또한 나세르와 그의 추종세력들은 소작(小作) 관행보다는 차라리 산업사회를 기반으로 하는 사회 해방과 사회 정의의 상징으로서 이슬람 교리의 새로운 통합을 인식하고 이를 강제시켰다. 그 결과 상징은 두 갈래로 나뉘었는데, 한편으로는 '민주적이고 조합주의적 사회주의'(democratic and cooperative socialism)와 다른 한편으로는 '범아랍 국가주의'(pan-Arab nationalism)였다.[84] 가장 대표적인 사례가 바로 1956년 7월 26일 영국에 대한 결정적 타격이 된 수에즈(Suez) 운하[85]의 국유화 선언을 통해서 운하의 통제권을 빼앗아 버

84) Edward Feit, "Pen, Sword, and People: Military Regimes in the Formation of Political Institutions", *World Politics*, Vol.25, No.2(January, 1973), 258쪽; 나세르는 또한 이집트인에게 세계는 아랍세계, 이슬람세계, 아프리카 대륙권의 세 개의 범주로 구성된다고 말했다. 이는 금세기의 신생국들이 서유럽국가들의 세계지배를 위한 상호 대립과 경쟁의 결과로 기본적으로 출현했기 때문에, 이들은 자신만의 관심사가 아니라 다른 국가들과의 공동관심사로 깨닫기 시작하였는데, 특히 근대 자본주의적 제국주의의 생활상이 신생국들이 처한 공동관심사였다. 이는 사회학자인 미드(Mead)가 제시한 자아(self) 개념이 단지 개인만이 아닌 사회집단에까지 적용되는데, 자아의식은 적대와 구분의 과정에서 일어나기 시작했다. 자세한 내용은 Peter Worsley, *The Third World*(The University of Chicago Press, 1964), 77-78쪽을 볼 것. 따라서 필자 역시 나세르의 범(汎)아랍주의운동도 이러한 맥락에서 이해되어야 한다고 본다.

린 것이었다. 1882년에 시작된 영국의 이집트에 대한 군사점령이 1954년~1956년까지도 종결되지 않았던 상태에서 수에즈 운하로 대표되는 경제적 통치권의 해체는 이집트에 대한 정치적 통치권의 손실로 즉각 이어졌다. 이 사태의 해결을 위해 미국을 배제시킨 가운데 프랑스, 이스라엘, 영국 세 나라 간에 비밀협상이 맺어졌다. 그 내용은 먼저 이스라엘이 시나이 반도를 점령한 다음 수에즈 운하에 도달할 즈음 영국과 프랑스가 참전하여 수에즈 운하의 통제권을 회복한다는 것이었다.

앞의 <그림 18>에서와 같이 이스라엘군이 10월 29일 수에즈 운하를 공격하면서 시작된 제2차 중동전쟁은 11월 5일 영국군과 프랑스군이 가담했지만, 미국이 비밀협상에서 제외되었다는 사실을 안 아이젠하워(Dwight D. Eisenhower) 대통령은 격노하여 세 국가의 즉각적인 철군을 주장했다. 동시에 11월 5일 소련도 세 국가의 철군을 요구하는 최후통첩을 함으로써 수에즈 사태는 나세르 대통령의 정치적 승리로 끝을 맺었다. 수에즈 사태를 계기로 이집트는 소련과 강력한 친교를 맺어 미국에 대한 상호 적대적인 관계를 유지시켜 나갔을 뿐만 아니라 소련의 영향력과 국내적인 요인들로 인해 나세르 대통령은 점차 사회주의 경제체제에 관심을 돌리게 되었다.

1956년 10월 제2차 중동전(수에즈 전쟁)의 패전으로 인해 이스라엘의 인접국인 이집트와 시리아는 1958년 2월 1일 시리아(Syria)의 집권당인 바트당(Baath Party)과 이집트의 집권당인 국민연합(National Union) 주도로 양국이 통합된 '통일아랍공화국'(United Arab Republic: 이하 UAR)을 2월 22일 이집트와 시리아에서 국민투표를 거쳐 출

85) 수에즈 위기에 대해서는 1957년 2월에 주영 미국대사에서 은퇴한 알드리히(Winthrop W. Aldrich)의 "The Suez Crisis: A Footnote to History", *Foreign Affairs,* Vol.45, No.3(April, 1967), 541－552쪽을 읽어 볼 것.

범시켰다. 하지만 UAR의 초대 대통령으로 취임한 나세르 대통령이 실시한 토지개혁 및 산업과 금융의 국유화 계획을 우려한 통일 이전 시리아의 야당이었던 인민당과 군부가 1961년 9월 28일 일으킨 쿠데타로 시리아는 UAR에서 이탈하고 말았다. 이에 시리아의 바트당이 재차 1963년 3월 8일 친(親)나세르 파(派) 장교들 및 시리아 노동자조합이 연합한 쿠데타를 성공시키면서 이들은 다시 이집트와의 재통합을 추진했지만 나세르의 거부로 인해 실패로 끝나고 말았다.

이를 계기로 나세르가 도달한 결론은 민족주의에서 사회주의로의 전환이었으며, 그 실체가 바로 1952년 이래 유일한 합법적 정치기구로 존재해 왔던 국민연합을 1962년 12월 아랍사회주의연합(Arab Socialist Union: 이하 ASU)으로 대체시킨 것이었다. ASU의 최고집행위원회는 나세르 대통령과 술래이만(Sidqi Suleiman) 총리, 그리고 RCC의 몇몇 노련한 일원(一員)이었던 아메르(Abdel Hakim Amer), 사다트(Anwar Sadat), 모히에딘(Zakaria Mohieddin), 사페이(Hussein Shafei), 사브리(Ali Sabri)로 구성되었다.[86] 무엇보다도 1966년 후반에서 1967년 초 나세르의 관점에서는 이집트를 둘러싸고 있는 주된 적성국(敵性國)들의 실체는 제국주의로 규정된 미국과 영국 및 이들과 연결된 시오니스트(Zionist)들로 이루어진 이스라엘 세 국가였다. 이 같은 개념은 나세르의 연설과 일상적인 정치 강연에서도 세 국가들이 밀착되어 있다는 것을 반복적으로 표출시킨 가운데,[87] 1970년 9월 28일 심장마비로 사망할 때까지 지속시켰다.

---

86) Laura James, "Nasser and his Enemies: Foreign Policy Decision Making in Egypt on the Eve of the Six - day War", *Middle East Review of International Affairs,* Vol.9, No.2(June, 2005), 23쪽.

87) Laura James, *ibid.,* 24쪽.

2. 위로부터의 민주화과정

이집트 민주화과정의 시작은 아마도 1970년 9월 28일 나세르의 사망 이후 등장한 사다트(Mohamed Anwar El-sadat) 대통령 시대부터 논의하는 것이 적절한 시점일 것이다. 당시 부통령이자 자유장교단의 초기 구성원이기도 했던 사다트가 의회를 통해 대통령으로 선출되는데, 취임 후 그는 처음 몇 달 동안 나세르의 정적(政敵)이었던 급진적인 무슬림들과 맑스주의자들을 도외시하지 않은 채 가능한 광범위한 합의를 교묘히 얻어 내기 위한 수단을 강구했다. 특히 1971년 9월 11일 제정된 헌법은 권위주의적 통치를 약화시키기 위한 보다 진일보한 조치로 의회기능을 강화시켰다. 사다트 대통령은 아랍이란 호칭은 부수적인 것에 불과하며, 본질은 이집트라면서 국가의 공식적인 명칭도 UAR에서 '이집트 아랍공화국' (Arab Republic of Egypt)으로 변경시켰다.[88] 당시 이집트는 비참한 경제상황을 극복하는 데 필요한 지원을 얻기 위해 서구와 소련의 세력권 사이에서 동요(動搖)하고 있었다. 마침내 소련의 후원을 포기한 사다트 대통령의 선택은 실용주의 노선인 '이집트 우선주의'(Egypt First Policy)에 입각한 것이었다. 그의 집권시기(1970년~1981년) 동안 일관되게 아랍세계의 대의보다도 철저히 자국 이익을 우선시하는 실용주의적 입장에서 문호개방정책인 '인피타 정책'(infitah Policy)이 실시되어졌다. 즉 정치적으로는 친서방주의적 정책을 통해 미국과 유럽 국가들에 우호적인 정책을 펼쳤고, 경제적으로도 해외자본의 유치 및 공공부문에 대한 정부원조의 삭감조치 등을

88) Eberhard Kienle, "Arab Unity Schemes Revisited: Interest, Identity, and Policy in Syria and Egypt", *International Journal of Middle East Studies,* Vol.27, No.1(February, 1995), 66쪽.

통해서 자본주의 경제체제로의 진입을 촉진시키고자 했던 것이다. 특히 경제부문에 관련된 사다트 대통령의 인피타 정책은 1974년 4월 ASU에 소위 '10월 백서'(October paper)로 제시되었는데, 그 핵심에는 점진적인 경제자유화계획이 자리하고 있었다.[89)]

하지만 카이로의 정책결정자들은 새로운 정책이 정치 · 정당 · 언론매체에 대한 문호개방으로 확대되지 않고서는 진척될 가능성이 없다는 것을 깨닫게 되면서, 점차적으로 유일당 체제와 언론매체에 대한 전적인 통제는 포기되고, 다당제(多黨制)로의 교체 및 표현의 자유를 허용시키게 되었다.[90)] 이 같은 시도들은 국가의 정치적 안전을 규정하고 있었던 엄격한 법률에 의해서 균형을 유지시켜 갔는데, 예컨대 1977년 7월 2일 법률 제40호는 종교에 기반을 둔 정당의 창당은 엄격히 금지시켰던 반면,[91)] 정당 계획들은 이슬람 법률의 원리를 따르도록 규정했다. 이처럼 인피타 정책이라는 정치 · 경제적 문호개방과 이에 상응하는 엄격한 제한 조치가 동반되는 이중적인 상황에서는 최소한의 자유와 다양성만이 존재할 수밖에 없었다.[92)]

특히 1977년 1월 18일~19일 국가보조금 예산의 심각한 삭감은 빈곤층들이 사용하는 주요 식품들에까지 영향을 끼쳐 설탕 가격의

---

89) Toshikazu Yamada, "In Memory of Dr Ali Al-Gritly(1913-1982): His Views on Egypt's Experience with Socialism", *IDE Discussion Paper*, No.190(March, 2009), 12쪽.

90) Yoram Meital, "Domestic Challenges and Egypt's U.S. Policy", *Middle East Review of International Affairs,* Vol.2, No.4(December, 1998), 2쪽.

91) http://www.presidency.gov.eg/html/political_system.html(검색일: 2006. 11. 24); 법률에 의해 '정당 위원회'(Political Parties Committee: 이하 PPC)는 정당들의 승인 여부를 심사했는데, 1977년 이래 PPC는 18개의 정당들을 승인하고, 거의 50개에 달하는 정당들의 승인을 거부했다. Jeremy M. Sharp, "Egypt: Background and U. S. Relations", *CRS Report for Congress: RL33003*(June 14, 2006), CRS-9쪽.

92) Hala Mustafa, A Policy for Promoting Liberal Democracy in Egypt, *White Paper Serious: Voices from the Middle East on Democratization and Reform*(The Foundation for Defense of Democracies, May 2006), 2쪽.

16% 인상, 가스 가격의 31% 인상, 담배 가격의 12% 인상, 조리용 가스 가격의 46% 인상 등을 초래시켰다.[93] 당시 농업이 취약했던 이집트로서는 연간 1.5억 달러의 비용을 들여 식료품의 2/3을 수입하는 형편이었기에, 개인 식료품 가게의 물품은 부족했고, 가격 또한 국영상점에 비해 4배나 높았으며, 우유 · 육류 · 야채 가격의 끊임없는 인상으로 빈민층을 비롯한 농민층과 중산층 등 거의 90%에 가까운 절대다수는 고통을 받았던 반면 단지 10%에 불과한 상류층들이 더 많은 부를 축척했던 결과가 25년 전 축출된 푸록 국왕 이래 최악의 유혈폭동을 불러오고야 만 것이다. 폭동으로 인해 야간통행금지령이 내려진 가운데 공식적인 사상자 수는 47명 사망에 630명 부상, 그리고 600명 이상이 체포된 것으로 나타났지만,[94] 정확한 숫자는 보다 많을 것으로 추측된 가운데 인피타 경제정책은 사적(私的) 부문과 외국 투자 촉진을 통해 일정부분 이집트 경제에 기여한 반면 빈익빈 부익부 현상도 강화시켜 사다트 대통령의 암살 이후 무바라크(Mohamed Hosny Mubarak) 대통령에 의해 종결되고 말았다.

1978년 7월 사다트 대통령은 ASU를 해체하고, 8월 '국민민주당'(National Democratic Party: 이하 NDP)을 창당하였다. 이때 아랍사회주의연합 내부에서 대립했던 좌파들은 '사회주의노동당'(Socialist Labour Party)을 결성하여 규모는 미약했지만 사다트 정부에서 최대 야당으로 자리 하였다.

93) Paul Rivlin, *The Dynamics of Economic Policy Making in Egypt*(New York: Praeger, 1985), 178쪽.

94) 『Times』(1977. 1. 31)

〈표 60〉 이집트 국민의회(Majlis al－Sha'b) 선거 결과(1976년～2000년)

정당 \ 연도	1976	1979	1984	1987	1990	1995	2000
의석	의석	의석	의석	의석	의석	의석	의석
Egypt's Arab Socialist Union	280						
National Democratic Party		330	390	308	348	316	417
Liberal Socialist Forum	12						
Liberal Socialist Party		3					
Socialist Labour Party		29			선거거부		
SLP Alliance				56		1	
National Progressive Unionist Forum	2	0					
National Progressive Unionist Party				0	6	5	
New Wafd Party			58	36	선거거부	6	6
Progressive National Unionist Party							5
Independents	48			48	83	115	14
Nasserist Party						1	1
Liberal Party					선거거부		1
Total Elected seats	342	372	448	448	437	444	444

주: 대통령 지명 10석은 제외.
출처: A. M. S. Aly & A. Abdalla, The Middle East and North Africa 1991 and 1998. 필자가 보완.

이집트의 외교정책은 사다트 대통령 집권기에 전환점을 맞게 되는데, 아랍 국가들 가운데 최초로 이스라엘의 주권을 승인한 국가가 바로 이집트였다. 즉 1978년 9월 5일～9월 17일까지 미국의 캠프 데이비드(Camp David)에서 카터(Jimmy Carter) 대통령의 중재로 이스라엘의 베긴(Menachim Begin) 총리와 이집트의 사다트 대통령이 중동에서 평화를 위한 골격 마련과 이스라엘과 이집트 간 평화조약의 최종적 타결이란 두 가지 의제에 동의하면서 '캠프 데이비드 협정'(Camp David Accords)을 체결했다. 6개월 후인 1979년 3월 26일 워싱턴에서 '이스라엘－이집트 평화조약'(Israel－Egypt Peace Treaty)을 체결함으로써, 상호 주권을 인정하여 1948년 5월 아랍－

이스라엘 전쟁 이래 지속된 전쟁 상태를 중지시키게 된다. 이로 인해 1967년 '6일 전쟁'(Six-Day War) 기간에 탈취했던 시나이 반도(Sinai Peninsula)로부터 이스라엘의 병력과 주민들이 철수하고, 이집트로부터 수에즈 운하를 통과하는 자유 항해권을 보장받았다. 이 협정으로 이집트의 외교정책은 급격히 친(親)서방 진영으로 이동하게 되고, 무엇보다도 이스라엘에 대한 승인은 부분적으로 아랍 국가들의 결속을 깨뜨린 결과 1979년~1987년까지 '아랍 연맹'(Arab League)의 구성원 자격을 정지당했을 뿐만 아니라 1945년 3월 22일 형성된 이래 카이로에 위치하였던 아랍연맹의 본거지도 투니지아(Tunisia)의 투니스(Tunis)로 옮겨 갔던 반면, 서구 세계로부터는 호감을 획득하는 계기로 작용했다.

또한 이집트는 중동 지역에서 이스라엘 다음으로 많은 연간 약 2억 달러에 달하는 미국의 원조를 받게 되었는데,[95] 1979년~1997년까지 원조 형태의 세부항목들은 <표 61>과 같다.

〈표 61〉 이집트에 대한 미국 원조의 구성(단위: 100만 달러)

연도 / 형태	1979	1981	1983	1985	1987	1989	1991	1993	1995	1997	1998	1999	2000	2001	2002	2003	2004	2005	2006
군사[96]	1,500	550	1,325	1,175	1,300	1,300	1,300	1,300	1,300	1,300	1,300	1,300	1,300	1,300	1,300	1,300	1,292.3	1,289.6	1,287
경제	835	829	750	1,315	815	815	780	747	1,113	815	815	775	727.3	695	655	911	571.6	530.7	490
식품	253	301	255	227	196	152	218	4	0	0	-	-	-	-	-	-	-	-	-
전체	2,588	1,680	2,330	2,717	2,311	2,267	2,298	2,057	2,413	2,115	2,115	2,075	2,027.3	1,995	1,955	2,211	1,863.9	1,820.3	1,777

출처: Bessma Monami, *ibid.,* 101쪽 재인용.
Jeremy M. Sharp, "Egypt: Background and U. S. Relations", *CRS Report for Congress: RL33003*(June 14, 2006), CRS-30쪽 부분 인용.

95) Bessma Monami, "Promoting Economic Liberalization in Egypt: From U. S. Foreign Aid to Trade and Investment", *Middle East Review of International Affairs,* Vol.7, No.3(September, 2003), 88쪽.

96) 여기에 관해서는 Hillel Frisch, "Guns and Butter in the Egyptian Army", *Middle East Review of International Affairs,* Vol.5, No.2(Summer, 2001), 3-5쪽을 특히 참조할 것.

1980년 5월 22일 실시된 국민투표(referendum)는 1971년 헌법에 대한 중요한 개정을 승인했는데, 대통령의 재선 이상을 금지한 조항과 아랍사회주의연합의 헌법상의 지위를 폐지시켰고, 이집트 법률에 대한 중요한 원천으로서 이슬람 법률을 소중히 하는 것을 내용으로 했다. 이와 같이 경제적인 자유화를 겨냥한 변화조치들은 이슬람 근본주의자들의 저항까지 동반시키게 되는데, 대표적으로 1981년 여름에 들어서 이집트 내부의 기독교도들인 '콥트'(Copts)[97]와 이슬람 근본주의자들 사이에 격렬한 충돌이 발생하기도 했었다. 이때 사다트 대통령은 국가의 통합과 안전을 유지시키기 위해 긴급조치권을 대통령에게 부여한 헌법 제74조에 의거하여 체포, 정치활동의 엄격한 제한, 몇몇 신문사와 기타 매체들의 법적 효력 상실 등의 조치를 내렸다.

결과적으로 인피타 정책의 핵심인 친서방정책과 경제개방정책은 이슬람 근본주의자들의 반발을 고조시켰고, 사다트 대통령은 1981년 10월 6일 열린 '제4차 중동전쟁'(Yom Kippur War)을 기념하는 군사 열병식에서 '이집트 이슬람 지하드'(Egyptian Islamic Jihad: EIJ) 조직원이었던 알 이슬람부리(Khalid al-Islambuli) 중령 외 장교들과 사병들에 의해 암살당했다.

부통령이었던 무바라크가 10월 14일 대통령직에 취임하는데, 그는 사다트 암살에 연루(連累)되어 투옥된 이슬람주의자들을 석방시키고, 나세르의 사회주의적 정책과 사다트의 친서방주의적 정책 사

97) 총선(1976년~2005년)에서 콥트의 의회 의석은 선거에 의해서나, 임명에 의해 획득한 의석 전체를 합한 것이다. 이에 따라 ① 1976년 8석(모두 임명), ② 1979년 14석(선출 4, 임명 10), ③ 1984년 11석(선출 6, 임명 5), ④ 1987년 10석(선출 6, 임명 4), ⑤ 1990년 8석(선출 2, 임명 6), ⑥ 1995년 6석(모두 임명), ⑦ 2000년 7석(선출 3, 임명 4), ⑧ 2005년 6석(선출 1, 임명 5)로 극히 미미한 수치이다. Abdel Monem Said Aly, *op. cit.,* 3쪽.

이에서 중도적인 정책을 유지하고자 애썼다.[98] 이집트의 대통령 선거절차는 매 6년마다 국민들이 단독 후보에 대해 찬반투표를 하고, 그 결과를 의회가 승인하는 방식이었다. 무바라크 대통령은 집권당인 NDP의 후보로 지명되어 4차례나 대통령을 역임했는데, 매번 선거에서 90%를 넘는 득표율을 획득한 바 있다.

무바라크 대통령은 군부가 1952년 군부쿠데타로 정권을 장악한 이래 가장 심각했던 대중 저항인 1977년 식량폭동의 결과로 창설된 '중앙방위군'(Central Security Forces: 이하 CSF)을 군 권력 내부의 세력균형을 위한 의도에서 눈에 띄게 강화시킨 반면 1986년 2월 폭동에서는 군 내부에 이슬람 근본주의자들의 침투를 우려한 나머지 CSF의 병력 2만 명을 강제적으로 감축시키기까지 했다.[99] 또한 재발을 막으려는 의도에서 민간사회로부터 군 병력을 격리시키기 위한 군사도시를 건설함으로써 이집트 군부는 상당한 고통을 겪기도 했다.[100] 이미 1979년 1월 사다트 정부는 국가 공공사업 계획의 관리를 통하여 경제 영역에서 군의 참여를 용이하게 한 바 있는데, 이로 인해 1994년에 가면 군부는 16개의 공장들과 75,000명의 노동자를 관리하게 되며, 생산품의 40%는 농업 기계 · 사료(飼料) · 전선(電線) · 의약품 등의 형태로 민간 시장에 공급시켰다. 이같이 활발한 경제영역에의 참여 및 시장에서 차지하는 비중의 확대로 인해 당시 이집트 군부는 그들의 통제를 받았던 자유무역지대인 수에즈와 사이드(Said) 항구를 통해 밀수행위를 한다고 비난받기까지 했다.[101] 1990년대 이래 이집트 군부의 경제적 위임 통치가

98) Charles Onians, "Supply and Demand Democracy in Egypt", *World Policy Journal*(Summer, 2004), 79쪽.

99) Hillel Frisch, *op. cit.,* 5－6쪽.

100) Hillel Frisch, *ibid.,* 6쪽.

효율적으로 확대된 가운데, 일반적으로 군사전문가들은 이집트 군부가 비대하고, 평화 시에도 불필요한 인력을 유지시키고 있다고 주장했지만, 군 장교들과 일부 학자들의 경우 이집트 군부의 비대화를 군인들과 그들의 가족들에게 제공할 시설들로 인한 것이라며 정당화시켜 왔다.[102)]

1981년 10월 인피타 정책의 종결 이후 1991년까지 중요한 경제적 변화들은 목격되지 않았다. 하지만 1991년 5월 17일 무바라크 대통령이 나세르 정부의 정치적·경제적인 정책들을 대체한 구조조정과 사유화 계획을 이행하는 과정에서 광범위한 경제적·사회적 변화들이 발생하게 된다. 즉 1991년에 들어서 IMF와의 372억 달러의 예비자금 협정으로 사회보조금과 공적 비용의 감소라는 구조조정 정책을 적용시킴으로써 기존 나세르 대통령과 사다트 대통령의 국권주의적 체제는 그 의미를 상실하게 되었다.[103)] 특히 구조조정 정책에 의해 개발과 복지라는 두 축이 사라지게 되면서 국가는 더 이상 새로운 산업계획의 창설이나 토지 개간과 같은 경제개발에 간섭할 수 없게 되었으며, 다양한 통제와 인허(認許) 요구가 폐지 내지 간소화되었다.[104)]

---

101) Hillel Frisch, *op. cit.,* 8쪽.

102) 최근까지도 이집트 군부는 청년층의 12%를 교육시켰고, 방위산업에서 10만 명 이상을 고용한 것으로 평가된 바 있다. Imad Harb, "The Egyptian Military in Politics: Disengagement or Accommodation?", *The Middle East Journal,* Vol.57(Spring, 2003), 269쪽.

103) 두 개의 주된 축을 상실하게 되는데, 이는 나세르 대통령과 사다트 대통령의 국권 통치의 특징이자 주된 차이이기도 한 것이었다. 즉 전자의 경우 수입대체 산업화전략을 통하여 가장 취약한 집단들을 지원하는 균형적인 경제개발을 시도했다면, 후자의 경우는 수출 주도적인 경제성장 전략에 의존했고, 개발전략을 희생하여 복지정책에 초점을 맞추었던 것이다. Paul Rivlin, *op. cit.,*(1985), 143쪽; 1961년 7월 나세르 정부가 사회주의를 선언하면서 광범위한 국유화가 공적 부문에 확대되고, '국가소유기업'(State Owned Enterprises: SOEs)이 설립되었다. 하지만 1974년 4월 사다트의 국권주의적 체제의 완화였던 인피타 정책의 선언은 사적 부문의 강화, 외국 자본에 대한 제약 제거를 통해서 이집트를 세계 자본주의 시장에 재통합시키는 계기를 제공했다.

〈그림 19〉 이집트의 하층 빈곤층과 상층 빈곤층 비율

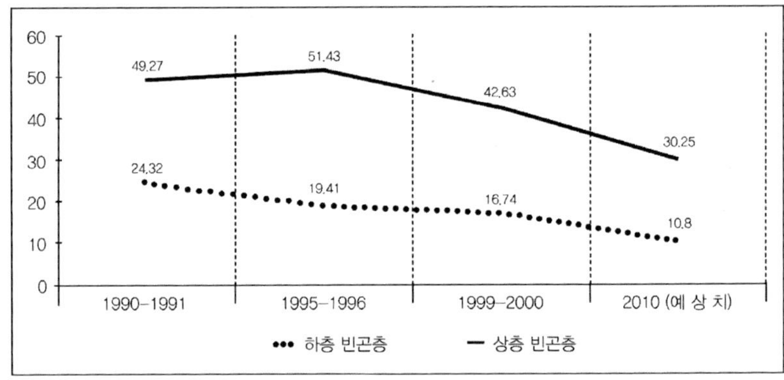

출처: Sameh El-Saharty · Richardson Gail · Chase Susan, "Egypt and the Millennium Development Goals: Challengers and Opportunities"(Washington DC: World Bank, 2005), Table 3 자료 재구성.

<그림 19>와 같이 이집트의 경제적 불균형은 1990년대에 들어서 빈곤층조차도 상층과 하층 간 확연한 격차가 벌어졌고, 1995년~1996년을 정점으로 전체적인 비율은 감소하고 있는 실정이지만, 2010년에 가서도 좀처럼 두 계층 간의 격차는 줄어들지 않을 것임을 예상치는 보여 주고 있다. 좀 더 부연하자면 오니안스(Charles Onians)에 의하면 대부분의 이집트인들에게 무바라크 대통령의 정책에 대해 질문하면 "적어도 우리에게 전쟁을 주지 않았다"는 답변과 2003년 1월 당시 불경기인 경제상황에 관해 한 노동자는 "사다트 치하(治下)에서 식료품은 쌌지만, 무바라크 치하에서는 1파운드(pound)도 소용없다"는 대답을 가장 흔하게 들을 수 있었다고 지적하기도 했다.[105)]

더구나 1980년대와 1990년대 동안 이집트는 폭력에 종교적인 영

104) Paul Rivlin, "Egypt's Demographic Challenges and Economic Responses." *Middle East Review of International Affairs,* Vol.7, No.4(December, 2004), 23쪽.

105) Charles Onians, *op. cit.,* 80-83쪽.

감(靈感)을 결부시켰던 극단적인 행동들이 발생되었고, 1991년과 1996년 사이 1천 명 이상이 피살된 가운데, 가장 악명 높았던 사건은 이슬람 근본주의자들이 1997년 11월 룩소르(Luxor)에서 관광객들을 공격하여 58명을 살해한 것이었다.[106] 이들에 의해 자행된 테러의 절정은 미국 본토에 대한 직접적인 공격으로 이어져 2001년 9월 11일 뉴욕(New York)의 '세계무역센터'(World Trade Center) 쌍둥이 빌딩에 민간비행기를 탈취하여 자폭(自爆)함으로써 전 세계를 충격에 빠뜨렸다. 소위 9·11 사태 이후 미국의 중동정책이 민주주의를 증진시키는 전략으로 전환되면서, 이집트 역시 정치개혁의 가속화와 한층 더 진전된 민주화를 촉구하는 미국의 압력에 부딪히고 말았다.[107]

여기에 국내적으로도 2004년 7월 설립된 '키파야 운동'(Kifaya movement)은 충분하다(enough) 내지 더 이상 견딜 수 없다는 뜻으로 1981년 이래 25년간 이집트를 통치하고 있는 무바라크 대통령의 5번째 연임을 공개적으로 반대하고 나선 저항조직이었다.[108] 이들의 웹사이트(web－site)를 보면 두 가지 당면 과제들을 내세우고 있는데, 첫째는 대외적 사안으로 미국의 이라크 점령과 팔레스타인 민족들에 대한 시오니스트(Zionist)들의 유린을 공격하고 있으며, 둘째는 대내적 사안으로서 자국의 억압적인 전제정치를 비평하고 있다.[109] 본격적으로 2004년 12월 12일 카이로 중심가에서 첫 번째

---

106) Hillel Frisch, *op. cit.,* 6쪽.

107) Jeremy M. Sharp, *op. cit.,* CRS－6쪽.

108) Scott Macleod, "Critics Attack Egypt Vote", 『TIME』(2007.3.27)

109) Ursula Lindsey, "How much is enough?", 『Cairo Magazine』(2005. 6. 30); http://www.cairomagazine.com/?module＝displaystory&story_id＝1118&format＝html(검색일: 2006. 11. 21)

반(反)무바라크 시위를 벌인 것을 비롯하여, 2005년 2월 4일에는 두 번째 반무바라크 시위가 벌어지고, 21일에는 카이로 대학교 앞에서 세 번째 시위가 열렸다. 하지만 이집트 정부는 2005년 1월 29일 야당지도자 누르(Ayman Abdel Aziz Nour)를 정당 창당 시 수천 명의 입당원서를 위조하여 등록시켰다는 혐의로 체포하여 42일간 불법 감금하면서 부터 미국과의 외교적 긴장관계가 조성되었다. 미국의 석방 요청에도 이집트 정부가 이를 거부하자 라이스(Condoleezza Rice) 국무장관은 2월 25일로 예정된 공식적인 이집트 방문을 전격적으로 취소시켜 버렸다.[110] 이에 이집트 당국으로서는 3월 12일 누르를 보석(保釋)으로 석방할 수밖에 없었다.

2005년 2월 26일 무바라크 대통령이 국영 TV를 통해 생중계된 대국민 담화를 통해서 헌법 제76조를 개정하여 복수 후보가 대통령 선거에서 경쟁할 수 있도록 허용한 이후 3월 5일 상원에서 개헌안이 만장일치로 통과되었다. 5월 25일 헌법개헌안이 하원에서 국민투표(referendum)로 통과되지만, 나세르주의자들의 정당인 '알-나쎄리'(Al-Nasseri), 맑시스트 정당인 '알-타감무'(Al-Tajammou), 중도 자유주의 정당인 '알-와프드'(Al-Wafd)로 대표되는 세 야당들은 대통령 후보 등록을 위한 새로운 조건들이 너무 엄격한 관계로 사실상 집권당인 '국가민주당'(National Democratic Party: 이하 NDP)만이 후보등록을 할 수 있다고 주장하면서 국민투표 거부(boycott)를 선언했다.[111] 왜냐하면 개정 헌법에 따르면 대통령 후보를 낼

---

110) 『The Washington Post』(2005. 2. 26)

111) 예컨대 1954년 이래 정치활동이 금지된 무슬림형제단은 2000년 선거에서 의회에 무소속 14석과 기타 정당 소속으로 17석을 차지하고 있었다. 이집트 정치 분석가들은 자유롭고 공정한 선거에서는 무슬림형제단이 의회 의석의 30%나 차지할 수 있다고 평가했다. 하지만 무슬림형제단의 국회의원들을 알-와프드, 알-타감무, 알-나쎄리 등과 결부시켜도 총 454석의 의회 의석 가운데 5%에 지나지 않았다. 『Middle East

수 있는 정당은 5년 동안 등록이 된 정당들과 국민의회와 상원 의석을 각각 5% 이상을 보유한 정당들로 명시되어 있었지만, 이 제약조건들은 9월 치를 대통령 선거에서 현존 정당들의 지도자들에게는 면제되어졌다. 더구나 무소속 후보들의 경우 반드시 의회나 주 의회 의원들 250명의 지지를 받아야만 대통령 후보가 될 수 있었다.[112)]

3월 20일 개최된 이라크 전쟁 2주년 기념 시위는 수백 명의 무바라크 대통령 반대자들과 지지자들 간 언쟁(言爭)으로 변질되었다. 이는 한 달에 걸친 반정부시위대들의 시위에 대항한 친(親)무바라크 시위의 최초의 등장이기도 했다.[113)] 4월 27일 전국 15개 도시들에서 무바라크 대통령의 하야와 1981년 통치 아래 부과한 비상법률들의 해제를 요청하는 시위가 벌어졌다. 예컨대 카이로의 경우 1천 명 이상의 폭도진압 경찰기동대가 대법원으로 접근하는 300명의 시위대를 저지시켰으며, 남부 도시인 룩소르(Luxor)에서는 1천명 이상의 시민들이 시위에 참가했다.

9월 7일 최초로 복수 후보들이 경쟁한 가운데 치른 대통령 선거에서 무바라크 대통령이 88.57%라는 압도적인 득표율로 5번째 대통령 연임에 성공하였다. 누르 역시 '내일 당'(Tomorrow Party)의 대통령 후보로 출마했지만, 7.58%의 득표율에 그쳤다.[114)]

Times』(2005. 5. 18)

112) http://news.bbc.co.uk/2/hi/middle_east/4565411.stm(검색일: 2006. 11. 21)

113) 『M&G Online』(2005. 3. 21)

114) 대선 후 누르의 추락은 가속화되기 시작했다. 즉 당 지도권을 둘러싼 극심한 내분에 직면했고, 여당의 강력한 견제로 인해 2005년 11월 9일 치를 총선에 출마했다가 10년간 지켜 온 의원직까지 잃어버렸다. 또한 12월 5일부터 속개된 재판에서 법정 구속되는 신세가 됐다. 카이로 법원은 2005년 12월 24일 지난해 10월 '알-가드당'(Al-Ghad Party) 창당 절차를 밟으면서 창당에 필요한 추천인 서명을 위조한 혐의로 기소되었다 보석으로 풀려난 누르에게 유죄(有罪)를 인정하여 징역 5년을 선고했다. 또한

〈표 62〉 이집트 2005년 9월 7일 대통령 선거 결과

후보자	공천 정당	득표수	득표율(%)
Mohamed Hosni Mubarak	National Democratic Party	6,316,784	88.57
Ayman Abdel Aziz Nour	Tomorrow Party	540,405	7.58
Noman Khalil Gomma	New Wafd Party	208,891	2.93
Osama Abdel Shafi Shaltout	The Solidarity Party	29,857	0.42
Wahid Fakhry AL Uksory	The Egyptian Socialist Arab Party	11,801	0.17
Ibrahim Mohamed Abdel Monem Tork	The Democratic Union Party	5,831	0.08
Mamdouh Mohamed Ahmed Qenawy	The Social Constitutional Party	5,481	0.08
Ahmed Al Sabahi Awadallah	The Nation Party	4,393	0.06
Fawzi Khalil Ghazal	2000 Party	4,222	0.06
Al Said Refaat Mohamed AL Agroudy	The National Conciliation Party	4,106	0.06
전 체		**7,131,771**	**100.0**

주: 무슬림 형제단(Muslim Brotherhood)은 선거에서 제외되었기에, 누르 후보를 지원한 것으로 추측됨.
출처: http://www.cnn.com/WORLD/election.watch/meast/egypt3.html(검색일: 2006. 7. 27)

야당들은 일제히 이번 대통령 선거에서 집권 국민민주당(NDP)의 부정선거가 자행되었기에 선거 결과를 무효화시키고 재선거를 실시해야 한다고 주장했는데, 실제로 야당들의 주장이 설득력을 가졌던 이유는 첫째, 무바라크 대통령이 선거운동 기간을 불과 19일로 제한시켰고, 부시 대통령이 요구한 서방국가의 선거참관 마저도 거절했다는 사실이다.115)

둘째로는 '대통령 선거위원회'(Presidential Electoral Commission: 이하 PEC)가 투표소 참관 허용 대상을 감독관과 후보 및 후보의 대리인으로 제한시켰고, 시민단체의 참관을 배제시키려했던 종전의

누르의 지시를 받고 위조 작업에 가담한 알-가드당 관계자 등 공범 6명에 대해서도 징역 3~10년형을 부과했다. 『USA TODAY』(2005. 12. 24)

115) 『동아일보』(2005. 8. 31)

입장을 선거 사흘 전인 9월 4일 재확인했다는 사실이다. 무엇보다도 PEC의 역할은 후보 지명을 승인하고, 선거 과정의 감독 및 최종결과를 기록하는 유일한 기관이자, 특히 가장 중요한 점은 PEC의 일부 구성원의 판단으로 대통령 선거와 관련하여 제기된 소송이나 이의 제기를 판정하는 최종적인 사법 권한을 지녔던 점이다. 따라서 정치비평가들은 PEC가 내린 결정은 최종적이었던 반면 이에 대한 항소를 제기할 수 없었던 까닭에 PEC가 법원을 지배할 수 있었던 위치에 있었다고 비판했다.116)

〈표 63〉 이집트 2005년 대통령선거에서 정치적 권리 & 시민적 자유의 상태

Year	Total Vote	Registrati on	Vote / Reg	Invalid	Political Right	Civil Right	Status
2005	7,305,036	31,826,284	23.0%	2.4%	6	5	Not Free

주: 평점 1을 자유의 최고 등급으로, 평점 7은 최하 등급으로 평가하여, 최종적인 등급 평균이 1.0~2.5일 경우 자유(Free) 상태, 3.0~5.0일 경우는 부분적인 자유(Partly Free), 5.5~7.0일 경우는 자유롭지 않음(Not Free)으로 간주했다.

출처: IDEA, *The International IDEA Handbook of Electoral System Design*(Strömsborg: 2005).

이집트 대선의 불공정성을 보여 주는 또 다른 사례로 '민주주의와 선거지원을 위한 국제위원회'(International Institute for Democracy and Electoral Assitance: 이하 IDEA)가 평가한 바에 의하면 정치적 권리(Political Right)는 평균 6, 시민적 권리(Civil Right)는 5로 가장 중요한 것은 PR과 CR을 측정한 수치에 있는데, IDEA는 평점 1을 자유롭지 않은 상태(Not Free)로 간주했다는 점이다.

2005년 11월 9일~12월 1일 세 차례로 나누어 총선이 실시되었

116) Jeremy M. Sharp, "Egypt: 2005 Presidential and Parliamentary Elections", *CRS Report for Congress: RS22274*(September 21, 2005), CRS－2쪽; www.au.af.mil/au/awc/awcgate/crs/rs22274.pdf (검색일: 2006. 11. 22)

다. 첫째, 하원에 해당하는 '국민의회'(People's Assembly; Majlis al-Sha'b)의 경우 5년 임기로 총 454명으로 구성되었다. 전국 222개 선거구에서 각 2명씩 선출하는데, 적어도 선거구당 1명은 농민이나 노동자들을 선출하게끔 제도화되어져 있었다. 나머지 10명은 공화국 법령에 의해 대통령이 임명했다.[117] 둘째, 1980년 설립된 상원(Advisory Council; Majlis al-Shura)의 경우 6년 임기로 법률 제120호 제1항에 따라서 총 264명으로 구성되며, 전체 2/3인 176명은 88개의 선거구에서 각 2명씩 일반투표로 선출했는데, 적어도 2명 중 1명은 반드시 노동자와 농민들을 뽑았다. 나머지 1/3인 88명은 대통령에 의해 임명되었다. 여기서는 선거 결과를 제시하기에 앞서 <표 63>에서 제시된 바 있는 IDEA의 역대 총선 평가를 먼저 제시하기로 한다. 물론 결과에 대한 해석은 앞선 사례와 동일한 관계로 생략하기로 한다.

〈표 64〉 이집트 역대 총선에서 정치적 권리 & 시민적 자유의 상태

Year	Total Vote	Registrati on	Vote / Reg	Invalid	Political Right	Civil Right	Status
1976	3,803,973	9,564,482	39.8%	n/a	5	4	Partly Free
1984	5,323,086	12,339,418	43.1%	3.3%	4	4	Partly Free
1987	7,207,467	14,324,162	50.3%	5.5%	5	4	Partly Free
1990	7,253,168	16,326,229	44.4%	4.8%	5	4	Partly Free
1995	10,072,017	20,987,453	48.0%	2.5%	6	6	Not Free
2000	n/a	24,602,241	0.0%	n/a	6	5	Not Free
2005	n/a	n/a	n/a	n/a	6	5	Not Free

출처: IDEA, *The International IDEA Handbook of Electoral System Design*(Strömsborg: 2005).

117) http://www.sis.gov.eg/En/Politics/Legislative/PAssembly/intro/040901010000000001.htm (검색일: 2006. 11. 20)

이제 구체적으로 2005년 의회선거 결과를 제시해 보기로 한다.

〈표 65〉 이집트 2005년 의회 선거 결과[116)]

제1단계 선거(11월 9일)			
전체 의석: 164석(82개 선거구)			
선거 주(州)	카이로(Cairo), 기자(Giza), 마노우피아(Manoufiya), 베니 수에프(Beni Suef), 민야(Al Minya), 아시우트(Asyut) 마트루흐(Matruh), 알 와디 알 자디드(Al Wadi Al Jadid)		
정 당	선거지역	획득 의석	총 획득 의석
'국민민주당' (National Democratic Party: NDP)	Cairo	36	120
	Giza	22	
	Manoufiya	11	
	Beni Suef	9	
	Al Minya	16	
	Asyut	18	
	Matruh	4	
	Al Wadi Al Jadid	4	
'무슬림형제단' (Muslim Brotherhood)*	Cairo	9	34
	Giza	4	
	Manoufiya	9	
	Beni Suef	4	
	Al Minya	6	
	Asyut	2	
무소속(Independent)	Cairo	2	4
	Manoufiya	2	
'알타감무' (Al Tagammu Party)	Cairo	1	2
	Giza	1	
'알가드당' (Al Ghad Party)	Cairo	1	1
'알카마라운동' (Al-Karama Movement)	Beni Suef	1	1

* 제도권 정당이 아니라 각자 무소속 후보로 출마하여 당선됨.

118) International Republican Institute, *2005 Parliamentary Election Assesment in Egypt: November 15-21 2005*, 23-25쪽을 필자가 재구성; http://www.iri.org/mena/egypt.asp(검색일: 2006. 11. 22)

제2단계 선거(11월 20일)			
전체 의석: 144석[1]			
선거 주(州)	알렉산드리아(Alexandria), 알 바히라(Al Bahira), 이스마일리아(Ismailiya), 포트사이드(Port Said), 콸유비야(Qalyubiya), 기하르비야(Gharbiya), 수에즈(Suez), 파요움(Al Fayoum), 퀘나(Quna)		
정당	선거지역	획득 의석	총 획득 의석
'국민민주당' (National Democratic Party: NDP)	Alexandria	11	90
	Al Bahira	20	
	Ismailiya	2	
	Port Said	2	
	Suez	2	
	Qalyubiya	8	
	Gharbiya	16	
	Al Fayoum	9	
	Quna	20	
'무슬림형제단' (Muslim Brotherhood)*	Alexandria	8	42
	Al Bahira	6	
	Ismailiya	3	
	Port Said	2	
	Suez	2	
	Qalyubiya	7	
	Gharbiya	10	
	Al Fayoum	3	
	Quna	1	
무소속 (Independent)	Alexandria	1	4
	Port Said	1	
	Qalyubiya	1	
	Quna	1	
'와프드당'(Wafd Party)	Ismailiya	1	2
	Port Said	1	

* 제도권 정당이 아니라 각자 무소속 후보로 출마하여 당선됨.

주: 1. 6석이 걸려 있는 3개의 선거구는 다시 결선투표에 직면해 있으며, 실질적인 경쟁의석은 138석임.

제3단계 선거(12월 1일)			
전체 의석: 136석[2](68개 선거구)			
선거 주(州)	대퀼리야(Daqhliya), 샤퀴야(Sharqiya), 콰파 알 세이크(Qufar Al Sheikh), 담야트(Damyat), 소하그(Sohag), 아스완(Aswan), 홍해(Red Sea), 북부 시나이(Northern Sinai), 남부 시나이(Southern Sinai)		
정당	선거지역	획득 의석	총 획득 의석
'국민민주당' (National Democratic Party: NDP)	Daqhliya	29	114
	Sharqiya	24	
	Qufar Al Sheikh	10	
	Damyat	7	
	Sohag	25	
	Aswan	5	
	Red Sea	4	
	Northern Sinai	6	
	Southern Sinai	4	
'무슬림형제단' (Muslim Brotherhood)*	Daqhliya	3	12
	Sharqiya	3	
	Qufar Al Sheikh	2	
	Damyat	1	
	Sohag	3	
무소속(Independent)	-	0	0
'와프드당'(Wafd Party)	Sharqiya	1	2
	Qufar Al Sheikh	1	
'알카마라운동' (Al-Karama Movement)	Qufar Al Sheikh	1	1

* 제도권 정당이 아니라 각자 무소속 후보로 출마하여 당선됨.
주: 2. 6석은 다시 결선투표에 직면해 있으며, 그 외 130석은 결정된 상태임.

민주주의라는 제도적 형식을 교묘히 활용한 무바라크의 5번째 대통령 연임(連任) 및 총선에서의 패배에도 불구하고 키파야 운동은 무바라크의 통치와 둘째 아들이자 집권 여당인 NDP의 정책위원장인 가말(Gamal Mubarak)에게로 권력의 승계 가능성을 예의주시하면서 지속적으로 반대 시위를 벌였다. 또한 1981년 사다트 대통령의 암살 이후 전국적으로 선포되었던 국가비상사태가 유지되고 있는 현실에도 반대했다. 즉 비상사태가 지속되는 한 결과적으로 이집트인들의 자유는 심각하게 억압받을 수밖에 없다는 이유에서였다. 하지만 2005년 총선 결과를 2000년 선거 결과를 제시한 앞의 <표 60>과 비교해 보면 집권당인 NDP의 경우 종전 411석에서 324석으로 87석이 줄어든 반면 단지 무소속으로 존재해 왔던 무슬림형제단이 무려 88석의 의석을 차지했다는 점은 주목할 만하다.[119)]

이집트 정치개혁의 성과는 비록 2005년 9월 대통령선거가 무바라크 대통령의 승리로 끝났지만, 11월에 실시된 총선에서는 이전의 선거와는 달리 야당 국회의원들의 약진이 보였다는 점은 향후 민주화 과정에서 긍정적으로 작용할 가능성이 크다. 반면 법으로 금지된 무슬림형제단이 무소속으로 88명이나 당선된 가운데, 2006년 1월 25일 팔레스타인(Palestinian) 총선에서도 이슬람 근본주의자들의 무장투쟁조직인 하마스(Hamas)가 근거지인 '가자 지구'(Gaza Strip)와 요르단 강 서안(West Bank)에서의 압도적인 승리를 바탕으로 총 132석 가운데 76석을 장악하여 집권한 사실은 이집트 역시 향후 민주화과정에서 부딪칠 중요한 걸림돌이 될 가능성도 다분하다.

---

119) 무슬림 형제단(Muslim Brotherhood)은 1954년 이래 이집트에서 정식으로 활동이 금지되었지만, 사실상 이집트 정부는 1970년대 이래 줄곧 빈번한 체포와 엄중한 단속을 벌이면서도 제한된 범주에서의 활동을 허용했다. 2005년에 들어서 국내·국외적 압력 탓에 보다 열려진 정치 환경은 9월 총선이 치러지기 전 무슬림 형제단에게 전례가 없었던 선거활동의 자유를 부여했다. 총선에 나선 150명의 후보들은 공식적으로는 무소속으로 출마했지만, 이들이 무슬림 형제단에 가입했다는 사실은 공공연한 비밀이었다. 또한 후보들은 무슬림 형제단의 이름으로 막대한 정치광고들 및 집회를 열었고, "이슬람만이 해결책이다"라는 구호를 사용했다. http://www.cfr.org/publication/9319/ (검색일: 2006. 11. 30)

제6장 아프리카(Africa) 지역

아프리카는 프랑스, 영국, 벨기에, 독일, 포르투갈 등 백인과 자본주의자들에 의한 지배의 경험을 대부분 공유하고 있다.[1] 14세기부터 19세기에 이르는 동안 유럽 열강들은 점차적으로 아프리카 해안지대를 잠식했고, 19세기에서 20세기 초에 이르는 동안에는 내륙의 분할을 완료했으며 1914년 이후에는 유럽 국가들끼리 쟁탈전이 벌어진 결과 영국, 프랑스, 독일, 포르투갈, 스페인만이 거점(foco)을 유지시킬 수 있었다.[2] 그러나 19세기 말엽부터 새롭게 식민지 확보를 향한 제국주의적 침탈이 시작되는데, 당시 유럽 열강들이 아프리카에 관심을 가진 다양한 이유들은 다음과 같다.[3]

첫째, 동양과의 통상을 전개시키기 위해 아프리카는 물과 음식물을 보급하는 지정학적 측면에서 중요했다.

둘째, 17세기의 '노예무역'(slave trade)은 아프리카에 대한 유럽 상인들의 수를 증가시켰다.

셋째, 노예무역이 종결된 이후 유럽인들은 증가하는 통상 확대에 관심이 있었는데, 이는 산업혁명이 천연자원과 시장 영역에 대한 관

1) Peter Worsley, *The Third World*(The University of Chicago Press, 1964), 84쪽.

2) 박준규, "아프리카의 국제정치사적 위치", 『사상계』(1959년 5월호), 153쪽.

3) Dorothy Dodge, *African Politics in Perspective*(Princeton, New Jersey, 1966), 23－24쪽.

심을 증대시켰기 때문이었다. 따라서 유럽 국가들은 아프리카의 개발과 통상을 확대시키기 위해 통상회사의 설립을 인가해 주었고, 이들 회사들은 지역 관계당국들과 경제조약을 협상하는 권한을 위임받아 특정 지역에 설치되었다.

넷째, 유럽 국가들 간 발전에 관한 세력 경쟁은 아프리카로의 진출을 자극시켰고, 식민지와 해외경략이 권력 및 위엄과 연관되었기 때문에 유럽 국가들은 경쟁적으로 주요한 강대국의 지위를 획득하기 위하여 세력권의 확대를 시도하였다.

특히 제2차 세계대전 이전 이 지역의 대표적인 식민국가로는 영국과 프랑스를 들 수가 있는데 양국이 취했던 식민정책의 특징을 요약한다면 전자는 경험주의에 입각한 간접통치였던 반면 후자는 부권주의(父權主義)와 결부된 동화주의였는데 구체적으로 살펴보면 다음과 같다.[4)]

첫째로 영국의 경우는 ① 원주민의 생활수준 향상과 자유의 보장하에 식민지를 영연방의 일원(一員)이자 완전한 자치령(dominion)으로 재편시키기 위해 아프리카인들을 정치적으로 훈련시켜 단계적으로 자치의 범위를 확대시켜 나가는 방침을 썼다.[5)] ② 통치의 말단기구는 가급적 종래의 부족제를 그대로 이용함으로써 현지인에 의한 간접통치정책을 활용하였다. 즉 식민지 당국은 부족의 관

4) 김창훈, "아프리카의 풍토와 정치(Ⅲ)", 『사상계』(1963년 8월호), 242-243쪽.

5) 영국의 식민정책인 자치정책은 Nationalism의 발달로 인한 민족독립의 요구가 높아지기 전부터 최종적 목표는 식민지인에게 자치를 부여하는 데 있었으며, 식민지인들을 정치적으로 훈련시켜 단계적으로 자치의 범위를 확대시킨 다음, 궁극적으로는 영연방 자치령으로 만든다는 방침을 명백히 하고 있었다. 따라서 영국은 자치주의 원칙에 의거하여 각 식민지에 자치능력과 행정관리능력을 육성시켰고 그 정도에 따라 점진적으로 자치를 부여하고 자발적으로 철수할 준비를 해 왔다. 그 이유는 적당한 시기에 후퇴하는 편이 식민지인의 선의를 계속 붙잡아 둘 수 있는 반면 주민의 의견에 반대되는 통치를 계속하는 것보다 수익을 실질적으로 유지할 수 있다고 판단했기 때문이다. 차기벽, 『근대화정치론』(서울: 박영사, 1969), 203쪽.

습에는 일체 간섭하지 않았고 원주민 당국에게 심지어 사법권까지도 부여한 일종의 분할지배로 일관된 영국의 식민정책이었다.

둘째, 프랑스의 경우는 아프리카에 프랑스문화를 보급하여 동화시킴으로써 통합하는 데 역점을 두었다. 이러한 동화정책(assimilation)의 기원은 1789년 프랑스혁명의 평등사상을 인종 간 형식적 평등으로 구체화시킨 것인데, 실제로 교육을 통해 프랑스인으로 동화된 개화인(Evolue)에게는 프랑스인과 동일한 대우를 해 주고 본국 의회에 의석도 할양했지만, 개화되지 못한 아프리카인들은 프랑스가 부친(父親)과 같은 입장에서 후견과 감독을 한다는 논리였다. 그러나 어떤 경우라도 동화주의와 부권주의는 독립적인 존재가 아니라 굳게 결부된 형식으로 나타났다.

제2차 세계대전 이후 유럽 식민지 열강들이 아프리카에서 물러나면서 힘의 공백상태가 나타났는데, 이를 미국과 소련으로 대표되는 강력한 정치적 블록이 대체했지만, 유럽과 달리 미국과 소련은 아프리카에서 어떠한 형태이든 식민모국의 경험이 없었다. 따라서 소련 정치가들과 공산당 이론가들은 자본가들의 식민주의 혹은 제국주의의 사례연구 결과로 아프리카에서 유럽 국가들의 활동을 자주 활용하였지만, 미국의 경우는 인구의 10%가 노예로 건너왔던 아프리카인들의 후예들로 구성되었다는 잔혹한 사실에도 불구하고, 1957년까지 아프리카에 대한 관심과 정보는 미약했다.[6]

하지만 1960년대로 접어들면서 많은 아프리카 국가들의 독립과 함께 이 지역을 둘러싼 소련 공산주의의 위협에 대항한 방어가 미국 외교정책의 핵심으로 부각되면서 아프리카에 대한 지정학적인

---

6) Hebert J. Spiro, *Politics in Africa: Prospects South of the Sahara,* (Englewood Cliffs, N. J. 1962), 1쪽; 24쪽.

관심은 증가되기 시작했다. 그 결과 아프리카는 제2차 세계대전 이후 출현한 냉전시대의 국제정치에서 미국과 소련의 '지배력 획득경쟁'(power game)의 각축장으로 전락하게 되었다. 1960년대부터 유엔에서 아프리카 국가들의 '적극적 중립주의'(positive neutralism) 철학을 기반으로 한 활동의 급속한 성장과 함께 반제국주의 투쟁을 표방한 '범아프리카주의'(Pan-Africanism)로의 명목상의 참여에도 불구하고, 제국주의 열강들에 대한 경제적 종속은 여전히 그대로였다.[7] 무엇보다도 정치적 독자노선으로 등장한 범아프리카주의가 불러온 특혜는 두 가지 중요한 방향성을 아프리카 국가들에 제공하였다.[8] 첫째, 유리한 조건 하에서 아프리카화(흑인체제를 만드는 데)를 촉진시키는 데 보탬이 되었다.

둘째, 과거 전(前) 식민지 통치에 종사했던 영국과 프랑스와 같은 특정 세력들을 축출시키는 데 주도적인 역할을 담당했다.

세계에서 최약소 국가인 아프리카의 국가 제도 및 조직들은 '사하라사막 이남의 아프리카'(Sub-Saharan Africa) 지역의 경우 보다 저발전되었다. 더욱이 식민통치로부터 독립을 위해 쿠데타 · 폭동 · 내전, 그리고 유사한 형태의 폭력과 같은 정치적 불안정성이 25년 동안 폭발적으로 분출되어졌다. 특히 정치적 불안정을 초래시켰던 원인들 가운데 대부분은 '종족적 혈통'(ethnic lines)의 구분으로 인해 발생한 것이었다. 이 같은 종족의 구분은 수단(1956년~1972년), 르완다(1959년~1964년), 자이레(1960년~1965년; 1977년~1978년), 에티오피아(1962년~1982년), 부룬디(1966년~1972년), 차드(1966년~

7) Peter Worsley, *The Third World,* (The University of Chicago Press, 1964), 233-238쪽.

8) Claude Ake, "Pan-Africanism and African Governments", *The Review of Politics,* Vol.27, No.4(October, 1965), 535쪽.

1982년), 우간다(1966년; 1978년~1982년), 나이지리아(1967년~1970년), 앙골라(1975년~1982년)에서 극단적인 혼란이나 내전을 초래시키는 데 중요한 요소로 작용했던 것이다.[9]

1970년대 후반에 불어닥친 '아프리카의 위기'(African Crisis)는 소위 '아프리카의 비극'(African Tragedy)이라고 지칭하는 것이 적절할 정도로 변형되었는데, 1975년 사하라사막 이남에 위치한 국가들의 실질적인 지역 GNP는 세계 전체 GNP의 17.6%였지만, 1999년에는 10.5%로 하락했다. 또한 현재 출생 시 기대수명은 49년, 인구의 34%가 영양실조 상태로 분류되며, 1999년 출생인구 1,000명당 유아사망률은 남아시아의 69명, 라틴아메리카의 32명과 비교해 보면 107명이고, 사하라 사막 이남의 15세~49세의 인구 중 거의 9%가 에이즈 보균자나 환자로 아프리카의 다른 지역들에 비해 월등하게 높은 상태이다.[10] 게다가 결핵의 경우는 인구 100,000명당 남아시아 98명, 라틴아메리카의 45명에 비해 121명으로 최근 20여 년간 아프리카의 위기에 관한 유력한 해석은 엘리트들과 지배집단의 부적절한 정책과 허약한 통치력에 아프리카의 비극에 대한 근본적인 책임[11]이 있다고 보는 것이 지배적이다.

2004년 초 '유엔 식량농업기구'(Food and Agriculture Organization

---

9) Robert H. Jackson and Carl G. Rosberg, "Why Africa's Weak States Persist: The Empirical and the Juridical in Statehood", *World Politics,* Vol.35, No.1(October, 1982). 1쪽; 5쪽.

10) 강화된 예방프로그램으로 인해 HIV에 새롭게 감염되는 사람들의 숫자가 2001년 300만 명에서 2007년에는 270만 명으로 감소했으며, 항레트로바이러스(antiretroviral) 치료의 확산으로 AIDS에 의한 사망자수가 2005년 220만 명에서 2007년에는 200만 명으로 감소했다. 그러나 새로 감염된 사람들이 기존 감염자보다 더 오래 생존하기 때문에 HIV보균자 수는 2001년 추정치 2,950만 명에서 2007년에는 3,300만 명으로 증가했다. 이들 HIV 보균자의 대다수는 사하라 이남 아프리카에 거주하고 있다. 「유엔새천년개발목표보고서」 2008, 28쪽.

11) Giovanni Arrighi, "The African Crisis", *New Left Review,* 15(May/June, 2002), 5－6쪽.

of the United Nations: FAO)의 전망 보고서는 2003년에 예외적으로 38개 국가들이 식량 원조를 필요로 한다고 평가한 바 있는데, 이는 2001년과 2002년보다도 15%가 증가한 것으로, 1984년 이래 최고조에 달했다. 특히 아프리카의 경우 <그림 20>에서와 같이 1998년에는 13개국[12)]이 식량부족을 겪은 이후 계속 그 수가 증가하여 2004년에는 23개국으로 늘어난 실정이다.

〈그림 20〉 예외적인 식량 원조가 필요한 국가들: 1998년~2004년

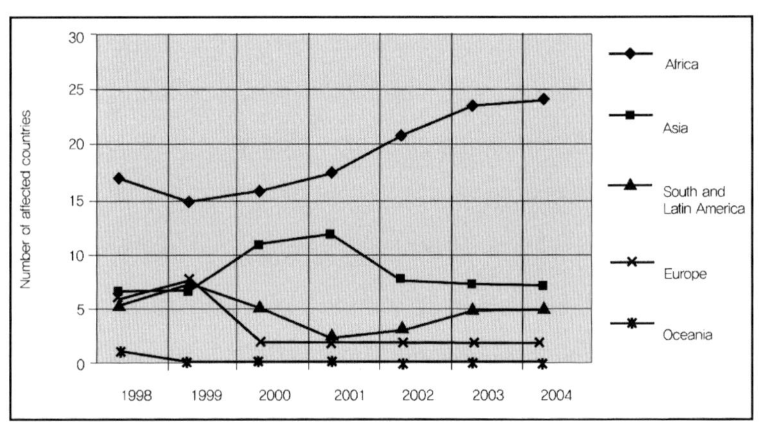

출처: Roger Persichino, "Local famines, global food insecurity", *Humanitarian exchange*, Number 27(July, 2004), 12쪽.

이미 새천년을 맞아 열렸던 특별정상회의에서 유엔은 하루 1달러 미만의 극빈층 비율을 1990년을 기준으로 2015년까지 절반으로 줄이겠다는 공약을 내세웠다. 그 후 아난(Kofi Atta Annan) 유엔 사무총장이 2005년 6월 발표했던 '밀레니엄 개발목표'(Millennium

12) 해당 국가들은 앙골라(Angola), 케냐(Kenya), 부룬디(Burundi), 라이베리아(Liberia), 콩고민주공화국(Democratic Republic of Congo: DRC), 시에라리온(Sierra Leone), 소말리아(Somalia), 에리트레아(Eritrea), 수단(Sudan), 에티오피아(Ethiopia), 탄자니아(Tanzania), 기니(Guinea), 우간다(Uganda)였다. Roger Persichino, "Local famines, global food insecurity", *Humanitarian exchange,* Number 27(July, 2004), 13쪽.

Development Goals: MDGs)에 관한 중간보고서에서도 세계의 빈곤이 전례 없이 감소된 것은 사실이지만 아프리카에서 극빈층은 더욱 가난해지고 있다는 우려를 표명하기도 했다. 보고서의 내용을 요약해 본다면 동아시아에서 극빈층의 비율은 1990년의 33%에서 2001년에는 16%로 줄었고, 동남아·대양주는 19%에서 10%로, 남아시아는 39%에서 29%로 감소했다고 지적했다. 반면 사하라사막 이남의 아프리카에서는 44%에서 46%로 오히려 늘어났으며, 극빈층의 수도 같은 기간 세계 전체로는 3억 3천만 명이 줄었지만 이 지역에서는 오히려 8,600만 명이 증가한 가운데, 1일 평균소득도 62센트에서 60센트로 감소했다는 사실을 제시한 바 있다.[13]

무엇보다도 아프리카 국가들이 공통적으로 지녔던 제도적 난맥상은 정부로부터 이탈한 엘리트들에 의해 촉발된 빈번한 군부쿠데타야말로 엘리트 간 불화와 배신을 가장 적나라하게 시사해 주는 잣대일 것이다. 예컨대 1958년~1981년 여름 사이 22개국에서 41회 이상의 성공한 쿠데타를 비롯한 다수의 실패한 쿠데타가 발생했다. 특히 아프리카에서 군부의 정치개입은 특유의 고유성(endemic)을 지닌 것으로, 심지어는 소규모 병력만으로도 성공적인 쿠데타가 단행되기도 했다. 이 때문에 아프리카에서는 통치자가 가장 두려워한 내부의 적이 군부와 민간인 양자 중에서 군부였음은 의심할 여지가 없는 사실이었다. 왜냐하면 군 출신이야말로 정부의 관리뿐만 아니라 국가의 지배자까지도 오를 수 있는 정치적 출세를 위한 유력한 통로[14]로 작용했기 때문이다.

---

13) http://h21.hani.co.kr/(검색일: 2006. 4. 10)

14) Robert H. Jackson and Carl G. Rosberg, “Why Africa’s Weak States Persist: The Empirical and the Juridical in Statehood”, *World Politics*, Vol.35, No.1(October, 1982). 8쪽.

하경근 교수는 아프리카 군부쿠데타의 특징을 다음과 같이 4가지로 지적한 바 있다.[15] 첫째, 군부쿠데타의 초기 특징은 쿠데타가 군부의 단독행위가 아닌 경찰과의 합동으로 이루어졌지만, 1970년대부터는 군의 무장력이 경찰보다 우위를 점하면서 군부 단독의 쿠데타 비율 또한 높아졌다.

둘째, 쿠데타의 주도세력이 하급 장교이거나 하사관들로 이루어지는 경우를 발견할 수 있다.

셋째, 군부쿠데타가 국가수반의 외유(外遊) 중에 많이 발생했음에도 불구하고, 쿠데타 발발 시 피살되는 국가원수가 많았던 것 역시 특징적이다.

넷째, 군부쿠데타에 의해 실각되었다가 재차 군부쿠데타로 권좌에 복귀하는 경우도 있었다.

필자가 조사한 바에 의하면 아프리카에서 군부쿠데타는 1960년대부터 1990년대에 걸쳐 특정 국가에서만이 아닌 대부분의 국가들이 보편적으로 경험한 일종의 '풍토병'(endemic disease)과도 같은 것이었다. 이는 군부쿠데타가 발생한 국가와 발생연도를 통해 확인할 수 있는데 무려 28개국에서 쿠데타가 발생했었고, 한 차례 이상 발생한 국가들도 15개국이나 있었다. 즉 가나(1966년, 1972년, 1978년, 1979년, 1981년), 감비아(1994년), 기니(1984년), 기니비사우(1980년, 1998년), 나이지리아(1966년, 1975년, 1976년, 1983년, 1985년, 1993년), 니제르(1974년), 라이베리아(1980년), 레소토(1970년, 1986년, 1991년), 르완다(1994년), 마다가스카르(1972년, 1975년), 말리(1968년, 1991년), 모리타니(1978년, 1979년, 1980년, 1984년), 베

15) 자세한 내용은 하경근, "아프리카대륙에 있어서 쿠데타와 군부통치", 중앙대학교 논문집, 제30집(1986), 22-26쪽을 참고할 것.

넹(1963년, 1965년, 1967년, 1969년, 1972년), 부룬디(1966년, 1976년), 부르키나파소(1966년, 1980년, 1982년, 1983년, 1987년), 소말리아(1969년), 수단(1958년, 1969년, 1985년, 1989년), 시에라리온(1967년, 1968년, 1992년, 1997년), 우간다(1966년, 1971년, 1980년, 1985년, 1986년), 에티오피아(1974년), 적도 기니(1979년), 중앙아프리카공화국(1966년), 차드(1990년), 코모로(1975년, 1978년), 코트티부아르(1999년), 콩고(1963년, 1977년, 1979년), 콩고민주공화국(1965년), 토고(1967년)를 들 수 있다.

여기에서는 대표적으로 군사쿠데타를 통해 사회주의 국가로 전환되었던 동부 아프리카에 위치한 에티오피아와 제국주의적 분리정책의 산물(産物)이었던 종족 간 갈등이 축적되어 군사쿠데타가 발생했던 서부 아프리카의 나이지리아를 중심으로 군부의 정치개입에 대해 논하기로 한다.

〈표 66〉 아프리카 지역 군부 정치개입의 경험

국가 명	군부의 정치개입		현 정체			정당정치		
	제2차 세계대전 전	제2차 세계대전 후	민정	왕정	군정	무당	일당	다당
가 나		○	○					○
감비아		○	○					○
기 니		○	○					○
기니비사우		○	○					○
나이지리아		○	○					○
니제르		○	○					○
라이베리아		○	○					○
레소토		○		○				○
르완다		○	○					○
마다가스카르		○	○					○
말 리		○	○					○
모리타니		○	○					○

국가 명	군부의 정치개입		현 정체			정당정치		
	제2차 세계대전 전	제2차 세계대전 후	민정	왕정	군정	무당	일당	다당
베 넹		○	○					○
부룬디		○	○					○
부르키나파소		○			○			○
소말리아		○			○	○		
수 단		○	○					○
시에라리온		○	○			○		
우간다		○	○					○
에티오피아		○	○					○
적도 기니		○	○					○
중앙아프리카		○	○					○
챠 드		○	○					○
코모로		○	○					○
코트티부아르		○	○					○
콩 고		○	○					○
콩고민주(共)		○	○				○	
토 고		○	○					○
합 계		28	25	1	2	2	1	25

자료: 조선일보 연감 2003, 참조.
외교통상부 재외공관, http://www.mofat.go.kr/mission/missions map.mof

제1절 에티오피아(Ethiopia) 군부의 정치개입과 민주화과정

1. 군부의 정치개입과정

1869년 이탈리아는 홍해(Red Sea)의 남쪽 출구와 가까운 에티오피아의 아싸브(Assab) 항(港)을 점령하고, 1885년 9월 23일에는 마싸와(Massawa) 항까지 차지하였다. 북부 지역에 대한 전례 없던 이탈리아의 압박과 수단(Sudan)으로부터 이슬람교도들의 공격을 요하네스 4세(Yohannes Ⅳ)는 군대를 동원하여 1887년 1월 도가리(Dogali)에서 결정적으로 격퇴시켰다.[16] 1889년 3월에 재차 이탈리아와의 전쟁에서 입은 부상으로 요하네스 황제가 사망한 다음 그 뒤를 이은 황제 메네릭 2세(Menilek Ⅱ)는 1889년 5월 2일 이탈리아와 친선조약이자 동맹조약인 '우찌아리 조약'(Teaty of Ucciali)을 체결하였다. 하지만 이 조약에 뒤이어 이탈리아는 1890년 1월 1일 에리트레아(Eritrea) 지역이 자국의 식민지임을 선언하였다. 이탈리아의 에리트레아 점령은 이아 지역에 대한 에티오피아의 영토적 야망을 박탈시키기 위한 것이었다. 하지만 메네릭 황제는 1896년 3월 1일 아도와(Adowa)에서 이탈리아군을 격파하고, 1896년 10월 26일 우찌아리 조약을 무용화(無用化)시키면서 1906년 영국・프랑스・이탈리아 3국으로부터 에티오피아의 독립을 분명하게 인정받게 되는데,[17] 유럽 국가들의 보증은 그가 사망한 1913년까지 유지되었다. 그러나 1925년 영국과 이태리는 '앵글로-이탈리안 협정'(Anglo-Italian Agreement)을 체결하고, 이태리의 에리트레아 지역에 대한 재진출을 1935년~1936년 사이 에티오피아 정부의 승인 없이 진행시켜 식민지화에 성공한 다음 소말리랜드(Somaliland)와 더불어 이태리령 동부아프리카를 형성시켰다.[18]

1916년 9월 27일 메네릭 황제의 딸이었던 자우디투(Zauditu)가 황녀(Empress)가 되고 법정 상속인이자 그녀의 남편인 타파리(Tafari)

16) Sha. Atnafu Makonnen, *Ethiopia To-Day*(Tokyo, 1960), 39-43쪽.

17) Astier M. Almedom, "Re-Reading the Short and Long-Rigged History of Eritrea 1941-1952: Back to the Future?", *Nordic Journal of African Studies,* Vol.15, No.2(2006), 108쪽.

18) Nene Mburu, "Patriots or Bandits? Britain's Strategy for Policing Eritrea 1941-1952", *Nordic Journal of African Studies,* Vol.9, No.2(2000), 87-88쪽.

에게는 라스(Ras)라는 칭호가 주어졌다. 1928년 10월 7일 왕의 지위로 등용된 타파리는 5월에 프랑스 교관과 더불어 비행기를 들여왔고, 1929년에는 벨기에 군 교관에게 에티오피아 군대의 훈련을 맡기기도 했다. 1930년 4월 2일 여제(女帝) 자우디투가 사망하자 법정상속인 신분이었던 타파리 왕은 11월 2일 셀라시에 1세(Haile Selassie Ⅰ)라는 호칭으로 황제에 올라[19] 1974년 9월 14일 축출될 때까지 통치하게 된다. 하지만 셀라시에 황제의 무능력한 통치는 지방의 정치적 이해관계와 결부되면서, 에리트레아 지역에서 가장 격렬한 시위가 발생했다. 특히 반복되어졌던 종족 갈등의 결과로 당시 암하란(Amharan) 지방의 정치적·문화적 우월성에도 불구하고 에리트레아 지역은 민족자결을 적극적으로 주장하게 되었다.[20]

이태리의 식민지로 전락했었던 에리트레아 지역은 영국군이 아프리카에서 대부분의 이탈리아 식민지를 점령하면서 또다시 1941년 4월 8일～1952년 9월 16일까지 영국의 통치 아래 놓였지만, 제2차 세계대전 이후 추축국들의 식민지를 처분하는 과정에서 1950년 12월 2일 유엔 총회의 결정(FO 1025 / 524)으로 에티오피아의 연방으로 편입되었다. 하지만 에리트레아 지역은 에티오피아의 다른 지역들과는 달리 별도의 자치정부가 수립되어 자치권을 행사하게 된다. 그렇지만 에티오피아로서는 1890년 에리트레아 지역의 많은 부분이 사실상 에티오피아의 일부분이었던 관계로, 재통합시키기 위한 압박을 가했다.[21] 구체적으로 셀라시에 황제의 통합정책은

---

19) Sha. Atnafu Makonnen, *op. cit.,* 50쪽.

20) Spencer, Dayle E · Spencer, William J · Yang, Honggang, Closing the Mediation Gap: The Ethiopia/Eritrea Experience, *Security Dialogue,* Vol.23, Number 3(September, 1992).

21) Christopher Clapham, *Transformation and Continuity in Revolutionary Ethiopia*(Cambridge University Press, 1988), 36쪽.

1962년 11월 14일 중앙정부의 강력한 압박과 협박의 위협 및 통합주의자들의 책동으로 에리트레아 의회는 자치를 폐기시키는 투표를 통해 에티오피아제국의 14번째 지역(州)으로 전락하게 된다.

더구나 1950년대 중반 이후부터 공무원들의 부정부패가 증가하고 경제계획의 무리한 추진에 따른 부작용으로 빈부격차가 심화되기 시작했다. 특히 국민 전체의 약 90% 정도가 농업에 종사하는 산업구조를 가졌음에도 농촌개발을 소홀히 다룬 결과 농민들의 생활은 피폐해져만 갔다. 이러한 상황들은 특히 해외에서 교육을 받은 지식인층과 젊은 군 장교들 사이에 황제 정부의 반동성에 대한 혐오의식의 공유 및 상호 밀착된 가운데,[22] 셀라시에 황제가 외유중이었던 1960년 12월 13일 황실 경호대 · 경찰 수뇌가 포함된 일부 경찰 · 소수의 급진적인 지식인 세 분파가 쿠데타를 일으켰으나, 대중지원을 얻는 데 실패하여 당시 대학생들이 쿠데타에 찬성하는 데모를 했음에도 불구하고 불발로 끝나고 말았다. 무엇보다도 육군과 공군 부대들이 황제에 충성을 맹세했던 관계로 국왕은 12월 17일 귀국할 수 있었다. 또한 1965년부터는 대학생들이 토지개혁과 부정부패에 대한 시정을 요구하면서 본격적인 데모가 발생하는데, 특히 1974년 2월에 가면 학생과 노동자들이 주도한 파업과 데모 양상은 보다 격렬해져만 갔다.

그 결과 제국(帝國)의 붕괴를 초래시키게 되는 급진적 군사혁명의 발생원인은 크게 6가지로 지적된다.[23] 첫째, 셀라시에 황제의 고령(高齡)으로 정치엘리트들 간 차기 계승권을 둘러싼 권력투쟁이

---

22) Christopher Clapham, *op. cit.*, 34쪽.

23) Edmond J. Keller, "The Ethiopian Revolution: How Socialist Is It?", *Journal of African Studies,* Vol.11(Summer, 1984), 52－65쪽 부분 참조.

본격화되었다는 점이다.[24)]

둘째, 1차 오일쇼크의 여파로 급등한 석유가격으로 인해 수입의 존도가 상대적으로 높았던 에티오피아의 수입공산품 가격상승의 요인이 현실물가에 그대로 투영되어져 1974년 1/4 분기에는 약 80%에 가까운 인플레이션을 기록했으며, 이 때문에 취약한 경제구조가 흔들리기 시작하여 도시 실업자 수가 급증하였고, 생활비 상승으로 도시민들의 불만을 확대시켰다.[25)] 특히 석유수출국기구(OPEC)의 원유가격 인상에 대해 요금을 올려 달라는 요구가 거부된 택시기사들의 파업이 발생했다.[26)]

셋째, 교사들과 학생들은 도시에서 중등교육과 대학교육의 상대적인 제한에 경악했다.[27)]

넷째, 계속된 가뭄으로 주곡생산에 차질이 빚어져 이로 인한 주곡가격의 상승은 특히 빈곤층의 생활에 큰 타격을 입혔다.

다섯째, 1967년에 발생한 중동전쟁으로 수에즈운하가 봉쇄되면서 홍해 주변의 교역량이 줄어들고 이로 인해 에티오피아의 주요 수출품인 커피의 국제적인 가격하락으로 경제가 큰 타격을 받게 되는데, 특히 커피 경제는 이전부터 정치권력의 주된 경제적 기반이었었다.[28)]

여섯째, 에리트레아와 오가덴(Ogaden) 지역에서 계속된 분쟁으로 에티오피아 사회는 극도의 혼란에 빠졌다. 결국 오가덴 분쟁은 1897

---

24) 전민준, 「소련 · 이디오피아 동맹관계의 형성과정 분석」(고려대학교 정치외교학과 석사논문, 1983), 38쪽.

25) 전민준, 앞의 논문, 39쪽.

26) Christopher Clapham, *op. cit.*, 38쪽.

27) Christopher Clapham, *ibid.*, 38쪽.

28) Christopher Clapham, *ibid.*, 29쪽.

년 5월 14일 영국과 맺은 조약을 통해 에티오피아 영토로 편입되었지만, 소말리아계 주민들의 항거로 1961년과 1964년에 걸쳐 에티오피아와 소말리아 간 무력충돌이 발생하기도 했다. 이 같은 상투적이었던 갈등의 절정은 1977년 7월 23일 소말리아군이 오가덴 지역을 침범하면서 전쟁으로 확대되었고, 당시 에티오피아군의 소위 '초토화 작전'(scorched earth policy)과 소련의 지원으로 인해 소말리아는 '정규군'(Somali National Army: SNA)의 1/3과 장갑 부대의 3/4, 공군력의 50%를 상실한 채 철군하게 되는 1978년 3월 9일까지 전쟁은 지속되었다.[29] 더구나 1973년~1974년에 걸친 극심한 가뭄으로 농토의 대부분이 황폐해졌고, 특히 과거로부터 현재에 이르기까지 중요한 농업지대이자 경제의 토대를 제공하였던 북부의 올로(Wollo)와 티그리(Tigray) 지방의 경우 약 20만 명의 아사자(餓死者)가 발생하기까지 했다.[30] 그렇지만 에티오피아 정부는 이 사실을 은폐시키기에 급급했을 뿐만 아니라 1973년 10월경부터 국내외에 널리 퍼졌음에도 불구하고 구호사업과 지원책 등을 신속하게 처리하지 못함으로써 정부에 대한 불만이 축적된 결과 1974년 사실상 정권을 붕괴시키게 만드는 위기가 발생하게 되었다.[31]

에티오피아 군부는 1974년 7월 27일, 즉 황제의 폐위 전 두 달에 걸쳐 주로 군부대의 소령들(120명의 분파)이 주축이 되어 군부·경찰 및 의용군의 조정위원회인 더그(Derg)를 결성하였다.[32]

29) http://en.wikipedia.org/wiki/Ogaden_War(검색일: 2006. 12. 9)

30) W. A. E. Skurnik, "Revolution and Change in Ethiopia", *Current History,* Vol.68, No.405(May, 1975).

31) Christopher Clapham, *op. cit.,* 20－37쪽.

32) Göte Hansson, *The Ethiopian Economy 1974－94: Ethiopia Tikdem and After*(Routledge, 1995), 20쪽; 또한 당시 정규군·경찰·의용군의 다양한 분파들에서 급하게 선발된 Derg를 이등병에서 소령까지 120명의 상이한 계급들로 구성되었다고 보는 견해도 있다. 이같

Derg라는 새로운 지도력에 의해 '에티오피아 우선(優先)'(Ethiopia Tikdem; Ethiopia First)이 채택되어 7월 10일 공포(公布)되는데, 이는 에티오피아가 사회주의 강령으로 통치되었던 전 기간에 걸쳐 정치적 수사이자 주된 정치적 선전 문구(slogan)로 사용되어졌다. 여기서 슬로건은 새로운 지도력과 새로운 정책의 도입을 시사한 것으로 봉건사회의 존속과 빈곤 및 굶주림이 대중들 사이에 증가하고 있던 시기에 특히 셀라시에 황제의 사치스러운 생활에 대한 반발로 도시를 거점(foco)으로 확산되어졌다. 그 배경에는 황제와 정부 스스로 거대한 불평등을 구조화시켰을 뿐만 아니라, 빈곤과의 싸움에서 보여 주었던 무능력이 가장 직접적인 원인으로 자리하고 있었다.

따라서 Ethiopia Tikdem이란 좌우명(motto) 아래 채택된 새로운 정책의 본질은 개인적 또는 종족적 이익 혹은 지방 분파들의 이익과 같은 더 많은 특수한 이익들을 넘어 최고의 공공선 달성에 있었다.[33)]

1974년 9월 12일 에티오피아 군부의 셀라시에 황제를 축출시킨다는 선언과 함께 헌법은 정지되었고, 파업과 반(反)군부시위는 금지되었으며, 의회는 해산되었다.[34)] 같은 날 군부는 에티오피아 고유 언어인 암하릭(Amharic)어로 위원회(Council)를 칭하는 Derg를 '임시군사행정위원회'(Provisional Military Administrative Council: 이하 PMAC)로 출범시켰다.[35)] 이때 PMAC의 의장 및 내각수반을

이 분분한 논쟁 가운데 멩기스투는 Derg의 규모를 120명이라고 최종적으로 확인한 바 있다. 자세한 내용은 Genet Ayele Anbese, *Reminiscences of Lt. Colonel Mengistu Haile Mariam* (Addis Ababa: Mega Printers, 2001), 125쪽을 참조할 것.

33) Göte Hansson, *op. cit.,* 1쪽.

34) 『TIME』(1974. 9. 23)

1964년 소말리아와의 국경분쟁에서 명성을 떨쳤던 안돔(Aman Mikael Andom) 중장이 겸직하였지만, 실질적인 지위는 Derg의 구성원이 아니었던 관계로 허약했다.[36] 두 달 남짓 경과하여 발생한 에리트레아 지역문제에서 안돔은 에리트레아인들에게 자치라는 실질적인 조치를 마련해 주어야 한다는 통치의 근본적인 변화를 시사하는 발언과 아울러 두 번의 성공적인 방문을 통해 분리주의자 분파들과의 협상을 적극적으로 추진시키려 했다. 그러나 그의 해결방안은 Derg 내부에서 의견대립을 초래하여, 결과적으로 안돔은 1974년 11월 22일 밤에 처형되고 말았다.

11월 28일 새로운 PMAC 의장으로 선출된 반티(Tafari Banti) 준장 역시 Derg의 구성원이 아니었다. 당시 실질적인 권력은 Derg의 초기 창설 시 중요한 역할을 하였던 멩기스투 소령과 아바테(Atnafu Abate) 소령이 수석 부의장과 차석 부의장직을 맡은 가운데 이들 수중에 장악된 상태였었다.[37] 셀라시에 황제의 축출 이후 몇 달 동안 신정부인 Derg는 좌파의 요구에 직면하여 1974년 12월 20일 공포(公布)시킨 에티오피안 사회주의를 강조했던 10개 항목의 계획은 Ethiopia Tikdem이란 선전 구호(slogan) 아래 민족주의와 사회주의의 결합을 시도한 것으로 그 구체적인 항목들은 다음과 같다.[38] 첫째, 에티오피아는 인종·종교·언어 또는 문화적 차별이 없는 연합국가의 형태로 존재할 것이다.

둘째, 에티오피아는 케냐·수단·소말리아와 함께 경제적·문화

35) John G. Merriam, "Military Rule in Ethiopia", *Current History,* Vol.71, No.421(November, 1976), 170쪽.

36) Christopher Clapham, *op. cit.,* 43쪽.

37) John G. Merriam, *ibid.,* 170쪽.

38) Göte Hansson, *op. cit.,* 20-21쪽.

적 · 사회적 공동체의 건립을 원한다.

셋째, 에티오피아 혁명의 선전 구호인 Ethiopia Tikdem은 독특한 에티오피아 사회주의에 기반을 두고 있다.

넷째, 모든 지방정부와 모든 부족은 그들의 소유 자원들을 경영하고 자급자족할 수 있어야 한다.

다섯째, Ethiopia Tikdem의 혁명적 철학에 기반을 둔 거대 정치 정당은 민족주의자와 사회주의자를 기반으로 설립되어져야 한다.

여섯째, 전체 경제는 국가 관리하에 있다. 에티오피아에 현존하는 모든 자산들은 에티오피아 국민들에게 소유권이 있다. 단지 제한된 수의 회사에 한해 공적 유용성이 있다고 간주될 경우에는 사영(私營)으로 남긴다.

일곱째, 농부들의 토지소유권을 법으로 금지한다.

여덟째, 산업은 국가가 경영하지만, 공적 유용성이 있다고 간주되는 몇몇 개인 기업의 경우 국유화시키는 것이 바람직하다는 판단을 내릴 때까지 국가는 개인들에게 경영을 맡길 것이다.

아홉째, 에티오피아 사회의 기본 토대가 되는 가족은 모든 국외 세력과 악행 및 결함이 고려된 가운데 보호되어야 한다.

열 번째, 현실 외교정책의 필수적인 유지와 더불어 신정권은 모든 인접 국가들과 진정한 선린관계를 강화시키기 위해 노력한다.

이들 가운데 즉각적으로 실행된 조항은 개인회사의 국유화조치였으며, 이는 거의 즉시 행해졌다. 또한 은행들과 보험회사들 및 그 밖의 재무기관들도 1975년 1월 1일 국유화되었으며, 2월 3일에 가서는 72개의 상이한 개인무역회사 및 산업회사들의 국유화조치도 뒤따랐다. 3월 4일 사회주의경제체제를 설립하기 위해 모든 농촌의 토지를 국유화시켰고, 7월에 들어서는 도시의 토지들 역시 국유화시켰다. 이렇듯 Ethiopia Tikdem이란 목표 아래 10개의 프로그램을 채택한 이후 PMAC는 즉시 사회주의로의 이행을 시작했다. 1976년 4월 20일 '에티오피아 국가민주대변혁계획'(National Democratic Revolutionary Programme of Ethiopia: 이하 NDRPE)이 모습을 드러냈는데, 이 계획의 목적은 사회주의로의 전환과정을 관리하는 것이었다. 1976년 4월 21일자 「에티오피아 헤럴드」지에 실린 멩기스투의 공포(公布)를 보면 봉건주의 · 관료적 자본주의 및 제국주의의 제거가 새로운 정책의 기본 목표들이었다.[39] 이런 측면들을 티루네(Andargachew Tiruneh)의 경우는 1974년 7월의 Ethiopia Tikdem을 쿠데타 계획으로, 1974년 12월의 에티오피안 사회주의는 아프리카의 사회주의, 그리고 1976년 4월의 NDRPE의 경우 과학적인 사회주의 계획으로 평할 수 있다고 규정시킨 바 있다.[40]

그러나 셀라시에 황제를 축출하는 과정에서 군부와 연합했던 지식인들과 학생들은 NDRPE를 통해 제시된 토지개혁이 제대로 이행되지 않고 있음을 비판했다. 이 때문에 군사위원회(Junta)인 PMAC를 전복시켜 민간좌익정부를 결성하려는 목표 아래 1975년 8월 아디스아바바(Addis Ababa)에서 반군부(anti-military) 맑시스트 정당인 '에티오피안 민중의 혁명당'(Ethiopian People's Revolutionary Party: 이하 EPRP)을 결성하였다. 이때부터 에티오피아 정국은 군부와 민간인 간 권력투쟁으로 전환되었고, Derg는 그들에 적대적 연합을 채택하였던 민간인 피다(Fida)가 이끈 '전(全)-에티오피아 사회주의운동'(All-Ethiopia Socialist Movement: 이를 암하릭어로 메이슨

39) Göte Hansson, *op. cit.,* 22쪽.

40) Andargachew Tiruneh, "The Ethiopian Revolution 1974-1987: A Transformation from an Aristocratic to a Totalitarian Autocracy", *Journal of Modern African Studies,* Vol.31, No.4(1993), 163쪽.

(Meison)이라고도 함)과 공동으로 EPRP를 공격하는 이이제이(以夷制夷) 전술을 활용하여 결국 1977년 11월 EPRP의 지도자들을 제거시키는 데 성공했다.

뒤이어 1977년 8월에는 피다를 포함한 Meison의 지도부들도 숙청시킴으로써 Derg에 의한 '적색테러'(Red Terror)는 1977년 12월~1978년 1월까지 최고조에 달하였다.[41] 이를 직접 수행한 자경단(自警團)인 '케벨레스'(Kebeles)는 1975년 7월 포고령 제47호로 PMAC에 의해 혁명을 수행할 기관으로 만들어져 적색테러 기간 중 가혹하게 다른 사람의 권리를 박탈시켰다.[42] 또한 민간인 정치 분파들 간 내전의 발생은 PMAC 내부의 위기와 결합한 가운데 1976년 12월 26일 PMAC 조직은 의장 1인·부의장 2인이었던 종전과는 달리 서기장 1인·상임위원회·중앙위원회·총회로 재편되었다. 그러나 1977년 2월 3일 반티 의장과 그의 추종자들이 왕궁에서 살해당하면서 불안정한 단체였던 PMAC는 완전히 해체되고, 2월 11일 멩기스투가 새롭게 PMAC 의장·국가수반·육군참모총장직과 아울러 실권까지도 장악하게 된다.

이상과 같이 에티오피아의 군부쿠데타는 주요한 산업 원동력으로 작용하였던 인접국가와의 대외 관계까지도 바꿔 버렸다. 당시 신생 독립국가들이 반(半)식민주의의 형태로 지속된 서구와의 관계를 단절시키는 데 있어 맑시즘의 선택은 수단이었으며, 소련의 경우 원조, 실제적인 지원 및 군사 무기의 공급자로 자리하게 되었다.[43] 에티오피아의 경우는 예외적으로 신생국이 아니었음에도 불

41) Christopher Clapham, *op. cit.,* 52-57쪽.

42) Paul B. Henze, "Communism and Ethiopia", *Problems of Communism,* Vol.XXX(March-April, 1972), 55쪽.

43) Heather Deegan, *Third Worlds: The politics of the Middle East and Africa*(Routledge, 1996),

구하고,[44] 멩기스투 정권은 서구 중에서도 특히 미국 지향적이었던 이전의 중앙정부와는 달리 셀라시에 황제를 축출하는 과정에서 미국을 배후로 몰아 맑시즘을 지향하면서 소련으로 기울게 되었고, 모든 산업들의 국유화조치를 통해 사회주의 국가로 전환하였다.

1987년 9월 10일 군부통치로부터 새롭게 맑스-레닌주의의 제도가 형식적으로나마 구비된 신헌법이 채택되어 '에티오피아 인민민주공화국'(People's Democratic Republic of Ethiopia)이 설립되고, 멩기스투가 새로운 공화국의 대통령으로 취임했다. 그러나 멩기스투 정권은 1989년 5월 유산(流産) 쿠데타와 뒤이은 소련의 붕괴로 인한 군사적 · 정치적 지원의 상실로 인해 붕괴상황에 직면하고 말았다.[45] 특히 그의 억압적이었던 폭정들, 예컨대 징병제 · 통행금지 · 인구전환정책 및 거대한 기근 등으로 인해 에티오피아의 정국은 혼란해졌으며, 더구나 지역분리를 의도했던 반정부세력들이 정권 타도를 위해 '에티오피아 인민혁명민주전선'(Ethiopian People's Revolutionary Democratic Front: 이하 EPRDF)을 주축으로 1989년에 연합전선을 구축시키는데 성공했다. 결국 1991년 5월 28일 EPRDF가 수도(首都) 아디스아바바에 입성하여 임시정부를 수립함으로써 멩기스투의 군사독재는 종식되고 말았다.

이러한 배경들 속에서 에티오피아에서 군부 정치개입의 주된 원인은 군부와 민간인 엘리트 간 사회 및 경제변화를 둘러싼 갈등이 고조되면서 출현했다는 사실을 지적할 수 있다. 또한 에티오피아와 같은 전통지향적인 국가의 통치자들의 경우 근대화된 군대 창설을

197쪽.

44) Hebert J. Spiro, *op. cit.,* 29쪽.

45) http://reference.allrefer.com/country-guide-study/ethiopia/ethiopia161.html(검색일: 2004. 07. 12)

통해 내부적 지위를 강화시킬 의도하에 촉발시킨 갈등이 군부쿠데타를 발생시키게 되는 원인으로 작용하기도 했다. 하지만 이 과정은 개별 종족의 군사편제의 포기와 대규모 조직된 장교들의 훈련을 필요로 하였기에, 장교들의 다수는 전적으로 자신들을 방어에 충원하려는 통치자들과 반목하면서 근대화된 가치들을 획득해 나갔던 것이다.[46]

2. 장기집권을 초래한 제도적 민주화과정

1995년 8월 22일 에티오피아 연방민주공화국이 출범하면서 새롭게 채택된 헌법은 양원제 의회로 운영되었는데, 즉 하원(lower chamber)격인 인민의회(House of Peoples' Representatives)와 상원(upper chamber)격인 연방의회(House of the Federation)로 구성되었다. 연방의회가 여러 종족들을 대표하는 성격을 지닌 것이라면, 인민의회는 1994년에 제정된 헌법 73조에 의거해 총리를 선출하였기에 실질적인 권력기관이었다. 따라서 인민의회를 중심으로 2005년 5월 15일 실시된 총선을 국가선거위원회(National Electoral Board of Ethiopia: 이하 NEBE)의 공식 자료와 함께 2005년 12월 외교통상부의 자료, 국내외 언론매체의 보도내용 및 기타 인터넷 자료들을 활용하여 분석해 보기로 한다.

2005년 5월 15일 인민의회와 9개 주 의회 및 특별 자치구(metropolitan)인 아디스아바바의 행정기관을 선출하기 위한 선거가 동시

---

46) Monte Palmer, *Dilemmas of Political Development: An Introduction to the Politics of the Developing Areas*(F. E. Peacock Publishers, Inc., 1980), 214쪽.

에 실시되었다. 당시 선거에는 NEBE에 등록된 35개 정당들에서 총 1,594명의 후보가 출마하였는데, 그중 여성은 273명이었다. 6월 6일 NEBE가 총선 참여 정당들이 299개의 선거구에 대해 제기한 고소들을 처리하기 위해 최종결과를 한 달 뒤로 연기한다고 발표한 이후 정부는 공식적인 결과가 공표될 때까지 선거와 관련된 시위를 금지시키는 조치를 발표하였다.

8월 9일 NEBE는 492개 선거구에 대한 공식적인 선거결과를 발표하면서, 31개 선거구에 대해 재선거를 실시할 것을 명령했다. 이와 함께 23개 선거구가 집중된 남부에 위치한 소말리(Somali) 지방은 유권자들이 목축업에 종사하는 지역적 특성 때문에 선거를 8월 21일로 연기시킨다는 조치를 내렸다. 따라서 에티오피아 총선거는 두 차례로 나누어 진행되었는데, 즉 2005년 5월 15일의 선거가 1차, 재선거가 실시된 2005년 8월 21일 선거는 2차에 해당되며, 그 결과 2005년 10월 10일 총선에서 승리한 여당인 EPRDF의 제나위(Meles Zenwani) 총리는 새롭게 소집된 의회에서 1999년 이래 세 번째 임기를 시작하게 되었다.

〈표 67〉 에티오피아 인민의회에 진출한 정당

No.	정 당	당선자 구분(명)		정당 점유/전체 의석	득표율 (%)
		남자	여자		
1	Tigrayan People's Liberation Front	24	14	38	
2	Amhara National Democratic Movement	58	29	87	
3	Oromo People's Democratic Organization	74	36	110	
4	Southern Ethiopian People's Democratic Movement	64	28	92	
Ethiopian People's Revolutionary Democratic Front라는 연립 여당 (EPRDF) 구성				327	52.89
5	Coalition for Unity and Democracy	104	5	109	19.96
6	United Ethiopian Democratic Forces	51	1	52	9.52
7	Somali People's Democratic Party	23	1	24	4.39
8	Oromo Federalist Democratic Movement	10	1	11	2.01
9	Benishangul Gumuz People's Democratic Unity Front	7	1	8	1.46
10	Afar National Democratic Party	7	1	8	1.46
11	Gambela People's Democratic Movement	3	-	3	0.55
12	Argoba Nationality Democratic Organization	1	-	1	
13	Hareri National League	1	-	1	
14	Sheko and Mezenger People's Democratic Unity Organization	1	-	1	
15	Independent	1	-	1	
전 체		**429**	**117**	**546**	

주: 1. 정당 명칭은 도표를 참고로 이후 약어로 사용함.
2. 연립여당인 EPRDF와 7, 9, 10은 범여권을 구성하고 있다.
출처: http://www.ethiopar.net/English/hopre/politi.htm(검색일: 2006. 4. 10)

1차 선거결과를 보면 연립여당인 EPRDF가 296석을 얻어 새로운 정부를 구성하는 데 필요한 274석을 상회한 것으로 나타난 반면 야당들은 총 173석을 얻는 데 그쳤다. 그 다음으로 31개 선거구에 대한 재선거 및 소말리 지방의 23개 선거구에 대한 2차 선거결과 재선거에서는 EPRDF가 31개 선거구 전부를 석권했던 반면, 소말리 지방에서는 SPDP가 23석 전부를 차지하였다.[47] 두 차례에 걸친 선거의 최종결과는 인민의회의 정당별 의석 분포를 제시한 <표

67>을 통해 확인할 수 있는데, NEBE에 등록된 총선 참여정당 중에서 의회에 진출한 정당은 14개에 불과했으며, 그나마 1석은 무소속인 것으로 나타났다.

2005년 총선에서 제나위 총리의 EPRDF가 전체 의석 가운데 327석을 차지하여 50%를 상회하는 득표율을 보였던 것으로 나타났지만, 사실상 야당의 괄목할 만한 성장을 보여 준 선거였다고 평가할 수 있다. 그 이유는 총 35개의 정당이 경쟁했었던 2000년 총선 결과와 비교해 보면 자명하다.

당시 선거결과를 보도한 CNN에 따르면 제나위의 EPRDF는 419석을 획득하였고, 야당들의 경우 네가(Birhanu Nega)가 이끄는 CUD는 단 한 석도 얻지 못했으며, 그 외 UEDF는 12석, SPDP는 19석, GNDM의 경우는 15석에 불과했다.[48] 이처럼 2000년 총선 당시 EPRDF는 압승을 거두었지만, 5년 후에는 200석 가량을 야당에게 빼앗긴 상황이 발생한 것이다. 야당 중에서도 CUD의 경우 2005년 선거에서 무려 109석을 차지함으로써 강력한 대항세력으로 급부상했는데, 특히 수도인 아디스아바바의 선거구 23곳을 석권하는 등 도시 지역을 중심으로 초강세를 보였던 것으로 나타났다.

그 다음으로 총선과 더불어 9곳의 주 의회 및 수도인 특별 자치구에 대한 지방선거 또한 동시에 실시되었다. 에티오피아의 9개 주들은 행정상 600개의 행정구를 포함한 70개의 지구(地區)들로 분리되는데, 여기에는 대략 28,000개의 각기 다른 공동체들이 존재한다. 선거결과 인민의회에서 예상 밖의 부진을 보였던 여당으로서는 지방선거에서는 농촌지역을 중심으로 광범위한 지지를 이끌어 냄으

47) http://www.ipu.org/parline-e/reports/2107_E.htm(검색일: 2006. 4. 12)

48) http://www.cnn.com/WORLD/election.watch/africa/ethiopia2.html(검색일: 2006. 4. 13)

로써 도시지역에서의 부진을 만회할 수 있었는데, 선거결과는 <표 68>과 같다.

〈표 68〉 에티오피아 주(州) 의회 선거결과

주 (州)	전체 의석	정 당 **	획득 의석	승리 정당
Addis Ababa	138	1. CUD	137	CUD
		2. EPRDF	1	
Afar	87	1. ANDP	84	ANDP
		2. APDM	3	
Amhara	294	1. ANDM / EPRDF	187	ANDM / EPRDF
		2. CUD	107	
Benshangule Gumuz	99	1. BGPDUF	85	BGPDUF
		2. CUD	11	
		3. Independent	2	
		4. EBPDO	1	
Gambela	82	1. GPDM	81	GPDM
		2. CUD	1	
Harari	36	1. HNL	18	Coalition Government
		2. OPDO / EPRDF	14	
		3. CUD	3	
		4. UEDF	1	
Oromia	537	1. OPDO / EPRDF	387	OPDO / EPRDF
		2. UEDF	105	
		3. CUD	33	
		4. OFDM	10	
		5. GSAP	2	
SNNP*	348	1. SEPDM / EPRDF	271	SEPDM / EPRDF
		2. CUD	39	
		3. UEDF	37	
		4. SMPDUO	1	
Tigray	152	TPLF / EPRDF	152	TPLF / EPRDF
Somali	182	1. SPDP	170	SPDP
		2. WSDP	1	
		3. Independent	11	

*: Southern Nations, Nationalities and People's Region의 약어.
**: 주요 정당이 아닌 경우는 정당명을 약칭으로만 표기.
출처: http://www.electionsethiopia.org/(검색일: 2006. 4. 13.)

5월 15일 총선은 82.6%라는 높은 투표율을 보인 가운데, NEBE

가 공식적인 선거결과를 발표하기도 전에 여당인 EPRDF가 선거 승리를 선언하면서 에티오피아 정국은 혼란에 빠지고 말았다. 이에 6월 2일 야당인 CUD는 수도인 아디스아바바에서만 자신들이 80%의 압도적인 지지로 승리했다고 주장하면서 139개 선거구의 불공정성에 대한 적절한 조사가 이뤄지지 않는다면 다음 국회 회기에 참여하지 않겠다고 선언하자,[49] 제나위 총리는 야권의 이 같은 의혹제기에 맞서 정치적 안정을 이유로 모든 종류의 집회를 금지시키는 조치를 취하게 된다. 6월 6일 수도 중심가에서 반정부시위를 벌인 학생 500명이 경찰에 체포되고, 적어도 36명이 사망하는 상황을 계기로 항의시위에 일반시민들까지 참가하게 되었다. 특히 정부 여당은 이번 사태를 촉발시킨 배후로 야당을 주목하고 최대 야당인 CUD의 총재 및 야당 지도자들을 가택 연금시킨 후 다음 날 바로 해제시키기도 했다. 반면 야당들은 정부 여당이 학생들의 시위를 강경 진압함으로써 궁극적으로는 야당 말살정책을 펴고 있다고 주장하였다.

'국제사면위원회'(Amnesty International)는 에티오피아 정부의 과도한 폭력사용을 규탄하는 성명서를 통해서 6일부터 사흘 동안의 반정부 시위과정에서 체포된 1,500여 명에 달하는 대학생과 일반시민들이 고문의 위협 앞에 놓여 있다고 밝혔지만, 에티오피아 정부는 단지 상점과 은행을 약탈한 폭도들을 체포한 것에 불과하다고 반박했다. 특히 반정부 시위가 수도 전역에서 발생한 8일에 가서는 시위대에 무차별 발포하여 22명이 사망하고, 100여 명이 부상당하는 강경진압을 자행함으로써 재차 시민들로 하여금 상점 철시와 함께 택시 및 버스 기사들의 파업을 촉발시켜 사태를 더욱 악화

49) http://www.ipsterraviva.net/Africa/viewstory.asp?idnews=189(검색일: 2006. 4. 14)

시켰다.

에티오피아 총선에서 드러난 제도적 민주화과정의 한계는 1991년 멩기스투의 군부정권을 무너뜨린 제나위 현 총리의 장기집권이 15년째 지속되고 있다는 점이다. 특히 최대 종족인 오로모족 35%, 암하라족 26% 등 약 80여 개로 추정되는 다양한 종족들로 구성되어져 있음에도 불구하고 7%에 불과한 티그레이(Tigray)족이 총리와 외무장관 등 주요 요직을 장악했던 편향적인 권력구조는 제도적 민주주의를 위협하는 장애 요인으로 자리하고 있는 실정이다. 따라서 권력에서 소외된 종족들이 중심이 된 대표적인 반정부단체로 '오로모 해방전선'(Oromo Liberation Front: 이하 OLF), '전(全) 암하라인 민조직'(All Amhara People Organization), '오가덴 국가해방전선'(Orgaden National Liberation Front) 등이 활동하는 가운데, 특히 OLF의 경우 에리트레아 분리 독립을 주장하고 있기도 하다.

외교통상부의 보고서(2005년 12월)에 따르면 에티오피아의 2004년도 GDP에서 차지하는 산업별 비중은 농업 44.1%, 공업 10.4%, 서비스업은 45.5%로 2005년에는 식량자급률이 11.7%로 추산되어 약 350만 명이 식량부족에 시달릴 것으로 전망한 바 있다. 이는 결과적으로 현 정부의 경제정책에 대한 국민들의 불만으로 연결되어 2005년 총선에서 야당의 수도(首都) 압승과 대도시에서 선전할 수 있었던 배경이 되었다.

특히 기존 총선과는 달리 2005년 총선은 유럽연합이나 미국의 카터 센터(Carter Center) 등과 같은 429개의 국외 선거감시단에 투표 당일 선거 참관을 허용[50]함으로써 공정성의 시비를 불식시키려 했던 조치에도 불구하고, 선거 이후인 6월과 11월에 걸친 대규모 부

50) http://www.ipu.org/parline－e/reports/2107_E.htm(검색일: 2006. 4. 12)

정선거 규탄 시위와 관련하여 다수의 민영 신문들을 폐간시킴으로써 정부 스스로 노출시킨 절차적 민주화과정의 미숙함을 제어하는 것이 당면과제로 자리하고 있다.

제2절 나이지리아(Nigeria) 군부의 정치개입

1. 군부의 정치개입과정

영국의 식민통치는 1900년 북부와 남부 나이지리아에 대한 독자적인 보호정책의 선언으로부터 1950년 제헌의회에 이르기까지 50년 동안 권위주의적 방식으로 나이지리아를 지배하였지만, 1914년에 들어서 두 유형의 보호정책을 외형적으로 혼용시킨 후 이를 지속시킴으로써 사실상 나이지리아를 두 개의 국가로 지배했다. 즉 북부 지역의 경우 이슬람 토호의 전통적 권위를 인정하는 동시에 중앙집권화되고 계급조직의 구조화를 통한 간접지배의 형태로 토착 권력체제를 건설했던 반면, 남부 지역에서는 보다 분산된 지배력과 더불어 간접지배 역시 불완전하게 작동시켰을 뿐만 아니라 심지어는 중지시키기도 했다. 특히 남부 지역에는 유럽식 교육과 종교가 급속하게 허용되었지만, 북부 이슬람 지역에는 엄격하게 금지되었는데, 이로 인해 경제적 · 기술적 발전의 측면에서 양자 사이에 거대한 불균형을 창출시켰다. 또한 정치적 참여 역시 남부 지역은 초기부터 허용되었고, 1923년부터 1947년까지 오직 남부 나이지리아인들에게 영국 정부에 조언할 수 있는 입법의회의 구성원을 선출할 수 있도록 허용되었다.

1939년 나이지리아는 네 지역, 즉 '라고스 거주지'(colony of Lagos) · 서부 지방 · 동부 지방 · 북부 지방으로 대표되는 행정상의 단위들로 분리되었다. 이들 지역들의 범주는 종족 간 구분을 구체화시킨 것으로 나이지리아 전체 인구의 50%는 세 부류의 대규모 종족집단에 소속되었다. 구체적으로 동쪽에서 지배적인 집단은 이그보(Igbo)족이었고, 서쪽은 요루바(Yoruba)족, 그리고 북쪽에는 하우사-풀라니(Hausa-Fulani)족이었으며, 그 외 나머지 소수 종족집단이 300개 이상 존재하고 있었다.[51] <표 69>는 이들 종족집단들 가운데 규모가 큰 12개 언어집단들의 인구 규모를 1963년과 1986년 두 시기로 나누어 비교한 것이다.

〈표 69〉 나이지리아의 12개 언어집단들과 인구 규모

언 어	인구 규모(1963년)	인구 규모(1986년)
Hausa-Fulani	11,653,000	23,233,000
Yoruba	11,321,000	22,571,000
Igbo	9,246,000	18,434,000
Fulfulde	4,784,000	9,538,000
Kanuri	2,256,000	4,498,000
Ibibio	2,006,000	3,999,000
Tiv	1,394,000	2,779,000
Ijaw(Izon)	1,089,000	2,171,000
Edo	955,000	1,904,000
Nupe	656,000	1,314,000
Urhobo	639,000	1,274,000
Igala	582,000	1,160,000

출처: Munzali Jibril, "Minority-Languages and Lingua Francas in Nigerian Education", in E. N. Emenanjo(ed.), *Multilingualism, Minority Languages and Language Policy in Nigeria*(Central Books, Agbor, 1991), 111쪽.

51) Jean Herskovits, "Democracy in Nigeria", *Foreign Affairs,* Vol.58, No.2(Winter, 1979/1980), 315쪽.

나이지리아의 주요 정당들은 종족과 지역적 구분을 따라서 존립하였는데, 첫 번째는 이그보족을 핵심으로 하면서 다양한 종족들로 조직된 '나이지리아와 카메룬의 국가협의회'(National Council of Nigeria and Cameroons: 이하 NCNC), 둘째는 요루바족이 지배하는 '행동단체'(Action Group: 이하 AG), 셋째로는 느슨한 문화적 조직체가 근대 정당으로 변화된 '북부인민의회'(Northern People's Congress: 이하 NPC)였다. 나이지리아는 영국의 의회제도가 작용하는 가운데 1960년 10월 1일에 독립하여, 권력은 세 정당들 간에 배분되었다.[52] 그러나 이들이 실제적으로 지배하는 지역들에서는 각기 정치적 반대집단들에 대한 괴롭힘과 억압이 증가하면서 정치적 불안이 발생하기 시작했다. 예컨대 2001년 8월 여론조사기관인 AFROBAROMETER가 2,190명의 성인을 대상으로 공동체 간에 폭력적인 갈등들이 발생하는 원인들에 대한 면접조사[53] 결과를 보면 <그림 21>과 같이 크게 세 가지로 집약되었는데, 가장 중요한 원인으로는 문화적 상이성이 44%로 나타났으며, 그 뒤를 경제적 원인이 38%로 실제적으로는 정치적 원인들에 비해서 그 비중이 높았던 것으로 나타났다.

52) 1959년의 연방선거에서 NPC는 134석을 얻어 승리했고, NCNC는 89석, AG는 73석을 얻었다. 이때 각 지역에서 강한 지역 득표와 종족 득표의 징후를 보였는데, 동부 지역에서 NCNC는 65%, 서부 지역에서 AG는 50%, 북부 지역에서 NPC는 61%를 얻어 각각 득표에서 이겼지만, 라고스에서 득표수는 NCNC와 AG간에 보다 균등하게 나눠진 반면 NPC는 1% 미만의 표를 얻었다. Dorothy Dodge, *African Politics in Perspective*(D. Van Nostrand Company, Inc., 1966), 153－154쪽.

53) 나이지리아의 36개 주 가운데 29개를 포함하여 이를 6개의 지정학적 구분을 통해 각 지역은 남녀가 동일하게 도시와 농촌 인구를 배분하였다.

〈그림 21〉 나이지리아 국내 갈등의 원인들

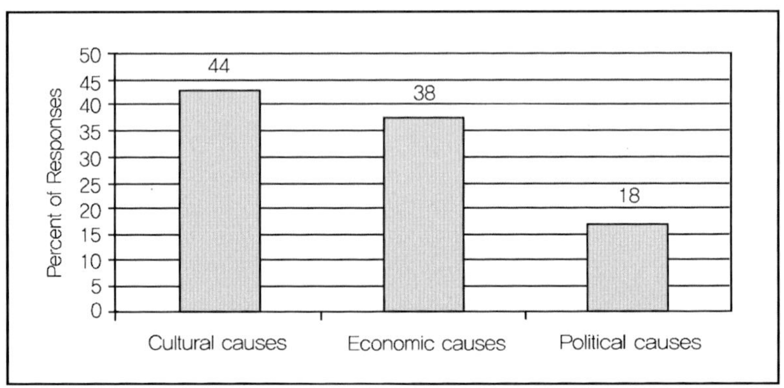

출처: Afrobarometer, "Violent Social Conflict and Conflict Resolution in Nigeria", Afrobarometer Briefing Paper No.2(August, 2002), 2쪽.
http://www.afrobarometer.org/abbriefing.html(검색일자: 2006. 12. 11)

연방체제의 불안정이 단계적으로 확대되면서 나이지리아의 정치체제는 통치의 대중적 정당성의 심각한 침식과 더불어 한층 격렬해진 정치적 폭력 및 완고함, 종족주의와 지역주의적 분열이라는 연속적인 다섯 가지의 중요한 위기들에 부딪혔다.[54] 첫 번째 위기는 서부 지역의 지배정당 내부에 잠재된 갈등이었는데, 부분적으로는 개인적 내지 당파적인 것이었지만, 격렬한 이념적 갈등이기도 했다. 즉 위기의 본질은 AG의 지도자인 아오로오(Obafemi Awolowo)의 급진적인 평등주의 호소에 매혹된 나이지리아의 젊은 이들과 지식인들 간 광범위한 분열을 이간질했을 뿐만 아니라 국민들에게 요루바족을 희생시켰다는 앙금을 남기게 된 사실이다.

두 번째 위기는 부분적으로 첫 번째 위기와 중복되는데, 1962년에 나이지리아인들은 국가의 인구조사를 목적으로 철저하게 동원

54) Larry Diamond, "Nigeria: Pluralism, Statism, and the Struggle for Democracy", in Larry Diamond, Juan J. Linz, and Seymour Martin Lipset(ed.), *Democracy in Developing Countries: Africa*(Lynee Rienner Publishers, Inc, 1988), 40－42쪽.

되었다. 즉 지역들 간 권력 및 자원의 배분을 인구조사의 성과로 결정하면서 역설적으로 인구조사가 정치적 경쟁을 과열시키고 만 것이다. 즉 인구조사는 종족주의와 지역적 경쟁의 도구로서 대중의 정치동원을 격렬하게 불러일으켰고 상호 간 의심 또한 더욱 심화시켰다. 예컨대 NPC와 NCNC는 격렬하면서도 화해할 수 없는 양극화된 투쟁과정에서 재편성되었다.[55)]

세 번째 위기는 1963년 후반기에 실질임금의 감소와 증가하는 경제적 불평등이 원인이 되어 임금노동자들이 정부의 관심과 높은 보수를 요구하는 투쟁을 시작하였는데, 몇 달에 걸쳐 계속된 정부의 오만과 지연으로 인해 1964년 7월 전격적으로 단행된 노동조합의 총파업은 13일 동안 국가 경제부문을 정지시켰다. 더구나 파업은 노동자들의 압도적인 지지뿐만 아니라 특히 도시 대중들의 광범위한 지원까지 이끌어 냈다. 이에 굴복한 정부가 중대한 양보를 하였음에도 불구하고, 파업의 영향력은 정권의 정당성과 권위까지 약화시켰던 것이다.

네 번째 위기는 1964년 연방선거에서 NCNC가 중심이 되어 두 개의 주도적 정당들 간 권력경쟁적 동맹체로 결성된 '진보거대동맹연합'(United Progressive Grand Alliance: 이하 UPGA)과 NPC가 중심이 되어 결성한 '나이지리안 민족동맹'(Nigerian National Alliance: 이하 NNA)이 조직되었다. 동부 지역의 이그보족과 북부 지역의 하우사-풀라니족이 주도적 위치를 차지하고 있었던 이들 동맹들은 UPGA의 진보적이고 반(反)지역주의자 세력과 NNA의 보수적이고 지역주의 세력 간 이념적 분열로 인해, 기존 국가가 지닌 특유의

55) 인구조사로 인한 위기(the Census Crisis)에 대한 보다 자세한 내용은 Larry Diamond, *Class, Ethnicity and Democracy in Nigeria: The Failure of First Republic*(Macmillan Press, 1988), 131-161쪽을 참고할 것.

정치지형이었던 종족·지역·정당 등의 누적된 분열 및 양극단적 투쟁을 변형시켰다. 이는 일시적으로 국가의 권력과 재원들을 완벽하게 배분시켰지만, 사실상 유권자 간 갈등은 이전보다도 더욱 종족 중심주의화 및 폭력화되었다.

다섯 번째 위기는 1965년 10월 서부 지역 선거에서 네 번째 위기가 확대된 결과 민중 불복종이 폭발하여 폭력·파괴의 물결로 인해 서부 지역에 대한 효과적인 통치가 불가능해졌다. 이로부터 정치적 부패가 심화되어 갔고 연방정부의 부패에 연루된 공무원들에 대한 의혹의 증대, 그리고 되풀이되는 정치적 위기는 국가의 재원들을 소모시키기에 충분했다. 결국 서부 지역의 무질서와 동부 지역의 공공연한 불만으로 바레와(Abubakar Tafawa Balewa)의 지배를 받는 연방정부가 통제력을 상실한 듯 비쳐지면서 나이지리아 정국은 혼란 속으로 빠져들게 되었다.

〈표 70〉 1966년 1월 14일 당시 나이지리아 군부 최고 지휘부

성 명	계 급	직 위	출 신 배 경
Johnson Aguiyi – Ironsi	소장	GOC – Nigerian Army	East Igbo
Joseph Wey	해군 준장	Commanding Officer – Nigerian Navy	Mixed Yoruba/eastern minority heritage
Samuel Ademulegun	준장	CO – 2nd Brigade – Kaduna	West Yoruba
Zakariya Maimalari	준장	CO – 1st Brigade – Lagos	North Kanuri
Babafemi Ogundipe	준장	Nigerian military attaché in London	West Yoruba
Thimming	대령	CO – Nigerian Air Force	German expatriate officer
Varma	준장	CO – Nigerian Military Training College – Kaduna	Indian expatriate officer
Kur Mohammed	대령	(Acting) Chief of Staff at Army HQ – Lagos (in place of Colonel Robert Adebayo)	North Kanuri

성 명	계 급	직 위	출 신 배 경
Ralph Shodeinde	대령	Deputy－Commander, Nigerian Military Training College: Kaduna	West Yoruba
Robert Adeyinka Adebayo	대령	Attending a course in London	West Yoruba
Yakubu Gowon	중령	Preparing to take over command of the 2nd battalion from Hilary Njoku	North Angas
Francis Fajuyi	중령	CO－1st Battalion－Enugu	West Yoruba
Hilary Njoku	중령	CO－2nd Battalion－Lagos	East Igbo
George Kurubo	중령	CO－3rd Battalion－Kaduna	East Rivers
Abogo Largema	중령	CO－4th Battalion－Ibadan	North Kanuri
Chukwuemeka Odumegwu Ojukwu	중령	CO－5th Battalion－Kano	East Igbo
James Pam	중령	Adjutant－General of the Nigerian Army	North Birom
Arthur Unegbe	중령	Quartermaster－General of the Nigerian Army	Mid－West Igbo
Ime Imo	중령	CO－Lagos Garrison	East Igbo
Hassan Usman Katsina	소령	CO－2nd Reconnaissance squadron －Kaduna	North Fulani
John Obienu	소령	CO－1st Reconnaissance squadron －Abeokuta	East Igbo

출처: http://www.kwenu.com/publications/siollun/1966 coup1.htm(검색일: 2006. 8. 13)

1966년 1월 15일 군부의 젊은 장교집단이 쿠데타를 일으켜 당시 서부와 북부 지역의 주지사이자 연방 재무장관까지 겸직한 바레와 총리를 암살하면서 제1공화국을 전복시킨 다음, '혁명최고위원회'(Supreme Council of the Revolution)의 이름으로 북부 지역에 최초의 계엄령을 발동시켰다. 헌법은 일시 정지되었고, 지방 정부와 의회를 해산시켰으며, 당분간 정부 부서는 상임 직원에 의해 운영되었다. 그러나 젊은 쿠데타 주동자들이 그들의 의도를 실행시키는데 실패하면서, 정부권력은 그들이 범죄자로 규정했던 이그보족 출신인 육군 소장 이론시(Aguiyi－Ironsi)에게 넘어갔다. 권력을 장악한 이론시는 나이지리아군 최고사령관 및 연방 군사정부의 지배자라는 권한을 형식적으로 지닌 가운데, 각 지역에서 선출된 군부 통치자들은 직접적으로 연방 군사정부의 지휘를 받았다.[56]

집권 초기 이론시는 민간정부로의 복귀를 약속하면서, 전문위원을 임명하여 새로운 헌법의 초안을 만들게 하고, 사법조직과 경제의 문제점들을 연구하게 하였지만, 북부 지역에 가졌던 두려움과 의심은 국가의 지배권을 출신부족인 이그보족이 장악하게끔 만들었다. 이렇듯 이론시의 군부 인사 및 정치적 조언자의 선택과정이 이그보족에 대한 편애를 넘어선 이해관계의 증대로까지 보다 더 구체화된 시점은 1966년 5월 24일 연방체제와 지역통일, 연방공공사업들을 폐기시키는 선언[57]에서였다. 이로 인해 북부 지역의 분노와 격렬한 저항을 초래하여 1966년 7월 29일 북부 지역 장교들의 유혈 역쿠데타(counter－coup)로 최고조에 이르면서 이론시와 다수의 이그보족 출신 장교들과 병사들은 살해당하고 말았다.

혼란과 무질서가 끝난 후 북부의 소수 인종집단 출신으로 육군중령이었던 고원(Yakubu Gowon)이 타협에 의한 선택으로써 국가의 최고 권력을 장악했다. 고원 또한 처음에는 빠른 시일 내에 민간지배로의 복귀를 표명했지만, 결과적으로는 1966년 1월 이래 실질적으로 취해져 왔던 정당 활동의 금지를 유지시켰다.[58] 또한 이론시에 의해 폐기되었던 구(舊)지역체제를 원상회복시키고 헌법제정 회담의 기반마련을 위한 지역 여론주도층과의 모임을 조직하여

56) Walter Schwarz, *Nigeria*(Praeger Publishers, 1969), 198쪽.

57) Herbert Ekwe－Ekwe, *Conflict and Intervention in Africa: Nigeria, Angola, Zaïre*(Macmillan Press, 1990), 11쪽.

58) Henry Bienen, "Transition from Military Rule: The Case of Western State Nigeria", in Henry Bienen and David Morell(ed.), *Political Participation under Military Regimes*(Sage Publications, 1976), 63쪽.

강력한 지지를 이끌어 냈다. 그러나 고원 역시 증오와 의심의 세월 및 두 번의 유혈 쿠데타의 상처에 대한 치유라는 동부와 북부 간의 간극을 치유시키는 데는 실패하였다.

당시 동부 지역의 통치자이자 군사령관이었던 오주쿠(Odumegwu-Ojukwu) 대령은 고원의 권위를 인정하는 것을 거부하였고, 동부 지역 대표단이 광범위한 지역 자치를 주장하며 회의 시간을 지연시키는 과정에서 1966년 12월 초 북부에서 이그보족 대학살이란 새로운 형세가 고조되면서 급작스럽게 회의는 중단되었다. 1967년 5월 27일 고원은 북부 6개, 동부와 서부 3개씩 12개의 주(州)로 국가를 분할하여 요루바족 중심 신연방을 설립하였다. 이 과정에서 소외된 이그보족은 7월 6일 오주쿠가 비아프라(Biafra) 공화국으로 동부 지역의 분리를 선언하면서, 나이지리아는 내전상황에 빠지고 말았다. 특히 내전 중에 노동조합에 대한 엄격한 통제·파업 금지·새로운 주(州)의 결성 움직임에 대한 엄중한 단속을 포함하는 가혹한 권위주의적 조치들이 부과된 듯 보였지만 이는 내란이라는 특수상황에 기인한 것들이었고, 또 한편으로는 민주적인 열망 역시 강하게 잔존하고 있었다.

1970년 1월 13일 내전이 종결되면서 경제·사회의 전후 재건과 정치적으로 민간 주도의 민주정부의 재건은 두 가지 당면 과제들이었다. 무엇보다도 나이지리아인들은 민간정부로의 이양을 강하게 열망했으며, 결국 10개월 후인 1970년 10월 1일 민간정부로의 이양이 발표되었다. 그러나 군부는 향후 6년 동안 통치자(rulers)로 존재하면서 ① 군부의 재조직, ② 경제 재건과 재생, ③ 부패 일소, ④ 새로운 인구조사 착수, ⑤ 새로운 헌법 기초, ⑥ 증가하는 주(州)와 세입 배분이라는 고통스러운 문제들에 대한 결정, ⑦ 정당의 조직,

⑧ 선거 실시라는 8개의 재건 계획을 실행하게 되었다.

1975년 7월 29일 '아프리카 통합기구'(Organization of African Unity: OAU) 정상회담에 고원이 참석하는 동안에 무혈 쿠데타가 발생했는데, 개혁성향의 하사관들 주도하에 정부와 관료의 부패로 정권을 민정으로 되돌리는 것을 거부한다는 명분하에, 1966년 7월 29일의 역(逆)쿠데타에도 가담했던 육군 준장인 무함메드(Murtala Ramat Muhammed)는 인민들의 호응을 얻기 위해 12개 주의 주지사를 축출시켰으며, 몇 주 동안 모든 정부 부처에서 10,000명의 민간 공무원을 공직 남용과 생산성이 결여되었다는 이유만으로 해직시키고,[59] 군부 자체도 25,000명~100,000명 정도의 규모로 숙군을 단행하였다.

1975년 10월 1일 무함메드는 민간 민주정부의 회복을 위한 상세한 일정 및 최종기한을 발표하였는데, 이 과정은 4년에 걸쳐 다섯 단계를 통해서 새로운 헌법과 정치적 토대를 조성시키는 것이었다.[60] 이를 세부적으로 살펴보면 먼저 첫 단계에서는 새로운 주(州)들에 관한 문제가 결정되고, 헌법기초위원회는 기초적인 헌법을 1년 내에 만들게 된다.

두 번째 단계는 지방 정부를 재조직시키는 과정으로, 이는 재검토된 입법의원 선거와 수정된 기초적 헌법을 토대로 선거에 의해 새로운 지방 정부를 선출하게 된다.

세 번째 단계는 1978년 10월 활동을 금지한 정당 규제를 해제시

---

59) Julius O. Ihonvbere and Timothy M. Shaw, *Towards a Political Economy of Nigeria*(Avebury, 1988), 134쪽.

60) Larry Diamond, "Nigeria: Pluralism, Statism, and the Struggle for Democracy", in Larry Diamond, Juan J. Linz, and Seymour Martin Lipset(ed.), *Democracy in Developing Countries: Africa*(Lynee Rienner Publishers, Inc, 1988), 46쪽.

키는 것이다.

네 번째 단계는 국가의 입법기관들을 선출한다.

다섯 번째 단계는 1979년 10월 1일 국민들의 민주적인 선거로 선출된 정부에 권력을 이양하여 연방정부를 출범시키는 과정이었다.

1976년 2월 13일 육군중령이었던 딤카(Buka Suka Dimka)에 의해 무함메드가 암살되었음에도 불구하고 쿠데타 시도는 실패로 끝난 가운데, 생전에 무함메드가 제시했던 민간 민주정부로의 이행에 관한 최종기한은 후계자인 오바산조(Olusegun Obasanjo) 장군에 의해 정확하고도 기민하게 수행되어, 1979년 10월 1일 군부는 병영으로 물러갔다.[61] 그러나 또다시 군부는 1983년 12월 31일 쿠데타를 일으키는데, 그 명분 역시 부적합하고 부패한 지도력이 초래시킨 심각한 경제적 곤경과 불확실성으로부터 국가를 구한다는 것이었다. 쿠데타의 지도자인 육군 소장 부하리(Mohammadu Buhari) 장군에 의해 샤가리(Alhaji Mukhtari Shehu Shagari) 대통령의 민간정부는 종지부를 찍게 되었다.

그 후 1985년 8월 27일 또 다른 군부쿠데타가 발생하여 육군 소장인 바방기다(Ibrahim Babangida) 장군이 여섯 번째 군부지배자로서 대통령에 취임하였다. 무엇보다도 바방기다 정권은 이전의 군부정권들과는 달리 자주노선을 추구했다는 점에서 높이 평가할 만하며, 나이지리아의 경제적 자립의 기반을 조성시켰다. 그럼에도 불구하고 정권의 관대한 실체(image)에 손상을 입히는 두 가지 사건들이 발생하는데, 하나는 1986년 5월 23일 자이레의 벨로(Bello) 대학에서 경찰이 폭력적 진압을 자행하여 20여 명이 넘는 학생들이 죽

61) Jean Herskovits, "Democracy in Nigeria", *Foreign Affairs,* Vol.58, No.2(Winter, 1979/1980), 316쪽.

고, 다수의 학생들이 부상당한 사건이었다.[62] 그 다음으로는 1986년 10월 19일 군부지배기간 중 가장 충격적이었던 사건인 소화물 폭탄에 의한 언론인 기와(Dele Giwa)의 암살이 발생한 것이다.

곤경에 직면하게 된 바방기다 정권은 언론의 자유 및 정치범 석방을 포함한 대규모 민주화조치를 실시하겠다는 선언 이후인 1993년 6월 12일 실시된 대통령선거에서 야당인 아비올라(Moshood Abiola) 후보에게 패배하였다. 그러나 선거무효를 선언한 군부는 바방기다 정권의 유지를 발표하면서, 결국 군부독재정권과 민주화 세력의 대결을 초래시켜, 1993년 7월 23일 대규모 반정부 폭동이 발생하여 100명 이상이 사망했다. 이 당시 영연방 차원에서의 원조 중단 조치 등 국내외적인 압력에 직면하여 8월 26일 바방기다의 군부정권이 퇴진하고 과도정부(interim government)가 출범하게 되었다. 하지만 또다시 1993년 11월 17일 아바차(Sani Abacha) 국방장관이 무혈 쿠데타로 정권을 장악한 다음 연방의회를 해산시키고, 주지사를 군인으로 임명했으며, 정당 활동 역시 금지시켰다.

1994년 6월 아비올라 대통령 당선자가 아바차의 퇴진과 독자정부의 구성을 선언하자 군부정권은 아비올라를 국가내란죄로 구속시켰다. 이에 7월 4일 석유노동조합들이 파업에 돌입하고 반정부세력들의 대규모 시위로 나이지리아 정국은 혼란 속으로 빠져들었다.[63] 이 와중에도 아바차 군부정권은 1995년 11월 10일 인권운동가

---

62) 이 사건 이후 전국적으로 산재했던 대학들 사이에는 급속도로 정부에 대한 불복종이 확산되었다. 이에 정부는 전국적인 시위금지 조치를 내렸고, 나이지리아의 15개 대학 가운데 9곳이 7월까지 폐쇄되어졌다.
http://reference.allrefer.com/country – guide – study/nigeria/nigeria160.html
(검색일: 2009.7 29)

63) 7월 파업을 주도했던 '나이지리아 노동회의'(Nigeria Labor Congress: 이하 NLC)는 정부에 8월 총파업을 예고하면서 아비올라의 석방을 조건으로 내세웠다. 하지만 정부는 8월 17일 NLC의 지도부와 석유노동조합을 해체시키고, 코코리(Frank Kokori)와 기타

인 사로위와(Ken Saro－Wiwa)를 처형함으로써 영연방에서 축출되는 악수(惡手)를 두기도 했었다.

1998년 6월 8일 아바차가 급작스럽게 심장마비로 사망하자 군부는 아부바카르(Abdi Jibril Abubakar) 육군 참모총장을 국가원수로 선출했다. 그러나 불행히도 7월 7일 아비올라 대통령 당선자가 옥중에서 사망함에 따라 나이지리아 정국은 재차 혼란 속으로 빠지는 듯했지만, 7월 20일 아부바카르에 의해 1999년 2월 27일에 자유선거를 실시하여 5월 29일까지 정권을 이양하겠다는 선언 이후 실시된 대통령선거에서 오바산조 후보가 당선되어 민간정부로 정권이 이양되었다.

2. 종족 · 종교 갈등과 민주화과정

미국식 의회제도를 모방한 임기 4년의 양원제 의회는 109석의 상원(Senate)과 360석의 하원(house of representatives)으로 구성되었다. 전체 상원 의석은 36개의 주에서 각 주당 3명씩 선출한 108명과 연방 수도인 아부자(Abuja) 구역에서 선출한 1명으로 구성되었으며, 하원 의석의 경우는 360개의 연방 선거구로부터 1인을 국민투표로 선출하였는데, 현재 하원 의석은 1999년 헌법에 의해 최대한 승인된 의석수이다.[64)]

여기서는 2003년 4월 12일～13일 양일에 걸쳐 실시된 의회선거

노동운동 지도부를 체포하고 만다. 또한 1995년 초 정부는 40명 가량의 군 장교들과 민간인들을 쿠데타 음모혐의로 확실한 증거도 없는 가운데 체포하기도 했다. http://www.nigeria－planet.com/Democracy－and－Nigeria.html(검색일: 2009.7. 29)

64) http://www.nigeria.gov.ng/legislative.aspx(검색일: 2006. 4. 15)

및 일주일 간격으로 4월 19일에 동시 실시된 대통령과 36명의 주지사를 선출했던 선거를 '나이지리아 선거관리위원회'(Indenpendent National Electoral Commission: 이하 INEC)의 자료와 외신 보도내용, 그리고 2005년 4월 28자 나이지리아 주재 한국대사관에서 올린 주재국 정세분석 자료를 통해 확인하기로 한다.

2002년 INEC에 신규 등록한 30개의 정당이 참여한 가운데 2003년 4월 12일~13일 이틀에 걸쳐 상·하원 469명의 의원을 선출하는 나이지리아 총선이 실시됐다. 그러나 당초 예정된 일정은 악천후와 와리(warri), 아우케(awoke) 등 남동부 도시의 일부 지역에서 발생한 투표용지 부족과 주민들의 폭력사태로 인해 13일까지 연장 실시되었다.

〈표 71〉 나이지리아 **2003**년 총선 결과

정 당	상 원		하 원	
	의석수	득표율(%)	의석수	득표율(%)
People's Democratic Party(PDP)	76	54.63	213	54.49
All Nigeria People's Party(APP)	27	27.87	95	27.44
Alliance for Democracy(AD)	6	9.74	31	9.28
United Nigeria People's Party(UNPP)	-	2.72	2	2.75
National Democratic Party(NDP)	-	1.59	1	1.92
All Progressives Grand Alliance(APGA)	-	1.48	2	1.36
People's Redemption Party(PRP)	-	-	1	0.76
People's Salvation Party(PSP)	-	-	1	0.33
National Conscience Party(NCP)	-	0.51	-	0.48
Justice Party(JP)	-	0.10	-	0.09
Others	-	2.31	-	1.10
전 체	**109**		**360**	

출처: http://www.binghamton.edu/cdp/era/elections/nig03par.html(검색일: 2006. 4. 15)

선거결과 여당인 PDP가 상원과 하원에서 과반을 넘는 득표율로 압승을 거두었고, 그 여세를 몰아 총선거 일주일 후에 치른 대통령

선거에서도 승리함으로써 오바산조는 빈번한 군부쿠데타로 인해 민선 대통령이 연임한 사례가 없었던 나이지리아에서 대통령 연임에 성공한 최초의 인물이 되었다.

〈표 72〉 나이지리아 2003년 대통령 선거 결과

정 당	후 보 자	득 표(명)	득표율(%)
People's Democratic Party	Olusegun Obasanjo	24,456,140	61.94
All Nigeria People's Party	Muhammadu Buhari	12,710,022	32.19
All Progressives Grand Alliance	Chief Emerka Odumegwu - Ojukwu	1,297,445	3.29
United Nigeria Peoples Party	Chief Nwobodo Jim Ifeanyichukwu	169,609	0.43
National Conscience Party	Alhaji Chief Ganiyu Fawehinmi	161,333	0.41
Progressive Action Congress	Sarah N. Jibril	157,560	0.40
National Democratic Party	Ike Omar Sanda Nwachukwu	132,997	0.34
Justice Party	Reverend Chris Ogenebrorie Okotie	119,547	0.30
	Others	275,836	0.70

출처: http://www.binghamton.edu/cdp/era/elections/nig03par.html(검색일: 2006. 4. 15)

현 대통령이기도 한 PDP의 오바산조 후보는 남서부에 위치한 요루바족 출신이었고, 부통령 후보인 아티쿠(Alhaji Abubakar Atiku)는 부모의 출신 지역인 동부와 북부 지역에서의 강력한 득표력을 지녔을 뿐만 아니라 오바산조와는 달리 정치적 추문으로부터도 자유로웠던 명망가였기에 61.94%라는 압도적인 승리의 견인차 역할을 해냈다. 반면 최대 야당인 ANPP의 부하리 후보와 야당 지도자들은 정부의 사전 기표·투표함 절취·매수 협박 등 대규모 선거부정이 자행됐다고 비난했지만, 오바산조와 아티쿠의 득표력과 비교한다면 일정수준의 한계를 지니고 있음은 2003년 대선 결과를 통해서도 확인된다. 특히 ANPP의 부하리 후보는 대선 하루 전인 18일 수도 아부자에서 가진 기자회견을 통해 대선을 거부하지는 않겠지만, 대규모 반정부운동을 펼칠 것이라고 선언하면서 국민들에게 대통령 선거에서 자신을 지지해 줄 것을 호소하였음에도 득표율은 오바산조 후보의 50% 수준에 그치고 말았다. 더구나 그가 이번 총선이 대규모 사기(詐欺)라고 주장하면서 36개 주의 선거 결과를 취소하거나 다시 실시해야 한다는 입장 표명마저도 INEC는 선거 결과를 취소할 여지가 없다고 결론 내렸다. 또한 대통령선거와 동시에 실시되었던 36개 지역의 주지사 선거조차도 여당인 PDP가 28개 주, 최대 야당인 ANPP가 7개 주, AD가 1개의 주를 차지함으로써 상대적으로 야당의 입지는 더욱 좁아진 상태이다.[65)]

대선 전 3년에 걸친 사회-경제적 문제들의 대부분은 파괴적이고 종족·종교적이면서 지역적인 요소들에 의해 조장된 측면이 강했다. 대표적으로 유력한 대통령 후보였던 오바산조와 부하리의 경우를 보면, 각자 요루바족과 하우사-풀라니족을 출신배경으로 하고 있었고, 종교마저도 기독교와 이슬람교로 달랐다.[66)] 따라서 종족 간 내지 종교적 갈등조장은 정치지도자들의 지배권력의 장악과도 깊은 연관성을 지닌 것이었기에 선거 때마다 활용되었고, 특히 1999년 오바산조의 집권 이후 이슬람 율법(Sharia Law)의 도입을 둘러싼 이슬람교도와 기독교도 간의 충돌 등 유혈분쟁으로 1만 명 이상이 사망했는데, 제도적 민주화의 진전을 위협해 왔던 대표적인 분쟁사례들은 <표 73>에서 제시된 바와 같다.

65) http://www.mofat.go.kr/ek/ek_a004/ek_ngng/ek_a02/ek_b06/1174290_5837.html(검색일: 2006. 4. 9)

66) http://site.www.umb.edu/forum/1/Dispute_Resolution/res/nigeria/(검색일: 2006. 4. 15)

〈표 73〉 나이지리아 폭력적 갈등의 대표적 사건들

날 짜	장 소	위기의 본질	사 상 자
1999.05.15	Niger Delta	지방정부 청사 난투(亂鬪)	200명 사망
1999.07.18	Shagamu	전통의식을 둘러싼 Hausa족과 Yoruba족 간 충돌	60명 사망
1999.06.22	Kano	Shagamu 갈등에 관련된 Hausa족과 Yoruba족 간 충돌	70명 사망
1999.08.05	Niger Delta	풍부한 석유 매장지를 둘러싼 Ijaw족과 Ilaje족 간 충돌	없음
1999.08.11	Taraba	Kutebs족과 Chambas족 간 갈등(사례 미확인)	200명 사망
1999.09.09	Lagos	Yoruba족 분리주의자들과 Odua 인민의회	16명 사망
1999.10.04	Niger Delta	Okrikas와 Elemes 사이에 위치한 Harcourt 항구의 나이지리아 최대 정유공장 부근의 운영을 둘러싼 쟁탈전	30명 사망
1999.11.21	Niger Delta	Ijaw족 청년이 경찰관 12명을 살해했다고 고발됨	민간인 60명과 경찰관 12명 살해됨
1999.11.25	Lagos	시장운영권을 둘러싼 Yoruba족과 Hausa족 간 폭동	100명 사망
2000.02.21	Kaduna	이슬람교도와 기독교도 간 충돌	100명 사망
2000.05.20	Kaduna	이슬람교도와 기독교도 간 충돌	150명 사망
2000.05.27	Niger Delta	풍부한 석유 지구(地區)인 Warri 인근의 Urhobo족과 Itsekiri족 간 위기	없음
2000.06.21	Kano	이슬람 율법(Sharia) 채택 선언	없음
2000.06.25	Nasarawa	언어 인종집단으로서 Tiv족과 Hausa족 간 충돌	없음
2000.10.15	–	Hausa Fulani족의 OPC와 Muslim 양자 간 4일간 충돌	100명 사망 (신문사 확인)
2000.10.18	Lagos	Hausa Fulani족의 OPC와 Muslim 양자 간 3일간 충돌	100명 사망
2000.11.26	Kano	이슬람 율법(Sharia) 실행	–
2001.09.07	Jos	이슬람교도와 기독교도 간 갈등	165명 사망, 900명 부상
2001.10.12 2001.10.23	Benue state	Tiv족과 군부 간 자치체 조정을 둘러싼 충돌	군인 19명과 민간인 200명 살해됨
2001.10.25	Niger Delta	Itsekiri족과 Uhrobo족 간 충돌	5명 살해됨
2001년 11월	Kaduna State	Sanga 지방정부 청사의 재배치	10명 살해됨
2002년 2월	Lagos State	Hausas족과 Yorubas족 간 유혈 충돌	100명 살해됨 (BBC 보도)
2002.05.04	Plateau State	정당들의 위기	–
2002년 11월	Kaduna State	미스 월드선발대회에 관련된 신문 기사로 촉발된 이슬람교도들의 분노로 4일간 폭동 발생	200명 이상 살해됨 (BBC 보도)

출처: http://www.cdd.org.uk/resources/elections/Briefing Nig Elections.htm(검색일: 2006. 4. 12)

무엇보다도 국제인권단체인 Human Rights는 선거 참관인들과 여행자들, 그리고 기타 소식들을 통해서 나이지리아의 36개 주 중에서 적어도 22개 주에서 살인과 여타의 폭력적인 충돌이 보고된 사실을 우려하고 있다.[67] 이 밖에도 나이지리아의 비정부단체들의 연합체(Transition Monitoring Group: TMG)는 북부의 카트시나(Katsina), 지가와(Jigawa) 주들의 다양한 지역에서 폭력으로 인한 선거 중단 사례 등이 포함된 4월 19일 선거일 동안의 사건 기록들을 공개하기도 했다.

주(駐) 나이지리아 한국대사관이 밝힌 2004년 11월 정치 정세에 의하면 다수는 이러한 분쟁과 갈등의 원인을 '종족 간-종교 간 대립'(ethnic-religious conflicts)으로 이해하고 있으나 국내 분쟁의 보다 근본적 원인은 부족장을 중심으로 한 '전통적 사회구조'(Patriarchal Patron-Client Relationship)가 붕괴된 후 이를 대체할 만한 지도력이 없는 정부의 부패와 리더십의 결여 등 원칙이 없는 상황에서 종족(ethnicity)이 결속의 중요한 구심력으로 작용한다는 점이다. 특히 오바산조 정부가 종족 간, 그리고 종교분쟁을 해결하는 과정에서 군대를 활용하고 있다는 사실은[68] 결과적으로 나이지리아에서 제도적 민주화과정이 선거 때마다 겪게 될 한계이자 향후 극복되어야 할 과제임이 분명하다.

---

67) http://hrw.org/reports/2004/nigeria0604/1.htm(검색일: 2006. 4. 16)

68) http://www.mofat.go.kr/ek/ek_a004/ek_ngng/ek_a02/ek_b06/1174290_5837.html(검색일: 2006. 4. 9)

제7장 유럽(Europe) 지역

1950년대와 1960년대 초반에 걸친 안정적인 경제성장의 시대 및 물질적 생활수준의 팽창으로 유럽지역의 국가들은 1970년대에 들어서 민주화의 길로 들어선 남부유럽을 제외하고 대부분 제도화된 민주정치질서의 구축에 성공했으며, 후기산업사회에 진입한 지도 상당기간이 지난 상태이다. 특히 1960년대 말~1970년대에 걸쳐 민주정치질서에 대한 도전으로 유럽에 불어닥친 좌익운동에 직면한 서유럽국가들의 경우 정치체제의 근간을 유지한 가운데 변화의 역동성을 흡수시키는 방법을 통해서 성숙한 민주주의를 유지시키는 데 성공했다.

무엇보다도 제도적 뒷받침은 강력한 정당체제의 구조 속에서 의회정치를 활성화시켰는데, 서유럽국가들에서는 일당 우위의 내각 구성이나 정당연합에 의한 연립정권의 형태로 정권을 장악하는 것이 정당정치의 일반적인 특징이었다. 따라서 변화를 지향하는 심각한 도전이 발생할 경우 선거라는 절차적 수단을 통한 새로운 정부의 출범 가능성을 열어 둠으로써 민주적 질서를 유지시킨 가운데 변화까지도 흡수할 수 있었기에, 대부분 학자들은 유럽정치의 근간을 '정당정부'(party government) 혹은 '내각정부'(cabinet government)

에서 찾고 있다.[1]

이 같은 사실은 뤼시마이어(Rueschemeyer)와 스티븐스(Stephens) 부처(夫妻)가 정당의 역할을 민주주의 방어라는 현실적 필요성으로 강조했던 이유에서도 확인되는데, 이들의 경우 민주주의로의 이행 및 공고화가 성공하기 위해서는 정당을 통해 엘리트와 노동자의 계급적 이익을 보호하는 과정이 무엇보다도 선행되어져야 한다고 강조한 바 있다.[2] 특히 서유럽에서 자유민주주의 체제의 확립은 유럽제국의 갈등과 영토분쟁에 기원을 둔 두 차례에 걸친 세계대전의 종결 이후 등장한 것으로, 지정학적으로도 강대국인 미국과 소련의 영향력 아래 진행된 것이기에 1930년대 서유럽국가들로서는 남부유럽에서 발생했던 입헌정부의 붕괴를 묵인할 수밖에 없었다.[3]

당시 지정학적으로는 그리스 · 스페인 · 포르투갈 · 이탈리아[4]가 해당된 남부유럽 지역은 경제적 저발전과 산업의 미발달 지역으로 특징 지워졌고, 또한 여러 가지 갈등요인들과 불균등한 사회발전, 그리고 특정한 경우에는 인종적 · 계급적 · 문화적 이질감의 동시적 잔존으로 인한 애매모호함과 긴장요인, 내재적인 양극화 등에 시달렸

---

1) 김웅진 · 김형기 · 최정화, "유럽의 정치변동과 정치안정: 17개국의 내각안정에 관한 경험적 연구, 1950－1999", 이정희 · 김웅진 외, 『유럽의 정치변동: 역학과 사례』(서울: 동림사, 2002), 27－28쪽.

2) Dietrich Rueschemeyer · Evelyne Huber Stephens and John D. Stephens, *Capitalist Develpoment and Democracy*(University of Chicago Press, 1992), 8－9쪽.

3) 로렌스 화이트헤드, "민주화의 국제적 측면", 오도넬 · 슈미터 · 화이트헤드 엮음 / 염홍철 옮김, 『권위주의정권의 해체와 민주화』(서울: 한울, 1992), 24－33쪽.

4) 이탈리아의 경우는 서부유럽에 속하는 독일과 거의 동일한 형태, 즉 정치적 측면에서는 파시즘(fascism)이라는 전체주의의 대두와 경제적 측면에서는 현재 세계 경제규모 6위, 유엔 분담금 5위로 나타나며, 특히 제2차 세계대전 이후 외삽적 민주주의라는 특징을 보였던 관계로 나머지 국가들과는 전혀 다른 국가군으로 포함시키는 것이 바람직한 관계로 범주에서 제외시키기로 한다. 진영재 · 노정호, "남부유럽의 정치변동: 근대화 전환과정의 그리스, 스페인, 포르투갈을 중심으로", 한국국제정치학회, 『국제정치논총』, 제43집 1호(2003), 432－433쪽.

다. 이 지역의 혼란을 부추긴 요인들은 복합적으로 공존했는데, 특히 문화적 보편주의와 지역적·혈연적 유대관계에 의한 후견 및 수혜관계, 공적 제도에 의한 종교적 정당화와 적극적인 세속주의, 무계급 지향적이고 교조적인 정치적 신념과 비타협적인 계급지향적 이데올로기, 외국자본의 투자에 의한 종속적 산업화와 상당한 정도의 민족자본주의의 발전 및 그에 뒤따르는 국가자본주의 방식 등을 들 수가 있다.

그러므로 남부유럽 지역의 국가들이 처했던 후진성과 근대성, 전(前) 자본주의와 선진자본주의, 전통적 숙명주의와 기업가적 개인주의, 직관적 종교주의와 과학적 합리주의 등 일반적인 국가 유형으로 분류시키는 기준을 적용하기란 용이한 작업이 아니다.[5] 더구나 이 지역 국가들의 경우 당면한 문제들을 비민주적 해결책을 동원하여 해소하려 했다는 사실은 지정학적 내지 경제적 공통점뿐만 아니라 정치적으로도 전통적 왕정에서 벗어나 부르주아 중심의 공화제적 요소를 유지시켰다가 군부권위주의독재체제가 성립되었다는 공통점까지도 함께 발견할 수 있게 된다.

여기에서는 그리스와 스페인을 중심으로 군부의 정치개입과 민주화과정을 논하기로 한다. 특히 그리스의 '재민주화'(redemocratization) 과정은 그리스를 정복했던 국가가 또 다른 대외세력들에 패배하는 과정에서 군부의 정치개입 및 퇴진과정을 설명해 주고 있고, 스페인의 경우는 민간인의 정치적 지도력에 의한 재민주화의 경로 및 군부와의 관계를 설명해 주는 좋은 사례로 판단된다.

---

5) 살바도르 지너, "남부유럽의 정치경제, 정당화, 그리고 국가", 오도넬·슈미터·화이트헤드 엮음/염홍철 옮김, 『남부유럽과 민주화』(서울: 한울, 1989), 27쪽.

〈표 74〉 유럽지역 군부 정치개입의 경험

국가 명	군부의 정치개입		현 정체			정당정치		
	제2차 세계대전 전	제2차 세계대전 후	민정	왕정	군정	무당	일당	다당
그리스	○	○	○					○
스페인	○	○	○					○
포르투갈			○					○
합 계	2	3	3					3

자료: 조선일보 연감 2003, 참조.
외교통상부 재외공관, http://www.mofat.go.kr/mission/missions map.mof

제1절 그리스(Greece) 군부의 정치개입과 민주화과정

1. 군부의 정치개입과정

1935년 3월 1일 유산(流産) 쿠데타는 전직 총리였던 베니제로스(Eleftherios Venizelos)의 영도 아래 공화국을 설립하려는 의도였지만 군주제의 복위를 바랐던 인민들의 동요로 좌절되면서, 11월 3일 실시된 국민투표(referendum) 결과 97.8%의 찬성으로 1923년 이래 망명 중이었던 국왕 조오지 2세(George Ⅱ)는 11월 25일 귀국하게 되었다. 1936년 4월 13일 육군참모총장을 지낸 메탁사스(Ioannis Metaxas) 장군이 총리로 취임하면서, 왕의 동의 아래 1936년 8월 4일 자신의 지위를 독재화시켰다. 비록 그의 권력 강탈이 내전으로부터 그리스를 구하려는 의도였다 할지라도, 왕정주의자와 공화주의자 간 전통적인 분열의 간격을 더욱더 깊게 만들었다. 더구나 통치기간 동안 효율적인 행정기관을 설립하였고, 통화(通貨)도 회복시켰으며, 군대를 재조직 및 재정비시켰지만, 이는 다수의 입헌적 자유와 정부의 대의체제를 희생시킨 가운데 성취된 것일 뿐이었다.[6]

1940년 10월 28일 이탈리아가 알바니아를 통해서 그리스를 침공했지만, 그리스군은 파파고스(Alexander Papagos) 장군의 지휘 아래 11월 8일 침략자들을 축출시켰고, 11월 18일~12월 23일 사이에는 알바니아의 일부분까지도 점령했다. 하지만 메탁사스가 1941년 1월 29일에 사망[7]한 직후인 1941년 4월 6일 독일이 이탈리아·불가리아와 연합군을 형성하여 그리스를 침공하였다. 당시 메탁사스의 계승자였던 코리지스(Alexandros Korizis) 총리는 무조건적인 항복을 거부한 지 2주 만에 아테네에 독일군대가 진격해 들어오고 계엄령이 선포되자 4월 18일 자살하고 말았다. 뒤를 이은 소데로스(Emmanouil Tsouderos) 수상의 주도 아래 1941년 5월 7일 새로운 망명정부가 런던에 세워지고, 왕 역시 4월 23일 이집트로 망명하게 된다.

그 후 점령군에 대항한 다양한 게릴라 집단들의 저항운동이 일어나게 되며, 여기에는 공산주의 계열인 '국가자유전선'(National Liberation Front: 이하 EAM)의 군사력과 '국가인민자유군'(National Popular Liberation Army: 이하 ELAS), 그리고 비공산계열인 '국가공화주의자동맹'(National Republican League: 이하 EDES)이 참가했지만 EAM-ELAS와 EDES 간 권력투쟁이 나타나게 되면서 1944년 독일에 대항한 게릴라활동은 사실상 중지되었다. 하지만 1944년 3

6) "Greece: A Study of Political Developments, 1936-1968", *Current Notes*, Vol.39, No.4(April, 1968), 129쪽.

7) 메탁사스 정권의 갑작스러운 붕괴는 망명 혹은 투옥되었던 공산주의자, 사회주의자 및 급진적 행동주의자들에게 탈출할 기회를 부여했고, 또한 급진 좌파의 재조직을 불러왔다. 스피로스 소포스, "그리스 내전과 잃어버린 세대", 역사문제연구소, 『역사비평』, 봄호(1998), 72쪽.

월 EAM－ELAS와 EDES 간 체결된 협정으로 북부그리스를 점령하고 있던 독일과 불가리아에 대항한 연합저항이 재개되었고, 당시 협정으로 그리스에 설치된 지방정부위원회는 망명정부를 대표하게 되었다. 또한 파판드레우(George Papandreou)의 영도 아래 EAM－ELAS 두 개의 경쟁 정부들이 연합하게 되면서, 소데로스의 사임에도 불구하고 불안정하나마 평화는 회복되었다. 1944년 10월 독일이 퇴각한 이후 소규모의 영국군과 함께 망명정부가 13일 환국(還國)하여 EAM－ELAS에 장악된 아테네 지역과 북서부의 제한된 부분을 제외한 전 국토를 통제한 가운데 EDES의 방해도 급속하게 제거시켰다.

그러나 파판드레우(George Papandreou)가 연합한 EAM－ELAS가 군대 해산명령을 거부한다는 이유로 사임하면서 정부는 붕괴되고, 1944년 12월 3일 아테네에서 내전이 발생하였다. 당시 EAM－ELAS에 의한 아테네 공항점거가 실패로 돌아간 탓에 영국은 증원병력을 보낼 수 있었고, 파판드레우(George Papandreou)는 반대파들을 격퇴시켜 아테네에 대한 통제권을 회복시킬 수 있었다. EAM－ELAS는 일시적으로 패배를 수용하여 1945년 2월 '발키자 협정'(Varkiza Agreement)을 통해 EAM－ELAS군을 국가 상비군으로 편입시키는데 동의했다.[8)]

또한 발키자 협정에는 국제 관리 아래 총선을 통해 왕정복고(王政復古) 여부에 관한 국민투표(referendum)를 실시[9)]한다는 일정(road map)까지도 계획되어져 있었다. 1946년 3월 31일 영국·프랑스·

---

8) John O. Iatrides, "Revolution or Self－Defense? Communist Goals, Strategy, and Tactics in the Greek Civil War", *Journal of Cold War Studies* 7, no.3 (2005), 18쪽.

9) "Greece: A Study of Political Developments, 1936－1968", *Current Notes,* Vol.39, No.4 (April, 1968), 129쪽.

미국의 국제감독 아래 실시된 총선은 공산주의자들이 불참한 가운데, 인민주의자들과 왕정주의자들이 사실상 다수 의석을 차지하면서 연합정부를 형성했고, 그 결과 군주제에 대한 찬성 69%, 반대 31%라는 국민투표에 의거해 1946년 9월 27일 국왕 조오지 2세는 귀국할 수 있었다.[10] 공산주의자들에 의해 1946년 중반부터 시작된 게릴라활동이 지방조직을 갖추어 가면서, 1949년 8월 그리스 군부는 영토에 대한 확고한 통제와 억압적인 의회정치 혹은 교도민주주의 체제를 강화시키려는 의도하에[11] 수천 명에 달하는 좌익 저항세력 및 주동자들을 제거 내지 투옥시켰다. 이를 계기로 1949년 10월 28일 국왕으로부터 육군 원수(元帥)의 직함을 부여받음으로서 군부의 통제권을 암묵적 승인받게 된 파파고스는 1951년 8월 6일 '인민우익운동'(Popular right－wing movement: Greek Rally)을 창설하여 성공적으로 정치의 장에 진입하여 1952년 11월 16일 총선에서 전체 300석 가운데 247석(득표율 49.22%)을 얻어 승리함으로써, 1953년부터는 의회세력으로서 군부의 지배를 강화[12]시킬 수 있었다. 하지만 거의 9년간 지속된 내전상태로 인해 그리스 국토는 황폐화되었을 뿐만 아니라, 만성적인 정치제도의 불안정성으로 인해 경제부흥과정까지도 방해받게 되었다.[13]

1956년 새로운 선거법의 제정 이후 실시된 2월 19일 선거는 두 개의 주요 정당 간 각축장이었다. 하나는 '국가급진연합'(National

10) Edward S. Forster, *A Short History of Modern Greece: 1821－1956*(Methuen & Co. Ltd. London, 1958), 231쪽.

11) Nicos Mouzelis, "Capitalism and Dictatorship in Post－war Greece", *New Left Review*, 96(March/April, 1976), 59쪽.

12) Nicos Mouzelis, *ibid.*, 60쪽.

13) "Greece: A Study of Political Developments, 1936－1968", *Current Notes*, Vol.39, No.4(April, 1968), 129－130쪽.

Radical Union: 이하 ERE)으로 '인민우익운동'(Greek Rally), '민주주의 연합'(Democratic Union)을 계승한 카라만리스(Constantine Karamanlis)에 의해 만들어졌고, 다른 하나는 '좌파민주연합'(United Democratic Left: 이하 EDA)으로 파판드레우(George Papandreou)와 인민주의자, 공화주의자, 공산주의 전선 등 7개 정당들의 이종연합적인 성격을 띠고 있었다.[14] 1958년 2월 19일 실시된 선거에서도 ERE는 유효득표의 41.2%를 얻어 다수당을 차지한 가운데, 정당 활동이 금지된 '그리스 공산당'(Communist Party of Greece: 이하 KKE)의 계승자로 인식된 EDA가 예상외로 25%에 육박하는 유효득표율로 주요 정당으로 급부상했다.[15]

위기감을 느낀 군부는 대대적인 부정선거를 자행함으로써 1961년 2월 19일 선거에서 압승했지만,[16] 대중들의 반감을 사게 되어 1963년 11월 3일 실시된 총선에서는 파판드레우(George Papandreou)가 분열된 중도정당들을 결집시켜 '중도연합'(Centre Union: 이하 EK)을 결성하여 전체 의석 300석 가운데 138석(득표율 42.04%)을 차지하여 132석(득표율 39.37%)을 획득한 카라만리스의 ERE에 근소한 차이로 다수당이 된 가운데, 14.34%의 득표율로 28석을 얻은 EDA와의 연정(聯政)을 지속할 수 없게 되자 바울(Paul) 국왕은 의회(Βουλή)를 해산시켰다.

1964년 2월 16일 재차 실시된 총선 결과, ERE와 EDA 공히 유

---

14) 선거결과 카라만리스가 이끈 ERE는 전체 300석 가운데 적어도 155석을 차지한 것으로 나타났다. "Greece: I stand alone", 『TIME』(1956. 5. 5)

15) "Greece: A Study of Political Developments, 1936－1968", *Current Notes,* Vol.39, No.4 (April, 1968), 131쪽.

16) 전체의석 33석 가운데 ERE는 50.80%의 득표율로 152석을 차지하게 된다. 반면 좌파정당들의 경우는 33.65%의 득표율로 101석에 그쳤다.
http://en.wikipedia.org/wiki/Greek_Legislative_election_1961(검색일: 2009. 7. 29)

권자들의 지지가 이탈했던 데 반해 파판드레우(George Papandreou)의 EK는 전체 의석의 57%를 차지함으로써 과반 의석을 달성하게 되었다.[17] 총리로 취임한 파판드레우(George Papandreou)는 민중들과 당내 좌파세력의 동원화된 압력에 맞서 경제적 불평등을 해소시키기 위해 임금통제조치의 완화, 사회복지 및 교육과 관련한 재정지출 증가, 좌익단체의 자유로운 결성의 묵인(默認)과 더불어 군부세력을 약화시키기 위한 조치들 역시 단행했다. 특히 당시 군부가 파판드레우(George Papandreou) 정권에 노골적인 반감을 표방했던 가운데, 반정부공작에 연루혐의를 받았던 게니마타스(Ghenimatas) 장군을 해임시키려 한 파판드레우 총리의 시도가 콘스탄틴(Constantine Ⅱ) 국왕의 반대로 좌절되자 1965년 7월 15일 사임하였다.[18]

1965년 9월 25일 3개 정당 간 연합으로 스테파노플로스(Stephanos Stephanopoulos)의 단명(短命) 정부가 등장하지만, 카넬로플로스(Panayiotis Kanellopoulos)가 이끄는 ERE가 스테파노플로스 정부에 대한 지지를 철회하면서 재차 총선 국면에 들어섰다. 이때 카넬로플로스는 파판드레우(George Papandreou)의 EK와 1967년 5월 27일 총선을 실시하기로 합의한 가운데, 1967년 4월 3일 카넬로플로스의 ERE가 중심이 된 정부가 등장했지만, 1967년 4월 21일 파파도플로스(George Papadopoulos)가 이끄는 익명의 대령집단이 정부 고위층의 지원을 받아 카넬로플로스 정권을 붕괴시키고 그리스 전체를 장악하였다.[19]

---

17) Richard Clogg, *Parties and Elections in Greece: The Search for Legitimacy*(Durham, NC: Duke University Press, 1987), 47쪽.

18) 김일영, "그리스에 있어서 정치체제의 변동과 민주화의 전망", 성균관대학교 사회과학연구소, 『사회과학』, 통권 28호(1988), 106－107쪽.

19) 그리스 산악여단(Mountain Brigade) 혹은 기습부대(Raiding Force) 등 다양한 이름으로 알려진(이를 그리스어로 Lochos Oreinon Katadromon: 이하 LOK) 특수부대가 제2차 세

이미 10년 전부터 파파도플로스는 소위 '젊은 그리스장교단'(Union of Young Greek Officers: 이하 EENA)을 비밀리에 결성하여, EENA에서 쿠데타 당시의 주동자들을 선발하였다.[20] 계엄령과 야간통행금지 조치가 내려졌고, 군부는 정치적 상황에 대한 불만과 1965년 7월 15일 파판드레우(George Papandreou) 정권의 붕괴 이후 지속된 정치적 불안정성으로 인해 1967년 5월 28일로 예정된 총선에서 공산주의자들의 쿠데타 가능성을 우려했던 나머지 정치개입을 단행하게 되었다.[21] 즉 군부의 입장에서는 1967년 4월 23일 그리스 좌익분자들이 아테네와 살로니카(Salonika)에서 정부를 전복시키려는 대규모 시위를 계획한다는 정보하에 이를 저지시키기 위한 시의적절한 방안이 바로 쿠데타였다는 것이다.[22]

계대전이 끝날 무렵이던 1944년 후반 영국의 수상 처칠(Winston Churchill)의 명령으로 창설되었다. 1952년 그리스가 NATO에 가입하면서, 미국의 CIA를 대표한 트라스코트(Trascott) 장군과 그리스 군 참모총장인 도바스(Konstantin Dovas) 간에 1955년 3월 25일 상호 협력을 재확인하는 비밀문서가 체결되었다. 1967년 4월 21일 발생한 그리스 군부쿠데타에 LOK가 직접적으로 관련되었을 가능성은 NATO와 CIA의 배후지원 아래 공산주의자들의 폭동에 대비한 소위 '프로메테우스 계획'(Prometheus plan)이 입안되어졌다는 사실에서 확인할 수 있다. 이때 LOK는 낙하산부대의 지휘관인 아슬라니데스(Costas Aslanides) 중령의 지휘아래 그리스 국방부를 점령하게 된다. 또한 페타코스(Sylianos Pattakos) 준장이 이끈 탱크부대가 아테네 중심부로 진격하여 언론기관들과 국회, 왕궁을 점령하였다. 적어도 1,000명이 넘는 시민들이 체포되었으며, 그들 중 다수는 고문을 받았다.

Daniele Ganser, "Terrorism in Western Europe: An Approach to NATO's Secret Stay-Behind Armies", *The Whitehead Journal of Diplomacy and International Relations*, Winter / Spring (2005), 77-78쪽.

20) Stephen G. Xydis, "Coups and Countercoups in Greece, 1967-1973(with postscript)", *Science Quarterly,* Vol.89, No.3(Fall, 1974), 508쪽.

21) 소포스(Sofos)는 반공주의를 영토손실·심리적 위축·깊은 불쾌감·도덕적 위기 및 절망 등과 같은 말로 표현할 수 있는 상황에 직면한 나약하고, 상처받기 쉬우며, 불안정적인 군부정권에 의해 내부적 혹은 외부적으로 진정한 적 또는 의식상의 적에 대해 스스로를 강화할 필요성에서 채택된 이데올로기적 정당화의 수단으로 보았다. "그리스 내전과 잃어버린 세대", 역사문제연구소, 『역사비평』, 봄호(1998).

22) "Greece: A Study of Political Developments, 1936-1968", *Current Notes,* Vol.39, No.4 (April, 1968), 132쪽.

파파도플로스와 군부쿠데타의 주동자들은 우선적인 그들의 임무를 혼란을 마무리하고, 가능한 한 빠른 시간 내 국가를 정상화시키는 데 있다고 선언했지만, 동시적으로 자신들의 지위를 강화시키는 데에도 골몰했다. 이를 보다 구체적으로 살펴보면, 즉각적으로 계엄령이 선포되었고, 모든 정치활동이 금지되었으며, 특히 좌익 정당에 대한 탄압조치와 아울러 당원들을 투옥 내지 국외로 추방시키는 동시에,[23] 군 내부에서도 반항적 · 불복종적인 장교들을 퇴역시켰다. 게다가 국왕 콘스탄틴(Constantine Ⅱ)을 미숙한 구시대 인물로 치부하면서 불발쿠데타의 배후였다는 이유를 들어 1967년 12월 13일 국외로 추방시켰다.

다노플러스(Costantine P. Danopoulos)에 의하면 1967년에 발생한 쿠데타와 그 후 지속된 7년간의 군부통치는 고도의 자치적이었던 군 제도가 자체의 조합주의적 이해관계들을 보호할 목적과 함께 새로운 양식으로 직업주의를 시도하면서 집정관주의(praetorianism)로 나아갔다고 본다.[24] 그는 또한 그리스 군부를 가리켜 국가의 유약한 농업 경제, 편협한 정치문화, 비조직화된 제도들 및 사회집단 전부가 반영된 가운데 조합주의적 정신 · 전문가적 식견 · 책임감의 결여를 특징으로 한다고 지적했다. 특히 그리스 군부는 제2차 세계대전 이후 미국의 원조가 사실상 감소되었음에도 불구하고 국가재정의 많은 부분을 방위비용에 투입시킨 가운데, 1952년부터 새롭게 장악한 영향력을 선거조작 · 협박, 그리고 폭력을 동원하여 우익성향의 정부를 유지시키려고 했으며, 정부의 행동이 군부의 이해관계

23) Richard Clogg, *op. cit.*, 56쪽.

24) Costantine P. Danopoulos, “Farewell to man on horseback: intervention and civilian supremacy in modern Greece”, in Costantine P. Danopoulos(ed.), *From military to civilian rule*(Routledge, 1992), 39쪽.

를 손상시킨다고 판단되는 한, 재선(再選)된 정부일지라도 주저 없이 축출시켰다.

1968년 대령집단은 군부지배를 정당화하기 위한 조처로 헌법적인 틀을 포함하는 제도적 수준에서 정당, 선출직 의회, 연설과 언론의 자유 및 기타 시민적 자유들을 규정하였다. 당시 콘스탄틴 국왕이 민주적 절차가 완전 회복되기 전까지 귀국을 거부하고 있었기에 왕위의 궐석이 지속되었음에도 불구하고, 1968년 제정된 헌법은 군주제를 명시하고 있었다. 그럼에도 불구하고 경제발전과 사회개혁 부문에서 군사정부의 성과는 현저히 약화되었는데, 구체적으로는 공업생산이 계획된 단계에 비해 낮아진 데 비례하여 농업생산의 감소와 제조업 투자율이 쇠퇴했던 반면, 부유한 일부 집단들의 경우 세금감면 혜택까지 주어진 가운데 결국 민주적인 지배질서가 회복될 때까지 그리스는 유럽공동체 참여가 봉쇄되고 말았다.

사실상 군부의 잠재적인 적대세력은 역설적으로 군부 자체였는데, 이들의 구분은[25] 첫째로, '삽입 종결자'(parenthesis closers)로 지칭된 부류의 경우 민간통치로의 복귀를 옹호했었다.

둘째로, 점진적인 부분적 민간화에 호의적이었던 부류로, 파파도플로스와 그 추종자들의 경우가 가장 대표적 사례였다.

셋째, '카다피데스'(*Kadáfides*)로 알려진 강경론자들의 부류로 이들의 경우 무기한 군정 연장과 사회 및 경제개혁을 예외 없이 급진적으로 추진시키자는 입장이었다. 이들 가운데 두 번째와 세 번째 부류가 연대하여 그리스 군사평의회(military junta)를 지배했던 것이다.

파파도플로스는 1973년 10월 29일 마르케지니스(Spiros Markezinis)를 총리로 임명하여 1968년 헌법을 개정한 다음 8년 임기의 공화

25) Costantine, P. Danopoulos, *op. cit.,* 45쪽.

국 대통령으로 취임한 후 계엄령을 해제하고, 시민적 자유를 회복시키며, 새로운 내각을 모두 민간인으로 구성하는 등 자유화조치를 추진시키고자 했다. 하지만 마르케지니스 내각의 핵심 임무가 1974년으로 예정된 총선을 준비하는 것이었기에 자유화조치는 결과적으로 군 내부의 심각한 분열을 초래시키고 말았다. 더구나 화물기지로 그리스를 사용하려는 미국의 제안을 파파도플로스가 거부하면서 군부 강경파들에 의한 쿠데타가 계획되기 시작했다.

1973년 11월 25일 파파도플로스를 축출한 이오아니디스(Demetrios Ioannidis) 장군은 키시키스(Paidon Ghizikis) 중장을 대통령에 임명하고, 민간인이었던 안드라우쵸플러스(Adamantios Androutsopoulos)를 총리로 하는 민간 내각을 출범시켰지만, 실제 권력은 군부가 장악하였다. 군사정부의 몰락을 촉발시키게 되는 결정적인 계기는 가혹한 탄압과 최악의 물가상승, 심각한 경제적 재난보다도 1974년 7월 발생한 키프로스(Cyprus) 위기를 현저히 잘못 취급한 데서 비롯되었다.[26] 즉 그리스 군사정부는 키프로스의 그리스계 주민들이 그

26) 당시 상황에 대한 자세한 내용은 Peter Loizos, *The Heart Grown Bitter*(Cambridge University Press, 1981), 79-98쪽을 참조할 것; 그 후 1983년 11월 '터키계 북부 키프로스 공화국'(Turkish Republic of Northern Cyprus)의 독립이 일방적으로 선포되면서 키프로스 문제의 해결을 위한 그리스계와 터키계의 협상은 물론 국제적 차원의 중재 노력 역시 계속되고 있지만, 당사자들 간 통합 정부의 형태에 관한 뚜렷한 견해차를 좁히지 못하고 있는 실정이다. 그 핵심을 간략히 살펴보면, 우선 인구수에서 상대적으로 열세인 터키계는 대등한 참여 속에서 지방자치정부의 완전한 자주권을 보장하자는 '국가연합'(Confederation)을 주장하고 있는 반면, 그리스계는 인구비례에 의한 연방정부로 구성된 '연합국가'(Federation)를 주장하고 있다. 이에 아난(Kofi Atta Annan) U. N. 사무총장이 2002년 11월 양원제 연방정부를 안정적으로 운영하고 있는 스위스의 소위 '스위스 모델'을 모체(母體)로 하는 가운데, 터키계 및 그리스계 모두 키프로스의 주권과 독립을 인정하면서 새로운 단일국가의 창설을 목표로 하는 해결방안을 제시하였음에도 당사자들 사이의 첨예한 견해 차이로 인해 타결되지 못하였다. 2004년 4월 24일 아난 사무총장의 최종 중재안을 놓고서 실시된 남-북 키프로스 국민투표에서 북부는 찬성(찬성률: 64.91%, 반대율: 35.09%)인 데 반해, 남부가 반대(찬성률: 24.17%, 반대율: 75.83%)함으로써, 무산되고 말았다. 이어 2004년 5월 1일 남부 키프로스만 단독으로 EU에 가입하게 되었다.

리스와의 정치적 통합을 추진한 에노시스(Enosis) 운동을 지원하여 7월 15일 군부쿠데타를 유발함으로써 당시 키프로스 공화국의 대통령이었던 대주교(archbishop) 마카리오스 3세(Makarios Ⅲ)를 축출시키는 데 성공했다.[27] 하지만 7월 20일 즉각적인 터키의 군사개입은 키프로스 북부 키레니아(Kyrenia) 지역에 군대가 상륙하면서, 8월 14일 키프로스 섬의 37%를 터키군이 장악하자 이에 대한 책임을 지고 안드라우쵸플러스 내각은 사퇴하였다. 이는 결과적으로 그리스 군부지도자들에게는 정신적 충격과 더불어 군 내부의 갈등 및 정치무대에서 퇴장까지도 초래시키게 된다.

2. 양대 정당 간 규칙적 정권교체를 통한 민주화과정

위기감을 느낀 군부로서는 그들의 근본적인 이익을 보호할 필요에서 1967년 이전의 '과두제적 엘리트'(Oligarchic Elite)들에게 권력을 되돌려 주는 '그리스 귀족정치'(Greek Aristocracy)를 고안해 냈고, 이에 1974년 7월 23일 망명 중이었던 카라만리스(Konstantinos Caramanlis)가 프랑스에서 귀국하여 총리직에 취임하였다.[28] 카라만리스의 민간정부가 수립되고, 1974년 11월 열린 총선에서 ERE를 '신민주주의'(New Democracy: 이하 ND)로 개편시킨 카라만리스는 54.4%의 득표율로 220석을 차지하면서 단독내각을 구성할 수 있었다. 이때 EK를 창당했던 파판드레우(Georgios Papandreou)의 아들인 파판드레우(Andreas Papandreou)가 9월 3일 창당한 신생 중도좌파

27) "CYPRUS: The Passing of the Dark Priest", 『TIME』 (1977.8.15)

28) Dimitri Kitsikis, "Greek Communists and the Karamanlis Government", *Problems of Communism,* Vol.26(Jan－Feb, 1977), 42쪽.

정당인 '범그리스 사회주의운동'(Panhellenic Socialist Movement: 이하 PASOK)의 경우 13.6%의 득표율로 12석을 차지하는 데 그쳤다.[29]

1974년 12월 8일 국민투표에서 입헌군주제를 완전히 폐지시키는 한편, 1975년 6월 새로운 공화제 헌법이 선포되면서 챠토스(Constantine Tsatos)가 대통령으로 선출되었다.

〈표 75〉 1974년 이후 취임한 그리스 대통령

성 명	재 임 기 간	비 고
General Phaedon Gizikis	1974.07.24～1974.12.18	일시적으로 대통령직을 보유
Michail Stasinopoulos	1974.12.18～1975.06.19	의회에 의해 선출된 임시 대통령
Constantine Tsatsos	1975.06.19～1980.05.15	선출, 단임
Constantine Karamanlis	1980.05.15～1985.03.10	단임, 선출, 사임
Ioannis Alevras	1985.03.10～1985.03.30	의회 대변인, 임시 대통령
Christos Sartzetakis	1985.03.30～1990.05.04	선출, 단임
Constantine Karamanlis	1990.05.04～1995.03.10	선출, 단임
Kostis Stephanopoulos	1995.03.10～2005.03.12	선출, 중임
Karolos Papoulias	2005.03.12～2010.03.13	선출, 재직 중

출처: http://en.wikipedia.org/wiki/List of Presidents of Greece(검색일: 2006. 6. 29)

또한 1975년 8월까지 군사정부의 최고지도자로 재임했었던 18명이 재판에 회부되면서 탈군부화의 토대가 마련되고, 본격적인 민간우위의 정치시대로 접어들게 되었다.

29) Thomas T. Mackie and Richard Rose(eds.,), *The International Almanac of Electoral History* (Washington, DC: Congressional Quarterly, 1991), 203－205쪽.

〈표 76〉 1974년 군사정권 몰락 이후 민간인 수상들과 소속정당

성 명	재 임 기 간	소 속 정 당
Konstantinos Karamanlis	1974.07.24~1980.05.10	ND
Georgios Rallis	1980.05.10~1981.12.21	ND
Andreas Papandreou	1981.12.21~1989.07.02	PASOK
Tzannis Tzannetakis	1989.07.02~1989.10.11	ND
Yiannis Grivas	1989.10.11~1989.11.23	No Party
Xenophon Zolotas	1989.11.23~1990.04.11	No Party
Konstantinos Mitsotakis	1990.04.11~1993.12.13	ND
Andreas Papandreou	1993.12.13~1996.01.22	PASOK
Kostas Simitis	1996.01.22~2004.03.10	PASOK
Kostas Karamanlis	2004.03.10~현재	ND

출처: http://en.wikipedia.org/wiki/List of Prime Ministers of Greece(검색일: 2006. 6. 28)

집권 초반 ND는 국민들의 민주화 열망에 부응한다는 명분으로 대내적으로는 공산당의 합법화 등 좌익 세력에 대한 관용정책과 언론통제 폐지 및 자유시장경제정책을 추진시켰으며, 대외적으로는 발칸 제국 및 제3세계와의 관계 개선에 주력했다. 그러나 국내 좌·우익 세력 간의 충돌, 경제적 불황, EC가입 문제, 키프로스 사태 및 터키와의 분쟁격화 등으로 정치적 불안이 고조되자 1977년 11월 20일 재신임을 묻는 총선거를 1년 앞당겨 실시하였다. 조기 총선에서 카라만리스(Konstantinos Caramanlis) 정부는 전체 300석 가운데 171석(득표율 42%)을 얻음으로써 다수당의 위치는 유지할 수 있었지만, 이전 선거에 비해 의석을 49석이나 상실한 데 반해 PASOK의 경우 25%의 득표율로 93석을 획득함으로써 공식적인 제1야당의 지위를 획득하였다.

1978년~1979년 사이 발생한 제2차 석유파동과 전반적인 세계경제 침체 등에 따른 실업 증가, 인플레이션, 민간투자 위축 등은 1980년대 초 그리스 경제를 위기상황으로까지 몰아가기에 충분했다. 이

같은 악조건하에 치른 1981년 10월 18일 총선에서는 PASOK이 48%의 득표율로 총 300석 가운데 172석을 획득하여 파판드레우(Andreas Papandreou)를 새로운 총리로 하는 단독 내각을 구성함으로써 정권교체에 성공하였다. PASOK은 선거공약의 일환으로 사회주의에 입각한 개혁을 추진했는데, 대표적으로 18세로의 선거연령 인하·간통죄 폐지·대학교육체제의 개혁·주요 기간산업의 국유화·인플레이션 대비 임금연동제 등을 들 수 있다. 이들 외에도 PASOK의 선거공약이었던 EC 및 NATO로부터의 탈퇴, 그리스 주둔 미군기지 철수 역시 제대로 이행시키지 못한 가운데 살인적인 인플레이션·실업률 및 국제수지 적자에 따른 외채 증가·경제 불황으로 인해 국민 지지도는 점진적인 하락세로 돌아서고 말았다.[30]

이러한 악조건들 가운데 1984년 6월 실시된 EU 의회 선거에서 PASOK과 근소한 차이의 득표율을 보였던 ND가 당수(黨首)를 고령(高齡)의 아베로프(Evangelos Averof) 대신 미초타키스(Konstantinos Mitsotakis)로 교체하면서 정권탈환의 기반을 다져 나가자, PASOK은 조기 총선을 추진시킨다. 즉 1985년 5월 초로 예정되었었던 대통령 선출을 3월로 앞당겨 실시하여 ND 출신인 카라만리스(Konstantinos Caramanlis) 대통령 후임으로 전(前) 대법원 판사였던 사르체타키스(Christos Sartsetakis)를 선출하고, 연이어 6월 2일에는 10월로 예정되어 있었던 총선을 조기 실시하여 득표율 45.8%로 총 300석 중 161석을 확보함으로써 근소한 차이로 ND에 앞서 단독내

30) PASOK은 주된 정책으로 수입재분배에 착수했다. 사회주의 정부는 경제침체의 극복과 높은 인플레이션을 통제하기 위해 최우선적으로 케인즈주의(Keynesian) 경제모델을 채택하였다. M. Spourdalakis, *PASOK: Structure, Inter-party Crises and Gathering of Power, Exantas*, (Athens: 1988), 55쪽; 이 책은 *The Rise of the Greek Socialist Party*라는 책으로 영국의 루틀리지(Routledge) 출판사에서 1988년 출간된 바 있다.

각을 구성하여 재집권에 성공했다. 그뿐만 아니라 1986년 3월 6일에 가면 총리와 국회 권한을 강화시키는 동시에 대통령 권한의 대폭 축소를 골자(骨子)로 하는 헌법 개정까지도 단행하였다.

하지만 1989년 6월 18일 실시된 총선에서는 총 의석 300석 가운데 야당인 ND가 145석을 획득한 데 비해 PASOK은 125석에 그치고 말았다. 하지만 <표 77>에서 제시된 바와 같이 절대 과반 의석을 얻지 못한 관계로 ND로서는 7월 1일 공산당을 위시한 좌파연합과 임시 연립내각을 구성하게 되었다. 게다가 11월 5일 실시된 2차 총선의 결과 역시 ND 148석, PASOK 128석, 좌파 연합이 21석으로 나타나 어느 당도 과반 의석을 획득하지 못했기에 6개월 이내에 3차 총선을 실시한다는 조건으로 3당은 전(前) 희랍 은행총재인 졸로타스(Xenophon Zolotas)를 총리로 천거하여 3당 연립내각을 구성하게 되었다.

1990년 4월 8일 실시된 3차 총선 결과 미초타키스가 이끈 ND는 46.9%의 득표율로 150석을 획득한 가운데, 1985년 ND에서 분당(分黨)했었던 스테파노플로스(Konstantinos Stephanopoulos)가 이끈 '민주개혁당'(Democratic Renewal: DIANA)의 지지를 이끌어 내는 데 성공함으로써 가까스로 과반 의석인 151석을 확보할 수 있었다. 이어 1990년 5월 4일 의회에서 실시된 대통령선거 역시 2차 투표까지 가는 접전을 통해서 ND의 카라만리스 후보가 재적의원 300명 가운데 153명의 지지를 받아 선출되었을 뿐만 아니라, 총선 이후 선거재판에서도 ND 후보의 당선이 확정됨으로써 1993년 9월에는 152석까지 확보하게 되었다.

1993년 10월 10일 실시된 조기 총선에서는 파판드레우의 PASOK이 득표율 46.9%로 170석을 획득하여 정권교체에 성공하지만, 당시 불안정했던 국내 여건상 정국 역시 불안정할 수밖에 없는 상황이 지속되었다. 그 이유는 그때까지도 북부 농촌 지역에서는 투르크 지배시대로부터 유래된 대토지 소유제가 지속되었으며, 산업자본가와 선주(船主) 등 외국자본과 결합한 소수계층들에 자본이 집중되어 상당수의 반(半)실업자 내지 잠재적 실업자가 존재하고 있었기 때문이다. 이 같은 상황에서 1996년 1월 파판드레우 총리가 건강악화로 사임하면서 잔여임기의 총리와 당수직에 시미티스(Kostas Simitis) 의원이 선출되는데, 불과 8개월여 만인 9월 22일 조기 총선을 실시하였다. 시미티스 총리의 EU와의 정치·경제적 통합을 위한 과감한 정책과 조치들이 국민들의 지지로 이어진 결과 1993년 총선 당시에 비해 득표율과 의석수가 줄어들긴 했지만, 득표율 41.6% 및 163석을 얻어 무난히 PASOK은 재집권에 성공하게 되고 1997년 9월 새로운 내각이 출범하였다.

특히 그리스 민주화과정에서 눈여겨보아야 할 점은 1981년 10월 총선을 계기로 정권교체에 성공한 사회주의 정당인 PASOK과 우파정당인 ND로 대표되는 양대 정당 간의 규칙적인 정권교체가 그 후 줄곧 지속된 가운데 민간정부 우위를 지켜 나가는 정치구조를 띠고 있다는 사실이다. 예컨대 1985년 6월 2일 실시된 조기 총선에서 양 정당이 받은 득표율이 유효투표율 가운데 86.7%를 차지했다는 사실은 가장 인기 있는 정당임을 입증하기에 충분한 사례일 것이다.[31] 또한 양대 정당의 구도 속에서 KKE와 급진좌파연합의 경우 1989년 선거 당시 PASOK과 새로운 형식의 연대를 결성하여 정부에 참여한 바 있는데, 특히 KKE는 1974년 활동이 합법화된 이래 의회에서 소수정당으로 선거 때마다 2%~5%의 의석을 점유하고 있다. 하지만 1989년 이후 좌파연합과 진보정당이 출현하게 되면서 상대적

31) Clogg, *op. cit.*, 117쪽.

으로 그리스 정치에서 미미(微微)한 조역에 불과한 실정이다.

무엇보다도 <표 77>에서 제시된 바와 같이 1974년 이후 정부를 조직한 정당들은 단지 4개에 지나지 않았다는 사실에서도 확인할 수 있다.

〈표 77〉 그리스에서 1974년 이후 정부를 조직한 정당들

정 당 \ 연 도	1974	1977	1981	1985	1989 (A)	1989 (B)	1990	1993	1996	2000	2004
New Democracy(ND)	○	○			○	○	○				○
Panhellenic Socialist Movement (PASOK)			○	○		○		○	○	○	
Communist Party of Greece (KKE)					○	○					
Coalition of the Radical Left					○	○					

출처: www.en.wikipedia.org/wiki/Elections in Greece(검색일: 2006. 5. 2)

〈표 78〉 1974년 이후 그리스 선거법

법률 특징	가결 연도	가결(可決) 정당	적용 선거	제1정당의 의석이 절대다수 의석이 되는 데 필요한 전국 득표율	의석배분 기준 득표율
증원 비례대표	1974	New Democracy	1974년 1977년 1981년 1985년	40% 이상, 제2정당과의 명백한 격차	-
단순 비례대표	1989	PASOK Communist Party of Greece Coalition of the Radical Left	1989년(A) 1989년(B) 1990년	47% 이상	-
증원 비례대표	1990	New Democracy	1993년 1996년 2000년 2004년	어떤 경우에도 제1정당에 절대다수 의석	3%
증원 비례대표 (최근 선거법)	2004	PASOK	다가오는 선거	41% 이상	3%

출처: www.en.wikipedia.org/wiki/Elections in Greece(검색일: 2006. 5. 2)

이러한 상황은 <표 78>에 제시된 1974년 이후 적용된 그리스 선거법에서 제시되고 있는 의회 과반의석 확보에 필요한 전국 득표율을 산정하는 방식에 좌우되었는데, 개정된 선거법을 가결시킨 정당들 역시 이들 4개 정당들이었다. 특히 그리스 선거법의 맹점(盲點)은 1989년 선거를 보면 알 수 있는데, 이 당시 선거가 두 차례 실시된 이유는 앞서 잠깐 언급되었다시피 ND가 최대 득표율을 올렸음에도 선거법에 정해진 절대다수 득표율인 47%를 획득하지 못했기 때문이었다. 따라서 1989년 6월 총선 이후 ND로서는 KKE 및 '급진좌파연합'(Coalition of the Radical Left)과의 연립정부를 구성할 수밖에 없었고, 11월의 총선에서도 PASOK, KKE 및 급진좌파연합과 연립정부를 구성할 수밖에 없었던 것이다. 결국 1990년 4월 총선에 가서야 비로소 ND는 47%의 득표율로 150석을 차지하여 단독정부를 구성할 수 있었다.

〈표 79〉 그리스 의회(Βουλή) 선거 결과(2000년~2004년)

정 당*	2000년 총선		2004년 총선	
	의석수	득표율(%)	의석수	득표율(%)
PASOK	157	43.79	117 (−40)	40.5
ND	126	42.73	165 (+39)	45.4
KKE	11	5.53	12 (+1)	5.9
Coalition of the Radical Left	6	3.20	6 (0)	3.3
기 타	−	4.75	−	4.9
전 체	**300**	**100**	**300**	**100**

*: 총선에서 의석을 차지한 정당들 외에 나머지는 기타로 분류.
출처: http://ypes.gr/ekloges/content/gr/ethnik fr.htm(검색일: 2006. 5. 2)

특히 2000년 총선은 불과 5만 표차로 정권의 향배가 좌우되었던 그리스 역사상 가장 접전(接戰)을 보인 선거였다. 당시 유권자들은 터키와의 관계 개선, EU 및 NATO와의 관계 지향이라는 PASOK의 전향적인 대외관에 가졌던 호감과 아울러 보건 의료・교육・고용 등 대내 문제들에 대한 급격한 개혁에는 우려하고 있었음에도 43.79%의 득표율과 157석으로 정부를 지속적으로 운영할 수 있는 권한을 부여함으로써 1993년 집권 이래 3차례 연임의 기회를 주었다. 당시 ND로서는 PASOK의 약화를 정권교체라는 완전한 기회로 활용시키지 못한 가운데 42.73%의 득표율로 126석을 획득하는 데 그쳤다. 특히 1990년에 가결된 선거법에 명시된 어떤 경우에도 제1정당에 절대다수 의석을 부여한다는 규정은 불과 득표율 1.06% 차이로 31석을 추가한 PASOK으로서는 상대적으로 선거법의 혜택을 톡톡히 누린 셈이었다.

앞에서도 언급했다시피 필자는 현재 그리스에서 제도적 민주화의 진행과정을 파악하기 위해서는 PASOK과 ND 양 정당 간의 선거를 통한 정권교체를 분석하는 것도 하나의 방법이 될 수 있다고 본다. 왜냐하면 이들 정당의 지도자들은 현대 그리스 정치에서 핵심적 지위를 차지하고 있는 인물들이자 명망 있는 정치가문의 후손들로서 선거 시 국민들 선택의 대부분이 이들 정당들에게 집중되고 있는 실정이기 때문이다. 따라서 향후 군부쿠데타를 배제시킨 가운데 등장하게 될 미래의 그리스 민주정치의 위기상황은 이들 두 정당들의 국가경영 능력에 좌우될 가능성은 다분하다. 구체적으로 본다면 2004년 5월 7일 실시된 총선에서 ND를 이끌었던 카라만리스(Kostas Caramanlis)는 1974년 민주정의 회복 이후 세 차례 수상과 두 차례의 대통령을 지낸 카라만리스(Konstantinos Caramanlis)의 조카였고, 그의 최대 정적이었던 파판드레우(George Papandreou) 역시 PASOK을 창당하고 두 차례 총리를 지낸 파판드레우(Andreas Papandreau)의 아들이자, 역시 두 차례의 수상을 역임한 바 있었던 파판드레우(George Papandreau)의 손자였다. 아테네(Athens)의 유력 일간지 카테메리니(*Kathemerini*)는 "그리스인들은 지도자들의 출신 배경을 알고자 한다. 우리는 자신을 알 뿐만 아니라 이들 집안들도 안다고 느끼고 있다."는 선거 기간 내내 그리스 유권자들에 회자되는 경구(警句)를 인용한 바 있는데, 이는 이들 정당에 대한 그리스 유권자들의 일체감 내지 동질감을 간접적으로 표현한 대표적인 사례일 것이다.

결과적으로 2004년 총선에서는 PASOK에서 ND로 정권이 교체되는데, 선거를 앞둔 2월 PASOK은 시미티스 수상을 승계한 파판드레우(George Papandreou)가 3월 7일 실시된 총선을 이끌었지만, 그의 정적(政敵)인 카라만리스(Kostas Caramanlis)의 ND에 패배하고 말았다.[32] 무엇보다도 1981년 집권 이후 단 3년간만 ND에 정권을 내줬던 PASOK으로서는 장기집권에 따른 정치적 독선과 부패, 비효율과 경제난, 그리고 10%에 이르는 높은 실업률 등이 복합적으로 작용했던 것이 바로 2004년 총선 결과였다.

제2절 스페인(Spain) 군부의 정치개입과 민주화과정

1. 군부의 정치개입과정

스페인에서 군부의 정치적 영향력이 중요 변수로 작용하기 시작

32) Nicholas X. Rizopoulos, "George Papandreou's Honorable Legacy", *World Policy Journal*, Volume XXI, No.1(Spring, 2004), 85쪽; ND가 45.4%의 득표율로 165석을 얻었던 반면, PASOK의 경우 40.5%의 득표율로 117석을 얻는데 그쳐 정권교체가 이루어졌다.

하는 시점은 1800년대 초반까지 거슬러 올라가는데, 특히 군부는 1808년 스페인의 절대군주제가 붕괴된 이후 정치변동의 방향과 폭을 결정하는 데 큰 영향력을 발휘하게 되었다. 예컨대 1830년대에 시민전쟁을 겪는 과정에서 자유주의를 지지함으로써 정당 간 정권교체를 용이하게 만든 것도 군부였고, 1876년 부르봉(Bourbon) 왕조가 재건된 이후 사회질서 유지를 가능케 한 것 또한 군부였으며, 19세기 중반 이후 150여 년간 30여 차례의 군부쿠데타를 비롯하여, 20세기에 들어서도 1923년 9월 13일 리베라(Miguel Primo de Rivera) 장군의 의회정치에 대항한 쿠데타나 1936년 7월 17일 스페인령 모로코(Morocco)에서 프랑코(Francisco Franco) 장군의 쿠데타 또한 궁극적으로는 군부가 혁명적인 사회 충돌을 억제시키고 급격한 정치변동을 억제시킨 기능을 한 것[33]으로 평가하는 견해도 있다.

공화제를 지향하면서 1873년 2월 10일 출범했던 제1공화국은 11개월 동안 대통령이 4번이나 교체되는 등 혼란을 거듭하다가, 1874년 12월 29일 캄포스(Arsenio Martínez Campos) 준장에 의해 알폰소 12세(Alfonso XII)로의 왕정복고가 이루어졌다. 그 직후 왕가(王家)의 전쟁은 군주제를 약화시키게 되는데, 무엇보다도 입헌정치를 파괴시켰던 장본인인 리베라 장군이 모로코(Morocco)를 합병시키는 과정에서 군부의 '어두운 과거 행적'을 조사한다는 1921년 10월의 의회결정에 대한 반발로 1923년 9월 13일 군부쿠데타를 일으켜, 6년의 '집정관제 지배'(praetorian rule)를 강제시켰다. 당시 고도화된 수준의 사회적 동원과 가톨릭의 지적 전통 및 국내외적 무관심을 배경으로 안정화에 성공한 군부체제는 자유-민주적 헌법 형태들과의 관계 단절 및 군

33) 서경교, "남유럽 권위주의체제의 정치변동: 스페인 사례", 이정희 · 김웅진 외, 『유럽의 정치변동: 역학과 사례』(서울: 동림사, 2002), 150쪽.

부의 제도화 진전뿐만 아니라 소위 유기적인 국가통제주의와 파시즘의 영향을 받은 동원화된 유일당의 실험 사이에서 구(舊)정치엘리트와의 결합 역시 다양한 선택들 가운데 하나였다.[34] 그러나 지역주의와 계급갈등이란 난제(難題)들에 한꺼번에 부딪치고 가톨릭교회의 강력한 영향력, 군 내부의 반감 등 복합적인 요인들은 결국 1930년 1월 28일 리베라의 독재 권력을 붕괴시키고 말았다. 이 과정에서 국왕 알폰소 13세(Alfonso XIII)의 집정관제 통치에 내렸던 지원이 역으로 군주제의 정통성을 상실시키는 결정적인 요인으로 작용하게 되어 1931년 4월 14일 군주제는 제2공화국으로 대체되었다.[35]

1920년대 초반 이래 유럽에서 민주주의 정부에 대한 주된 적대자로 파시즘과 공산주의가 존재한 가운데, 스페인에서도 제2공화국이 출범하기 불과 한 달 전 파시스트 분파가 등장하였고, 공산당 또한 소수의 구성원과 추종자들로 구성된 분파 집단이었다. 특히 파시즘의 경우 1931년 6월 28일 치른 총선에서 단 한 석도 차지하지 못했음에도 불구하고, 1936년 봄에 이르면 강력한 상징으로 부상되어져 있었다. 또한 공산당 역시 청년조직들의 제휴를 통하여 중요한 다수 조직들을 통제하면서 사회주의 정당들의 내부 투쟁에 상당한 영향력을 행사했었다.[36] 1923년 10월 구(舊)정당들은 모두 해산되었고, 1924년에 들어서 행정위원회가 새로이 조직되는데, 이는 이익단체들과 직능단체들이 참가한 조합주의(Corporatism)적 성격을 띠고 있었다. 하지만

34) Juan. J. Linz, *Totalitarian and Authoritarian Regimes*(Lynne Rienner Publishers, Inc, 2000), 191 - 192쪽.

35) Fernando Rodrigo, "A democratic strategy towards the military in post - Franco Spain", in Costantine, P. Danopoulos(ed.), *From military to civilian rule*(Routledge, 1992), 63쪽.

36) Juan J. Linz, "From Great Hopes to Civil War: The Breakdown of Democracy in Spain", in Juan J. Linz and Alfred Stepan(ed.), *The Breakdown of Democratic Regimes: Europe*(The Johns Hopkins University Press, 1978), 143 - 144쪽.

국가통합과정에서 좌파를 수용하려 했었던 리베라의 시도는 결과적으로 군부의 신뢰를 상실하게 되는 요인으로 작용하였다.

스페인에서 1930년대는 비록 선거참여 비율에서 전적으로 반영되지는 않았지만, 일부 노동조합주의자(syndicalist)들에 표출 되어진 혐오감은 다른 유럽 국가들이 민주적 위기과정에서 겪었던 정치적 동원의 증가 양상으로 나타났다. 특정 단체의 일원으로서 규율과 충성심의 안정도에 따라 제각각 정당들의 이데올로기적 사회화 단계는 낮았으며, 오히려 급속한 동원화는 특히 스페인과 같은 경우 경제적 저발전이라는 손실을 초래시켰다. 특히 저발전으로 인해 생겨난 문제들로 인해 부분적으로는 사회주의 노동운동의 극좌분자 및 성장하는 민주주의의 강화에도 효율적으로 기여했을 뿐만 아니라 온건한 사회주의자들의 무능력마저도 의미를 부여시키고자했다.

스페인 좌파의 경우 사회주의자 · 지역분리주의자 · 무정부주의자 · 급진 공화주의자로 구성된 좌파연합을 결성했지만, 구성원의 다양성으로 인해 느슨한 연합의 형태를 지닐 수밖에 없었다. 마침내 1931년 6월 28일 총선 결과 전체 457석 가운데 176석을 획득한 좌파 연합이 승리하여 제2공화국을 출범시켰다.

제2공화국의 첫 번째 국면(1931년~1933년)에서 좌파인 아사냐(Manuel Azaña Diaz)가 총리를, 대통령은 우파인 사모라(Niceto Alcalá－Zamora)에게 분산시켜 일종의 동거정부(Cohabitation)를 구성하였다. 좌파 공화주의자 분파는 구체적인 사회 및 경제문제의 총체적인 배제 위에 이념과 국가제도들에 논쟁을 집중시켰는데, 이는 국민들을 좌우로 분열시키는 결과를 가져왔다. 특히 1931년 8월 2일 국민투표(plebiscite)로 '카탈란 자치체'(Catalan autonomy) 제정법이 전체 유권자의 75%가 참여한 가운데 99%의 찬성으로 승인된 가운데, 1932년 9월 25일 설립된 카탈란 자치체는 향후 정치적 논쟁의 중심에 자리하게 된다. 무엇보다도 실질적인 카탈로니아(Catalonia) 지역의 자치는 극단적으로는 경제적 재원(財源)을 분산시킴으로써 통합된 경제개발의 가능성을 지연시켰던 것이다.[37)]

이를 구체적으로 살펴보자면, 1930년대 중반 바스크 민족주의자들은 스페인 전체 인구 가운데 5%에 불과했던 그들이 금융 자본의 24%, 은행 예치금의 42%, 모든 개인 저축액의 33%, 그리고 모든 철기(鐵器)와 강철을 각각 74% 생산하며, 제지(製紙)와 해운(海運) 산업부문에서 71%를 생산했다고 확언한 바 있다. 더구나 바스크 지역의 전체 인구 중 12%를 차지했던 카탈루나 지방도 모든 전기(電氣)의 34%를 생산했고, 금융자본의 경우는 19.5%, 산업자본은 28%를 소유하고 있었다. 이 같은 현실에서 1933년 11월 5일 자치체 제정법은 전체 유권자의 87%가 참여한 가운데 찬성 411,756표, 반대 14,196표로 승인되었다.

좌파 공화주의자 정부가 그들의 지지기반이었던 노동자 농민과 관련된 문제를 해결하는 과정은 자연스럽게 지주들과 가톨릭교회의 약화와도 연결되었으며, 특히 국·공립학교의 설립은 가톨릭교회의 고유한 몫이었던 교육권을 빼앗기 위한 것이었다.[38)] 더구나

---

37) Stanley G. Payne, "Political Ideology and Economic Modernization in Spain", *World Politics,* Vol.25, No.1(October, 1972), 161쪽.

38) 아사나 자신이 가장 중요시한 것은 국가와 교회의 분리였다. 교회는 교육 분야에서 강력한 영향력을 갖고 있었는데, 스페인 국민의 반수 정도는 문맹이며 교육예산은 부족했고, 교회가 운영하는 학교는 교회에 대해 위험한 학과는 가르치지 못하며, 국민의 미신이나 무지를 조장할 따름이었다. 브레넌(Brenan)의 지적에 의하면 스페인 교회는 노동자나 농민에 대해 스스로의 힘으로 영향을 주려 하지 않고, 부호나 반동적 계급의 원조를 얻어 과거의 특권회복을 위한 정치적 행동만 일삼으며, 자유주의자나 노동자계급을 적으로 돌렸던 것이다. 따라서 교회는 대부분의 스페인 국민에게 악덕과 우열 및 위선적인 모든 것의 상징이 되었다. Gerald Brenan, *The Spanish Labyrinth: an Account of the Social and Political Background of the Civil War*(Cambridge University Press, 1990), 52－53쪽.

제2공화국이 세계경제대공황의 진행 중에 출범한 결과 1932년~1933년에 걸쳐 스페인에서도 경제공황은 절정에 달해 각지에서 노동자운동과 농민운동이 격렬해졌는데, 정부의 공식통계에 의하면 1930년도에 발생했던 노동자 파업의 경우 368건이었던 것이 1933년에 가면 1,046건으로 증가한 것으로 나타났다.[39] 게다가 1932년 7월과 9월 제각기 실시된 토지개혁법은 지주층과 가톨릭교회의 반발로 거의 실행되지 못했고, 오히려 '노동전국연합'(Confederación Nacional de Trabajo: CNT)의 주도하에 산발적인 농민폭동을 유발함으로써 이에 반발한 우파 역시 결집시켜 1933년 11월 19일 총선에서 우파인 '스페인 자치 우익연합'(Spanish Confederation of the Autonomous Right: 이하 CEDA)이 207석을 획득하여 승리한 반면 좌파인 '사회주의당'(Socialist Party: PSOE)은 99석을 얻는 데 그쳤다.

결과적으로 총선은 이른바 역행(逆行)의 시작이자 다음 총선이 열린 1936년 2월까지는 '암흑의 2년간'(bienio negro)으로 불리면서 아나샤 정부의 개혁법안마저도 점차 무효화되고 말았다. 대표적인 사례로 1935년 7월 25일 농업개혁법에 대한 수정입법이 이뤄지고, 농민들에 대한 지주들의 공세가 시작된 사실을 들 수 있다.[40]

두 번째 국면(1934년~1935년)은 CEDA가 같은 우파였던 '급진당' (Radical Party)과 연합정부의 형태를 구성했던 시기이다. 이때 CEDA는 그들의 중요한 '존재이유'(*raison d'être*)였던 가톨릭 권리의 부흥보다도 경제 부문에서 반동정책을 충족시키는 데 직접적인 관심을 기울였다. 특히 좌파가 비현실적이고 관념적 정치꾼이었던 것과 마찬가지로, 편협하면서도 악의적 착상에 골몰하는 이익집단으

39) Frank E. Manuel, *The Politics of Modern Spain*(New York, 1938), 128쪽.

40) 제등효 편/이호웅·윤언균 역, 『스페인내전연구』(서울: 형성사, 1981), 43쪽.

로 비쳐진 가운데 급성장한 우파에 대한 평가 역시 좌파와 동일선상에 위치하고 있었다. 예컨대 팔랑헤(Falange)당의 경우 급진 우파를 구성하고 있었던 카를로스주의자(Carlist)·군주제 주창자(monarchist)·주요 파시스트 분파들(proto-Fascist groups)의 지도자(leader)였음에도 경제적 문제들에 대한 전문적인 판단력을 지니고 있지는 않았다. 하지만 당시 강력한 정치권력을 팔랑헤당과 팔랑헤주의자들이 장악하고 있었던 관계로 사실상 현실적인 수단이 부재(不在)였음에도 불구하고, 산업화와 경제적 근대화를 추진시켰던 것이다.

급진 우파 중에서도 가장 명석했던 인물은 팔랑헤당의 지도자나 전통적 군주제 주창자들이 아니라 리베라 정부에서 재무장관을 지낸 소텔로(José Calvo Sotelo)였다. 그에 의해 1934년 10월 군주제를 주창했던 보수 우파와 급진적이었던 신(新)파시스트 분파들이 결합하여 '국가블럭'(National Bloc: 이하 NB)이라는 새로운 전체주의적 형태의 국가가 설립되었다. 하지만 10월 4일 우파인 사모라 대통령이 공화국 헌법에 공공연한 반대를 표방했던 CEDA 출신의 각료 3명을 법무·농업·노동부 장관으로 입각시키면서, 공화주의 좌파의 거센 반발을 초래시키고 말았다. 즉 CEDA 출신 각료의 내각 중용(重用)은 모든 좌파 세력들의 봉기(蜂起)를 불러왔는데, 당시 대표적인 봉기 지역으로는 북부의 카탈로니아 지역, 수도 마드리드(Madrid), 북서부의 아스투리아스(Asturias) 지역이었다. 이때의 좌익 봉기를 소위 '10월 사건' 내지 '10월 투쟁'으로 지칭하며, 흥미로운 사실은 2년 후 발생한 내전에서 좌·우익 진영에 각각 가담하는 세력들의 외연(外延)이 드러났다는 점이다. 특히 10월4일 아스투리아스 지역의 경우 총파업이 무장투쟁으로 바뀌어 결과적으로 노동자계급에 의한 혁명적 자치권력이 수립되기도 했었다. 이 과정을 주도한 노동자위원회는 의용군 모집에서부터 치안유지·공업생산·교통·운수·식료품 배급·토지분배 및 점거한 군수공장에서 무기·탄약을 제조하는 등 15일에 걸쳐 주민자치체인 코뮌(Commune)을 유지시켰다. 하지만 노동자계급의 내부 분열, 노·농동맹 실패 및 중간계급과의 연대 실패, 투쟁지역의 고립이라는 약점들로 인해 아스투리아스 코뮌이 10월 19일 정부군에 의해 진압되면서 10월 투쟁은 막을 내렸지만,[41] 파시즘적 성격의 국가블럭에 대항한 최초의 저항으로 평가된다.

결국 NB는 중요한 사안들을 조금도 달성하지 못했고, 1936년경에 스페인의 정치체제는 흐트러지기 시작했다. 이를 만회하기 위해 소텔로는 막연히 파시즘이라는 새로운 용어를 수용하였고, 후일 프랑코 국가주의의 실질적 대변자였던 살라자르(Antonio Salazar)는 아낌없는 찬사를 보냈다. 그 이유는 권위주의적 체제라는 용어를 조합주의적 의회와 조합주의 혹은 '국가주의자-노동조합주의자'(Nationalist-Syndicalist)의 노동조직으로 생각했기 때문이다. 특히 소텔로의 새로운 체제는 국가주도하의 경제계획을 통해서 경제적 근대화를 일으키는 것을 목적으로 했지만, 파시즘적 경제체제의 적용이 아닌 루스벨트(W. Roosevelt)의 뉴딜(New Deal)과 같게 만들려고 했다. 또한 소텔로는 국가 통제·국가계획·국가유인에 앞서는 통제정책의 방법, 그리고 공공사업 및 공공산업의 새로운 형태로서 직접적인 국가적 사업 활동들을 제안했다. 이러한 밑그림은 비록 명백히 인정되기에는 분명치 않지만, 팔랑헤 정권의 국가노동조합주의적 계획보다도 후일 프랑코 정권의 실제적인 외형과 정책들을 보다 정확하게 예

41) 스페인 중앙정부는 모로코(Morocco)에 주둔하고 있던 아프리카 군부(Army of Africa)의 프랑코 장군을 급파하여 반란을 진압했다. 당시 프랑코의 군대는 5,000명의 노동자들을 학살했고, 나머지 3,000명을 투옥시켰다. 하지만 이것이 결코 저항 자체를 소멸시키지는 못했다. http://www.bolshevik.org/1917/no/181&f.pdf(검색일: 2009.8.21)

견한 것이었으며, 1936년 7월 13일 혁명적 좌파의 구성원에 의한 소텔로의 암살[42] 및 스페인 내전의 상징적인 신호로 작용하게 되었다.

세 번째 국면(1936년~1939년)은 지주 · 가톨릭교회 · 군주제주창자 · 파시스트 분파의 연합으로 구성된 우파가 1936년 '국민전선'(National Front)을 결성하자, 이에 좌파는 공산주의자 · 사회주의자 · 무정부주의자 · 좌익 공화주의자 · 트로츠키주의자의 분파들로 '인민전선'(Popular Front)을 결성하여 치른 2월 16일 총선에서 우파인 국민전선이 134석에 그친 데 반해, 좌파인 인민전선은 아사냐의 지도력을 바탕으로 총 470석 가운데 34.3%의 득표율로 278석을 획득하여 선거에서 승리하였다. 총리가 된 아나샤는 2월 21일 10월 투쟁으로 투옥된 정치범들에 대한 전격적인 석방을 단행하고, 해고된 노동자들의 복직령을 내렸다. 3월 8일 프랑코 장군을 카나리아 제도(canary islands)의 주둔군(garrison) 사령관으로 좌천시켰고, 3월 16일에는 팔랑헤당의 활동을 불법화시켜 버렸다.[43] 또한 4월 9일 의회는 파시스트(fascist)의 입각을 허용하고, 아스투리아스 지역에 대한 탄압을 허용했다는 명분 아래 사모라 대통령을 파면시키면서 우파와의 동거정부는 붕괴되고, 가톨릭교회와 군부를 중심으로 한 우익 보수 세력들의 위기감을 조성시켰다.

---

42) 스페인 제2공화국기간 동안 시(市) 경찰 소속이자 외곽지역을 순찰하는 교통경찰 대장이었던 콘데스(Fernando Condés)에 의해 자택에서 살해되어 공동묘지에 유기된 채 발견된다.

43) Sheelagh Ellwood, *Franco*(London: 1994), 63쪽; 1936년 당시 스페인 군부는 두 개의 전혀 다른 부대로 이루어졌다. 즉 '이베리아반도를 지키는 군부'(Peninsular Army: 이하 PA)와 '아프리카 군부'(Army of Africa)였다. PA의 경우 8,851명의 장교들과 112,228명의 병사들로 구성되었지만, 정예병이 아니었고, 스페인 내전이 발발하자 40,000명 이상의 장병들은 탈영하고 말았다. 당시 4,660명의 장교들과 19,000명에 달하는 병사들은 공화주의자들에 대항하며 국가주의자 세력들에 참여했던 것으로 추정되며, 잔류했던 4,191명의 장교들 가운데 약 2,000명은 인민전선 정부를 지원했다. 반면 아프리카 군부는 모로코에 주둔지를 둔 정규스페인 육군부대로 1936년 부대원의 수는 34,047명이었고, 정규스페인 육군부대와 스페인의 국외지역을 담당하는 부대로 구성되어 있었다.

특히 앞서 살펴본 두 번째 국면에서 겪었던 팔랑헤당의 경제근대화계획이 스페인의 산업화를 곤경에 빠뜨리면서 경제적 저발전을 초래시켰던 것과는 달리, 이 시기에는 짧은 기간(1936년~1938년) 동안 일련의 혁명적이었던 혼합경제의 실험이 공화국의 여러 지역들에서 실시되어졌다. 당시 공화국 지역의 다양한 분야들에서 채택된 경제정책들은 매우 상이했고 지역정치와 경제구조에 의존하고 있었다. 이들 가운데 가장 흥미롭고도 야심적이었던 것은 산업 집산화(集散化)라는 새로운 체제가 북부 카탈로니아 지역 대부분의 도시경제에 강제된 가운데 새로운 문제들이 등장하게 되었다. 내전 중이었던 카탈란 지역정부의 새로운 경제정책들이 경제의 구조적 변화에 좌우되면서 이 시기 카탈로니아에서는 다양한 좌파 정당들과 운동들이 내세웠던 이념과 경제 계획이 유리(遊離)된 가운데 표출되고 만 것이다. 당시 이 같은 내부 분열로 인해 우호적인 국제환경의 조성은 불가능했으며, 무엇보다도 심각해진 사회적·경제적 고통을 해결하는 것조차도 불가능했다. 따라서 노동계급의 지원을 받은 좌파 공화주의자세력과 교회·금융엘리트·산업엘리트, 그리고 토지귀족들로 대표되는 우파들 간의 넘을 수 없는 간격은 한층 격렬해졌다.[44]

5월 10일 대통령에 취임한 사모라는 사회당의 프리에토(Indalecio Prieto)를 총리로 지명하면서 시도한 사회당과의 연합내각이 거부당하자, 내무장관이었던 퀴로가(Santiago Casares Quiroga)를 총리로 내세워 대통령과 총리 모두를 좌파가 장악하였다. 하지만 여전히 우파들은 군부를 포함한 모든 국가기관에서 핵심 지위들을 장악하고 있었고, 이 점은 경제 영역 또한 마찬가지였다. 귀족·지주·자본가·성

44) Fernando Rodrigo, "A democratic strategy towards the military in post-Franco Spain", in Costantine, P. Danopoulos(ed.), *From military to civilian rule*(Routledge, 1992), 63-64쪽.

직자 · 군부 등 반(反)인민전선세력들은 인민전선 정부에 대항해 그들이 보유한 자원을 총동원하여 각종 도발을 일으킴으로써 사회불안을 조성시켰다. 예컨대 자본가들의 경우 자본의 해외 유출과 함께 공장 폐쇄조치를 통해 노동자들의 대량 해직사태를 초래시켰고, 대지주들의 경우는 농지를 황폐화시킴으로써 소작농들의 생활을 궁핍하게 만들었다. 이에 반발한 노동자들과 농민들에 의한 공장점거 및 토지점거와 더불어 교회방화가 자행되었고, 다시 노동운동가들에 대한 암살과 폭행이 교묘한 선전이나 선동을 등에 엎고서 반복되어졌다.

마침내 1936년 7월 17일 스페인령 모로코에서 군부 우파는 프랑코 장군을 중심으로 모라(Emilio Mola), 야궤(Juan Yague) 등이 반란을 일으키는데, 여기에 대부분의 장군들을 포함한 스페인 군부의 75%에 달하는 12만 명의 장교들과 사병들 · 독실한 가톨릭 신자들 · 무수한 로마 가톨릭 사제들의 압도적 다수 · 전직 귀족과 대토지소유자들 · 파시스트주의자들과 카를로스주의자(Carlists)들이 참여하였다.[45] 7월 18일 본격적으로 이들과 좌파 정부 및 군부와의 내전(Civil War)이 발생하게 되었다. 당시 스페인의 50개 주(州)들 가운데 29개 주는 군부 우파세력을 지지하였고, 나머지 21개 주는 좌파인 인민전선 정부를 지지하였다. 또한 스페인 내전의 승패(勝敗)에 영향을 미친 외부세계의 지원을 살펴보면 좌파 공화주의자들이 스탈린(Joseph Stalin)의 미미한 원조와 시민 의용군의 지원을 받았던 반면 프랑코의 우파는 이태리 · 독일 · 포르투갈로부터 조직적인 지원을 받았다. 3년에 걸친 내전 기간 중에 11만 명의 공화국 병사들과 9만 명의 민족주의자 병사들, 16만 5천 명의 민간인들, 6천 명의 이태리 병사들, 그리고 독일 병사 300명을 포함하여 약 37만

45) 『TIME』(1938. 7. 25)

명이 사망했으며, 약 44만 명의 스페인 사람들이 프랑스에 난민으로 흘러들었다. 그 결과 1939년 4월 1일 프랑코 장군이 좌파 정권을 전복시키는 데 성공하여, 1975년 11월 20일 사망 때까지 지속된 국가주의자 정권을 출범하였다. 이전의 자유주의적 성향이었던 전임자들과는 달리 발전전략을 가졌던 프랑코 정권이었지만, 결과적으로 1930년대 이태리의 파시스트 정권과 다를 것이 없었으며, '팔랑헤주의자 독재정치'(Franquist autarchy)를 초래시키게 된다.[46)]

〈그림 22〉 스페인 군부의 명령 계통

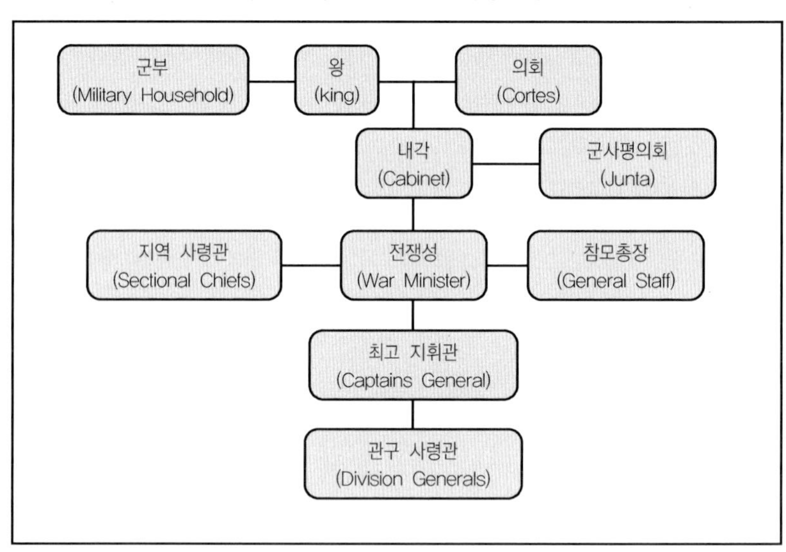

출처: Carolyn P. Boyd, *Praetorian Politics in Liberal Spain*(University of North Carolina Press, 1979), 5쪽.

내전 승리 이후 프랑코 정부는 노동조합을 해체시켜 정부의 통제 아래로 귀속시켰으며, 노동자들의 파업 또한 금지시켰다. 비록 프랑

46) Stanley G. Payne, "Political Ideology and Economic Modernization in Spain", *World Politics,* Vol.25, No.1(October, 1972), 175쪽.

코 정부가 프랑코에 의해 유지되었지만, 군부정권이 아니었다는 사실은 명확하다. 즉 군부는 프랑코 정권을 후원했지만, 정권을 지배하지는 않았으며 실질적으로 정권을 이끌었던 것은 교회·금융엘리트·군주제주의자·기타 보수적 구성분자들로 형성된 연합(coalition) 세력이었다.[47] 이런 점에서 프랑코 체제는 오도넬과 슈미터가 지적한 군사지도자(Caudillo) 유형에 해당되며, 실제적으로도 스페인에서 프랑코의 공식 명칭은 '스페인의 수장'(Caudillo de Espana)이었다. <표 80>은 프랑코 장군의 등장 이후 총리들을 제시한 것이다.

〈표 80〉 프랑코 이후의 역대 총리들

성 명	재임기간	소속 정당
Manuel Azaña Díaz	1936.02.19~1939.05.10	IR
Augusto Barcía Trelles	1936.05.10~1939.05.13	IR
Santiago Casares Quiroga	1936.05.13~1939.07.19	IR
Diego Martínez Barrio	1936.07.19~1939.07.19	UR
José Giral Pereira	1936.07.19~1939.09.04	IR
Francisco Largo Caballero	1936.09.04~1937.05.17	PSOE
Juan Negrín López	1937.05.17~1938.01.30	PSOE
Francisco Franco Bahamonde	1938.01.30~1973.06.08	Military
Luis Carrero Blanco	1973.06.08~1973.12.20	Military
Torcuato Fernández-Miranda Hevia	1973.12.20~1973.12.29	(acting)
Carlos Arias Navarro	1973.12.29~1976.07.01	
Fernando de Santiago y Díaz de Mendívil	1976.07.01~1976.07.03	Military (acting)
Adolfo Suárez González	1976.07.03~1981.02.25	UCD
Leopoldo Calvo-Sotelo Bustelo	1981.02.25~1982.12.01	UCD
Felipe González Márquez	1982.12.01~1996.05.04	PSOE
José María Aznar López	1996.05.04~2004.04.17	PP
José Luis Rodríguez Zapatero	2004.04.17~현재	PSOE

출처: http://en.wikipedia.org/wiki/List of Presidents of the Government %28Spain%29(검색일: 2006. 9. 20)

47) Fernando Rodrigo, *op. cit.*, 64쪽; 프랑코 정권의 정치권력과 국가주의 운동은 ① 팔랑헤당(Falange), ② 가톨릭교회(Catholic Church), ③ 군부(military)라는 세 가지 축들에 의해 지탱되고 있었다.

내전에서 승리한 이후 군부와 가톨릭교회는 정치권력의 핵심 축을 형성하였을 뿐만 아니라 최대의 수혜자였으며, 광범위한 대중적 지지를 획득하는 데도 성공하였다. 그러나 프랑코 체제도 1895년 7월 31일 혁명적인 맑시즘에 근거하여 창설된 '바스크 민족당'(Basque Nationalist Party: PNV)과 1959년 7월 31일 창설된 '바스크 분리주의자'(Basque Homeland and Freedom: ETA)의 무장테러에 직면하게 되는데 이들은 정권에 가장 위협적인 존재였으며, 특히 1973년 12월 20일 프랑코의 실질적인 후계자로 지목되었던 블랑코(Luis Carrero Blanco) 총리를 암살하기도 했다.

1960년대에 들어서면서부터 자유화에 대한 압력이 대외적으로는 유럽경제공동체(EEC)로의 가입이 거부되는 상황을 초래시켰을 뿐만 아니라 1950년대 말부터 등장하기 시작한 다수의 정치조직들이 내적·외적으로 정권의 정통성에 대해 공개적으로 도전하기 시작하였다. 한편 1970년대에는 노동자와 학생들에 의한 반체제운동이 증가하기 시작했는데, 특히 1960년대 중반 이래 정권과 일정한 거리를 두어 왔던 타란콘(Enrique y Tarancón) 추기경을 중심으로 한 가톨릭교회가 1970년대에 들어서 반(反)프랑코적 입장으로 선회하는 과정에는 정권의 권위주의적 성격에 대한 성직자들의 비판과 이에 대한 탄압의 악순환이 축적된 것이었다. 또한 가톨릭교회는 1971년의 내란과정에서 프랑코를 지지했던 것이 과오였음을 인정하는 문서를 공개적으로 발표함으로써 강력한 지지분파의 이탈이 현실화 되어졌다.[48] 더구나 1970년대에 소수의 청년 장교들에 의해 비밀결사조직의 형태를 갖추게 된 '군사민주동맹'(Democratic

48) José Mariá Maravall · Julián Santamaria, "스페인의 정치변동과 민주주의 전망", 오도넬 · 슈미터 · 화이트헤드 엮음 / 염홍철 옮김, 『남부유럽과 민주화』(서울: 한울, 1989), 127 – 132쪽.

Military Union: UDM)이 군 내부에서 축적되었던 불만과 함께 군부의 정치적 중립까지도 주장하는 사태까지 발생하였다.

그렇지만 프랑코는 군 내부의 불만을 회유와 탄압이라는 수단을 동원하여 적절한 통제에 성공하게 되고, 그 결과 사망때까지 체제의 안전을 보장받을 수 있었다. 그의 사후에도 프랑코 체제의 유지를 군부가 옹호하는 가운데 1968년 7월 행정법에 의해 후계자로 지명되었던 카를로스(Juan Carlos) 황태자가 계승법 제7조에 의거하여 1975년 11월 25일 스페인 국왕으로 취임하게 되었다.

2. 민군관계의 재정립을 통한 민주화과정

스페인의 민주화과정은 1975년 11월 20일 프랑코 총독이 사망하면서부터 시작되는데, 그 출발은 프랑코의 생전에 개혁을 위한 어떠한 노력도 보이지 않았던 카를로스 국왕이 1976년 6월 2일 미국의회 연설에서 민주주의의 원칙들을 완수하겠다는 약속에서 비롯된다. 즉 '스페인사회주의노동자당'(Spanish Socialist Workers' Party: 이하 PSOE)이건 어떠한 형태의 좌파 정당이건 간에 선거에서 승리한다면 권력을 장악하도록 허용하겠다고 밝혔던 것이다. 사실상 사회주의자들의 총선 승리는 이미 1936년 내전이라는 위기를 초래시켰을 정도로, 당시 스페인의 민주주의는 너무나도 취약했었고, 미숙했었다.[49] 특히 프랑코 총독의 사망으로 심각한 경제적 위기와 격렬한 사회적 갈등이 동시적으로 발생했는데, 인플레이션·실업률·국제수지 적자·공적 부문 적자·수익과 투자의 대규모

---

49) Stanley Meisler, "Spain's New Democracy", *Foreign Affairs,* Vol.56, No.1(October, 1977), 190쪽.

하락 등 당시 대부분의 유럽 국가들 중에서도 스페인의 경제적 불안정은 보다 심각한 상태였다.[50)]

이 같은 두 가지 심각한 어려움에 직면한 스페인으로서는, 먼저 사회적 갈등의 경우 1976년 6월 카를로스 국왕의 미국 의회 연설에서 표명된 바와 같이 평화로운 방법들을 통한 점진적인 민주화 과정의 수행으로 풀어가고자 했다. 무엇보다도 국왕이 단행한 민주화조치 가운데 하나는 '부드러운 독재'(softer dictatorship)를 만들기 위해 프랑코에 의해 1973년 6월 8일 총리로 임명되었던 나바로(Carlos Arias Navarro)를 1976년 7월 1일 강제로 사임시키고,[51)] 7월 3일 총리로 임명한 수아레스(Adolfo Suárez González)를 통해서 민군관계의 재정립과 군부개혁의 기초 작업을 단행시켰다는 점이다. 국왕의 이러한 조치는 당시 많은 사람들의 예상과는 달리 프랑코 체제의 유지가 아니라 '정치개혁법'(Political Reform Act)과 같은 급속한 개혁을 통해 프랑코 체제의 변화를 시도한 것으로, 그 결과 프랑코의 '국가운동'(National Movement)이 폐지되고, 1977년 4월 9일 공산당의 합법화 · 임명제 의회의 폐지 · 선거운동 과정에서 연설 및 집회의 자유가 보장 · 당원 선거를 불러오는[52)] 등 점진적인 민주화 이행과정을 수행하게 되었다.

1977년 6월 15일 프랑코 총통의 사망 1년 6개월 후 스페인 국민들은 상 · 하 양원제의 의회(Cortes)를 선출하는데, 이는 1936년 2월 15일 이래 최초의 자유롭고 경쟁적인 의회선거였다.[53)]

---

50) Francisco Comín, *Reaching a Political Consensus for Tax Reform in Spain: The Moncloa Pacts, Joining the European Union and the Best of the Journey*(Georgia State University: Andrew Young School of Policy Studies, 2006), 1쪽.

51) Joseph Siedlecki, "In Support of Democratization: Free Trade Unions and the Destabilization of Autocratic Regimes", *Journal of Public Affairs,* Vol.XVII(Fall, 2004), 71쪽.

52) Stanley Meisler, *op. cit.,* 192－193쪽.

〈표 81〉 스페인 1977년 6월 15일 의회(Cortes) 선거 결과

정당 \ 득표(율)·의석 \ 의회 구성	하원(Congress of Deputies)			상원(Senate)[1]
	득표	득표율	의석	의석
'민주중도연합' (Union of the Democratic Center: UCD)	6,310,391	34.5	165	106
'스페인사회주의노동자당' (Spanish Socialist Workers' Party: PSOE)	5,371,866	29.4	118	48
'스페인의 공산당'(Communist Party of Spain: PCE)	1,709,890	9.4	20	–
'민중연합'(Popular Alliance: AP)	1,504,771	8.2	16	–
Pacte Democràtic per Catalunya(PDC)	514,647	2.8	11	–
'바스크민족당'(Basque Nationalistic Party: PNV)	296,193	1.6	8	–
'민중사회주의당－사회주의연합' (Popular Socialist Party－Socialist Unit: PSP－US)	816,582	4.5	6	–
'카탈로니아의 기독교민주주의 중심연합'(united of Centers i Christian Democracy of Catalunya: UC－DCC)	172,791	1.0	2	–
Esquerra de Catalunya－Front Electoral Democràtic (EC－FED)	143,954	0.8	1	–
Euskadiko Ezkerra－Izquierda de Euskadi(EE－IE)	61,417	0.3	1	–
'아라고네스 무소속 후보센터' (Independent Aragonese Candidacy of Center: CAIC)	37,183	0.2	1	–
'무소속 후보센터' (Independent Candidacy of Center: CIC)	29,834	0.2	1	–
'민주주의를 향한 상원의원'(Senators for Democracy)[2]	–	–	–	19
기타[3]	1,308,566	7.2	0	34
전 체	–	–	350	207
국왕이 임명	–	–	–	41

주 1. 정부는 상원에 대한 투표결과를 발표하지 않았음.
2. 몇몇 지역에서 기독교 민주당, 사회주의노동자당, 공산당의 연대에 의해 형성.
3. 기타에 해당하는 25석의 경우 지역과 분파(정치·종교적)로 분할됨.

출처: http://electionresources.org/es/congress.php?election=1982(검색일: 2006. 12. 5)
Stanley Meisler, "Spain's New Democracy", *Foreign Affairs*, Vol.56, No.1(October, 1977), 196쪽을 필자가 재구성.

새로운 의회 선거를 위해 수아레스 총리는 5월 3일 15개 정당들로 구성된 중도 우파 연대인 '민주중도연합'(Union of the Democratic Center: 이하 UCD)을 형성하여 절대다수 의석에서 7석이 모자라는

53) Stanley Meisler, *ibid.*, 190쪽.

승리를 거두고, 8월 4일 정당화(政黨化)시켰다. 즉 UCD는 34.71%의 득표율로 하원 전체 의석 350석 가운데 165석을 획득했고, 상원에서도 전체 207석 가운데 105석을 차지함으로써 국왕이 대권(大權)을 행사하여 임명한 41명과 함께 확고하게 상원을 장악하게 되었다. 당시 UCD의 승리는 농업지역 및 정치적으로 보수적인 주(州)들에서 주로 이겼기에 가능한 것이었다.

1977년 총선의 또 다른 의미는 UCD의 강력한 경쟁자였던 PSOE가 바스크(Basque) 지역인 바르셀로나(Barcelona), 발렌시아(Valencia), 세빌(Seville)에서 더 많은 지지를 얻음으로써 1936년 내전 발발 전과 같이 사회주의 정당이 대규모의 독자적인 당으로 소생했음을 확실히 보여 주었다.[54] 특히 수아레스 총리가 취한 첫 조치는 국왕에게 약 800명의 정치범들에 대한 부분적인 사면을 건의했던 것이었는데, 당시 이들 중 170명 이상이 구금 내지 서유럽 국가들로 추방된 상태였다. 또한 공식적으로 노동조합을 4월 28일 합법화시켰고, 노동자들의 파업권을 회복시켰으며, 1939년 이래 단절상태였던 소련과 동유럽과의 관계를 재건했다.

특히 스페인의 점진적인 민주화과정을 가능케 했던 중요한 요인들 중의 하나가 바로 군부의 정치개입 가능성을 효과적으로 차단시켰다는 사실이다. 즉 1981년 2월 23일 불발로 끝난 군부쿠데타의 지도자였던 보쉬(Jaime Milans del Bosch) 장군과 테헤로(Antonio Tejero) 중령에 대한 성공적인 재판과 투옥이 이루어졌던 것이다.[55] 이들은 프랑코를 추종했던 극우 군부세력으로 수아레스 수상에 의한 공산당

54) 『TIME』(1977. 6. 27)

55) Juan Linz and Alfred Stepan, *Problems of Democratic Transition and Consolidation: Southern Europe, South America, and Post-Communist Europe*(The Johns Hopkins University Press, 1996); 김유남 외 옮김, 『민주화의 이론과 실제』(서울: 삼영사, 1999), 142-143쪽.

합법화와 바스크 분리주의자들에 대한 미온적인 태도, 민주화과정에 대한 불만과 함께 1979년의 지방선거에서 PSOE가 승리하자 좌파의 집권을 우려한 나머지 쿠데타를 일으켰지만, 당시 카를로스 국왕은 국영 TV를 통해 민주적으로 선출된 정부를 지지한다는 단호한 민주화 의지를 표명함으로써 실패하고 말았다. 최근의 사례로는 2006년 1월 6일 메나(José Mena Aguado) 장군이 카탈로니아 의회에서 90%의 찬성으로 가결된 카탈로니아 자치권 확대 법안에 대해 군부가 국가적 통일성을 수호하기 위해 개입할 수도 있다는 의사를 밝힌 직후 해임되고, 가택 연금된 사실 역시 군의 정치적 중립이 완벽한 제도화 단계에 들어섰다는 것을 확인시킨 사례였다.56)

〈표 82〉 스페인 1977년~1986년 의회 득표율과 의석점유율(%)

정 당	성 향	당수(黨首)	1977*		1979		1982		1986	
			득표율	의석 점유율	득표율	의석 점유율	득표율	의석 점유율	득표율	의석 점유율
PSOE	사회주의	Felipe González	28.9	33.7	30.5	34.6	48.4	57.7	44.4	52.6
UCD[1]	중도우파	Adolfo Suárez	34.0	47.1	35.1	48.0	6.9	3.1	-	-
AP	보수주의	Manuel Fraga	8.0	4.6	6.1	2.6	26.4	30.6	26.1	30.0
PCE	유럽 공산주의	Santiago Carrillo	9.2	5.7	10.8	6.6	3.9	1.1	4.7	2.0
PSP[2]	사회주의	Tierno Galván	4.4	1.7	-	-	-	-	-	-
CDS	중도	Catalan (People)[3]	-	-	-	-	2.9	0.6	9.2	5.4
UN	극우	Blas Piñar	6.5	0	6.4	0.3	2.5	0	3.7	0

주: * 1977년의 경우 앞의 〈표 81〉과 수치상 약간의 차이가 있음.
1. 1983년 2월 18일 해체되고, 대부분이 AP에 흡수됨.
2. 프랑코 정권 이전 의회에서 PSP 의석 6석 중 3석이 지역 연합에 참가한 결과를 뜻함.
3. (People)은 필자가 기입한 것임. 즉 CDS의 당수는 카탈란인 전체를 의미함.

약어: PSOE(Partido Socialista Obrero Español) UCD(Unión de Centro Democrático)
AP(Alianza Popular) PCE(Partido Comunista de España)
PSP(Partido Socialista Popular) CDS(Centro Democrática de Catalunya)
UN(Unión National)

출처: Richard Gunther, "Electoral Laws, Party Systems, and Elites: The Case of Spain", American Political Science Review, Vol.83, Number 3(September, 1989), 840쪽 재구성.

56) 『International Herald Tribune』(2006. 1. 8)

<표 82>는 스페인의 민주화이행이 공고화 내지 완성단계로 들어섰음을 관찰하는 최소한의 시점으로 필자가 제시한 것이다. 물론 그 이후에 실시된 총선의 경우는 당연히 민주주의의 제도적 공고화 단계에 해당되는 관계로 여기서는 자세한 논의를 생략하기로 할 것이다. 필자가 민주화의 공고화를 관찰하는 최소 시점을 1986년으로 설정한 이유는 민주화 이행의 시작을 1975년 11월 20일 프랑코의 사망으로 보는 것이 일반적인 데 비해 완성을 보는 견해들은 다양하게 표출되고 있기 때문이다. 가장 대표적인 견해들로는 ① 1978년 스페인 헌법의 제정으로 보는 견해,[57] ② 1981년 2월 23일 테헤제로 중령의 불발 쿠데타로 보는 견해, ③ 1982년 10월 28일 사회주의 좌파 정당인 PSOE의 총선 승리로 보는 세 가지 견해로 집약되고 있다.

이들 가운데 스페인의 민주적 공고화에 대한 필자는 선거라는 제도화과정을 통해서 자유로운 정권교체의 가능성 유무(有無)에 무게를 두고 있기에, ③ 견해를 중심으로 스페인의 민주화과정을 설명하기로 한다.

사실상 이 과정에 대한 논의는 독재자 프랑코의 사망과 함께 촉

57) 1978년 헌법은 역사적으로 스페인 정치에서 중대한 역할을 수행했던 군부와 로마 가톨릭교회에 관련된 주목할 만한 조항들을 포함하고 있다. 즉 새로운 조항들의 골격은 이들 두 기관들의 영향력을 감소시키는 것이었고, 신헌법은 이들의 역할을 명확하게 개념화시켜 엄격하게 제한하고자 했다. 먼저 군부의 역할은 스페인의 주권과 독립을 수호하고, 영토적 통합과 헌법적 질서의 방어로 한계를 정했다. 특히 헌법은 스페인 방어의 최종적인 책임은 군부가 아니라 국민들에 의해 선출된 정부에 있음을 강조했다. 그 다음으로 신헌법에서는 로마 가톨릭교회의 스페인의 국교로서의 지위를 인정하지 않았다. 신헌법의 조항들은 1931년 헌법 조항에서와 같이 스페인 사회의 보수적인 구성원들의 반발을 불러오는 귀에 거슬리는 세속적인 것이 아니라 교회 그 자체로 간주한 것이다. 또한 1978년 헌법은 완전한 종교적 자유를 보장했으며, 국교가 존재하지 않음을 선언했다. 하지만 스페인 사회의 종교적 신앙으로서 고려되어야 할 가톨릭교회의 대중적 권위의 승인과 함께 다른 종교들과의 협력 관계도 유지하여 나갔다. http://www.mongabay.com/reference/country_studies/spain/GOVERNMENT.html(검색일: 2006. 12. 5)

발된 민주화과정의 연속선상에 서 있다. 1976년 7월 국왕에 의해 과도내각의 총리로 임명된 수아레스 총리는 좌·우파를 넘나드는 정치적 친화력을 동원하여 프랑코의 독재정치가 남긴 정치적 상처를 치유하기에 바빴다. 즉 우선적으로 정치적 협의사항에 초점을 둔 상태에서 당면한 경제위기에 적합한 전략의 수립에는 소홀히했던 방임적인 경제정책은 결과적으로 스페인 경제의 심각한 불균형을 억제시키는 데 실패하고 경제 전반에 걸쳐 하락현상을 초래시키고 말았는데, 예컨대 연간 인플레이션 비율은 30%에 육박했으며, 노동자들의 거의 8%가 실직상태에 놓였던 것이다.[58)]

1977년 6월 민주적인 선거로 취임한 수아레스 총리의 중재로 '종합적인 경기대책'(Economic Package)이었던 '몽클로와 협정'(Moncloa Pact)이 체결되었다. 이 협정은 보수주의자에서 공산주의자에 이르기까지 또한 중앙 중심론자에서 지방 분권주의자에 이르는 정치적 배열선상(Political Spectrum)에 위치하는 모든 정치적 행위자들의 합의에 의해서 프랑코 시대의 제도적인 유산들을 제거시킨 다음, 가능한 한 비대결적인 새로운 정치구조를 창출시키기 위하여 체결된 것이다.[59)]

또한 몽클로와 협정을 바탕으로 1978년 신헌법의 제정이 이루어지게 되는데, 신헌법은 1978년 10월 31일 상·하 양원이 압도적으로 새로운 헌법의 내용들을 승인하면서 12월 6일 국민투표에 의해 87.8%의 찬성으로 가결되어 12월 27일 국왕의 제가를 받았다. 1979년 3월 1일 신헌법에 따라 총선이 치러지고, 우파인 UCD 정

---

58) 『TIME』(1977. 6. 27)

59) Omar G. Encarnación, "Spain After Franco: Lessons in Democratization", *World policy journal,* Volume XVIII, No.4(Winter, 2001/02), 39쪽.

권이 출범하게 된다.

다시 <표 82>로 돌아가 보면 1982년 10월 28일 실시된 총선 결과 우파에서 좌파로의 정권교체가 일어나고, 좌파는 1986년 6월 23일의 총선에서도 재집권하게 됨을 확인할 수 있는데,[60)]1982년 총선과 1986년 총선에 내포된 상징성은 프랑코의 우파 정권에 의해 근 43년간 이념적 선동(demagogue)에 매몰되었음에도 단기간에 사회주의 좌파 정당의 연속적인 집권을 허용했던 스페인 국민들의 정치의식은 민주화 이행과정을 촉진시킨 계기로 작용했던 것이다.

〈표 83〉 스페인 1982년 10월 28일 조기(早期) 총선 결과(하원)

정 당	득표율	의석
Spanish Socialist Workers' Party(PSOE+PSC)*	48.3	202
Popular Alliance(AP-PDP)	26.5	107
Democratic Center Union(UCD)	6.8	11
Communist Party of Spain(PCE)	4.0	4
Convergence and Union(CiU)	3.7	12
Centro Democrático y Social(CDS)	2.9	2
Basque Nationalist Party(PNV)	1.9	8
Herri Batasuna(HB)	1.0	2
Esquerra Republicana de Catalunya(ERC)	0.7	1
Euskadiko Ezkerra(EE)	0.5	1
New Force(FN)	0.5	0
Partido Socialista de Andalucía-Partido Andaluz (PSA-PA)	0.4	0
Unión del Pueblo Canario(UPC)	0.2	0
기 타	2.6	0
전 체	**100.0**	**350**

* PSOE 스페인에서, PSC는 단지 카탈로니아에서 후보를 냄.
출처: http://electionresources.org/es/congress.php?election=1982(검색일: 2006. 12. 5)

60) 그 후 PSOE는 연달아 1989년 10월 29일 총선, 1993년 3월 3일 총선까지 승리하였다. 하지만 1996년 3월 3일 총선에서 UCD가 해체되고 새롭게 조직된 '인민당'(Populist Party: PP)의 아스나르(José María Aznar)에 패배함으로써 다시 우파로 정권이 교체되었고, 우파는 2000년 3월 12일 선거에서도 승리하여 연임에 성공하였다. 그러나 2004년 3월 14일 치른 총선에서는 다시 사파테로(José Luis Rodríguez Zapatero)가 이끈 PSOE가 정권을 재탈환함으로써 스페인의 민주화는 공고기에 들어섰음을 확인할 수 있다.

특히 1982년 10월 28일 실시된 조기 총선에서 군과 민간의 보수 강경세력이 중심이 된 '신세력당'(New Force: FN)이 단 하나의 의석도 차지하지 못했던 반면[61] 1981년 불발 쿠데타세력들이 그토록 우려했던 최초의 사회주의 좌파 정권인 PSOE가 총 350석 가운데 202석으로 대승을 거둠으로써 사실상 프랑코 시대의 청산과 함께 43년간 지속된 극우 보수세력의 종언은 스페인의 민주화과정이 공고화되었음을 보여 준 결정적인 시점이었다.

61) 서울대학교 사회발전연구소, 『세계의 개혁, 한국의 개혁』(1996), 152쪽.

참고문헌

Ⅰ. 국 문

고홍근, “서남아지역에서의 군부 정치개입의 수준에 대한 연구: 정치문화적 변수의 양화”, 부산외국어대학 문화연구소, 「문화연구」, 제1집, 1985.

권오윤, “중동정치론”, 김희오 외, 『현대지역정치론』, 서울: 범학사, 1999.

김병국 · 서병훈 · 유석춘 · 임현진 공저, 『라틴 아메리카의 도전과 좌절』, 서울: 나남, 1991.

김성주, “파키스탄에 있어서 군부통치와 정치체제: 아유브 칸 정권의 경험”, 성균관대 사회과학연구소, 『사회과학』, 통권 30호, 1989.

김영명, 『제3세계의 군부통치와 정치경제: 브라질 · 한국 · 페루 · 이집트의 비교연구』, 서울: 한울, 1985.

______, “아르헨티나와 브라질의 민주화, 성균관대 사회과학연구소”, 『사회과학』, 통권 28호, 1988.

김우현, 『세계정치질서』, 서울: 한울, 2001.

김웅진 · 김형기 · 최정화, “유럽의 정치변동과 정치안정: 17개국의 내각안정에 관한 경험적 연구, 1950-1999”, 이정희 · 김웅진 외, 『유럽의 정치변동: 역학과 사례』, 서울: 동림사, 2002.

김일영, “그리스”, 『민주정치의 길, 이렇게 어렵다』, 서울: 중앙일보사, 1988년 3월호 별책부록.

______, “그리스에 있어서 정치체제의 변동과 민주화의 전망”, 성균관대학교 사회과학연구소, 『사회과학』, 통권 28호, 1988.

김창훈, “아프리카의 풍토와 정치(Ⅲ)”, 『사상계』, 1963년 8월호.

김호진, “군부지배 국가의 탈군부화 모형: 브라질과 한국”, 한국정치학회, 『한국정치학회보』, 20집 1호, 1986.
김희오, 『제3세계정치론』, 서울: 백산출판사, 1999.
라윤도, "인도와 파키스탄의 분쟁연구", 인하대 정치외교학과 박사학위 논문, 1999.
로렌스 화이트헤드, "민주화의 국제적 측면", 오도넬 · 슈미터 · 화이트헤드 엮음 / 염홍철 옮김, 『권위주의정권의 해체와 민주화』, 서울: 한울, 1992.
민만식 · 권문술 공저, 『전환기의 라틴 아메리카: 정치적 상황과 국제관계』, 서울: 탐구당, 1985.
박구병, "눈까 마스와 침묵협정 사이: 심판대에 선 아르헨티나 군부의 더러운 전쟁", 라틴아메리카연구, Vol.18, No.2, 2005.
박준규, "아프리카의 국제정치사적 위치", 『사상계』, 1959년 5월호.
새뮤얼 헌팅턴 / 이희재 옮김, 『문명의 충돌』, 서울: 김영사, 1997.
살바도르 지너, "남부유럽의 정치경제, 정당화, 그리고 국가", 오도넬 · 슈미터 · 화이트헤드 엮음 / 염홍철 옮김, 『남부유럽과 민주화』, 서울: 한울, 1989.
서경교, "남유럽 권위주의체제의 정치변동: 스페인 사례", 이정희 · 김웅진 외, 『유럽의 정치변동: 역학과 사례』, 서울: 동림사, 2002.
서울대학교 사회발전연구소, 『세계의 개혁, 한국의 개혁』, 1996.
수카르노, "난투적 자유주의의 종말", 『사상계』, 1964년 9월호.
스피로스 소포스, "그리스 내전과 잃어버린 세대", 역사문제연구소, 『역사비평』, 봄호, 1998.
신응균, "내가 목격한 土耳其혁명", 『사상계』, 1960년 12월호.
양길현, "미얀마의 미완의 민주화", 동남아지역연구회, 『동남아의 정치변동』, 서울: 21세기 한국재단, 1994.
양승윤, "인도네시아 군부와 정치변동", 동남아지역연구회, 『동남아의 정치변동』, 서울: 21세기 한국재단, 1994.
______ 외, 『미얀마』, 서울: 한국외국어대학교 출판부, 2005.
오도넬 · 슈미터 · 화이트헤드 엮음 / 염홍철 옮김, 『남부유럽과 민주화』, 서울: 한울, 1989.
원호식, "아르헨티나", 『민주정치의 길, 이렇게 어렵다』, 서울: 중앙일보사, 1988년 3월호 별책부록.

윤성이 · 이동윤, “인도네시아의 정당정치와 민주주의 공고화”, 세종연구소, 『국가전략』, 통권 제22호, 2002.

윤진표, “태국의 정치변동과 민주화의 과제”, 동남아지역연구회, 『동남아의 정치변동』, 서울: 21세기 한국재단, 1994.

이극찬, 『정치학』, 서울: 법문사, 2001.

이대규 · 황규희 · 김인혁 공저, 『비교군부정치개입론』, 부산: 동아대학교출판부, 2001.

이동윤, “정통성 위기와 정치변동: 인도네시아의 사례를 중심으로”, 한국동남아학회, 『동남아시아연구』, 12권 2호, 2002.

이병도, “태국의 선거제도와 정당체계”, 한국동남아학회, 『동남아시아연구』, 12권 1호, 2002.

이상두, 『나세르와 아랍혁명』, 서울: 태양문화사, 1977.

______, “아프리카의 민족주의와 쿠데타”, 옥전 차기벽 박사 화갑기념논총발간위원회, 『옥전 차기벽박사 화갑기념논총』, 서울: 한길사, 1984.

이신일, “후진국에서의 군의 정치참여”, 청주대학교 국제문제연구원, 『국제문화연구』, 제1집, 1984.

______, “브라질의 군부통치와 민주화에 관한 연구”, 청주대학교 국제문제연구원, 『국제문화연구』, 제19집, 2001.

______, “인도네시아의 민주화과정에 관한 연구”, 청주대학교 국제협력연구원, 『국제문화연구』, 제20집, 2002.

이영조, “남미의 탈군사화”, 서울대 사회정의연구실천모임, 『계간 비판』, 겨울, 1993.

______, “다시 시작하는 과거: 남미 군부통치의 유산”, 사회과학원, 『계간 사상』, 가을호, 1994.

이은구, “카쉬미르 문제의 발단과 인도-파키스탄의 분쟁”, 『국제지역연구』, 제6권 제4호, 2003.

이재성, 「제3세계 군부쿠데타 연구: 실태 분석 및 전망」, 한양대학교 행정대학원 외교안보학전공, 1991.

이 천, “라틴아메리카의 토지제도: 농경지 소유의 유형과 특성을 중심으로", 경상대학교 사회과학연구소, 『사회과학연구』, 제13집 제2호, 1995.

장을병, "제3세계의 민주화와 한국의 선택", 성균관대 사회과학연구소, 『사회과학』, 통권 28호, 1988.

전민준, 「소련 · 이디오피아 동맹관계의 형성과정 분석」, 고려대학교 정치외교학과 석사논문, 1983.

정철종, 「수하르토 군부의 정치참여에 관한 연구」, 충북대학교 행정대학원 행정학전공, 1997.

제등효 편 / 이호웅 · 윤언균 역, 『스페인내전연구』, 서울: 형성사, 1981.

조이환, "브라질 룰라 대통령에 관한 연구", 『국제지역연구』, 제7권 제3호, 2003.

조흥국, "탈식민지시대의 버마 군부에 대한 역사, 사회문화적 고찰", 한양대 민족학연구소, 『민족과 문화』, 제2집, 1994.

죤 J. 죤슨 편저 / 김규택 역, 『군과 정치』, 서울: 일조각, 1963.

진영재 · 노정호, "남부유럽의 정치변동: 근대화 전환과정의 그리스, 스페인, 포르투갈을 중심으로", 한국국제정치학회, 『국제정치논총』, 제43집 1호, 2003.

차기벽, 『근대화정치론』, 서울: 박영사, 1969.

______, "제3세계의 민주화와 한국의 위상", 성균관대 사회과학연구소, 『사회과학』, 통권 28호, 1988.

차상호, "태국의 입헌혁명과 정치발전", 홍순옥 교수 화갑기념논집 간행위원회, 『홍순옥교수 화갑기념논집』, 서울: 동국대학교 출판부, 1989.

최석만, "터키", 『민주정치의 길, 이렇게 어렵다』, 서울: 중앙일보사, 1988년 3월호 별책부록.

최장집, "아르헨티나의 정치변동과 갈등구조", 『제3세계연구 1』, 서울: 한길사, 1984.

______, 『한국민주주의의 이론』, 서울: 한길사, 1993.

하경근, "아프리카대륙에 있어서 쿠데타와 군부통치", 중앙대학교 논문집, 제30집, 1986.

한국태국학회, 『태국의 이해』, 서울: 한국외국어대학교 출판부, 2005.

한배호, 『한국정치동태론』, 서울: 법문사, 1994.
한승주, "쿠데타, 그 성향과 흐름", 조선일보사, 『월간조선』, 1982년 5월호.
홍 철, 『한국형 정체 모델과 민간·군부 권위주의: 민간권위주의형 정체와 군부권위주의형 정체의 비교』, 대구: 정림사, 2005.
황규희, "태국의 군부와 정치발전", 부산외국어대학교 사회과학연구소, 『사회과학논총』, 제1집, 1985.
José Mariá Maravall·Julián Santamaria, "스페인의 정치변동과 민주주의 전망", 오도넬·슈미터·화이트헤드 엮음/염홍철 옮김, 『남부유럽과 민주화』, 서울: 한울, 1989, 127－132쪽.

Ⅱ. 영 문

Abdelazim, Saleh S. *Structure Adjustment and the Dismantling of Egypt's Estatist System,* Virginia Polytechnic Institute and State University, November 15, 2002.
Ahmad, Feroz, "Islamic Reassertion in Turkey", *Third World Quarterly,* Vol.10, April, 1988.
Ahmad, Tumtaz, "Islamic fundamentalism in South Asia: The Jamaat－i－Isalmi and the Tablighi Jamaat of South Asia", in Martin E. Marty, R. Scott Appleby(ed.), *Fundamentalism Observed,* Chicago: University of Chicago Press, 1991.
Alavi, Hamza, "The Post－Colonial Societies: Pakistan and Bangladesh", *New Left Review,* Number 74, July/August, 1972.
Aldrich, Winthrop W. "The Suez Crisis: A Footnote to History", *Foreign Affairs,* Vol.45, No.3, April, 1967.
Ali, Tariq, "Revolutionary Perspectives for Pakistan", *New Left Review,* Number 63, September/October, 1970.
Almedom, Astier M. "Re－Reading the Short and Long－Rigged History of Eritrea 1941－1952: Back to the Future?", *Nordic Journal of*

African Studies, Vol.15, No.2, 2006.

Almond, G. A. and J. S. Coleman, *The Politics of Developing Areas,* Princeton University Press, 1960.

Alston, Lee J. and Andrés A. Gallo, *The Erosion of Checks and Balances in Argentina and the Rise of Populism in Argentina: An Explanation for Argentina's Economic Slide from the Top 10,* IBS: Working Paper, 2005.

Alves, Maria Helena Moreira, *State and Opposition in Military Brazil,* Austin: University of Texas Press, 1985.

Ames, Barry, "Rhetoric and Reality in a Militarized Regime: Brazil Since 1964", in Abraham F. Lowenthal(ed.), *Armies and Politics in Latin America,* Holmes & Meier Publishers, Inc., New York · London, 1976.

Angrist, Michele Penner, "Party Systems and Regime Formation in the Modern Middle East: Explaining Turkish Exceptionalism", *Comparative Politics,* Vol.36, Number 2, January, 2004.

Apter, David E. *The Politics of Modernization,* University of Chicago Press, 1965.

Arrighi, Giovanni, "The African Crisis", *New Left Review,* 15, May/June, 2002.

Avery, Lisa, "A Return to Life: The Right to Identity and the Right to Identity Argentina's Living Disappeared", *Harvard Women's Law Journal,* Vol.27, 2004.

Ayub Khan, Mohammed, "Pakistan Perspective", *Foreign Affairs,* Vol.38, No.4, July, 1960.

Barnds, William J., *India, Pakistan, and the Great Powers,* New York: Praeger Publishers, 1972.

Bedevi Kuran, Ahmad, *Our History of the Revolution and the Young Turks,* Istanbul, 1945.

Benda, Harry J. "Non Western Intelligentsias as Political Elites", in John H. Kautsky(ed.,) *Political Change in Underdeveloped Countries,* New

York: John Wiley and Sons, Inc., 1966.

Ben－Dor, Cabriel, "Civilianization of Military Regimes in the Arab World", in Henry Bienen and David Morell(ed.), *Political Participation under Military Regimes,* Sage Publications, 1976.

Berger, Morroe, *The Arab World Today,* Doubleday & Company, Inc., 1962. Berhó, Deborah L. "Working Politics: Juan Domingo Perón's Creation of Positive Social Identity", *Rocky Mountain Review,* Fall, 2000.

Bienen, Henry, "Transition from Military Rule: The Case of Western State Nigeria", in Henry Bienen and David Morell(ed.), *Political Participation under Military Regimes,* Sage Publications, 1976.

Bienen, Henry and Nicolas van der Walle, *Of Time and Power: Leadership duration in the modern world,* Stanford: Stanford University Press, 1991.

Bisbee, Eleanor, *The New Turks: Pioneers of the Republic, 1920－1950,* University of Pennsylvania Press, 1951.

Blanksten, George I. *Peron's Argentina,* Chicago: The University of Chicago Press, 1974.

Boyd, Carolyn P. *Praetorian Politics in Liberal Spain,* University of North Carolina Press, 1979.

Brenan, Gerald, *The Spanish Labyrinth: an Account of the Social and Political Background of the Civil War,* Cambridge University Press, 1990.

Bresser Pereira, Luiz Carlos, "Populism and Economic Policy in Brazil", *Journal of Interamerican Studies & World Affairs*, Vol.33, No.2, 1991.

Bunyaketu, Nai Thawee, "The 1932 Coup: Before and After", in Jayanta K. Ray(ed.,), *Portraits of Thai Politics,* New Delhi: Orient Longman Ltd., 1972.

Burgess, Katrina and Steven Levitsky, "Explaining Populist Party Adaptation in Latin America: Environmental and Organizational Determinants of Party Change in Argentina, Mexico, Peru, and Venezuela", *Comparative Political Studies,* Vol.36, No.8, October, 2003.

Burke, S. M. & Lawrence Ziring, *Pakistan's Foreign Policy, 2nd(ed.)*, Oxford University Press, 1990.

Chaloemtiarana, Thak, *Thailand: The Politics of Despotic Paternalism,* Bangkok: Thammasat University Press, 1979.

Choudhury, G. W. *The Last Days of United Pakistan,* Indiana University Press, 1974.

Clapham, Christopher, *Transformation and Continuity in Revolutionary Ethiopia,* Cambridge University Press, 1988.

Clogg, Richard, *Parties and Elections in Greece: The Search for Legitimacy,* Durham, NC: Duke University Press, 1987.

Cohen, Youssef, "Democracy from Above: The Political Origins of Military Dictatorship in Brazil", *World Politics,* Vol.40, 1987.

Comín, Francisco, *Reaching a Political Consensus for Tax Reform in Spain: The Moncloa Pacts, Joining the European Union and the Best of the Journey,* Georgia State University: Andrew Young School of Policy Studies, 2006.

Croissant, Aurel and Jörn Dosch, *Old Wine in New Bottlenecks? Elections in Thailand under the 1997 Constitution,* Leeds: University of Leeds, 2001.

Crossette, Barbara, "Who killed Zia", *World Policy Journal,* Volume XXII, No.3, Fall, 2005.

Crouch, Harold, *The Army and Politics in Indonesia,* New York: Cornell University Press, 1978.

Danopoulos, Costantine P. "Intervention and withdrawal: notes and perspectives", in Costantine, P. Danopoulos(ed.), *From military to civilian rule,* Routledge, 1992.

Danopoulos, Costantine, P. "Farewell to man on horseback: intervention and civilian supremacy in modern Greece", in Costantine, P. Danopoulos(ed.), *From military to civilian rule,* Routledge, 1992.

Darling, Frank C. *Thailand and the United States,* Washington, D. C.: Public Affairs Press, 1965.

Deegan, Heather, *Third Worlds: The politics of the Middle East and Africa,* Routledge, 1996.

Dekmejian, Richard Hrair, *Egypt Under Nasser: A Study in Political Dynamics,* Albany: State University of New York Press, 1971.

Dhiravegin, Likhit, *Demi - Democracy: The Evolution of the Thai Political System,* Singapore: Times Academic Press, 1992.

Di Tella, Torcuato S. "Populism and Reform in Latin America", in C. Veliz(ed.), *Obstacles to Change in Latin America,* London: Oxford University Press, 1965.

Diamond, Larry, "Nigeria: Pluralism, Statism, and the Struggle for Democracy", in Larry Diamond, Juan J. Linz, and Seymour Martin Lipset(ed.), *Democracy in Developing Countries: Africa,* Lynee Rienner Publishers, Inc., 1988.

Diamond, Larry, *Class, Ethnicity and Democracy in Nigeria: The Failure of First Republic,* Macmillan Press, 1988.

Dodge, Dorothy, *African Politics in Perspective,* D. Van Nostrand Company, Inc., Princeton, New Jersey, 1966.

Duncan Baretta, Silvio R. and John Markoff, "Brazil's Abertura: A Transition from What to What?", in James M. Malloy and Mitchell A. Seligson(ed.), *Authoritarians and Democrats: Regime Transition in Latin America,* University of Pittsburgh Press, 1987.

Ekwe - Ekwe, Herbert, *Conflict and Intervention in Africa: Nigeria, Angola, Zaïre,* Macmillan Press, 1990.

Eldridge, Philip, "Human Rights in Post - Suharto Indonesia", *The Brown Journal of World Affairs,* Volume Ⅸ, Issue 1, Spring, 2003.

Encarnación, Omar G. "Spain After Franco: Lessons in Democratization", *World policy journal,* Volume XVIII, No.4, Winter, 2001/02.

Escudé, Carlos, "From Captive to Failed State: Argentina under Systemic Populism, 1975 - 2006", *The Fletcher Forum of World Affairs,* Vol.30, No.2, SUMMER, 2006.

Evans, Peter, "Shoes, OPIC, and the Unquestioning Persuasion: Multinational Corporations and U. S. - Brazilian Relations", in Richard Fagen(ed.), *Capitalism and the U. S. - Latin American Relations,* Stanford University Press, 1979.

Feit, Edward, "Pen, Sword, and People: Military Regimes in the Formation of Political Institutions", *World Politics,* Vol.25, No.2, January, 1973.

Fernåndez, Julio A. "The Crisis of Authority in Argentina", *Current History,* Vol.66, No.389, January, 1974.

Finer, S. E, *The Man on Horseback: The Role of the Military in Politics,* New York: Frederick A. Praeger, 1962.

Finer, S. E. *Comparative Government,* New York: Basic Books Inc., 1971.

Finer, S. E. "The Retreat to the Barracks: notes on the practice and the theory of military withdrawl from the seats of power", *Third World Quarterly,* Vol.7, No.1, January, 1985.

Finkle, Jason L. and Richard W. Gable(ed.), *Political Development & Social Change,* New York, 1971.

Forster, Edward S. *A Short History of Modern Greece: 1821 - 1956,* Methuen & Co. Ltd. London, 1958.

Frey, Frederick W. *The Turkish Political Elite,* Massachusetts Institute of Technology Press, 1965.

Frisch, Hillel, "Guns and Butter in the Egyptian Army", *Middle East Review of International Affairs,* Vol.5, No.2, Summer, 2001.

Ganguly, Sumit, "An Opportunity for Peace in Kashmir", *Current History,* Vol.96, No.614, December, 1997.

Ganser, Daniele, "Terrorism in Western Europe: An Approach to NATO's Secret Stay - Behind Armies", *The Whitehead Journal of Diplomacy and International Relations*, Winter/Spring, 2005

Glyptis, Leda - Agapi, "WHICH SIDE OF THE FENCE? TURKEY' UNCERTAIN PLACE IN THE EU", *Alternatives: Turkish Journal of International Rclations*, Vo1.4. No.3, Fall, 2005.

"Greece: A Study of Political Developments, 1936 - 1968", *Current Notes,*

Vol.39, No.4, April, 1968.

Green, James N. "Clerics, Exiles, and Academics: Opposition to the Brazilian Military Dictatorship in the United States, 1969－1974", *Latin American Politics and Society,* Vol.45 No.1, Spring, 2003.

Gunther, Richard, "Electoral Laws, Party Systems, and Elites: The Case of Spain", *American Political Science Review,* Vol.83, Number 3, September, 1989.

Hand, Paul, "This is not a place for delicate or nervous or impatient diplomats: the Irish Legation in Peron's Argentina(1948－1955)", *Irish Studies in International Affairs,* Vol.16, 2005.

Hansson, Göte, *The Ethiopian Economy 1974－94: Ethiopia Tikdem and After,* Routledge, 1995.

Harb, Imad, "The Egyptian Military in Politics: Disengagement or Accommodation?", *The Middle East Journal,* Vol.57, Spring, 2003.

Hardgrave, Jr., Robert L & Stanley A. Kochanek, *India－Government and Politics in a Developing Nation, 4th(ed.)*, New York: HBJ Publishers, 1986.

Healey, Mark Alan, "The Fragility of the Moment: Politics and Class in the Aftermath of the 1944 Argentine Earthquake", *International Labor and Working－Class History,* No.62, Fall, 2002.

Henze, Paul B. "Communism and Ethiopia", *Problems of Communism,* Vol.XXX, March－April, 1972.

Herskovits, Jean, "Democracy in Nigeria", *Foreign Affairs,* Vol.58, No.2, Winter, 1979 / 1980.

Herz, John H. "The Problem of Succession in Dictatorial Regimes: A Study in Comparative Law and Constitutions", *Journal of Politics,* 14, 1952.

Hindley, Donald, "President Sukarno and the Communist: The Politics of Domestication", *The American Political Science Review,* Vol.56, No.4, December, 1962.

Hopkins, K. "Civil Military Relations in Developing Countries", *British*

Journal of Sociology, Vol.17, 1965.

Houtart, Francois, "Buddhism and Politics in Southeast Asia, Part Two", *Social Scientist,* Vol.5, No.52, November, 1976.

Howard, Harry N. "Turkey: A Contemporary Survey", *Current History,* Vol.56, No.331, March, 1969.

Hudson, Peter, "Menem's Argentina: Economic Miracle or Quick Fix?", *The Washington Quarterly,* Vol.22, No.4, Autumn, 1999.

Humphrey, John, *Capitalist Control and Workers' Struggle in the Brazilian Auto Industry,* Princeton University Press, 1982.

Hunter, Wendy, "Continuity or Change? Civil－Military Relations in Democratic Argentina, Chile, and Peru", *Political Science Quarterly,* Vol.112, No.3, Fall, 1997.

Hunter, Wendy, "Brazil's New Direction", *Journal of Democracy,* Vol.14, No.2, April, 2003.

Huntington, Samuel P. *Political Order in Changing Societies,* New Heaven: Yale University Press, 1973.

Hurewitz, J. C. *Middle East Politics: The Military Dimension,* Frederick A. Praeger, Inc., Publishers, 1969.

Iatrides, John O, "Revolution or Self－Defense? Communist Goals, Strategy, and Tactics in the Greek Civil War", *Journal of Cold War Studies* 7, no. 3, 2005.

Ihonvbere, Julius O. and Timothy M. Shaw, *Towards a Political Economy of Nigeria,* Avebury, 1988.

Jackson, Robert H. and Carl G. Rosberg, "Why Africa's Weak States Persist: The Empirical and the Juridical in Statehood", *World Politics,* Vol.35, No.1, October, 1982.

James, Laura, "Nasser and his Enemies: Foreign Policy Decision Making in Egypt on the Eve of the Six－day War", *Middle East Review of International Affairs,* Vol.9, No.2, June, 2005.

Janowitz, Morris, *Military Conflict: Essays in the Institutional Analysis of War and Peace,* Sage Publications, 1975.

Janowitz, Morris, *The Military in the Political Development of New States: An Essay in Comparative Analysis,* Chicago University Press, 1964.

Jibril, Munzali, "Minority－Languages and Lingua Francas in Nigerian Education", in E. N. Emenanjo(ed.), *Multilingualism, Minority Languages and Language Policy in Nigeria,* Central Books, Agbor, 1991.

Jordan, David C, "Argentina's New Military Government", *Current History,* Vol.58, No.342, February, 1970.

Jordan, David C. "Argentina's Bureaucratic Oligarchies", *Current History,* Vol.72, No.366, February, 1972.

Jordan, David C. "Authoritarianism and Anarchy in Argentina", *Current History,* Vol.68, No.401, January, 1975.

Jordan, David C. "Argentina's Military Government", *Current History,* Vol.72, No.426, February, 1977.

Karpat, Kemal H. "The Transformation of the Ottoman State, 1789－1908", *International Journal of Middle East Studies,* July, 1972.

Keck, Margaret E. "The New Unionism in the Brazilian Transition", in Alfred Stepan(ed.), *Democratizing Brazil*, New York: Oxford University Press, 1989.

Kedourie, Elie, *Politics in the Middle East,* Oxford University Press, 1970.

Keller, Edmond J. "The Ethiopian Revolution: How Socialist Is It?", *Journal of African Studies,* Vol.11, Summer, 1984.

Khadduri, Majid, *Political Trends in the Arab World,* Baltimore and London: The Johns Hopkins University Press, 1970.

Kienle, Eberhard, "Arab Unity Schemes Revisited: Interest, Identity, and Policy in Syria and Egypt", *International Journal of Middle East Studies,* Vol.27, No.1, February, 1995.

Kipgen, Nehginpao, "What Does Union Day Mean to Ethnic Minorities?", 『The Irrawaddy』 (2007.2.14)

Kitsikis, Dimitri, "Greek Communists and the Karamanlis Government", *Problems of Communism,* Vol.26, Jan－Feb, 1977.

Kohen, Sami, "How Islamic Party in Turkey Has Skewered Secularists", *Christian Science Monitor,* June 5th, 1996.

Kucinski, Bernardo, *Brazil: State and Struggle,* London: Latin American Bureau Ltd, 1982.

Landau, Jacob M. *Radical Parties in Modern Turkey,* Leiden, 1974.

Lasswell, Harold D. and Abraham Kaplan, *Power and Society: A Framework for Political Inquiry,* New Haven and London: Yale University Press, 1969.

Lenczowski, George, "Arab Radicalism: Problems and Prospects", *Current History,* Vol.60, No.353, January, 1971.

Levitsky, Steven, "THE "NORMALIZATION" OF ARGENTINE POLITICS", *Journal of Democracy*, Volume 11, Number 2, April, 2000.

Levitsky, Steven and María Victoria Murillo, "Argentina Weathers the Storm", *Journal of Democracy,* Vol.14, No.4, October, 2003.

Levy, Avigdor, "The Officer Corps in Sultan Mahmud II's New Ottoman Army, 1826－1839", *International Journal of Middle East Studies,* January, 1971.

Lewis, Paul H. *The crisis of Argentinean capitalism,* Chapel Hill: North Carolina, 1990.

Liddle, R. W. "Soeharto's Indonesia: Personal Rule and Political Institutions", *Pacific Affairs,* Vol.58, No.1, Spring, 1985.

Lieuwen, Edwin, *Arms and Politics in Latin America,* New York: Prederick A. Praeger, 1961.

Linz, Juan and Alfred Stepan, *Problems of Democratic Transition and Consolidation: Southern Europe, South America, and Post－Communist Europe,* The Johns Hopkins University Press, 1996; 김유남 외 옮김, 『민주화의 이론과 실제』, 서울: 삼영사, 1999.

Linz, Juan J. "From Great Hopes to Civil War: The Breakdown of Democracy in Spain", in Juan J. Linz and Alfred Stepan(ed.), *The Breakdown of Democratic Regimes: Europe,* The Johns Hopkins University Press, 1978.

Linz, Juan. J. *Totalitarian and Authoritarian Regimes,* Lynne Rienner Publishers, Inc., 2000.

Loizos, Peter, *The Heart Grown Bitter,* Cambridge University Press, 1981.

Mackie, Thomas T. and Richard Rose(eds.,), *The International Almanac of Electoral History,* Washington, DC: Congressional Quarterly, 1991.

Makonnen, Sha. Atnafu, *Ethiopia To－Day,* Radio Press, Inc., Tokyo, 1960.

Mango, Andrew, "The Young Turks", *Middle Eastern Studies,* January, 1972.

Maniruzzaman, Talukder, "National Integration and Political Development in Pakistan", *Asian Survey*, Volume Ⅶ, Number 12, December, 1967.

Manuel, Frank E. *The Politics of Modern Spain,* New York, 1938.

Marx, Karl, *The Eighteenth Brumaire of Louis Bonaparte,* Lawrence & Wishart, 1984.

Mburu, Nene, "Patriots or Bandits? Britain's Strategy for Policing Eritrea 1941－1952", *Nordic Journal of African Studies,* Vol.9, No.2, 2000.

McFadden, John H. "Civil－Military Relations in the Third Turkish Republic", *The Middle East Journal,* Vol.39, Winter, 1985.

McGowan, P. "African military coups d'etat, 1956－2001: frequency, trends and distribution", *Journal of Modern African Studies*, Vol.41, No.3, 2003.

Mehden, Fred R. von der, *Politics of the Developing Nations,* Prentice－Hall, Inc., 1964.

Meisler, Stanley, "Spain's New Democracy", *Foreign Affairs,* Vol.56, No.1, October, 1977.

Meital, Yoram, "Domestic Challenges and Egypt's U.S. Policy", *Middle East Review of International Affairs,* Vol.2, No.4, December, 1998.

Millington, Thomas M. "The Latin American Military Elite", *Current History,* Vol.56, No.335, June, 1969.

Milton－Edwards, Beverley, *Contemporary Politics in the Middle East,* Polity

Press, 2000.

Monami, Bessma, "Promoting Economic Liberalization in Egypt: From U.S. Foreign Aid to Trade and Investment", *Middle East Review of International Affairs,* Vol.7, No.3, September, 2003.

Moreira, Marcilio Marques, "Political Liberalization & Economic Crisis", *Government & Opposition,* Vol.19, No.2, Spring, 1984.

Morell, David, "Alternatives to Military Rule in Thailand", in Henry Bienen and David Morell(ed.), *Political Participation Under Military Regimes,* Sage Publications, 1976.

Morell, David and Chai－Anan Samudavanija, *Political Conflicts in Thailand: Reform, Reaction, and Revolution,* Cambridge Massachusetts: Oelge- schlager, Gunn & Hain, Publishers, Inc., 1981.

Mouzelis, Nicos, "Capitalism and Dictatorship in Post－war Greece", *New Left Review,* 96, March/April, 1976.

Mustafa, Hala, A. Policy for Promoting Liberal Democracy in Egypt, *White Paper Serious: Voices from the Middle East on Democratization and Reform,* The Foundation for Defense of Democracies, May 2006.

Nasr, Vali, "The Rise of Muslim Democracy", *Journal of Democracy,* Vol.16, No.2, April, 2005.

Ngoma, Naison, "Coups and Coup Attempts in Africa: Is there a missing link?", *African Security Review,* Vol.13, No.3, 2004.

Nordlinger, Eric, *Soldiers in Politics: Military Coups and Government,* New Jersey: Prentice－Hall, 1977.

Nye, Roger P. "Civil－Military Confrontation in Turkey: The 1973 Presidential Election", *International Journal of Middle East Studies,* April, 1977.

O'Donnell, Guillermo A. "Modernization and Military Coups: Theory, Comparisons, and the Argentine Case", in Abraham F. Lowenthal (ed.), *Armies and Politics in Latin America,* Holmes & Meier Publishers, Inc., New York · London, 1976.

O'Donnell, Guillermo, "Permanent Crisis and the Failure to Create a Democratic Regime: Argentina 1955－66", in Juan J. Linz and Alfred Stepan(ed.), *The Breakdown of Democratic Regimes: Latin America,* The Johns Hopkins University Press, 1978.

O'Donnell, Guillermo and Philippe C. Schmitter, *Transitions from Authoritarian Rule: Tentative Conclusions about Uncertain Democracies,* The Johns Hopkins University Press, 1986.

Ohajunwa, Emeka, *India－US Security Relations 1947－1990,* Chanakya Publications, 1992.

Oglesby, Carl, "Vietnamese Crucible: An Essay on the Meaning of the Cold War", in Carl Oglesby and Richard Shaull, *Containment and Change,* New York: Macmillan, 1967.

Olarreaga Marcelo and Isidro Soloaga, "Endogenous Tariff Formation: The Case of Mercosur", *The World Bank Economic Review,* Vol.12, No.2, 1998.

Onians, Charles, "Supply and Demand Democracy in Egypt", *World Policy Journal,* Summer, 2004.

Orathai, Kokpol, "Electoral Politics in Thailand", in Aurel Croissant, Marei John(eds.,) *Electoral Politics in Southeast & East Asia,* Singapore: FES, 2002.

Palmer, Monte, *Dilemmas of Political Development: An Introduction to the Politics of the Developing Areas,* F. E. Peacock Publishers, Inc., 1980.

Pauker, Guy J. "Toward a New Order in Indonesia", *Rand Papers,* Rand Divisions: 1967.

Payer, Cheryl, *The Debt Trap: The IMF and the Third World,* New York: Monthly Review Press, 1974.

Payne, Stanley G. "Political Ideology and Economic Modernization in Spain", *World Politics,* Vol.25, No.1, October, 1972.

Pearce, Nick, *Quiet Revolution: Progressive Government in Latin America,* London: The Institute for Public Policy Research, 2005.

Peltier, Christine, "Argentina: President Kirchner is reaping the benefits of a high – risk strategy", *Conjoncture,* June, 2006.

Pendle, George, *Argentina,* Oxford: Oxford University Press, 1963.

Peralta – Ramos, Monica, *The Political – Economy of Argentina: Power and Class Since 1930,* Boulder: Westview Press, 1992.

Peretz, Don, *The Middle East Today*(6th ed.), Praeger Publishers, 1994.

Perlmutter, Amos, "The Praetorian State and the Praetorian Army: Toward a Taxanomy of Civil – Military in Developing Politics", in Jason L Finkle and Richard W Gable(ed.), *Political Development & Social Change,* New York: John Wiley & Sons, 1971.

Perlmutter, Amos, *Political Roles and Military Rulers,* London: Frank Cases, 1981.

Perlmutter, Amos, *The Military and Politics in Modern Times,* New Haven: Yale University Press, 1977.

Persichino, Roger, "Local famines, global food insecurity", *Humanitarian exchange,* Number 27, July, 2004.

Poppino, Rollie E. "Brazil after a Decade of Revolution", *Current History,* Vol.66, No.389, January, 1974.

Potash, Robert A. "The Military and Argentine Politics", in Brian Loveman and Thomas M. Davis, Jr.(ed.), *The Politics of Antipolitics: The Military in Latin America,* University of Nebraska Press, 1978.

Poulantzas, Nicos, "Research note on the State and Society", *International Social Science Journal,* Vol.32, No.4, 1980.

Prizzia, Ross, *Thailand in Transition: The Role of Oppositional Forces,* University of Hawaii Press, 1985.

Raina, Dina Nath, *Kashmir: Distortuons and Reality,* New Delhi: Reliance Publishing House, 1994.

Ramsaur, Jr., Ernest E. *The Young Turks – Prelude to the Revolution of 1908,* Princeton University Press, 1956.

Rapoport, David C. "The Political Dimensions of Military Usurpation", *Political Science Quarterly,* Vol.83, No.4, December, 1968.

Reeve, David, *Golkar of Indonesia: An Alternative to the Party System,* Singapore: Oxford University Press, 1985.

Rizopoulos, Nicholas X. "George Papandreou's Honorable Legacy", *World Policy Journal,* Volume XXI, No.1, Spring, 2004.

Rivlin, Paul, *The Dynamics of Economic Policy Making in Egypt,* New York: Praeger, 1985.

Rivlin, Paul, "Egypt's Demographic Challenges and Economic Responses", *Middle East Review of International Affairs,* Vol.7, No.4, December, 2004.

Rodrigo, Fernando, "A democratic strategy towards the military in post-Franco Spain", in Costantine, P. Danopoulos(ed.), *From military to civilian rule,* Routledge, 1992.

Roett, Riordan, "The Transition to Democratic Government in Brazil", *World Politics,* Vol.38, No.2, January, 1986.

Ronning, C. Neale, "Brazil's Revolutionary Government", *Current History,* Vol.49, No.304, November, 1966.

Rosenbaum, H. Jon, "Brazil's military regime", *Current History,* Vol.58, No.342, February, 1970.

Rueschemeyer, Dietrich · Stephens, Evelyne Huber and Stephens, John D. *Capitalist Develpoment and Democracy,* University of Chicago Press, 1992.

Sader, Emir, "Taking Lula's Measure", *New Left Review,* 33(May/June), 2005. Said Aly, Abdel Monem, "Prelude to Change: Egyptian Democratization, 2005", *Middle East Brief,* No.2, January, 2006.

Samudavanija, Chai-Anan, *Political Conflict in Thailand-Reform, Reaction, Revolution,* O'elgeschlager, Gunn & Hain Publishers, Inc., 1981.

Samudavanija, Chai-Anan, *The Thai Young Turks,* Singapore: Institute of Southeast Asian Studies, 1982.

Schwarz, Walter, *Nigeria,* Praeger Publishers, 1969.

Serra, José, "Three Mistaken Theses Regarding the Connection between Industrialization and Authoritarian Regimes", in David Collier(ed.),

The New Authoritarianism in Latin America, Princeton University Press, 1979.

Shaw, Stanford J. "Empire of the Gazis: The Rise and Decline of the Ottoman Empire, 1280 – 1808", *History of the Ottoman Empire and Modern Turkey, Volume I.* Cambridge University Press, 1976.

Shaw, Stanford J. and Ezel Kural Shaw, "Reform, Revolution and Republic: The Rise of Modern Turkey, 1808 – 1975", *History of the Ottoman Empire and Modern Turkey, Volume II,* Cambridge University Press, 1977.

Shifter, Michael and Vinay Jawahar, "Reconciliation in Latin America: A Fine Balance", *The Brown Journal of World Affairs,* Vol.XI, Issue 1, Summer/Fall, 2004.

Siedlecki, Joseph, "In Support of Democratization: Free Trade Unions and the Destabilization of Autocratic Regimes", *Journal of Public Affairs,* Vol.XVII, Fall, 2004.

Simmel, George, *Conflict & The Web of Group – Affiliations,* Kurt H. Woff and Reinhard Bendix(trans.), The Free Press, 1955.

Simpson, Dwight James, "Turkey: A Time of Troubles", *Current History,* Vol.62, No.365, January, 1972.

Simpson John and Jana Bennett, *The Disappeared and the Mothers of the Plaza,* New York: St. Martin's Press, 1985.

Singer, Morris, "Turkey in Crisis", *Current History,* Vol.80, No.473, January, 1981.

Skidmore, Thomas E. *Politics in Brazil 1930 – 1964: An Experiment in Democracy,* Oxford University Press, 1967.

Skidmore, Thomas E. "Politics and Economic Policy Making in Authoritarian Brazil: 1937 – 71", in Alfred Stepan(ed.), *Authoritarian Brazil: Origins, Policies, and Future,* New Haven and London: Yale University Press, 1973.

Smith, Benjamin, "If I Do These Things, They Will Throw Me Out: Economic Reform and the Collapse of Indonesia's New Order",

Journal of International Affairs, Vol.57, No.1, Fall, 2003.

Snow, Peter G. *Political Forces in Argentina,* New York: Praeger, 1979.

Smith, Peter H. "The Breakdown of Democracy in Argentina, 1916–30", in Juan J. Linz and Alfred Stepan(ed.), *The Breakdown of Democratic Regimes: Latin America,* The Johns Hopkins University Press, 1978.

Somwichien, Kamol, "The Oyster and the Shell: Thai Bureaucrats in Politics", *Asian Survey,* Volume 18, Number 8, August, 1978.

Spain, J. W. and N. Ludington, "Dateline Turkey: The Case for Patience", *Foreign Policy,* Vol.50, 1983.

Spiro, Hebert J. *Politics in Africa: Prospects South of the Sahara,* Prentice–Hall, Inc., Englewood Cliffs, N. J. 1962.

Staley, Eugene, *The Future of Underdeveloped Countries,* New York, 1961.

Steinberg, David I. *The Future of Burma: Crisis and Choice in Myanmar,* University Press of America, 1990.

Stepan, Alfred, *The Military in Politics: Changing Patterns in Brazil,* Princeton: Princeton University Press, 1971.

Stepan, Alfred, "The New Professionalism of Internal Warfare and Military Role Expansion", in Alfred Stepan(ed.), *Authoritarian Brazil: Origins, Policies, and Future,* New Haven and London, Yale University Press, 1973.

Stepan, Alfred, "Political Leadership and Regime Breakdown: Brazil", in Juan J. Linz and Alfred Stepan(ed.), *The Breakdown of Democratic Regimes: Latin America,* The Johns Hopkins University Press, 1978.

Sukma, Rizal, *Islam and Foreign Policy in Indonesia: Internal Weaknesses and the Dilemma of Dual Identity,* The Asia Foundation Working Paper Serious: 1999.

Suryo, Djoko, "Political Transformation in Indonesia", *The Southeast Asian Review,* The Korean Association of Southeast Asian Studies, Vol.9, 2000.

Tachau, Frank and Metin Heper, "The State, Politics, and the Military in

Turkey", *Comparative Politics,* Vol.16, No.1, October, 1983.

Tan, Paige Johnson, "Navigating a Turbulent Ocean: Indonesis's World-view and Foreign Policy", *Asian Perspective*, Vol.31, No.3, 2007.

Tedesco, Laura, "The 1999 Elections in Argentina: Change in Style or Substance?", *European Review of Latin American and Caribbean Studies,* Vol.70, April, 2000.

Tejani, Shabnum, "RE-CONSIDERING CHRONOLOGIES OF NATIONALISM AND COMMUNALISM: THE KHILAFAT MOVEMENT IN SIND AND ITS AFTERMATH, 1919-1927", South Asia Research, Vol.27(3), 2007.

Tejapira, Kasian, "Toppling Thaksin", *New Left Review,* 39, May/June, 2006. Teunissen, Jan Joost, "The Need for Visions on the Economy: By Way of Introduction", in Jan Joost Teunissen and Age Akkerman(ed.), *Diversity in Development: Reconsidering the Washington Consensus,* Seoul: KIEP, 2004.

Thompson, John, "Argentine Economic Policy under the Onganía Regime", in Brian Loveman and Thomas M. Davis, Jr.(ed.), *The Politics of Antipolitics: The Military in Latin America,* University of Nebraska Press, 1978.

Tiruneh, Andargachew, "The Ethiopian Revolution 1974-1987: a transformation from an aristocratic to a totalitarian autocracy", *Journal of Modern African Studies,* Vol.31, No.4, 1993.

Torres, Jose Arsenio, "The Political Ideology of Guided Democracy", *The Review of Politics,* Vol.25, No.1, January, 1963.

Trager, Frank N. "The Failure of U Nu and the Return of the Forces in Burma", *The Review of Politics,* Vol.25, No.3, July, 1963.

Trimberger, Ellen Kay, *Revolution Above: Military Bureaucrats and Development in Japan, Turkey, Egypt, and Peru,* New Brunswick, New Jersey, 1978.

Uchikawa, Shuji(ed.), *Pakistan's Crisis: Political and Economical Analysis,* Institute of Developing Economics, March, 2000.

Vacs, Aldo C. "Authoritarian Breakdown and Redemocratization in Argentina", in James M. Malloy and Mitchell A. Seligson(ed.), *Authoritarians and Democrats: Regime Transition in Latin America,* University of Pittsburgh Press, 1987.

Vatikiotis, P. J. *The Modern History of Egypt,* Frederick A. Praeger, Publishers, 1969.

Vatitiotis, Michael R. J. *Indonesian Politics under Suharto,* London and New York: Routledge, 1994.

Veen, Rianne ten, "Myanmear's Muslims The Oppressed of the Oppressed", Islamic Human Rights Commission, 2005.

Wanandi, Jusuf, "The Indonesian General Elections 2004", *Asia－Pacific Review,* Vol.11, No.2, 2004.

Waterbury, John, *The Egypt of Nasser and Sadat: The Political Economy of Two Regimes,* Princeton University Press, 1983.

Weber, Marx, *From Max Weber: Essays in Sociology,* translated, edited, and with an introduction by H. H. Gerth and C. Wright, Mill, New York: Oxford university press, 1946.

Weiker, Walter, *The Turkish Revolution, 1960－61: Aspects of Military Politics,* Washington: Brookings Institution, 1963.

Weyland, Kurt, "Clarifying a Contested Concept: Populism in the Study of Latin American Policies", *Comparative Politics,* Vol.34, No.1, October, 2001.

Whitaker, Arthur P. *Argentina,* Prentice－Hall, Inc.: Englewood Cliffs, New Jersey, 1964.

Wilcox, Wayne Ayres, "The Pakistan Coup d'Etat of 1958", *Pacific Affairs,* Vol.38, No.2, Summer, 1965.

Woo, Wing Thye, "Serious Inadequacies of the Washington Consensus: Misunderstanding the Poor by the Brightest", in Jan Joost Teunissen and Age Akkerman(ed.), *Diversity in Development: Reconsidering the Washington Consensus,* Seoul: KIEP, 2004.

Worsley, Peter, *The Third World,* The University of Chicago Press, 1964.

Wright Jr., Joseph J. *The Balancing Act: A History of Modern Thailand,* Bangkok: Asia Books, 1991.

Xydis, Stephen G. "Coups and Countercoups in Greece, 1967-1973(with postscript)", *Science Quarterly,* Vol.89, No.3, Fall, 1974.

Yamada, Toshikazu, "In Memory of Dr. Ali Al-Gritly(1913-1982): His Views on Egypt's Experience with Socialism", *IDE Discussion Paper*, No.190, March, 2009.

Zaverucha, Jorge, "Fragile Democracy and the Militarization of Public Safety in Brazil", Latin American Perspectives, Vol.27, No.3, June, 2000.

Ⅲ. 기타 자료

『경향신문』(2006. 5.15)

김원호 · 권기수 · 정선우 · 김진오, "중남미로의 금융위기 확산과 주요국의 대응정책", 「KIEP 세계경제」, 통권 1호, 제1권 제1호, 1998년 10월호.

김원호 · 권기수, "브라질금융위기 극복의 정치경제적 한계", 「KIEP 세계경제」, 통권 15호, 제2권 제12호, 1999년 12월호.

김진오, "1999년 중남미 경제전망", 「KIEP 세계경제」, 통권 3호, 제1권 제3호, 1998년 12월호.

권율, "동남아시아", 「KIEP 세계경제」, 통권 87호, 제8권 제12호, 2005년 12월호.

대외경제정책연구원, 「KIEP 세계경제」, 통권 94호, 제9권 제8호, 2006년 7 · 8호.

『동아일보』(2005. 8. 31)

라윤도, "세계의 갈등 지도(4), 카슈미르: 중재도 협상도 소용없는 21세기 최대의 화약고", 『신동아』(2003년 4월호).

문남권, "IMF 외채 조기상환 발표", 한국외국어대학교 외국학종합연구센터, 『국제지역정보』, 제10권 1호(통권 150호), 2006.

『세계일보』(2006. 9. 20)
조선일보사, 『월간조선』(1982년 5월호).
조선일보사, 『조선일보 연감』, 2003.
한국사회연구소 편, 『사회과학사전』(서울: 풀빛, 1990).
Afrobarometer, "Violent Social Conflict and Conflict Resolution in Nigeria", *Afrobarometer Briefing Paper,* No.2(August, 2002)
Alemán, Eugenio J. *Wells Fargo Economics Country Reports: Argentina,* Wells Fargo(October, 2006).
Grech, Daniel A. "Transcript: U.S. OK'd 'dirty war'", 『The Miami Herald』(2003. 12. 4).
『Human Rights Year Book』(1994).
International Republican Institute, *2005 Parliamentary Election Assesment in Egypt: November 15－21 2005.*
『Japan Economic Newswire』(2000. 5. 16).
Khin Kyaw Han・MP－NLD・Yenangyaung, *1990 Muiti－Party Democracy General Elections*(Democratic Voice of Burma: 1990).
Kinzer, Stephen, "A Secular Land Takes a Gamble", 『New York Times』(July 7, 1996).
『New York Times』(September 21, 1980).
Political Handbook of the 2000～02(Binghamton: CSA Publications), 2003.
World Military Expenditure 1968～69.
Sharp, Jeremy M. "Egypt: Background and U.S. Relations", *CRS Report for Congress: RL33003*(June 14, 2006).
Sullivan, Mark P. "Argentina's Political Upheaval", *CRS Report for Congress: RS21113*(January 25, 2002).
『The Washington Post』(2005. 2. 26)
『Time』(1961. 9. 15)
『USA TODAY』(2005. 12. 24)
岸幸一, "指導された民主主義", アジア經濟問題研究所, 『インドネシアの政治社會構造』 東京: 東京大學敎出版會, 1961.
http://reference.allrefer.com/country－guide－study/ethiopia/ethiopia

161.html/(검색일: 2004. 07. 12)

http://www.mofat.go.kr/ek/ek_a004/ek_ngng/ek_a02/ek_b06/1174290_5837.html(검색일: 2006. 4. 9)

http://h21.hani.co.kr/(검색일: 2006. 4. 10)

http://www.ethiopar.net/English/hopre/politi.htm(검색일: 2006. 4. 10)

http://www.ipu.org/parline－e/reports/2107_E.htm(검색일: 2006. 4. 12)

http://www.electionsethiopia.org/(검색일: 2006. 4. 13.)

http://www.ipsterraviva.net/Africa/viewstory.asp?idnews＝189(검색일: 2006. 4. 14)

http://www.mofat.go.kr/mission/emb/ww_info_view.mof(검색일: 2004. 04. 15)

http://www.nigeria.gov.ng/legislative.aspx(검색일: 2006. 4. 15)

http://www.binghamton.edu/cdp/era/elections/nig03par.html(검색일: 2006. 4. 15)

http://site.www.umb.edu/forum/1/Dispute_Resolution/res/nigeria/(검색일: 2006. 4. 15)

http://hrw.org/reports/2004/nigeria0604/1.htm(검색일: 2006. 4. 16)

http://www.en.wikipedia.org/wiki/Indonesian_presidential_election,_2004(검색일: 2006. 4. 30)

http://www.bharat－rakshak.com/MONITOR/ISSUE5－6/bahroo.html(검색일: 2006. 4. 30)

www.en.wikipedia.org/wiki/Elections_in_Greece(검색일: 2006. 5. 2)

http://ypes.gr/ekloges/content/gr/ethnik_fr.htm(검색일: 2006. 5. 2)

http://en.wikipedia.org/wiki/List_of_Prime_Ministers_of_Thailand(검색일: 2006. 05. 6)

www.mofat.go.kr/mofat/ICSFiles/afieldfile(검색일: 2006. 05. 6)

http://www.binghamton.edu/cdp/era/elections/pak02par.html(검색일: 2006. 5. 19)

http://www.hrcpelectoralwatch.org/NA－Statistical%20Report.htm(검색일: 2006. 5. 20)

http://www.pakistan.gov.pk/(검색일: 2006. 05. 22)

http://www.spot－pakistan.com/History－3.html(검색일: 2006. 6. 10)

http://www.infoplease.com/ce6/world/A0860200.html(검색일: 2006. 6. 11)

http://www.bangladesh.gov.bd/(검색일: 2006. 6. 15)

http://www.tribuneindia.com/1998/98oct09/head5.htm(검색일: 2006. 6. 21)
http://www.jamaat.org/(검색일: 2006. 6. 21)
http://en.wikipedia.org/wiki/List_of_Prime_Ministers_of_Greece(검색일: 2006. 6. 28)
http://en.wikipedia.org/wiki/List_of_Presidents_of_Greece(검색일: 2006. 6. 29)
http://www.istanbulmuseum.org/muze/old_site/formation.html(검색일: 2006. 7. 10)
http://www.chosun.com/international/news/200607/200607130031.html(검색일: 2006. 7. 13)
http://en.wikipedia.org/wiki/List_of_Prime_Ministers_of_Turkey(검색일: 2006. 7. 15)
http://www.cnn.com/WORLD/election.watch/meast/egypt3.html(검색일: 2006. 7. 27)
http://www.hartford-hwp.com/archives/51/294.html(검색일: 2006. 7. 29)
http://www.answers.com/topic/coup-d-tat(검색일: 2006. 8. 4)
http://en.17-of-100.info/Ba'ath_Party(검색일: 2006. 8. 10)
http://www.ncgub.net/MPU/1990_MP_situation.htm(검색일: 2006. 9. 4)
http://www.ncgub.net/NCGUB/index%20of%20NCGUB.htm(검색일: 2006. 9. 5)
http://www.irrawaddy.org/database/1998/vol6.3/uphillbattle.html(검색일: 2006. 9. 5)
http://hometown.aol.com/cspmgm/warcode.htm(검색일: 2006. 9. 10)
http://www.peoplepower21.org/library/library_view.php?article_id=12130 (검색일: 2006. 9. 10)
http://www.innwa.com/dev/qezine/news/get-news.asp?id=141(검색일: 2006. 9. 11)
http://en.wikipedia.org/wiki/Prime_Minister_of_Myanmar(검색일: 2006. 9. 14)
http://www.state.gov/secretary/rm/2005/40991.htm(검색일: 2006. 9. 15)
http://en.wikipedia.org/wiki/List_of_Presidents_of_Brazil(검색일: 2006. 9. 17)
http://blog.naver.com/khy021?Redirect=Log&logNo=60028875764(검색일: 2006. 9. 20)

http://pdba.georgetown.edu/Elecdata/Brazil/pres50.html(검색일: 2006. 9. 30)
http://www.chosun.com/politics/news/200408/200408040440.html(검색일: 2006. 10. 3)
http://www1.umn.edu/humanrts/cat/brazil2000.html(검색일: 2006. 10. 13)
http://en.wikipedia.org/wiki/G7(검색일: 2006. 10. 16)
http://www.nationsencyclopedia.com/Americas/Brazil-ECONOMY.html(검색일: 2006. 10. 17)
http://www.citymayors.com/politics/brazil_04elections.html(검색일: 2006. 10. 18)
http://www.socialistworld.net/eng/2003/07/09brazil.html(검색일: 2006. 10. 18)
http://en.wikipedia.org/wiki/List_of_Prime_Ministers_of_Indonesia(검색일: 2006. 10. 23)
http://www.traveldocs.com/id/govern.htm(검색일: 2006. 10. 29)
http://www.leftturn.org/Articles/Viewer.aspx?id=885&type=M(검색일: 2006. 11. 9)
http://www.nuncamas.org/english/library/nevagain/nevagain_283.htm(검색일: 2006. 11. 11)
http://www.yendor.com/vanished/uprisings.html(검색일: 2006. 11. 14)
http://www.afrobarometer.org/abbriefing.html(검색일자: 2006. 12. 11)

찾아보기(Index)

ㄴ

ㄷ

더러운 전쟁(Dirty War) ; 323
데미렐(Süleyman Demirel) ; 47, 53, 370
데비(Idriss Déby) ; 64, 65
데스까미사도스(descamisados) ; 301
데오도로(Marshal Manuel Deodoro da Fonseca) ; 241
델가도(Carlos Delgado Chalbaud) ; 38
델라 루아(Fernando de la Rúa) ; 339
도우(Samuel Kanyon Doe) ; 54
동화정책(assimilation) ; 423
두알데(Eduardo Alberto Duhalde) ; 343
두엉 반 민(Dương Văn Minh) ; 41
두트라(Eurico Dutra) ; 38
두트라(Eurico Gaspar Dutra) ; 245
등소평(Deng Xiaoping) ; 121

ㄹ

라누쎄(Alejandro Agustín Lanusse) ; 318
라라(Guillermo Rodríguez Lara) ; 51
라모스(Fidel Valdez Ramos) ; 56
라부카(Sitiveni Ligamamada Rabuka) ; 61
라우렐(Salvador H. Laurel) ; 57
라우손(Arturo Rawson Corvalán) ; 299
라우손(Arturo Rawson Corvalán) ; 37
라이스(Condoleezza Rice) ; 412
라크시 바히니(Rakshi Bahini) ; 50
라티푼디움(latifundium) ; 290
라포포트(David C. Rapoport) ; 73
라푸아 운동(Lapua Movement) ; 36
라호르 결의안(Lahore Resolution) ; 202
람쿠함행(Ramkhamhaeng) ; 115
랏타니욤(Rathaniyom) ; 112
럼 반란(Rum Rebellion) ; 35
레빙스턴(Roberto Marcelo Levingston) ; 318
레이건(Ronald Reagan) ; 53
레지스탕스(resistance) ; 37
렌게(Eric Lenge) ; 64
로나르디(Eduardo A. Lonardi) ; 309
로나르디(Eduardo Lonardi) ; 39
로마제국의 근위병제도(The Praetorian Guards of the Roman Emperor) ; 71
로만(Máximo San Román) ; 59
로왈라트 법령(Rowalatt Act) ; 200
론 놀(Lon Nol) ; 47
루더(Ítalo Argentino Luder) ; 328
루뭄바(Patrice Émery Lumumba) ; 40
루스벨트(Theodore Roosevelt) ; 238
루즈벨트(Franklin D. Roosevelt) ; 37
룰라 ; 285, 292, 294
룰라(Luiz Inácio Lula da Silva) ; 274
리베라(Miguel Primo de Rivera) ; 36, 490
릴리누카라니(Lili'uokalani) ; 35

ㅁ

마누엘 2세(Manuel Ⅱ) ; 36
마르코스(Ferdinand Emmanuel Edralín Marcos) ; 56
마요 광장의 어머니들(Mothers of the Plaza de Mayo) ; 324
마운트배튼(Louis Mountbatten) ; 203
마을광장 시험(town square test) ; 199
마카리오스 3세(Makarios Ⅲ) ; 480
마후아드(Jamil Mahuad Witt) ; 62
말로움(Félix Malloum) ; 51
말루프(Paulo Maluf) ; 276
말비나스 섬(Malvinas island) ; 326
맥고완(P. McGowan) ; 74
맥주회관(Beer Hall) ; 36
먼로독트린(Monroe Doctrine) ; 31
메나(José Mena Aguado) ; 507
메네릭 2세(Menilek Ⅱ) ; 431

메넴 ; 337, 344
메넴(Carlos Saúl Menem) ; 334
메디치 ; 265
메디치(Emílio Garrastazú Médici) ; 259
메콩 작전(Mekong Operation) ; 174
메탁사스(Ioannis Metaxas) ; 37, 470
멘데레스 ; 367
멘데레스(Adnan Menderes) ; 40
멘도사(Carlos Mendoza Poveda) ; 62
멩기스투 ; 66, 441
멩기스투(Mengistu Haile Mariam) ; 50
명예혁명(Glorious Revolution) ; 35
모략식(혼합식) 쿠데타 ; 67
모부투(Sese Seko Mobutu) ; 40, 43
모이(Daniel Toroitich arap Moi) ; 55
몬테로(Juan Esteban Montero) ; 36
몬테이로(Pedro Aurélio Góes Monteiro) ; 247
몬테이로(Pedro Góes Monteiro) ; 38
몽클로와 협정(Moncloa Pact) ; 509
무바라크 ; 408, 411
무바라크(Mohamed Hosny Mubarak) ; 404
무샤라프 ; 225, 228, 231
무샤라프(Pervez Musharraf) ; 61, 210
무세베니(Yoweri Museveni) ; 55
무솔리니(Benito Mussolini) ; 49
무슬림 형제단(Muslim Brotherhood) ; 392
무쏠리니(Benito Mussolini) ; 297
무지개 연대(rainbow coalition) ; 56
무지부르 라흐만(Sheikh Mujibur Rahman) ; 50
무타라 라맛 ; 55
무타라 라맛(Murtala Ramat Mohammed) ; 52
무테사 2세(Edward Mutesa Ⅱ) ; 48
무하마드(Muhammad) ; 35
미란다(Rogelio Miranda) ; 47
미르자(Iskander Mirza) ; 39, 209
미시마 유키오(三島由紀夫) ; 68
미얀마식 사회주의(Burmese Way to Socialism) ; 178
미주기구(Organization of American States) ; 41
미초타키스(Konstantinos Mitsotakis) ; 483
민주주의와 선거지원을 위한 국제위원회(International Institute for Democracy and Electoral Assitance) ; 192

ㅂ

바나나공화국(Republic of Banana) ; 48
바레(Mahammad Siad Barre) ; 46
바레와(Abubakar Tafawa Balewa) ; 44, 80
바르가스 ; 246, 248
바르가스(Getúlio Dornelles Vargas) ; 37, 38, 39, 242
바리엔토스(René Barrientos Ortuño) ; 46
바바드라(Timoci Uluivuda Bavadra) ; 61
바방기다 ; 57, 459
바방기다(Ibrahim Badamasi Babangida) rahim ; 56
바이니마라마(Josaia Voreqe Bainimarama) ; 62
바이마르 공화국(Weimar Republic) ; 36
바지파이(Atal Behari Vajpayee) ; 227
바콩고 동맹(Alliance des Bakongo) ; 40
바트사(Mamman Jiya Vatsa) ; 57
바티스타(Fulgencio Batista) ; 38
박정희(Park Chung-Hee) ; 40
반다라나이케(Solomon West Ridgeway Dias Bandaranaike) ; 41

ㅅ

상여금 군(Bonus Army) ; 36
상호의존(gotong rojong) ; 142
샤가리(Alhaji Mukhtari Shehu Shagari) ; 55, 459
샤리프(Nawaz Sharif) ; 60
석양의 섬(Maghreb) ; 350
세계사회포럼(World Social Forum) ; 292
세단 전투(Battle of Sedan) ; 35
세속주의(secularism) ; 40, 361
세아브라(Veríssimo Correia Seabra) ; 63
세이크 자예드(Sheikh Zayed Bin－Sultan Al Nahyan) ; 44
세이크부트(Shakhbut Bin－Sultan Al Nahyan) ; 44
세코(Mobutu Sese Seko) ; 64
셀라시에 1세 ; 432
셀라시에 1세(Haile Selassie Ⅰ) ; 50
셀마케(Abdirashid Ali Shermarke) ; 46
소데로스(Emmanouil Tsouderos) ; 471
소수식 쿠데타 ; 67
소텔로(José Calvo Sotelo) ; 495
소텔로(Leopoldo Calvo Sotelo) ; 54
수네이(Cevdat Sunay) ; 47
수라윳(Surayud Chulanont) ; 140
수빠르서마르(SuperSemar) ; 152
수아레스 ; 506, 509
수아레스(Adolfo Suárez González) ; 54, 504
수카르노 ; 140, 142, 145, 146, 149, 153
수카르노(Sukarno) ; 43, 92
수하르토 ; 151, 155, 157, 160
수하르토(Haji Mohammad Suharto) ; 140
슈나이더(René Schneider) ; 48
스타우펜베르그(Claus von Stauffenberg) ; 38
스탈린(Joseph Stalin) ; 499
스태리(Eugene Staley) ; 31
스테파노플러스(Konstantinos Stephanopoulos) ; 482
스테파노플러스(Stephanos Stephanopoulos) ; 44, 475
스테판(Alfred Stepan) ; 256
스트로에스너(Alfredo Stroessner) ; 39
스티븐슨(John L. Stevens) ; 35
스페이트(George Speight) ; 62
승자독식제도(winner take all seats) ; 373
시미티스(Kostas Simitis) ; 485
시민불복종운동(civil disobedience movement) ; 217
시아누크(Norodom Sihanouk) ; 47
시안사변(西安事變) ; 37
식민모국(植民母國) ; 30
신직업주의(new professionalism) ; 257
신질서(New Order) ; 140
신할라(Sinhala Maha Sabha) ; 41
실레스 사리나스(Luis Adolfo Siles Salinas) ; 46
실바 ; 263
실바(Artur da Costa e Silva) ; 46, 259
실지회복운동(Risorgimento) ; 359
싼야(Sanya Thammasak) ; 117
쌍애(Sangad Chaloryu) ; 51
썸머 계획(Summer Plan) ; 279
쎄니(Seni Pramoj) ; 118
쏜티(Sondhi Limthongkul) ; 132
쏜티(Sonthi Boonyaratglin) ; 65, 138
쑤친다(Suchinda Kraprayoon) ; 121
쓰요시(Inukai Tsuyoshi) ; 36

ㅇ

아난(Kofi Atta Annan) ; 426
아드리스 1세(Sidi Muhammad Idris al－Mahdi al－Senussi I) ; 46

ㅋ

ㅌ

ㅍ

ㅎ

홍 철

약 력

경북대학교 정치외교학과 졸업
경북대학교 정치학박사(한국정치전공)
경북대, 대구대, 계명대, 상주대 강사
학술진흥재단 기초학문지원육성사업 전임연구원
경북대학교 입학사정관(現)

논문

호남 기피심리(phobia)의 실체: 일반화의 오류에 대한 분석(2004).
시민불복종과 참여민주주의의 길: 한국 납세자연맹의 자동차세불복종운동 사례를 중심으로(2006) 외 다수

저서

홍 철, 한국형 정체 모델과 민간 · 군부 권위주의: 민간권위주의형 정체와 군부권위주의형 정체의 비교, 대구 : 정림사(2005).
홍 철 외, 시민참여와 거버넌스, 서울 : 오름(2009).

군/부/의

정치참여와 민주화과정

초판인쇄 | 2009년 9월 14일
초판발행 | 2009년 9월 14일

지은이 | 홍 철
펴낸이 | 채종준
펴낸곳 | 한국학술정보(주)
주 소 | 경기도 파주시 교하읍 문발리 파주출판문화정보산업단지 513-5
전 화 | 031) 908-3181(대표)
팩 스 | 031) 908-3189
홈페이지 | http://www.kstudy.com
E-mail | 출판사업부 publish@kstudy.com
등 록 | 제일산-115호(2000. 6. 19)

ISBN 978-89-268-0303-5 93340 (Paper Book)
978-89-268-0304-2 98340 (e-Book)

내일을여는지식 은 시대와 시대의 지식을 이어 갑니다.

책에 대한 더 나은 생각, 끊임없는 고민, 독자를 생각하는 마음으로 보다 좋은 책을 만들어갑니다.